THE HISTORY OF WORLD

珍藏本

法国通史

THE HISTORY OF FRANCE

全新修订

吕一民 ◎ 著

上海社会科学院出版社
SHANGHAI ACADEMY OF SOCIAL SCIENCES PRESS

前言

中国与法国虽然分处东亚、西欧，远隔千山万水，但两国之间的交往与相互影响由来已久。鉴于法国长期以来都是欧洲重要的国家，法兰西民族的历史进程对人类社会的诸多发展阶段先后起过重要作用，加之法国因与中国多有相似之处而不时被人称为"欧洲的中国"，不少中国的有识之士很早就开始对它投以关注的目光。时至今日，在提及法国这一有着悠久的历史、灿烂的文化、发达的经济，并在国际舞台上发挥着独特的重要作用的国度时，仍有不少中国人会怦然心动，向往之情溢于言表。多年来，笔者在与亲朋好友交谈时，不止一次听到有人说，若有机会出国观光的话，最想去看看的国家就是法国。笔者管见，人们不妨这样断言：如果有好事者在中国搞一项问卷调查，请接受调查的对象列举四五个他最心向往之国家，那么，在绝大多数答卷中，法国一定会名列其中。

不过，国人对法国心向往之者虽众，但真正了解者却甚少。对绝大多数中国老百姓而言，他们对法国的认识或许只停留在这样一些具体事物上：高耸壮美的埃菲尔铁塔，充满艺术瑰宝的卢浮宫以及卢浮宫前玲珑剔透的玻璃金字塔，名扬四海的法国香水，令各国名媛为之惊叹的巴黎时装，棍子式的长面包与考究得无以复加的法式西菜，色泽诱人、醇香浓郁的法国葡萄酒……即便国人中会有一些能如数家珍地列出包括圣女贞德、路易十四、拿破仑、戴高乐等在内的一大串法国伟人的名字，并对启蒙运动、攻占巴士底狱、拿破仑战争、巴黎公社、抵抗运动、五月风暴，甚至是前几年发生的"黄背心"运动等津津乐道，但由于他们对法国历史知之不多，因而就不太可能弄清这些人物的功过是非与事件的来龙去脉，更无法比较恰当、到位地评估他(它)们的历史地位或意义。上述现象表明,向广大中国读者介绍一些法国历史知识,尤其是向他们提供一条能把法国历史上的人与事恰如其分地串起来的红线极有必要。本书写作的出发点正在于此。

一如中国,法国也是个富有史学传统的国家。因而,迄今为止,法国人所写的关于法兰西往昔的文章与著作可谓汗牛充栋。其中法国通史类的著作也委实不胜枚举。在法国人所写的这类著作中,有不少出自名家乃至一代史学宗师之手的鸿篇巨著。例如,20世纪70年代初期,法国著名的拉鲁斯出版社曾推出由史学大师杜比主编,阿居隆、伏维尔等诸多法国史坛一流名家参与撰写的《法国史:从起源到当代》。这套印制考究、图文精美的三大卷法国史出版后好评如潮,广受欢迎,遂一版再版;尤其是在出了一卷本的平装本后,更是成了典型的既畅销又长销的佳作。同样声名远扬的阿歇特出版社也不遑多让,在20世纪90年代推出了一套"阿歇特法国史"。这套5卷本法国史同样图文并茂,而且各卷作者分别为杜比、孚雷、阿居隆、勒华拉杜里,后者甚至一人就撰写了两大卷。大凡对当代法国史坛稍有了解者在看到上述大名之后,估计十有八九会和本人一样产生这样的念头,即这套"阿歇特法国史"的作者阵容实在有点过于"豪华"了。

相形之下,出自中国人之手的法国通史尚屈指可数。自从1870年王韬编写第一部法国历史《法国志略》以来,在长达100多年的时间里,我国还没有出版过一本自编的纵贯古今、全面系统的法国通史。所幸的是,这一缺憾终于在20世纪80年代末90年代初因两部相关著作的问世而得到弥补。这两部著作分别是由中国法国史研究会会长、北京大学教授张芝联主编的《法国通史》(北京大学出版社1989年第一版)和由已故的中国法国史研究会名誉会长、杭州大学教授沈炼之主编的《法国通史简编》(人民出版社1990年第一版)。上述两著作由于领衔主编者皆为我国首屈一指的法国史研究权威,而参撰人员又多为对法国史研究有素的中青年学者,故都具有较高的学术水准,并在出版后受到同行的好评。

在此,人们或许会问,既然中法学者早已有多种高水平的法国通史问世,本书的写作难道不显得多余吗?对于这一问题,笔者的回答是否定的。首先,虽然已有一两种法国人写的法国通史类著作出了中文版,但绝大多数同类著作中国读者尚无缘识见。其次,上面提及的由中国人编写的两部法国通史虽均为上乘之作,但由于它们主要是作为高等学校历史专业教材来编写的,故一般读者可能会觉得严肃有余,活泼不足。此外,两书的篇幅也让一般读者觉得稍大了一些(前者53万字,后者56.7万字)。再者,作为通史就得纵贯古今。但上述两著出版至今,时光飞逝而过。而在20世纪80年代末90年代初以来的这几十年时间里,法国也跟整个世界一样,发生了不少大大小小的变化。而读者在读法国通史时,往往希望对这些大小变化也能有所了解。正是基于上述考虑,在上海社会科学院出版社筹划出版一套力求在写法上有所突破的国别通史丛书时,虽自知才疏学浅,笔者仍不揣冒昧地接受了他们的约稿,承担了《法国通史》的编写任务。

常言道,理解一个人难,理解一个民族更难。何况,法兰西民族之难以理解,在众多西方民族中即便难说最最突出,那也依旧是需要用"最"字来形容的民族。好在长期以来,许多法国人以及其他西方国家的学者已在理解"法兰西"方面作了大量的努力,取得了令人瞩目的成就。如早在19世纪,法国著名的政治家与史学家托克维尔就在其传世之作《旧制度与大革命》中对法兰西的民族特征与传统作了深入的研究,并为自己的民族下过如此断语:"这个民族的主要本性经久不变,以至在两三千年前人们为它勾画的肖像中,就可辨出它现在的模样;同时,它的日常思想和好恶又是那样多变,以至最后变成连自己也料想不到的样子。"年鉴学派第二代的领衔人物布罗代尔晚年亦曾致力于探究"法兰西的特性"。面对这个民族与国家显示出来的千姿百态,布罗代尔在自己的未竟之作《法兰西的特性》中,给第一章冠以这样的标题——"法兰西以多样性命名"。此外,中国读者若想对法兰西民族与国家有更多的了解的话,还有三本译成中文的书值得一读。其一是法国当代著名政治家与作家阿兰·佩雷菲特的《官僚主义的弊害》(佩雷菲特:《官僚主义的弊害》,孟鞠如等译,商务印书馆,1981年。此书法文版书名为《法兰西病》。笔者一直认为,此书名更为传神。中文版完全没有必要易名);其二是英国著名史学家和传记作者西奥多·泽尔丁的《法国人》(泽尔丁:《法国人》,严撷芸译,上海译文出版社,1998年);其三是法国著名史学家皮埃尔·诺拉的《追寻法兰西》(诺拉:《追寻法兰西》,刘文玲译,社会科学文献出版社,2017年)。

或许是对本民族之难以理解有着太深的感受,布罗代尔在《法兰西的特性》中曾引用了法兰西第三共和国时期法国著名的诗人与哲学家夏尔·贝居伊的话:"观察法国,就要置身法国之外。"诚然,作为一个中国人,笔者在研究法国史时自然而然地具有这样一种"旁观者清"的优势。但尽管如此,笔者仍深深地知道,对于一个中国人,要想准确认识、全面理解像法兰西这样的西方民族与国家决非易事。由于文化上的巨大差异,笔者在认识与介绍法国历史时难免会有如盲人摸象,所发议论也难免有如隔靴搔痒。所幸的是,由于前辈学者以及其他国内外的同行在这方面早已做了大量的工作,笔者得以少走许多弯路,少出许多洋相。借此机会,笔者还要强调一点,尽管本书的作者栏上将只署我一个人的名字,但它在本质上是一本集体著作。因为,正是在充分借鉴中外学者有关研究成果的基础上,本书的编写才得以完成。

若想以区区四五十万字的篇幅写出一部纵贯古今的法国通史,就势必得在内容的取舍上以大刀阔斧的精神来处理。在这一过程中,笔者时有忍痛割爱的感觉,而顾此失彼的缺憾更是在所难免。需要说明的是,根据本套丛书的统一要求,本书在内容上凸显了略古详今的特点。而且,尽管笔者在本书的编写过程中力图多角度、多层次地展现法国历史的多样化面貌,但政治史仍是全书的骨架。又由于法国长期以来始终是世界上第一流的文化大国,故本书在思想文化史方面所占的篇幅也颇为可观。除此之外,笔者也试图在有限的篇幅内兼顾社会经济、军事外交等方面的内容。

作为一本不仅仅面向史学界的同行以及高等院校学生的史学著作,本书在编写过程中,曾在学术性与通俗性、知识性与趣味性的结合方面作了一定的努力。由于资料所限与笔者功力不够,书中尚存在不少欠缺和失当之处。在此,敬祈专家和读者不吝赐教。

目录

1　前言
1　**第一章　史前与高卢时期**
1　　一、"法兰西空间"——人类在欧洲最早驻足、生活过的地区之一
5　　二、"我们的祖先高卢人"
7　　三、恺撒征服高卢
8　　四、高卢的罗马化
11　　五、罗马帝国晚期的高卢
13　　作者评曰

14　**第二章　法兰克人国家**
14　　一、从"蛮族"在高卢安身立国到克洛维一统高卢
17　　二、盛产"懒王"的墨洛温王朝
20　　三、加洛林王朝的建立
22　　四、威震四方的查理曼帝国
25　　五、《凡尔登条约》将帝国一分为三
27　　六、法兰克国家的文化
29　　作者评曰

30　**第三章　法兰西独立国家的产生**
30　　一、加洛林王朝的衰落与卡佩王朝的建立
32　　二、法兰西岛的小国王
34　　三、王权的逐渐增强和统一的开始
41　　四、瓦洛亚王朝的建立与百年战争的爆发
43　　五、圣女贞德的壮举与法兰西民族国家的初创
47　　六、11—15世纪的法国文化
51　　作者评曰

52　**第四章　绝对君主制的确立与发展**
52　　一、绝对君主制初露端倪

55	二、4代君主远征意大利
58	三、法国的文艺复兴
63	四、宗教改革与胡格诺战争的爆发
67	五、波旁王朝的开创者亨利四世君临法国
70	六、曾任红衣主教的黎塞留的铁腕统治
75	七、绝对君主制的极盛时期——路易十四时代 Ⅰ:内政外交
80	八、绝对君主制的极盛时期——路易十四时代 Ⅱ:思想文化
83	作者评日

第五章　绝对君主制的没落与启蒙运动的兴起

84	一、路易十五:从寄予厚望到千夫所指
87	二、启蒙时代的到来
89	三、孟德斯鸠与伏尔泰——早期启蒙思想家的两大代表
93	四、百科全书派与卢梭——更为激进的启蒙思想家
96	五、锁匠国王路易十六登基与"旧制度"危机的日益加深
99	作者评日

第六章　法国大革命

101	一、第三等级就是一切
104	二、从网球场宣誓到攻占巴士底狱
110	三、"人民又重新征服了国王"
114	四、法国终于有了有史以来的第一部宪法
120	五、路易十六被推上了断头台
126	六、救国的雅各宾专政
133	七、热月党的"反动"与督政府的左右摇摆
138	作者评日

第七章　拿破仑的崛起与第一帝国的兴亡

一、"科西嘉怪物"的崛起之路
二、第一执政的文治武功
三、终身执政给自己戴上了皇冠
四、威震欧陆的法兰西大帝国
五、帝国的盛极而衰与覆灭
六、"百日"——拿破仑英雄史诗不可或缺的"后记"
作者评曰

第八章　波旁复辟王朝

一、波旁王朝的第一次复辟
二、再度复辟后的"白色恐怖"与"自由主义尝试"
三、查理十世在兰斯教堂加冕
四、波旁王朝的统治在"光荣三日"中最终崩溃
五、复辟时期思想文化领域的四大景观
作者评曰

第九章　七月王朝

一、喜欢持伞在街上遛达的"平民国王"
二、大银行家当政与当权者的左右开弓
三、工业革命在法国步履蹒跚
四、基佐——七月王朝后期国王最为倚重的人物
五、七月王朝在1848年2月的"政治爆炸"中灰飞烟灭
六、小资产阶级社会主义思潮的出笼与现实主义文学的勃兴
作者评曰

第十章　从第二共和国到第二帝国

一、第二共和国的建立

208	二、从六月起义到波拿巴登上总统宝座
213	三、第二共和国变成了第二帝国
218	四、帝国政治体制的嬗变:从"专制帝国"走向"自由帝国"
221	五、工业革命大功告成与城乡生活水平的提高
225	六、第二帝国时代的文化
228	七、战争给帝国带来光荣,也带来毁灭
232	作者评曰

233	**第十一章 在战火中诞生的第三共和国**
233	一、第三共和国——在战火中诞生的"早产儿"
234	二、从消极抵抗的"国防政府"到急于求和的国民议会
239	三、巴黎公社——"19世纪的最后一次革命"
243	四、扑朔迷离的政体之争
246	五、尘埃落定——资产阶级共和制的最终确立
250	作者评曰

252	**第十二章 19世纪、20世纪之交的法国**
252	一、温和共和派的统治
258	二、巴拿马丑闻、德雷福斯事件和激进共和派的上台
264	三、经济发展的步调:先"停滞"后"加速"
266	四、人口问题的凸显与社会生活的变迁
268	五、处在"世纪之交"的思想文化
273	六、对外政策的二重唱:对德复仇与殖民扩张
276	作者评曰

277	**第十三章 法国与第一次世界大战**
277	一、大战爆发时的法国

280 二、"马恩河的奇迹"
281 三、西线的对峙局面
283 四、反战运动的兴起
285 五、从"老虎总理"上台到贡比涅停战
288 六、巴黎和会与《凡尔赛和约》
290 作者评曰

291 **第十四章　20世纪20年代的法国**
291 一、回到战前去！
292 二、来自东方的"闪光"与图尔大会上的分裂
294 三、赔款问题与鲁尔事件
296 四、"左翼联盟"登台执政
299 五、普恩加莱成了"法郎拯救者"
301 六、巴黎再度成为世界文化之都
304 七、超现实主义运动的兴起
306 作者评曰

308 **第十五章　危机笼罩下的20世纪30年代**
308 一、经济大危机——虽姗姗来迟，但终难幸免
311 二、"30年代精神"
314 三、法西斯主义分子的骚动
317 四、从"二·六"事件到人民阵线成立
321 五、勃鲁姆——法国历史上的首位社会党人总理
325 六、人民阵线的瓦解
327 七、20世纪30年代的法国外交
331 八、20世纪30年代的思想文化
334 作者评曰

336 **第十六章　再次经受世界大战的考验**
336 一、和平主义——第二次世界大战前夕大多数法国人的"集体选择"

- 339 二、大战的爆发与"奇怪的战争"的结束
- 341 三、法国"奇异的溃败"及其原因
- 348 四、两个对立的法国：维希法国与抵抗的法国
- 353 五、戴高乐成为"法国抵抗运动的唯一领袖"
- 354 六、法国的解放
- 356 作者评日

357　第十七章　第四共和国

- 357 一、临时政府的内政外交与戴高乐的第一次下野
- 360 二、第四共和国的诞生
- 362 三、从三党联合执政到第三力量政府的统治
- 364 四、给第四共和国的政坛注入新的活力的孟戴斯-弗朗斯
- 366 五、经济的迅速恢复和发展及其产生的社会影响
- 369 六、萨特时代的开始与荒诞派戏剧的崛起
- 375 七、戴高乐的东山再起敲响了第四共和国的丧钟
- 378 作者评日

379　第十八章　"戴高乐的共和国"——第五共和国的早期史

- 379 一、全民投票为第五共和国签发了"准生证"
- 380 二、棘手的阿尔及利亚问题终获解决
- 383 三、总统又由选民来直接选举啦！
- 385 四、追求"法国的伟大"——戴高乐的对外政策
- 388 五、经济起飞的实现与社会阶级结构的变化
- 392 六、来势凶猛的五月风暴与戴高乐的二度引退
- 396 七、开放性与延续性兼而有之的蓬皮杜总统
- 397 八、力求使法国进入"先进的自由社会"的德斯坦总统
- 400 九、第五共和国早期的思想文化Ⅰ：思想界的风云变幻

| 405 | 十、第五共和国早期的思想文化Ⅱ：文学、艺术、科学 |
| 409 | 作者评曰 |

第十九章　从左右对立到左右共治——密特朗时代的第五共和国

410	一、夙愿得偿——密特朗终于入主爱丽舍宫
414	二、"法国式的社会主义"：美好的理想与严峻的现实
417	三、左派总统与右派总理：奇特的"共治"局面的出现
420	四、密特朗蝉联总统竟获成功
424	五、密特朗时代的终结与希拉克成为"跨世纪"的总统
428	六、"持二等车票，却仍想坐头等车厢"——20世纪80年代以来的法国外交与防务
431	七、处在20世纪末期的法国社会与文化
436	作者评曰

第二十章　从希拉克到马克龙：21世纪以来的法国

437	一、率领法国"跨入新世纪"的希拉克总统
443	二、当今法国政坛"小拿破仑"萨科齐当选总统
449	三、力求为国人树立榜样而不得的奥朗德总统
455	四、史上最年轻的法国总统入主爱丽舍宫
460	作者评曰

| 462 | **主要参考书目** |
| 466 | **后记** |

第一章 史前与高卢时期

一、"法兰西空间"——人类在欧洲最早驻足、生活过的地区之一

位于欧洲西北部,被大西洋、莱茵河、阿尔卑斯山、地中海和比利牛斯山所限定的"法兰西空间"是人类在欧洲最早驻足、生活过的地区之一。从当今法国境内深下地层中或坚厚石灰层构成的洞穴里发掘出来的大量人类骨骼残片和粗石器工具充分证明:早在远古时代,法国土地上就已有人居住。世界上古史中,许多旧石器、中石器的文化期取名于法国地名。法国原始文化遗迹之丰富,由此可见一斑。

法国最早的原始文化遗迹可以远溯到所谓的"冰河时代"的那个时期。那时,法国的许多地方被冰山所掩盖,异常寒冷与潮湿。严酷的气候迫使这块土地上的原始先民躲到西南部(多尔多涅河)或索恩—罗讷河峡谷(索恩—卢瓦尔省的索吕特雷)最避风雨的地方。他们住在洞穴里,以粗石、兽骨和兽角来制造工具,以渔猎为生。法国的旧石器时代可分为三个时期,即以阿布维利文化、阿舍利文化为代表的早期,以勒伐卢瓦、莫斯特文化为代表的中期,以索鲁特、马格德林文化为代表的晚期。

法国土地上的原始先民在漫长的旧石器时代所创造的文化,与同一时期世界任何地区的文化相比都毫不逊色。法国西南部与西班牙接壤处的不少洞穴遗址足以昭示这一点。在这些洞穴中,人们不仅可看到成千上万件用石块、骨块、象牙、鹿角和狍角加工制作的用具(如削刮器、凿子、标枪、小刮刀、带孔针、钻子和鱼叉等),而且还可以见到不少令人叹为观

止的壁画和雕刻。这些壁画和雕刻堪称原始艺术的杰作。它们当中最负盛名的当推多尔多涅地区拉斯科洞穴的壁画。此处的壁画用红、黑两种颜色描绘出赤鹿、野牛、马等动物形象。这些尺幅巨大、线条粗健的动物画不仅栩栩如生地描绘出动物静止状态时的模样,而且还神态逼真地刻画出它们的动态。

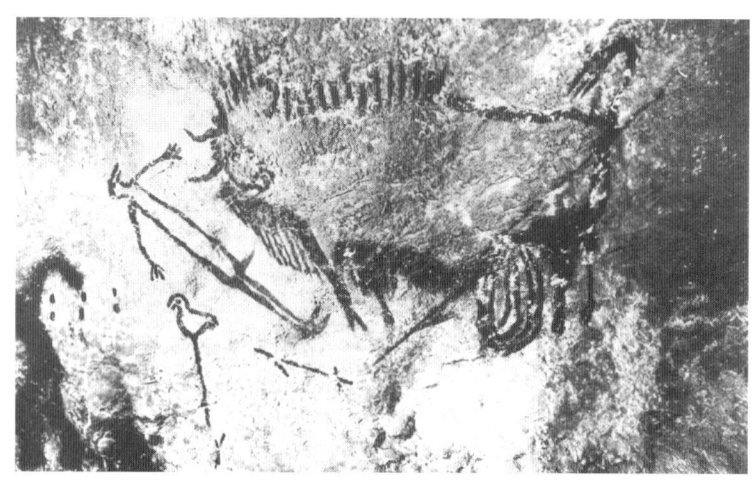

拉斯科岩洞里的壁画

大约在公元前1万—前8000年,随着全球的气候开始转暖,冰川也在西欧逐渐融化消失,欧洲大陆的自然环境发生了巨大变化。正是在这一时期,旧石器时代宣告结束,作为新、旧石器时代之间的过渡期的中石器时代开始了。

法国的中石器时代以阿齐尔文化和塔登纳文化为代表。前者以南部的阿齐尔洞穴得名,后者则由北部的塔登纳遗址命名。在中石器时代,事实与现代人出自本能的想象相反:气候变暖并没有立即导致人类生存条件的改善,它反而使既存的狩猎型文明陷入了严重的困境。当时的情景是:因大地回暖,稠密的森林迅速扩展,与此同时,冰川的融化造成洪水横流,到处泛滥成灾。海平面不断升高,淹没了大片海岸地带。以前吃草的、寒冷地区的动物群,如麋鹿、野牛、野马等,现在被适合温暖气候的森林动物所取代。而在莽莽丛林中捕猎动物,其难度明显地增大。于是,人的生活习性随之发生变化,尤其是其食物构成更是如此:大猎物日渐减少,较易捕捉到的小型野生动物相对增多,植物在食物中所占的比重越来越大,籽粒、草茎、榛子、毛栗、桑葚等皆成了充饥之物。不过,此期最丰富的食物来源是大海、湖泊和河流中的鱼类以及贝类和甲壳类动物[①]。

---

① 参见布罗代尔:《法兰西的特性:人与物》(上),商务印书馆1995年版,第20页。

在早期的学者看来,作为过渡期的中石器时代从某种程度上说是一个停滞的时期。他们还断言,与旧石器时代晚期的巨大成就相比,中石器时代人类在技艺上的进步是微不足道的①。但晚近的学者则倾向于认为,这是一个要求人类发挥智慧和创造的适应阶段。在这一时期,虽说令人叹为观止的原始艺术确已消失,但工具的种类并没有因此而减少。它们变得越来越小型化、专门化,不但雕凿精巧,而且还聪明地组装成复合工具,配有木柄或木杆②。由于狩猎活动更加困难,人们开始使用弓箭,以便在远距离射杀猎物。当时弓箭的射程在百米左右。它既可以射击野兽,也能射天上的鸟、水中的鱼。对于弓箭的发明和使用,恩格斯曾如是高度评价:"弓箭对于蒙昧时代,正如铁箭对于野蛮时代和火器对于文明时代一样,乃是决定性的武器。"③而在20世纪70年代,法国学者R.阿尔德雷更是在他1971年出版的著作《自然法则》中不无夸张地宣称:"人在史前期发明弓箭的重要性不亚于现代人发明核武器。"④需要指出的是,除了弓箭之外,犬作为家畜饲养也是中石器时代的标志。

到公元前7 000年左右,法国已经开始步入新石器时代。法国的新石器文化除了继承当地中石器文化的成果外,明显地受到了两种外来文化潮流的影响:一种从地中海东部沿着海岸传播到今法国南方的普罗旺斯、朗格多克一带;另一种经由多瑙河谷地传播到阿尔萨斯和法兰西东部。

在"新石器革命"的冲击下,"法兰西空间"的原始先民已懂得栽培红小麦、斯佩尔特小麦,驯养绵羊、山羊和猪。虽然饲养业并没有完全排挤掉先前的渔猎活动,但狩猎在经济活动中的作用降低则是不言而喻的。这一时期,人们逐渐从原先的洞穴、岩棚迁往露天营地或住进圆形的、狭窄的草屋。最早的村庄由此建立了起来。尽管这些村庄简陋至极,但后人们已能辨认它们的遗址。这一时期的人们还能用粗陶土捏制陶器或以贝壳压印后烧成圆形陶器。

在两种不同的文化潮流的冲击下,新石器文化在"法兰西空间"的建立具有不同的特征:南方是"鸟蛤陶文化"(因陶器制品中经常嵌有甲壳,

---

① 参见法国《大拉鲁斯百科全书》第9卷"中石器时代"条。
② 参见G.康普斯(G. Camps):《史前史》(La Préhistoire),巴黎1982年,第125—140页。
③ 参见《马克思恩格斯选集》第4卷,第19页。
④ R.阿尔德雷(R. Ardrey):《自然法则》(La Loi naturelle),巴黎1971年,第390—391页。

尤其是"鸟蛤"而得名),北方是"线陶文化"(其陶器制品中往往带有曲线、斑马线、波形线等线条图案)。在相当长的时间里,两者各自独立发展,互不干扰。

始自新石器时代中后期,"法兰西空间"的大西洋沿岸,尤其是布列塔尼半岛出现了一种奇异的巨石建筑。这些巨石建筑大致分为两类:第一类是立石和列石。立石为单独的整块巨石,尖端插入地中竖立,一般未作雕凿加工。列石则是由许多较小石块排成一列、数列或排列成环状。第二类是石棚(又称桌石、支石),大多用作坟墓。简单的石棚为数块大石立地,上面覆盖一块大石板,石壁上刻有花纹或人物。较复杂的石棚又以是否有通道墓室之分划分为两类:通道墓和长墓。这些巨石建筑一直保存至今。长期以来,史学家拒不承认这些庞然大物是土著"野蛮人"的创造,因为它们是"真正的"文明杰作,因而只可能来自东方。有人估计它们来自西亚,也有的人则因为某些巨石建筑与克里特岛米诺斯文化风格的圆顶墓相似,推测"这种崇拜巨石的宗教"是由来自爱琴海的经验丰富的航海家带来的。然而,碳十四测年法使所有这些假设一概落空。测试结果表明,欧洲已知的巨石建筑以法国的布列塔尼地区和葡萄牙最为古老,而且,它们比包括埃及在内的东地中海地区的任何石头建筑都要古老。

从公元前3000年至前1000年,法国进入了青铜时代。在青铜时代,欧亚大陆曾数度出现部落群团迁徙的浪潮。在这一大背景下,法国的青铜文化呈现出丰富多彩、五光十色的局面。不过,至少对法国而言,青铜时代早期和中期的区别在很大程度上是人为的。在一些法国史学家看来,当法国的东部近邻已经成为青铜的"大工业主"时,法国所在的地区还落后地处在金石并用时代,真正的青铜时代早期似乎不太看得到。到了青铜时代中期,边沿凸起的斧子出现了,剑取代了匕首,戟消失了。当时在梅多克已出现重要的冶炼业,不仅加工进口来的铜矿石和锡矿石,还生产出数以千计以直线凸边为特征的"梅多克斧"。在诺曼底,人们当时已能制作一种柄部带有深槽的斧子。公元前1000年左右,铁的使用逐渐代替了青铜,法国开始进入铁器时代。较早在法国出现的铁器文明为哈尔斯塔特文明,这一名称来源于奥地利一个坐落于萨尔茨堡东南约50公里处的小村庄哈尔斯塔特。哈尔斯塔特文明在史上属于第一铁器时代,这种文明在法国第一次被发现是在勃艮第地区。在此需要注意一点,切不能以为铁器出现就意味着青铜的消亡。事实上,青铜在继续被广泛使用,特别是在装饰品和首饰的制作方面更是如此。即便是作为武器的青铜剑,在哈尔斯塔特文明初期仍被经常使用,较之青铜时代的青铜剑,这一时期使用的青铜剑不过是在局部形状上有所不同而已。至于此期开始出现的巨大的铁剑,在很多地方也表露出照搬照抄青铜剑的痕迹。这种铁剑被发现得最多的地方也仍然是勃艮第。

从公元前5世纪左右起,法国进入了铁器时代的第二阶段——拉泰纳文化期,这一文化延续至公元1世纪初,因今瑞士西部纳沙泰尔湖畔的拉泰纳遗址而得名。这一带曾是重要的商业中心,非但商店很多,甚至还有不少宽敞的仓库。在此需要注意,如果说如同上文所揭示的那样,对于法国来说,从青铜时代晚期到第一铁器时代是一种渐进和一种过渡,那么,在第一铁器时代和第二铁器时代之间却存有名副其实的"断层"。此外,法国史中被命名为拉泰纳文化的第二铁器时代,在它延续4个多世纪的时间里,还可根据其发展演变及其主要特点再细分为3个阶段,即从公元前450年—前300年为拉泰纳一期;从公元前300年—前100年为拉泰纳二期;从公元前100年到公元起始为拉泰纳三期。

二、"我们的祖先高卢人"

在不少法国人自己撰写的法国通史教科书中,人们时常可看到这样或类似于这样的句子:"我们的祖先高卢人。"那么,高卢人指称的是哪些人呢?其实,高卢人就是希腊人所称的凯尔特人,高卢人是罗马人对凯尔特人的称谓。而"高卢"亦由此成为法国的第一个名称。

公元前600年左右,希腊人开始到今日法国南部的地中海沿岸开疆拓土,并在罗讷河流域的河口建立了马赛利亚城——今日马赛的前身。大约就在希腊人在马赛殖民后不久,凯尔特人开始大举入侵法国。凯尔特人是在语言、物质文化和宗教方面具有共同特点的一些部落群团的总称,其发源地是中欧的多瑙河流域。凯尔特人属于印欧语人种的西欧分支,他们还是欧洲最早懂得冶炼铁、制造铁器工具的居民。凯尔特人凭借着铁铸的重剑对青铜匕首的优势,在几个世纪的时间里,进行了迅猛、急剧的扩张。随着扩张的连连得手,越来越多的地区流行起凯尔特语。由此,被希腊人不加区别地统称为凯尔特人的人数也大幅度地增加。

自凯尔特人在公元前5世纪末抵达法国南部和比利牛斯山后,今天的法国就成了凯尔特人活动的主要舞台。他们征服了在新石器时代便居住在法国南部的伊比利亚人和东南部的利古利亚人之后,迅速地将其同化,使他们也成为新的凯尔特人。在公元前500年—前450年左右,凯尔特人已分布法国各地。古罗马人把居住在今天法国、比利时、瑞士、荷兰、德国南部和意大利北部的凯尔特人统称为高卢人,并把高卢人居住的地区称为高卢。

在一些法国史学家的笔下,恺撒征服高卢前的高卢被称为独立的高卢。独立时期的高卢的凯尔特人生活在以家族、氏族、部落为单位的父系氏族社会中,部落是最高的社会组织。数以百计的部落之间悬殊极大,各有特性,并且经常处于相互冲突之中。如果说高卢的凯尔特人过去曾经实现过某种"统一",那么这种统一充其量也只是文化上的一致。因为政治上的统一从未有过。

高卢各部落主要由乡村居民组成。村构成人口定居和社会组织的基础。当然,高卢也有城市。不过,高卢的城市简陋至极,实际上只可以说是些为了防御和聚会草草建起来的大乡镇。当今法国的一些城市在高卢时期就存在了,因此这些城市的名称均源于高卢部落的名称。如巴黎(Paris)出自巴里西人(Parisii),亚眠(Amiens)、南特(Nantes)、普瓦提埃(Poitiers,一译普瓦捷)、图尔(Tours)则分别来自安姆皮阿尼人(Ambiani)、南姆内特斯人(Namnetes)、皮克塔维人(Pictavi)、蒂罗奈斯人(Turones)[①]。

一如高卢部落之间发展不平衡,部落内部的社会分化也在逐渐地加剧。根据恺撒写于公元前1世纪中叶的《高卢战记》记载,我们不难看到,在高卢众多部落中,特权等级和普通成员之间已存在鸿沟。特权阶级由骑士和祭司组成。恺撒笔下的骑士实为部落中的氏族贵族。他们利用职权、地位占有较多较好的耕地、牲畜和其他财富,大部落的酋长还拥有众多的奴隶。祭司的地位和权力并不亚于骑士。他们往往同时扮演着术士、审判官、教师和诗人的角色。祭司不用参加战争,并享有免纳赋税和其他一切义务的特权[②]。

[①] 参见张芝联主编:《法国通史》,北京大学出版社1989年版,第3页。
[②] 参见恺撒:《高卢战记》,商务印书馆1979年版。

三、恺撒征服高卢

在长达几个世纪的时间里,凯尔特人以其势不可挡的扩张改变着欧洲的命运。其间,他们亦曾在公元前386年夺取了罗马。此时,凯尔特人想必无论如何也不会料到,若干个世纪之后,当年的手下败将——罗马人不仅倒过来侵袭自己所占据的高卢,而且还以血腥、神速的征服摧毁了高卢的独立。

众所周知,恺撒是高卢的征服者,但其实在恺撒征服高卢之前,罗马与凯尔特人之间已经发生多起序战。公元前2世纪,罗马人在第二次布匿战争结束后不久,经过3次血战(公元前197年、前194年和前191年),征服了"山内高卢"。公元前120年左右,他们占领了高卢的地中海沿岸地区,并在这里建立了纳尔榜高卢行省。由此,罗马人确立了其对"山外高卢"的部分统治,尤其是控制了凯尔特人居住地区与地中海地区联系的交通要道。顺便要说的是,"山内高卢"和"山外高卢"之分亦来源于古罗马。当时,古罗马人以阿尔卑斯山为界,称自己所在的意大利一侧为"山内",法国一侧为"山外"。

公元前58年,罗马"前三头"之一的恺撒出任山南高卢行省总督,后又兼理纳尔榜高卢行省。作为具有雄才大略,且又野心勃勃的政治家和军事家,恺撒企图通过征服"长发"高卢而获得声誉。"长发"高卢是罗马人对山外高卢的称呼,与其相对应的是"托茄"高卢,后者如前文又称山南高卢。为此,他在率兵入驻山南高卢后,即处心积虑地寻求进军"长发"高卢的机会。

机会很快就来了。同年晚些时候,居住在今瑞士境内凯尔特人的一支赫尔维蒂人出发向加隆河口迁徙。高卢中部的爱杜依部落因无力阻止赫尔维蒂人的压境,遂向罗马求援。就这样,恺撒在罗马元老院的"派遣"下,率军进入山外高卢。恺撒没有费多大力气就在奥顿地区击败赫尔维蒂人,迫使他们返回原住地。而后,他又以高卢人的"同盟和友邦"的名义将占领高卢东半部的阿里奥维斯特率领的日耳曼人逐出高卢,使其退回莱茵河东岸。大功既已告成,恺撒似乎已没有理由待在高卢。然而,他在自己离开后却仍将其军团留在高卢。

这一现象立即引起了当地人的担心与不满,当时,恺撒把高卢的居民分为三大部分:1.阿基坦人,居住在比利牛斯山和加隆河之间的地方。2.高卢人,居住在加隆河和塞纳河之间的地方。3.比尔及人,居住在塞纳河和莱茵河之间的地方。率先图谋反抗罗马人的是比尔及人。他们通过互派密使,相互串联,试图建立联盟把罗马人赶过阿尔卑斯山去。

恺撒闻悉此事即决定先发制人。他首先向比尔及人发起进攻。继在萨比斯河大败以纳尔维为首的比尔及联军后,他又率军穿过整个高卢直下阿基坦。在征服了阿基坦人之后,他继续挥师北上至布列塔尼半岛,摆平了该半岛上的文内几等邦。

显然,征服进展颇快。这一状况之所以会出现,似乎可归因于高卢自身的四分五裂和政治混乱。当时,高卢在政治上有如一盘散沙。"同族的亲情、共同的语言、宗教和文化,竟阻止不了他们反目成仇"①。正是这种深刻的分裂状态,使高卢成了恺撒唾手可得的猎物。因为他可以通过煽动不和和制造分裂,达到各个击破的目的。

征服进展的神速并不能掩盖凯尔特人传统的好战精神。事实上,就连恺撒本人也在其《高卢战记》中对此大加恭维。他写道:"这是一个极其灵巧的种族,他们有非凡的本领来模仿他们看见别人所做的一切……他们挖掘坑道,使我们的土方工程倒塌。由于他们有大铁矿,熟悉并使用各种地道,他们的这种技艺更为出色。他们的城墙都设有望楼,望楼由走道相连,并用兽皮防护……他们阻挠我们的坑道竣工,向还没有遮盖的坑道抛射削得尖尖的,并用火烤硬了的木块、滚烫的树脂、巨大的石头,以此来阻止我们把坑道挖到城墙脚下。"②不过,恺撒对这种好战精神的大加赞赏,其主要用意则可能是为了使自己这位"高卢征服者"显得更了不起。

四、高卢的罗马化

对于恺撒征服高卢在法国史上所具有的意义,法国历史学家历来众说纷纭,莫衷一是。其最具代表性的观点应属以下两种。一些史家为恺撒的胜利而庆幸,他们认为,这一胜利为法兰西进入拉丁世界奠定了基

---

① 参见布罗代尔:《法兰西的特性:人与物》(上),商务印书馆1995年版,第59页。
② 参见米盖尔:《法国史》,商务印书馆1985年版,第28页。

第一章 史前与高卢时期

础,使拉丁文明成为当今法兰西文明的重要组成部分;另一些史家则把恺撒的征服视为"法兰西民族"历史的灾难,他们认为,这一征服导致了"法兰西民族"独特演变的终结,它意味着强盛的"法兰西"的毁灭。他们当中民族主义情绪最为明显的个别史家甚至宣称,没有罗马征服,高卢有可能吸收已在马赛立足的希腊文明。后者的证据之一是,在当时的高卢,使用希腊字母并非只限于少数文化精英。

诚然,这两种针锋相对的观点之间的论战可以无休止地进行下去。但一个不争的事实却是,尽管高卢人曾对罗马人进行反抗,并在公元前52年在一个年轻、勇敢的民族英雄维尔琴热托里克斯的领导下把这种反抗推向高潮,但被征服的高卢很快就对战胜者臣服,向意大利和地中海的文明敞开了大门。由此,高卢进入了罗马化的时代。

恺撒在完成了征服高卢的大业后,尚未来得及在高卢建立一套完整和有条理的政治行政制度,即在公元前44年因遭共和派的暗杀而一命呜呼。因而,高卢罗马化的进程是在其政治上的继承人屋大维的手中基本完成的。屋大维是恺撒的甥孙,罗马"后三头"之一。公元前27年,屋大维从罗马元老院得到"奥古斯都"的称号。"奥古斯都"含有"神圣""庄严"之意。尽管此时的屋大维堪称罗马的第一个皇帝,但他害怕自己也像恺撒一样被共和派暗杀,因而他尚不敢公开把自己称为皇帝,而是称自己为"第一公民",意即"元首",同时,以带有共和制外形的元首制之名行帝政制度之实。

屋大维头像

屋大维上台后整顿改革了罗马行省统治制度,把行省分为元老院行省和元首行省。前者由元老院任命的执政官统治,后者则直属屋大维统治。鉴于幅员辽阔、物产丰富的高卢的贡税对罗马财政经济具有重要意义,屋大维在公元前27年把高卢分为4个行省,即纳尔榜南锡斯(今法国东南部)、阿基坦尼亚(卢瓦尔河以南的法国西部)、鲁格敦南锡斯(卢瓦尔河和塞纳河之间)、比尔及卡(塞纳河和莱茵河之间,延伸到今日的瑞士)。除第一个行省归元老院治理外,其余3个行省皆为元首行省。

罗马在高卢的统治中心当属里昂。这里既是高卢诸省总督的驻地,又是罗马统治者召开高卢人代表大会的场所。这种代表大会是罗马人统治高卢的一种重要方式,也是一种重要象征。它每年召开一次,由高卢各部落区推选代表参加。大会的主要内容是向奥古斯都圣像和罗马女神像献祭致敬,以表示高卢人对罗马和奥古斯都的忠诚。与此同时,它又是罗马政府的法令、告示和高卢各族人民的请愿、陈情上行下达的重要渠道。

如果说恺撒在征服高卢的过程中即颇为注重拉拢、收买高卢的上层人物,那么,屋大维在接手高卢后显然在推行这种怀柔政策方面有过之而无不及。他赋予他们罗马公民权,让他们充当罗马元老和担任募自高卢的辅助部队的司令官,或省区和城市行政机关的官员。

屋大维及其继任者在政治上对高卢进行卓有成效的统治的同时,还竭力通过推行拉丁文化同化高卢人。而由于高卢人始终没有创造出自己的文字,这更为拉丁文化的传播洞开了方便之门。在罗马化的高卢,拉丁文是官方使用的文字,罗马人使用的拉丁语是全国的正式语言。当然,拉丁语起先只是被高卢上层人物所接受,到后来才变成一般民众的语言。作为后话,高卢地区的拉丁语经过长期演变成为中世纪的罗曼语,后来又逐渐发展为现代法语。

推行拉丁文化固然是罗马人同化高卢人的重要环节,但同化过程的最后完成却得归因于"罗马的和平"所带来的经济繁荣。在当时的经济繁荣景象中,给后人留下印象最深的当为城市建设的迅速发展和城市居民生活水平的明显提升。当时,一些位于宽阔平原上、有利于商业交换的居民点得到引人瞩目的发展,由此产生了不少新建的城市。这些城市不仅多处于互为补充的经济区域的接触点或是交通要道的交叉点上,而且基本上是罗马式的:街道笔直、整齐,呈南北、东西走向。市中心拥有一个宽阔的长方形大广场以及包括政府机关、神庙、竞技场、公共浴室在内的一批公共建筑。在这些具有标志性的公共建筑周围,则是店铺、作坊和富有者的住宅。当时的城市中汇聚着一批富裕的市民。他们有的是身为司法官的阔绰的有产者,有的是飞黄腾达的商人,有的是骑士等级的成员,等等。这些人均为"罗马的和平"的既得利益者,他们不仅在城市中拥有华丽的住宅,同时大多还在城外建有富丽堂皇的乡间别墅。如图卢兹附近的蒙莫兰别墅竟有不下150个房间。

虽然城市建设有了迅速发展,但人们仍不能对城市化估计过高。当时,绝大多数高卢人仍居住在乡村。各城市的人口数目普遍不是很大,中小城市是四五千人,波尔多只有 2 万人,即使是作为中心城市的里昂,此期的人口亦从未超过 8 万人。

当然,高卢罗马化最重要的标志还是奴隶占有制的生产方式在高卢的确立与发展。先前,高卢并不存在意大利那样的奴隶制大庄园。而今,高卢—罗马贵族的奴隶制大庄园到处建立。奴隶们不仅大批地在高卢—罗马贵族的土地上辛勤耕作,而且还得在矿山和公共工程中拼命干活。更有甚者,一些奴隶还在竞技场上成为贵族们的玩物。应当说,在相当长的时期中,奴隶占有制的生产方式与当时的社会生产力水平还是相适应的。故而,罗马奴隶制经济曾经长期繁荣。而已作为罗马奴隶制经济重要组成部分的高卢奴隶制经济也同样呈现出繁荣景象。

五、罗马帝国晚期的高卢

随着高卢罗马化进程的步步深入,高卢的命运与罗马帝国本身的兴衰已然紧密相关。它们之间的关系可谓是一兴俱兴,一衰俱衰。直至公元 2 世纪中叶,罗马帝国依然繁荣昌盛,因而,高卢也照旧安享"罗马的太平盛世"。然而到了公元 2 世纪晚期,确切地说在公元 170—180 年前后,罗马帝国的统治开始不稳,罗马奴隶制经济的危机昭然若揭。进入 3 世纪后,罗马帝国更是深深地陷入"3 世纪的危机"。如前所述,晚期罗马帝国的衰亡必然会在高卢产生连锁反应。这种反应至少表明在两个方面。

首先,罗马奴隶制经济的危机很快蔓延到高卢,致使高卢手工业衰落,商业行销范围缩小,城市生产萎落,城市经济凋敝,广泛利用奴隶劳动的大庄园、矿山等已无利可图,难以维系,自由农民(包括中小地主)纷纷破产,奴隶与隶农的生活、劳动状况更加恶化。凡此种种,使高卢的社会阶级矛盾日趋尖锐。整个高卢犹如一堆干柴,只要落上几点火星,很快就会燃出熊熊烈火。

其次,罗马帝国的衰亡弱化了中央政权对包括高卢在内的各个行省的统治,乃至出现了"三十僭主"的分裂局面。在这一过程中,高卢驻军司令官波斯杜穆斯在公元 258 年率军脱离罗马,自立为高卢皇帝,并建起包括高卢、日耳曼、不列颠和西班牙的"高卢帝国"。初时,罗马皇帝伽利埃努斯因忙于同法兰克人、阿勒曼人和哥特人的联军作战,不得不暂时容忍"高卢帝国"的存在。268年,波斯杜穆斯因禁止部下对美因茨进行抢掠为士兵所杀,高卢分裂。其后,维克托里努斯和他的母亲相继成为高卢的实际控制者。"高卢帝国"的最后统治者是拥有元老头衔的年迈的阿基坦贵族泰特里古斯。公元273年,这位"高卢帝国"的末代皇帝为镇压国内起义,不得不向罗马皇帝求援。不久,双方达成一笔交易。罗马皇帝奥勒良允诺赐给泰特里古斯大笔财富,并让他出任卢卡尼亚,即古代意大利南部地区的总督,而泰特里古斯则答应交出军队,并使高卢重新归并罗马帝国。

导致"高卢帝国"皇帝甘愿向罗马皇帝俯首称臣的高卢境内的那场大规模起义叫"巴高达运动",巴高达意为"战士"。起义爆发于波斯杜穆斯统治末年,起义者乘高卢脱离罗马,高卢的新统治者力量薄弱之机揭竿而起,并建立起以农民为步兵,以牧民为骑兵的军队,驰骋在塞纳河、卢瓦尔河沿岸的广阔地区,夺取庄园,杀死庄园奴隶主,攻陷城市,赶跑豪富贵族。由于巴高达运动声势浩大,自知无力镇压的高卢皇帝只得向罗马皇帝求援,并不惜放弃高卢的独立。在罗马皇帝派大军远征高卢后,巴高达运动曾一度转入低潮。283年,巴高达运动再度崛起。义军推举埃里安、阿曼德两人为皇帝,自铸钱币,管理地方事务。两年后,罗马皇帝再度派大军血腥镇压了起义。之后,巴高达运动沉寂多时。但到4世纪中叶以后,随着罗马帝国危机的加深,巴高达运动又重新爆发,并在5世纪初蔓延到高卢全境。巴高达运动的数度兴起,对罗马帝国(包括后来的西罗马帝国)的解体起了加速剂的作用。

不过,使罗马帝国和高卢解体的最后动因似乎得归结于"蛮族"入侵。作为西欧最富庶的地方,高卢从3世纪起吸引着拥挤在莱茵河对岸的新入侵者。从3世纪起,日耳曼人几乎每年都要大举入侵高卢,对这块宝地进行掠夺性的袭击。406—409年,来自莱茵河的汪达尔人、苏维汇人和阿兰人也在高卢大肆劫掠。"蛮族"频繁的入侵使高卢的居民备受蹂躏,其中城市蒙受的灾难尤其深重。诚然,后人要对"蛮族"入侵造成高卢人口锐减和经济崩溃的程度作出确切的估测几乎是不可能的,但仍有一位法国史学家在其专著《三世纪可怕年代中的高卢》中指出:"我们敢说入侵使居民人口减少1/4乃至1/3。就某些地区而言,特别是在北部和东部,可以毫不夸张地讲,由于饥馑蔓延、疾病肆虐,一半以上的人死于非命",

与此同时,"乞丐大军遍布全国"①。

作者评曰:

在民族成分的复杂性方面,法兰西民族在欧洲的所有民族中也许称得上是首屈一指。事实上,只有对于人种学完全无知的人,才敢说出"法兰西种族"之类的话。法兰西民族在成分上的复杂性,很大程度上是由"法兰西空间"的地理位置所决定的。这片在今天大体呈六边形的地域处在西欧几条天然道路的交叉点上,就像十字路口一样门户大开。因而,从史前时代开始,"法兰西空间"就已经从几个不同方面迎来了一批又一批来源复杂的民族。例如在史前时期,"法兰西空间"就至少被两群人所穿越:其一来自地中海;其二来自中欧腹地。由于其源流不同,种族各异,加之"法兰西空间"地理、气候条件非同寻常的"多样性",遂使法兰西民族的成员显现出令外国人颇觉惊奇的复杂性与多样性。也正因为如此,当有人问你最典型的法国人是什么模样时,你往往会无言以对。

---

① 参见布罗代尔:《法兰西的特性:人与物》(上),商务印书馆1995年版,第80页。

第二章 法兰克人国家

一、从"蛮族"在高卢安身立国到克洛维一统高卢

公元4世纪下半叶,"蛮族"开始徙居高卢。最早在高卢建立蛮族王国的是日耳曼部落中的西哥特人。在来自中亚的匈奴人的驱逐下,西哥特人在367年越过多瑙河,进入罗马帝国境内,以"同盟者"的身份居住在帝国的东北部。因不堪忍受罗马奴隶主和帝国官吏的压迫,他们在378年揭竿而起,并在著名的阿德里亚诺波尔战役中打败了罗马帝国的军队。410年,西哥特人在阿拉里克的率领下竟攻陷了罗马城,整个帝国为之震惊。经过一系列的转移和与罗马军队的交锋,西哥特人在占据了高卢南部的阿基坦地区后,以图卢兹为首都,建立了西哥特王国。

继西哥特人在高卢建立另一个蛮族王国的是勃艮第人。5世纪初,勃艮第人从莱茵河中游侵入高卢;443年,他们在高卢东南部以里昂为首都,建立了勃艮第王国。在此以后,又有一些"蛮族"徙居高卢,并在高卢的土地上建立自己的王国。

"蛮族"徙居高卢,是法兰西民族发展史上的一个极为重要的阶段。它对法兰西民族的人种构成,文化和政治传统的多样性等都产生了深远的影响。随着"蛮族"徙居高卢,高卢境内就有两种不同的居民在一起生活。一种是说拉丁语的称为"罗马人"的早先的居民,虽然罗马帝国或者更确切地说西罗马帝国早就名存实亡,并在476年最终覆灭,但这些居民身上的罗马化特征仍然清晰可见;另一种居民是新来高卢安身立国的蛮族,他们保存着其语言、服装、习俗和审判方法。

第二章 法兰克人国家

在诸多蛮族人建立的国家中,存在时间最长、影响最大的无疑是克洛维创建的法兰克王国。法兰克人是日耳曼人的一支,原来分布在莱茵河下游的右岸。其中居住在莱茵河海滨一带的称为海滨法兰克人(根据音译又称萨利克法兰克人),居住在莱茵河下游平原一带的称为河滨法兰克人(根据音译又称里普利安法兰克人)。从3世纪中叶到6世纪,法兰克人越过莱茵河向罗马帝国侵袭、移民,逐渐占领了高卢北部的大片地区。使法兰克人在蛮族中脱颖而出的是海滨法兰克人年轻而勇敢的首领克洛维。

481年海滨法兰克人的首领希尔代里克亡故,接任其职的是他年仅15岁的儿子克洛维。克洛维即位时,对法兰克人威胁最大的是苏瓦松地区的"罗马人的国王"西阿格里乌斯。西阿格里乌斯原是罗马帝国派驻高卢的军队统帅。462年,他宣布拒绝承认罗马皇帝的权力,并以"罗马人的国王"的名义建立了一个实际上独立的国家。此国以苏瓦松为中心,其疆域包括法兰西岛和塞纳河与卢瓦尔河之间的广大土地。为了打败西阿格里乌斯,克洛维和河滨法兰克人与住在康布雷的法兰克人结成了同盟。486年,克洛维在苏瓦松大败西阿格里乌斯。西阿格里乌斯兵败后逃到西哥特王宫避难,孰料,西哥特王却把他交给了克洛维。结果可想而知,"罗马人的国王"顿时成了克洛维的刀下之鬼。克洛维在打败西阿格里乌斯后,夺取了法兰西岛,并从图尔内移都巴黎。从此,克洛维开始向南面扩张,并在短短的3年中就把权力扩展到罗亚尔河和阿尔摩里克半岛边境。

克洛维之所以能够建立赫赫战功,首要原因之一是他拥有一大批英勇善战的法兰克战士。关于这些法兰克战士的斗志和性格,高卢最后一位拉丁文诗人希多瓦纳·阿波利奈尔曾有过如下描述:"散开的棕红色头发,从头顶垂到额头,而后颈却裸露着。海蓝色的眼睛里闪烁着晶莹的瞳孔,剃光的脸上有几缕能梳理的稀薄汗毛,就算是胡须了。缝得紧窄的衣服贴着战士瘦长的大腿,一条宽腰带紧束着腰身。为了防止逃跑或把自己裸露的后颈暴露给敌人,法兰克人的头发只用来保护头骨的前部。他们用华而不实的帽子当盔头……他们的爱好就是打仗……万一遇到寡不敌众时,只有死亡才能使他们倒下去,要他们恐惧是办不到的。"

不过,要制服这些战士并非易事,其统帅既要残忍,又得要有心计。凑巧的是,克洛维恰恰同时具备这两种特性。法国民间广为传说的"苏瓦松圣杯"的故事清楚地证明了这一点。故事说的是,苏瓦松大捷后,克洛维手下把当地很多教堂的圣器作为战利品抢劫一空。事发后,雷米主教派使者求见克洛维,提出如果其他圣器不能归还的话,至少让其教堂能收回一只被奉为圣杯的很大且非常漂亮的广口瓶。为争取教会的支持,克洛维打算满足主教的这一要求。于是,他在与部下依照部落传统抽签分发战利品时这样说道:"最英勇的战士们!我请求你们在我的那份之外,不要拒绝再让给我那只瓶子。"话音一落,所有战士齐声表示赞同,唯独一位自负、好妒忌同时又易激动的战士听完这番话后,却一边举起手中的战斧砍向那只瓶子,一边高声嚷道:"除了你自己抽中的那份东西之外,这只瓶子你一点也拿不到。"鉴于身为军事领袖,不便因公开破坏分发战利品的部落传统而影响其与士兵的亲密关系,克洛维在当众蒙受此等侮辱后竟抑制住了内心的愤怒,没有当场发作。一年以后,他命令部下全副武装到校场集合。他在绕行全场检阅时走到那位冒犯过他的战士面前,先是指责他保养武器不当,紧接着把这位战士的斧头扔在地上。当这位战士俯身去拾斧头时,克洛维高高地抡起手中的战斧劈开了这个战士的头颅,同时大声说道:"你在苏瓦松的时候就是这样对待那只瓶子的。"克洛维的这一举动极具威慑作用,足以显示他已是具有生杀予夺大权的王者,从而令其部下此后更对他深怀畏惧,唯命是从。

克洛维受洗

克洛维能够建立赫赫战功乃至霸业的另一个重要原因则是他皈依了基督教。事情发生在496年。当时,分布在上莱茵河沿岸的阿勒曼人在进犯河滨法兰克人。以法兰克人的保护神自居的克洛维闻讯后即率兵迎击。据图尔教会主教格雷戈里在其传世之作《法兰克人史》中记载:两军交战以后,克洛维的军队连遭重创,濒临全面溃灭。这时,克洛维向耶稣基督高声喊道:"我以一颗赤诚之心向您祈求,请您荣施援救。如果你赐准我战胜这些敌人,使我从亲身的体验证实那些献身于你的人所宣称业已证明的那种力量,那么我一定也信奉你,并且以你的名义去领洗。"正当他高声祈求时,阿勒曼人突然不战自溃,并杀死了自己的国王,向克洛维俯首称臣。克洛维没有食言。他在凯旋后不久,在同年的圣诞节亲率3 000亲兵在兰斯接受雷米主教给他们施行洗礼①。

  格雷戈里主教的上述叙述颇多虚构成分,其目的显然是想借此抬高基督教的威信。事实上,克洛维之所以在其信仰基督教的妻子克洛蒂尔德影响下皈依基督教,乃是深思熟虑的结果。当时,罗马帝国已经覆灭。已经失去影响的罗马基督教教会和罗马贵族急于在新建立的蛮族王国中寻找自己的政治支柱,但由于此时帝国境内的日耳曼各部落都信奉被罗马皇帝和正统教会所排斥的阿里乌斯派异端,遂使罗马基督教和罗马贵族因宗教对立无法如愿。在这种情况下,如果克洛维率先皈依基督教,自然就能得到罗马基督教会和罗马贵族的好感与鼎力相助。事实也正是如此,在他受洗之后,克洛维立即得到了罗马基督教会和罗马贵族的大力支持,并获得了高卢原来信仰基督教的广大居民对他的拥护,使他能够在后来较为顺利地征服阿里乌斯派日耳曼部落。500年,克洛维征服了勃艮第王国。507年,他又凭借在靠近普瓦提埃的福耶进行的战役中获胜,开始将西哥特人赶出高卢。翌年,东罗马皇帝阿纳斯塔瑟授予他执政官的称号。接着,克洛维定居巴黎。对于克洛维选择巴黎为主要的居住地,在一些法国学者看来其意义不容低估,认为这位法兰克王的这种选择不仅表明他对法兰克人和罗马人关系的未来颇为自信,而且也为在即将形成的综合文明中使罗马因素长期占据主导地位作了前期准备。在克洛维去世前,高卢绝大部分地区已被他征服。更有甚者,在征服高卢的过程中,克洛维逐渐从法兰克部落的一个酋长成为高卢无可争议的最高统治者——法兰克国家唯一的国王。

二、盛产"懒王"的墨洛温王朝

  克洛维建立的法兰克王国的第一个王朝人称墨洛温王朝,因为"法兰

---

① 参见格雷戈里:《法兰克人史》,商务印书馆1981年版,第85—87页。

克的国王"认为自己是属于起源于神话的王族——墨洛温家族。克洛维建立的王国显然与近代的国家相去甚远。在那个一切价值都是和占有土地相关联的时代里，王国只是一份靠征服得来的家业，家长死去时，他的子孙就当仁不让地将其分掉。511年11月，克洛维在巴黎逝世。在他撒手人寰后，他的4个儿子蒂埃里、克洛多米尔、希尔德贝尔特和克洛塔尔按法兰克人的继承制度，平分了国土。由此，"强大的法兰克王国"的统一立即又成了问题。事实上，墨洛温王朝在克洛维去世后存在的200多年历史中，四分五裂的时间远远长于表面统一的时间。由于每代国王死后，都要由其儿子平分国土，故墨洛温王朝在克洛维之后的总共28位国王中，只有5位国王取得过国家的表面统一，而5位国王中的2位又是有名无实，在位时间短暂的国王。真正拥有统一的局面，又握有实权、堪称"全法兰克的国王"者仅为克洛塔尔一世、克洛塔尔二世和达戈贝尔特一世3人。

克洛塔尔一世系克洛维的第四个儿子。他在558年通过兼并几位兄长的领地，暂时取得了国家的统一。但在其去世后，他的4个儿子查理伯特、贡特拉、西吉贝尔特、希尔佩里克在561年再度瓜分了国土。567年，克洛塔尔一世占据巴黎地区的长子查理伯特因死后无嗣，其领土被他的3位弟弟平分。从此，法兰克王国渐渐形成了东部的奥斯特拉西亚、西部的纽斯特里亚及勃艮第3个王国，以及处于三国共管下的阿基坦公爵领地。

墨洛温王朝政治黑暗，秽行昭著，尤其是王族成员之间的阴谋、诡计、自相残杀更是到了令人发指的地步。其中，克洛维的2个孙媳，即西吉贝尔特之妻布隆希尔德和希尔佩里克之妻弗蕾德贡德之间的斗争尤为惨烈。

希尔佩里克是个阴鸷暴戾之人，同时又是好色之徒。他因妒羡其兄西吉贝尔特娶了西哥特国王美若天仙的公主布隆希尔德为妻，遂也向西哥特国王议婚，求娶布隆希尔德之姐加尔斯特温。由此，西哥特国王的两位公主既成了妯娌，又同为王后。孰料，希尔佩里克恶习难改，依旧拈花惹草，尤其是频频与他的昔日的情妇弗蕾德贡德幽会偷情。加尔斯特温因不堪忍受，要求回归故国。希尔佩里克闻讯大怒，竟然令奴隶将加尔斯特温活活勒死。此事传至布隆希尔德处之后，这位奥斯特拉西亚王后愤怒至极，发誓要为惨死的姐姐报仇雪恨。于是，一场规模不小，持续时间又长的内战开始了。战乱中，已成为纽斯特里亚王后的弗蕾德贡德竟然鬼使神差般地落入了布隆希尔德之手，布隆希尔德对弗蕾德贡德百般羞辱，频施酷刑，将其折磨至死。

第二章 法兰克人国家

613年,弗蕾德贡德之子继任纽斯特里亚王位,称克洛塔尔二世。克洛塔尔二世在获悉生母惨死于布隆希尔德之手后,也发誓要为母亲报仇。机智多谋的他买通奥斯特拉西亚的贵族,推翻了掌握实际大权的布隆希尔德。随后,他又乘机用武力统一了法兰克王国。为报杀母之仇,克洛塔尔二世将布隆希尔德绑于马脚,然后鞭打快马,导致布隆希尔德被活活拖死。

克洛塔尔二世统治时期,代表地主大贵族的宫相权力日盛。当时,奥斯特拉西亚、纽斯特里亚和勃艮第各设有宫相。宫相最初不过是王宫的管家,但因其地位特殊,渐渐执掌机要,并成为贵族们的代表与头领。为争取大地主贵族的支持,克洛塔尔二世生前尚不敢轻易开罪宫相。而宫相在这位精明干练的君主面前亦不敢过于放肆。在克洛塔尔二世驾崩之际,宫相已有擅权之意。不过,继任王位的达戈贝尔特一世却令他们不得不暂时放弃此念。达戈贝尔特一世被认为是一个公正、开明、明白该如何当国王的君主。在他当政期间,大地主贵族的势力有所抑止,王权有所加强。

639年,达戈贝尔特一世去世。从此,墨洛温王朝走上了彻底衰落的道路。随着他的去世,宫相开始权倾朝野,一手遮天。而墨洛温王朝的最后12代国王均因或童稚登基,或愚钝无能而难以亲政。无奈之下,这些国王便终日嬉戏,不视政事。法国史家把这些尸位素餐、懒散成性的国王称为"懒王",把"懒王"当政的一个多世纪称为"懒王时代"。

在"懒王时代",纽斯特里亚、奥斯特拉西亚和勃艮第的三位宫相,为了争夺法兰克王国的实际统治权,彼此之间展开了无休无止的战争。其中,又以纽斯特里亚和奥斯特拉西亚宫相之间的争斗最为激烈。在7世纪中叶,纽斯特里亚在艾布罗因担任宫相时一度居优势地位。然而,这一优势地位随着他在681年被刺身亡而消失。687年,艾布罗因的继任者被时任奥斯特拉西亚宫相的赫斯塔尔·丕平战胜。由此,赫斯塔尔·丕平成为法兰克王国唯一的宫相,并成为三国的实际统治者。丕平的这一胜利,为法兰克王国新的王朝加洛林王朝的建立初步奠定了基础。

714年,赫斯塔尔·丕平亡故,其私生子查理继任宫相。查理原本并非赫斯塔尔·丕平安排的继承人,但在其父去世后,他通过打败继母,即丕平的遗孀普莱特鲁德和两个侄子夺得了宫相职位。在他上任时,内外政局问题丛生,颇不稳定:纽斯特里亚和勃艮第的大地主拒不承认奥斯特拉西亚宫相的最高权力,阿基坦处于独立状态;在南方,阿拉伯人正在大举入侵;在东部边疆,弗里松人、萨克森人、巴伐利亚人正准备否认法兰克人的宗主权,并伺机进犯法兰克王国。面对内忧外患,查理非但没有惊慌失措,而是召集军队,沉着应战。他先是在715—718年间率军粉碎了萨克森人、弗里松人等对高卢的入侵,迫使他们称臣纳贡。继而在719年的苏瓦松战役中击败纽斯特里亚叛军,并强令阿基坦公爵向他宣誓效忠。732年,查理率军在普瓦提埃击溃了阿拉伯人的入侵,使基督教的欧洲免遭伊斯兰教威胁。这次胜利不仅对于西方世界的未来和法国的未来均具有决定意义,而且还使查理威名大振,赢得了遍及整个高卢的声望。从此,查理被人称为查理·马特。"马特"的意译是"铁锤",这一称谓表示这位查理具有铁锤子般的打击力量。几年后,他又用武力重新兼并了勃艮第,并把南部普罗旺斯一带也置于自己的统治之下。

为了抵御外侵,平定内乱,查理·马特亟须建立一支忠诚于自己的强大军队。为此,他大刀阔斧地对墨洛温王朝的土地占有形式进行改革。此前,土地由墨洛温诸王无条件封赠给贵族和亲兵,并由其后人世袭。这种方法既耗尽国家土地,又会导致大领地主的封建割据。为消除上述弊端,巩固王权,强化军队的战斗力,查理·马特决定采取"采邑"分封制。采邑是一种有条件的土地占有形式。受封者必须服一定的兵役,受封者的领地只限于终身享用,不能世袭,封主或受封者死后重新分封,若拒服兵役,其采邑即被撤销。当时,由于自由农民的大批破产,骑兵已取代步兵成为战斗的主力,故查理·马特的分封主要以骑兵为对象。此举为后来骑士阶层的出现奠定了基础。

采邑制的推行,一度加强了加洛林家族对贵族的控制,从而为加洛林王朝的建立进一步奠定了基础。但让查理·马特及其继承者始料未及的是,到了后来,也正是这一制度反而使封建大贵族对中央政权的离心倾向愈来愈强。不过,此乃后话。

三、加洛林王朝的建立

741年,查理·马特亡故。这位精明能干,且又野心勃勃的宫相生前虽未篡位,但在临终之时却把墨洛温王朝的国土分给了自己的两个儿子。长子卡洛曼,拥有奥斯特拉西亚、阿勒曼尼和图林根;次子矮子丕平拥有纽斯特里亚、勃艮第和普罗旺斯。在其后的几年间,卡洛曼和矮子丕平分别以奥斯特拉西亚和纽斯特里亚宫相名义执政。为更卓有成效地镇压贵族的大暴动,消除领主的反抗,兄弟俩找回一个被大家遗忘了的隐士、墨洛温家族的后裔希尔代里克三世,把他立为国王,但实际统治大权则依旧由他们两人平分。

常言道,一山不容二虎。两人同时当政,难免从初时的兄弟阋墙发展到后来的相互征战。746年,技高一筹的矮子丕平取得大胜,统一了国土。念及手足之情,矮子丕平未将其兄杀死。不过,为独揽大权,他仍在翌年威逼卡洛曼遁入修道院,弃政退隐。从此,矮子丕平成为高卢的唯一统治者。

在独自执政后,矮子丕平自然而然地觊觎起王位,不过,他深知,要想顺利登基称王,教会的支持不可或缺。凑巧的是,因居住意大利北部的伦巴底人正不断侵扰教皇辖地,罗马教皇也很希望矮子丕平能施以援手。彼此间的需要为双方的合作打下了坚定的基础,于是,矮子丕平在751年私遣使者去见教皇,呈请教皇惠示:"现下既有手握大权之人,又有自诩为王却绝无实权之人,此两人中谁应该称王?"教皇闻听此言,虽即刻心领神会,但却在故作沉吟之后才答道:"掌握实权的来当国王要比虚拥王位而无实权的为好。"

使者将教皇的答复向矮子丕平禀告后,矮子丕平笑逐颜开。同年,他在苏瓦松召集了法兰克王国的贵族大会。会上,矮子丕平顺利地被贵族们推选为国王,与会者还按照古日耳曼人部落的习惯做法,把矮子丕平高举在盾上,以示拥护。教皇特使卜尼法斯亲自为矮子丕平举行了加冕礼。这也是第一次国王加冕的仪式。当矮子丕平登基称王时,墨洛温王朝的末代国王希尔代里克三世已被囚禁在一个修道院里。随着矮子丕平被推选为法兰克国王,法兰克王国便起始了一个新王朝——加洛林王朝。加洛林王朝实际上因其后裔查理大帝得名,在拉丁文中,"查理"的音译为"加洛林"。

754年,新任教皇斯特凡二世因受到伦巴底人进攻罗马的威胁,越过阿尔卑斯山到达蓬蒂翁的法兰克宫廷,一向矮子丕平表示祝贺,二向其诉说罗马教廷的困难处境,请求新国王到意大利进行干涉。为了答谢教皇在篡位问题上的襄助,矮子丕平慨然应允。而斯特凡二世为了进一步讨好矮子丕平,则在巴黎北部的圣德尼教堂为矮子丕平重新施行了祝圣礼,同时还为他的两个儿子查理和卡洛曼祝圣,前者就是后来大名鼎鼎的查理曼。据一位可能经历了这一事件的圣德尼修士的记载,"同一天,圣皇还给丕平的妻子、王后贝特拉德祝圣,禁止任何人从其他血统中挑选国王,违者剥夺神职,并逐出教门。以后国王只能从这些王子中产生,这位王子是令人崇敬之神所垂顾赞同的,并通过圣徒们的中介,借真福之教皇之手,确认并为之祝圣,认定为神的代理人。"由此,神权之王国宣告诞生,而加洛林王朝也在新的基础上真正建立了起来。从此,国王受到了基督教的上帝保佑,而王权经此"神授"后更是凛然不可侵犯。

为了酬谢教皇的"厚爱",矮子丕平在754年和756年两次出兵意大利,打败了伦巴底人,迫使伦巴底国王爱斯托夫把所侵占的罗马地区诸城市和拉文纳总督区交给教皇统治。这一事件史称"丕平献土"。毋庸讳言,正是由于"丕平献土",一个世俗的教皇国才得以在意大利中部建立。

四、威震四方的查理曼帝国

作为加洛林王朝的开国君主,矮子丕平在临终前仍按墨洛温王朝的传统把王国的土地平分给他的两个儿子。长子查理得到奥斯特拉西亚、纽斯特里亚和阿基坦北部;次子卡洛曼得到了阿基坦南部、勃艮第、普罗旺斯和塞普提曼西亚。从768至771年,法兰克王国由兄弟两人共同统治。与墨洛温王朝时的情况一样,这一对王兄王弟之间的关系并不融洽,纷争时有发生。不过,对王国而言堪称幸事的是,由于卡洛曼于771年因病早逝,国家分裂的历史才没有重演。卡洛曼逝世后,查理合并了其五弟的领土,开始单独统治法兰克王国。查理在位的时间很长,共有46年。无疑,无论是文才还是武略,查理都是法兰克国家历代君主中首屈一指的人物。正是在他在位期间,法兰克国家达到了极盛。

查理的一生大部分时间是在戎马倥偬之中度过的,仅史书有载的征战就达53次之多。查理即位之初,首先遇到阿基坦人的再次反叛。为此,他发动了3次战争,平息了叛乱,并立自己的儿子路易为阿基坦国王。773—774年,应罗马教皇请求,他率军远征意大利,讨伐屡屡威胁教皇的伦巴底王国。经过5次重大战斗,伦巴底人彻底败北。尔后,查理废黜伦巴底国王,兼并了伦巴底王国的领土,并自称"法兰克人和伦巴底人国王"。778—801年,查理领兵与占领西班牙的阿拉伯人厮杀。经过12次战斗,他占领了巴塞罗那,夺取了大片土地。801年,他在西班牙北部建立了西班牙玛克("玛克"意为"边区")。

不过,查理戎马生涯中规模最大的军事行动是对萨克森人的征服,它开始于772年,终止于804年,前后历时30余年。萨克森人地居莱茵河下游和易北河之间,尚处于原始公社的解体阶段,信仰原始的多神教。为把萨克森纳入法兰克王国的版图,查理以传播基督教为名,对萨克森人进行了18次讨伐。为使不时发动起义奋起反抗的萨克森人臣服,查理不惜采用极其残忍的手段:如在782年凡尔登战役期间,查理在一天内便处死了4 500名萨克森人质,后来又强迫1万户萨克森人迁居高卢等地,以防叛乱。查理还强制萨克森人信仰基督教。为此,他在其颁布的有关赦令中明文规定:"凡反对基督教,或愿参加反对基督教的阴谋者""反对国王与基督教人民者""凡不受洗礼,轻视洗礼,继续信奉异教者""于斋日吃肉者"等皆杀无赦。

在与萨克森人战斗的同时,查理也对巴伐利亚进行征伐。788年,他废除了巴伐利亚公爵的政权,将巴伐利亚划分为数个伯爵区,由他委任的伯爵分别治理。从788年起,查理与居住在多瑙河中游潘诺尼亚、来自亚洲的游牧部落进行了长达十几年的战争,并在最终打败阿瓦尔人后建立了潘诺尼亚玛克。为制服布列塔尼半岛上的布列塔尼人,查理还在786年、799年两度发起远征,兼并了该半岛的部分土地。

经过数十年的南征北战,查理在欧洲大陆建立了一个庞大的帝国。当时,法兰克国家的版图东起易北河和多瑙河,西至大西洋;南起比利牛斯山和意大利,北至北海。其疆域之大,完全可与昔日的罗马帝国相媲美。

随着战场上的连连得手,个人威望的与日俱增,国王的称号已无法使查理感到满足。于是,他寻求着加冕称帝的有利时机。不久,机会从天而降。799年,罗马贵族以教皇利奥三世生活放荡、品行不端为借口发动政变,囚禁了利奥三世,还扬言要挖出他的眼珠、割掉他的舌头。但是,利奥三世居然侥幸地越狱脱逃,并直奔正在萨克森征战的查理的营帐,请求保护。查理亲自带兵护送他回罗马复位。为了报答查理的鼎力相助,800年圣诞节,当查理在罗马的圣彼得大教堂做祈祷时,利奥三世突然把一顶古代罗马皇帝的金冠戴在查理头上,高呼:"查理奥古斯都,这位伟大的带来和平的罗马人皇帝,万寿无疆和永远胜利。"在场者也如是高呼。经过这戏剧性的一幕,古代罗马皇帝有了一位法兰克的继承人,法兰克王国亦变成了新的"罗马帝国"。

从此,人们将查理称为查理曼。"曼"字的意译是"伟大的",也可径直译作"大帝"。与此同时,查理所统辖之地域自然也可称为"查理曼帝国"或"查理大帝帝国"。查理曼接受皇帝和奥古斯都的称号之初,拜占庭皇帝极为不满,并迟迟不予承认。因为拜占庭帝国历来自认为是罗马帝国的唯一继承者。尽管如此,查理曼帝国仍熠熠生辉,辉煌一时,而查理大帝本人更是威风八面:西班牙的阿斯图里亚王甘愿向查理曼称臣;苏格兰王和爱尔兰诸部落的酋长竭力表示愿和皇帝保持友好关系,就连巴格达哈里发也极尽能事讨好查理曼。及至812年,拜占庭皇帝迈克尔一世也终于不得不承认查理曼的皇帝称号。

作为具有文韬武略的一代雄主,查理曼不仅能从马背上得天下,同时也善于治天下。为了加强统治,他将全国分为数百个伯爵区,分派诸多伯爵执掌各地权柄,在边境地区设立玛克,由边地侯管理。伯爵往往是当地最大的领主:他代表皇帝负责收税、司法、征兵、维持治安,等等。为维护皇权的威严及帝国的统一,防止伯爵势力坐大和离心倾向增强,查理曼力图从体制着手严加防范。如规定每位伯爵只能管辖一地,严禁其兼领他处,规定伯爵要经常向皇帝参觐交代。他还建立巡按史制度,定期派出巡按史巡行各地,替皇帝进行监督、调查。这些巡按史被人称为"皇帝的眼睛"。为保证伯爵们对自己的忠诚,查理曼与他们建立了领主与附庸的关系,即他向伯爵们授予采邑,伯爵们向他宣誓效忠。除伯爵外,查理曼还在全国各地选择若干大地主,径直授予采邑,收为亲信。这些人被称作"皇帝的附庸"。他们在自家采地内享有司法、课税等特权,不受当地伯爵管辖。"皇帝的附庸"的作用是充任朝廷的坐探及眼线,对地方伯爵起监视和钳制作用。

为了更好地维系由具有不同的语言、法律、经济条件和风俗习惯的众多种族组成的庞大帝国的统一,查理曼极为看重立法工作,力图在政治和社会生活的各个方面都制定出可行之整个帝国、不管哪个种族都得遵守的法规。据估计,他先后制定的65个敕令中含有的法规逾千条,其中293条是有关政治的,130条是关于刑法的,110条是关于民事的,305条是有关教会的,73条是关于家内事务的,87条是关于道德的。这些法规数量之多,涵盖面之广,令人折服。

与其祖父查理·马特一样,查理曼将政教合作置于非常重要的地位。

不过,他敏锐地感觉到当时的教会存在着许多缺陷和弱点。于是,他便把整肃教会作为当务之急之一。为此,他把亲自过问教士的教育和品德作为自己的责任,加强了对教士的文化教育,并把品行不端、不称职的教士予以清除。为在整个帝国强化宗教信仰,查理曼把礼拜仪式建立在无可非议的基础上,并召来一个名叫阿尔昆的盎格鲁—撒克逊修道士,请他负责校对拉丁文本的《圣经》,而后在全国强制推行《圣经》的拉丁文本。

查理曼不仅本人颇有文化,而且还极为关注文化教育的发展。他传旨建立宫廷学校和寺院学校,延揽欧洲各地的著名学者前来任教,并要求官宦贵胄及教会僧侣入校学习。为弘扬学问,他还带头向这些著名学者学习拉丁语、希腊语及天文、算术。与此同时,查理曼还赋予教士向各地传播文化的使命,包括在村庄里建立免费的学校,教农夫及其子女识字。

尽管查理曼是位旷世奇才,在其治理下,查理曼帝国独步欧洲,如日中天,但他的帝国毕竟是在征战的基础上建立起来的。一如古代中世纪其他类似的帝国,查理曼帝国也只是一种暂时的、不巩固的军事行政的联合。由于缺乏统一的经济基础,尤其是统一的市场,各部落和部族的语言和生活方式又彼此不同,加之在封建化的进程中,各地区封建主义的发展极不平衡以及大领主们的政治、经济实力的扩大和对中央政权离心倾向的增强,如此庞大的帝国不可能长久维持。如同"加洛林的文艺复兴"在很大程度上是查理曼个人的功绩,查理曼在位时帝国的强盛兴隆,很大程度上亦靠的是他本人的文韬武略与威名慑人。也正是这一原因,一旦这位杰出的封建君主撒手人寰,这一庞大帝国的衰败分裂也就为期不远。

五、《凡尔登条约》将帝国一分为三

查理曼帝国的荣耀和强盛,随着查理曼的去世和其子路易的继位,很快就成了过去。814年,查理曼逝世,享年72岁。继承其皇位的是他3个儿子中唯一尚存的幼子路易。路易素来信奉上帝,极是笃诚,故而人称"虔诚者路易"。又由于他生性软弱,办事优柔寡断,路易同时还有"软弱者路易"的绰号。"虔诚者路易"也许有不少值得人们爱戴之处——19世纪的法国史学大师儒勒·米什莱曾把他推崇为圣路易一般的有道明君。但是,路易的软弱与寡断少谋却使其先父创建的帝国迅速地失去了光辉。自他继位后,那些早怀异心却不敢妄动的大贵族不仅揽权自重,同时还频频制造骚动,乃至叛乱。就连他自己的几个儿子也欺他软弱,各自觊觎其皇位,甚至由此数度展开内战。

路易在登位后仅过了3年,就过早地把国土分封给与原配皇后所生的3个儿子。促使他这样做的一大原因,是其太过虔诚而到了迷信的地步。817年,路易惯常地自皇宫前往大教堂做弥撒时,年久失修的游廊突然倒塌,将其砸伤。这位非常迷信的"虔诚者"当即认定,此乃上天示警,是自己不久于人世的征兆,因而必须刻不容缓地安排后事。于是他把意大利等地分给长子洛泰尔,把阿基坦等地授予次子丕平,把巴伐利亚及以东诸地区封给幼子日耳曼人路易。为防日后发生帝位之争,他还规定洛泰尔现下便与自己并称皇帝。当然,凶险征兆实际上并未应验,虔诚者路易又平平安安地活了23年,但这次国土大分封却招来了贵族叛乱和父子、兄弟之间的内战。

虔诚者路易封予洛泰尔的意大利,原来是路易的侄子伯纳德的封地。后者在闻讯后不肯放弃自己的领地,立即起兵反抗。伦巴底人在阿尔卑斯山附近、奥尔良主教在高卢地区也乘机作乱。好不容易平定了伯纳德之乱,洛泰尔与丕平又在829年联手挑起内战,反对父皇将封地赐予他与后妻所生的"秃头查理",并为此改变了817年的分封方案。虔诚者路易在挫败两位逆子后,不仅没有严惩他们,甚至还保留了他们在意大利和阿基坦地区的统治权。此举不啻是姑息养奸,贻害无穷。果然,几年后,洛泰尔、丕平又唆使日耳曼人路易共同反叛,再次挑起内战。833年,路易战败。洛泰尔全然不顾父子之情,竟强令其父皇赤裸着上身卧倒在一块毛毯之上,在数十名主教围观下大声诵念悔罪自白书。在此之后,路易又被幽禁在修道院达一年之久。后幸蒙萨克森、奥斯特拉西亚的伯爵发兵勤王,虔诚者路易才得以恢复自由,重登帝位。

839年,第三次内战爆发。此次兴兵作乱的是日耳曼人路易和丕平的儿子(此时丕平已去世)。无奈之中,虔诚者路易只得向洛泰尔求援,同时许诺日后由洛泰尔和"秃头查理"共分帝国。于是,洛泰尔便站在父皇一边与自己的弟弟和侄儿交战。翌年,虔诚者路易郁闷而死,洛泰尔继位。洛泰尔继位后,早就将其父皇关于由他和"秃头查理"共分帝国的嘱咐抛到了九霄云外,由此引起了"秃头查理"的强烈不满。于是,"秃头查理"便和日耳曼人路易联手共反洛泰尔。

842年,"秃头查理"和日耳曼人路易在斯特拉斯堡立誓结盟。"斯特拉斯堡誓言"是用两种语言表达的。日耳曼人路易面对"秃头查理"的部下发誓时,口中所说的是罗曼语,即最初的法语。而"秃头查理"向日耳曼人路易的部下发誓时使用的是日耳曼语,也就是最初的德语。"斯特拉斯堡誓言"的出现,说明这两个国家的本族语言已经形成。正是这一原因,"斯特拉斯堡誓言"便成了一则出名的历史典故。

在"秃头查理"和日耳曼人路易的联手进攻下,洛泰尔节节败退。843年8月,洛泰尔被迫与自己的弟弟妥协。三人在凡尔登会晤后订立了《凡尔登条约》。根据这一条约,兄弟三人三分天下,即把查理曼帝国化作了3个国家:莱茵河以东归日耳曼人路易,称东法兰克王国;莱茵河以西归"秃头查理",称西法兰克王国;洛泰尔虽继续承袭帝位,但实际上对两个弟弟的王国并无统辖权,真正归他统治的地区仅为北意大利以及东西法兰克王国之间一块狭长土地,即后来的洛林。近代西欧的3个国家,即德国、法国、意大利就是在这次帝国三分的基础上形成的。

六、法兰克国家的文化

"中世纪"一词最早出现于欧洲文艺复兴,它指称的是古典希腊、罗马文化与古典文化"复兴"期之间的年代。如果说整个中世纪的文化(约5—15世纪)是处于拉丁文化和文艺复兴两座"高峰"之间的那个"文化谷底"的话,那么在中世纪初期的数百年间,在西欧占据统治地位的法兰克国家的文化或许堪称这一谷底的最深处。

从公元3世纪起,西罗马帝国的文化已处于衰落状态,而"蛮族"的频频入侵乃至在帝国境内安身立国则更加速了罗马文化衰落的进程。这些尚处于原始公社末期阶段的粗野之人虽在打仗方面个个都是好手,但却几乎都是文盲。即便是不久在蛮族中脱颖而出的法兰克人也同样如此。"蛮族"的侵入不仅使帝国的经济遭到很大破坏,而且更使帝国的文化惨遭蹂躏。

毋庸讳言,法兰克国家文化发展的起点是极低的。所幸的是,由于教会的存在,古典文化的火种毕竟留存了下来。在墨洛温王朝时期,所有的学校都是教会和修道院办的。当时的教会学校主要有两种:第一种是由主教兴办的大教堂学校,凡主教区一般都设有这类学校。其中又以普瓦蒂埃、巴黎、勒曼、布尔日、阿莱斯等地的大教堂学校最负盛名;第二种是由修道院开设的学校,其教学对象或为修道院内部的僧侣,或为附近村庄的儿童。这两类学校均承袭罗马帝国旧制,教授"七艺",即语法、修辞、逻辑、算术、几何、天文、音乐。其中,前三者为基础课程,亦称"小三艺",后四者为提高课程,又称"大四科"。由于教士作为此期社会唯一的知识分子获得了知识教育的垄断地位,这一时期的教育自然而然地充满了神学色彩,并且完全是为教会服务的。例如,天文学用来计算教会的节日和发布各种预言;音乐主要在做礼拜时使用;至于修辞、逻辑,显然有助于教士布道或与异端辩论。

值得一提的是,在当时的修道院里保存着一些古代希腊、罗马作家的手稿。修道士在修道院的缮写室里,除了抄写宗教典籍,有时也抄写希腊罗马作家的作品。当然,他们在抄写后一类作品时往往会用小刀刮掉羊皮纸上不利于基督教的内容。尽管如此,他们的所作所为仍对古代手稿的保存起了不容忽视的作用。

墨洛温王朝前期,法兰克国家曾出现过在西欧文化史上可占有一席之地的作家。其一是后来担任图尔主教的格雷戈里,其二是擅长写诗的福尔图纳图斯。格雷戈里著述甚丰,其中以《法兰克人史》最为著名。这部前后写了近20年、共分10卷的著作当然夹杂了一些无稽的宗教传说,但仍不失为是可与《萨利克法典》媲美的研究早期法兰克王国的重要史料。福尔图纳图斯生于意大利,曾在拉文纳学习拉丁文。他在迁居高卢后与法兰克王公贵族过从甚密,并时常在墨洛温宫廷吟诗赋歌。福尔图纳图斯所创作的不少歌颂法兰克诸王的长诗、颂歌、古体赞辞以及为教会写的圣歌,是墨洛温王朝屈指可数的文学佳作之一。

加洛林王朝时期,尤其是查理曼继位后,法兰克国家的文化有了一定的发展,以至于在某些西方史家笔下,甚至有"加洛林文艺复兴"之说。查理曼堪称第一个对恢复古代文明的精神生活表示关切的"蛮族"国王。他不仅本人在记载之余孜孜不倦地学习,而且还积极奖掖学术,推广教育。为吸收欧洲各地学者的智慧和成就,他从欧洲各地延聘了一批饱学之士前来宫廷讲学,其中英格兰的阿尔昆、伦巴底的保罗和比萨的彼得等人,更是这类人中的佼佼者。为提高皇家子弟的文化水平,查理曼授命阿尔昆组织了一所宫廷学校。该校既收皇家子弟入学,也让部分平民孩童就读。鉴于当时一些教士所受教育不多,文辞鄙俗,查理曼兴办了一批寺院学校,以提高教士的文化水平。为提高普通百姓的文化水平,他赋予教士向各处传播文化的使命,通过他们在村庄里建立免费的学校,教人识字。为便于扫除文盲,查理曼还大力推行一种非常清晰易读的新字体——加洛林小写字体。教士们用这种新字体抄写了不少教会作品和古代作家的作品,一些手抄本还配有以《圣经》为题材的精美插图。为使查理曼帝国的首都亚琛成为"新雅典",查理曼还召来当时欧洲最好的建筑师、雕刻家和画家,兴建了一批富丽堂皇的建筑。此外,查理曼在纯化拉丁语方面也做了不少努力,其中的重要措施之一是在全国强制推行经阿尔昆校对的拉丁文本《圣经》。

诚然,在查理曼在位期间,法兰克国家的文化教育较之前一时期确实有明显的发展,但是否达到了"复兴"的地步,仍旧大可商榷。退一步讲,即便"加洛林文艺复兴"之说尚能成立,那么,它仍然与发源于14世纪初意大利的文艺复兴是无法相提并论的。

作者评曰:

墨洛温王朝时代在法国历史中占有两个世纪。在这两百来年的时间里,人们不难发现两种反差极大的现象。其一是法兰克诸王无休止的征战与令人发指的自相残杀;其二是罗马化的高卢社会和法兰克社会的逐渐同化。值得深思的是,两者中对日后的法国历史产生更大影响的,并非是前者的刀光剑影,而是后者表现出来的两种文化、两类居民缓慢的、悄无声息的融合。作为墨洛温王朝的继承者,加洛林王朝延续了3个世纪。在这3个世纪的时间里,它对法国史的最大"贡献"是孕育了封建制。在他们那值得骄傲的前辈查理·马特首开先河后,加洛林王朝的诸位国王(包括大名鼎鼎的查理大帝)均把土地分成"采邑",有条件地分封给"附庸",而国王封授的附庸又有各自的附庸,并同样分封给他们土地。由此,以采邑为纽带,上自国王,下至一级又一级的大小附庸,一个金字塔式的"封建"制度已然形成。实行分封的初衷乃是加强王权,而且确实也一度奏效。然而,及至后来,也恰恰是这一制度导致了王权削弱,封建诸侯对中央政权的离心倾向愈来愈强。从此,法兰西的历史在相当长的时间里不得不围绕着王权与封建割据势力的此消彼长展开。

第三章 法兰西独立国家的产生

一、加洛林王朝的衰落与卡佩王朝的建立

"**秃**头查理"根据《凡尔登条约》建立的西法兰克王国基本上构成了法兰西国家的疆域,而且它的国名不久亦被改称为法兰西王国。从这一意义上说,《凡尔登条约》堪称法兰西独立建国的标志。而且,及至此时,法国史才算真正开始。

法兰西的开国之君"秃头查理"

查理曼帝国一分为三之后,防御力量大为削弱,于是,外族势力趁机掀起了一股入侵的新浪潮:阿拉伯人从非洲和西西里侵袭意大利南部和法兰西的地中海沿岸;多瑙河中游匈牙利人进犯德意志……不过,这当中,最让法兰西惊恐不安的是诺曼人的频繁入侵。"诺曼"的意译是"北方人",它是当时对入侵的北欧人及爱尔兰海盗的总称。在9、10两个世纪,诺曼人大举攻入法国竟达47次之多,其足迹几至遍及全国,就连巴黎也是数度岌岌可危。

作为法兰西的开国之君,"秃头查理"在与其兄长争天下时给人留下智勇双全的印象,但面对诺曼人的进攻却表现出应变乏力,怯懦无能。845年,当诺曼人兵临巴黎城下时,御敌无计的"秃头查理"不惜捧出白银7 000磅,高价买其退兵。

第三章 ● 法兰西独立国家的产生

与此同时,他对国内封建贵族的驾驭力也大大弱化,诸侯领地纷纷出现,法兰西王国从此开始落入豪门显贵之手。在"秃头查理"驾崩后,次第登基的有"结巴路易"(877—879)、路易三世(879—882)和卡洛曼(882—884)。这3位国王无一例外地平庸而短命。他们登基称王的唯一"政绩"是使王室的权威大大跌落。

884年,卡洛曼去世,继位的是"天真汉查理"。此时,法国仍面临诺曼人的严重威胁,鉴于"天真汉查理"年幼无能,无法担负起领导国人抵御外敌的重任,一时无计可施的法国贵族遂推选东法兰克王国的国王"胖子查理"监国摄政。孰料,"胖子查理"也是无能之辈。在4万名诺曼人围攻巴黎达11个月之久后,他也在886年夏天重施"秃头查理"之故技,以向诺曼人缴纳重金求解巴黎之围。更有甚者,他还允许诺曼人越过塞纳河进入勃艮第。

"胖子查理"的丧权辱国行为,使法国贵族和东法兰克王国贵族均大感失望乃至愤怒。887年,两国贵族共同废黜了"胖子查理"。随后,法国贵族将在保卫巴黎之战中声威大震的巴黎伯爵厄德推选为法国国王。

厄德出身名门,其父是因秉性刚毅、不畏艰险而被人誉为"坚强者"的法兰西公爵罗贝尔。厄德继位后,出色地担当起护国守土的职责,接连大败诺曼人,使局势转危为安。然而,就在诺曼人刚刚败退,厄德还未来得及品尝胜利之果时,以勃艮第公爵查理、奥弗涅公爵威廉、韦芒杜瓦伯爵赫伯特和兰斯主教法尔科为首的大封建主却公然兴兵作乱。他们因担心精明能干的厄德会威胁他们的世袭领地的安全,故打出正统旗号,硬要重立年幼无能的"天真汉查理"为国王。于是,不甘忍让的厄德起兵迎战。这场内战一打就是6年。898年,厄德在胜负未分的情况下含恨辞世。其弟大力士罗贝尔因厌倦战事,宣告甘愿臣服于"天真汉查理",只接受"法兰西公爵"的称号,领有巴黎、奥尔良、图尔、夏尔特尔等地。由此,双方罢战息兵。

内战宣告结束,但诺曼人趁法国内战重新掀起的侵略浪潮却一浪高过一浪。在勉力抵挡了几年之后,"天真汉查理"不得不于911年与诺曼人的首领罗洛订约,以诺曼人信仰基督教和对法国国王行臣服礼为条件,把塞纳河下游沿岸土地割让给罗洛,并赐予公爵称号。从此,这一地区因此而易名为诺曼底,诺曼底公国亦因此而形成。

"天真汉查理"统治晚年,王权式微,封建诸侯之间的内讧愈益加剧。

923年，西部诸侯推举法兰西公爵罗贝尔为国王，并说动勃艮第公爵鲁道夫、韦芒杜瓦伯爵等联手兴兵，向"天真汉查理"挑战。同年，双方在苏瓦松展开决战。"天真汉查理"的军队溃败，但罗贝尔本人也在此役战死。西部诸侯虽然战场得胜，却假意表示向"天真汉查理"臣服，诱使其前往佩隆纳相会议和。"天真汉查理"轻信赴会，刚抵佩隆纳就遭对手囚禁。

在"天真汉查理"身陷囹圄期间，勃艮第公爵拉乌尔被贵族选为国王。拉乌尔国王在位凡13年，他本人总的说来亦是一位相当能干的君主，但却因身后无嗣致使王位空缺。此时，罗贝尔的儿子"大个子于格"凭其雄厚势力只要开口就能成为国王，但工于心计的他却宁愿让"天真汉查理"之子洛泰尔继位，自己则像当年的法兰克宫相一样在幕后操纵。公元986年，时年44岁的洛泰尔去世，留下了一个儿子，即路易五世。路易五世当年为19岁，并且已经加冕为国王。

987年，这位年轻的国王在位于桑利斯和贡比涅之间的森林打猎时从马上摔了下来，并因伤势过重在同年5月撒手人寰。由此，已没有任何东西可以阻止过于谨小慎微的于格·卡佩登上其家族似乎唾手可得已有10年的王位。根据史书记载，也就是在这一年，这个王国的大贵族们在桑利斯聚会，他们排除了加洛林家族的王位觊觎者——"洛林的查理"，推举法兰西公爵即大力士罗贝尔的后裔、"大个子于格"之子于格·卡佩为君主。这一结果不仅意味着加洛林王朝的终结，也标志着国王的尊号转归卡佩家族，法国进入了卡佩王朝统治时期。

这里需要强调的是，由于于格·卡佩的两个祖先，即厄德和罗贝尔早已戴上过王冠，因而新国王也像意欲和他争夺王位的"洛林的查理"一样，自认是出身王族。而且，在加冕当天为之欢呼的人们也普遍奉他为查理曼的合法继承人，均认为他的血管里流淌的是查理曼的血液。由此，这次王朝更替只是王位在两个都负有君权天命的家族之间的一次转移，属于正常现象，并已得到大部分贵族的认可，因而从本质上说几乎不会损害王权。

二、法兰西岛的小国王

卡佩王朝建立伊始，整个法兰西因被诸侯割据而四分五裂。国王的实际统治区域仅限于王室领地，即处于塞纳河与卢瓦尔河中游南北狭长地带里的数处不相连接的地方，时称"法兰西岛"，其中包括巴黎和奥尔良

第三章 法兰西独立国家的产生

等城市。当时,法兰西的领土共有45万平方公里,而"法兰西岛"的面积却不到3万平方公里。更有甚者,即便是在这块面积不大的王畿内,国王仍无法全面做到令行禁止。一些桀骜不驯、不听王命的封建主往往凭借其实力,建筑城堡,在交通要道上拦路抢劫。

王室领地内的"小"贵族尚且如此,王室领地外的各路诸侯就更不用说了。当时,法兰西内存在着不少公国和伯国。其中重要的公国有:诺曼底公国、勃艮第公国、加斯孔尼公国、阿基坦公国和布列塔尼公国;重要的伯国则有佛兰德尔伯国、图卢兹伯国、皮卡底伯国、安茹伯国和布卢瓦——香槟伯国。拥有这些公国、伯国的公爵、伯爵们虽然在形式上承认卡佩王朝的国王为其宗主,但实际上在自家领地内保持着完全独立的统治。他们在领地内有颁布法律、作战媾和、铸造钱币、征收赋税、审理案件等大权。其实际权力之大,丝毫不逊于国王。更何况,有些诸侯所拥有的财富远在国王之上。如卢瓦尔河以北的佛兰德尔伯爵与韦芒杜瓦伯爵就比国王富有很多。可以想见,这些大领主绝不会把国王真正放在眼里。事实上,在王室领地之外,国王的权威几乎等于零。

虽然卡佩王朝初期的国王在国外已被公认为"法兰西人的君主",但这些法兰西岛的小国王当时实在也是寒碜得很。他们没有固定的首都——其住处经常在巴黎、奥尔良两地换来换去,更无系统的行政管理机构。国王的经济收入也极为有限。由于国王无权在王室领地之外课税敛财,其财政来源仅为王室领地和所辖教会之收益。为了扩大财源,堂堂的国王有时竟然也会去干些拦路行动的勾当。例如11世纪时,菲利普一世也曾抢劫过来自意大利的过路客商。

不过,法兰西岛的小国王们毕竟掌握着一张王牌,那就是由于举行加冕仪式,国王到底是唯一拥有精神权威的人。卡佩王朝建立之后,国王在兰斯"行涂油礼",用香膏掺一种上等的香油涂身。据说这种"圣油"来自上帝,是当年克洛维受洗时由一只鸽子带给主持洗礼的雷米主教的。在加冕仪式中使用此等"圣油",不仅能"证明"卡佩王朝的国王乃克洛维等法兰克君主的继承者,而且更表明他们与所罗门王和《旧约圣经》中的诸王一脉相承。由于国王本人的威严,再加上加冕当天对国王身体行的涂油礼,还使得国王在很大程度上处于宗教和尘世的交汇点上,同时具备宗教权力和军事权威。不过,如同有法国史学家强调的那样,当时,"被主教们环绕的国王"的首要职责是举行宗教礼仪、向教堂广赠礼物以博取神的恩典、保护教会和所有为神服务的人免受各种暴力和掠夺的侵害。此外，国王还要监督信仰的纯洁，驱逐各种异端，将异端分子赶到柴堆上烧死。而且，这类祭司国王、祝圣后的国王还充满圣徒遗骨所具有的神奇力量，任何举手冒犯国王的行径都是亵渎，而且国王还会"制造"各种奇迹，他甚至像基督一样，可以通过向盲人脸上泼水的方法使他们复明。法国史学界一般认为，对法国国王超自然力量的持久信仰在11世纪之初已有最早的表现，同时指出："这种以君主的祝圣礼仪为依据的"信仰，在封建瓦解趋势加速的时刻确立下来，且没有受到侵蚀，因为它完全不是以外在物质力量为依据的。作为卡佩王朝的声望"最深厚、最牢固的根基"，它也是法国君主之所以高于王国所有其他诸侯的根据所在。

还值得一提的是，尽管由诸侯推选国王是法兰克人遗留下来的一种习惯，而卡佩王朝的首位国王于格·卡佩也是在诸侯们的推举下登基称王的，但他由于深知王冠的威望与价值，故在自己当选国王数月之后，很快通过诸侯会议立他的长子罗贝尔，亦即后来的"虔诚者罗贝尔"为国王，并给他行了祝圣礼。而且，这一做法在菲利普·奥古斯都之前，还被他所有的继承人所效仿。由此，这些国王不仅在有生之年便在高级贵族的认可下同长子联合在一起，而且每到国王在位的末期，国王人格的这一双重特征就会造成两个地位等同的君主，一个年老的，一个年轻的。更有甚者，在习惯法中，国王的双重人格逐渐形成这样一种规则，即法国国王不再由选举产生，而是根据长子继承的法则在卡佩家族内部世袭赓续。

996年，于格·卡佩驾崩时，"虔诚者罗贝尔"非常顺利地登上了王位。"虔诚者罗贝尔"当政凡35年。而后，次第登基的有其子亨利一世和其孙菲利普一世。这几位国王登基后，无不效法于格·卡佩，当本人尚在位时便使儿子被选举为王，并为后者举行加冕礼。此项仪式一经确认，新立为王的王子便成为区别于其他封建主的"圣人"，日后在继承王位时就不会有多少麻烦。这种做法在成为惯例后被卡佩王朝后来的几代君主所恪守，同时亦得到诸侯们的尊重。凡此种种，昭示着王位世袭继承制已逐渐压倒选举制。

三、王权的逐渐增强和统一的开始

卡佩王朝的头四位国王均颇为平庸。他们既无力对付在其周围雄踞

第三章 法兰西独立国家的产生

一方的各路诸侯和王室领地内桀骜不驯的封建主,亦没能在"国际事务"方面发挥任何作用——例如四位国王无人参加过第一次十字军东征。也许,"法兰西岛的小国王"的角色已让他们心满意足。

然而,始自1108年,随着路易六世的登基,卡佩王朝的王权逐渐增强,法国的统一进程亦开始起步。这一局面的出现,其根本原因当然得归结于生产力的发展、城市的兴起与各地区经济联系的加强,但一些杰出君主的个人作用亦不可小视。

卡佩王朝首位以在加强王权方面的自身功绩而受人称道的国王是绰号"胖子路易"的路易六世。这位身材肥硕的国王登基伊始,就致力于王室领地内部的治理。为此,他进行了无数次的出征,平毁了大量封建主的城堡,迫使王室领地内那些原先桀骜不驯的城堡主从此俯首听命。而后,他为了便于在全国范围内平抑大封建贵族的势力,断然改组了御前会议。过去,御前会议由显贵、国王的封臣和宫廷官吏等大封建主组成,而改组后的御前会议则吸收了若干忠于国王的市民、教士和中小封建主参加,后者在参议国事时往往听从国王命令,很少受大封建主势力的支配。为与大封建主抗衡,路易六世对当时方兴未艾的城市自治运动,尤其是城市公社甚为看重与支持,以致被人誉为"公社之父"。此外,他还力图通过联姻来扩大王室领地。当1137年阿基坦公爵去世时,路易六世使自己的儿子娶公爵的女继承人阿莉埃诺为妻,意在将阿基坦的领土置于自己的控制之下。

1137年,路易六世驾崩,其子冲龄即位,是为路易七世。路易七世继位后,在前朝旧臣的辅助下,继续其父加强王权的政策。由于他娶了阿基坦公国女公爵阿莉埃诺为后,顺理成章地把阿基坦的领土归入王室领地。当时,阿基坦公国拥有罗亚尔河以南的大部分土地,其面积甚至比王室领地还大。因而,这一归并使王室领地面积大增,国王的实力明显加强。为进一步扩大王权,路易七世在娶了阿基坦女公爵后,还对图卢兹伯国进行远征,要求图卢兹伯爵对阿基坦女公爵继续履行臣服礼。王权的日趋强盛使路易七世踌躇满志,遂在1147年亲自举起十字架,率军加入了第二次十字军东征。

孰料,路易七世远征后不久,即获悉国内的大封建主趁他不在国内之际纷纷兴风作浪,甚至图谋废除他的王位。更让路易七世恼怒的是,在十字军东征期间,时有关于阿莉埃诺不守妇道、秽乱宫闱的传闻传入他的耳朵里。盛怒之下,路易七世立即下令回师。回国后,他先是剿平了叛乱,继而又以无男嗣为由和阿莉埃诺离婚。由于阿莉埃诺离婚后带走了原属阿基坦公国的领地,遂使王室领地又缩回到原状。正当路易七世为大片领地得而复失而黯然神伤时,一个更大的打击又向他袭来。

当时在法国王室领地以西有个安茹伯国。伯爵亨利与其父若夫瓦伯爵生前一样,素喜在头盔上斜插一枝金雀花,故而人称"金雀花亨利"。"金雀花亨利"俊逸潇洒,倜傥风流,只略施手腕就使阿基坦公国女公爵阿莉埃诺投入他的怀抱。由于阿莉埃诺的改嫁,"金雀花亨利"在原已有安茹、曼恩、都兰及诺曼底等地的基础上,又增添了阿基坦公国的领地。这样一来,他所统辖的领地竟比王室领地还大5倍。1154年,吉星高照的"金雀花亨利"又继承了英国王位。于是,他便建起了兼挑英国国王与法国安茹伯爵的庞大的金雀花王朝。从此,金雀花王朝便成为法国国王统一法兰西的最大障碍。而且,原本纯属法王与诸侯间的争斗开始演化成为法、英两国的较量。

婚姻失败虽使路易七世人财两空,但在他后来的统治期间,法国仍可谓处于太平盛世。战争不多,国泰民安;新的城市不断出现,老的城市更趋繁荣,金融家阶级和商人阶级开始形成,集市成为专事商品购销者定期聚会的地点;通过砍伐森林、开垦荒地和排干沼泽,耕地面积大大扩大;随着水陆交通的蓬勃发展,人员、商业乃至思想频繁地交流。文化上的进步也同样不容置疑:表现在雄辩术和建筑、装饰方面的古代文化正在复兴,它们与罗马式艺术和随后产生的哥特式艺术一起争奇斗艳;在教堂周围和修道院中不断出现名家大师,如唯实论的拥护者安塞姆、巴黎的杰出教师阿伯拉尔。随着王权逐渐强盛,卡佩家族决定永远定居巴黎。继路易六世把圣德尼修道院视为法兰西王国的"头部",路易七世把位于塞纳河中心的巴黎的旧城,其上有巴黎圣母院等著名建筑的西岱岛上"虔诚者路易"住过的旧宫作为自己的王宫。不久,领主和朝廷的谋士纷纷在这王宫周围兴建坚固的宅第。由此,卡佩王朝的王都初步形成。

诚然,路易六世、路易七世都不乏才干,政绩卓著。但是,他们中的任何一位与1180年到1328年先后在位的三位国王相比都只能说是小巫见大巫。这三位杰出的卡佩王朝的国王分别是菲利普二世、路易九世和菲利普四世。

第三章 法兰西独立国家的产生

在1180年登基称王的菲利普二世是路易七世的儿子。他在继位后，不仅使卡佩王朝保持强盛，同时还既不屈不挠又计谋多端地与强大的金雀花王朝展开了持久的斗争。为了挫败对手，他先是挑动和利用金雀花王朝国王亨利二世与其儿子"狮心理查"、"失地约翰"父子之间、兄弟之间的矛盾，拉一派，打一派，坐收渔人之利。1200年，已继承王位的失地约翰被迫和菲利普二世订立古莱和约，承认自己为法王的封臣，并将大片土地让与菲利普二世。然而，菲利普二世并未就此满足。他像以前帮助狮心理查反对亨利二世，后来又帮助失地约翰反对狮心理查一样，现在又帮助狮心理查的侄子阿瑟起来反对失地约翰。1202年，他借口失地约翰拒绝出席法国王室法庭受审，违犯附庸义务，宣布剥夺英王在法国大陆的领地，并在其后的几年中陆续派兵占领了诺曼底、曼恩、安茹和布列塔尼等地。1206年，失地约翰被迫签订停战条约。从此，他在法国的领地就只剩下吉埃内。

1214年，决心报复的失地约翰在欧洲纠合了几个因菲利普二世威名大振而惶惶不安的王公——神圣罗马帝国皇帝奥托一世、佛兰德尔伯爵和布洛涅伯爵等共同向法王进攻。同年7月，双方在布汶展开大决战。结果，在菲利普二世的领导下，法国军队和数万名手执武器的市民击败了声势浩大的敌军。布汶战役在一些法国史学家眼里，堪称决定法国王权、法国民族存亡攸关的生死之战。正是这次战役，首次真正激起了法兰西民族感情的高涨。由于布汶大捷，法国王权大大巩固，菲利普二世也因此被誉为"奥古斯都"。此前，卡佩王朝的历代君主在生前即为其子加冕，与自己共同执政，但菲利普二世取消了这种做法。因为在他看来，此时卡佩王朝的王权已足够强大，此类立嗣仪式纯属多余。菲利普二世在位时，还在巴黎铺设了道路，修建了城墙，甚至筑起了至今闻名于世的卢浮宫。由此，巴黎逐渐真正具有首都的面貌。

1223年，菲利普二世去世，其子路易继位，是为路易八世。路易八世早年骁勇善战，曾在布汶战役中率兵击溃英军，并追击到伦敦。在位时，他坐收征讨阿尔比异端之利，没有冒多少重大风险便将南部的朗格多克地区并入王室领地。可惜天不假年，路易八世在位仅三载就英年早逝。继之登基的是他年仅11岁的儿子路易九世。由于路易九世年幼，其母亲布朗什·德·加斯蒂尔遂临朝摄政。结果，这一举动激起了不少王公贵族的不满。他们聚集在布洛涅公爵周围，以"不愿受一个女人统治"为由不时挑起叛乱。布朗什虽为女流,但绝非庸常之辈。结果,她轻而易举地就平定了各地的叛乱。为了扩大法国王室的实力,她还命路易九世娶普罗旺斯伯爵的长女玛格丽特为后。

随着1252年母后驾崩,路易九世终于成为法国真正的国王。他在亲政后,为提高国王的权威,大刀阔斧地进行了两大改革。首先是司法改革。为将司法权牢牢地控制在国王手里,他多次颁布敕令,在王室领地内禁止司法决斗,并将叛逆、铸伪币、伪造王室法令、非法携带武器等案件均收归王室法庭审理。路易九世在王室领地内严禁私战的同时,还在王室领地之外实行"国王四十日",即法国任何诸侯受到侵害后,在40天内不得实施报复,可以向王室法庭上诉,请求仲裁。血亲复仇也在被禁之列。第二项重大的改革是币制改革。王室开铸新的标准化金、银货币,流通全国。1263年,路易九世还专门颁布敕令,规定王室领地内只准使用王室铸币。当然,在王室领地之外,贵族(须是有铸币权者)的铸币仍可与王室铸币并用。路易九世的这两大改革标志着法国在统一的道路上又迈出了一大步。

圣路易在给穷人分发食品

路易九世一生笃诚信奉天主教,他长期斋戒,经常一连几个小时孜孜不倦地研究经文。为了推行基督教信仰,他不仅亲自参加十字军东征,还在国内推行强硬的宗教政策。为此,他甚至鼓励设立宗教法庭。不过,在宗教和执法问题上强硬至极的路易,却仍然享有仁慈的美名。据说,他曾在济贫院给穷人们洗脚,甚至前去探望麻风病患者。因而,他在死后被称作"圣徒",并被人誉为"圣路易"。路易九世虽于1270年猝死于十字军远征的途中,但他给继任者留下的,却是一个精神威望与政治实力、经济繁荣相得益彰的王国。有幸消受这份遗产的是绰号"大胆"的菲利普三

第三章 法兰西独立国家的产生

世。此君在位凡15年,但可圈可点之处实在不多。而这一点,无疑又为卡佩王朝的最后一位"伟大的国王"显示其"伟大"之处作了铺垫与陪衬。

1285年登上王位的菲利普四世,身材高大,风度翩翩,人称"美男子"。在"美男子菲利普"统治时期,法国的王权进一步加强,统一大业亦有所进展。

借助与法国东部香槟伯爵领地和比利牛斯山区纳瓦尔王国女继承人结婚,菲利普四世顺理成章地兼并了这两个地区。而后,他又把手伸向了加斯贡尼。当时,加斯贡尼尚属英王统治,菲利普四世力图趁英王爱德华一世忙于平定英伦三岛上的内乱之际,吞并英王在法国的这块领地。通过联姻和战争双管齐下,菲利普四世一度达到了自己的目的。凡此种种,使王室领地大大扩展。在菲利普四世统治时期,封建国家机器已日趋完善,其中"御前会议"所属的某些机构开始分化成独立机构,如御前会议的司法部门就分离出去成为"大理院",下分大法院、调查院、审理诉状院、成文法听取院等4个院。为加强吏治,菲利普四世谨慎地从不同的地区和阶层选拔官吏,充实到从中央到地方的所有行政机构。为使全国有法可依,他召集了一班顾问,即有名的"王家立法官",先是专门探究罗马的各类成文法,然后动手编写通行王国全境的法律。他还尝试建立税收制度,并首先在王室领地上征收"炉灶税"等直接税和盐税等间接税。

为使自己的政策能够得到国内各阶级的支持,菲利普四世还在1302年首开了召开三级会议的先河。三级会议的召开昭示着法国封建君主制度的形式发展到一个新的阶段,等级君主制得以建立。等级君主制,一言以蔽之,就是王权借助等级代表会议实施统治的一种政权形式。如果说在英国历史上一般用1265年召开的英国议会作为等级君主制初步形成的标志;那么在法国历史上,则是以这一年在巴黎圣母院举行的三级会议作为法国等级君主制初步形成的标志。而所谓三级会议,简单地说就是法国在中世纪开始出现的等级代表会议,参加者有属于第一等级的教士、属于第二等级的贵族,以及属于第三等级的市民这三个等级的代表。由此,一个颇有意思的划分呈现在人们面前,那就是贵族和市民分属第二、第三等级,而教士不仅独占一个等级,竟然还属于第一等级。教士在包括法国在内的欧洲国家历史上之所以具有这种独特地位,与一些天主教宗教观念对当时社会等级区分的重要影响有很大关系。例如,天主是万物的主宰、天主拯救世人于苦难等。在这种观念主导下,为便于教徒获得拯救而致力于祈祷的教士,自然就被列为最尊贵的等级。不过,在当时的欧洲历史上,王权与教权之间,往往既有相互合作利用的一面,更有冲突较量的一面。人们甚至还可这样断言:世俗王权与罗马教廷的冲突是中世纪中期欧洲政治力量博弈的主线之一。

就法国来说,菲利普四世之所以在当年首次将三个等级的代表召集起来开会,说穿了就是一个目的,商讨如何对付教皇卜尼法斯八世。因为国王和教皇就税收问题产生的矛盾已经导致双方完全闹翻了。面对菲利普四世的举动,教皇卜尼法斯八世自然不甘示弱,很快就颁布了标题为《至尊至圣》的教谕,宣称世俗的权力应服从精神的权力。为此,菲利普四世在翌年再次举行三级会议予以反击。他公然谴责这位教皇是异端,宣称后者在通过出卖圣职捞取钱财。在给教皇扣上这些罪名后,菲利普四世甚至派人去抓他。教皇卜尼法斯八世因而遭到拘捕并饱受凌辱。虽然他后来被放回,但还是因惊吓过度而不久于人世。卜尼法斯八世的继任者在任职后不久也一命呜呼。而下一个继任者,即克莱芒五世上任后,竟把教皇所在地迁往阿维尼翁。在此后的70多年里,不仅所有教皇都出自法国人,而且都还不得不屈从于法王的权威。而在此之前,教皇非但可以由来自别国的主教担任,甚至还拥有和国王一较高下的权力。此外,也正因为这一点,此期的这些教皇亦被人称为"阿维尼翁之囚"。

若上升到更高层面来看,法国国王和教皇当时围绕征税问题发生的冲突和展开的较量,实际上关乎一个国家君主的权力、一个国家政治制度的独立性是否受到尊重问题。同时,它也表明,当时法国国王唯有依靠国内各个等级的支持才可望通过扩大王权的社会基础来顶住外部势力的干涉,维护好法兰西的利益。人们不妨认为,这一时期法国国王对教皇的胜利不仅进一步加强了法王的权力,也有助于推动法兰西民族意识的觉醒和促进法国的政治统一。总之,在法国由1302年三级会议开启的王权与等级代表会议之间时断时续的共存关系,构成法国君主制不可忽略的传统之一。这一过程中,三级会议的主要职能固然就是批准国王征收新税,但在此更值得关注的是,正是在这种等级君主制基础上,法国将逐渐向绝对君主制演变。

四、瓦洛亚王朝的建立与百年战争的爆发

1314年,菲利普四世驾崩。从该年起至1328年,在短短的14年中,法国先后换了3个国王。这3位国王统统是菲利普四世的儿子,他们分别是"顽夫"路易十世(1314—1316)、"长人"菲利普五世(1316—1322)和"美男子"查理四世(1322—1328)。

1328年查理四世死后,因卡佩家族嫡系无男嗣,王位的继承遂成问题。当时觊觎王位的主要有两个人,一个是查理四世的旁系堂弟、瓦洛亚伯爵的儿子菲利普·德·瓦洛亚,另一个是菲利普四世的外孙、英王爱德华三世。在同年举行的三级会议上,法国的贵族们以萨利克法典中女子没有王位继承权为由,拒绝了英王爱德华三世对法国王位的要求,同时推举菲利普·德·瓦洛亚继承王位,是为菲利普六世。由此,法国开始进入了瓦洛亚王朝统治时期(1328—1589)。

从1337年至1453年,法英两国时断时续地进行了119年的战争,史称"百年战争"。这场战争的直接起因是英王爱德华三世在菲利普六世继位后仍继续提出对法国王位的要求。不过,其深层原因则还要复杂。

法、英两国统治王朝之间为争夺领地而展开的斗争由来已久。由于先后统治英国的两个王朝,即诺曼底王朝(1066—1154)和金雀花王朝(1154—1399)的开国君主都是来自法国的封建主,因而,他们在法国亦拥有大批领地。虽然随着法王王权的不断增强,英王在法国的领地日益缩小,但是,后者始终在法国还拥有领地,而只要其在法国的领地没有完全被剥夺,英国王室就仍抱有在法国进而在欧洲大陆的更大范围扩张势力的野心。反之,对法国王室来说,只要英王在法国境内仍占有领地,就会对法国的统一大业构成极大威胁。因此,他们竭力想全盘收复英国王室在法国的领地。

与此同时,佛兰德尔问题亦使两国王室之间的关系更加恶化。佛兰德尔是当时欧洲大陆经济最富庶的地区之一,尤以毛织业著称,因其毛织业的主要原料羊毛大多来自英国,故与英国的经济联系极为密切。然而,佛兰德尔伯爵又是法国国王的附庸,法国国王对这块风水宝地则更是垂涎已久。早在菲利普四世在位时,他就曾大举入侵佛兰德尔。当时若非

佛兰德尔市民奋起反抗,此地早就可能丧失独立地位。1328年,菲利普六世在佛兰德尔伯爵的请求下,出兵镇压了该地区各城市的起义,并借机建立起对佛兰德尔的直接统治。1336年,在法王的授意下,佛兰德尔伯爵下令囚禁该地所有的英国人。作为报复,英王也下令拘捕英国境内所有的佛兰德尔人。更有甚者,1336年,爱德华三世为对该地区施加经济压力,还下令禁止向佛兰德尔出口羊毛,造成该地区大批工场停工,大量工人失业。事情发生后,对法王的横征暴敛早就不满的当地市民在政治上进一步倾向英王,同时都把失去英国原料供应归咎于法国国王。

1337年5月,菲利普六世借口英王允许法王的仇敌阿图瓦的罗贝尔避居英国,下令没收英王在法国的最后一块封地。而爱德华三世也不甘示弱,决心予以反击。同年11月1日,爱德华三世遵照骑士精神的传统,向法王菲利普六世下了一道正式战书,声明英国在3天后开始与法国为敌。

就这样,早已势同冰炭的英、法两国终于爆发了战争。尽管从表面上看,力量的对比对英国不利,但战争初期,英方却使法国连连受挫。隔海相望的两国交战,海战至关重要。1340年6月,英国海军在埃克吕兹港一举击溃并烧毁了准备入侵英国的法国和卡斯蒂利亚联合舰队,由此把英吉利海峡控制在了本方手里。由于教皇克莱芒六世的斡旋,双方曾息兵数载。但到了1346年,战端又起。这年春天,英军侵入诺曼底。同年8月,主要由英国自由农民组成的弓箭手,在著名的克雷西战役中,竟然打败了素称"法兰西之骄傲和花朵"的法国骑士团。由于向来在战场上大显威风的骑士在弓箭手射杀下纷纷落马,骑士制度悠长的全盛期至此画上了句号。英军在取得克雷西大捷后,旋即围攻法国海滨重镇加莱。经过7个多月的攻打,加莱终被攻克。由此,英国在海峡对岸获得了一个良好的贸易港口和重要的军事基地。

就在英军围攻加莱期间,意大利的一艘商船从黑海港口驶入热那亚,将近世称为鼠疫的黑死病带入意大利,不久,黑死病又经由法国地中海港口传入法国。较之英军的武器,黑死病具有更大的杀伤力。一时间,成千上万的法国人丧生于瘟疫。就连贵为一国之主的菲利普六世也未能幸免。这场瘟疫也同样落在了满获法国战利品的英国头上。由于黑死病跟随侵法英军传至英伦三岛,数以万计的英国人,尤其是曾赴法参战的官兵也纷纷命归西天。鉴于两国均因黑死病的打击元气大伤,无力再战,故教皇的出面调停立即奏效。从加莱之围结束到1355年,英、法两国息兵罢战了 8 年左右。

五、圣女贞德的壮举与法兰西民族国家的初创

1355 年,战争又起。翌年,双方在普瓦提埃进行决战。结果,由英王的长子,也就是以神勇著称的"黑太子"统率的 7 000 英军,把法王约翰二世亲率的 1.5 万法军打得落花流水,约翰二世和他的幼子菲利普以及 17 位伯爵和一大批骑士与扈从皆成阶下之囚。

普瓦提埃溃败使法国全境陷入混乱状态。年仅 19 岁的王太子查理受命监国摄政。他执政伊始,为了筹集战费和国王的赎金,不得不召开三级会议。由于在战争中受到沉重打击,与会的贵族代表不多,市民代表遂在三级会议中占了半数。他们要求惩治以财政大臣罗贝尔为首的 22 名失职官员,强迫这些官员交出侵吞的巨额公款,同时提出由三级会议选出 28 名代表与太子共掌大权。太子查理不仅拒绝了这些要求,而且还下令解散三级会议。此举导致市民更加不满,整个巴黎开始骚动。迫于压力,太子查理在 1357 年被迫重新召开三级会议。在巴黎市商会会长艾田·马赛的操纵下,三级会议通过了一系列改革决议,其主要内容是:每年定期召开两次三级会议;国王征收赋税须经三级会议批准;三级会议选出 36 人委员会(每个等级 12 人)监理国政。

太子查理起初被迫同意三级会议的上述决定,并在 3 月以敕令的形式发布实施,故史称"三月大敕令"。然而,他不久又对此反悔,并一再拖延执行改革决议。于是,1358 年 2 月,在艾田·马赛的领导下,巴黎市民举行武装起义。3 000 名起义者冲进王宫,当着太子的面杀死太子的 3 名宠臣。吓得胆战心惊的太子被迫接受了起义者的要求,才免于一死。3 月,太子查理逃出巴黎,并在巴黎市郊调集军队,修筑工事围困起义的巴黎市民。

两个月后,法国中世纪史上规模最大的一次农民起义——扎克雷起义爆发。"扎克"意即"乡下佬",是法国封建贵族对农民的蔑称,起义由此得名。因战乱和重税揭竿而起的农民遍布北方的大部分地区。他们在起义领袖吉尧姆·卡尔率领下,毁庄园,攻城堡,杀领主,烧掉登记封建义务的簿册。起义农民认为封建贵族玷辱和出卖了法国,故提出了"消灭一切贵族,一个不留"的起义口号。然而,他们依旧把国王视为人民的保护者,

因此仍在其旗帜上绘饰着王徽百合花。面对声势浩大的农民起义，法国所有的封建势力暂时停止了内部纷争，甚至勾结英国侵略军，共同对付农民起义。他们先是诱捕并杀害了农民起义领袖吉尧姆·卡尔，使起义农民因群龙无首而人心大乱，继而又利用起义农民队伍分散、装备不良等弱点，集中自己的兵力各个击破。在封建势力的镇压下，牺牲的农民不下两万人。

扎克雷起义虽然以失败告终，但它的爆发毕竟大大震撼了法国的封建统治，严重地打击了封建贵族势力。心有余悸的封建主们从此不敢轻易加重对农民的剥削。同时，这次起义也有利于农奴摆脱人身依附。及至14世纪末，法国已有2/3农奴获得了人身自由。扎克雷起义失败后，孤立无援的巴黎市民起义也很快被封建势力所镇压。1358年8月2日，太子查理率军进占巴黎，并对起义市民进行大屠杀。

由于国内屡生变故，暂时无力与英国相争的查理太子被迫于1360年与英国缔结丧权辱国的《布雷蒂尼和约》，割地赔款，并出重金以赎回被囚在英国的法王约翰二世。约翰二世获释时，英人仍扣留其幼子作为人质。这位绰号"好心人"的国王回巴黎后因放心不下幼子，宁愿重返伦敦接受囚禁，以换回幼子。1364年，约翰二世病死于英国。

随着约翰二世的驾崩，太子查理得以由监国践位，称查理五世。查理五世在位期间，利用《布雷蒂尼和约》的喘息时间，励精图治，在国内实行了一系列改革。由此，法国国力得到较快的恢复。在国力迅速发展，军事力量明显增强之后，力图收复失地、报仇雪耻的查理五世在1369年与英国重新开战，并起用熟谙军机、智勇双全的杰出将领、布列塔尼人德·盖斯克兰为法军统帅。及至1380年，法军收复了《布雷蒂尼和约》签订时被割去的绝大多数失地，英军只剩下加莱、布勒斯特、瑟堡等几座沿海城市。

就在战局变得越来越有利于法国时，1380年，查理五世晏驾西归。随之继位的是12岁的儿子查理，是为查理六世。由于查理六世冲龄即位，故在他成年之前由其叔父把持朝政。从1388年起，查理六世开始亲政。因亲政后的头4年政绩显著，查理六世还获得了"受爱戴者"之称号。孰料，好景不长。始自1392年，查理六世成了一位间歇发作的精神病人。每当发作时，他不仅会把王后视为陌生人，而且有时还会拔出佩剑向周围的随从刺去。就这样，法国的王冠竟由这样一位"疯子"戴了有30年之久。在这期间，法国的封建贵族趁机结党营私，争权夺利，并形成了以勃

第三章 法兰西独立国家的产生

艮第公爵为首的勃艮第派和以奥尔良公爵为首的阿曼雅克派①。而此时,曾在前一阶段的战争中受挫的英国已由一位雄起起的年轻国王——亨利五世所统治。这位英国国王即位后,时刻都在准备着重燃战火。

1415年8月11日,亨利五世趁当时的法王查理六世不时精神病发作,以及法国两大封建派别内讧严重之际再次重燃战火,亲自率领着1 300艘船只与1万多名士兵横渡英吉利海峡,直向法国杀来。在克雷西城附近的阿金库尔,两军主力相遇。经过一番厮杀,法军惨败。此后,英军很快占领了法国北部的许多地区,就连巴黎也在不久后落入英军手中。1420年,两国签订《特鲁瓦条约》,规定法王查理六世的女儿嫁给英王亨利五世,查理六世死后,由亨利五世及其后裔继承法国王位。两年之后,亨利五世死于赤痢。同年,查理六世也紧随亨利五世而去。英方于是宣布将亨利五世与查理六世之女所生不满周岁的婴儿立为英国和法国的国王,是为亨利六世,由亨利五世的兄弟贝特福德公爵任摄政。英方这些举动清楚地表明,西欧两大王国大有跨越英吉利海峡合二而一之势。

至此,当年从诺曼底出发在英伦创建诺曼底王朝的"征服者威廉"的梦想也似乎即将成真。然而,逃亡到南方的查理六世之子,也就是现任法王亨利六世的舅舅根本不愿认这个婴儿为王,遂宣布自己为查理七世。于是,就在法国出现了"一国两王"的局面。一个是统治着法国北方绝大部分地区的亨利六世,另一个是以南方的布尔日城为据点,试图与英军对抗的查理七世。不过,查理七世因一直缺钱少兵,似乎自己就对胜利不抱多大信心。

1428年10月,英军开始乘胜向奥尔良挺进,不久就把这一通往南方的门户团团围住。奥尔良城一旦失守,法国南方就有沦陷的危险。因而,保卫奥尔良之战便成为法国生死存亡的关键。就在奥尔良即将被攻破的危险关头,一位名叫贞德的民族女英雄奇迹般地登上了历史舞台。她以自己的壮举激起了同胞的爱国热情和斗志,不仅使奥尔良转危为安,还使整个战局出现了逆转。

贞德(按其法语发音实际上翻译成冉·达克更为贴切),1412年出生于法国东部香槟与洛林交界处一个叫栋雷米的村庄。由于自小目睹英军的烧杀抢掠,早年就萌发了强烈的救国之志。与此同时,这位父母均为天

---

① 奥尔良公爵的岳父为阿曼雅克公爵,故称。

主教徒的牧羊女,在当地笃信上帝的村民中又素以虔诚闻名。贞德自称其在13岁时"听到"圣徒的呼唤,要她拯救国家。当听说奥尔良被围后,时年17岁的她再也无法按捺救国豪情。1429年初,贞德从家乡赶到沃库列尔小城,对该城守军头目罗贝尔·德·波特利库尔声称,自己是奉上帝之命来拯救法兰西,并引导王太子查理去兰斯加冕的。该城的居民为她的爱国豪情所感动,集资替她购买了盔甲和战马。随后,她在波特利库尔的护送下,日夜兼程11天前往什农去晋谒已自封查理七世的王太子。当她抵达什农时,王太子身边的廷臣为考验贞德,故意把王太子混在大臣们中间让她辨认,结果,贞德一眼就认出了哪位是王太子。

此时,奥尔良已危在旦夕,在贞德主动请缨之后,早已近乎绝望的王太子立刻命贞德率领一队人马去解救奥尔良之围。于是,1429年4月27日,贞德手持王太子赐给她的宝剑,骑着一匹白色的战马,率领数千法军,直奔奥尔良城。贞德一行的到来,使城中的军民士气大振。经过几天奋战,被英军包围达209天的奥尔良城终于在5月8日被解围。此后,法军乘胜追击,连克数城,并在7月攻下被法国人视为圣地的兰斯。在收复兰斯之后,此前已称查理七世的王太子于7月17日在兰斯大教堂正式加冕称王。在加冕典礼上,贞德手持旗标站在查理七世旁边,好不英姿飒爽。

此时,贞德的声望如日中天,人们怀着崇敬的心情亲热地称她为"奥尔良的女儿"。然而,也正是因为贞德声誉日振,使得国王周围的贵族、大臣们既害怕又妒忌。后者甚至准备暗算和出卖贞德。1430年5月下旬,兰斯左侧重镇贡比涅(旧译康边)告急,贞德率军前去救援。当她在一次偷袭中失利撤退回城时,竟被贡比涅守城法军拒之城门之外,以致被已与英军联手的勃艮第军俘虏。半年后,勃艮第公爵以1万金币的高价将她卖给英国人。英国人把她押解到鲁昂,交给英国人组织的宗教法庭审讯。贞德在英国人的威逼利诱和严刑拷打面前,大义凛然,宁死不屈。难免令人齿冷的是,其间,查理七世等始终坐视不救。1431年5月30日,贞德被当作"穿戴男装""妖术惑众"的女巫在鲁昂的广场被绑在火刑柱上活活烧死。也正因为贞德是在鲁昂遇难的,所以鲁昂也和巴黎、兰斯、奥尔良等城市一样留有很多相关纪念物,甚至还建有一座圣女贞德博物馆。

贞德虽然惨死于火刑,但她的壮举所唤起的民族意识在国人中继续高涨。在为贞德复仇的口号激励下,法国民众的抗英斗志愈来愈强烈,在光复国土的战争中节节取胜。1435年,勃艮第公爵这位英军的盟友因见英军形势不利,加之自己早已厌战,宣布退出冲突,与法王单独媾和。查理七世在摆脱勃艮第派的羁绊后,即全力与英军作战。1436年,巴黎发生的民众起义使查理七世得以重返沦陷17年之久的首都巴黎。1447—1449年,鲁昂和诺曼底相继被收复。1453年7月,法军在卡斯蒂荣战役大败英军,至此,除加莱港外,所有失地都得到收复。1453年10月19日,英、法两国签订了结束百年战争的和约。

作为百年战争的最后胜利者,查理七世得以收回英王室在法国的所有领地(但加莱港仍被英国人所占领),由此排除了法国领土统一的最大障碍,不过,法国国内仍有一些法国贵族依旧保持着相对的独立,统一大业远未完成。查理七世本人还没来得及看到法国领土基本统一就踏上了不归路。这一任务的完成尚有待其子、被人称为"国土的聚合者"的路易十一的努力。

路易十一统治时期(1461—1483),以勃艮第公爵为首的封建贵族结成"公益同盟"。为挫败"公益同盟",路易十一除诉诸武力外,还大量使用外交、间谍、贿赂等手段,收效甚大。1477年,"公益同盟"的领头人,勃艮第公爵"大胆查理"在南锡战役中阵亡,路易十一通过谈判在几年后从其女继承人手中收回了勃艮第公爵领地和皮卡底。法国统一中的另一大障碍由此清除。在此前后,路易十一还先后收回了阿朗松公爵领地、阿曼雅克伯爵领地、普罗旺斯伯爵领地等贵族领地。在路易十一驾崩时,今日法国版图的轮廓已被他基本勾勒出来。布列塔尼当时虽还暂缺,但它也很快在1491年被路易十一的继承人查理八世通过联姻并入法国版图。

随着法国领土基本实现了统一,法国人的民族意识进一步加强,共同的法兰西民族文化也开始出现,如在巴黎方言的基础上,法兰西共同语言——法语正在逐渐形成。至此,法国在很大程度上开始成为政治统一的民族国家。

六、11—15世纪的法国文化

如果说5—11世纪的"法国"文化给人留下的印象基本上是"停滞"和"衰落"的话,那么,始自11世纪下半期,法国文化逐渐从复苏走向迅速发展。11—15世纪的法国文化是一种典型的封建—宗教文化。这一特征的凸现是由此期法国(实际上绝大多数西欧国家同样如此)以国王为代表的俗权统治和以教皇为首的神权统治两大政权体系的并立所决定的。不过,又由于中世纪中期以来城市的兴起和发展,以及市民阶层在政治、经济领域的独立性日渐增强,一种与此期的封建—宗教文化主流相悖的文化现象亦应运而生,这就是敢于讽刺封建贵族和天主教僧侣的市民文学。

在法国,宗教文学的产生要早于其他文学形式。由于当时基督教是居于统治地位的思想体系,而文化教育的控制权亦由僧侣们垄断,因而在此期的文学领域中,宗教文学所占的比重极高。宗教文学的作者基本上是基督教会的教士,也有少量民间诗人。起初,宗教文学的体裁主要有圣经故事、圣徒列传、圣者言行录、祈祷文和赞美诗等。及至中世纪后期,宗教抒情诗和瞻礼式戏剧等大量涌现。宗教文学首先竭力宣扬上帝是真实存在的,上帝创造万物,无所不能;其次,着力塑造种种基督教英雄人物——圣徒;再次是大肆渲染宗教奇迹,如编写出许多世人因虔诚而遇奇迹的活灵活现的故事。当然,在宗教文学中,也有部分反映现实生活和民众情绪的作品。但它们多出自下层教士或非僧侣界人士,并不构成这一文学的主流。

英雄史诗(又称武功歌)在此期法国文学中占有重要一席。虽然它在数量上无法与宗教文学比肩,但就文学价值本身而言,远在宗教文学之上。英雄史诗的源头可以追溯到墨洛温王朝和加洛林王朝时代的古代传说、民谣和赞歌。但是,它的真正的雏形的出现是在卡佩王朝建立之后。英雄史诗都是长篇叙事诗。它既摄取了《荷马史诗》的宏大气魄,又吸收了圣徒传中的煽情手段,同时运用了民间说唱形式。在众多法国英雄史诗中,产生最早、流传最广、影响最大的当推《罗兰之歌》。《罗兰之歌》描述的是查理大帝8世纪末率军远征西班牙异教徒的一段惨烈悲壮的历史,主人公是查理大帝及其重臣罗兰。在作品中,被理想化的查理大帝成为王国统一和民族强盛的象征,而罗兰则是一位理想的封臣形象。他不仅具有视死如归的浩然正气和勇武精神,而且还表现出强烈的忠君观念和爱国意识。《罗兰之歌》经后人不断修改加工后,在艺术上日臻完善,成为法兰西文学史上第一座挺拔高耸的丰碑。

继英雄史诗之后,一种反映封建贵族思想感情的文学——"骑士文学"在法国文坛崛起。骑士文学包括骑士抒情诗、骑士传奇(或称骑士故事诗)以及根据后者改写的散文骑士传奇。这种划分既指体裁上的区别,也指地域上的差异。诞生于12世纪初南方宫廷的骑士抒情诗俗称"普罗旺斯抒情诗"。骑士抒情诗的作者有些是贵族,但大部分是依附宫廷的职业诗人。骑士抒情诗的形式多种多样,有牧歌、情歌、怨歌、夜歌、破晓歌和辩论诗等,但其最普遍的主题乃是讴歌骑士之爱。如破晓歌吟唱的主要是黎民时分骑士与贵妇人依依惜别的情景。从总体上看,12世纪80年代以前的普罗旺斯抒情诗往往呈现出清新、明快的风格,从80年代起,诗人们愈来愈追求矫揉造作的韵律,诗风日趋隐晦。进入13世纪后,由于北方封建主以讨伐阿尔比宗教异端为名,两度在南方进行掠夺性战争,使南方的经济和文化遭到严重摧残。普罗旺斯抒情诗也从此中落。当南方骑士抒情诗一蹶不振时,北方骑士诗歌却日益成熟。北方骑士诗歌的主要作品就是骑士传奇,它是一种长篇叙事体诗歌,一般长数千行,也有的逾万行。骑士传奇的主要内容不外乎冒险奇遇加爱情艳遇。但依据故事出源的不同,骑士传奇作品往往被人们分成三大系列:古代系、不列颠系和拜占庭系。散文骑士传奇最初出现于13世纪之初。它们大都是根据已有的骑士故事诗改写而成。及至14世纪,散文骑士传奇几乎完全取代了骑士故事诗,法兰西小说的最初源头亦由此产生。

　　12世纪以来,作为城市兴起和发展的产物,一种能够反映市民阶级反封建精神和非教会文化要求的新型文学——市民文学日趋勃兴。此期市民文学最出色的成就之一就是产生于12—14世纪的大量的以列那狐为共同主人公的故事诗,俗称列那狐故事诗。流传至今的列那狐故事诗主要有四部:《列那狐传奇》《列那狐加冕》《新列那狐》和《冒牌的列那狐》,其中尤以《列那狐传奇》最为著名。《列那狐传奇》由27组故事诗组成,每组诗又往往包括几个小故事。它通过以"禽兽"喻人,深刻地剖析与辛辣地讽刺了法国封建社会的现实生活状况。在故事所描述的"禽兽之国"中,狮子象征国王,笨拙凶狠的熊象征大封建主,掠夺成性的狼象征骑士,笨驴象征教士,鸡、兔、乌鸦、蜗牛等弱小动物象征社会下层民众,而能干、灵巧、狡猾的列那狐则象征市民。在故事中,当列那狐和狮子、熊、狼展开斗争时,最后的胜利者一定是列那狐。但列那狐同时也欺压小动物。这生动地反映出市民既反对封建贵族,又压迫下层民众的双重面目。在法国中世纪市民文学中,还有一部规模较大并具有独特风格的作品,这就是《玫瑰传奇》,《玫瑰传奇》实际上由前、后两部分作品组成。这两部分作品分别创作于13世纪40年代和13世纪末。在中世纪末期,在市民文学中唱主角的已是市民戏剧和市民抒情诗。市民戏剧以其内容的世俗性和表现手法的喜剧性在城市中深受欢迎。市民抒情诗也佳作迭出,并涌现了在法国文学史上有相当影响的3位著名诗人——奥尔良、吕特博夫与维庸,尤其是维庸,更是被人视为法国最伟大的诗人之一。

巴黎大学的诞生和巴黎成为西欧学术中心是此期值得大书特书的文化现象。巴黎大学的前身,一般以为是作为唯名论者的中世纪著名经院哲学家阿伯拉尔在巴黎兴办的私人学校。该校虽设在巴黎圣母院教堂附近,但其教学内容已同以往教会或修道院办的学校大不相同。及至12世纪下半叶,此类学校已在巴黎越办越多,西岱岛和塞纳河左岸更是集聚了大批教师和学生。这时,以收取学费为生的这些学校的教师开始按照行会形式结成同业行会。起初,巴黎教会的人士强烈反对这一组织的成立,但罗马教皇和法国国王却对此予以认可和支持。1174年,教皇宣布承认该组织,并授予它一些保护性特权。1200年,国王菲利普二世颁发特许状,批准了该组织制定的规章。一般认为,该特许状的颁发标志着巴黎大学的诞生,但正式改称"大学"当在1208年以后。巴黎大学形成后,经常遭到巴黎地方当局和主教权力的粗暴干涉,在这种情况下,师生们不断斗争,要求自治权。其主要斗争手段就是罢课和停止布道。1231年在教皇干预下,巴黎大学最终得到了行政上和司法上的独立管辖权。

巴黎大学分为文艺、医学、神学和法学4个学院。文艺学院学生最多,学生们主要学习七艺,毕业时可获得学士学位,也可分别到其他3个学院再行深造,并在毕业时取得博士学位。巴黎大学的学生来自西欧各国。他们按照乡土和籍贯分属诺曼底馆、英格兰馆、皮卡底馆和高卢馆4个同乡会,其中高卢馆不仅包括法兰西人,也包括西班牙人和意大利人等。

随着西欧各地的学者在12—13世纪纷纷云集到巴黎大学执教,巴黎大学一时人才辈出,群星灿烂。与此同时,巴黎也成了西欧无可争议的学术中心。

建筑,作为一种综合艺术,是一个时代艺术风格和艺术水平的永久标志。在11—15世纪,法国先后流行的是罗马式建筑与哥特式建筑。罗马式建筑艺术是以古代罗马式建筑为基础,综合日耳曼和东方建筑艺术的某些特征而形成的一种新的建筑艺术。它主要用于教堂的建筑和装饰。典型的罗马式建筑往往包括:上半部为半圆形拱顶的门窗、坚厚的石墙、圆屋顶、粗矮的柱子。室内广阔的墙壁上一般饰以大量宗教题材的壁画,并广泛使用雕塑装饰。由于窗户狭小,室内光线通常甚为暗淡。克吕尼

第三章 法兰西独立国家的产生

修道院堪称典型的罗马式建筑,它的建筑风格在当时影响了法国,乃至西欧不少国家的修道院与教堂建筑。

从12世纪中叶开始,哥特式建筑在法国北部兴起,并逐渐流行于西欧各地。法国最早的哥特式建筑是兴建于1137—1144年的圣德尼大教堂。在这之后的几十年中,一大批哥特式建筑在巴黎等地拔地而起。哥特式建筑主要是教堂建筑,且主要集中于城市内。它的特点是尖形拱门、薄墙壁、细圆柱、大门窗、绘有圣经故事人物的大块彩色玻璃。由于哥特式教堂均以垂直线条和图形取代平行线图,故无论是其外观还是内部都呈现出轻盈垂直、插向天空的特点,它有助于使置身教堂的人产生对彼岸世界——天堂的向往。此外,由于此期的城市教堂已不仅是纯粹的宗教建筑物,它还是市民参加重要公众活动的场所。因此,哥特式教堂的大门均又高又大。虽然哥特式建筑家们当时也接受委托,为贵族和国王建造堡垒和宫殿,但其最高成就仍体现在哥特式教堂建筑上。而且,这些哥特式教堂也是文艺复兴前法国建筑艺术的最高成就。留存至今的巴黎圣母院、夏特尔教堂、兰斯大教堂和亚眠大教堂等堪称它们中间的典范之作。

作者评曰:

12世纪或许是中世纪法国的"创造力"表现得最为强劲的时期。在这百来年的时间里,人们可以看到许多新奇的东西同时出现:骑士制度、宫廷礼仪、享有特权的城市、哥特式建筑、巴黎大学……不过,在此期众多的新生事物中,对日后法国史影响最大的无疑是市民阶级的出现。始自11世纪,在"蛮族"入侵后日趋衰落的城市开始在法国复兴。及至12世纪,城市居民明显增加,市民阶级已然形成。由于当时的城市大都兴起于封建教俗领主的领地上,加之不少市民在身份上仍是领主的农奴,故此,封建领主往往用对待庄园农奴的手段,剥削和敲诈市民。为了摆脱封建领主的控制,市民们联合起来,同封建领主顽强斗争。经过斗争,他们不仅获得了人身自由,而且还争得了城市的自治权利。不过,市民阶级为了更好地维护自己的经济利益和在城市内的统治地位,迫切需要国家的统一和王权的强大。因而,它很快就与王权结成联盟。可以说,在很大程度上,正是靠市民阶级的支持,法国的王权才得以逐渐加强。然而,让法国的君主们始料不及的是,给他们的统治画上句号的最终也是市民阶级。当然,此是后话。

第四章 绝对君主制的确立与发展

一、绝对君主制初露端倪

在一些法国史家的笔下,路易十一是一位"市民式的国王",意即这位君主既没有威望,又缺乏骑士派头。此说确实也有一定道理。路易十一非但其貌不扬,眼窝深陷,下巴过尖,背又颇驼,而且穿着之简朴几乎达到可笑的地步——他经常身穿粗布灰色长袍,头戴一顶帽檐很长的破帽,活脱一副穷苦的乡下香客打扮。虽然他在祷告时一如圣徒,但这位"国土的聚合者"在与国内外的敌手争斗时,既从不信守自己的诺言,也从未相信别人的誓约,圆滑刁诈、寡廉鲜耻。当处于劣势时,他善于故作谦卑,反之,他又会用最冷酷、粗暴的手段折磨对方。当时的法国封建贵族对这位早年与父王查理七世长期失和,没有一丁点骑士式的道德、作风和气质的国王丝毫没有好感,而这位国王也对这些王宫显贵嗤之以鼻,并在治理国家时重用那些他自己能信任的市民出身的能人。

从文治武功的客观效果来看,路易十一不失为一位杰出的国王。路易十一的历史功绩不仅是把法国的国土聚合在了一起,而且,由于他建立了一支由8 000骑兵"大方阵"联队和各教区提供的1万名"自由弓手"组成的常备军,由于他建立了固定税,由于他对行政、司法机构进行了卓有成效的改革,法国的王权得到了明显的巩固和加强,使路易十一敢于从1439年起再也没有因征税而召开过三级会议。这表明,法国已经开始由等级君主制向绝对君主制逐渐演变。

1483年8月,路易十一驾崩。在他之后相继登基称王的是3位标准

第四章 绝对君主制的确立与发展

的"骑士式国王":查理八世(1483—1498)、路易十二(1498—1515)和弗朗索瓦一世(1515—1547)。查理八世继位初年,即解散了三级会议。此后,无论是在路易十二还是在弗朗索瓦一世在位时期,三级会议从未召开过。至此,绝对君主制在法国已完全确立。

绝对君主制之所以能在法国得到确立,是因为法国政治统一后社会经济的变革。正是政治统一的完成,极大地推动了法国工商业的发展和生产的进步,并有益于资本主义的幼芽在封建社会的母体中发育成长。

15世纪晚期,法国经济已从战争的破坏中复苏,进入16世纪之后,社会经济更是有了迅速的发展。在经济复苏与迅速发展的过程中,最令人瞩目的现象是在呢绒、纺织、印刷、玻璃、制陶等行业中开始出现资本主义手工工场。具体而言,呢绒业手工工场在诺曼底、皮卡底、朗格多克等地发展最快;麻织业手工工场以布列塔尼、曼恩两地最为发达;丝织业中能称雄全国的无疑是里昂,它在1536年时,即已拥有12 000多名丝织工人;马赛和波尔多兴起了造船业;首都巴黎则以化妆品和珠宝业傲视外省。这些数目繁多、五花八门的手工工场大致可分为3类:第一类是集中型手工工场,它主要分布在采矿业、铸炮业、火药制造业、造纸业和印书业等部门;第二类是分散型手工工场,它主要分布在麻布制造业和花边编织业;第三类,同时也是最常见的一类是分散—集中结合型的手工工场。它主要分布在制呢业。在制呢业中,呢绒制造商把羊毛分别发给家庭手工业者去纺织,而呢绒的擀制、染色和最后加工则在呢绒制造商的工场中来完成。

在此期的"地理大发现"和新航路的开辟刺激下,法国商业也迅速繁荣。法国凭借着南临地中海和西靠大西洋的优越地理位置,加之良港密布,内部河流畅达,不仅使自己的呢绒、亚麻布、丝绸、锦缎、地毯、花边、葡萄酒等产品行销全国各地,而且还源源不断地输往西欧各国、地中海东部和美洲"新大陆"。当时,里昂不仅是一个手工业发达的城市,也是一个各国商人荟萃,且堪称西欧贸易、金融中心的城市。大西洋沿岸的波尔多、南特、拉罗谢尔等城市,从16世纪早期开始,也日益成为繁忙的海外贸易、航海运输的中心。

在工商业迅速繁荣的同时,法国农村封建领主制的解体与封建地主制的建立的进程也明显加速。很快地,法国除了局部地区尚保存农奴制外,绝大多数农民都已获得了人身自由。他们或成为拥有永佃权的、租额长期不变的交纳赋税的佃农,或成为定期租佃的、租额按期变动的佃农。这一时期的货币地租已成为地租的主要形态。不过,由于农民不仅要向地主缴纳地租和服一些无偿劳役外,还得向国家上交盐税、户口税和人头税,向教会缴纳各种什一税,因而,农民的负担仍然过重,不少农民因此而破产。换言之,当农民摆脱人身奴役时,也是其贫富分化加剧的开始。一个新的佃地农阶层开始兴起,且占地越来越多,而绝大多数农民的占地面积却不断缩小,土地日趋零碎。佃地农拥有较多的牲畜、工具和资本,他们向封建贵族承租大片土地,将其生产活动跟市场联系起来,并雇用长工和临时型短工为其生产。与此同时,一些新兴资产阶级也通过购买土地成为新地主。虽然佃地农和新地主的地产上使用的劳动力大多是没有完全脱离土地的小农,还不是纯粹的雇佣工人,但不容否认的是,这些地产上的生产关系、生产目的已具有某些资本主义生产的特征,是农业资本主义萌芽的初级形态。

工商业迅速繁荣与农村封建领主制向封建地主制的演变,导致新兴资产阶级与封建贵族的社会地位与力量对比均发生了一些变化。而15世纪末开始的"价格革命",更是直接导致了"穿袍贵族"的崛起和"佩剑贵族"的没落。

新航路开辟后,大量贵重金属涌入西欧,在西欧引起了"价格革命",金银贬值,货价上涨。而这又刺激着社会上层阶级追求生活的奢华。由于王公贵族挥霍无度,政府债台高筑,政府不得不在发行公债的同时公开卖官鬻爵。于是,一个官吏阶层逐渐在殷实的资产者(如大商人、高利贷者和富有的行会行东)中间产生。由于这些贵族化的资产者任职时须穿一种袍服,故称"穿袍贵族"。

与"穿袍贵族"的崛起形成鲜明对照的是"佩剑贵族"的没落。在封建地主制下,旧的世袭贵族称为"佩剑的人",稍后称为"佩剑贵族"。与封建领主制时不同,这些世袭贵族虽仍拥有原来地产的所有权,但其对原先依附在其领地上的农民的统治权已大打折扣。他们的经济来源主要是农民缴纳的货币地租。由于世袭佃农缴纳的货币地租一旦固定下来后长期不变,因而"价格革命"引发的物价上涨(平均上涨 2—2.5 倍)造成这些"佩剑贵族"的实际收入大大减少。为了维持贵族奢靡的生活,入不敷出的贵族只能出卖土地,甚至出卖自家的城堡和爵位。与此同时,国王的赏赐、薪俸对于他们来说,似乎也已具有不可小视的经济意义。更有甚者,从军征讨竟也成了他们的一种主要谋生手段。

面对新兴资产阶级的挑战,已无法独立称雄并日趋没落的封建贵族希望有强大的王权来保护他们手中尚存的在经济上和政治上的特权,并把宫廷作为追逐名利、获取高官厚禄的最主要的场所。无独有偶,新兴资产阶级为了抑制封建贵族,镇压城乡人民对资本原始积累残酷掠夺的反抗,保持国内的统一市场,也拥护强化君主的权力。由于利益相悖的双方势均力敌,国王正好左右逢源,并顺理成章地凌驾于两者之上。正是在这一背景下,绝对君主制得以在法国逐渐确立。

不过,在"市民式国王"与"骑士式国王"手中建立起来的绝对君主制充其量只是绝对君主制的早期形态,它与绝对君主制的极盛时期——路易十四时代完全不可同日而语。早期阶段的绝对君主制尚具有多种不稳定因素。如一些大贵族对于丧失传统特权心有不甘,而新兴资产阶级敛财的胃口也越来越大。在这种情况下,几位"骑士式国王"力图通过对外扩张,把不安现状的贵族们的目光移向国外,并使新兴资产阶级在国际上的商业地位有所提高。当时,意大利由于经济富庶和政治上的四分五裂,正成为西欧列强角逐的场所。因此,几位"骑士式国王"先后把意大利作为远征的目标。

二、4代君主远征意大利

法国此次远征意大利的军事行动共经历了4代君主,持续了65年。

这4代君主中首位把战火点燃到阿尔卑斯山另一侧的是路易十一的儿子查理八世。早在1480年,路易十一就继承了安茹王族对那不勒斯的权利。但其生前始终无暇顾及。1483年,查理八世继位。新国王虽通过与布列塔尼公国的女继承人安娜结婚,把布列塔尼公国并入了王国的版图,从而最终完成了其父的"聚合国土"的大业。然而,他似乎并未对此心满意足。这位早年酷爱阅读"骑士小说"的年轻国王此时追慕骑士传奇中浸染的英雄主义梦想,心向往之的是凭借骁勇的武艺和赫赫战功一鸣惊人。于是,他立志要为法国收复这一时期正由阿拉贡国王统治的那不勒斯,并取道此地前往自己的祖先早年占领过的遥远的东方,为基督徒收复耶路撒冷。

1494年,查理八世亲率大军越过阿尔卑斯山直达米兰和佛罗伦萨。

1495年2月22日,他几乎不费吹灰之力就夺得了那不勒斯。年轻而好色的国王在取得胜利后,与其手下很快被这一地方的美景、佳肴,尤其是靓女所吸引和陶醉,早就把耶路撒冷抛到了脑后。正是在这次征战中,许多法国将士由于道德上的放纵很快染上了一种性病,并在他们回国时将它带至国内。由于这种病此后在法国迅速蔓延,故往往被人称为"法国病"。毋庸讳言,查理八世及其手下消受"胜利果实"的时间并不长。因为时隔不久,教皇亚历山大六世、神圣罗马帝国皇帝马克西米利安、阿拉贡国王、米兰公爵以及威尼斯当时的执政者即结成同盟,联手反法。几番厮杀,法军大败。最后,法军是在福尔努附近的彭特雷莫里隘口杀开了一条血路后,才得以返回法国。

1498年4月8日,查理八世还没来得及报仇雪耻,就因其头部在观看网球赛时被一扇松脱的门砸伤,在昂布瓦兹不治身亡。虽然查理八世死时仅28岁,但他的几位子女却均已先他而亡。因而,王位就只能传给其堂兄奥尔良公爵。于是,时年36岁的奥尔良公爵就成了路易十二。同样渴望在战场上建功立业的路易十二不仅承袭了查理八世对那不勒斯的野心,而且还以维斯孔蒂家族继承人的名义要求得到米兰公国。即位不久,路易十二就着手对意大利进行新的征讨。

初时,路易十二在意大利的军事行动尚算顺利。他在1499年不过费了3个月时间(8—10月)就占领了米兰,两年后,又占领了那不勒斯。然而,他在教皇尤利乌斯二世的诱使下卷入了亚平宁半岛的内部争斗。教皇尤利乌斯二世先是挑动路易十二去和威尼斯人打仗,而在法国获胜后,却又是这位教皇号召意大利人驱逐这些来自法国的"蛮族"。路易十二为此恼怒万分,打算废黜尤利乌斯二世。于是,他在比萨召集了一次主教会议。与此同时,尤利乌斯二世也在拉特兰召集了另一个主教会议,同时宣布法国人为宗教分离者。当时,除法国人外,基督教欧洲的全体主教似乎皆云集拉特兰。这一切,对路易十二来说无疑是奇耻大辱。

1511年,教皇国、威尼斯、阿拉贡、瑞士和英国结成了反法的"神圣同盟"。在翌年4月的拉文纳战役中,法军挫败了反法盟军。不过,拉文纳战役的胜利给路易十二带来的只是一次喘息而已,他和他的军队的其他行动都以失败而告终,由此也就导致了法国人还是未能在意大利立足。随着英国人和神圣罗马帝国的军队又在意大利北方的平原上安营扎寨,瑞士人越过了汝拉山,阿拉贡人越过了比利牛斯山,路易十二不得不接受

第四章 绝对君主制的确立与发展

了新教皇利奥十世倡议的和平。为此,法王放弃了米兰,把它割让给奥地利的马克西米利安;他还给英国赔款,以此来换取他们撤军;最后,他还承认了阿拉贡国王对纳瓦尔的统治。至此,路易十二和查理八世一样,以失败结束了自己在意大利的冒险。

1515年,路易十二驾崩。因路易十二身后只有女儿,没有男嗣,所以就由其女婿,属于瓦洛亚家族的昂古莱姆支系成员弗朗索瓦继位,是为弗朗索瓦一世。弗朗索瓦一世堪称最为典型的"骑士式的国王"。他身材高大,相貌英俊,喜欢冒险,一点也不阴险狡诈。这位21岁就称王的年轻君主还是一个多情种子,其风流韵事可谓是不胜枚举。弗朗索瓦一世即位后不久,就在意大利重启战端。1515年9月,他在马里尼昂战役挫败同米兰公爵结盟的瑞士军队后,再度征服米兰公国。翌年,法国和瑞士签订一项"万年和约",从此,法王获得在瑞士招募雇佣军的权利。同年,弗朗索瓦一世还同教皇达成对法国十分有利的《波伦亚教务专约》。

于是,弗朗索瓦一世奏凯归国。这次胜利不仅使他成了法国人崇拜的偶像,也使他成了全欧洲的英雄。凡此种种,又使弗朗索瓦一世更为踌躇满志,好大喜功。不久,他就做起了皇帝梦,很快参与了问鼎神圣罗马帝国皇帝的角逐。神圣罗马帝国皇帝的皇冠是要用钱财去向选侯们买的。由于哈布斯堡家族西班牙国王查理一世在欧洲最富有的银行家全力支持下,能够用更多的钱去贿买众选侯,结果在1519年竞选皇帝的角逐中击败弗朗索瓦一世,获得了皇帝头衔,称查理五世。由此,查理五世成了一个庞大帝国的主宰。更让弗朗索瓦一世心有不甘的是,法兰西领土不仅被查理五世的属地团团包围,而且这位新皇帝还以勃艮第国家继承人的身份,一再要求将勃艮第领地并入自己的帝国。从此,弗朗索瓦一世和查理五世之间展开了一场旷日持久的斗争。在这一过程中,意大利战争已在很大程度上演变成为法国国王与神圣罗马帝国皇帝的争霸战争。

为了能在这场争霸战中稳操胜券,两位君王都力求与英王亨利八世结盟。1520年,弗朗索瓦一世在加莱附近设豪华的"金锦营",隆重接待亨利八世,希望获得后者的援手。然而,或许是查理五世出的价码更高,英国人最终还是站在了神圣罗马帝国皇帝一边。不久,战争在多条战线同时展开。1521年,法国丢失图尔内和米兰公国。从1523年起,由于英军侵入了法国西北部的阿图瓦,加上国内波旁公爵的背叛,导致战局对法国极为不利。1525年2月,法军在帕维亚战役中惨败,弗朗索瓦一世本人竟成了查理五世的俘虏。1526年,弗朗索瓦一世为换取自由,被迫在查理五世拟订的《马德里和约》上签字。这一条约明确规定,法国国王放弃勃艮第公爵领地以及在意大利的世袭产业。

弗朗索瓦一世在重返法国后,很快就毁约再战。为孤立查理五世,1526年,弗朗索瓦一世同威尼斯、佛罗伦萨、米兰和教皇克莱芒七世组成科涅克同盟。1532年,他又在德意志宗教纠纷中大力支持反对查理五世的德意志新教诸侯。他甚至还不惜求助于异教徒土耳其人,在1536年和苏莱曼一世缔结"特惠条约"。从弗朗索瓦一世获释到他本人在1547年去世,战争时断时续,双方互有胜负。

在弗朗索瓦一世和查理五世相继去世后,战争仍在他俩的继承人法王亨利二世和西班牙国王菲利普二世之间继续进行。与他们的父辈一样,交战双方谁也不占有明显的优势。1559年,亨利二世与菲利普二世在卡托—康布雷齐签订和约。根据这一和约,法国收复加莱以及继续持有梅斯、图尔和凡尔登3个主教管辖区,但放弃对意大利领土的要求。至此,旷日持久的意大利战争终告结束。

意大利战争是法国争霸的第一次尝试。战争的需要有利于君主加强对御前会议和巴黎高等法院的控制。自弗朗索瓦一世开始,国王的诏书以"此乃朕意"结尾,这表明,国王已凌驾于咨询、司法机构之上,国王的命令已成为必须遵守的法律。在战争期间,法国还形成了欧洲各国中最庞大和有效的行政机构,地方贵族的势力进一步被钳制、削弱,君主制度下的中央集权得到强化。此外,尽管法国在意大利境内一无所获,但却通过获得3个主教区保障了东北边境的安全。而且,加莱的收复也有非同一般的意义。最后,法国在战争中表现出来的实力已充分证明,它已成为欧洲大陆一个名副其实的强国。

不过,意大利战争又是一把双刃剑,它对法国王权的影响并非全是正面的。如战争耗资巨大,加重了人民负担,激化了社会矛盾。而战争过程中的几度惨败,尤其是国王被俘和某些大贵族的反叛,更使法国王权蒙羞,绝对君主制受到损害。

三、法国的文艺复兴

发源于14世纪初的意大利,并在其后的几个世纪里在包括法国在内的西欧各国形成燎原之势的文艺复兴运动,是欧洲历史上出现的第一次资产阶级思想解放运动。对此,恩格斯曾予以高度评价,称:"这是一次人类从来没有经历过的最伟大的、进步的变革,是一个需要巨人而且产生了巨人——在思维能力、热情和性格方面,在多才多艺和学识渊博方面的巨人的时代。"[1]

虽然早在14世纪末,意大利文艺复兴的第一个代表人物、佛罗伦萨诗人彼特拉克就已在法国具有很大影响,从而导致当时的大部分法国诗人都或多或少地彼特拉克化了,但法国的文艺复兴运动从15世纪末才开始酝酿,至于它的勃兴,更是16世纪时的事情。法国在兴起文艺复兴运动方面表现出来的"滞后",首先得归因于法国当年资本主义的发展尚落后于意大利,相关的社会条件暂未成熟。

法国发动的对意大利的远征极大地推动了法国文艺复兴的发展。跟随"骑士式的国王"远征意大利的法国人,在阿尔卑斯山的另一侧惊奇地发现了一个崭新的世界:用各色大理石修筑的壮丽的城市、雄伟的广场、堪与东方比美的宫殿和圆顶的金色教堂……与此同时,意大利城市新的生活方式和数不尽的财富,更让这些法国人艳羡不已。毋庸讳言,虽然法国人在持续数十年的意大利战争中在攻取城池方面最终在意大利的境内一无所获,但他们在战争期间掠夺的大批意大利文艺复兴时期的艺术品和书籍,却使国人耳目一新,并由此大大促进了人文主义思想在法国的传播。

当时,法国的王权尚需要依靠资产阶级,故法国君主一度支持文艺复兴运动,并对人文主义思想采取保护态度。1530年,弗朗索瓦一世建立了干家学院,网罗专门人才专研希腊、拉丁和希伯来语。1539年,他又颁布敕令,在批准印刷希腊文书籍的同时,强令各地行政司法部门在官方文书中使用法语。同年,他还在枫丹白露设立了一个图书馆,专门收藏古籍。该馆后来被人视为国家图书馆的前身。为了更好地收藏艺术品(其中不少珍品来自意大利),弗朗索瓦一世还大兴土木,扩建卢浮宫。与此同时,他还盛邀一些著名的意大利人文主义者和艺术家到法国讲学献艺,其中包括大名鼎鼎的达·芬奇。此外,弗朗索瓦一世还曾公开表示,要给

---

[1] 恩格斯:《自然辩证法·导言》,《马克思恩格斯选集》第3卷,人民出版社1974年版,第445页。

予文学以"支持和特殊照顾"。他的上述言行,使其被一些法国人文主义者誉为"法兰西文艺之父"。较之弗朗索瓦一世,其姐姐玛格丽特·德·纳瓦尔有着更为鲜明的人文主义倾向。她曾利用自己对国王的巨大影响力,庇护人文主义者,支持宗教改革运动。一时间,她的宫廷甚至成为部分受迫害的人文主义者和新教徒最理想的避难之地。

人文主义一开始就与宗教改革相交织,这是法国文艺复兴有别于意大利文艺复兴的最为重要的特征。也正因为如此,法国人文主义初期的杰出代表勒费弗尔·德·埃塔普尔很早就致力于古典作家作品的翻译和校订。从1492至1506年,他出版了数种由其翻译、加注的亚里士多德的著作。他还是法国把宗教研究从经院哲学束缚中解放出来的第一人。他在1509年发表的《新约圣经》的拉丁文译本,曾和包含宗教改革基本思想的《保罗书信注释》一道,对路德产生过不容低估的影响。从1512年开始,勒费弗尔致力于宣扬"信仰得救"和"回到《圣经》上去"。这一年,他出任了莫城代理主教,并组织了著名的"莫城小组",积极传播新教思想。1530年,勒费弗尔将整部《圣经》由通俗拉丁文本译为法文。此举对普及法兰西民族语言贡献巨大。

语言学家纪尧姆·比代是法国文艺复兴早期堪与勒费弗尔比肩的另一位杰出代表。如果说勒费弗尔很大程度上是一位神学家和翻译家,那么,比代则是一位更加名副其实的古典学者。他不仅精通希腊文,同时还广泛涉猎哲学、神学、法律和医学。比代利用自己与王室非同一般的密切关系,建议弗朗索瓦一世创建以研究希腊文、希伯来文和拉丁文为宗旨的王家学院。该学院建立后,不仅成为法国高等学术研究的中心,唤起了人们对古典语言文字的兴趣,同时还成为与守旧势力的代表——天主教会控制的巴黎大学相抗衡的重要阵地。在法国大革命期间,王家学院改称法兰西公学院(Collège de France)。

在法国的文艺复兴运动中,最为引人瞩目、成就最大的是人文主义文学。法国人文主义文学的代表人物或团体分别有拉伯雷、七星诗社和蒙泰涅。

拉伯雷出身于法国中部一个地主和律师的家庭。他见多识广,博学多才,在天文、地理、数学、医学、神学、法律等众多领域均有相当造诣。1532年,拉伯雷化名出版了他的第一部小说《庞大固埃》。该书全名冗长至极,叫作《巨人卡冈都亚之子、狄波莎德王、鼎鼎大名的庞大固埃的可怖

第四章 绝对君主制的确立与发展

而骇人听闻的事迹和功业记》。该书出版后,深受读者欢迎,很快风行全国。这部小说就是《巨人传》的第二部。两年后,拉伯雷又出版了《巨人传》的第一部,其原名为《庞大固埃之父、巨人卡冈都亚极为吓人的见闻录》。尔后,拉伯雷又花了许多年的时间,分别创作出版了《巨人传》的后三部。拉伯雷在这部取材于法国民间传说故事的人文主义杰作中,用夸张手法鲜明生动、幽默风趣地讴歌了"人"的力量的伟大,嘲讽了宣传禁欲主义的教会和饱食终日无所用心的贵族。作者还在小说中淋漓尽致地表达了资产阶级力图冲破精神奴役、追求新思想、新知识的热切愿望。书中的一段铭文这样记载着"神瓶"发出的谕示:"请你们畅饮,到知识的源泉去畅饮,要研究人和宇宙……请你们研究知识,畅饮真理,畅饮爱情。"[①]

拉伯雷头像

作为法国文艺复兴前期的人文主义文学的代表人物,拉伯雷具有较强的民主倾向,此点与同期的流露出贵族气息的七星诗社的诗人们形成鲜明的对照。七星诗社是以龙萨和杜贝莱为首的7位人文主义诗人组成的团体。该团体的宗旨是把作为文学表达工具的法语提高到古典语言的水平。1549年由杜贝莱执笔写成的《保卫和发扬法兰西语言》,无疑是七星诗社的宣言书。这部长12卷、24章的历史性著作明确提出:谨慎地模仿和借鉴意大利文艺复兴的作品和古典的文学形式和语言,使法语更加纯洁规范、丰富多彩。宣言还倡导在文学作品中使用专门术语,创造新词与发展法国文学中的诗歌形式。宣言的作者们还充满自信地认为,法兰西文学至少应和意大利文学并驾齐驱。可以用法语创作堪于古代诗歌媲美的法兰西诗歌。虽然由于七星诗社的成员们把文学创作视为贵族阶级专有的特权,故而其语言和诗歌理论及其创作实践,在总体上难免带有或体现出保守贵族的固有偏见。但是,他们最主要的理论主张毕竟反映了那个时代提出的要求——语言的统一和改革。这一点不仅顺应了民族强盛、国家统一的历史潮流,而且在一定程度上"保卫"和"发扬"了推动时代和社会进步的人文主义思想。正是在这一意义上,七星诗社的理论主张

[①] 拉伯雷:《巨人传》,人民文学出版社1983年版,第10页。

与创作实践仍被公认为法国人文主义文学的重要组成部分。

　　法国文艺复兴后期最重要的人文主义作家是蒙泰涅(一译蒙田)。蒙泰涅出身于一个穿袍贵族家庭,其祖辈靠在波尔多开鱼行和向英国出口葡萄酒而发财致富。蒙泰涅的父亲参加过意大利远征,并由此成为意大利文化的狂热崇拜者。虽然老蒙泰涅本人不通文学,但竭力附庸风雅的他却一心想让儿子受到更好的教育。由于拉丁语是当时学者和文人的通用语言,老蒙泰涅在儿子牙牙学语时就把拉丁语当作母语。尔后,他又不遗余力地让儿子受到良好而系统的教育。故此,蒙泰涅得以具有极好的学养,尤其是熟稔古代大家如普鲁塔克、塞涅卡、塔西陀等人的著作。后者在蒙泰涅写作《随笔集》时旁征博引了许多古希腊罗马作家的论述中,可谓得到了极为充分的体现。蒙泰涅长大后曾任法院推事,并两度出任波尔多市市长。此外,他还一度在巴黎担任过国王亨利三世等的侍从。后来,蒙泰涅因厌倦仕宦生活,幽居乡间,埋头写作。使蒙泰涅名世的不朽之作是他的《随笔集》。《随笔集》是16世纪法国乃至世界最重要的散文作品,共107章,百万字左右。书中各章长短不一,而其内容更是五花八门,无所不包。尽管全书结构松散自然,但纵观全书,人们可以清楚地看到,人性论是蒙泰涅的思想理论基础。与拉伯雷等早期的人文主义者不同,蒙泰涅没有过于热情乃至不无夸张地讴歌人的伟大和力量,欢呼人的解放,而是冷静地反思与探索人和人生。在这一过程中,蒙泰涅非常注重自我研究,即对自我进行客观描述和严肃解剖。蒙泰涅认为,自我研究乃是培养人性的学校。同时,他还强调自我反省与自我克制能使人获得精神独立。不过,蒙泰涅笔下的"自我"并非孤立的"自我",而是普遍的"自我"。他宣称,"每个人都包含着人类的整个形式",由此,他自然而然地把自我研究扩大到对人的研究。至于人文主义者该对现世生活持何种态度,蒙泰涅的回答是:"我热爱生活……我全身心地接受它并感谢大自然为我而造就的一切。""每个人自己创造自己的命运。"

　　此外,如果说早期的人文主义者一味崇尚古典,并希冀用古代的权威取代基督教会的权威的话,那么,作为后期人文主义者的蒙泰涅却对任何权威都表示怀疑。可以毫不夸张地说,怀疑论是蒙泰涅思想的重要特征和内容。蒙泰涅在《随笔集》最著名也是最长的一章《雷蒙塞邦赞》中充分展示了他的深刻的怀疑论观点,并将其最终归结为"我知道什么?"。这句话时至今日,仍被世人经常引用,成为千古名言。法国大学出版社从

20世纪40年代初开始编纂出版的一套普及性百科知识丛书即以"我知道什么?"作为丛书的名称。在历经半个多世纪之后,这套丛书至今仍是欧美国家特别是法国极为著名的丛书之一。它不仅已印行3 000余种,而且还被翻译成包括中文在内的40多种文字出版。

四、宗教改革与胡格诺战争的爆发

纵观法国近现代史,生活在六边形国土上的法国人曾经数度分裂成两大互相敌对,乃至彼此残杀的阵营,如法国大革命时期、巴黎公社时期、维希政府统治时期……不过,首开"两个法兰西"之间剧烈冲突之先河的,却是更早时期的宗教改革与胡格诺战争。

宗教改革与文艺复兴,两者虽有各自不同的内容和发展道路,但若从最根本的意义上说,它们之间又存在着相辅相成、异曲同工的关系。两者无一例外的是新的社会经济条件下的产物,且都反对天主教会及其神权。它们的区别在于,文艺复兴中的人文主义思想是从教会外部,从世俗的角度对教会和神权发起冲击,而宗教改革则是从教会内部,从《圣经》的"神圣启示"出发,向正统教会的权威提出挑战。

宗教改革思想在法国早已有所传播。还在马丁·路德于1517年在德意志发动宗教改革之前,法国的一些人文主义者和宗教改革家就已经萌发"回到圣经上去"的共同愿望。1508年,勒费弗尔·德·埃塔普尔发表了一篇呼吁书,提出阅读《圣经》原文。当时,天主教信徒只能阅读罗马教廷指定的拉丁文译本的《圣经》,而希伯来文、希腊文和非罗马教廷指定的拉丁文本《圣经》均在禁读之列。勒费弗尔认为,罗马教廷指定的拉丁文译本已使《圣经》面目全非,因此需要进行努力,还《圣经》以本来面目。几年后,勒费弗尔先后翻译、出版了《圣经》和《保罗书信》的拉丁文新译本。在《保罗书信》的注释中,勒费弗尔已提出"因教得救"的思想,否认圣餐的实体转化说。勒费弗尔的新译本及其相关思想,对路德产生过不容低估的影响。而19世纪法国著名史学家儒勒·米什莱更是如是写道:"在路德以前6年,可敬的勒费弗尔·德·埃塔普尔已在巴黎宣讲路德主义。"

1512年,勒费弗尔出任莫城代理主教,并以自己为核心建立了一个旨在传播新教思想的"莫城小组"。几年后,勒费弗尔的门徒纪尧姆·布里索内被任命为莫城主教。在国王弗朗索瓦一世的姐姐玛格丽特·德·纳瓦尔支持下，布里索内主教和莫城小组发动了宗教改革。他们派遣神父到一些村庄布讲福音，将圣徒的雕塑和画像从教堂中撤除，并规定用法语作祷告。此外，他们还在宣扬信仰得救，否认圣餐的实体转化说的同时，甚至像路德一样在教堂张贴告示指控教皇，称他为"反基督者"。

  这一时期，路德的思想已在法国迅速传播开来。在这一过程中，印刷业起了非常重要的作用。不过，不容否认的是，国王开始时对新教的宽容态度也至关重要。起初，法王弗朗索瓦一世对宗教改革思想颇感兴趣，更何况，伊拉斯谟关于教会应由国王管理的主张同他的意图又正好吻合。因此，弗朗索瓦一世初时不仅对莫城的宗教改革运动听之任之，甚至还准许路德教传入法国。1532年，为了回击教皇克莱芒七世与自己的死对头——神圣罗马帝国皇帝查理五世的联合，弗朗索瓦一世在国内准许新教徒卢塞尔在王宫卢浮宫公开布道，在国外则同反对查理五世的德意志路德派诸侯结盟。

  毋庸置疑，法国王权是根据其政治、外交和军事的需要来采取对宗教改革的对策的。正是这一原因，随着法王在1533年和教皇握手言和，加之法王已意识到宗教改革的进一步发展对其统治将是弊大于利，弗朗索瓦一世开始对宗教改革运动进行打压。这一转折的标志是1534年10月的"告示事件"。当时，新教徒在巴黎、奥尔良、图尔等城市到处张贴"告示"，揭发"教皇弥撒的不能容忍的流弊"，就连国王寝宫的门上也贴有类似的"告示"。于是，弗朗索瓦一世龙颜大怒，下令严惩新教徒。一时间，火刑场在法国到处点燃。仅在半年的时间里，巴黎就有80名新教徒被活活烧死。就是在这样的背景下，让·加尔文出场了。法语国家的宗教改革也由此有了堪与德语国家的路德比肩的领袖。

  加尔文1509年7月10日出生在皮卡底一个极富于宗教色彩的小城努瓦荣，他的父亲曾为当地主教管理产业。加尔文起先曾在伊拉斯谟就读的巴黎蒙太古学院念书，后来赴奥尔良和布尔日攻读法律和神学。1533年，加尔文因宣扬路德和伊拉斯谟的观点而被天主教会斥为异端，被列入了黑名单。于是，他在1534年1月离开巴黎，前往斯特拉斯堡和瑞士的巴塞尔避难。在巴塞尔避难时，加尔文用拉丁文撰写了一部维护、阐述新教信仰的著作《基督教原理》。这部发表于1536年的著作立论之大胆，思想之缜密，热情之洋溢，文笔之流畅，堪称宗教改革以来最具影响力的一本著作。1536年，加尔文应邀去瑞士日内瓦领导宗教改革运动。

两年后,他离开日内瓦赴斯特拉斯堡等地流动宣讲。从 1541 年起,加尔文长期定居日内瓦,其间把这座城市改造成宗教改革的大本营,人称"新教的罗马"。

加尔文的宗教思想主要是预定论。他宣称,上帝预先确定一些人得救,另一些人毁灭。任何人的命运在其出生之前就已由上帝决定,个人的一切祈祷、虔诚、善行均无济于事。上帝的决定秘而不宣,但可通过上帝的呼召体现出来,人们可以根据个人在世上的具体情况加以揣摩。如果一个人在对社会有益的各种职业中事业成功,这就证明他是上帝的"选民",反之则为"弃民"。加尔文还号召其信徒珍惜时间,节约钱财,全力献身于自己的事业,并充分利用各种机会,依靠个人的职业活动发财致富。

加尔文还非常重视教会组织。他在主张废除烦琐的宗教礼仪,取消偶像崇拜、朝圣和斋戒的同时,力倡应由一般信徒选举产生的长老和牧师共同管理教会。长老是从事世俗职业的信徒,其主要职责是维持秩序、道德和纪律。还有一点,加尔文派的教会是独立的、自治的组织,它不像路德派那样仍依附于世俗统治者。

如果说在前一时期,路德派尚在法国具有不少影响的话,那么,在加尔文登场后,法国绝大部分新教徒都成了加尔文派新教徒。加尔文教是经由里昂在法国传播开来的。由于它既吸收了路德的基本教义,又摒弃和改造了路德与封建主妥协的部分,更好地反映了资产阶级在经济上发家致富,在政治上参与执政的愿望,故深受法国广大资产阶级,尤其是中下层资产阶级的拥护。16 世纪 50 年代期间,加尔文派教会在法国各地纷纷建立。1559 年 5 月,在加尔文的倡议下,来自各地新教会的代表在巴黎市郊的圣日耳曼举行首次"法国新教牧师大会"。会上,一个与天主教平行的新教会应运而生。

加尔文派教徒后来在法国被称为"胡格诺派"。[①]胡格诺派的主体是资产阶级分子,同时还有一些法国南部的大贵族。后者之所以加入胡格诺派,是想利用加尔文教对专制暴君的谴责,与中央集权的专制王权相对抗,同时还可利用宗教改革夺取天主教会和修道院的财产。由于他们"信奉"加尔文教主要是出于政治目的,故他们亦被称为"政治上的胡格诺"。

自弗朗索瓦一世 1534 年改变态度后,法国历代国王均对新教采取镇

---

① 法文为 Huguenots 或 Higunaux,该词源自瑞士文 Eidgenossen,意为"同盟者"。

压政策。随着新教徒人数的日渐增多,当局的镇压也愈益残酷。1547年,亨利二世还在巴黎高等法院专门设立一个法庭,用以迫害新教徒,人称"火刑法庭"。该法庭在 3 年内判处逾 500 起针对异端的案件。及至 16 世纪中叶,法国围绕着天主教与新教的斗争,形成了两个互相敌视的集团:一个是以王室近亲、大贵族吉斯公爵和洛林红衣主教查理为首的天主教阵营,他们的势力主要集中在法国北部与东部,且对王权起着举足轻重的影响;另一个是以纳瓦尔国王安托万、孔代亲王路易和海军上将克里尼为首的新教阵营,他们的力量主要分布在西部和西南部。在两派贵族以及国外势力特别是罗马教廷的煽动下,新、旧教两大阵营之间的敌对行动不断升级。不久,天主教与新教之间的斗争蜕变为封建贵族争权夺利的宗教战争。

在法国,这场宗教战争又称"胡格诺战争"。首先挑起战争的是天主教阵营。1562 年 3 月 1 日,吉斯公爵率部突袭在第戎西北 70 公里处的瓦西镇一个谷仓里举行宗教仪式的胡格诺教徒,杀死 25 人,打伤 100 多人。事发后,各地天主教徒争相效尤,丧心病狂地杀戮胡格诺教徒。尽管胡格诺派的精神领袖加尔文曾一再告诫自己的信徒"应当遵守法律,不得有越轨行为",但面对天主教派的屠刀,他们也毫不畏惧地进行了反抗。由此,胡格诺战争的序幕随着"瓦西惨案"的发生而揭开。

从 1562 到 1594 年,胡格诺战争时打时停,持续了 30 多年。尽管这场战争从本质上说是一场封建贵族争权夺利的宗教战争,但由于参加战争,并在战争中发挥作用的有社会各阶层的人士,加之参战双方又各自求助于外国势力——天主教派得到了西班牙的支持,胡格诺派得到了英国和德意志新教诸侯的支持,遂使战争具有非同一般的复杂性。此外,由于宗教战争的刀光剑影遍及全国,它所造成的破坏性远胜于英法之间的百年战争,因为后者只是局限在几个省份而已。

战火点燃后,天主教和新教首领到处起兵对抗。但在头几年中,双方的主要领袖要么死于非命,要么成为阶下之囚。如纳瓦尔国王安托万死于鲁昂之围,吉斯公爵在围攻奥尔良时遭到暗杀,而孔代亲王和天主教阵营的领衔人物之一、王室总管蒙莫朗西在德勒战役中竟彼此落入对方的手中。虽然每次战事过后,双方都会举行会谈,从而也达成了若干协议,但由于矛盾未能真正得到解决,故往往是所签之约墨汁未干,双方就又重启战端。

五、波旁王朝的开创者亨利四世君临法国

纳瓦尔国王安托万战死沙场后,其年仅16岁的儿子亨利继位为纳瓦尔国王,并成为胡格诺派名义上的领袖。由于连年战争,法国早已哀鸿遍野,民不聊生。为了维系国内和平,虽已宣布放弃摄政,但对国王查理九世仍具有极大影响力的太后卡特琳决定,将自己女儿玛格丽特公主嫁与纳瓦尔国王亨利。婚礼于1572年8月18日举行。是时,大批新教徒奔赴巴黎庆贺,其中包括克利尼等新教显贵。8月22日,旧教首领吉斯公爵亨利和王弟安茹公爵亨利乘机遣人刺杀克利尼。因刺客身手平庸,克利尼虽负重伤,但并未毙命。云集巴黎的胡格诺派闻讯后,群情激愤。在这关键时刻,太后因害怕胡格诺派在首都闹事,危及王室安全,竟胁迫查理九世下令血洗聚集在巴黎的胡格诺派。于是,在8月23日到24日的夜里,即圣巴托罗缪节的恐怖之夜,众多尚在酣睡之中的胡格诺派信徒未及清醒便做了刀下之鬼,那些惊醒后夺路而逃者也多被追杀,横尸街头。据载,在"圣巴托罗缪之夜"丧生的胡格诺派信徒达2 000多人。在这场惨案中,刚成为新郎的纳瓦尔国王亨利因为发誓放弃新教信仰幸免于难。

"圣巴托罗缪之夜"的屠杀场面

1574年5月,查理九世驾崩,其弟安茹公爵继位,是为亨利三世。原本是旧教首领的亨利三世登基后便与新教重新开战。但时隔不久,亨利三世无法容忍吉斯公爵的权势日重。于是,他使尽手段将吉斯公爵家族贬抑下去。鉴于旧教营垒因内讧实力受损,亨利三世不得不向再度崛起

的新教势力妥协,在1576年5月签署了对胡格诺派十分有利的博利厄敕令。此举引起天主教派的强烈不满。在吉斯公爵的鼓动下,天主教派们拒绝执行该敕令。

在相当长的时间里,亨利三世、吉斯公爵亨利和纳瓦尔国王亨利三者之间展开了关系错综复杂的"三亨利之战"。1588年,吉斯公爵亨利迫使国王亨利三世逃离首都。亨利三世气急败坏地从巴黎逃离到布洛瓦后,在12月23日派人刺死了吉斯公爵亨利。事发后,吉斯公爵之弟马延公爵在巴黎发动叛乱,拥立老迈昏聩的波旁红衣主教为国王,称"查理十世",他自己则出任监国。

被旧教诸人"废黜的"亨利三世为了夺回王位,遂向自己原先的敌人、已重新宣布恢复新教信仰的纳瓦尔国王亨利乞求和解。纳瓦尔的亨利同意了和解的请求,但拒绝放弃新教信仰。1589年初,两位亨利结成联盟,率领联军围攻巴黎。同年8月1日,亨利三世在圣克鲁被狂热的多明我会修士雅克·克雷芒刺杀。由于亨利三世体弱无子,唯一的王弟又先他而亡,导致瓦洛亚王朝因家族绝嗣而宣告终结。亨利三世死后,按照惯例,最有资格继承法国王位的人竟然是纳瓦尔国王亨利。纳瓦尔国王亨利登基后,称亨利四世。由于亨利四世属波旁家族,因而,他同时又是波旁王朝的开基君主。

亨利四世登基之初,全国仅有5座城市承认他的权威。在英军的帮助下,亨利四世的军队虽在战场上取得了不少胜利,但是,在当时天主教徒占人口总数90%的法国,单纯的军事胜利尚不足以使这位胡格诺派的君主真正君临法国。在屡攻不克的巴黎城下,亨利四世最终下决心改宗旧教。当时,他说了一句日后被世代相传的名言:"为了巴黎而做弥撒是值得的。"1593年7月25日,亨利四世在圣德尼大教堂正式宣布放弃新教信仰。6天后,新旧教两派达成为期3个月的休战协定。1594年3月,亨利四世在热烈的欢呼声中进入巴黎,并成为全国公认的国王。至此,持续了32年之久的胡格诺战争画上了句号。

较之百年战争,胡格诺战争给法国造成的破坏可谓是有过之而无不及。以至亨利四世在即位后不久曾如是说道:"交到我手中的法兰西已近乎毁灭,对法国人而言,法兰西可以说已不复存在。"不过,这位新国王自有他的勃勃雄心,这就是成为"这个国家的复兴者和解放者"。

应当说,在前一时期的战场上,亨利四世已充分显示了其英雄本色。

第四章 ● 绝对君主制的确立与发展

但这位后来被人誉为"亨利大王"的明君清醒地意识到,光赢得战争尚不够,还必须着力抚慰与征服人心。亨利四世在抚慰与征服人心方面的惊人之举,当推其排除种种阻力,在1598年颁布"南特敕令"。该敕令宣布天主教为法国国教,同时又规定在法国全境有信仰新教的自由,新教徒在民事和担任公职方面享有与天主教徒同等的权利;赦免教派冲突中的一切战争行为……"南特敕令"不啻是基督教欧洲国家实行宗教宽容政策的首个范例。它从法律上正式承认每个人均享有信仰自由,同时给以切实保障。显然,"南特敕令"具有的划时代的意义是毋庸置疑的。

由于在宗教战争期间,国家的统一与王权的威望严重受损,遂使得亨利四世极为重视恢复和强化中央集权的绝对君主制,并采取一切措施来巩固他的权威。如他下令停止召开全国性的三级会议,要求巴黎高等法院对国王的敕令必须先行登记,然后才能谏诤;清除最高权力机构王室议政会中的反对派大贵族,提拔对自己忠心耿耿的中小贵族进入决策机关。亨利四世还要求各省的三级会议亦对他绝对服从。当闻悉波尔多即将发生叛乱时,亨利四世用极为强硬的语气正告波尔多人:"我是你们的合法国王,你们的首脑。我的王国是身躯,你们的荣誉就是充当四肢,服从身躯,并且添上血肉、骨头以及一切有关的东西。"[①]

为了让因战争满目疮痍的法国尽快得到复兴,亨利四世对恢复与发展经济颇为重视。在这一过程中,他得到了自己昔日的同伴、精明能干的苏利公爵的鼎力相助。苏利在出任财政总监后,在整顿财政,改革税制方面采取了许多卓有成效的措施,使国库很快真正富足了起来。亨利四世与苏利公爵都深知国以农为本的道理,因而对复兴农业十分关注。为此,当局一方面减轻农民的税收负担,一方面招抚流散农民,让他们有地可种,有农活可干。为改善农业生产条件,政府在组织人力排干沼泽,疏通河渠,兴建堤坝,开辟荒田的同时,大力引进新的作物和耕种技术。当时,亨利四世曾宣称:"如果上帝假我以天年,我将使王国里没有一个农夫锅里弄不到一只鸡。"[②]亨利四世的这句话,使他当时在农村大得人心。此外,亨利四世也非常重视扶掖工商,保护关税以及海外殖民活动。凡此种种,使法国很快恢复了元气,重新成为欧洲第一流的经济强国。随着国力

---

① 米盖尔:《法国史》,商务印书馆1985年版,第185页。
② 米盖尔:《法国史》,商务印书馆1985年版,第187页。

的增强,法国在欧洲的国际地位也明显提高。

六、曾任红衣主教的黎塞留的铁腕统治

虽然亨利四世得到了国人的普遍拥戴,但对其恨之入骨者也依然有之。1610年5月14日,亨利四世在赴佛兰德尔征战前夕,在马车中被一位狂热的天主教徒弗朗索瓦·拉伐亚克用匕首当场刺死。人去政亡,这是封建专制君主制下屡见不鲜的现象,而当一个英明的统治者由一个庸弱无能的后继者接替时,问题就会更为严重。亨利四世死后,由其子路易十三继位。当时,路易十三年仅9岁,因而由其母后即美第奇家族的玛丽摄政。

摄政母后是一位目光短浅、缺少政治识见的妇人。面对在亨利四世死后又变得不安分起来的王公显贵,她最大的能耐似乎就是用金钱收买贵族,笼络一帮亲信宠臣。这一时期最受她信任的是一位名叫孔奇尼的意大利人,此人是她的同乳姐妹莱昂诺拉·加莉盖伊的丈夫。在母后的宠幸下,孔奇尼不仅成了巨富,而且还权倾朝野。1614年,"王公们"决定与摄政母后决裂,力图恢复往昔的地位和特权。为此,他们在回到各自控制的省份后,起兵作乱,要求召开三级会议,企图利用三级会议来达到削弱王权的目的。同年10月27日,三级会议在巴黎奥古斯丁修道院开幕。其中,教士代表140人,第二等级代表132人,第三等级代表192人,后者大部分是司法官员、最高法庭的成员和几个大城市的官员。让人始料不及的是,由于第三等级在三级会议上起来与特权等级作对,反而促使特权等级将王室当成了靠山,竟表示拥戴摄政母后,增强王权。这一结果显然有违"王公们"的本意,使其对召开三级会议懊悔不迭。

正是在这次三级会议上,一位后来被人称为"法国历史上最伟大、最具谋略、也最无情的政治家"①出场了。这位政治家全名为阿尔芒·让·迪普勒斯·德·黎塞留。作为教士等级的代表,时任吕松主教的黎塞留出席了这次会议。由于他在会上积极支持宫廷,且语出惊人,引起了孔奇尼的注意,便把他引荐给了摄政母后,同时委以国防和外交国务秘书的要职。就这样,黎塞留开始了他的宦途生涯。

---

① 参见威尔·杜兰:《世界文明史·理性开始时代》下,东方出版社1999年版,第508页。

第四章 绝对君主制的确立与发展

1617年4月,在准备亲自执政的路易十三的唆使下,孔奇尼被杀。路易十三亲政之初,得到了其朋友、心腹和宠臣夏尔·达尔贝尔·德·吕伊内鼎力相助。被提升为公爵、法国世卿(Pair de France)并身兼大将军与皮卡底省长等要职的德·吕伊内在路易十三的大力支持下,迅速地把原先不可一世的意大利人赶出宫廷。孔奇尼的妻子、摄政母后的同乳姐妹莱昂诺拉·加莉盖伊被当作女巫受审,孔奇尼任命的大臣则被逐一革职。摄政母后怕遭毒手,仓皇逃往布卢瓦。在这种情况下,原先深得摄政母后与孔奇尼重用的黎塞留,也被迫避难于教皇领地阿维尼翁。在阿维尼翁期间,黎塞留写成了《保卫天主教信仰的主要原理》一书。为此,教皇格利哥里十五不久擢升他为红衣主教。

1619年,黎塞留因在促成国王和母后之间的和解过程中出力甚多、表现出色,开始得到路易十三的赏识。不久,黎塞留更是被国王视为得力助手。1621年,德·吕伊内去世后,黎塞留得以进一步接近权力中心。1624年,黎塞留进入枢密院。同年8月,又排除对手拉维厄维尔而成为首相。从1624年至1642年,黎塞留担任首相凡18年。

黎塞留本人体弱多病,但性情刚烈,并具有铁的手腕。在这18年期间,他操纵着性格较为软弱的路易十三,成为一个大权独揽的实际统治者。尽管如此,这位红衣主教出身的首相对路易十三却称得上始终忠心耿耿。黎塞留出任首相后,把巩固与发展法国的绝对君主制作为自己的头等大事。对此,他后来在总结自己一生政治活动的回忆录《政治遗嘱》中明确宣称:"我的第一个目的是使国王崇高","我的第二个目的是使王国荣耀"。纵观黎塞留执政期间的文治武功,应当说,他确实相当好地完成了其自定的任务。而且,正是他的内政外交,使法国的绝对君主制得到了明显的巩固与发展。

为了"使国王崇高",黎塞留不得不与那些骄横跋扈、肆意叛乱的王公显贵们进行长期不懈的斗争。当时,不肯服膺王权的既有胡格诺派贵族,又有群集在太后周围的天主教贵族。可以毫不夸张地说,黎塞留执政期间,几乎一直处在封建贵族的阴谋和叛乱之中。1626年,朝廷中众多显贵为架空路易十三,密谋用暗杀的方式剪除黎塞留。正当他们准备采取行动时,阴谋败露。为了给这些图谋不轨的王公显贵一点颜色瞧瞧,黎塞留决然把多名公爵打入牢狱,甚至还把作为替罪羊的夏莱公爵斩于斧钺之下。

1630年，黎塞留的对手们又策划了一起针对黎塞留的阴谋。参与其事的有太后玛丽、王后"奥地利的安娜"、国王的亲弟弟加斯东·德·奥尔良，以及掌玺大臣米歇尔·德·马里亚克。这些人误以为黎塞留已在路易十三面前失宠，故在11月11日由太后出面，在她所在的卢森堡宫对路易十三哭诉，说黎塞留是个无情无义的背叛小人，催促国王将其革职。碍于母亲的面子，路易十三只能洗耳恭听。由于门没上锁，黎塞留悄悄地走了进来，躬身下拜道："太后好像在指责我？"说完泪流满面。当路易十三正想宽慰黎塞留几句时，只听得太后对国王吼道："难道你为了偏袒下人而不顾自己的母亲吗？"说完即号啕大哭。左右为难的路易十三遂借故溜走。但他很快就在凡尔赛召见黎塞留说："朕需对我的国家负责，而不是对我的母亲负责。"自以为这一次就要完蛋的黎塞留闻之大喜，随即很快就对反对派采取了行动。结果，太后被流放于贡比涅，马里亚克锒铛入狱，对王弟加斯东则处以大不敬的罪名，责令他言行小心。此事在法国史上被称为"愚人日事件"。此处的"愚人"指的是错误地估计了形势的太后等人。

两年后，王弟加斯东策动朗格多克省省长蒙莫朗西公爵叛乱。黎塞留闻讯后，立即遣兵征讨，在卡斯提瑙达里大败叛军并生擒蒙莫朗西。事后，黎塞留不顾王公显贵多方求情，在图卢兹将这位曾立下赫赫战功的前元帅处死，其世袭的公爵爵位亦遭褫夺。黎塞留时代最后的一次贵族叛乱发生在1642年。这次叛乱的主谋是桑克·马尔伯爵。此人原是黎塞留的亲信，后在黎塞留的引荐下成为路易十三的宠臣。然而，他在1642年不但不思报恩，反而与王弟加斯东等人走到一起，合谋推翻黎塞留。为此，这些人甚至还暗中与西班牙勾结。黎塞留这时候虽已不久于人世，但依旧成功地粉碎了这次阴谋，处死了桑克·马尔伯爵，同时把国王的弟弟削职为民。

黎塞留在打击图谋不轨的王公显贵的同时，还不得不和日益蔓延的新教徒叛乱做斗争。当时，胡格诺派显贵利用"南特敕令"实行封建割据，并在王室未及时满足自己要求时频频发动武装叛乱。面对这一局面，黎塞留在1627年率军亲征。1628年，他亲自率领的军队经过长时间的包围，最终占领了在英国人支持下进行叛乱的胡格诺派的军事据点拉罗谢尔。当朗格多克省的胡格诺派在罗昂公爵的率领下发动叛乱时，黎塞留又毫不留情地予以镇压，恢复了该地区的秩序。在取得对胡格诺派战争

第四章 绝对君主制的确立与发展

胜利的基础上,路易十三根据黎塞留的建议,不再以平等身份和胡格诺派的首领谈判,而是钦赐了"阿莱斯恩典敕令"。该项敕令虽在名义上承认南特敕令,但规定拆除胡格诺教徒的一切要塞,解散其军队和组织。从此,胡格诺派在法国建立的"国中之国"被根除,法国国王的权威受到了充分尊重,法国的统一得到了进一步的发展。

黎塞留执掌相印后,还积极加强国家政权建设,强化中央集权。为此,他在中央设立各部大臣,后者在首相直接领导下掌握实权,决断日常行政大事。此举使得贵族权力机构"国务会议"形同虚设。黎塞留虽没有废除经常为地方显贵所把持的省长,但他把自16世纪以来向地方临时性派遣的钦差大臣变为定制,称为总督。总督由国王任免,其官职不得买卖、转让或世袭。各省的司法、行政、财政大权均在总督的监督之下,而他们又完全听命于中央。通过这种体制,中央对各个地方的约束力大大强化。为了便于对地方的控制,黎塞留还在全国各地设立驿站。在思想文化方面,他首开了建立出版检查制度之先河,并在1630年创办了法国历史上最早的报刊《法兰西报》,用它作为集权统治的舆论工具。黎塞留控制思想文化的另一重要行动是建立法兰西研究院。该研究院可以说是法国有史以来第一个试图对文化领域的活动进行规范的官方文化机构。

为了增加国库资金,进一步加强中央集权的经济基础,黎塞留大力推行扶植工商业、海外贸易和殖民活动的政策。如他以发放补助金、授予特权、减免租税等手段鼓励资本主义工场手工业的发展,支持海外贸易公司,扩大加拿大殖民地,并通过外交途径扩大法国商人在土耳其、伊朗和俄国的市场。在黎塞留执政期间,法国的国库明显地充实了起来。不过,这一现象虽与黎塞留采取的上述措施有一定的联系,但还得归因于当局对人民群众的残酷压迫与剥削。黎塞留对城乡人民的压榨,可谓是漫无止境。在他去世时,国税竟已预征3年。对此,黎塞留竟然振振有辞地辩解道:"如果人民太舒适了,就不可能安守本分……应当把他们当作骡子,加以重负,安逸会把他们宠坏。"[1]也正因为如此,在黎塞留执掌权柄期间,广大农民和城市民众由于不堪政府的横征暴敛,一次又一次揭竿而起。其中规模最大的是1639年在诺曼底爆发的"赤脚汉"起义。

---

[1] 沈炼之主编:《法国通史简编》,人民出版社1990年版,第122页。

法国通史

黎塞留的"第二个目的是使王国荣耀",即提高法国在欧洲各国中的地位。而在当时要实现这一目的,就必须要突破哈布斯堡家族通过"婚姻外交"对法国形成的包围圈,向哈布斯堡王朝在欧洲的霸权挑战。黎塞留上台前,欧洲历史上著名的"三十年战争"已在1618年爆发。黎塞留上台之初,因忙于平叛内乱,无力派兵直接参战。于是,他就在外交上积极努力,力促丹麦、荷兰和英国结成反哈布斯堡同盟。1625年,在黎塞留政府的努力下,丹麦、荷兰和英国结成三国同盟。同年,在法国、荷兰等国家的资助下,丹麦派兵援助德意志新教诸侯。由此,三十年战争开始由德国内战变成了一场国际战争。1629年丹麦战败并退出战争后,黎塞留又竭力劝说并资助瑞典赴德作战。为了使德国保持分裂割据状态,黎塞留还劝诱德国的天主教徒,特别是巴伐利亚选侯脱离德皇,保持中立。1635年,随着国内胡格诺的"国中之国"被摧毁和王公显贵的叛乱被平息,黎塞留由在幕后策划鼓动转向公开地走向三十年战争的战场。法国的直接参战,使战场上的形势迅速改观。在意大利战场,法军在南部通过与萨伏依等小国的合作重创西班牙军队,同时在北部切断了西班牙从米兰、热那亚到尼德兰的重要通道;在尼德兰南部战场上,法军与荷兰协同作战,并于1640年占领了阿图瓦等重要城市和地区。在德意志战场上,法国、瑞典联军势如破竹般地相继攻占了阿尔萨斯等一系列要塞城市。三十年战争虽然要到1648年才结束,但实际上在1642年黎塞留去世时,法国一方的胜利已成定局。1648年10月24日,三十年战争的参战各方正式签署了《威斯特伐利亚和约》。从和约内容看,法国显然是三十年战争的最大的赢家。法国利用这场战争,终于完成了推翻哈布斯堡王朝在欧洲的霸权,提高法国的国际地位的历史任务。在这一过程中,黎塞留无疑功不可没。

黎塞留死于1642年,享年57岁。在其弥留之际,神父问他:要不要宽恕你的敌人?这位因秉政执法铁面威严、毫不留情而树敌甚多的政治家坦然答道:"除了公敌之外,我没有敌人。"他还在遗嘱中对路易十三说:"严惩那些以藐视国家法令为荣的个人,就是对公众做好事。"[①]黎塞留逝世后,其权力由他的忠实接班人,同样担任过红衣主教的意大利人马扎然继任,其未竟的事业亦由马扎然较为圆满地予以完成。

---

① 米盖尔:《法国史》,商务印书馆1985年版,第199页。

第四章 ● 绝对君主制的确立与发展

七、绝对君主制的极盛时期——路易十四时代Ⅰ：内政外交

黎塞留死后不到半年,路易十三也在1643年5月驾崩。由于路易十三之子路易十四继位时尚不足5岁,故需要由太后"奥地利的安娜"摄政。不过,掌握实权的实为黎塞留的忠实接班人马扎然。此时的马扎然不仅是幼王路易十四的首相、教父,同时还是摄政太后的情人。其位尊权重,可想而知。

马扎然接手朝政之时,恰值法军在三十年战争中已临近决胜关头。为了筹措确保战争胜利的款项,马扎然明知民间早已怨声载道,仍硬着头皮横征暴敛。结果,不仅使自己很快成为众矢之的,同时还引发了一场动摇法国绝对君主制的严重政治危机——"福隆德运动"。①

"福隆德运动"分前后两个阶段。前者为"高等法院福隆德运动",后者为"亲王福隆德运动"。1648年5月,巴黎高等法院为抵制政府的横征暴敛,联合各地法院,以整肃政府弊端为名而提出27项要求,要求国王撤回派往各地的监督官;新税收和新的财政法令事先须经巴黎高等法院同意登记方才有效;未经宣布罪状,不得擅自捕人;等等。对此,马扎然和太后不仅断然拒绝,还下令逮捕了数名高等法院的法官。巴黎市民闻讯在一夜之间筑起1 200个街垒,进行起义。事发后,摄政太后、马扎然携年幼的路易十四被迫逃离巴黎。不久,马扎然派孔代亲王领兵围攻巴黎。1649年3月,由于高等法院与宫廷妥协,"高等法院福隆德运动"随之结束。

宫廷人员返回巴黎不久,居功自傲的孔代亲王因未能如愿取代马扎然的职位,遂纠集多名亲王显贵与宫廷作对。1650年,"亲王福隆德运动"兴起。这些亲王不仅公开叛乱,而且还不惜与西班牙人勾结。由于叛军向巴黎发起进攻,逼得王室二度出逃。直至1653年,马扎然才利用反叛者的内讧平息了动乱。

1661年3月,马扎然去世。也正是从这时起,时年23岁的路易十四开始亲政。由于当年王室在"福隆德运动"中被迫外逃的惨况,曾给他留

---

① "福隆德"是法文fronde的音译。它原为一种儿童游戏的投石器,曾为当局明令禁用。在此,它带有"破坏秩序,反对当局"之意。这一运动也称"投石党运动"。

下了刻骨铭心的印象,因此,这位年轻的国王早就有意凭借君权神授观念来强化绝对君主制。马扎然刚一去世,路易十四即向其大臣们宣布:"此后,我就是我自己的首相。"在他亲政的54年时间中,路易十四从未委任过首相。在其亲政前期,路易十四可谓如同"超级工作狂"式地日理万机。朝中诸事,不分大小,概由他亲自处理。对此,他曾一再宣称,亲自理政乃是"国王的职业",并在对该如何当好国王予以深思熟虑后,写过一篇《关于国王职业的思考》。众所周知,路易十四在后人当中流传最广的名言是那句"朕即国家"。诚然,对于路易十四本人究竟有没有亲口说过这句话,法国史学界尚存在争议,但从其治国理政的实际表现来看,他在亲政后力求让法国王权至高无上是显而易见的。而且确实可以说,他的意志就是法律。从中央到地方的庞大的官僚机构,都不过是使其旨意付诸实施的工具而已。换言之,正是路易十四使法国绝对君主制达到了极盛。

自诩为"上帝在人间的代表",并被廷臣们谀称为"太阳王"的路易十四为大权独揽,粗暴地剥夺了巴黎高等法院、全国三级会议等机构对王权的制衡作用。1665年,在闻悉巴黎高等法院还想集会讨论国王颁布的敕令时,路易十四身着猎装,手持鞭子,怒气冲冲地来到法院,断然宣布:"你们这些集会带来的祸害大家都知道,我命令你们停止已经开始讨论我的敕令的会议。"3年后,他又命令掌玺大臣毁掉福隆德运动期间巴黎高等法院的3本议事记录。凡不顺从的法官,路易十四一概予以免职或流放,并代之以自己的亲信。根据他的旨意,全国三级会议在他在位期间停止召开。

为了加强对外省的统治,路易十四迅速恢复了在福隆德运动期间被取消的向各省派遣巡视稽查的司法、治安、财产监督官的制度。这些钦差大臣将通常由显贵或元帅担任的各省地方长官置于严密的监视之下。路易十四还极力加强对教会的控制和利用。在他亲政期间,形成已有几个世纪的天主教"高卢主义"发展到了顶峰。在法国国王取得了对高级教职的任命权和教会财产的支配权后,意犹未尽的路易十四还在1682年召集法国的高级教士会议,并通过《四条款宣言》重申,王权独立于教权,教皇不得作出任何侵害法国教会自由和权利的事情。此后,路易十四不顾教皇的激烈反对,先后任命了不少拥护《四条款宣言》的人担任主教。

为了体现"太阳王"的威严,使宫廷真正成为国家的政治中心,路易十四斥巨资在巴黎西南郊建了富丽堂皇的凡尔赛宫。凡尔赛宫于1662年

第四章 ● 绝对君主制的确立与发展

破土兴建,历时10年才大功告成。其宏伟瑰丽,令人惊叹。在王室由卢浮宫迁入凡尔赛宫后,他把大批贵族召入宫内,充当侍臣。在宫中,路易十四建立了极其严格的礼仪制度,如国王起床礼、就寝小礼、就寝大礼、用

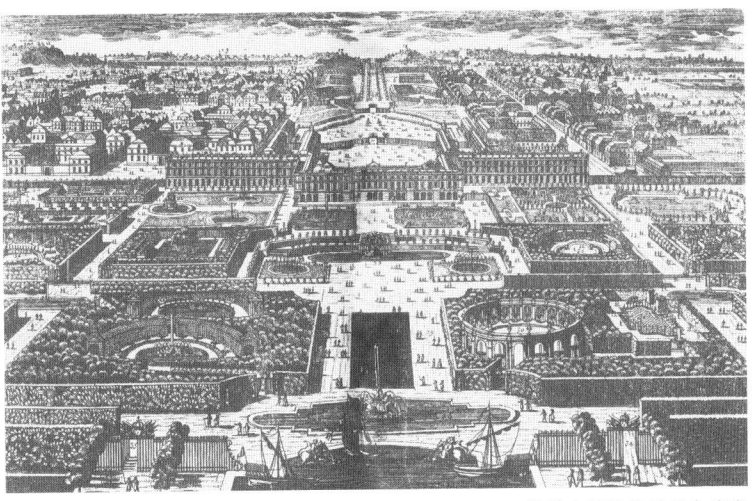

路易十四时代的凡尔赛宫

膳礼等,还相应设立了包括御衣官在内的一系列荣誉职位,让自己宠幸的大贵族充任。由于荣膺这些职位就能够接近国王,还可由此获得丰厚的俸禄和赏赐,导致谒见国王、争取受到国王的宠幸,成了贵族们朝思暮想的政治目标和生活追求。这些贵族在仰承国王鼻息,过上奢侈腐朽的生活之后,自然也就迅速而明显地丧失了对抗王权的能力。

虽然路易十四精力过人,但他在治理国家时仍少不了得力助手的辅佐。在几位能臣中,最为路易十四信任和重用的是柯尔伯。柯尔伯出身于商人家庭,原为马扎然的家务总管。在受到路易十四的赏识后,先是担任财政总监,后又因为功绩卓著被任命为王室国务秘书和海军国务秘书,可以说,他已被赋了事实上的首相权力。柯尔伯在任内积极进行财政改革,大力推行重商主义政策,大力兴办王家手工工场,使法国经济再次呈现繁荣景象。

如果说路易十四国内政策的要旨是极度强化王权,那么,他的对外政策的目标就是使他和"他的"法国在国际上受人尊敬。为了扩大法兰西的疆域和法国在欧洲的霸权,路易十四在他亲政的54年中,竟有31年让法国处于战争状态之中。进而言之,在路易十四看来,打仗和征服实为君主天职的一部分。为此,他曾为自己频频发动战争如此辩解说:"国王永远不必以追求名声为耻,因为名声必须不懈地、热烈地被渴望,这本身就能比其他任何事物都更能确保我们的目标实现,名誉往往比最强大的军队

更有效。所有胜利者,从名誉上得到的东西都多于从刀刃上得到的。"

路易十四亲政后发动的第一场大规模战争是针对西班牙的"王后权利战争"(又称"遗产战争")。1665年,路易十四的岳父、西班牙国王菲利普四世去世,继位的查理二世年仅4岁。于是,路易十四乘机对西班牙提出领土要求。他的理由是西班牙公主玛丽·泰蕾兹嫁给他时,曾允诺一笔非常可观的嫁资,但由于西班牙后来长年战乱,民生凋敝,这一承诺从未兑现。因而,他要以其王后的名义继承在西属尼德兰的遗产。在这一要求遭到西班牙拒绝后,路易十四在1667年御驾亲征,连克里尔等城市,翌年又攻占弗朗什—孔泰。由于英国、瑞典、荷兰三国缔结了反法同盟,公开干预此事,路易十四才同意言和。1668年,双方签订了《亚琛条约》,法国虽归还了弗朗什—孔泰,但仍保留了新占领的12处要塞。

初试身手便获大胜,使路易十四更为好战。这回,他把目标对准了荷兰。由于渴望得到荷兰的领土和财富,更为了报复荷兰在"王后权利战争"中与自己为敌,路易十四先用金钱收买英王,拆散反法同盟,继而在1672年亲率大军攻入荷兰。刚刚上台的荷兰执政官奥兰治亲王见本国军队无力阻挡法军的进攻,不得不下令掘开阿姆斯特丹海堤,放海水阻遏法军。其后不久,德意志皇帝、西班牙国王、丹麦国王以及包括勃兰登堡在内的数位德意志诸侯亦派兵与法军厮杀。这场战争持续了7年,最终法国竟以独家之力打败了众多对手。1678、1679年,法国分别同交战的荷兰、西班牙、瑞典、丹麦等签订了《尼姆维根条约》。根据这一条约,法国不仅重新获得了富饶的弗朗什—孔泰,还新占领了南尼德兰的一些城市。值得一提的是,该条约还开创了用法文代替拉丁文拟订外交文件的先例。从此,法文逐渐成为主要的外交文字。

在法国以独家之力打败众多对手后,"太阳王"威名远播,法国在欧洲的威望显赫不已。此时的路易十四愈发变得恃强蛮霸。他下令设立"属地收复裁决院",专门调查落实以前历次条约中割让给法国的领土,并以武力强行兑现。在这一过程中,他先后夺得了卢森堡以及法国东北边界之外的10余个城镇。1681年9月,路易十四还无端出兵,将神圣罗马帝国的"自由市"斯特拉斯堡据为己有。路易十四这种过于咄咄逼人的扩张势头,势必使得欧洲列强强烈不安;而他在1685年断然废除"南特敕令"之举,则更使新教国家惊恐万状。由此1686年7月,神圣罗马帝国、西班牙、荷兰和瑞典结成了针对法国的奥格斯堡联盟。1688年,荷兰执政官奥兰治亲王在"光荣革命"中登上英国王位,于是,英国也加入了这一同盟。同年,奥格斯堡联盟开始与法国交战。在战争进行了近10年之后,路易十四眼看取胜无望,更何况法国已难以与几乎整个欧洲继续对抗,遂罢战求和。根据1697年9—10月间在荷兰里斯维克签订的条约,法国退出在《尼姆维根条约》以后占据的所有土地,不过,斯特拉斯堡仍由法国保留。

奥格斯堡联盟战争的结局使路易十四首次在国际舞台大失颜面,它同时也是路易十四时代盛极而衰的征兆。然而,路易十四依旧以执欧洲牛耳的霸王自居,并在18世纪之初又挑起了"西班牙王位继承战"。

1700年11月,西班牙国王查理二世去世。由于他身后无嗣,有多位欧洲君主欲凭借血缘或姻亲问鼎西班牙王位。查理二世临终前提名路易十四的孙子安茹公爵菲利普继承王位。不过,他同时也规定,西班牙不得与法国合并。安茹公爵继位后称菲利普五世。翌年,在菲利普五世赴西班牙登基后,路易十四竟以特旨的形式宣布,菲利普五世也有继承法国王位之权。顿时,西、法合并的可能与前景令欧洲其他列强深感震惊,它们更无法容忍法国在与西班牙"合并"后愈加强大。于是,英国、荷兰、奥地利立即对法国宣战,素与英国交好的葡萄牙、萨丁王国和部分德意志新教诸侯国也随即投入反法战争。这场战争于1701年3月爆发,共持续了13年之久。战争前期,法国尚占有一定优势,但到了后来却迭遭败绩。由于交战时间过长,各参战国都已厌倦,故从1713年4月起,双方先后签订了《乌特勒支条约》(1713年4月)、《拉施塔特条约》(1714年3月)和《安特卫普条约》(1715年11月),结束了这场战争。根据上述条约,路易十四之孙虽然继续拥有西班牙的王冠,但法、西两国不得合并。此外,法国还得将一些地方割让给奥地利与荷兰。

虽然路易十四统治前期,法国经济曾出现繁荣局面,国库也一度充实。但路易十四的好大喜功,尤其是无休止的征战,非但造成国库空虚,还给人民带来深重的灾难。在路易十四统治后期,民众生活在水深火热之中。因此,农民的暴动与城市贫民的起义时有发生。其中影响最大的是1702年爆发于塞汶山区的"卡米扎尔起义"。[1]

---

[1] 卡米扎尔(Camisard)源出于朗格多克方言Camiso,意指穿长衫的人。由于在这次起义中,起义者为夜袭时便于相互识别多穿长衫,起义因此得名。

还需要指出一点,路易十四废除南特敕令之举对法国经济、政治、宗教以及民族心态产生的消极影响是极其深刻而持久的。与之相反,当时或后来与法国较量、争霸的一些欧洲国家,却因大量接纳从法国逃出来的大批既有技术又有资金的信仰新教的工商业者而获益匪浅。例如,定居英伦三岛的法国新教徒巨富,为英国的资本原始积累添加了可观的资金;而大批法国胡格诺工匠和商人涌向勃兰登堡开设纺织工场以及生产铁、丝和纸的作坊,则大大促进了资本主义工商业在半农奴制大庄园经济占统治地位的德意志北部的诞生。有鉴于此,有法国学者曾一针见血地指出,废除南特敕令不仅"导致法国在世界的统治被削弱",也导致了盎格鲁—撒克逊势力和其他将和法国较量的势力的崛起。

1715年9月1日,在位72年、亲政达54年的路易十四驾崩。随着"太阳王"的陨落,法国历史上最长的君主统治宣告结束。

八、绝对君主制的极盛时期——路易十四时代Ⅱ:思想文化

诚然,路易十四去世时并未引来举国痛悼,相反,当时的不少人甚至因此而产生某种"解脱"之感。尽管如此,路易十四时代仍被不少后来的法国人视为法国史上少有的伟大时代之一。就连著名的启蒙思想家伏尔泰也在其《路易十四时代》一书中如是写道:"不管有人怎样写文章反对他(指路易十四——作者),但是人们提起他的名字却无不油然生敬,听到这个名字无不联想到一个永远值得记忆的时代。"[①] 毋庸讳言,路易十四时代之所以值得法国人永远记忆,不仅是因为它使法国一度空前强大,屡屡以独家之力打败众多对手,而且在很大程度上乃是因为此期法国文化的蓬勃鼎盛、卓越超群。

路易十四时代的主流文化是古典主义文化。古典主义是绝对君主制统治下的产物,也是封建阶级和资产阶级意识形态互为妥协的产物。要之,它是封建社会过渡到资本主义这一特定历史条件下出现的文学与艺术思潮。虽然古典主义标榜拥护王权,大肆颂扬君主,但从根本上看,它仍属于资产阶级文艺思潮。古典主义的"古典"含有"典范"之意。古典主义主张用民族规范语言,按照规定的创作原则(如戏剧的"三一律")进行

---

① 伏尔泰:《路易十四时代》,商务印书馆1982年版,第403页。

创作,以"自然"和"理性"作为创作的指导思想和原则,以古代的希腊、罗马文学艺术为典范。虽然古典主义这种文艺思潮在西欧许多国家普遍存在,并非法国所独有,但它在17世纪,尤其是路易十四时代的法国发展得最为完备。之所以如此,这是由法国当时特定的政治、社会与文化环境所决定的。

法国的古典主义在路易十四继位之前,具体地说是在黎塞留当政的17世纪30年代就已开始萌发。但它的勃兴与繁荣却是在路易十四时代。为了巩固与发展绝对君主制,路易十四也非常重视通过笼络文人、扶植文化等方式进行控制。不过,较之黎塞留时代,路易十四时代在文化控制手段上有两个显著的变化。其一是突出物质诱惑的作用,其二是突出国王个人的形象。前者表现在用年金制等方式笼络文人,将他们与宫廷牢固地联系起来;后者则表现为当局不但要让文化人对路易十四感恩戴德,而且要向他们灌输这样一种观念,即一切文化成就都是路易十四这位"太阳王"的光荣。

应当说,路易十四确实是法国有史以来最伟大的艺术赞助者。就连伏尔泰也认为,路易十四"对艺术的奖掖,要比所有其他的君主们来得大"。[①]与此同时,他也极为慷慨地资助科学研究。路易十四的钱没有白花。它除了把法国的古典主义文化发展到欧洲最高水平,也让法国的文人们对"太阳王"产生发自内心的感激之情。当时的法国文人普遍把路易十四尊奉为古罗马奥古斯都似的贤君明主,把文艺科学的发展一股脑儿归功于"太阳王"。更有甚者,他们在创作活动中实际上已自觉地以路易十四的好恶褒贬为准绳。法国古典主义悲剧最杰出的大师拉辛在学士院的一次讲演中竟这样宣称:"我们认为,语言的每一个词,每一个音节,都必须仔细推敲,因为我们把这些词,这些音节看作为伟大保护人(指路易十四——作者)的光荣服务的工具。"[②]显然,此话含有阿谀逢迎的成分,但是,它也在相当大的程度上道出了当时不少法国文人学士的心态。

如果说古典主义产生与勃兴的政治基础是尚受到资产阶级支持的绝对君主专制制度,那么其理性主义的理论基础则是由笛卡儿(1596—1650)奠定的。笛卡儿是17世纪欧洲最伟大的科学巨匠与思想大师之

---

① 参见威尔·杜兰:《世界文明史·路易十四时代》上,东方出版社1999年版,第112页。
② 参见罗芃等:《法国文化史》,北京大学出版社1997年版,第57页。

一。他不仅是解析几何的发明人,在物理学上也有杰出的贡献,同时还是二元论的唯理主义哲学的创始人。笛卡儿在认识论上强调理性至上与理性万能。他认为,人人都有理性,应该运用理性对以往的各种知识进行大胆的、普遍的怀疑,用"理性"的尺度审视以往的一切知识。"我思,故我在"是他的名言之一。笛卡儿还是将哲学思想从传统的经院哲学束缚中解放出来的第一人,因此,德国著名哲学家黑格尔曾将其誉为"近代哲学之父"。笛卡儿的学说虽然受到了与他同时代的另一著名哲学家伽桑狄(1592—1655)的强烈挑战,但由于它"清晰",具有"诱人的美感",并且更适应路易十四时代的政治、文化环境,故在17世纪后期独步法国思想界。

严格地说,笛卡儿并未生活在路易十四时代。当他去世时,路易十四虽已登基多年,但毕竟只是个十来岁的小孩。而路易十四的亲政,则更是十多年以后的事情。不过,与笛卡儿不同,法国在17世纪涌现的众多文化"巨星"中的不少人不仅有机会饱受"太阳王"的"恩泽",而且还在路易十四亲政时期佳作迭出。如古典主义戏剧的三位大师高乃依(1606—1684)、莫里哀(1622—1673)、拉辛(1639—1699),以及与上述三位大师齐名的寓言诗人拉·封丹(1621—1695)就是如此。

早年在鲁昂从事律师工作的高乃依是第一个为古典主义戏剧赢得声誉的剧作家。他虽然也写过喜剧,但主要是悲剧作家,并被国人誉为"悲剧之父"。高乃依的传世之作是《熙德》。拉辛是继高乃依之后登上法国剧坛的第二代古典主义悲剧作家。由于当时法国上层社会对悲剧情有独钟,而他又将法国古典主义悲剧的艺术美得到了最圆满的体现,因此他的文学声誉在17世纪70年代无人堪与比肩。拉辛最著名的作品有《安德洛玛克》《布里塔尼居斯》《贝蕾尼斯》等。莫里哀堪称17世纪法国古典主义喜剧的首席代表。莫里哀一生写了数十部喜剧。其中最为脍炙人口的有《伪君子》《悭吝人》《可笑的女才子》《唐璜》等。拉·封丹是17世纪法国最杰出的寓言诗人,其代表作是用格言式的文字创作的《寓言诗》。《寓言诗》约有240首,多取材于《伊索寓言》和东方传说。由于它不仅文字优美生动,而且寓意深远,富有哲理,因此,从问世起至今,《寓言诗》始终是法国雅俗共赏、家喻户晓的名著。

上述大师虽然至今仍声名隆隆,但最能体现路易十四时代古典主义文学艺术风格的并非仅仅是古典主义文学。事实上,古典主义建筑在这方面或许还有过之而无不及。而此期最能体现古典主义风格的建筑,则当推至今仍让世界各国的游人惊叹不已、流连忘返的凡尔赛宫。

作者评曰：

众所周知，路易十四是法国历史上最著名的国王。这不仅是因为他统治的时间最长——在位72年，亲政54年，而且还因为他曾经使法国在欧洲的威望显赫不已。路易十四亲政伊始，就发现并热衷于"国王的职业"。他同时还笃信：构成国王的伟大和尊严的，不是他们手中的权杖，而是他们手执权杖的方法。如果由臣民决定一切，君主只是受到他们的尊重，这就歪曲了事物的本来面目。只有君主才有权思考和决策，其他人的职责，只不过是执行他的命令而已。时至今日，路易十四的名言"朕即国家"似乎仍在世人当中广为流传。毋庸置疑，这位"太阳王"是位具有雄才大略的君主。由于他躬亲政事毫不松懈，加之他用人有方，着力重用柯尔伯这样的能臣，使得法国国势在其统治前期蒸蒸日上，法国的绝对君主制亦达到极盛。然而，这位君王又是位好大喜功之人。而正是他的好大喜功，导致他穷兵黩武，挥霍无度。由此，法国国势在其统治晚期日趋下滑，绝对君主制也盛极而衰。

第五章 绝对君主制的没落与启蒙运动的兴起

一、路易十五:从寄予厚望到千夫所指

"太阳王"驾崩时,他的曾孙、继任国王路易十五年仅5岁。为保持政权的稳固,路易十四临终前留下遗嘱,命组成一个摄政会议辅佐幼主,摄政会议的主持人由路易十四的侄儿奥尔良公爵菲利普担任。设"会议"而不设摄政王,显然表明路易十四对奥尔良公爵放心不下。对此,后者虽对此心怀不满,但在路易十四咽气前却未敢露出半点声色。及至路易十四西归后,奥尔良公爵收买高等法院否决了遗嘱,改为由他一人摄政。

从1715年至1723年,为奥尔良公爵摄政时期。摄政王上台后,力图改变路易十四高度专制集权的作风。出于这一考虑,他一方面将前朝旧臣一一谪贬,同时设法网罗一伙宫廷贵族接掌权柄。不过,这位奥尔良公爵既不忠诚,也无安邦治国之才。他与他手下的那帮王公显贵虽在肆意挥霍、任情享受方面能耐不小,但在如何填补路易十四留下的巨额财政亏空以及对付欧洲各国当时普遍存在的物价飞涨上却显得一筹莫展。就在这时,一个名叫约翰·劳的苏格兰银行家向摄政王献出了他的锦囊妙计。

这位狡猾无比、善于投机的苏格兰人提出的计策是,在法国兴办与英国类似的银行,该银行根据库存金银数额发行一定量的纸币,这些纸币将加快货币流通,促进消费和生产;与此同时,银行还可以利用存款投资,赚得红利。约翰·劳还强调,只要依照他的方法行事,法国的巨额国债不日即可偿清。

第五章 ● 绝对君主制的没落与启蒙运动的兴起

约翰·劳的建议很快被正因束手无策而焦虑万分的摄政王所接受。只是由于主管财政的诺阿伊公爵反对以国家财政去冒险,约翰·劳最初只获准开办一家私人银行。银行开张之初,信誉极好,其发行的纸币随时可以贴现为金银硬币。与此同时,他所投资的公司红利之高也令人艳羡。眼见银行获得暴利,大权在握者便决定将约翰·劳的私人银行改为皇家银行,约翰·劳本人也于1720年擢升为财政总督。于是,约翰·劳便借此大量发行纸币。1720年年底,纸币发行额达到30亿锂,而皇家银行所掌握的金银却只有7亿锂而已。正是借助这种金融冒险,王室用纸币基本偿清了路易十四留下的巨额国债,而约翰·劳在个人的腰包迅速膨胀的同时,还被不少人视为拯救法国财政的有功之臣。

然而,在有关底细泄露后,财政灾难很快就降临了。由于人们纷纷手持纸币、股票到银行兑换金银硬币,而银行一下子又拿不出相应的黄白之物,遂使银行宣布垮台。事情发生后,摄政王及其政府拒绝认账,约翰·劳则匆匆逃出法国,一走了之,因此,不少认购过股票或持有大量纸币的贵族与资产阶级人士遭受了破产的厄运。由于这次事件,法国人很长时间一直不敢对银行的股票和纸币予以信任,而这种心态和现象势必又对法国资本主义的发展产生了不容低估的负面影响。

约翰·劳金融冒险的失败亦使得摄政王更为声名狼藉。1723年2月,路易十五进入成年,奥尔良公爵不再摄政。然而,路易十五似乎还无意亲政。不久,他便把国事托付给自己昔日的家庭教师、红衣主教弗勒里。弗勒里当时已经年届七旬。尽管如此,这位古稀老人接下来还得治理法国16年左右。弗勒里的治国之策大致如下:促进经济发展,为此就必须平息国内纷争,重建被摄政王及其宠臣们破坏了的国家,不惜一切代价维持欧洲和平。在弗勒里担任首相期间,法国经济出现繁荣局面,财政状况也一度好转。然而,由于王室及掌握着军政要职的宫廷贵族们的挥霍无度,加之法国不得不对付数起很难避免的战争,在弗勒里执政末期,法国的财政赤字又出现了上升的势头。

1743年,弗勒里去世,路易十五自此才开始真正亲政。应当说,法国民众起初对这位君主还是寄予厚望并抱有一定好感的。因为在连年的战争、饥荒、穷困、宗教迫害和赋税重压以后,广大民众普遍特别希望有一个关心人民福祉,且不再像"太阳王"那样过于好大喜功的国王,而路易十五据说就是一位这样的君主。也正因为如此,当闻悉这位国王贵体欠安时,人们会蜂拥到教堂为他的康复祈祷。然而,时年33岁的路易十五在秉政之前即已养成两大习惯:一是围场狩猎,一是追逐女色。他在亲政之后,不仅未在这两方面有所收敛,反而更变本加厉。当时,在与路易十五有染的诸多佳丽中,最受宠幸的先后是蓬芭杜夫人和杜芭丽夫人。路易十五为买得宠姬欢心,动辄一掷千金。如他用在蓬芭杜夫人身上的赏赐竟达3 600万锂之巨。至于杜芭丽夫人从国王那里得到的赏赐,实际上也丝毫不亚于蓬芭杜夫人。俗话说,上梁不正下梁歪。既然有这样一位淫逸放荡、奢侈靡费的国王,他手下的宫廷贵族们自然也纷纷肆无忌惮地贪污腐化,铺张浪费。

深受路易十五宠幸的蓬芭杜夫人

由于财政危机日益严重,曾有大臣提出一些改革的建议和措施。但是,这位无道昏君似乎只要能和情妇们逍遥欢乐,哪怕财政崩溃也可毫不在乎。他在后人当中广为流行的名言是:"我死后哪怕洪水滔天。"曾任路易十五外交国务秘书的达尚松在其撰写的《日记和回忆》里曾如是写道:"当你向国王陛下讲到经济和节省宫廷开销的时候,他就扭转头跟别的大臣谈天。"当时,与上层社会的穷奢极欲形成鲜明对照的是下层群众的极度贫困。下层群众因不堪封建压榨,屡屡铤而走险,举行暴动。更有甚者,就连第三等级中的富商巨贾,他们虽有万贯家财,但也出于种种原因对王室及其特权等级极度不满。其中,最令他们感到不满的是不公平的征税制度。面对阶级矛盾的日益激化,达尚松还在日记中以下述文字表示了他的担忧:"国王和政府到处遭人咒骂,这些不满可能是爆发革命的引火物。"

使这位君主不得人心的另一个原因是,在位期间,路易十五曾多次把法国拖入对外战争,而且在这些战争中,法国要么是一无所获,要么是遭受沉重打击。例如,在奥地利王位继承战争中,法国虽耗费巨资,且在陆战中取得一定胜利,但当结束此次战争的《亚琛条约》在1748年签订时,法国方面却依旧一无所获。而在1756年至1763年的七年战争中,法国非但在欧洲大陆连连失利,在美洲和印度战场上更是被英国军队打得落花流水。而且,正是这场七年战争,导致法国不仅把绝大部分海外殖民地拱手交给英国,就连在欧洲大陆上也降到了二等国的地位。

1774年5月10日,路易十五由于身染天花而一命呜呼。值得一提的是,这位在怨声载道中离世的君主,其遗体是在夜间悄悄下葬的。

二、启蒙时代的到来

所谓启蒙运动,通常指18世纪欧洲以及北美的国际性思想文化运动。诚然,就整个世界近代史而言,这场运动最早出现于17世纪末期的英国,但在进入18世纪后,延续了一个世纪的法国启蒙运动可谓声势最大,影响最为深远,堪称西欧各国启蒙运动的典范。

早在路易十四统治的末期,法国的绝对君主制就已盛极而衰,路易十五继位之后,这种制度的没落朕兆更是充分显现。恰恰就是在这一时期,在法国,乃至整个人类历史上都占有光辉一页的启蒙运动开始在六边形国土上勃兴。在法国,启蒙运动是启蒙思想家们发动和领导的波澜壮阔的思想解放运动。它以人类智慧的结晶——科学和理性为武器,去揭露宗教蒙昧主义,反对宗教狂热、迷信,反对封建专制主义的特权和黑暗统治,并由此给人类带来"民主"与"科学"之光。从兴起到发展,启蒙运动几乎与整个18世纪相始终。故此,不少人把18世纪称之为"启蒙时代"。

"启蒙"一词在法文里写作 la lumière。这是一个内涵颇为丰富的多义词。它的单数既可译作"光明",也可译为"阐明""认识"等,其复数形式则含有"智慧、知识"之意。"启蒙运动"的冠名昭示着这样的事实:这一运动的领袖们觉得他们生活在一个启蒙时代。他们将过去基本上看作是一个迷信和无知的时代,认为只是到了他们的时代,人类才终于从黑暗进入光明[①]。作为知识阶层的精英,法国当时积极参与了启蒙运动的"哲人们"往往都具有一种强烈的社会责任感和使命感,力求以人类智慧的结晶——科学和理性为武器,去揭露宗教蒙昧主义,抨击封建专制主义的特权和统治。与此同时,他们对自身的力量也充满自信。诚然,这些伟大的

---

① 参见斯塔夫里阿诺斯:《全球通史——1500年以后的世界》,上海社会科学院出版社1992年版,第331页。

"哲人"们并没有结成一个政党,但他们的思想却通过各自脍炙人口的作品汇成了一股强大的洪流。这股强大的洪流不仅为行将到来的法国大革命做了充分的思想、舆论准备,而且还为新制度的建立扫清了多方面的障碍。更有甚者,它所确立的许多原则在为后人接受后,一直延续至当今仍不失其生命力。

众所周知,启蒙思想的核心内容是理性至上,即"一切都必须在理性的法庭面前为自己的存在做辩护或者放弃存在的权利"[①]。启蒙思想家所张扬的理性主义是在笛卡儿的唯理主义基础上发展起来的。如果说理性主义在笛卡儿时代尚存在着这样或那样的缺陷与不足,并且在很大程度上也是为君主专制政权服务的,那么,在启蒙时代,理性主义在充分吸收了近代法国以及西欧各国最先进的科学成就与哲学思想的基础上,已提升到一个新的高度,并已发展成为揭露宗教蒙昧主义,反对封建专制主义的锐利思想武器。这一时期的理性主义,已完全成为一种可为正处于上升阶段的资产阶级的利益服务的学说。

在波澜壮阔的启蒙运动中,首当其冲被启蒙思想家推上理性的法庭而受到严厉批判的是宗教神学。之所以如此,是因为启蒙思想家在斯宾诺莎、贝尔等人的影响下,已非常清楚地意识到,只有打破宗教神学的精神枷锁,才能启迪人的智慧,推动思想进步。出于这一考虑,一代又一代的启蒙思想家们一直不间断地用手中的笔,毫不留情地揭露着宗教蒙昧主义的荒谬和教权主义的罪恶,同时以自然神论、泛神论乃至无神论来否定天主教权威和宗教偶像。在这基础上,启蒙思想家又对以"君权神授"说为精神支柱的法国君主专制制度发起进攻。

启蒙运动最大的功绩之一在于揭去了蒙在权利上面的种种神秘面纱。由此,就在"旧制度"末期法国社会中广为使用和流行的术语而言,"秩序""等级""团体"之类的术语,开始日益被"公民""民族""社会契约""公意"等所取代。与此同时,在启蒙思想家们的影响下,在18世纪的法国,公众舆论开始日益以一种新的裁决力量出现。这种新的裁决力量不仅往往同法国社会两大传统的权威支柱,即教会与王权是相对的,而且常被人视为如同某种法庭。例如,在孔多塞等当时极为著名的人物的描述中,公众舆论甚至被奉为"国民的法庭"。

---

① 参见恩格斯:《反杜林论》,《马克思恩格斯选集》第3卷,人民出版社1974年版,第56页。

第五章 ● 绝对君主制的没落与启蒙运动的兴起

在"旧制度"末期的法国,甚至还存在这样一种吊诡现象,即"启蒙思想的焚毁者恰恰又是它们的收藏者"。与人们通常的想象不同,启蒙读物对贵族、法官和神职人员等传统精英颇具吸引力。著名史学家达恩顿在《启蒙运动的生意》一书中对《百科全书》订购者的分析充分证明了这一点。更有甚者,这些启蒙书籍的收藏者中,例如其中一些收藏启蒙书籍的法官,也在潜移默化地吸收启蒙思想。启蒙思想在当时所产生的影响之大,由此可见一斑。

值得一提的是,法国启蒙思想的影响还明显超越了法国国界。进而言之,至少就思想文化领域而言,18世纪的欧洲足以称为"法国之欧洲"。当时的欧洲人不仅为源自法国的一种典雅活泼、纤巧轻灵的新型艺术风格——"洛可可"风格所倾倒,更为法国启蒙思想家那些顺应时代潮流的新思想、新理论所折服。一时间,一股前所未有的"法语热"风靡除了英国之外的几乎整个欧洲。其时,在其他国家的贵族沙龙中,乃至在宫廷里,人们皆以讲法语为荣。更有甚者,当时不仅不少法国启蒙思想家被欧洲各国的所谓"开明君主"接二连三地请入宫廷,待若上宾。就连一些并无特长的法国人,仅仅因为会说法语,亦纷纷被各国的王公显贵、富商巨贾请入家中担任家庭教师。凡此种种,无疑会让时下正为法兰西文化影响力雄风不再而觉得失落和担忧的不少法国人感叹不已。

三、孟德斯鸠与伏尔泰——早期启蒙思想家的两大代表

启蒙时代的法国,绝对是人才辈出,群星璀璨。任何一位对这段历史稍有了解的人,都可毫不费力地就说出在启蒙运动中叱咤风云的一大串法国思想文化巨匠的名字,如孟德斯鸠、伏尔泰、卢梭、狄德罗、霍尔巴赫、爱尔维修、孔多塞、魁奈、博马舍……在这庞大的文化精英团体中,孟德斯鸠与伏尔泰堪称早期启蒙思想家的两大代表。

孟德斯鸠(1689—1755),原名夏尔·路易·德·塞孔达,出身于穿袍贵族世家,曾任波尔多高级法院院长。孟德斯鸠博学多才,对各种科学都有浓厚的兴趣(这也可以说是18世纪的"哲人"们的一大共同特征)。在担任法院院长期间,孟德斯鸠写过一些物理学和医学方面的论文,并雄心勃勃地准备写一部"地球地质史"。1721年,孟德斯鸠因发表《波斯人信札》一书而一举成名。

法国通史

《波斯人信札》是一部内容涉及政治、经济、哲学、道德、宗教等诸多社会问题的书信体小说。这部开创了哲理小说之先河的作品由160封信组成。作者通过两位旅居巴黎的波斯贵族青年向本国亲友描述自己所见所闻的形式,广泛而深刻地触及了路易十四逝世前后法国的社会现实。书中这两位波斯贵族青年对巴黎时弊的针砭,无疑集中体现了孟德斯鸠对路易十四绝对主义君权的态度。其中最引人瞩目的是,对"太阳王"的高度专制深恶痛绝的孟德斯鸠在揭露了路易十四统治时期的种种弊端和政策的失误后,对欧洲不少国家已在实行的绝对君主制下了这样的结论:"欧洲大半政府均为绝对君主制……要求他们支持相当长的时间而保持纯洁,至少是困难的。这是横暴的政制,它势必蜕化为专制暴政,或转变为共和国,因为政治权力不可能在君主与人民之间平均分配,非常难于保持平衡。"[①]此外,孟德斯鸠还在书中借波斯人之口,充分宣扬他本人的反教会观点。

1726年,孟德斯鸠卖掉了其家族世袭的波尔多法院院长一职,前往巴黎。几年后,他进行了为期3年的欧洲之旅。在这次旅行中,孟德斯鸠的足迹踏遍了意大利、奥地利、瑞士、莱茵地区、荷兰。不过,最令他流连忘返,乃至深有感触的国度则非已实行君主立宪制的英国莫属。孟德斯鸠怀着对自由的羡慕,在这里待了整整18个月。1734年,孟德斯鸠出版了他的第二部重要著作《罗马盛衰原因论》。诚然,这部史论专著在研究方法上存在这样或那样的缺陷,对其史学价值实际上也难以高估,但是,由于全书立论之深刻有力,文笔之流畅、生动,照样使得这本书仍不失为传世之作。概而言之,孟德斯鸠写作此书的本意是通过引证历史来反对专制制度。他在书中认为,共和时期的罗马之所以强盛,是因为当时的罗马公民享有政治权利,人人都是国家的主人翁,具有勤劳、勇武、爱国家、爱荣誉、爱自由的美德。而帝制时期的罗马之所以一天天衰亡下去,其重要原因就是专制主义剥夺了人民的政治权利,扼杀了人民的自由。孟德斯鸠还从罗马的盛衰中得出如下启示:古老的政体如不能适应形势发展,就会被革命力量推翻。革命可能持续很长时间,而且要以流血牺牲为代价,但社会向前发展了,比停滞不前要好。任何强大的帝国都有兴盛和衰亡的过程,这是历史发展规律,不以人的意志为转移。

---

① 孟德斯鸠:《波斯人信札》,人民文学出版社1984年版,第174页。

第五章 绝对君主制的没落与启蒙运动的兴起

1748年,孟德斯鸠出版了其生平最重要的著作《论法的精神》。为完成这部巨著,孟德斯鸠竟花费了近20年的时间来构思与写作。《论法的精神》被伏尔泰誉为"理性和自由的法典",它也是欧洲自亚里士多德以来最为重要的政治理论著作之一。孟德斯鸠在这本书中全面、系统地阐述了自己的主张,其中影响最大的是他的政体分类论和三权分立说。

孟德斯鸠将政体分为专制政体、君主政体、共和政体三类。在实行专制政体的国家中,既无法律,又无规章,君主按照一己的意志与反复无常的性情领导一切,实行"人治";在实行君主政体的国家里,虽也有国王,但他得通过由世袭贵族、在职贵族、纳税人团、民选议会组成的中间权力机构来治理国家;在

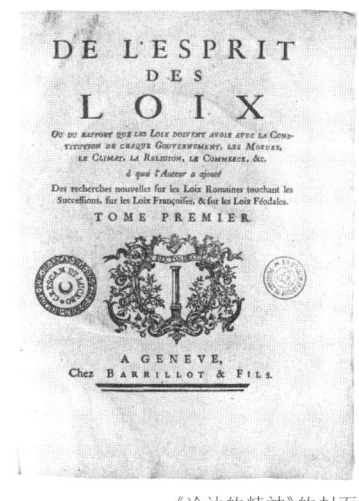

《论法的精神》的封面

实行共和政体的国家里,由全体人民自行治理。孟德斯鸠在对这三类政体的本质进行剖析后,明示孰优孰劣:基于"道德"的共和政体虽好,但很难做到;专制政体基于"恐怖",必须坚决反对。因而,基于中间权力机构全体成员的荣誉感的君主政体才是理想而又切实可行的制度。

孟德斯鸠对英国实行的君主立宪制不时赞叹不已。正是根据英国的经验,孟德斯鸠发挥了洛克在《论国民政府》一书中提出的分权学说,形成了他本人的三权分立理论。根据这种三权分立理论,国家权力可分成立法权、行政权和司法权三种;三权必须分授不同的人或团体独立行使,不能同时落入一人或一个团体之手;为确保公正,各种权力相互制约,彼此制衡。孟德斯鸠的三权分立学说在其生前虽未被路易十五所采纳,但在其身后,他不仅在法国,而且在欧洲和北美的资产阶级革命中均产生了巨大而深远的影响。更有甚者,直至今日,三权分立仍被绝大多数资本主义国家奉为国家组织结构的基本原则。

比孟德斯鸠略小几岁的伏尔泰,虽然成名也稍晚于前者,但他在18世纪法国的影响力却很快就远远超过了孟德斯鸠,进而被人们视为启蒙运动的领袖和导师。

伏尔泰(1694—1778)原名弗朗索瓦·玛丽·阿鲁埃,出身于巴黎一个富裕的资产阶级家庭,父亲曾任法院公证人。伏尔泰中学时期就读于巴黎左岸的路易大王中学。该校在当时被誉为巴黎最好的中学之一。在

这里，伏尔泰不仅以优异的成绩令师友们刮目相看，同时还充分展露出他在文学、戏剧方面的过人才华。中学毕业后，伏尔泰本打算以文学为职业，然而，他父亲警告伏尔泰道："从事写作等于走向贫困之门。"迫于父命，伏尔泰学了一段时间的法律。但时隔不久，他就违抗父命，毅然投身于文学创作。1717年与1725年，因写讽刺诗得罪摄政王奥尔良公爵以及与贵族发生冲突，伏尔泰两度被投入巴士底狱。1726年，伏尔泰被驱逐出境，流亡英国约有3年之久。其间，他对英国的政治制度、经济状况和思想文化有了深入了解，继而赞叹不已。回到法国后，伏尔泰以犀利的笔锋毫不留情地揭露宗教蒙昧主义的荒谬、教权主义的罪恶，以及以宗教神学为精神支柱的法国封建专制政府和司法机构的种种无耻行径。出于这一原因，伏尔泰的作品曾受到查禁，他本人也屡遭迫害。尽管如此，伏尔泰从未停止过用笔进行战斗。

伏尔泰既是卓越的哲学家、史学家、政治家，又是杰出的诗人、小说家和剧作家。作为一位多才多艺的高产作家，伏尔泰的著作品种多样，卷帙浩繁，其中最著名的有《哲学通讯》《哲学词典》《路易十四时代》《论通史及各国习俗和精神》（一译《风俗论》）、《老实人》《天真汉》等。

伏尔泰的声望很大程度上来自他数十年如一日坚持不懈地对宗教蒙昧主义的荒谬、教权主义的罪恶进行无情的揭露、嘲讽和批判。比如，他指出教会是建立在"最下流的无赖编造出来的最卑鄙的谎话"之上的，是"最卑鄙的混蛋所做出的各种最卑鄙的欺骗"的产物，是"分裂、内战和罪恶的根源"。在他看来，教皇和神甫都不过是一群"文明的恶棍""两足禽兽"。不过，天主教会之所以把伏尔泰视为恶魔和死敌，不仅是因为伏尔泰对教会的攻击态度最为激烈，文字也最多，而且还因为他这方面的文字往往能够快捷、广泛地传播，在公众中产生巨大的反响。确实，伏尔泰文笔的辛辣在18世纪无人可望其项背。

不过，尽管伏尔泰对天主教的"上帝"极尽嘲讽之能事，但他本人在宗教问题上仍未达到无神论的境界。简而言之，伏尔泰的宗教观是自然神论。他仍承认存在着一个被牛顿称为"钟匠"的上帝，这个上帝是整个自然界的"一个最初的推动者"。伏尔泰之所以坚持承认上帝的存在，主要是基于这样一种社会考虑，即以它来约束人的行为，使人们在自由行动的同时又能确保社会的秩序。

伏尔泰在政治上，基本上是开明君主制的拥护者（直至晚年才倾向于君主立宪制)。他一方面对绝对君主制深恶痛绝,另一方面对共和制采取否定态度,并把改革旧制度的希望寄托在思想开放、头脑理智的君主身上。如在他最为重要的史学著作《路易十四时代》当中,伏尔泰就力图通过对路易十四的光辉功业及非凡优点的赞颂和美化,反映出开明君主的重要。

四、百科全书派与卢梭——更为激进的启蒙思想家

从18世纪50年代起至法国大革命爆发,是启蒙运动的后半期。在这30多年的时间里,启蒙运动日益进入高潮,并呈现出内容更为丰富多彩、气势更为宏大壮阔,斗争更加彻底、激进的特征。这一时期非常令人瞩目的是,新一代启蒙思想家比老一代启蒙思想家更为激进。

新一代启蒙思想家的"更为激进",主要表现于在哲学思想上,他们中的大多数人已达到了唯物论和无神论的高度。在新一代激进的启蒙思想家中,声势最大的是以狄德罗为首的百科全书派。

百科全书派的核心人物有达朗贝尔、拉美特利、爱尔维修、霍尔巴赫、孔多塞等人,但他们的首领和灵魂则非狄德罗(1713—1784)莫属。狄德罗被一些人誉为"启蒙时代的苏格拉底"。他既是马克思主义诞生以前唯物主义和无神论的最杰出代表,又是资产阶级现实主义美学的先驱者之一。狄德罗的主要著作有《论盲人书简》《对自然的解释》《达朗贝尔之梦》《关于物质和运动的哲学原理》《拉摩的侄儿》。在这些著作中,狄德罗阐发了诸多在当时堪称最为进步的哲学原理。如他坚定地认为,自然是各种物质元素组合成的,不存在神学上所说的超自然的精神实体。他还把人脑也看成一种特殊的有机物质,从而指出人的思想并不神奇,而是有机物质的一种特性和机能。更难能可贵的是,狄德罗在坚持唯物论和无神论的同时,还阐述了不少具有辩证法因素的观点。如他在《达朗贝尔之梦》中指出:物质世界处在永恒的运动和变化之中。这种运动和变化具有普遍性和必然性,而这种运动和变化的原因在于物质内部充满着活动和力。这一观点无疑是对17世纪机械唯物论的大胆否定。

百科全书派指的是云集在《百科全书》周围的启蒙思想家,也就是说,它得名于《百科全书》(全名为《百科全书,或科学、艺术、工艺详解辞典》)的出版。鉴于启蒙运动思想的各个方面都在《百科全书》中得到集中体

现,一些人甚至认为,《百科全书》既是一部大书,也是一种"行为"。概而言之,以弘扬科学和理性为己任的启蒙思想家历来重视总结人类的经验。在年老一代的启蒙思想家中,伏尔泰曾在《论风俗》中总结了人类文明的发展史;布封在《自然史》中以自然分类总结了自然界生物演化的历史。相形之下,年轻一代的启蒙思想家们要显得更加雄心勃勃。他们所瞄准的是"人类全部的知识",并渴望通过对它的总体和分支的研究,撰写出一部总结人类"思想进步史"的《百科全书》。为了实现这一宏愿,狄德罗等人耗费了数十年的时间。

《百科全书》总共35卷。1751年至1772年所出的前28卷为词典正文(17卷)和插图(11卷),均由狄德罗主编。18世纪70年代后期,又由孔多塞等人续编了5卷补遗和2卷索引。在前28卷的编撰过程中,狄德罗等人以宏大的气魄和干练的组织才能,先后约请了160多位著名的作家、科学家为此书撰稿。与此同时,面对专制政权和封建教会的阻挠、迫害以及各种其他大大小小的困难,狄德罗等人也表现出了非同寻常的毅力和胆量。

虽然《百科全书》的全名为《百科全书,或科学、艺术、工艺详解辞典》,但它绝非一部纯科技的工具书。卷帙浩繁的巨著的内容,实际上已基本囊括了当时人类所掌握的全部知识。除科技外,它还广泛涉及哲学、宗教、经济、政治、文化、艺术、习俗等诸多领域。由于参与撰稿者多为具有真知灼见的文化精英,因而,《百科全书》无论在自然科学方面,还是在人文、社会科学方面,无不代表了18世纪法国的最高学术水平。又由于《百科全书》字里行间充溢着对科学和理性的礼赞,提倡以进步去战胜谬误和偏见,因而也就导致它更具有宝贵的"启蒙"价值。

诚然,较之老一代的启蒙思想家,以狄德罗为首的百科全书派在哲学思想和宗教观念上已比老一代的启蒙思想家"激进"得多,尽管如此,他们在政治主张方面却仍未超脱出"开明君主制"的模式。在这部被人视为"包含了18世纪一切最大胆的思想"的"详解辞典"里,从头至尾,更没有一个条目宣传或暗示过暴力革命。就像当年伏尔泰热衷于为普王腓特烈二世充当国师,1772年,当俄国女皇叶卡捷琳娜二世写信邀请狄德罗前往彼得堡时,狄德罗也满怀对"开明君主"的期望踏上了通往俄国的道路。由此可见,百科全书派就其政治倾向而言,仍比较温和保守。不过,尽管狄德罗等人和孟德斯鸠、伏尔泰一样,不希望以暴力手段来建立资产阶级

第五章 ◉ 绝对君主制的没落与启蒙运动的兴起

统治的新秩序,但他们对专制君权的有力批判和对宗教神学的无情抨击,在客观上仍对促成1789年大革命的爆发具有难以低估的积极意义。

尽管绝大多数的法国启蒙思想家都把"开明君主制"奉为理想的政治模式,但他们中却有一人对此很不以为然。这位提出了启蒙时代最激进政治主张的启蒙思想家何许人也?他就是让·雅克·卢梭。

卢梭(1712—1778年)出身于日内瓦一个法裔钟表匠的家庭。在他呱呱落地后仅5天,他的母亲就因患了产褥热不治而亡。1722年,卢梭的父亲为躲避牢狱之灾只身逃离日内瓦。这一来,就导致了年仅10岁的卢梭完全失去了双亲的呵护。由于家境贫寒,卢梭从12岁起就开始当仆人、学徒。在他16岁那年,卢梭从充任其监护人的舅父家出走,开始了流浪的生活。其间,真可以说尝遍人间艰辛。从1732年至1740年,承蒙其红粉知己华伦夫人的精心关照,卢梭曾有过8年安居欢愉的时日。在这8年中,卢梭如饥似渴地读书,学识大增。1741年,29岁的卢梭来到巴黎,从而结识了狄德罗。在巴黎默默无闻地过了近10年后,1749年,在狄德罗的鼓励下,卢梭参加了第戎科学院举办的"关于科学与艺术的复兴对改良风俗有益还是有害"的征文竞赛。结果,他因荣膺榜首而一举成名。其后几年,卢梭又陆续写成了《论人类不平等的起源和基础》《新爱洛绮斯》《社会契约论》《爱弥尔》等许多重要著作。这些著作的出版,既给卢梭带来了莫大声誉,也招致了政府和教会的残酷迫害。从1762年起,卢梭为逃避逮捕,先后逃到瑞士、普鲁士、英国等地。1770年,在法国当局宣布对他赦免后,卢梭才返回巴黎定居。卢梭晚年的重要作品有自传《忏悔录》和为自己辩护的《孤独的散步者的冥想录》。1778年,卢梭告别人世。

环视这一时期众多的启蒙思想家,卢梭是唯一在社会底层度过青年时代、从事过各种"卑贱"的工作,甚至像乞丐一样被送进收容所的人。在与他齐名的几位启蒙思想家中,孟德斯鸠作为一个拥有自己庄园,同时又担任过法院院长的穿袍贵族,一生过着安逸的生活;伏尔泰本人就是一个大资产者,家有万贯之财,与之交往的也大多是社会上层人士;就连狄德罗,也是出身于富裕的家庭。狄德罗虽因违抗父命而被迫靠自己的辛勤劳动谋生,但他毕竟没有卢梭那种直接来自社会底层的经历。或许正是这一原因(至少是一个主要原因),使卢梭显得比其任何一位同道都要激进。

卢梭的激进在他的政治观中表现得最为突出。在《论人类不平等的起源和基础》中,卢梭从分析人类不平等的起源出发,提出了天赋人权的理论,论证了自由、平等的重要。卢梭认为人类的不平等并不是从来就有的,而是源于私有财产的出现。因为"自从人们觉察到一个人据有两个人食粮的好处的时候起,平等就消失了……不久便可看到奴役和贫困伴随着农作物在田野中萌芽和滋长"[①]。随着国家的形成,不平等加深了。及至专制暴君出现后,不平等也发展到了极点。通过阐述不平等的起源,卢梭自然而然地引出了这样的结论:民众有权以暴力推翻暴政。

在《社会契约论》中,卢梭否定了君权神授说,同时系统地提出了自己的人民主权思想。他指出,所谓人民主权就是以公共意志为最高权力,其具体体现就是由全体人民根据自身利益所制定的社会契约。既然人民主权是全体人民的公共意志,每一个人也就都享有主权,同时须服从主权。换言之,在最高主权面前人是平等的,因而也是自由的。如有人不服从,社会契约就强迫他服从,即迫使他自由。卢梭还十分重视法治。他认为,法律是社会契约的护卫,也是公共意志的体现。法律面前人人平等。总之,通过"社会契约"的学说,卢梭提出了全新的国家组织原则,而"人民主权论"则更是直接为法国大革命提供了理论旗帜。也正是这一原因,《社会契约论》在大革命中被视为一部民主宪章,而卢梭本人的声望,在当时也超过其他任何一位启蒙思想家。

五、锁匠国王路易十六登基与"旧制度"危机的日益加深

1774年5月,在不得人心的路易十五一命呜呼后,继承其王位的是他的孙子路易-奥古斯特。路易-奥古斯特在登基后,称路易十六。

路易十六继位时年仅19岁。这位年轻的君主动作笨拙,性格内向,遇事犹疑,温和羞怯。与他那些风流成性的祖先不同,路易十六从不迷恋于女色,却唯独视修锁、行猎为人生最大的乐趣。由于路易十六在登基后依旧热衷于拆装铁锁,且与巴黎著名锁匠之一阿曼过从甚密,因此,他很快就被人们称为"锁匠国王"。

---

① 卢梭:《论人类不平等的起源和基础》,商务印书馆1962年版,第121页。

第五章 绝对君主制的没落与启蒙运动的兴起

平心而论,路易十六既不专横独断,也不乏善良愿望。为了收拾其祖父留下来的烂摊子,尤其是为了缓解当时日益严重的财政危机,路易十六任命了一批才能出众的大臣。其中,著名的重农学派经济学家、《百科全书》的撰稿人之一杜尔哥被委以财政总监的重任。

杜尔哥走马上任后,即大力推行一系列的改革。1774年,杜尔哥颁布允许粮食在王国内自由流通的法令,以扩大粮食市场和抑制地方上的粮食投机。翌年,为缓解财政困难,他又毅然将修路劳役改为征收以产业额为依据的道路税,同时规定一切等级均须纳税。1776年初,他不仅宣布取消行会管事与师傅,而且还废止了酒类专卖制,实行自由买卖。杜尔哥这些有利于资本主义经济发展的改革措施得到了资产阶级人士的普遍欢迎,后者甚至为之拍手叫绝。然而,由于这些改革触及了特权阶级的既得利益,自然招致了教会人士和王公显贵们的强烈反对。在他们的怂恿下,原先对杜尔哥颇为信任的路易十六,在1776年5月将他免职。由于杜尔哥的倒台,他所倡导、推行的改革随之也被完全取消。

接替杜尔哥的是一位名叫内克的瑞士银行家。由于身为外国人和新教徒,内克虽被授权主管财政,却并没有"财政总监"的头衔。为了解救宫廷财政支出的燃眉之急,缓解国内的财政混乱状况,内克在上台之初,利用自己银行家的声望到处借款。由于内克成功地筹到了几笔巨款,顿时让宫廷深感慰藉,内克本人的官位也因此而有所稳固。尽管内克深知,为真正解决问题,大刀阔斧的改革势在必行,但鉴于杜尔哥的前车之鉴,内克力图只采取一些温和的改革措施。不久,他取消了宫廷中的一些高俸而清闲的职位,压缩了王室的开支,同时还制定出了一整套可望节支的制度。这些举措一经推出,宫廷贵族们立即像过去对待杜尔哥一样,开始猛烈抨击内克。1781年,内克公布了关于王国的政府预算情况致国王的财政报告书。由于这份报告书透露了国王赏赐钱和恩给金的巨大数额,遂使王室和领取大量年金的显贵们觉得再也无法容忍内克。于是,内克很快遭到革职。不过,财政报告书所披露的内情和内克因而被革职,不啻大大激化了社会公众对宫廷的不满情绪。

内克的继任者是王后玛丽-安托瓦内特大力推荐的卡隆。卡隆上台之初,为了取媚王后,笼络王公显贵,一度采取了与内克截然相反的方法,即提倡奢华与挥霍。其间,他为宫廷人员偿还赌债,增加他们的年金,力图以阔绰的假象抬高王室的威望。与此同时,他也寄希望于通过挖运河、建港口、修道路等手段来刺激经济,增加收入。然而,到了1786年,迫于财政危机日益严重,卡隆也不得不步杜尔哥、内克的后尘,开始考虑改革财政制度,向富有者纳税。不久,他提出了自己的改革方案:延长对盐和烟草的专卖权,以土地特征税代替人头税和什一税,每个土地所有者,包括特权等级一律缴纳。此外,卡隆还提出恢复杜尔哥有关取消各领地的关税和允许粮食自由流通的法令。为使自己的改革方案能付诸实施,他召开了"显贵会议"。"显贵"们既然是特权阶级的成员,他们对这一改革的态度也就可想而知。果然,在1787年初召开的"显贵会议"上,与会者对卡隆的改革方案表示强烈反对。不仅如此,他们还迫使国王解除了卡隆的职务。

在王后的力荐下,图卢兹的大主教布里埃纳接替了卡隆的职务。布里埃纳在得到了这一职位的同时,也"继承"了前任留下的烂摊子。面对严峻的局面,布里埃纳别无选择,只能依照前任之策行事,执意增加新税,并且要显贵会议同意特权等级也得纳税。在显贵会议再次拒绝了向特权者课税的方案之后,经布里埃纳奏请,国王解散了"显贵会议"。1787年5月,布里埃纳决定将相关方案交巴黎高等法院登记。孰料,巴黎高等法院的法官们不仅拒绝登记,反而提议召开三级会议以决定臣民如何自由地向国王纳税。为迫使法院接受布里埃纳的改革方案,路易十六曾两度亲临高等法院施加压力。不过,巴黎高等法院对此一点都不买账。1788年5月3日,巴黎高等法院庄严地发表了一个宣言,即《民族权利和君主制根本法》。宣言声称,国民应通过定期举行的三级会议"自由地"向国王纳税,并要求通过一项法国人的人身保护法,未经正当审判不得逮捕任何人。显然,巴黎高等法院试图对王权加以限制。路易十六盛怒之下将两名法官投入牢狱,并准备继续镇压。

然而,法院的斗争得到了公众的支持。不少地方发生反抗事件。如在格勒诺布尔发生了"瓦片日",王家士兵遭到从房顶上扔下来的各种抛掷物的袭击。已闻悉朝廷欲向自己征税的各地教士、贵族也乘机作乱。他们声言决不纳税,支持法院召开三级会议的要求。1787年开始的这场斗争在法国史上被称为"贵族革命"。面对声势浩大的反对浪潮,国王和布里埃纳不得不做出让步。前者宣布同意在1789年5月召开三级会议,后者则在宣布国家财政破产后立即挂冠而去。

布里埃纳下台后,内克被国王召回,并授以财政总监之衔。由于他上

第五章 ● 绝对君主制的没落与启蒙运动的兴起

任伊始就弄到了7 500万锂的借款,使已没钱可用的宫廷又有了银两,因此,二度为官的内克在国王及宫廷显贵眼中的身价可谓是今非昔比。又由于内克官复原职后,还设法使第三等级在即将召开的三级会议中的代表名额增加了一倍,遂使他本人在民众中也可享有极高的威望。

如果说"贵族革命"昭示着法国绝对君主制危机的加深,那么,来自第三等级的不满与反抗,显然对绝对君主制形成了更大的冲击。随着启蒙思想的广泛传播与深入人心,第三等级各个阶层的人士,无论是在家中的窃窃私语,还是在一些公共场合,如沙龙、咖啡馆、俱乐部的高谈阔论中,已毫不掩饰地道出他们对社会现实的不满。启蒙时代的著名剧作家博马舍在他的许多名剧中,就对旧制度作了淋漓尽致的揭露与抨击。其《费加罗三部曲》中的第二部《费加罗的婚礼》更是成为反对封建贵族的不朽之作。当时,每当剧中的主人公费加罗在独白中挖苦专横、邪恶与愚昧的贵族,说他们只不过是些"除去从娘胎中出来时用过一些力气,没有什么了不起"的庸碌之辈时,座无虚席的剧场中总会爆发出雷鸣般的掌声。当时的人心向背抑或说舆情,实在是昭然若揭。

此外,如前文所述,在"旧制度"末期的法国,甚至还有一种吊诡的现象,即"启蒙思想的焚毁者恰恰又是它们的收藏者"。启蒙读物对贵族、法官和神职人员等传统精英也颇具吸引力。

由于1787年布里埃纳上台后法国发生的两起事件使法国经济状况更趋恶化,使得民众中长期存在的对当局的不满情绪有增无减。这两起事件一是《英法通商条约》从1787年5月起生效,二是1788年的天气极为反常。由于《英法通商条约》的生效,英国廉价的商品充彻法国市场,致使大批法国企业倒闭,工人大量失业;而由于1788年天气的极度反常——先是夏季的干旱,继而是带雹的暴雨,最后是冬季的严寒,法国农业出现灾难性的歉收。由此,城乡下层居民大都处于饥寒交迫的困境。为了不致活活饿死、冻死,一些人铤而走险。城乡暴动,时有所闻。于是,经济危机引发了社会危机。随着整个社会出现严重动荡,一场前所未有的大革命行将爆发。

作者评曰:

若就经济维度而言,18世纪的欧洲显然是首开工业革命先河的英国之欧洲;但就思想文化维度而言,18世纪的欧洲则又无疑是法国之欧洲。

法国通史

对于后者,法国人至今仍深以为骄傲。毋庸置疑,法国人有足够多的理由为法兰西文化当年的辉煌感到自豪。不过,他们似乎不应忘记,法兰西文化之所以能在启蒙时代达到世人仰慕的高度,一个至关重要的原因就是,当时的启蒙思想家们普遍具有一种全方位的开放意识。在这方面,作为启蒙运动领袖与导师的伏尔泰就是一个明显的例子。伏尔泰不仅很好地继承了本国16世纪人文主义的传统,而且还能将其他国家或民族的文化精华兼容并包。其中,英国文化与中国文化尤使他受益良多。笔者之所以指出这一点,丝毫没有贬低此期法兰西文化的意思。事实上,由于启蒙思想在推动人类文明进程方面起了巨大作用,世界各国的人民在提及启蒙时代的法兰西文化时,不仅是油然生敬,而且还每每心存感激。

第六章 法国大革命

一、第三等级就是一切

1789年,这是一个不独在法国历史上,就是在世界历史上亦值得大书特书的年份。因为,曾经对整个19世纪的世界历史进程发生过深远影响的法国大革命就爆发于这一非同寻常的年份。

当该年的首页日历刚被撕下时,2 800万法国人正在吞食着1788年灾难性的农业歉收的苦果。因为1789年春天发生的那场严重干旱,造成大量农作物颗粒无收,导致当年收成只有往年的2/3。而随后到来的1788—1789年的冬天,又是当时有记录以来最冷的冬天。这一切,使法国的经济状况更趋恶化,社会动荡日益加剧。在此种特殊的情势下,围绕着"人类应该在怎样的基础上缔造自己的社会?",一场前所未有的大辩论正在六边形的国土上展开。在争论的双方中,一方打着维护历史传统的旗号,积极鼓吹神赋权利、等级制度和行业组合;另一方则宣扬人类的创造性,主张天赋权利以及理性和正义。这场涉及哲理的政治辩论的关键所在,一言以蔽之,就是确认占法国人口2/3的第三等级拥有何种地位。

这年春天,全国上下流传着数以百计的反封建的小册子。其中流传最广、影响最大者,首推埃玛纽埃尔·西耶斯在1789年1月发表的《什么是第三等级?》。这位背叛了自己等级的教士思路清晰,逻辑严密,文笔犀利。在这本立即被第三等级人士奉为"圣经"的小册子中,他言简意赅地道出了第三等级对自己处于被束缚和被压迫状态的愤懑,同时充满自信地表达了第三等级的参政要求:"什么是第三等级?一切。在此之前它是什么?什么也不是。它要求什么?有所作为。"一时间,人们在街谈巷议中经常能听到这些"格言"。

自1614年最后一次召开以来,已经中断了175年之久的三级会议将于这一年5月召开。为此,从1789年2月份起,法国举行了三级会议代表的选举。根据国王颁布的选举规则,前两个等级,即贵族和教士的代表由直接选举产生,而第三等级的代表则由复选制选举产生。各地在选举代表的同时,还得应国王的要求,填写陈情书。因而,各个等级和各个阶层均力图在陈情书中表达自己的政治和经济诉求。例如,在乡村,农民在村庄层面起草的陈情书中表达意见时,一边对税负叫苦连天,一边要求降低或者完全废除盐税和酒精饮料消费税;推迟缴纳主要的军役税;取消一连串贵族特权,其中包括贵族的狩猎权和饲养鸽子的特权;废除领主税,其中包括出售地产或使用葡萄榨汁器和烤炉时向领主支付的费用。在城市,城市手工业者和小店主希望减轻税负,尤其是消费税。他们同时还要求让税收体系变得更加公平,废除贵族特权。

据统计,全国共有6万多份陈情书,这些陈情书构成了一部反映大革命前夜法国状况的内容丰富的史料。凡阅读和研究过这部史料的人,都对陈情书中感情的自然流露产生了强烈的印象。读一读第三等级的陈情书,再读一读贵族的陈情书,法国社会当时存在的两大鸿沟可谓一目了然。其一是贵族与平民之间的鸿沟,这是一条法律上的,而且更主要的是思想上的鸿沟;其二是在赋税方面把人们分隔开的鸿沟。

从这些陈情书的字里行间,人们还可感受到这样一种现象:在三级会议召开前夕,举国上下,不论哪个阶级都对"锁匠国王"及其君主使命充满信任。在不少陈情书中,作者把路易十六誉为"诸国王中最开明、最可敬、最优秀的国王","人民之父、使法兰西获得新生的人"。法国人此时对国王的爱通过其在陈情书中对那些"渎职的大臣"的大肆攻击而表现得更为明显。可以毫不夸张地说,推崇国王,抨击大臣,换言之,把"善良的"国王同卡隆之流滥用权力的大臣对立起来,构成了此期法国舆情的基调。

选举结束,三个等级分别推选出了自己的代表,其中教士代表291名,贵族代表270名,第三等级代表578名。在第三等级代表中,近一半是在选举中能言善辩出尽风头的法律界人士,此外也有不少商人与银行家,至于农民和手工业者,则无一当选。值得一提的是,第三等级还选举

第六章 法国大革命

了几个背叛特权等级的人作为自己的代表,其中有贵族米拉波和教士西耶斯,这两人虽均其貌不扬,但后来却分别以自己的"声音"和"思想"成了第三等级最为杰出的代表。

5月5日,人们盼望已久的三级会议终于在凡尔赛"游艺"厅开幕,从上午9时开始,1 139名代表由军队传令兵点名引路,按等级和管区,在典礼官的监视之下一一入座。当所有的代表入座完毕时,时针已指向12点差一刻。下午1时,国王在欢呼声中走进大厅。尽管国王在讲话中所作的开场白,即关于这次会议对法国来说应该成为"新的幸福源泉"之语,曾让对他寄予厚望的与会代表激动了一阵子,但他在讲话中却丝毫不提宪政,反而一再告诫代表们要谨防任何图新精神。这一事实很快导致这些代表立即就深感失望。

接着发表讲话的是掌玺大臣巴朗坦。敌视新生事物的这位大臣发言空洞无物,加之音调过低,鼻音太重,害得听他发言的代表们如坐针毡。终于,轮到内克发言了。事实上,这位复职后在国人中的威望与日俱增的财政总监,也正是绝大多数代表最为期待的发言者。因此,当他登台时,人们立即报以最热烈的掌声。在此次发表讲话的3个人中,内克发言的时间最长。在近3个小时的时间里,他首先用恰如其分的谦逊态度介绍了自己,并不无夸张地颂扬了法国的"巨大进步"。紧接着,他滔滔不绝地谈起了财政问题。由于内容多,时间长,以至于内克本人因声音过于嘶哑难以再读下去时,需请出一位书记员继续宣讲。而在这一过程中,内克老是在援引各种数字,没完没了地给大家列举诸多大宗开支和收入,开口闭口是"本年度""先期支用""应归还债务"之类措辞。换言之,既没有任何政治纲领,也丝毫没涉及三级会议的核心问题,即究竟是按等级还是人头表决的问题。总之,如果说人们原先期待的是一个畅述雄才大略的政治家,那么让他们想不到的是,出现在他们面前者却不过是个只会念账单的会计。就这样,这位本为"法国最有威信的人",陡然就让对其更寄予厚望的第三等级也大失所望了。

新的三级会议是按人头投票,抑或继续按等级表决?在这个至关重要的问题上,特权等级与第三等级的冲突注定不可避免。道理很简单,按人头投票,将意味着特权的终结、新时代的开始。反之,意味着第三等级代表的加倍失去任何意义,旧的制度将一仍其旧。因为,在许多涉及特权问题上,第三等级都可能遭到前两个等级的联合反对。毋庸讳言,第三等级的代表在会议召开之际,尚在这一问题上对国王、内克抱有幻想,但及至这时,后者的上述言行已让他们明白接下来就只能依靠自己了。

不可避免的冲突很快就来临了。因代表数目加倍而踌躇满志的第三等级首先借代表资格审查问题发起了攻势。他们提议3个等级一起开会,共同进行代表资格审查,而此举实际上无异于取消等级划分,以个人表决代替等级表决。对此,前两个等级,尤其是贵族等级的人士竭力反对,因为他们心知肚明,若守不住分厅议事这道防线,他们今后将不得不顺从第三等级的意志。

5月6日,拒绝按等级组成单独一院的第三等级代表打出了"众议院代表"的称号。在其后一个多月的时间里,一场无休止的争论在第三等级与特权等级之间展开。由于王室与特权等级采取顽固立场,6月10日,第三等级决定单独审查代表资格。6月15日,西耶斯请求代表们"立即着手组成议会",这个议会至少代表全国96%的人口,它能够着手进行国家期待于它的事业。那么,这个议会该如何来命名呢?对此,西耶斯建议放弃三级会议的名称,因为它已有名无实,而改用"经法兰西民族承认和审查的代表大会"的名称。较尊重法规的穆尼埃就此建议的名称冗长至极,叫"由国民大多数代表所组成的、在少数人缺席的情况下发挥作用的合法大会"。而米拉波则认为,该议会可以简单地称为"法国人民代表议会"。最后,西耶斯吸取了来自贝里的代表勒格朗的意见和建议,把新议会命名为"国民议会"。

1789年6月17日,众议院以490票对90票的多数通过了西耶斯的提案,发布了"关于建立国民议会的声明"。从此,第三等级代表便以国民议会自居,同时赋予自己批准税收的权利。第三等级的这一强硬态度有效地削弱了教士等级的反抗,促使他们首先表示让步。6月19日,教士等级以149对137票的微弱多数通过决议,加入第三等级的国民议会。

二、从网球场宣誓到攻占巴士底狱

第三等级组成了国民议会,以及教士等级的准备加入,令贵族们惊恐万状。为了负隅顽抗,6月19日,贵族们向国王呈递了一份抗议书,以求争取王室的支持。这份抗议书中的一些词句颇能打动国王,其中这样写道:"假如我们保卫的权利纯粹属于我们自己,假如这些权利只关乎贵族,

第六章 法国大革命

我等便不会以如此之大的热忱去着力争取,不会以如此的坚韧性去加以维护。陛下,我们所保卫的不只是我们的利益,这也是您的利益和国家的利益,这归根结蒂也是法国人民的利益。"①

在贵族与高级教士的怂恿下,对第三等级此时的所作所为已极度反感的国王遂试图对第三等级进行反攻。当天,借口进行必要的内部修缮,国王下令关闭了第三等级的会议厅,同时派遣法兰西卫队的士兵严加把守。6月20日凌晨,第三等级的代表前往大厅就座时发现吃了闭门羹。于是,愤怒异常的代表们自发地拒绝了国王的否决权,在议长巴伊的率领下,他们来到了距会场不远的老凡尔赛街的网球场大厅。代表们刚一进入网球场大厅,穆尼埃就建议国民代表们,"通过庄严的誓言表示愿为民族兴亡和祖国的利益而奋斗"。这一建议即刻引来一片热烈掌声。在当时群情激昂的气氛中,除一人外,所有的代表都在率先宣誓的巴伊议长面前一一宣誓,其誓词为:"我们宣誓永远不脱离国民议会,在形势需要的任何地方开会,直到王国的宪法制定出来并且在坚实的基础上得到巩固。"这就是历史上著名的"网球场宣誓"。尽管这一原先没有任何桌椅,从而更显得空荡荡的网球

网球场宣誓

场大厅毫无任何威严雄伟之处,但是,此时此刻的宣誓之举,却立即使得这一场所蓬荜增辉。

原定6月22日举行的御前会议被推迟到第二天。对于这次筹备多日的会议,各方均翘首以待,因为一切都将在会上摊牌。6月23日,会场四周戒备森严,岗哨林立。在前两个等级的代表先行入席之后,第三等级

---

① 索布尔:《法国大革命史》,中国社会科学出版社1989年版,第96页。

的代表需经过仔细检查,才得以两个两个地被放进会场。这一天,凡尔赛细雨蒙蒙。但第三等级的代表为接受所谓检查,却不得不长时间地冒雨等候。他们由此产生的气愤之情,不难想象。

国王本人临近中午才在王公贵族和卫队队长簇拥下驾临会场。他在首先讲话时,格外傲慢地提醒各位,他是"万民之父",又让御前秘书宣读声明如下:"国王希望3个等级的划分完整地保存下来,此乃本王国之构成,3个等级各自自由选举出来的代表分别组成议院,按照等级进行讨论,并在国王同意的情况下合厅议事,唯其如此,代表们才能被视为组成国家代表的团体"。同一声明随即还明确宣称:"本月17日第三等级代表所通过的决议无效,由此而产生的其他决议盖属非法、违宪的。"

这段对第三等级构成莫大凌辱的话,不啻是宫廷决意反扑的信号,对此,第三等级代表听闻后,愠怒油然而生。而更让其义愤填膺的是,国王离席回宫前竟然还发出这样的威胁和命令:"若你们在这项如此美好的事业中背弃本王,本王将独自为我的臣民谋求福祉。本王现在命令你们立即解散,并于明天上午在为各个等级所准备的大厅继续讨论。"

在国王从会场返回王宫后,贵族和大部分教士等级的代表即刻遵命退席。但是,第三等级的所有代表,以及一部分教士代表却拒不从命,依旧留在座位上。当大司礼官德勒·布雷泽侯爵前来督促他们离开会场时,米拉波,这位天才的演说家以自己高亢洪亮的嗓音答复道:"去告诉你的主子,人民的意志让我们来到这里。除非用刺刀逼我们,否则我们不会离席。"

面对第三等级公开反叛王权,国王一度打算动用武力,派遣御林军前去驱散代表,但由于已归附第三等级代表的部分贵族对此反对,迫使国王不得不暂时打消这一念头。

就这样,第三等级代表不仅控制住了局势,而且开始节节取胜。6月24日,在第三等级代表的果敢行为影响下,大部分教士的代表也加入了国民议会。翌日,以奥尔良公爵这位素有自由主义声望的王公为首的47名贵族等级的代表,也效仿了这些教士等级代表的做法。国王在内克的一再坚持下,不得不作出决定,对他未能阻止的做法加以认可。6月27日,国王致信尚未加入国民议会的全体特权等级代表,敦促他们也加入国民议会。

凡此种种,表明国王业已让步。消息传来,凡尔赛和巴黎一片欢腾。第三等级的代表们更是沉浸在这场斗争胜利的喜悦之中:从此之后,三级

第六章 法国大革命

会议不复存在,国王权威将被置于国民代表的控制之下。欣喜之余,代表们决心乘胜追击,制定宪法,创建一种新型的政治制度。7月7日,国民议会创立了一个制宪委员会。7月9日,它又自行命名为国民制宪议会,至此,一场合法的革命在未流一滴血的情况下得以大功告成。

然而,国王表面上作出了让步,背地里却在王后玛丽·安托瓦内特以及宫廷内决心不顾一切维护旧秩序的顽固派贵族唆使下,调集数以万计的军队到巴黎和凡尔赛周围。随着大批军队陆续开到,尤其是绝对服从国王的外籍军团在巴黎外围的集结,国民议会顿时感受到了巨大的威胁。于是,在米拉波的提议下,国民议会上书国王,要求撤走军队。然而,路易十六非但继续调兵遣将,甚至还在7月11日解除了内克的职务。

7月12日中午,深得人心的内克被免职的消息传到巴黎,全城震动。早就已在流传的"贵族阴谋",由此在人们心目中更加具体化,从而马上激起了强烈的反应。在刚刚被奥尔良公爵开放为公共娱乐中心的罗亚尔宫花园里,卡米耶·德穆兰,一位不到而立之年的律师爬上了一张桌子,用鼓动性很强的演说向民众指出,内克被免职意味着什么:巴黎面临的是对爱国者的大屠杀。粮食极缺、物价飞涨,早已使巴黎市民的愤懑情绪达到极点,而德穆兰口中冒出的这番话,无异于一根扔向火药桶的火柴。于是,只听当场就有人高声喊道:"拿起武器来吧!"

很快地,巴黎市区的大街上垒起了路障,每个人都各尽其能地武装了起来。一些富有想象力的示威者,还冲进设立于坦普尔大街(一译寺院大街)上的蜡像馆,取走了内克和奥尔良公爵的半身蜡像,然后,他们给这两尊蜡像披上黑纱,抬着它们在街头游行。其间,游行者中不仅有人高呼口号:"内克万岁!"和"奥尔良公爵万岁!"甚至还有人异乎寻常地喊道:"路易十七万岁!"

当游行队伍来到旺多姆广场时,一队龙骑兵向他们冲来,还砸碎了内克半身像。示威者们见状,愤怒地把龙骑兵团团围住。被围困的龙骑兵,一直到指挥王家德意志禁卫军的朗贝斯克亲王率其人马赶到现场解救才得以脱身。不久,杜伊勒里宫又被示威者所占领。当巴黎卫戍司令贝桑瓦尔命令朗贝斯克带人前去驱赶时,示威者们纷纷用椅子袭击骑兵。朗贝斯克这回只得灰溜溜地带着手下人马相继撤退。

由此,巴黎很快就陷入极度动乱之中。人们到处寻找武器,武器商店被抢劫一空。蹄铁铺的铁匠们天刚一亮就开始忙着锻造枪矛。一些人向税务所发起攻击,捣毁了里面的所有东西:账簿、收据和家具。另一些人砸开了城北的圣拉扎尔兄弟修道院大门,把里面的物品抢劫一空。不少已饱受饥饿煎熬、几近绝望的贫民(乞丐和失业者),更是几乎见什么就抢什么。其间,别说是各种葡萄酒、啤酒、食油、奶酪、黄油,就连书籍与银餐具也均不放过。

7月13日清晨,巴黎各税务所冒着浓烟,教堂的钟声在城市上空回荡,报警的炮声隆隆。在这同一时刻,一些选举三级会议第三等级代表时产生的选举人,在处于亢奋状态的群众围观下,在巴黎市政厅召开会议,组成了"常务委员会"。常务委员会一经成立,就决定建立民团,同时号召公民们积极参加。这一民团的任务有二:一是保卫首都,应对驻扎在城市各入口处和练兵场一带的外籍军团会带来的威胁;二是对付内部的"无政府"行为,即不法分子的暴力和胡作非为,这些人当时曾抢劫了商店、修道院,烧毁了税务所。由于常务委员会的努力,巴黎的秩序有所恢复。

新成立的民团的成员当时都头戴识别标志,识别标志的颜色采用了象征巴黎城的蓝、红两色。为了解决民团的武器问题,巴黎人首先到了兵工厂,在那里,他们唯一的收获只是获悉巴士底狱有大量炸药和步枪。接着,他们又去了路易十五广场(即当今的协和广场)的"军械库",但在那里只是找到了一些博物馆的藏品、弩戟和旧火枪。于是,人们涌向市政厅,要求市长弗勒塞尔发放一些像样点的武器。由于这位市长态度暧昧,百般推脱,甚至故意提供一些子虚乌有的线索,令一些白跑了数趟的巴黎民众在意识到自己被人耍了之后,恼怒万分。次日,这位被指责"背叛"了人民的市长因此丢掉了脑袋。

7月13日至14日的夜晚,不啻是谣言之夜。当时,谣言四起,一再有消息传来,说王家德意志禁卫军要来进攻;同时,不时会有人宣称,某某军团已到了巴黎市郊的哪里……这一夜注定也是狂热之夜。每个巴黎人都在准备迎接反击。因为他们心里清楚,宫廷是不会任由巴黎失去控制的。在市政厅,常务委员会亦处于临战状态。它下令已倒向巴黎市民的法兰西卫队士兵筑起路障,严密盘查进出巴黎的车辆。从圣尼古拉码头一艘运送炸药的船上发现的几十桶炸药已全部分发了下去。长夜漫漫,人们期待着天明,同时又心存忧虑,其中最让他们牵肠挂肚的是,近5万名民团成员还远没有达到全部武装起来的程度。

第六章 法国大革命

7月14日,成千上万的示威者一大早就冲进了荣军院,并从地下室夺走了3万多支步枪和12门大炮。不过,这些枪炮如果没有弹药又有何用呢?巴黎人此时已经了解哪里可以找到弹药,这就是巴士底狱。

此刻,巴黎的大部分地区都已处在巴黎市民的控制之下,因此,仍由国王军队守卫着的巴士底狱,这座象征着封建统治的堡垒,本已显得极为触目,而巴士底狱塔楼上的大炮正对着圣安托万街区,无疑更激怒了巴黎市民,特别是居住在这条街附近的居民。上午9时起,手执武器的巴黎市民团团围住了巴士底狱。尽管里面守军不过只有82名老弱残兵,以及34名闻讯赶来增援的瑞士雇佣兵,但由于监狱不仅有高达30米的围墙,还有宽25米的护城河防护,要攻下它来绝非易事。为避免过多的流血,一些巴黎市民原打算先礼后兵,并为此也作过些相关努力。但是,守军头目德洛内侯爵的顽固态度使人们认识到,除了用武力攻占这座堡垒,似已别无选择。很快地,双方展开了激战。在战斗中,起义者方面牺牲了98人。由于久攻不下,民团拉来了刚从荣军院夺来的几门大炮,对准巴士底狱一顿猛轰。在这种情况下,胆战心惊的德洛内不得不宣布投降。

当德洛内下令放下吊桥后,愤怒的起义者一拥而上冲进监狱。德洛内被俘获后,顿时遭到了起义者的辱骂、痛斥和殴打。作为造成近百人丧生的"罪人",他在遭到一阵刺刀和利剑的乱戳后,还被人用手枪打死。即便如此,一些起义者还觉得不够解气,遂将他枭首示众。攻占巴士底狱的最初动因固然是夺取武器,但起义者很快就意识到,它还是一座关押有御批密札的钦犯的监牢,而御批密札,无疑是国王滥施权威、独断专行最为突出的标志之一。由于巴士底狱这种固有的象征意义,攻占巴士底狱(尽管当时被关在牢房里的犯人仅有7名,且有1人是地地道道的刑事犯)与释放里面的囚徒,就成了反抗专制主义最伟大的行动之一。

攻克巴士底狱后,市政厅常务委员会根据群众要求,决定将这座"封建堡垒"夷为平地。7月16日,受命负责此事的革命党人帕卢瓦率领上千名工人忙活了起来,在一块石头一块石头地削平这个庞然大物。颇懂生意经的帕卢瓦,在积极"革命"的同时也没有忘了经营,不仅回收了巴士底狱的砖石,还让人在每块石头上刻了一幅巴士底狱的浮雕图,然后用这些被称为"自由卫士"的"纪念品"做了一笔可观的生意。此外,他还利用监狱的"铁料",也就是犯人曾经戴过的镣铐等,制作了各种各样的小玩艺儿,如纪念章、镇纸、鼻烟盒等,出售后获利颇丰。

三、"人民又重新征服了国王"

当巴黎演绎着这惊天动地的一幕的时候,甚至在国民议会派出的代表团已向国王报告巴黎正在发生的事情之后,身在凡尔赛的路易十六仍尚未悟出局势的严重性,并在其记事本上如是记道:"14日,星期二,无事。"路易十六直到15日才明白了局势的严重性。一段众所周知的对话生动地显示了当时的情景。在其宠幸的近臣利昂古尔公爵向他禀告巴黎发生的一切时,这位感觉异常迟钝的国王吃惊地问道:"怎么,这不是造反吗?"而利昂古尔公爵的回答是:"不,陛下,是一场革命。"

惊慌失措的路易十六于是来到了议会,表示对议会完全信任,同时宣布已下令军队撤离。细心的议员们在听他讲时突然发现,国王在提到议会时说的是"国民议会",而不是"三级会议"。从他口中说出"国民议会",这还是第一次。这意味着什么呢?意味着国王已向议员们6月17日的革命行动低头让步了。而证实军队已被撤离之语,意味着他在巴黎人民的革命行动面前也已低头让步了。

巴黎人民的壮举使原先危如累卵的国民议会顿时化险为夷。7月16日,由88名议员组成的代表团分乘40辆马车,踏上了从凡尔赛到巴黎的道路,沿途两侧,挤满了情绪激昂的围观群众。在议员们抵达巴黎时,巴黎市民倾城而动,热烈欢迎。在市政厅,代表团成员巴伊由于长期担任议会主席,且在网球场宣誓时表现突出,遂被常务委员会任命为巴黎市长。同日,国王下旨罢免了几位不得人心的大臣,召回了内克,同时还宣布第二天前往巴黎。

翌日,路易十六离开凡尔赛。在他抵达夏洛门时,刚任巴黎市市长的巴伊把巴黎城的钥匙交给国王。巴伊在此次发表的简短讲话中,甚至还包括了这样一句永载史册的至理名言:"亨利四世重新征服了他的人民,在这里,人民又重新征服了国王。"从夏洛门到市政厅,国王要穿过一片人海,但此时已无人再喊"国王万岁!"取而代之的是"国民万岁!"

在市政厅,国王承认巴伊为巴黎市市长,并任命自由派贵族、在北美独立战争中功勋卓著的拉法耶特为"国民自卫队"司令。这一天最激动人心的时刻是国王接受三色帽徽,上面用巴黎城的传统色彩,即蓝色和红色镶着象征王室的白色。当路易十六头戴饰有三色帽徽的帽子出现在市政大厅窗口时,人群爆发出一片欢呼声。

同日,一些顽固的贵族在深感大势已去的情况下,开始走上了政治流亡的道路,对于他们来说,宁愿漂泊异邦,也不愿再与作出如此让步的王权休戚与共。首先出走的是王弟阿尔图瓦伯爵,他在这天清晨携同子女和仆从出走荷兰。紧接着,孔代亲王、波利尼亚克公爵等也步其后尘,分别走出国门。由此,一场持续时间相当长的政治流亡运动开始了。

攻占巴士底狱,以巴伊为首的巴黎新市政机关的建立,很快在全国各地的城市引发了一场"市政革命"。许多城市效仿巴黎的榜样,捣毁了当地的"巴士底狱",以选举人为主建立起常务委员会,组织了国民自卫军。由于旧制度下多样化的市政结构以及各城市中不同社会力量之间的对抗作用不尽相同,市政革命的表现形式与彻底程度因地而异。但一般来讲,从旧市府向新市政机构的过渡都较为平稳。在实际持续了个把月的"市政革命"冲击下,旧制度在城镇中的统治土崩瓦解。相形之下,农村里的变革远比城市激烈。有意思的是,使农民反抗运动成为不可抗拒浪潮的催化剂,竟然是所谓的"大恐慌"。

自7月初起,从巴黎和凡尔赛传来的消息被歪曲和无限夸大,类似的流言蜚语尤其在农民中不胫而走:成群结队的强盗在渐渐逼近,他们将割走即将成熟的麦子,烧毁整个村庄。随着关于强盗的传闻像野火一样迅速在农村到处传播,农民们惊恐万分:有人敲起了警钟,有人进行最后的祈祷,有人躲藏到森林里……惊恐之余,农民们开始武装起来,组织自卫。于是,他们纷纷用长柄镰刀、杈与猎枪来武装自己。不久,农民们发现,所谓强盗不过是臆想出来的。于是,这些手持武器的庄稼汉开始把手中自卫的武器变成了进攻的武器。他们不再去追寻想象中的强盗,而是把矛头指向了实实在在地欺压着他们的封建领主。他们冲进了领主的城堡,用威胁手段迫使其交出那些登记着令人痛恨的封建权利的古老证书和那些很久以前使征收捐税合法的契据,然后在村子的广场上把它们付之一炬。当有的领主拒不从命时,农民们便焚毁城堡,甚至绞死城堡的主人。很快地,农民暴动和起义席卷法国乡村。

"大恐慌"后的农民起义,既令贵族们恨之入骨,也触犯了城市资产阶级的利益。因为不少城市资产阶级也是地产主。他们甚至拥有领地,并以此名义向农民征收通常的捐税。为了保护自身既得利益,拥有地产的城市资产阶级不惜和贵族这一原先的敌人携起手来,共同对付"丧失理智的"农民暴动。他们利用自己新掌握的市政权力和武装力量,对农民运动进行镇压,镇压的残忍程度有时还会到令人发指地步。如在马扎地区,26名暴动的农民在一场最终败于城市民团的激战后,不仅受到了一个临时成立的法庭审判,而且还统统被判处绞刑。

由于农民起义愈演愈烈,起初并不急于讨论相关问题的制宪议会不得不把农民问题首先提上议事日程。8月3日,调查委员会向议会报告时认为,农村中的暴力行为已达到无以复加的程度,提议实行镇压。但是,议会中的大多数人认为,镇压只会使局势进一步恶化,适当满足农民的要求,才是出路。在8月4日夜晚举行的会议上,自由派贵族诺阿耶子爵首先发言,他提议为恢复"安定秩序",应当废除一切纳税特权,取消徭役,永久管业权和其他人身奴役,对物权实行赎买。接着,全国最大的地产主之一艾吉荣公爵发表了非常煽情的长篇演说,他不仅表示支持诺阿耶的建议,而且还为那些"不幸的农民"的行为进行开脱。随后,贵族和教士的代表们纷纷登台发言,表示应该废除各种不合理的特权和赋税,如什一税、狩猎特权、养兔特权、养鸽特权和领主司法权。这些"自愿"放弃特权的人似乎为自己的宽宏大度所感动,满含热泪,相互拥抱。会议一直持续到次日凌晨2点,气氛热烈异常。关于这一著名的"8月4日之夜",一位与会的议员曾激动地写下这样一段话:"也许任何一个国家的人民都不曾有过如此的壮举。人们竞相为民族而奉献,捐赠和慷慨解囊……多么难忘的伟大夜晚!人们激动得落泪,紧紧拥抱。"[①]

8月4日之夜的决议已在一派激情中仓促通过,余下的事就是将它形成文件。从8月5日起,制宪会议连续开会,讨论如何形成文件。然而,在讨论如何形成文件的过程中,复归冷静的各派议员围绕着种种具体问题展开了非常激烈的、有时甚至近乎可笑的争论。尤其是一些教士,试图收回取消什一税的决定。因此,制宪会议直到8月11日才最终完成了制定这一系列废除封建特权法令的工作。应当指出,8月法令虽然宣布"将封建制度完全予以废除",但同时规定源于土地的封建义务要以赎买方式来废除。这就意味着,虽然农民的人身得到了解放,但他们的土地并

---

① 维诺克:《法国资产阶级大革命》,世界知识出版社1989年版,第181页。

第六章 法国大革命

没有被解放。尽管如此,8月法令仍具有不可低估的意义。它毕竟从根本原则上废除了封建制度,拆毁了旧法国的框架。

人们不妨认为,8月法令的通过标志着制宪议会已基本完成了"破旧"的工作。由此,制宪议会下一阶段的主要任务就该是"立新"了。"立新"的当务之急是起草《人权和公民权利宣言》(简称《人权宣言》)。制定这一文件是项必须慎之又慎的工作,因为它将构成宪法的序言。从8月12日起,制宪议会开始逐个讨论西耶斯、米拉波、拉法耶特、穆尼埃等人提出的草案。20日开始,将各草案中的精华部分选出重点讨论。经过长时间艰难的逐字逐句争论之后,8月26日,制宪议会最终通过了这个庄严的宣言。

赞颂《人权宣言》的画作。该画创作于19世纪初

《人权宣言》共17条。它庄严宣布,不知人权、忽视人权或轻蔑人权是公众不幸和政府腐败的唯一原因。自由财产、安全和反抗压迫是天赋不可剥夺的人权。人民享有言论、信仰、著作和出版的自由,私有财产神圣不可侵犯。主权在民。主权的表现形式就是法律,"也就是公民或公民代表的大多数所表达的普遍意志"。同时,《人权宣言》还公开声明:法律面前,人人平等。

《人权宣言》是大革命中第一个以启蒙思想为基础制定的纲领性文献。它所具有的伟大的进步意义是不言而喻的。它从根本上否定了封建主义的王权、神权和特权,用人权和法治取而代之,并以后者作为新的社会秩序的奠基石。由于《人权宣言》确定了资产阶级民主改革的纲领,因此,有西方学者在把"8月4日之夜"的结果,即"8月法令"称为"旧制度的死亡证书"的同时,把《人权宣言》誉为"新制度的诞生证书"。

四、法国终于有了有史以来的第一部宪法

1789年8月26日通过的《人权宣言》,构成了宪法的震耳欲聋的前奏曲。从此,制宪议会转为着重讨论宪法。在讨论中引起激烈争论的问题主要有两个:首先,是否实行两院制而在立法机构设立贵族院;其次,是否给予国王对议会决议的否决权?若这一问题的答案是肯定的话,那么,这种否决权应是最终性的还是仅仅是暂时性的?围绕着上述问题,王权的卫道士和反对者们在尖锐激烈的争论中,竞相引经据典,高谈阔论,互相斥骂。炸开了锅似的大厅里壁垒分明。坐在议长的左侧是王权的反对者们,而王权的卫道士们则坐在右侧。由此,在已经是多事时期的1789年夏天,又产生了法国近现代政治文化中最根深蒂固的传统:左派、右派之分。

当议员们在高谈阔论,互相斥骂时,已几次认输的路易十六却开始实行消极抵抗。他否决了"8月法令",宣称:"我永远不能同意剥夺我的僧侣和我的贵族。"对于《人权宣言》,国王更无意接受。与此同时,人群中盛传着这样的消息:王室已策划逃往梅斯城堡,以便同流亡者串通一气,重新掀起反革命恶浪。在这种情况下,革命者中的有识之士渐渐感到,有必要再发动一次人民运动。于是,马拉在《人民之友报》上呼吁举行示威,号召"大家都到广场上去寻求救国之路"。而一份在9月创刊的爱国小报《国民之鞭》则呼唤道:"巴黎人,睁开双眼吧!醒来吧,从你们的睡梦中醒来吧!贵族阶级已把你们团团包围,它企图给你们套上锁链,而你们却还在沉睡!假如不赶快把它消灭,你们就将遭受奴役、苦难与蹂躏。清醒吧!再说一遍:清醒吧!"①

一个偶然的事端成为"10月事件"爆发的催化剂。10月1日,国王卫队的军官在凡尔赛宫宴请刚赶来增援的佛兰德尔军团的军官。当国王一家到场时,乐队奏起了歌剧《狮心王理查》中的插曲:"啊,我的国王,世人都离弃了您!"一些军官借酒逞威,把三色帽徽扔在脚下践踏,戴上了波旁家族的白色帽徽。两天后,由安托万·戈尔萨于7月创办的《凡尔赛邮报》揭露了这一情况。而后,各家报纸也相继予以报道。人们一传十,十

---

① 索布尔:《法国大革命史》,中国社会科学出版社1989年版,第113页。

第六章 法国大革命

传百。刹那间,巴黎街头充斥着关于那些军官和那位挥霍无度、左右国王的外籍王后丑态的流言。于是,群众对"贵族阴谋"的愤怒之火再次点燃。而且,此期的巴黎,由于面包奇缺,大多数人早已饥肠辘辘,怨声载道。这一切,使得巴黎城内到处响起了"要面包!""处死教士、处死贵族、处死王后"的呼声。

饥饿,再一次成了导致民众采取行动的决定因素。10月5日,一群群从圣安托万区和中央菜市场区赶来的妇女集合在市政厅前,要求得到面包。这时,"巴士底狱志愿军"的统领之一,曾任门房文书的马亚尔自告奋勇,要求由他及其手下的"巴士底狱志愿军"带领妇女们去凡尔赛。中午前后,警钟敲响了。国民自卫军的官兵们高喊着"到凡尔赛去!"的口号,涌向了市政厅前的沙滩广场(一译格雷夫广场)。他们把拉法耶特团团围住,要这位司令官下令他们进军凡尔赛。拉法耶特当时脸色苍白,六神无主,但在最后还是下令向凡尔赛进发。这时候,数以千计的第一批示威群众已早在五六个小时前离开巴黎,直扑凡尔赛了。

当晚,以妇女为主的浩浩荡荡的群众队伍到达凡尔赛之后,先派代表团去制宪议会,然后又去见国王。为此,国民制宪议会也派代表去见国王,要求他批准反封建的法令和《人权宣言》,保障巴黎的粮食供应。为了尽快平息事态,国王不得不接受了这些要求。

翌日清晨,一群示威者闯入王宫,一直深入到王后的住处。人群和国王卫队之间发生了冲突,两名国王卫队的士兵被杀。这时,拉法耶特带领国民自卫军匆匆赶来,让人们撤出王宫。在王后和太子的陪同下,国王来到阳台,与示威群众见面。当他刚刚露面,示威群众就嚷道:"到巴黎去!"要求国王迁往巴黎。

路易十六被迫服从这个命令。与此同时,国民议会也决定迁往巴黎。下午1点,在隆隆的礼炮声中,一支奇特的队伍出发了。在前面开路的是国民自卫军的士兵,随后是护送着满载麦子、面粉的车辆的妇女,再往后是国王及其全家乘坐的马车。让人触目惊心的是,在御辇前面,一根长矛上挑着刚被示威者杀死的两名国王卫队士兵的头颅。在国王一家的后面,是100名议会代表所乘的车辆。最后,又是由示威群众和国民自卫军组成的行列。显然,国王是被押往巴黎的。

当天晚上8点,国王一家来到了巴黎,在严密护卫下榻于杜伊勒里宫。此时,杜伊勒里宫仍破旧不堪,那里根本没有做好任何接待国王和王后的准备。由于床铺不够,人们甚至不得不为国王的子女支起行军床。自此以后,国王成了革命之囚,处于巴黎人民监视之下。对此,国王自然觉得蒙受了奇耻大辱,一想起来就心如刀绞。

"10月事件"挫败了王室的阴谋,而王室和议会迁往巴黎,则使巴黎成了名副其实的首都。从此,巴黎的政治生活空前活跃起来。在这一过程中,各种政治俱乐部的出现与活动,构成了法国大革命政治文化景观中一道亮丽的风景线。

在"10月事件"后雨后春笋般涌现的众多俱乐部中,最突出者当推雅各宾俱乐部。它的前身是布列塔尼俱乐部。三级会议开幕时,来自布列塔尼的第三等级代表(其中不少人是律师)为更好捍卫布列塔尼的利益,决定应该经常交换意见,以便在三级会议上采取共同的立场。出于这一考虑,他们在咖啡馆租了场地,不时聚会。很快地,他们形成了一个派别或曰一个政党的雏形,在议会讨论时始终表现出惊人的一致,故其在议会中的影响力也与日俱增。许多其他省份的议员见此情景,也纷纷加入了他们的行列。"10月事件"后,布列塔尼俱乐部随制宪议会迁到巴黎,并经常在圣奥诺雷街的雅各宾修道院集会。虽然这一团体迁往巴黎后的正式名称是"宪法之友协会",但人们往往更喜欢称其为"雅各宾俱乐部"。当时,约有1/3的议员经常参加雅各宾俱乐部的集会。除议员们,俱乐部还吸收了一些自愿加入的文艺界和科学界人士,其中包括著名哲学家与数学家孔多塞。而且,孔多塞还是最早参加俱乐部活动的非议员学者之一。不久,任何人只要有6名会员推荐便可以加入雅各宾俱乐部。到了后来,雅各宾俱乐部还在全国各地建立了许多分支机构,使其影响力进一步扩大。队伍急剧扩大的雅各宾俱乐部,成员成分也变得更加复杂。他们中既有罗伯斯庇尔等民主派,也包括拉法耶特等君主立宪派人物,以及后来的吉伦特派分子布里索、佩迪翁等人。随着革命的进一步发展和党派斗争的激化,人员庞杂的雅各宾俱乐部后来屡次发生分裂。

1790年4月成立的科德利埃俱乐部,重要性与影响力仅次于雅各宾俱乐部。这是一个激进民主派的团体,因在科德利埃修道院集会而得名,正式名称是"人权之友协会"。该俱乐部会费低廉,在举行会议时也对外敞开大门,因而得以吸引众多下层市民参加。科德利埃俱乐部后来成为民主共和运动的中心,重要活动家有丹东、德穆兰、马拉、埃贝尔、肖梅特等。此外,1789年10月创立的社会俱乐部是个具有原始共产主义思想

第六章 法国大革命

的团体,曾提出过抨击私有制,要求实行财产平均主义的激进社会主张,在当时也颇为引人瞩目。值得一提的是,不甘失败的保王派也曾成立过一些俱乐部,企图用它们与平民俱乐部分庭抗礼,其中影响最大的是由穆尼埃、克莱芒-多奈尔等人组织的"王政宪法之友俱乐部"。

在革命热情高涨的气氛中,已迁到巴黎的制宪议会继续为改造旧制度,开辟资本主义发展道路而不断通过新的法令。为了结束旧制度下区域划分极度混乱的状况,制宪议会在1789年12月22日通过了法令,规定把全国分为面积和人口都大致相等的83个郡。在这一种新的统一行政区划基础上,1790年10月,制宪议会又正式废除了国内关税和入市税。此外,制宪议会还颁布法令,取消了东印度公司以及其他地方团体贸易垄断权,取消了行会制度和限制工商业发展的各种法规。

与此同时,制宪议会还从财产和荣誉方面废除了贵族特权和封建等级。1790年3月15日的法令规定:废除财产继承和分配上的封建特权,如长子继承权、男权、门第特权等。同年6月19日的法令又规定:废除世袭继承的贵族阶层,废除一切爵位、家族信章、私人扈从徽章等,一切公民皆使用家族姓氏。

针对天主教势力,制宪议会颁布了下列重要法令:没收全部教会财产法令;出售教产法令,为出售教产而发行"指券"①的法令;取消"正规僧侣"的法令;僧侣世俗化法令,僧俗宣誓法令,等等。上述法令无疑使教士等级遭到了致命的打击。

当时,在制宪议会中占据主导地位的是由大资产阶级和自由贵族代表组成的君主立宪派。因此,上述法令可以说是在君主立宪派领导下所取得的革命成果。一系列的革命成果促进了真正的法兰西民族精神的孕育形成。1790年7月14日,在为纪念攻占巴士底狱一周年而举行的全国联盟节上,巴黎群众和来自全国各地的代表共约40万人,云集在马尔斯校场。在隆重的仪式中,当天最出风头的拉法耶特登上祭坛,以各省所有联盟成员的名义宣誓:"永远忠于国民,忠于法律,忠于国王。"在制宪议会的议员作了同样的宣誓后,国王也宣誓忠于国民和法律。顿时,民众的欢呼声响彻云霄,人人都沉浸在极大的喜悦之中,因为,全体法兰西人广

---

① 指券(assignat),原为以教会财产(称国有财产)作抵押的国库债券,后变成与硬币同时流通的纸币。它在发行之初,效益显著,但后来出于多种原因,指券贬值异常严重。

泛地团结起来。对于这一激动人心的场面,法国著名学者于连·邦达曾有过精辟的描述:7月14日这一天,法兰西人战胜了分裂,排除了分歧,坚定了他们组成一个民族的决心。他们不再是世袭君主统治下苟且偷生的臣民,而是自愿成为同属一个民族的公民。如果说这是一个神话的话,那么这就是我们的神话。①

然而,联盟节上的狂欢所显现的只是"和谐、团结"的外表,在这一外表下,社会冲突的现实与潜在因素依然如故。更有甚者,来自境外的威胁与日俱增。由于法国国王的遭遇触动了欧洲其他封建君主的敏感神经,遂导致他们虎视眈眈地关注着法国局势的发展,力图伺机干涉。

就在制宪议会在紧张制定宪法并接近进行定稿讨论时,在马尔斯校场上曾信誓旦旦要忠于国民和法律的路易十六却决定出逃。1791年6月20日午夜时分,路易十六改扮成侍从,与家人离开了杜伊勒里宫。接着,在接应人的帮助下,国王全家挤在一辆专门制作的重型轿式马车里,直驰国境线。6月21日,在离国境线不远的瓦伦镇,国王一行被人认了出来。顿时,警钟鸣响,蜂拥而来的民众挡住了国王的去路。万般无奈,路易十六被迫返回巴黎。6月25日,当国王重返巴黎时,全城一片寂静,士兵夹道列队,倒持枪支。此情此景,宛如在为君主制送葬。

国王在出逃之前起草的告国人书,近乎全盘托出了他的险恶用心:先投到布耶统率的军中,在那里转向在荷兰的奥地利军队,最后再返回巴黎,解散国民制宪议会和各个俱乐部,恢复自己的专制王权。此外,为了能引来欧洲其他君主对法国革命进行武装干涉,早在出逃之前,路易十六亦已数度派密使奔走于欧洲各国的王宫。这一切清楚地表明,"锁匠国王"绝非像人们原以为的那样是个头脑简单、软弱无能、任由旁人摆布的人。相反,他不仅颇有点小聪明,还始终在不屈不挠地奔向一个目标:恢复自己的专制权威。为此,甚至可以不惜背叛民族利益。

国王出逃的消息在巴黎传开后,愤怒的人们冲进了王宫。巴黎市内路易十六的半身像纷纷被毁或被遮盖起来。建筑物上"国王""王后"的字样,也相继被砸掉。由于"瓦伦事件"向人民群众揭示了君主制与外国的勾结,因而,它也使法国的民主运动发展壮大到前所未有的程度。由此,许多人提出了建立共和国的主张。

---

① 参见维诺克:《法国资产阶级大革命》,世界知识出版社1989年版,第277页。

第六章 法国大革命

灰溜溜返回巴黎的路易十六,面对这种局势惊呆了。他很快向制宪议会表示了"歉意"。那么,该如何处置这位背叛了誓言的君主呢?对此,制宪议会在刚得知路易十六逃跑时曾表现得异常严厉与坚定,甚至以"谁也休想奴役法兰西土地。等待暴君的,只有失败!"的宣言,表明誓以武力保卫革命成果的决心。然而,当国王返回巴黎,特别是民主共和运动高涨起来时,君主立宪派所控制的议会的态度迅速趋于保守。由于他们既担心惩办路易十六会招致外国武装干涉,又害怕共和主义的要求和群众的奋起,遂竭力平息事端。为此,他们千方百计地为国王开脱,说他不是有意逃跑,而是被人"劫持"的。7月16日,君主立宪派使议会通过决议,恢复因出逃暂时"停职"的国王的王位。同日,由于意见分歧,雅各宾俱乐部发生了分裂。以拉法耶特为首的君主立宪派人士退出俱乐部,单独在斐扬修道院集会,成立了斐扬俱乐部。

恢复王位!议会的这一决议激怒了广大巴黎市民。7月17日,在科德利埃俱乐部等团体发动下,成千上万巴黎民众云集马尔斯校场,要求废除路易十六,实行共和。斐扬派操纵的制宪议会以扰乱秩序为借口,命巴黎市市长驱散集会,于是,根据巴黎市市长指令,由拉法耶特亲自率领的一支国民自卫军闯入马尔斯校场,并且不经事先警告就朝手无寸铁人群开枪射击,致使50余人身亡,数百人受伤。马尔斯校场枪杀案的发生,标志着君主立宪派已变成了保守势力,不能再领导革命继续前进。

共和运动被弹压后,惊魂乍定的路易十六只能依从立宪派,于9月14日到议会宣布接受宪法。由于这部宪法是在1791年批准生效的,故史称"1791年宪法"。

"1791年宪法"是法国历史上的第一部宪法,它以《人权宣言》作为前言,同时在正文中宣布,法国是君主立宪制国家;国家主权属于国民;国家实行三权分立制度,即立法权属于选举产生的立法议会,行政权归国王,司法权由选举产生的法官执掌,司法独立;对于国王的行政权,宪法特别规定,没有比法律更高的权力,国王只有根据法律,才能治理国家和要求服从;在选举制度上,宪法规定年满25岁的男子享有公民权,但又按其财产多少将他们划分成有选举权的"积极公民"和无选举权的"消极公民"。根据这一规定,在总计约700万公民中,有近300万人被剥夺了选举权。尽管这部宪法在今人看来,尚存在着这样或那样的不足与局限性,但它所具有的进步的历史意义还是不言而喻的。

五、路易十六被推上了断头台

宪法公布后,制宪议会即完成了自己的历史使命。1791年9月30日,它在一片"国王万岁!""民族万岁!"的欢呼声中自行解散了。同年10月1日,由"积极公民"选举产生的立法议会正式开始工作。

在新的立法议会中,右翼由264名斐扬派议员组成,他们坚持君主立宪制,既反对旧制度也反对民主;左翼大体上由参加雅各宾俱乐部的136名议员组成,其中,以记者布里索为首的一派人比较温和,他们受重农学派的影响,主张工商业活动的完全自由。该派亦称布里索派。由于布里索派的意见常常和来自吉伦特郡代表工商业资产阶级利益的议员相一致,及至1792年,他们就共同被称为吉伦特派。左翼中的另一部分议员属激进派,他们对宪法持保留态度,更倾向于共和制。由于这部分议员的座位在会场的高处,因而他们又称山岳派。中间派处于斐扬派和布里索派之间,由345名议员组成。这是一个缺乏明确观点的、不稳固的群体,当时被人们称为平原派或沼泽派。

立法议会一开幕就面临着诸多困难。首先是经济和社会方面的困难。1791年秋天,城市和农村中的动乱再度兴起。城市的动乱很大程度上得归因于指券贬值和生活必需品的涨价;而农村的动乱则往往由小麦价格上涨和在赎买前依旧保持的封建租税所引起;其次是宗教方面的困难。由于反抗派教士继续进行煽动,致使为数不少的信奉天主教的群众倒向反革命一边;最后是来自国外的困难。8月27日,奥地利、普鲁士联合发表了庇尔尼茨宣言,要法国恢复国王的权力,解散议会,否则各国都将出来保障法国的君主体制。与此同时,逃亡贵族以科布伦茨城为集结地,也加强了他们的活动。

面对严峻的形势,11月9日和29日,布里索等人促使议会先后通过两个激烈的法令。前者宣布逃亡者有阴谋叛国嫌疑,如不在当年年底以前回国,即缺席判处死刑,剥夺其财产与收益;后者规定,反抗派教士必须于一周内宣誓效忠宪法,否则将取消其年金,如参加叛乱则予以扣押。

相对而言,如何对待外来武装干涉的威胁,是当时人们更为关切的问题。立法议会对此进行了激烈辩论。斐扬派的多数人因担心战争会导致既得革命成果的丧失,主张维持现状,反对打仗,而拉法耶特等少数人却

第六章 法国大革命

希望借战争重树君主立宪派的威望和权势;布里索派主张进行战争。他们希望通过战争迫使各国承认革命,同时利用战争的胜利为法国商品打开更大的销路。同时,他们还有一个尚不便明说的目的,即趁机搞掉斐扬派,由自己掌权。布里索派的主战立场得到了宫廷的大力支持。因为在后者看来,实力已大大削弱的法国军队在同欧洲列强的战争中势必不堪一击,到时就可以借助外国的刺刀复辟专制王权。在反战者中,头脑最清醒、态度最坚决者,当推雅各宾俱乐部中的罗伯斯庇尔。他反复强调,祸害的根源不仅仅在科布伦茨。在进行战争和打击外部的贵族之前,应该首先消灭内部的贵族,制服宫廷,清洗军队,否则,法国就有可能败北,革命成果也将付之东流。

战争的到来曾一度因罗伯斯庇尔及山岳派的反对态度而推迟。但在1792年最初几个月中,它又加快了步伐。1792年3月,急于开战的路易十六免除了斐扬派内阁,任命主战的吉伦特派组成新内阁。4月20日,法国对奥地利宣战,不久又同普鲁士开战。

按照吉伦特派的打算,这场战争应该是速战速决的。然而,由于当时法国军队的大部分军官系原来的贵族,经常不服从内阁的调遣,故意按兵不动,加之王后又将作战计划透露给奥地利,因此,从战争一开始,法方就接连失利,节节败退。因主战而上台执政的吉伦特派深知,只有在战场上获胜才能巩固自己的地位,为此力图扭转败局。鉴于宫廷和立宪派对战败负有责任,吉伦特派决定对他们施加压力。5月底,吉伦特派通过立法议会,下令放逐拒绝宣誓的教士,解散由贵族组成的王室近卫军。6月初,又通过决议,在巴黎附近建立由各郡调来的后备军。

然而,路易十六非但拒绝批准这些决议,反而在6月13日改组内阁,罢免了罗兰等吉伦特派大臣,代之以斐扬派大臣。这一做法激怒了巴黎民众。6月20日,在啤酒制造商桑泰尔等人带领下,数万人先后向议会、王宫进发,对按兵不动、拒绝批准法令和将吉伦特派大臣解职表示抗议。在杜伊勒里宫,手持长枪的群众强迫国王戴上红色无檐帽①,并为全体国民的健康干杯。路易十六接受了这一切,但却拒绝批准法令和召回被解职的大臣。

7月初,布伦瑞克公爵统领的普鲁士军队开往法国边境,孔代亲王率

---

① 红色无檐帽,亦称腓尼基帽,为法国大革命时期最激进分子的服饰,象征自由。

领的由流亡者组成的军队也相继赶来,战火即将在法国本土燃烧。严峻的局势促使雅各宾派暂时联合起来。罗伯斯庇尔和布里索在雅各宾俱乐部的讲坛上发出了团结一致的号召。7月11日,在布里索的提议下,立法议会发出了"祖国在危急中"的公告,决定所有行政部门都改为常设办公,所有国民自卫军都整装待发,招募新的志愿兵入伍。

在短短几天内,巴黎人民很快就组织了1.5万人的义勇军,各地组织的义勇军也纷纷开赴首都。马赛的义勇军一路上高唱由青年军官卢热·德·利尔创作的《献给吕克内元帅的军歌》:"前进,祖国的儿女们……"奔向巴黎。巴黎人因首先从这些马赛人口中听到这首歌,所以就称之为《马赛曲》。此歌后在1879年正式定为法国国歌。出于高涨的爱国热情,各地义勇军一到达巴黎,就同巴黎人民一起展开了废除王权的共和运动。

7月25日,普奥联军统帅布伦瑞克在科布伦茨发表宣言,声称:必须恢复国王路易十六的自由和合法权利,保证王室安全;若国王一家受到"丝毫侵害",便要"血洗巴黎城并将它夷为平地。这将是足以为训和永世难忘的报应"。

消息传来,巴黎民众更加怒不可遏。8月初,在山岳派的积极鼓动下,巴黎各区开始准备武装起义。格拉维埃区对迟迟不进行废黜国王表决的立法议会发出警告:"立法者们,我们本来把拯救祖国的荣誉给了你们,如果你们拒绝这样做,那么为了祖国的安全,我们就要自己动手了。"8月4日,处于市郊圣安托万郊区的盲人院区作出决定:如果到8月9日晚11时,立法议会仍不作出废除国王的决定,就要"半夜敲起警钟,吹响集合号,立即起义"。这一决定得到许多区的支持。

8月9日晚7时,立法议会对此问题没有表态就宣布散会。子夜时分,法兰西剧院区鸣起警钟,8月10日人民起义开始了。10日清晨,来自28个区的89名代表来到市政厅,宣布推翻旧市府,建立新的巴黎公社,即1792年公社。在此需要补充说明的是,自中世纪以来,法国得到自治权的城镇政府机关通称公社。巴黎公社即巴黎的市政府。1871年巴黎公社的名称即从这里继承而来。公社任命山岳派的桑泰尔为国民自卫军司令。桑泰尔在接受任命后,立即带领队伍同起义群众一起攻打王宫。经过与由近千名瑞士雇佣兵组成的王宫卫队展开激战,王宫终于被攻下,起义取得了胜利。

起义者刚开始攻打王宫时,国王就带着全家来到不远的议会所在地避难。在战斗胜负未见分晓之前,议会还将路易十六作为国王对待。但在闻悉起义取得胜利后,议会便宣布停止国王的职权(不是废黜),同时通过决议,决定召开以普选产生的国民公会。随后,路易十六被巴黎公社当作囚犯押送到坦普尔监狱囚禁,等候审讯。

在庆贺起义的欢呼声中,王座倾覆了。与它一起倒台的还有君主立宪派,即斐扬派的统治。从此,政权转入吉伦特派的手中,革命进入了一个新的阶段。

作为老共和派,吉伦特派在反封建斗争中比君主立宪派更为坚决。他们在掌权后,很快就促使立法议会通过决议,规定以后的任何法令,均须标明"以国民的名义"公布,而不得再"以国王的名义"公布;在法令上加盖国玺,上面要刻有头戴自由帽、手执长矛的自由神形象,还要刻上"以法兰西民族的名义"字样。此外,他们还决定实施以前被国王否决了的关于逃亡贵族和反抗派教士的法令,取消了"积极公民"和"消极公民"的区别,颁布了若干较进步的土地法令。不过,吉伦特派对形势的估计却是错误的。他们认为,王政已推翻,政权已到手,应该停止革命,巩固自己的独占统治。

然而,吉伦特派虽然掌握了政权,但这并非意味着它就可以随心所欲。事实上,此期正有一个新的权力机关——起义前夕成立的巴黎公社与它对峙着。巴黎公社在起义后扩大和整顿了自己的组织,不断地对吉伦特派施加强大的压力。由于政见分歧,领导着巴黎公社的罗伯斯庇尔、马拉等山岳派与吉伦特派的冲突时有发生。

8月10日起义后,前线形势持续告急。9月2日,奥普联军攻占了凡尔登,打开了进攻巴黎的通道。消息传来,首都群情激奋,在立法议会上,丹东发表了他那著名的演说:"大家听到的不是告急的炮声,而是向祖国的敌人冲锋的号角。要战胜并打垮敌人,必须勇敢,勇敢,再勇敢!"[①]巴黎公社也号召人民立即武装起来,随时准备开赴前线。在巴黎公社新招募的6万名志愿兵正准备编队出发时,人群中传闻四起,说在志愿兵走后,监狱中的反革命将发动暴乱来接应敌人。于是,在警炮和警钟所造成的异常激奋的气氛中,从当天下午起到9月5日,一批武装人员出于自卫和报复,涌进了各个监狱,几乎不加区分地处死了约1 000名各监狱在押

---

① 《丹东讲演集》,巴黎,1910年,第39页。

的犯人,史称"9月屠杀"。对于这次事件,巴黎公社采取了纵容态度,而吉伦特派则吓得胆战心惊。

瓦尔密战役

在国民公会选举结束后不久,9月20日,由无套裤汉①组成的法军在凡尔登以南的瓦尔密取得了对入侵敌军的第一次胜利。需要指出的是,瓦尔密之役与其说是一场战役,毋宁说是一场单纯的炮战。是日中午时分,在一阵猛烈的炮击之后,布伦瑞克统率的、因屡战屡胜而骄傲异常的普军像演习似的在凯莱曼率兵占领的瓦尔密高地前摆开了阵式。普方原以为由"乌合之众"组成的法军会仓皇溃逃。然而,无套裤汉们不仅岿然不动,反而加强了火力。其间,凯莱曼用剑挑起自己的帽子,一边挥舞,一边高呼:"民族万岁!"顿时,这一革命口号响彻了法方据守的瓦尔密高地。面对这奇特的阵势,普鲁士士兵止步不前了。在继续炮击了一阵之后,普军被迫撤退。显然,普军并未被打垮。不过,瓦尔密战役虽非一次战略性的胜利,但却是一次精神上的胜利:刚拿起枪的无套裤汉竟顶住了欧洲最著名的正规军的进攻。为此,瓦尔密的胜利不仅震慑了敌军,同时大大鼓舞了法国人民的斗志。德国大文豪歌德当时恰好目睹了这场战役,而且立即洞察出它的意义。在耸立至今的瓦尔密战役纪念碑上,仍刻有他的那句名言:"此时此地,开始了世

---

① 又译长裤汉。原是穿华贵短套裤的贵族和富人对穿粗布长裤平民的蔑称,大革命时,尤其是在雅各宾专政时期成为褒义词。当时,无套裤汉在政治上指称爱国者、革命者。其社会成分包括学徒、帮工、作坊主、小商人、独立手工业者、流浪者等。巴黎无套裤汉在整个革命时期具有举足轻重的作用。

界历史的新纪元。"

瓦尔密大捷次日,国民公会正式开幕。在750个议席中,吉伦特派占160个席位,是会议中的右翼力量。山岳派拥有80个席位,组成左翼势力。其余510席为中间派,仍称"平原派"或"沼泽派"。起初,平原派多倾向于吉伦特派的主张,故国民公会的领导权也一度由吉伦特派所把持。与此同时,吉伦特派还控制了中央行政机构。

国民公会在第一天举行的会议上就通过决议,废除王政。翌日,它又正式宣布:法国为共和国。鉴于法国后来又相继出现第二、第三、第四和第五共和国,史称1792年9月22日成立的这一共和国为法兰西第一共和国。

废除君主制,可谓是国民公会仅有的一次全体一致的表现。此后,议员们中间便出现了不断的冲突和斗争。尤其是在吉伦特派与山岳派之间,更是展开了无休无止的相互攻讦。而如何处置废王路易十六成了双方当时争论的焦点之一。

自国王被废以来,吉伦特派一直没有为审判国王做任何准备工作,力图延迟这场审判。他们不仅为路易十六百般辩解,甚至用已经实际不存在的1791年宪法为依据,说国王有不可侵犯的权利。而山岳派却力主尽快审判国王,强调若不这样做,那就等于否定了8月10日起义。10月1日,基本上由山岳派控制的巴黎公社派代表团到国民公会,以大量证据证明,路易十六与逃亡国外的反革命贵族有勾结,从而要求对国王进行审判。在这之后,各郡以及巴黎各区要求审判国王的请愿书纷纷送到议会。11月20日,人们又在王宫的秘密壁橱中发现了大批罪证,导致吉伦特派没有理由继续延迟审判。12月3日,罗伯斯庇尔在国民公会发表演说提出:"从前路易是国王,而现在成立了共和国。……胜利了的人民认定,叛徒就是路易本人。因此路易应该受到审判,他已经被定罪了。否则共和国就没有存在的理由。"在结束这次演说之前,罗伯斯庇尔还充满激情地宣称:"路易应该死,因为祖国需要生!"

不久,国民公会作为特别法庭,着手对国王进行审判。在审判中,路易十六的态度极为恶劣。在一致判认路易有罪后,国民公会在1793年1月16日进行了量刑表决。通过一场没完没了的唱名投票(该投票从1月16日夜开始,整整进行了24个小时),国民公会终于以387票对334票的多数宣判了国王死刑。1月21日中午,路易十六被推上了设在原为路易十五广场的革命广场(今协和广场)的断头台。行刑时,广场上军队阵势威严,百姓人山人海。

六、救国的雅各宾专政

路易十六像个普通人一样被处死了,神授的君权不复存在。这一切,不仅在六边形国土上产生了深刻的影响,也激起欧洲君主国的反法浪潮。因为在君主制的欧洲眼里,法国已成为十恶不赦的"弑君共和国"。何况,在这之前,法国军队已开始越出国境并在占领区推行革命政策。无疑,此举更令君主制的欧洲惊恐万分。

路易十六被处死的消息一传到英伦三岛,英国宫廷如丧考妣,当即举行哀悼。1793年1月24日,英国以路易十六被杀为由,把法国公使肖夫兰驱逐出境。2月1日,国民公会同时向英国与荷兰宣战。如果说,向英国宣战主要是为了报复,那么同荷兰开战,则是国民公会力图攫取阿姆斯特丹银行以改善国内财政状况的一种手段。在英国的鼓动下,以英国为首的第一次反法联盟很快就组成了。它除了原已向法国开战的奥地利、普鲁士之外,还有西班牙、葡萄牙、撒丁王国、那不勒斯王国以及德意志诸邦。由此,法国已同欧洲大部分国家处于战争状态。难怪布里索在向国人演说时会如此宣称:"现在要和你们在陆地和海洋上交手作战的敌人是欧洲的所有暴君!"

革命的法国刚向欧洲所有的暴君宣战,就发现自己陷入极端危险的境地:外敌的联盟和前线的失利、旺代等西部省份的大规模叛乱、持续不断的财政与社会危机以及如火如荼的民众运动……这一切统统汇合到一起后,使共和国在1793年春几乎陷于崩溃,同时也使吉伦特派和雅各宾派之间的斗争达到白热化。需要指出的是,在此之前,雅各宾俱乐部已在1792年10月12日再次分裂。而在布里索被开除出雅各宾俱乐部后,吉伦特派分子也纷纷退出。山岳派从此成为雅各宾俱乐部的主人,山岳派与雅各宾派亦随之成为同义语。

吉伦特派与雅各宾派之间的决斗,是由杜穆里埃叛变事件拉开序幕的。1793年4月初,法国前方将领杜穆里埃在战败后投敌。于是,雅各宾派领导人罗伯斯庇尔和马拉首先发难。罗伯斯庇尔在演说中提出:"我以为要采取的第一条救国措施,就是决定审讯所有被指控为杜穆里埃的

第六章　法国大革命

同谋犯的人,尤其是布里索。"马拉则以雅各宾俱乐部主席身份发出通告,要求各郡发动声势浩大的请愿和控诉运动,惩治在审判国王时企图以诉诸全民表决的办法挽救国王生命的吉伦特派分子。吉伦特派对此予以了反击。他们通过国民公会对马拉签发通告之事提出控告。马拉被传到革命法庭后,表现出"自由的使徒和殉道者"的姿态,并在被判无罪开释后,凯旋式地回到议会。

为了夺取决定性的胜利,吉伦特派向雅各宾派的堡垒——巴黎公社发动了进攻。他们谴责巴黎公社是"既贪钱又贪权的无政府主义权力机构",要求国民公会立即取消这个机构。尚由吉伦特派控制的国民公会很快就成立了一个仅由吉伦特派组成的12人调查委员会,对巴黎公社进行调查。5月24日,该委员会以涉嫌阴谋叛乱为由逮捕了公社领导人埃贝尔。翌日,当巴黎公社要求释放埃贝尔时,时任国民公会议长的吉伦特派分子伊斯纳尔竟然发出了这样的威胁:"如果有人胆敢用那种无休无止的起义损害国民代议制,我就要以全法兰西的名义向你们宣告:巴黎将会被夷为平地,塞纳河两岸将仅留下巴黎的遗址。"[①]

伊斯纳尔的这番话,会让人一下子就联想起布伦瑞克宣言。于是,怒火中烧的雅各宾派和巴黎公社决定诉诸暴力。5月26日,罗伯斯庇尔在雅各宾俱乐部号召人民举行起义:"在一切法律都遭到破坏,专制达到极点,善意和廉耻都被践踏得不成样子的时候,人民就应该起来暴动。现在,这一时刻已经来到了。"就这样,雅各宾派也与早就主张起义的"忿激派"走到了一起。后者代表的是城乡下层群众的利益,自登场后坚持要求限价、惩办投机者和彻底解决土地问题,他们的领导人是雅克·卢。

5月31日凌晨,随着巴黎圣母院的大钟被人敲响,全城都响起了警钟,鸣放了警炮,各区代表齐聚市政厅选举新的公社,原来的领导人继续当选。下午,示威群众把议会团团包围了起来。人们提出解散12人委员会,逮捕22名吉伦特派主要成员,清洗政府机关,将全国面包价格定为3个苏1磅。在群众压力下,国民公会决定解散12人委员会,发给武装工人每天40苏的津贴,允许群众旁听国民公会的一切会议,但是拒绝逮捕吉伦特派的代表,也不答应实行限价。

针对吉伦特派的"行动日",就这样以妥协告终,然而,斗争并未结束。

[①] 索布尔:《法国大革命史》,中国社会科学出版社1989年版,第238页。

6月1日,马拉在巴黎公社发表了慷慨激昂的演说,号召人民保卫自身权利。起义委员会也要求作好战斗准备。第二天是星期日,大批不用上班的工人加入了起义队伍。在昂利奥率领下,8万国民自卫军包围了国民议会,并用163门大炮对准了议会。经过一场激烈的争吵,议长率领全体议员走出议会大厅,试图突围。这时,昂利奥大声下令道:"炮手们,各就各位!"面对黑洞洞的炮口,议员们不得不屈服,立即返回会场,无可奈何地听任马拉宣读逮捕者名单。由此,自立法议会以来一直进行着的吉伦特派与山岳派的斗争,以吉伦特派的倒台而告终。

那么,吉伦特派为何会倒台呢?对此,享誉国际史坛的法国大革命史专家索布尔作了如下精辟的评析:"吉伦特派宣布了战争,但又不知道如何去进行这场战争;他们废除了国王,但又不敢判处国王死刑;他们请求人民支持他们反对君主制,但又拒绝与人民一道进行统治;他们促成了经济危机的恶化,但又拒不满足人民的全部要求。"[1]

吉伦特派倒台后,其在国民公会的支配地位自然由雅各宾派取而代之。然而,陶醉在刚刚取得的胜利中的雅各宾派很快就发现,国民公会正陷入腹背受敌的境地。反革命势力由于反法联盟军事的胜利以及吉伦特派煽起的联邦派叛乱而更加嚣张。与此同时,被物价高涨激怒了的人民运动也加强了它的压力。

面对内忧外患,雅各宾派迅速采取了一系列措施。为了争取广大农民的支持,从6月3日至7月17日,他们连续颁布3个土地法令。6月3日法令规定,把逃亡者的土地分成小块出售,并允许贫农在10年内分期偿付地价;6月10日法令规定,按人口平均分配农村公社的公有土地;7月17日法令宣布,无偿废除一切封建权利和义务,所有封建契约一律销毁。这些法令是法国革命期间最激进的土地法令。它们使多数农民得到了一些土地,尤其使已掌握一块土地但还要负担封建义务的农民变成了自己土地的真正主人。法令颁布后,雅各宾派在农民中的支持率明显上升。

鉴于不少郡以反对"巴黎的独裁"为名纷纷叛乱,雅各宾派迅速地通过了一部宪法,想以此洗清搞独裁的罪名,同时使各郡安下心来。这部于1793年6月24日在国民公会通过的宪法,又被称作"共和元年宪法"或

---

[1] 索布尔:《法国大革命史》,中国社会科学出版社1989年版,第239—240页。

"雅各宾宪法"。这部宪法包括新的《人权宣言》35条,宪法本文124条。它规定,法国为统一的共和国,公民享有较为广泛的自由权利。尤其需要注意的是,该宪法不仅像1789年宪法那样承认了反抗压迫的权利,还承认了起义权,内称:"当政府侵犯人民权利的时候,起义对于全体人民和对于人民的各个部分都是最神圣、最不可推卸的责任。"1793年宪法,作为根据卢梭的人民主权学说制定出来的第一部共和制宪法,不仅是雅各宾派以资产阶级民主、自由原则改造国家的纲领,而且还在19世纪上半叶成为共和派心目中政治民主的象征。不过,由于当时形势严峻,这部在公民投票中以180多万票对1.7万票获得通过的宪法并没有立即实行。

在稳定经济方面,雅各宾政府又于7月17日下令关闭了交易所,7月27日颁布了打击囤积居奇的法令,规定对投机商和囤积生活必需品的商人处以死刑。这在一定程度上满足了群众关于打击投机的要求。

在马拉和忿激派的强烈要求下,雅各宾派对1793年4月6日成立的救国委员会进行了改选。在7月10日改选时,被认为过于软弱无能的丹东派成员纷纷落选,圣茹斯特等不少激进的雅各宾派成员,或曰罗伯斯庇尔派分子当选。7月27日,罗伯斯庇尔本人进入救国委员会。从此,救国委员会就在他和圣茹斯特的实际领导下行使职权。8月2日,根据罗伯斯庇尔等人的提议,国民公会正式决定:以救国委员会为临时政府,握有全部行政权力。

被誉为"不可腐蚀者"的罗伯斯庇尔,凭借其革命威望与能言善辩,奋力推动国民公会和雅各宾俱乐部执行救国委员会的政策。应当说,罗伯斯庇尔等人在掌权后采取的各项政策,在打击封建势力、完成资产阶级预定革命目的方面已走到极点。然而,难道这就够了吗?答案是否定的。法国当时所处的险恶环境,决定着雅各宾派只有突破这个极点,才能完成其历史使命。

使雅各宾派突破这一极点的推动力,来自声势浩大的民众运动。生计困难和生活必需品匮乏,早已使广大民众怨声载道,而共和国军队在前线的节节败退,则使得国人忧心如焚。7月13日,一名25岁的诺曼底女王党分子夏洛特·科黛,竟在革命的巴黎把"人民之友"马拉刺死在澡盆中。噩耗传来,巴黎的无套裤汉们大为震惊和愤慨,但更让他们怒不可遏的是,9月初南方的土伦港失陷后,那里的王党分子竟宣布在押的路易十六之子为路易十七。9月4日至5日,一场长期受压抑的人民骚动终于爆发了。手持武器的人们汇集了一支浩浩荡荡的游行队伍,高喊口号,开向国民公会,把国民公会包围起来。这次示威的领导人之一肖梅特宣读了一份请愿书,他在请愿书中指出,饥饿的唯一罪魁是富人和包买商,同他们斗争的唯一手段就应是实施恐怖。为此,他还要求建立革命军到各地巡逻,成为"公正而坚定的法庭"和"防止阴谋的打击力量"。

在示威群众的围观下,国民公会在经过激烈辩论后通过决议,同意建立革命军,改组革命法庭,实行恐怖政策,制定全面限价法令。由此,雅各宾派政府开始走上恐怖统治的道路。

所谓恐怖统治,主要表现在3个方面。首先是经济恐怖。主要内容是在经济上实行全面限制生活必需品价格、无偿征发军用物资、限制贸易和商人的利润率,建立全国统一供应机构和征粮及打击投机活动的武装力量。

随着经济恐怖而来的是宗教恐怖。为此,非基督教化运动中的活跃分子拉卡纳尔·罗姆等人还发明创造了一种"共和历"。1793年11月24日,国民公会颁布法令,以共和历取代格里戈利历。所谓共和历,是从共和国的第一天——1792年9月22日——开始建立共和纪年。每年分12个月,每月30天,分3旬,时间按十进制计算,每天分为10个时段或10小时,每小时为100分钟,每分钟为100秒钟,年末在果月之后所剩5天称"无套裤汉日";闰年的第6天称"法兰西日",以纪念大革命。闰年4年轮转一次,表明大革命经过4年努力把法国引向共和国。共和历的发明者为每个月都发明了一个富于诗意的名称。其依次为葡月、雾月、霜月(秋季);雪月、雨月、风月(冬季);芽月、花月、牧月(春季);获月、热月、果月(夏季)。共和历施行到1805年底。1806年1月1日起被拿破仑废除。与此同时,罗姆等人还设立了若干全国性的新节日,提倡新信仰,并推出了"理性女神"之类的新神。而后,他们掀起了一个声势浩大的反教会运动,激励人们去摧毁和抢劫教堂,逮捕和处决主教,追捕拒绝宣誓的教士。

然而,雅各宾专政让人印象最深的还是其政治恐怖。1793年9月17日颁布的《惩治嫌疑犯条例》授权救国委员会将与政府为敌的人,不论是联邦党、朱安党还是教士,一股脑儿都加以逮捕。始自同年10月,雅各宾派将自己的全部敌人不加区别地一律处死。纵观法国历史,自从圣巴托罗缪大屠杀以来,还不曾有过这种规模的政治屠杀。在巴黎,作为处决犯人场所的革命广场,每天血流成河。在这些人头落地者中,包括王后玛丽·安托瓦内特、奥尔良公爵、原巴黎市市长巴伊,以及在吉伦特派掌权时代出尽风头的罗兰夫人。政治屠杀不仅限于巴黎,国民公会的特派员们在外省也同样痛下杀手。不过,在外省,恐怖的规模一般来说取决于叛乱的严重程度和国民公会特派员本人的气质。其中,巴拉斯和弗雷隆曾在土伦实行过大规模集体处决。而在南特,国民公会特派员卡利耶甚至别出心裁地让人设计、制造了一些舱底可活动的船只,用这种船先后将数千名南特人淹死在冬日的卢瓦尔河中。

实行恐怖统治,使雅各宾派得以迫使全民族为"救国"而作出牺牲。在这一过程中,在通过动员全国的人力物力来对付国内的叛乱和外国的武装干涉方面,雅各宾专政取得了显著的成效。从同年秋天起,不断有捷报从前线传来:联邦派叛乱被最后平息,旺代叛军主力受到重创,奥地利军连遭败绩,英国人占据的土伦被收复,普军向美因兹败退而去。1794年的春天,不啻是胜利的春天。当时,共和国军队不仅已将所有外国军队逐出国土,甚至还反攻到境外作战了。

由此,共和国得救了。但是,雅各宾派内部的斗争却趋于白热化。这一时期,在雅各宾派内部明显地分为左、中、右三派。作为左派的埃贝尔派,在忿激派被镇压后,成了城市下层群众激进运动的代表。他们不顾胜利已经取得,临时性的战时政策应当结束的客观形势,仍坚持要继续加强恐怖统治。在将打击矛头对准一切有产者的道路上越滑越远的埃贝尔本人,还主张要打击所有的商人,甚至提出:"如同不能宽恕较大的商人一样,也不能宽恕卖胡萝卜的小商人。"此外,该派还经常煽动下层群众闹事,不时扬言要举行起义,推翻现行政府。

作为右派的是丹东派。其代表人物丹东,原本积极主张实行恐怖政策。但在形势好转后,他对继续滥行恐怖、肆意杀人的现象极度反感,于是在国民公会中提出要"爱惜人类的鲜血",主张奉行"宽容"政策。此外,丹东还提出,"任何类型的私有财产……都应该永恒存在而不可侵犯"。这些言行使丹东一时深得资产阶级的好感。同丹东站在一起的还有德穆兰等人。在其创办的《老科德利埃报》中,德穆兰大力宣传言论自由,坚决反对恐怖扩大化。为此,他的矛头不仅指向埃贝尔派,而且也指向罗伯斯庇尔派。

以罗伯斯庇尔为首的中间派是雅各宾派中的主流派,掌握着救国委员会的实权。起初,罗伯斯庇尔的态度在左右夹击中摇摆不定。但当左、右两派分别对自身统治地位构成威胁时,罗伯斯庇尔在短短的时间里,不惜借助死刑来镇压两方面的反对派。然而,滥用断头机解决不了雅各宾专政所面临的矛盾,反而使它日益陷入困境。下层群众因代表自己利益的埃贝尔派被镇压,对罗伯斯庇尔政权充满怨恨,日益背离革命;而丹东的被杀,则更使得资产阶级与罗伯斯庇尔政权势不两立。

面对"革命已经冰冷了"的局势,罗伯斯庇尔曾试图以崇拜"最高主宰"来再度鼓起群众的热情。1794年6月8日(牧月20日),巴黎举行了盛大的最高主宰节仪式。当罗伯斯庇尔手捧鲜花、麦穗走在队伍最前面时,其权限俨然已达顶点。然而,细心的人会发现,此时此刻,国民公会的议员队伍似乎有意无意与他拉开距离。议员中甚至不断有人发出"独裁者""暴君"的责骂声。更有人还讥讽道:"请看看他吧,仅仅说他是我们的主人,还显得不够,我们应该说他是我们的神。"

由于人们对"最高主宰"反应冷淡,又急又恼的罗伯斯庇尔在两天后,促使国民公会通过了令人生畏的牧月法令。该法令简化了审判程序,取消了预审和辩护人,将惩罚一律定为死刑。而且可以推理判决,不需证据。由于这项法令的实行,被处死的人数急剧增加。在从牧月法令通过到热月政变的近45天时间里,仅巴黎一地就处死1 376人,平均每周达196人。杀人最多时,每天达50人。需要指出的是,这一时期被处死的人中,属于原特权等级的已很少,绝大多数为资产阶级、下层群众、军人、官员。一时间,巴黎人人自危,对断头台的恐惧与厌恶,瞬间弥漫全城。

罗伯斯庇尔造成的这种人人自危局面,注定了他必然垮台的命运。很快地,在国民公会和各个委员会中逐渐形成了一种各派人物的联合,其目标就是推翻罗伯斯庇尔政权。随着这些人对罗伯斯庇尔的攻击公开化,以及越来越多的人站到他们一边,罗伯斯庇尔觉察到了自身的危险处境。于是,他企图抢先下手,向国民公会控告那些自己的政敌。7月26日(热月8日),罗伯斯庇尔在国民公会作了十分严厉的发言,宣称:"现在存在着破坏公共自由的阴谋,其力量来自在国民公会中进行扰乱的一个罪恶的联盟。"他的发言开始时虽把议员们震慑住了,但是,没有人起来响应他,而这也是这位领袖一年来头一遭在发言后遭到冷遇。由于占席位最多的平原派此时也完全倒向了反对派,让罗伯斯庇尔更加感到孤立无援。

翌日,反对派们开始反攻了。在这天举行的国民公会会议上,罗伯斯庇尔及其屈指可数的拥护者,实际上已无法与自己的对手相抗衡。中午12时,罗伯斯庇尔的忠实追随者圣茹斯特上台发言,当他刚开口为罗伯斯庇尔辩护,就被反对派的主将塔里安打断。会场上响起一片"消灭暴君"的喊声。见状愤怒至极的罗伯斯庇尔两次要求发言,但都被议员们的怒斥声顶了回去。在可怕的喧嚣声中,国民公会通过了逮捕罗伯斯庇尔的决议,同时被捕的还有圣茹斯特、库通、勒巴,以及罗伯斯庇尔的胞弟奥古斯丁。这一过程史称"热月政变"。

罗伯斯庇尔等人被逮捕后,曾一度被他在巴黎公社的支持者营救至市政厅。但是,巴拉斯这时候动用了军队,并当着袖手旁观的市民包围了市政厅。7月28日(热月10日)凌晨2时,巴拉斯率军冲进了市政厅,重新逮捕了罗伯斯庇尔。当天晚上,罗伯斯庇尔等一共22人被送上了断头台。

七、热月党的"反动"与督政府的左右摇摆

"热月党"远不是一个政党,它只是人们对热月政变时联合起来反对罗伯斯庇尔的那些国民公会议员的习惯性称号。由于在反罗伯斯庇尔时出发点不同,热月党人内部明显地分成3派:右派由过去丹东派的成员组成,亦称新宽容派,其主要人物有塔里安、弗雷隆、巴拉斯等,他们坚决主张完全废除恐怖统治;左派由原山岳派和接近埃贝尔派的人组成,其主要人物有巴雷尔、瓦迪埃、阿马尔等,他们虽激烈反对罗伯斯庇尔,但仍主张实行恐怖统治;至于中间派,则基本上由平原派组成,其代表人物有杜里奥、杜埃人梅兰、康巴塞雷斯等,这些人虽摇摆不定,但在多数场合会倾向于右派。因而,在热月党人中,起主导作用的还是右派。

所谓"热月党的反动",说穿了就是对恐怖的反动,是对雅各宾专政及其激进措施的反动,在某种意义上说,对于恢复资本主义正常秩序,这种反动是不可或缺的。从1794年8月5日起,热月党人开始释放不符合法律规定而被捕的人。当有人对获释者中包括一些贵族和逃亡者的父母提出异议,从而要求把后者重新逮捕入狱时,塔里安的答复是,在共和国里"只有好坏公民之分。一个人奉公守法,出身贵族有什么关系?如果一个人是流氓无赖,即使有平民的社会身份又有什么用处?"热月党人还削弱、

取消了雅各宾时期建立或强化的专政机器:1794年7月29日,革命法庭被停止活动;7月31日,救国委员会被改组,同时其职权亦被大大削弱;8月1日,牧月法令被废除。尔后,他们对过去极力推行恐怖政策者进行了惩办,提出"必须终止杀人犯的统治"。曾在南特地方大开杀戒的特派员卡里耶是第一个被追究的人。他在11月11日被捕,经审讯后被推上了断头台。在结束政治恐怖的同时,热月党人还致力于消除经济恐怖。为此,他们终止了统制经济体制,大力恢复经济自由原则。在这一过程中,原来坚持经济自由原则的吉伦特派议员被恢复了名誉,重新坐回国民公会的议席。此外,热月党人还制定了新的宗教政策,于1795年2月21日下令,有条件地恢复天主教活动。

伴随着政治和社会的全面反动,法国社会风气面目全非。人们不再称"男公民"和"女公民",而改称"先生""太太"。共和主义严肃刻苦的精神被荒淫放荡所取代。"金色青年"(富家子弟)穿着奇装异服招摇过市,而先前风行一时的无套裤汉装束——长裤、工作服,尤其是平直的头发和小红帽,已成明日黄花。跳舞之风大盛,有产者们频繁举行大型舞会。其间甚至冒出了一种"牺牲者舞会",这种舞会只有家中有人死于断头台者才能参加。沉寂多时的沙龙又重新热闹了起来,塔里安的新婚夫人卡芭吕斯很快被其仰慕者奉为"热月圣母"。她设在"茅屋"别墅里的沙龙,顿时成了名流趋之若鹜的场所。作为此时最著名沙龙的女主人,卡芭吕斯俨然成为名媛贵妇的楷模,就连她穿的那种希腊式的半透明短连衣裙,也风行一时。

热月党人虽在登台执政时高举着"宽容"大旗,但实际上在施政过程中仍强烈倾向于排斥异己,频频使用恐怖手段制服来自左翼的反对力量。例如,他们不仅强行封闭了雅各宾俱乐部,还用流放或处死的方式,消灭了国民公会中残留的雅各宾派分子;又如,当指券崩溃、经济危机使人民由失望变成愤怒,先后举行芽月起义、牧月起义时,热月党人亦毫不犹豫地动用军队大力镇压。因抓人过多,一时间监狱人满为患。不少人经审讯后死在断头台上。

对企图复辟的王党势力,热月党人同样也毫不留情地予以镇压。1795年6月8日,在押的路易十六的年幼独子(又被称为路易十七)在狱中死去。6月24日,流亡意大利的路易十六长弟普罗旺斯伯爵宣布即位为王,称路易十八,同时声称要惩办弑君者,恢复旧等级制度,以天主教为国教。消息传到国内后,旺代叛乱者和朱安党人再次蠢蠢欲动,白色恐怖猖獗一时。而在巴黎的反抗派教士以及归来的流亡者,则肆无忌惮地兴风作浪。同年6月下旬,一支由流亡贵族和王党分子组成的数千人的流亡军,穿着英国提供的军服,由英国军舰运送,在布列塔尼的基伯隆半岛登陆,准备会合国内叛军,反攻复"国"。为此,热月党政府立即派奥什将军前去镇压。在经过半个多月的对峙后,法军于7月21日全线出击,被逼到半岛尽头的流亡军被迫投降。根据当时的法律,手持武器,身着英国军装被捕的748名流亡分子,作为反法联盟的帮凶及叛国分子被统统枪决。

基伯隆战役表明,在防止旧制度复辟,保卫共和国方面,热月党人是毫不含糊的。如果说,热月党人在打击左派时,其政策明显右倾,那么在基伯隆战役后,热月党的政策开始明显向左摆。如将原准备从逃亡者名单除名予以赦免的人一律逐出巴黎,其亲戚不得担任公职;恢复过去打击反抗派教士的全部法令;等等。

1795年8月22日,国民公会通过新宪法,即"共和三年宪法"(亦称"1795年宪法")。宪法的起草者多为温和的共和派和君主立宪派。他们主张回到按照大资产阶级利益来解释的1789年原则上来。既反对民主,也反对专政。较之1793年的"共和元年宪法",出自这些人之手的新宪法自然要保守得多,但它对建立与维护大资产阶级的统治秩序起的作用不容低估。

概而言之,该宪法仍实行三权分立原则,立法权由两院制的立法院掌握,上院为由250名议员组成的元老院,下院称500人院,立法院每两年改选1/3;行政权归5人组成的督政府,督政府每年改选1人,其主席由5人轮流担任;司法权独立。

为确保热月党人的实际统治权,防范王党势力,国民公会在通过宪法后不久就颁布法令,规定在即将选举产生的新立法机构中,须有2/3议员是原国民公会议员。此举使王党势力更无法通过合法途径来取得政权。鉴于此,保王党开始纠集对这项规定同样不满的其他派别人士,在巴黎一些区里大力宣传反对"2/3名额"。在保王党人煽动组织下,巴黎的一些区已在准备进行武装暴动。局势顿时危如累卵。10月伊始,国民公会指令巴拉斯指挥部队准备镇压。巴拉斯在领命后,立即召来曾在1793年土伦战役中崭露头角的年轻将领拿破仑·波拿巴,也即后来的拿破仑一世

(按照法国的传统,只有成为君主才能称教名拿破仑,在这以前则按姓氏称波拿巴。但为行文方便,本书接下来将统称拿破仑)。此时正在失意之中的拿破仑奉召后,立即派他的骑兵营长缪拉去调集大炮,并把大炮架在国民公会的所在地杜伊勒里宫。

10月4—5日夜间(葡月12—13日),保王党人终于动手,巴黎大部分地区落入了叛乱分子手中,约25 000名暴动者包围了杜伊勒里宫。面对4倍于己的敌人,拿破仑果断下令开炮,用猛烈的炮火击溃了近在咫尺的暴动者。就这样,拿破仑得到了"葡月将军"的美称,同时凭借这一拯救了共和国的惊人之举开始发迹。

叛乱平息后不久,法国根据新宪法选举产生了新的立法机构,10月26日(雾月4日),在"共和国万岁"的欢呼声中,持续了3年多的国民公会闭幕。翌日,新的立法两院召开,选出了督政府。督政府时代由此拉开了帷幕。

10月27日当选的5名督政官,均属于"弑君者",亦即都是在审讯路易十六时赞成处死国王的议员。他们的名字分别是:巴拉斯、拉勒韦利耶尔、勒贝尔、勒图尔纳和卡尔诺。11月2日,他们进入恐怖时期充当过监狱的卢森堡宫就职。"为了宣告自己的成立",督政府在11月5日发表了一项声明,宣称其在政治方面,准备"向保王主义积极开战,振奋爱国主义,严厉镇压一切乱党,熄灭任何党派意识,消灭一切复仇愿望,建立和谐、融洽的气氛,恢复和平"。在经济方面,要"重开生产门路,振兴工商业,消灭投机,复兴艺术与科学,重建富裕,恢复公共信贷"。[①]

然而,踌躇满志的督政官们上任不久,就发现自己正处在左右夹击之中。之所以如此,很大程度上是因为他们的双重排斥政策,也就是既排斥保王主义,又排斥民主。道理很简单,双重排斥势必会引来双重的反对。而一个受左右夹击的政府,其政策往往不可避免地要左右摇摆。

在左派的反对者中,此期最为引人瞩目者,当属格拉古·巴贝夫及其领导的"平等派密谋"。巴贝夫出生于皮卡底的圣康坦城,原名弗朗索瓦·诺埃尔。由于家境贫寒,他从15岁起就外出独立谋生。巴贝夫在大革命前曾先后任土地丈量员的秘书、法院公证处公证人助手和研究封建法律的专家,故熟谙封建剥削的内情。通过大量阅读卢梭、马布利、摩莱

---

① 索布尔:《法国大革命史》,中国社会科学出版社1989年版,第384页。

里等人的著作,巴贝夫深感私有制的不平等,从而初步产生了完全财产公有的思想。大革命爆发后,他立即积极投身革命活动。热月政变后,巴贝夫开始致力于反对只为有产者谋利的热月党统治。因服膺古罗马著名的保民官格拉古,他便把本人名字改为格拉古·巴贝夫,同时将本人创办的《出版自由报》易名为《人民的保民官》。1795 年 2 月,他因反对热月党人被捕,并在狱中最终形成了其平等派学说。获释出狱后,巴贝夫成了职业革命家。他着手组织了"平等会"和起义委员会,发动一次有 17 000 人参加的起义,推翻督政府。因叛徒告密,他在起事前夕被捕。在被宣判死刑后,巴贝夫在 1797 年 5 月 26 日自杀未遂。次日,他被血淋淋地抬上了断头台。巴贝夫的"平等派密谋"在督政府的历史中,也许只是一段小小的插曲,但它的重要意义在 19 世纪却得到了昭显:共产主义思想第一次变成为一股政治力量。也正因为如此,巴贝夫主义作为共产主义思想发展过程的一个环节被载入了史册。

较之左翼,保王党的活动当时威胁更大。在经受了基伯隆战役、葡月暴动等事件的打击后,保王党深感以武力达到复辟目的的希望日益渺茫,遂转向以合法斗争为主。在 1797 年 3—4 月间立法院的选举中,通过蛊惑人心的宣传和卓有成效的组织活动,保王党成功地使大批自己的候选人坐上了议席。在立法两院中,他们的人当上了主席。在督政府改选时,取代勒图尔内的人竟是倾向王政的巴泰勒米。保王党在两院中取得优势后,不断地对督政府进行攻击,对督政府的施政横加干涉。在这种情况下,自知无路可退的督政府遂决定动用武力反击。

1797 年 9 月 4 日(共和五年果月 18 日),在督政府授意下,拿破仑派奥热罗将军率领巴黎周围驻军进入议会两院,宣布新当选的王党分子的当选资格无效,逮捕并流放了大批王党分子。此事史称果月政变。

果月政变后新组建的督政府,亦称第二督政府。第二督政府在大力打击保王派势力的过程中表现出一定的左倾。在这一背景下,以新雅各宾派为代表的民主共和派得以抬头。在 1798 年 4 月立法院选举时,民主共和派取得了胜利。这一现象使督政府认识到,此时威胁自身政权的危险将主要不是来自被果月镇压吓坏的并已经瓦解的保王派,而是左翼反对派。于是,他们故技重演,在 5 月 11 日(花月 22 日)又借助将军们的刺刀宣布 106 名民主派议员当选资格无效,通过"花月政变"将民主派打压下去。

法国通史

督政府虽然通过果月和花月两次政变,左右开弓,暂时保住了政权,但它为此付出的代价也是巨大的。它赖以统治的法制框架已因此受到毁灭性的破坏。但如不如此,督政府已不可能完成稳定资产阶级社会秩序的任务。随着督政府与立法机关之间的冲突愈演愈烈,督政府不得不日益倚重兵权在握的将军们。而这又无异于养虎遗患。果然,在1799年11月9日(雾月18日),督政府被在其重用下才得以飞黄腾达的将军拿破仑所推翻。同时,波澜壮阔的法国大革命也被雾月政变画上了句号。

作者评曰:

法国近代史上发生的革命之多无疑在欧美国家当中最为突出,因而往往需要在具体所指的革命前标上发生的年份,如1830年革命、1848年革命,当然还有1789年革命。不过在法国史中,被人们以"大革命"相称者,则只有1789年革命。更有甚者,英国史学家霍布斯鲍姆在其《革命的年代》一书中,不仅将其与英国工业革命一起合称为"双元革命",同时还称几乎所有近代国家都是18世纪"双元革命"的产物。1989年,为纪念法国大革命200周年,法国精心组织了一系列声势浩大的纪念活动。踊跃参加纪念活动的不独是法国人,还有为数众多的来自世界各地的人们。这充分表明,法国大革命不仅属于法国,而且属于全世界。人们或许会问,1789年爆发的法国大革命并非世界近代史上绝无仅有的资产阶级革命,它不仅前有多位"先行者",后有更多的"后来者",那么为何唯独它能脱颖而出,大放异彩呢?对于这一问题,有识之士的回答或许会多种多样。不过,笔者以为,有一点是肯定的,那就是法国大革命为全人类留下了一份共同的遗产——《人权和公民权利宣言》(简称《人权宣言》)。正是由于《人权宣言》的制定者们力图以全人类的名义提出具有普遍意义的人权观念,并通过一系列"不朽的原则"将这种人权观念在《人权宣言》中淋漓尽致地表现出来,使人类历史上的所有资产阶级革命在"法国大革命的形象"面前黯然失色。难怪世人在被问及法国大革命的最好象征时,往往会把《人权宣言》放在首位。我们可以毫不夸张地说,在树立法国的国际威望方面,《人权宣言》所起的作用胜过了法国军队所打的所有胜仗。

第七章 拿破仑的崛起与第一帝国的兴亡

一、"科西嘉怪物"的崛起之路

1769年8月15日,被热那亚"卖"给法国不久的科西嘉岛上的一个没落贵族家中又诞生了一个男婴,这位名叫拿破仑·波拿巴的男婴,日后不仅使小小的科西嘉名闻全球,而且还使法兰西一度变得空前强大,以致19世纪法国大文豪雨果在《悲惨世界》提到科西嘉这一地中海西部的岛屿时,情不自禁地挥笔写道:"科西嘉,一个使法兰西变得相当伟大的小岛。"[①]

波拿巴家族的祖先原是意大利的贵族,16世纪初才移居科西嘉。拿破仑·波拿巴在家中排行老二,上有1个哥哥,下有6个弟妹。由于家道中落,人口又多,他家过的日子并不宽裕。孩提时的拿破仑远不是一个活泼可爱的孩子,他沉默寡言,性格孤僻,淘气任性,动辄发火。由于他打起架来凶狠无比,对他并无好感的兄弟姐妹们无一不承认他的权威。拿破仑10岁时,他的父亲夏尔·波拿巴利用自己亲法的立场以及同科西嘉总督过从甚密的关系,设法把拿破仑送到了法国本土的军校学习。

拿破仑就读的这所军校设在法国东部的布里埃纳,其学员均为贵族子弟。当拿破仑置身在这一全新的环境时,由于他说的法语科西嘉口音很重,所穿的衣服既脏又不合身,周围的同学对这个来自科西嘉的土老帽

---

① 雨果:《悲惨世界》第3册,人民文学出版社1980年版,第827页。

每每嗤之以鼻,尤其是嘲笑他是冒牌的贵族子弟、冒牌的法国人。拿破仑对此深感恼怒,甚至为此还跟同学们打了几架。个子瘦小的拿破仑虽然打败了身材比他高大的嘲笑者,但他自己也已弄得遍体鳞伤。从此,同学们更疏远他了。而拿破仑则在阔少们的冷眼中逐渐萌生了复仇意识,并在这种复仇意识的驱使下发奋苦读。在布里埃纳军校读满5年后,拿破仑由于成绩始终名列前茅而被保送到设在首都巴黎的军校深造。在这里,有着法国首屈一指的优秀教员,因此,拿破仑非常珍惜在巴黎军校的学习机会。然而,在他进巴黎军校才4个月,就传来了其父亲因患胃癌不治撒手人寰的噩耗。为了挑起养家糊口的重担,拿破仑被迫中断学业,入伍从戎。1785年10月,拿破仑被派往法国南方的瓦朗斯任炮兵团少尉。

身为低级军官,拿破仑的军饷并不高,月俸连100利佛尔还不到。但为帮助家庭渡过难关,他把大部分薪金寄给母亲,自己则节衣缩食,过着清贫节俭的生活。当身边的同僚把很多时间放在花天酒地、谈情说爱上时,拿破仑则孤守青灯,彻夜长读。正是在这一时期,拿破仑开始接触伏尔泰、卢梭等启蒙思想家的著作,并日益服膺启蒙思想家的学说。

长期以来,在年轻的拿破仑心目中,科西嘉是他的祖国,而法国则是奴役科西嘉的异国。在解放科西嘉的愿望驱使下,拿破仑曾刻苦钻研军事,精心设计了一个又一个用武力解放科西嘉的军事方案,并打算一旦兵权在握就将这些方案付诸实施。他甚至还致信放逐中的科西嘉自由与独立运动领袖保利,表明自己的决心。然而,1789年法国大革命的爆发,不仅缩短了作为科西嘉人的拿破仑与法国的距离,而且还把拿破仑的命运同法国革命的命运紧密地联结在一起。

1789年9月,拿破仑在回科西嘉休假时,号召家乡同胞戴上象征革命的三色帽徽,并带头呼吁法国制宪议会保障科西嘉公民的自由权。在这一过程中,他同自己原先心仪的英雄、刚从英国流亡回来的保利发生了严重的分歧,因为后者主张科西嘉在英国保护下从法国完全分离出去,进而把英国政体当作楷模移植到科西嘉来。1791年秋,当拿破仑再次回科西嘉休假时,他和保利的关系已发展到势不两立的地步。一年后,拿破仑最后一次回科西嘉休假探亲。其间,他参加了当地的雅各宾俱乐部,并成为该俱乐部的一名领导人。由于这一时期岛上的亲英势力非常猖獗,拿破仑不得不于1793年6月携同全家逃离科西嘉。

拿破仑偕家人抵达法国本土时,恰逢雅各宾党人开始执政。拿破仑

第七章 拿破仑的崛起与第一帝国的兴亡

在为养老抚幼疲于奔命的同时,仍怀着满腔热忱赶写出一本小册子《博盖尔的晚餐》,指出大革命"是法国的爱国志士同欧洲暴君间的殊死搏斗",强调法国必须在雅各宾派的领导下采取统一行动。这本小册子不啻是拿破仑的一份政治宣言书,明白无误地显示了他的雅各宾身份。同年12月份,拿破仑在他第一次参与指挥的重要战役——土伦之战中功绩卓著,一举成名。"不可腐蚀者"罗伯斯庇尔参加土伦之战的弟弟,即奥古斯坦·罗伯斯庇尔迫不及待地向自己兄长推荐了这位胆识过人的青年军官:"如果你需要一个进行巷战的具有钢铁意志的人,一个年轻人,一个新人,那么,这人只能是拿破仑·波拿巴。"[①]1794年1月,救国委员会决定,破格提拔拿破仑为炮兵准将。

然而,在罗伯斯庇尔尚未来得及重用这位年轻将领时,他本人已在热月政变中身首异处。由于在一些热月党人眼中,拿破仑是"罗伯斯庇尔的人",以致拿破仑也随之锒铛入狱。幸亏其档案里未发现什么致命的材料,拿破仑在被囚禁了10天后很快获释。但是,拿破仑在重获自由后,一直难以得到新政权的信任和重用,因为"拿破仑是罗伯斯庇尔同党"的幽灵还在他周围徘徊。这一时期的拿破仑无疑极度失意。他形容枯槁,衣冠不整,百无聊赖。随着时日的推移,他的接近雅各宾主义的革命理想开始烟消云散。与此同时,其对权力和荣耀的渴望则日益强烈。

1795年10月的"葡月事件",为拿破仑的飞黄腾达提供了天赐良机。当时,国民公会得知,出于对国民公会的相关法令,即"新"立法机构2/3的代表需从国民公会中产生的规定不满,在巴黎将会有大约5 000人,其中保王党人居多,准备在10月5日这一天发动起义。由于按照革命日历的算法,这一天恰好处于葡月,所以这次起义亦被称为葡月起义。为了对付保王党组织的迫在眉睫的武装暴动,受命主持镇压的热月党人保罗·巴拉斯早些年曾参与镇压马赛和土伦的叛乱,在情急之中自然想到了起用"土伦战役的获胜者"拿破仑。此时正闲得发慌的拿破仑闻讯后,迫不及待地欣然接受任务,并向巴拉斯表示:"只有等大功告成,我才会放刀入鞘!"作为一名出色的炮兵专家,时年才26岁的拿破仑领命后首先想到了启用大炮,用它们来驱散起义者。拿破仑在用大炮平定了葡月暴动后,威名大震。从此,在葡月事件后成立的第一届五人督政府中的掌权者们,尤

---

① 李元明:《拿破仑评传》,中国社会科学出版社1984年版,第45页。

其是他们当中影响力颇大的巴拉斯,开始格外重用这位具有指挥天才、果断精神和坚强毅力的年轻将领,并屡屡靠拿破仑渡过难关。

翌年3月,拿破仑被督政府任命为意大利方面军总司令。而督政府之所以要在意大利开战,乃是因为他们希望在将奥地利军队从莱茵河地区引开的同时,能用意大利的财富填充早已空虚的法国国库。在这之后,拿破仑在对外战争中取得了一个又一个辉煌的胜利,这不仅使他在法国军队中真正树立起了个人威望,而且也使他名震全欧。俄国著名统帅苏沃洛夫惊呼:"这位干将跑得太远了,现在是让他停下来的时候了!"但是,拿破仑的一位朋友早就预言:"他是不会停止前进的,他会一直走下去,要么登上皇帝宝座,要么登上断头台。"①事实确实如此,随着自己在国人中的声望与日俱增,这位驰骋在外国战场上的骁将开始密切关注法国的政局,在这一过程中,拿破仑和督政府之间形成了一种既冲突又妥协的微妙关系。后者虽然惧怕拿破仑功高盖主,但他们一时又少不了他,尤其是在极度捉襟见肘的财政状况下,拿破仑及其军队在国外战场取得的辉煌战果,特别是数量可观的战利品,已成了摇摇欲坠的督政府的救命稻草,故不得不容忍拿破仑的威望继续增长。而对于拿破仑来说,他之所以未在远征埃及前与督政府决裂,是因为他深知,从意大利的征服者一跃而成为法兰西的统治者的时机尚未成熟。

1799年夏,法国国内外形势迅速恶化:法军在欧洲战场连连败退,西部和南部内战重起,……凡此种种,使早已名声不佳的督政府更显摇摇欲坠。这年8月,以埃及远征军总司令的身份,正在东方追求其不朽功名的拿破仑从报上得知了这一切后,尤其是在获悉法国几乎丢失了整个意大利后,再也忍不住了。他立即作出了回国的决定,同时对其亲信马尔蒙说:"我决定返回法国。你同我一起走。欧洲事态的发展使我作出这个重大步骤。我们在欧洲的军队被击败。只有上帝知道我们的敌人正准备向何处进攻。意大利已经丢失,我们作出这么多努力,流了这么多的血,结果都是徒劳的。说实在的,把这些无能的人放在国家事务的首脑位置究竟有什么好处?他们中间除了不学无术、愚蠢自负和贪污腐化,就什么也没有。我单个地承受重担并用经常不断的胜利去支持这个政府,它自己无法维持自己的生存。我走了以后,一切事情就变得这么糟。法国同时

---

① 刘宗绪等:《法国大革命著名政治活动家》,商务印书馆1988年版,第314页。

第七章 拿破仑的崛起与第一帝国的兴亡

会听到关于我的返回祖国和土耳其军队在阿布基尔被歼灭的消息。我的出现将鼓舞他们的斗志,重振军队的信心,激发公民对光明未来的希望。"①8月22日夜,拿破仑秘密地抛下了他在埃及的军队,踏上了回国之路。

10月9日黎明,拿破仑和他率领的500精兵在土伦东边的弗雷居斯镇登陆。拿破仑回国的消息传开后,举国欢腾。在他前往巴黎的途中,隆重的欢迎仪式、庆祝游行此伏彼起,前来拜见的代表团络绎不绝。在巴黎,市民闻讯后即在酒店开怀畅饮,唱歌庆祝,自发表达出了"普天同庆"的喜悦。更有甚者,首都卫戍部队还高奏军乐走遍全城。10月16日,当拿破仑抵达巴黎时,受到万人空巷的欢迎。巴黎的报纸写道:"我们每个人向他欢呼,因为他带给我们新的希望。""伴随拿破仑而来的是光荣、和平与幸福。"

无独有偶。此时,1789年革命的元老、刚当选督政官不久的西耶斯正在物色既得力又听话的将领来巩固和增强自身政治地位。如果说,西耶斯需要一把"战刀",那么,拿破仑这把战刀当时恰好正待启用。于是,在善于见风使舵并以政坛不倒翁著称的塔列朗穿针引线下,一文一武的两人走到了一起。很快地,一个以这两人为核心的政变集团形成了。

在一番精心策划之后,11月9日(雾月18日),政变按预定计划开始了。是日,当元老院于清晨7时开会时,一些部队借口检阅,集结在杜伊勒里宫。会议开始后,元老院以防止莫须有的"雅各宾派阴谋"为借口,作出了两项决定:1.将元老院和五百人院的开会地点迁往巴黎近郊的圣克鲁宫;2.任命波拿巴将军为首都及近郊武装部队总司令,以负责对付"叛乱"。拿破仑在获得这一任命后,立即命令其亲信将领控制了巴黎的各个政治和战略据点。

翌日,两院在圣克鲁宫举行联席会议,拿破仑在会场周围集结了四五千人的部队。在元老院的会场上,前一天未到会的元老开始怀疑是否真有雅各宾派搞阴谋;在五百人院的会场,左派议员要求每位议员重新宣誓忠于宪法,而此举意味着对雾月18日行为的谴责。

政变有流产的危险。于是,急不可耐的拿破仑闯入元老院大厅,声称自己忠于共和国,无意建立军政府。他的讲话不断地被愤怒的叫喊声所

---

① 李元明:《拿破仑评传》,中国社会科学出版社1984年版,第108页。

拿破仑在雾月19日进入五百人院大厅时的场景

打断。接着,他又在几个掷弹兵的陪伴下进入五百人院大厅。当他刚步入大厅,议员们就愤怒地喊道:"打倒暴君!""打倒独裁者!"几名议员还冲到他的跟前,拉他的衣领,卡他的脖子,又气又惊的拿破仑在掷弹兵的保护下才出了会场。在一度惊慌失措之后,拿破仑很快就恢复了他固有的坚毅和果断。他同担任五百人院主席的胞弟吕西安·波拿巴共同检阅了集结在会场周围的部队,顿时,鼓声隆隆,荷枪实弹的军人纷纷冲进会场,议员们夺门跳窗,四处逃散。

当晚,多数元老院议员和少数五百人院议员在刀光剑影中举行会议,宣布废黜督政府,代之而起的是临时执政府,由拿破仑和参与政变的两位前督政西耶斯、罗歇·迪科分别担任法兰西共和国临时执政。由此,持续两天的雾月政变以政变者的成功而告结束。拿破仑能在雾月政变中较轻松地取得法国最高的权力,并维持这个最高权力达15年之久,这说明政变具有深刻的社会因素,绝非纯粹政治阴谋的产物。值得一提的是,这种以议会方式开始,用武力手段完成,最后又戴上合法面具的政变方式,从此竟成了近代政变的典型模式之一,后人师法者不断有之。

第七章 拿破仑的崛起与第一帝国的兴亡

二、第一执政的文治武功

执政府成立后的当务之急是制定新的宪法。在讨论宪法草案的过程中,仅把拿破仑视为自己的"战刀",并以法学权威著称的西耶斯,与缺乏法学知识和经验的拿破仑展开了激烈的较量。结果,西耶斯在败下阵来之后才发现,拿破仑这把"战刀"并不是任人使唤的,真正被人利用的绝非他人,恰恰是自己。

很快地,一部完全根据拿破仑的意志拟定的新宪法——共和八年宪法公布了。新宪法规定:在行政权方面,第一执政(拿破仑)享有全权,即有权提出法案,公布法律,任命和撤换文武百官,决定宣战、媾和等;第二和第三执政只起咨询作用。立法权分属4个院:参政院、保民院、立法院、元老院,每一院都无权单独决定国家立法问题。由于所有法律是否生效,最终都得由第一执政说了算,故四院形同虚设。对此,当时有人戏称四院为"无害的玩具,可供受过良好教育的儿童玩耍,而一切大事都让波拿巴一人去操心"。[①]这部宪法对公众自由着墨不多,但它承认人们在革命后的合法权益。新宪法公布时,发表了由3位执政签署的《告法国公民书》。该公告的结束可谓意味深长:"公民们,革命已经稳定在革命开始时提出的若干原则之上,革命结束了。"为了给这部高度集权的宪法披上合法的民主外衣,拿破仑装模作样地将其付诸公民投票,结果以压倒优势获得通过。由此,一个以个人专权为特征的制度"合法"地建立起来了。1800年2月19日,拿破仑乘着华丽的轿式大马车,前呼后拥地迁入杜伊勒里宫。从此,这位实际上已集行政权和立法权于一身的第一执政,开始以其独特的方式安邦治国。这年,他不过才31岁。

拿破仑大权独揽后,首先竭力加强中央集权制。他把全国划分为88个省,省长、专区区长和市长由其亲自任命,5 000居民以下的市镇长官由省长任命,地方必须绝对服从中央,各级议会徒有虚名。他在对军权狠抓不放的同时,设置了警务部以及直接对他负责的巴黎警察总署,并力排众议,大胆起用阴险狡诈,但在警务方面具有特长的约瑟夫·富歇执掌警务部。拿破仑还进行了司法改革,建立了金字塔式的司法等级制度。各县

[①] 柳勃林斯卡娅等:《法国史纲》,三联书店1978年版,第396页。

设民事审判官,专区设民事和轻罪法庭,省设刑事法庭,全国设29个上诉法庭,最高法院设在巴黎。法官名义上是不可罢免的终身职,实际上均受制于政权。

为了保证国内的统一和社会的稳定,拿破仑左右开弓,倾力对付雅各宾派和王党分子。雾月政变后,以路易十八自居的普罗旺斯伯爵两次致信拿破仑,建议两人联手,恢复波旁王朝,甚至许诺说,只要这样做,拿破仑即可"获得任何奖赏",他的后代也能"得到幸福"。对此,拿破仑答复道:"您不应再抱回到法国的希望,您如回来,必须踩过十万具尸骸。请为法国的幸福和安宁着想而牺牲自己的私利。历史会给您记上这一笔账。"①拿破仑还多次派兵清剿叛党和土匪,无情地镇压发动叛乱反对新政权的王党分子。同时,他又下令,凡叛乱者,只要放下武装,宣誓效忠新制度,即可得到赦免。此外,他还允许逃亡者回国,其只要改邪归正,既往不咎。拿破仑这种镇压与安抚相结合的方针,在打击王党势力方面确实颇见成效。拿破仑同样也不允许人民要求什么"自由""民主",同时把在这方面鼓吹最力的雅各宾派视作心腹之患。为此,他不放过任何机会,多次掀起迫害雅各宾派分子的风潮。1800年12月24日晚,力图暗杀拿破仑的王党分子趁拿破仑驱车去歌剧院,在路上制造爆炸事件,拿破仑本人虽因偶然原因安全脱险,但有8位行人当场炸死,60个以上的行人受伤,其中20人也先后不治身亡。翌日,拿破仑一口咬定这是雅各宾派所为,遂下令逮捕了上百名著名的雅各宾派分子,把他们流放到中美洲。当事后查明此事与雅各宾派毫不相干时,拿破仑不仅拒绝给予平反,反倒恶狠狠地说道:"算啦!现在我总算摆脱他们了!"

尽管拿破仑本人基本上是个无神论者,但他深知宗教对于稳定统治秩序有着至关重要的作用。他在给其胞弟吕西安的信中曾写道:"没有宗教,就没有政府。精明的征服者是从来不同神甫争吵的。可以既迫使他们就范,又利用他们。"为了照顾大多数国人的宗教感情和争取不宣誓的教士及罗马教廷的支持,拿破仑顶住种种压力,派政府代表与教皇庇护七世的代表进行谈判。经过一年多艰难曲折的谈判,1801年7月,双方签订了《教务专约》。其主要内容是:政府承认天主教是大多数法国人信仰的宗教;废除革命时期限制举行宗教仪式的法令;主教由第一执政任命,

---

① 戈德肖:《拿破仑时期的欧洲与美国》,巴黎,1967年版,第86页。

第七章 ● 拿破仑的崛起与第一帝国的兴亡

经教皇授职,本堂神甫则由主教任命;教士的薪俸由国家支付,作为交换条件,教会必须永久放弃在法国革命时期被没收的土地和其他财产,承认这些教产的买主是合法所有者。为了安抚新教徒和犹太教徒,体现各宗教平等的原则,拿破仑还及时地颁布了有关法令,正式承认新教的地位,宣布犹太教受政府的保护。后者加速了法籍犹太人与法兰西民族的融合。由于拿破仑制定和推行了正确的宗教政策,法国实现了难能可贵的宗教和平。

拿破仑签署《教务专约》

　　拿破仑上台之际,法国国库空虚,经济萧条。为了收拾督政府留下的这副烂摊子,拿破仑大刀阔斧地进行了财政改革。首先致力于加强财政的集中管理。为此,他颁布法令,取消地方当局分配与征收直接税的权力,设立直接税行政总督,参政院还专门派出参政官,对财政活动进行监督,保证国库收入。在财政改革的过程中,拿破仑还重视健全会计制度,严厉打击贪污和盗窃国家财富者。拿破仑深知,强大的国家必须拥有强大的工业和发达的商业。为此,他采取了多种措施来刺激资本主义工商业的发展。如给工业以巨额津贴,建立新企业,成立"奖励民族工业协会",举办工业展览会,鼓励机器生产。为了活跃信贷与商业,拿破仑始则重建了期票证券制度,继而又建立了法兰西银行。该银行后来还获得了独家发行纸币的特权。拿破仑还进行了币制改革,规定金银比价为1∶15.5,以银为主要货币本位。在推动农业生产方面,他采取的主要措施有:扩大耕地面积、提高谷物售价、保护森林、推广良种、培植新作物等。经过一番整顿,法国的财政状况明显改善,经济开始复苏。

　　不过,在拿破仑看来,他此期在内政方面的得意之作还得首推《法国民法典》的制定。1800年8月,他任命了4位著名法学家组成起草委员会。草案拟出后,参政院先后召开了100多次讨论会,其中过半数的会议系由拿破仑亲自主持。他对此项工作的重视程度,由此可见一斑。由于事先阅读了大量法学书籍,而且深入研究过古罗马法,拿破仑在会上经常十分内行地随口引证罗马法典,使与会者大为叹服。经过长达3年半的修改、讨论,法典终由立法院通过。1804年3月21日,拿破仑签署法令,《民法典》正式颁布实施。由此,法国终于有了统一的、反映法国资产阶级革命成果的民法典。而且,作为资产阶级国家最早的一部民法典,这部法典在破坏欧洲封建制度和促进欧洲资本主义的发展上起过不容低估的示范作用。后来,世界各国资产阶级在制订法典时,往往以它为范本。拿破仑本人也非常珍视这部自己为之付出大量心血的法典。他在其生命的最后岁月曾回忆道:"我真正的光荣并非打了40次胜仗,滑铁卢之战抹去了关于这一切胜利的记忆。但是有一样东西是不会被人忘却的,它将永垂不朽——那就是我的民法典。"

雾月政变后,法国仍面临着英、奥、俄第二次反法联盟的威胁。刚刚执政的拿破仑心里清楚,已经历8年战争的法国,迫切需要和平,哪怕是一个短暂的和平,抑或一个喘息的机会。因此,他曾向三国君主提出停战建议,但均遭拒绝。英国国王乔治三世甚至不屑同这个行伍出身的"暴发户"直接对话,特意让其首相回复了一封故意奚落拿破仑的信,内称:"如果法国真诚渴望和平,那么,和平的最现实、最持久、最好与最自然的保障就是让法国原来的王室复位。"受此奚落的拿破仑明白了,除了战胜外敌,自己已无其他的退路。经过深思熟虑,拿破仑认为,要粉碎第二次反法联盟,首先要战胜承担主攻任务、对法国威胁最大的奥地利,而主攻战场则应放在被奥地利占领的北意大利。

1800年5月,拿破仑命莫罗将军率部队在莱茵战线巴伐利亚一带活动,以牵制奥军,自己则带着3万多人马迎着暴风雪的袭击,沿着脚下就是万丈深渊的羊肠小道,翻越了阿尔卑斯山,进入意大利北部,出其不意地从背后对奥军发起了猛烈的进攻。双方主力在马伦哥激战了一天后,法军大获全胜,意大利北部重新落入法国的手掌。不久,奥军在莱茵战线又受到莫罗率领的法军重创。在连遭败绩之后,哈布斯堡王朝不得不在1801年2月9日同法国签订《吕内维尔和约》,该条约再次确认法国对比利时和意大利部分领土的占领,承认法国以莱茵河为界,接受法国在意大利北部所建立的姐妹共和国。

在取得马伦哥战役的胜利后,拿破仑利用反法联盟内部的矛盾,尤其是俄英矛盾,极力拉拢俄国,孤立英国。他的这一招很快就收到了奇效。法、俄两国不仅握手言和,沙皇保罗一世还出面组织了有瑞典、丹麦和普鲁士参加,矛头针对英国的保护中立国贸易联盟。俄国的退出和奥地利的失败,使英国陷于孤立,加之英国国内反战情绪日益高涨,导致英国被迫接受和谈。1802年3月25日,法英双方正式签订了《亚眠和约》。《亚眠和约》的签订标志着第二次反法联盟的结束,结束了欧洲的10年烽火,确立了法国在西欧的优势。

三、终身执政给自己戴上了皇冠

马伦哥战役的辉煌胜利以及《亚眠和约》带来的和平,使拿破仑在国内成为一位受到普遍颂扬的民族英雄。为了表彰拿破仑的业绩,1802年5月8日,元老院提议重选拿破仑连任执政10年。但拿破仑并不以此为满足,指示举行公民投票,由全民决定是否同意他任终身执政。公民投票自5月开始,最后的结果是3 568 885票赞成,8 374票反对。根据这一结果,8月2日,元老院宣布拿破仑·波拿巴为法兰西共和国的终身执政。消息传出,巴黎证券交易所的股票价格一下子提高了6倍。仅此一点就足见法国资产阶级对这位终身执政是多么满意与信任。从这一年的8月15日起,拿破仑的生日定为全国节日。这天,巴黎圣母院的塔楼上高高地闪耀着一颗巨星,巨星正中刻有标志拿破仑出生时刻的天体形象。塔楼周围被火树银花般的焰火照得五彩缤纷,人们载歌载舞,欢呼雀跃。翌年,拿破仑的肖像又首次出现在货币上。如果说1800年5月,当拿破仑再次奔赴意大利战场且胜负未卜时,其地位尚不稳固的话,那么,此刻,拿破仑的地位已完全巩固,无论是企图东山再起的巴拉斯或西耶斯等政坛老手,抑或十分讨厌拿破仑、被誉为"莱茵战场上的英雄"的莫罗等军界强人,都已不能和拿破仑分庭抗礼。

担任终身执政,是拿破仑在扼杀共和,走向帝制道路上迈出的重要一步。在他坐上终身执政的交椅后仅过两天,共和八年宪法即根据元老院的法令作了修改:第一执政有权向元老院指定自己的继承人,缔结和约与盟约,赦免罪人,任命第二、第三执政和元老院候选人。今后,元老院得通过法令,处理宪法中未规定事项,并有权解散立法院和保民院。上述改动,使拿破仑的绝对权力进一步得到了宪法的承认。

《亚眠和约》带来的和平即使不是虚幻的,那么它至少也是极为短暂的。由于该和约未能真正解决英、法两国在经济、政治、势力范围上的长期矛盾,所以双方均无意切实履行和约中对自己不利的条款。如果说,拿破仑出于进一步安定国内的需要尚不希望马上同英国重新开战的话,那么,自认为吃亏的英国却有点迫不及待了。为了使和约变成一纸空文,英国拒不履行撤出战略要地马耳他岛的义务。为此,法国亦报以拒绝从荷兰撤出。与此同时,英国的报刊以社论、通讯、漫画等各种形式,对拿破仑极尽丑化诋毁之能事。当拿破仑怒气冲冲地就此提出抗议时,英国政府则以无权干涉新闻自由为借口来搪塞。恼怒万分的拿破仑于是下令法国的新闻界发起反击。白热化的新闻战,很快使两国间的敌对气氛愈益炽热。

1803年春,两国间的关系更形紧张。3月8日,英王乔治三世在议会开幕词中谴责了法国,随后,英国议会又通过了征召民兵的决议。拿破仑闻讯后,火冒三丈。几天后,他在一次接见各国大使的招待会上,冲着英国大使惠特沃斯叫嚷道:"如果你们想扩军,那我也会扩军!如果你们想打仗,那我也打仗!要么归还马耳他岛,要么就是战争!"4月26日,英国大使奉命向法国提出最后通牒,要求拿破仑同意英国继续占领马耳他,如果7天内不表示同意,英大使即应召回国。不久,在遭到法国的拒绝后,英大使回国,英国舰队开始袭击法国船只。作为报复,拿破仑立即下令在一切附属地区没收英国货物,并逮捕居住在法国的英国公民。由此,英法两国再度兵戎相见。

鉴于英国以大量的英镑开路,逐步地组织起第三次反法联盟,拿破仑决心横渡英吉利海峡,直捣英国本土,在泰晤士河边迫使这一法国的劲敌认输。为此,法国几乎所有的造船厂,当时都响起了为渡海作战制造战船而挥锤舞斧的叮当声;在法国西北部海岸的滨海布洛涅,一个庞大的军营迅速地建立了起来。拿破仑本人在多次巡视沿海的主要港口与船坞后,踌躇满志地宣称:"只要3天大雾,我就可以成为伦敦、英国议会和英格兰银行的主人!"在他的授意下,法国甚至铸好了纪念"袭击英国成功"的纪念章,上面镌有"1804年造于伦敦"的字样。这一切,使海峡对岸的英伦三岛如惊弓之鸟。为此,英国政府一方面为王室拟订了疏散计划,一方面下令英国舰队严密封锁英吉利海峡。与此同时,英国政府不仅加大了策动与支持王党叛乱的力度,而且还不惜组织王党分子去暗杀拿破仑。

1803年8月,亡命英伦的朱安党头目卡杜达尔带着刺杀拿破仑的使

第七章 拿破仑的崛起与第一帝国的兴亡

命,乘着一艘英国快速舰偷偷地在诺曼底登陆。他在潜入巴黎后,立即同反对拿破仑的著名将领皮什格鲁和莫罗秘密勾结,共同策划了刺杀拿破仑的阴谋。由于为拿破仑效劳的密探几乎探明了阴谋的全过程,1804年2—3月,这批阴谋分子在动手前夕一一落网。不久,皮什格鲁在牢房里自杀,莫罗被流放,而卡杜达尔与另外7名王党分子则被送上了断头台。由于被捕的阴谋分子在受审时曾供出,他们正在"恭候"一位波旁王子来临,拿破仑立即下令派人绑架了当时旅居在中立国巴登的当甘公爵,因为后者是拿破仑当时唯一能加以绑架的波旁王室的重要成员。尽管当时并没有材料证明当甘公爵与暗杀事件有牵连,但拿破仑还是下令将他枪决于万森城堡的壕沟里。

枪杀当甘公爵,意味着拿破仑不惜借波旁王室一位著名人物的头颅明确宣布自己同旧王朝的决裂。此举无疑使欧洲各国的封建君主对拿破仑更加仇恨,从而加速了新的反法联盟的建立。但是,它同时也给拿破仑带来了与旧制度斗争坚决的声誉,为他建立波拿巴王朝铺平了道路。

针对拿破仑的暗杀事件接二连三地发生,这给早就有称帝野心的拿破仑及其支持者一个极好的口实:法国人民的安宁和幸福,不能只系于一个人的生或死,为了使敌人暗杀拿破仑的阴谋失去意义,为了保障拿破仑的事业千秋永固,建立波拿巴家族的世袭君主制大有必要。在讨论这一问题时,时任保民院议员的前督政官卡尔诺为捍卫受凌辱的共和制挺身而出,他大声疾呼:"无论一个公民对他的祖国作出多大贡献,理智要求在向他表示全民感恩时应该有一定的限度。"[①]

然而,事情既然到了这一步,卡尔诺的反对又有何用呢?1804年5月18日,元老院以法令形式修改了宪法,并就设立"法兰西人皇帝"及其继承人问题向公民征求意见。在随后举行的公民投票中,赞成者为3 572 329票,反对者仅为2 569票。这一结果意味着经过如此伟大的法国大革命洗礼的法国人民,竟然以占压倒性的多数拥护拿破仑为自己的皇帝。对此,拉法耶特,这位1789年革命的元老深感震惊。不过,让他震惊的并不是一个人的篡权,而是举国的驯服。

1804年12月2日,拿破仑在巴黎圣母院举行了加冕典礼。为了给自己的登极称帝增添隆重、神圣的光彩,拿破仑特意从罗马请来了教皇。

---

① 索布尔:《督政府与执政府》,巴黎,1980年,第120页。

年事已高的教皇庇护七世,郑重其事地在拿破仑和皇后约瑟芬的额头涂上"圣油"并表示祝福,然后颤巍巍地捧起皇冠准备给拿破仑加冕。就在这时,拿破仑陡然从教皇手中夺过皇冠,自己戴到了头上。随即又为皇后戴上了一顶凤冠。拿破仑的这一连串举动使全场愕然。不过,他之所以这样做,绝非一时冲动,而是想通过这个戏剧性的场面向天下告白:尽管教皇的在场和祝福,证明他这个皇帝已得到上帝的认可,但这顶象征无限权力的皇冠却不是出于任何人的恩赐,而是他自己凭双手赢得的。

四、威震欧陆的法兰西大帝国

建立一个空前强大的帝国,显然是拿破仑梦寐以求的。不过,在当时,要把这一梦想化为现实,其最大的障碍无疑来自英国。因此,拿破仑在披上皇袍后,加速了渡海攻英的准备工作。经过缜密的计划,他把出征英伦的时间安排在1805年8月。8月伊始,拿破仑亲临滨海布洛涅军营,检阅了队列长达9公里的大军。此时,万事俱备,只欠东风,也就是说,只要海军上将维尔涅夫率领的土伦舰队在预定时间从地中海赶到此处会合,海军就可采取行动了。然而,在规定的时间里,土伦舰队并没有赶到。一连数日,拿破仑每天都在焦急地翘首西望,希冀土伦舰队在海面上出现。但是,拿破仑最终等来的却是一个让他沮丧的消息:土伦舰队被英国海军堵截,龟缩于西班牙的卡的斯港,无法如期到达。由于战机已被贻误,失望之极的拿破仑恼怒万分地骂道:"好一支海军!好一个海军将领!一切牺牲都白费啦!我的希望完蛋了!"

就在这时,以英国为首的第三次反法联盟最终形成:1805年4月英俄签订《圣彼得堡条约》,共同反法之后,奥地利在同年8月也加入了这一联盟,随之加入的还有瑞典和那不勒斯。在得悉奥军准备趁机偷袭巴伐利亚与法国东部后,拿破仑断然决定放弃准备了两年的渡海攻英计划,并率大军挥戈东向。在拿破仑亲自督责下,法军以最快的速度进行了约20天的急行军,并把猝不及防的奥军主力团团围困在乌尔姆要塞。10月20日,自知其军队已陷入了绝境的奥军首领麦克宣布投降,将他率领的33 000名奥军官兵,连同所有的弹药、大炮、军旗以及乌尔姆要塞统统都交给了法军。面对胜利,拿破仑的士兵个个欢欣鼓舞,连日来在炎日风沙和大雨泥泞中急行军的疲劳一扫而光。他们当中的一些人此时还对自己

第七章 ● 拿破仑的崛起与第一帝国的兴亡

的统帅欢呼道:"我们的皇上创造了新的战争艺术,不用武器,而用我们双腿来作战。"①

在麦克投降的第二天,由维尔涅夫统率的法国舰队,与纳尔逊指挥的英国舰队在特拉法加海角激战。虽然纳尔逊本人重伤阵亡,但法国舰队几乎全军覆灭。消息传来,拿破仑丝毫不为海上的失败所动,继续向维也纳方向迅速推进,并在11月14日占领了哈布斯堡王朝的首都,逼得奥皇弃宫出逃。正当哈布斯堡王朝岌岌可危之际,俄皇亚历山大一世匆忙赶往柏林,敦促普鲁士加入了反法同盟,然后,他又率兵直奔奥尔莫乌茨,同奥皇会合。顿时,局势变得对拿破仑极为不利:远离本国的法军在数量上少于俄奥联军,而且后者的增援部队在源源不断地向这里开来;更麻烦的是,在法军侧面集结的10多万普军已蠢蠢欲动,正准备从西北部向法军发动猛烈进攻。

拿破仑充分估计到面临的种种危险,决定无论如何也要抢在普鲁士正式参战之前,诱使俄、奥决战。于是,拿破仑在使用外交手腕来拖延普鲁士参战时机的同时,故意派侍从武官长去见沙皇,低声下气地请求化干戈为玉帛,还在接见俄国特使时假装垂头丧气。拿破仑的计谋得逞了。俄国特使在回到本方大本营后,兴奋地报告了他关于拿破仑信心不足和胆怯的印象,使年少气盛的亚历山大一世更以为法军已成强弩之末。尽管俄奥联军司令库图佐夫识破了拿破仑的花招,苦苦相劝,但俄奥两国皇帝置他的反对于不顾,仍决定立即向"正在退却的、削弱了的"法军发起进攻。

1805年12月2日,在拿破仑加冕的一周年纪念日,法军同俄奥联军在奥斯特里茨村附近展开了历史上著名的三皇会战。会战从拂晓开始,傍晚结束。拿破仑自始至终亲自指挥了整个战斗过程。结果,法军取得辉煌胜利,俄奥联军溃败,亚历山大一世与弗兰茨两位皇帝狼狈逃跑。奥斯特里茨战役无疑是最能体现拿破仑军事天才的范例,他本人也把这次战役视为其一生获得的40次胜仗中最为光辉的一次战役。为了纪念这一辉煌的胜利,1806年2月12日,拿破仑下令在巴黎市中心建造凯旋门,并于同年8月15日,亦即他本人生日那天亲自奠下第一块基石。尔今,这座巍然屹立在星形广场上的举世闻名的凯旋门,不仅是法国举行隆重庆典的严肃场所,而且还是巴黎标志性的建筑之一。

---

① 罗斯:《拿破仑一世传》下卷,商务印书馆1977年版,第23页。

奥斯特里茨战役一举摧毁了第三次反法同盟。俄奥的惨败,使原来受命以普鲁士名义给拿破仑下最后通牒的普鲁士使者豪格维茨,戏剧性地摇身一变为首位向拿破仑祝贺胜利的外国使臣。对此,拿破仑心知肚明,于是在接受豪格维茨的祝贺时讥讽道:"这是命运改变了你们祝贺的对象。"不过,对俄奥的惨败最感失望者,当推第三次反法同盟的积极组织者、英国首相小威廉·皮特。此翁在闻讯后即一病不起,并在撒手人寰前要人取下墙上的欧洲地图。当时,他这样说道:"卷起来吧!今后10年不需要它了。"

皮特临终前说的悲伤的预言很快就成了现实。奥斯特里茨大捷后,拿破仑毫不留情、随心所欲地开始用他的战剑重新绘制欧洲地图了。在意大利,拿破仑之兄约瑟夫被拿破仑封为那不勒斯国王;波旁王朝在那不勒斯王国的统治被波拿巴王朝所取代;在德意志,拿破仑以莱茵河的杜塞尔道夫为中心组成伯格大公国,由其妹婿缪拉将军出任大公,而巴伐利亚等德意志西部和南部的16个小邦,则根据拿破仑的旨意,组成了莱茵邦联,同时"选举"拿破仑皇帝为该邦联的"保护人"和武装部队总司令。至此,存在了900年的神圣罗马帝国寿终正寝,原皇帝弗兰茨二世改称奥地利皇帝弗兰茨一世。此外,拿破仑的二弟路易被封为荷兰国王,他的义子欧仁·博阿尔奈不仅出任意大利副王,而且还娶巴伐利亚国王之女为妻。

对于法兰西帝国的日益扩大,欧洲列强自然不会善罢甘休。1806年秋,一个由英国提供经费,以俄普为中心的第四次反法联盟形成了。因莱茵邦联的建立而对拿破仑恨之入骨的普鲁士在长期中立之后,充当了此次反法联盟的急先锋。该年10月1日,普王向拿破仑发出最后通牒,要求法国在10月8日前自莱茵河东岸撤军。通牒发出后,普鲁士军官在法国使馆的台阶上磨刀霍霍,普鲁士王后则骑马到各营地检阅,鼓舞士气。拿破仑在10月7日才收到此通牒,不过,由于他对普鲁士的备战活动早有警觉,故坦然接受了普王的挑战。从未与拿破仑军队交过手,并向以欧洲最有战斗力的军队自居的普军因过于自信,在俄军未来到前就投入战争。最具讽刺意味的是,当时,普军上自高级将领,下至普通军官都大言不惭地宣称,要给"科西嘉暴发户"一个狠狠的教训。就是这样一支骄兵,在10月14日的耶拿会战中,被拿破仑亲自指挥的军队打得落花流水。与此同时,在达武元帅的指挥下,另一支法国军队亦在奥尔斯塔特重创普军。10月27日,法军直捣柏林。普王威廉三世像丧家之犬带着王室成

第七章 ● 拿破仑的崛起与第一帝国的兴亡

员逃往东部边境。对此,德国大诗人海涅曾形象地描写道:"拿破仑呵一口气,就吹掉了普鲁士。"

狼狈出逃的普王因仍寄希望于俄军的胜利,拒绝议和。于是,拿破仑继续挥师东进,把法国的势力扩大到易北河以东。这时,15万俄军已开进波兰,向法军迎来。1807年2月8日,两军在东普鲁士的艾劳激战,双方损失惨重,未分胜负。同年6月14日,两军又在艾劳东北的弗里德兰镇会战。这回,拿破仑利用俄帅本尼格森的战术错误,重创俄军。俄军惨败后退守涅曼河右岸,法军于是乘机占领全部普鲁士领土。6月19日,本尼格森要求休战。拿破仑因考虑到法军暂无力向俄国境内深入,加之担心奥地利乘机在莱茵河发动攻势,所以同意了俄方的求和。6月25日,拿破仑与亚历山大一世在涅曼河上特建的华丽船筏里,举行了第一次会晤。经过两个星期的会谈,7月7日和9日,拿破仑分别与俄、普签订了《提尔西特和约》。

《提尔西特和约》对普鲁士极其苛刻。普鲁士丧失了几近一半的领土和人口,要偿付法国1亿法郎的赔款,在赔款未付清前,法军驻扎普境。而且,普鲁士还必须得参加拿破仑搞的大陆封锁体系。与此形成鲜明对照的是,对俄和约却十分宽容,丝毫不像对一个战败者的和约。由于俄国答应结束同英国合作,承认莱茵邦联和拿破仑在意大利、荷兰、德意志的一切安排,并与拿破仑达成瓜分欧洲的默契,因此,它不仅寸土未失,反而得到原由普鲁士占领的一部分波兰领土。1807年11月7日,俄国对英宣战,并加入大陆封锁体系。由此,第四次反法联盟以拿破仑获得军事、外交胜利而瓦解。

随着第四次反法联盟灰飞烟灭,一个威震欧陆的法兰西大帝国呈现在世人的面前:拿破仑本人除了是法兰西帝国的皇帝外,还兼任意大利国王、莱茵邦联的"保护者"、瑞士联邦的仲裁者。他的3位兄弟约瑟夫、路易、热罗姆,分别担任了那不勒斯、荷兰与威斯特伐利亚的国王。他的军队占领了欧洲北部沿海地区的汉堡、不来梅、卢卑克、但泽、科尼希斯贝格等重要港口。统率波兰军队的是他手下的达武元帅,而担任波兰大公的则是对他服服帖帖的萨克森国王。奥地利是在他面前忍气吞声的战败国,普鲁士正在遭受法军铁蹄的踩踏,原先显得不可一世的沙俄已成为其不平等的盟国。至于英国,似乎大可通过大陆封锁体系断绝它与欧洲大陆各国的来往。试问,法兰西何时有过如此广阔的疆域?欧洲有史以来又有几个人拥有如此大的权力?

五、帝国的盛极而衰与覆灭

随着法兰西大帝国疆域的不断扩大,拿破仑在国人中的声望日益增高。人们甚至给这位未到不惑之年的伟大征服者加上了"大帝"的称号。此时的拿破仑可谓是淫威逼人,目空一切。在他看来,天下已没有他做不到的事。因此,他没有理由不指挥一切,控制一切。很快地,拿破仑政权凸显了君主独裁的所有特点。立法机构形同虚设,他的意志就是法律。

作为一位高明的统治者,拿破仑在对来自各方面的反对派大施淫威,使其鸦雀无声的同时,非常重视对教育体制的改革,以便教育工作能更好地用帝国的标准来铸造年轻一代,确保帝国长治久安。1806年5月,拿破仑下令成立帝国教育团(或称法兰西大学院)来垄断教育。帝国教育团设有一名总监,又辅之30人组成的评议会和督学团。该机构实际上是全国各级学校的行政领导组织。在它下面,全国分设29个教育区,各区均设一教育长。在帝国的教育体制中,初等教育几乎完全被忽视,其主要由教会负责;中等教育由国立中学负责,教师必须经过国家师资考试,学生一律穿制服,须遵守军事纪律,一犯大过即被开除;高等教育则由大学,尤其是革命时期建立的专门学院负责,如高等师范学院、综合工业学院、矿业学院、医学院与法学院等,其任务是培养帝国所需要的工程师、军官、教师、科学家。在这些专门学院里,执掌教鞭者中不乏在法国近代科技史上占有重要地位的杰出学者,如蒙日、拉普拉斯、安培、拉马克等。

拿破仑深知,宗教是维持"社会秩序的秘诀"。在他看来,已驯服于现政权的教士,比斯塔尔夫人和邦雅曼·龚斯当之类的自由主义的"空论家"要有用得多。因此,他给前者支付了薪俸,却把后者逐出了国境。不过,教士们在领受薪俸时,必须保证向儿童传授《帝国教理问答》。这部根据路易十四统治时期出自法国主教博絮埃之手的《教理问答》改写的小册子,里面明确规定了法国人对皇帝应尽的义务。其中还包括这样的段落:"问:你怎样看待那些没有对皇帝尽义务的人? 答:按照使徒圣保罗的教导,他们这样做是抵制上帝亲自建立的秩序,他们将被永远打入地狱。"[1]

---

[1] 米盖尔:《法国史》,商务印书馆1985年版,第304页。

第七章 ● 拿破仑的崛起与第一帝国的兴亡

《帝国教理问答》的内容表明,原先明确认为自己的权力乃筑基于人民的信任和委托上的拿破仑已然感觉到,若要让波拿巴王朝世代相传,就有必要昭示自己是"受命于天意",也就是说公开接受历代王朝信奉的"神授君权"的公式。这无疑是一种倒退。然而,拿破仑的倒退又何止表现在这一点上。他与旧制度的联姻以及建立"帝国贵族"制度,难道不也是巨大的倒退吗?

如果说拿破仑在刚披上皇袍时,对帝王的高贵出身和皇帝的称号还不甚介意,那么,随着法兰西大帝国的建立与自己地位的巩固,他开始疏远和背离革命原则,并在表现出越来越强烈的帝王思想同时,逐渐地屈服于正统主义原则。为了使自己创始的王朝后继有人,拿破仑不惜休掉未曾给他生下一男半女,且已失去生育能力的约瑟芬皇后。更有甚者,他在物色新皇后时,目光仅盯住欧洲几家最正统的古老王朝。拿破仑首先向沙皇的妹妹求婚,在遭到以皇太后为首的俄国宫廷拒绝后,又向哈布斯堡王室提亲。在瓦格拉姆战役中遭到惨败的奥王为了赢得喘息时机,只得同意将其长女,年方十八的玛丽·路易丝嫁给拿破仑。由于哈布斯堡王室是神圣罗马帝国的嫡系,欧洲大陆上的一等世家,能够与之联姻,无疑极大地满足了拿破仑的虚荣心。不过,广大法国人却对此不以为然。因为这位奥地利公主并非别人,她恰恰是路易十六王后玛丽·安托瓦内特的侄女,而在不少法国人的心目中,路易十六王后不啻是一颗灾星。由此,一位曾把拿破仑视作革命化身的青年军官失望地写道:"全世界对玛丽·安托瓦内特有清晰的记忆,她给我们带来了多少苦难。可是,现在又来了一位奥地利公主!第一个奥地利公主给我们招致了许多不幸,第二个奥地利公主如果再把不幸带给我们,那么,皇帝提供了什么样的因果关系?唉!人民把它看作为第二次灾难,这是多么的有道理……第二次联姻一样是不吉祥的。我们可怜的法国!"[①]

为让自己更像一个正统皇朝的皇帝,拿破仑在迎娶奥地利公主之前,还大张旗鼓地建立了"帝国贵族"制度。从1808年到1814年,拿破仑前后册封了几十个亲王和公爵,数以百计的伯爵和上千个男爵。在帝国贵族中,旧贵族出身的占22.5%,资产阶级出身的占58%。这个新旧贵族的联盟构成了拿破仑帝国的重要社会支柱。此外,为了在宫廷礼仪方面

---

① 李元明:《拿破仑评传》,中国社会科学出版社1984年版,第189页。

拿破仑册封"帝国贵族"

能与欧洲其他宫廷相媲美,拿破仑还恢复了波旁王朝繁缛的朝仪,并且不时举行穷极奢华的各种典礼与舞会。

对于拿破仑上述行为的意图与结果,恩格斯曾一针见血地指出:"拿破仑最大的错误就在于:他娶奥国皇帝的女儿为妻,和旧的反革命王朝结成同盟;他不去消灭旧欧洲的一切痕迹,反而竭力和它妥协;他力图在欧洲帝王中间取得首屈一指的声誉,因此他尽量把自己的宫廷搞得和他们的宫廷一样。他降低到了其他帝王的水平,他力图得到和他们同样的荣誉,拜倒在正统主义原则之前,因此很自然,正统的帝王们便把篡夺者踢出了自己的圈子。"①毋庸置疑,此时的拿破仑帝国是强盛的。但这种必须靠战争来维持的强盛又必然是不稳固的、虚弱的、暂时的。一旦战争失利,帝国的衰落乃至倾覆也就指日可待。后来的事实也清楚地证明了这一点。不过,说到拿破仑帝国由盛而衰,就不能不提到他的大陆封锁政策。

虽然拿破仑在欧陆无往不胜,但面对海峡对岸的英国,他却一时束手无策。因为特拉法加海战清楚地表明,法国在海上完全不是英国的对手。无奈之中,拿破仑在1806年11月、1807年12月先后签署了著名的《柏林敕令》和《米兰敕令》,禁止欧洲大陆各国同英国有任何通商来往。显然,拿破仑企图用暴力迫使经济上远比法国强大的英国在这场经济封锁战中屈膝投降,同时迫使欧洲大陆各国为此承担巨大的牺牲。英国虽然在初期受到了沉重的打击,但它不仅很快就恢复了元气,而且其经济力量在封锁期间还得到了加强。相反,由于大陆封锁而导致的原料不足和市

---

① 《马克思恩格斯全集》第2卷,第638页。

第七章 ● 拿破仑的崛起与第一帝国的兴亡

场缩小,却使法国原本就薄弱的工业生产雪上加霜,甚至酿成了经济危机。与此同时,不少大陆国家因本国经济由此造成的损失惨重至极,对大陆封锁非常不满。问题的严重性还不仅于此。拿破仑若想使大陆封锁令不至于成为一纸空文,就必须控制全部欧洲的海岸线,而这实际上是他力所不及的。让他恼火的是,在大陆封锁期间,英国通过大规模的走私活动,仍源源不断地将货物运往欧洲大陆,使大陆封锁体系形同虚设。而葡萄牙和西班牙所处的伊比利亚半岛漫长的海岸线,正是英国向欧陆走私的主要途径之一。于是,拿破仑决定派兵征服伊比利亚半岛。

1807年11月,拿破仑派兵入侵葡萄牙。翌年2月,又趁西班牙统治集团内讧,派缪拉元帅率军进驻西班牙,并逼迫西班牙波旁王室把王位让给拿破仑的长兄约瑟夫·拿破仑。拿破仑的蛮横行径激起了西班牙人民的极大愤慨。同年5月2日,马德里爆发了人民起义。马德里的起义虽然很快遭到缪拉的血腥镇压,但在其影响下,武装起义已迅速席卷西班牙各省。起初,拿破仑并没把这些身着破衣烂衫、手持砍刀、铁棍或生锈枪支的西班牙农民、牧人、工匠放在眼里,认为他们只是不堪一击的乌合之众。没想到,正是这些为夺回自己家园而奋不顾身的"乌合之众",竟然打得法军将领杜邦在距马德里160英里的拜兰率近2万名法军官兵投降,导致拿破仑军队战无不胜的神话宣告破灭。才坐上西班牙王位的约瑟夫吓得抱头鼠窜。拿破仑闻讯后气得七窍生烟,遂在11月亲率20万大军扑向西班牙。拿破仑在用武力把约瑟夫重新扶上王位后,以为大局已定,便匆匆赶回巴黎去对付第五次反法同盟。孰料,一俟拿破仑离开,西班牙人民就广泛展开游击战争,打得法军顾此失彼,坐卧不宁。就这样,西班牙人民在6年内,拖住了几十万法国的精锐部队,并在最后取得了胜利。从西班牙战争起,拿破仑的军队在欧洲已从解放者蜕变为占领者。而西班牙人民在抗法斗争中表现出来的顽强精神与所取得的成就,则极大地鼓舞了欧洲其他民族的人民,激励他们起来反抗拿破仑的统治。

拿破仑在伊比利亚半岛的失利,唤起了奥地利复仇的希望。不久,奥地利与英国组成了第五次反法联盟。1809年4月,奥军不宣而战,向法军发起进攻。5月下旬,在著名的阿斯佩恩—埃斯林大会战中,法军败北。2万名法军被击毙,拉纳元帅和许多将军战死。显然,这次失败比法军在拜兰的投降具有更为深刻的影响,因为它是在拿破仑亲自指挥下失败的,而后者似可归因于拿破仑的部下指挥不当。很快地,整个德意志由于拿破仑在埃斯林的失败而骚动起来,拿破仑在这一地区的统治岌岌可危。好在拿破仑在7月的瓦格拉姆战役中取得决定性胜利,既挽回了自己的声誉,又迫使奥地利再次以失败者的身份求和。

再次打败奥地利和战胜第五次反法联盟,令拿破仑狂妄的征服野心重新受到鼓舞。不久,他不仅兼并了罗马教皇国,软禁了罗马教皇,还兼并了荷兰、汉撒同盟与奥耳登堡。至此,法兰西大帝国在全欧洲拥有130个省,共4 300万"法国人"。从表面上,帝国的强盛在此时已达到顶点。然而,在"强盛"的外表下面,将导致帝国大厦崩溃的因素正越积越多:大陆封锁引发了法国的经济危机,国人已开始厌倦战争,毫无希望的西班牙战争正大量消耗着法国的人力、物力,莱茵河彼岸的德意志民族正在酝酿一场反对拿破仑的大规模起义,法俄矛盾的日趋激化。

法俄矛盾的激化首先是大陆封锁政策引起的。由于大陆封锁严重地影响了俄国经济的发展,迫使沙皇决定摆脱大陆封锁体系对俄国的约束。沙皇于1810年12月,沙皇下令准许中立国的船只驶入俄国港口,此举实际上无异于恢复了对英贸易;翌年,他又大大提高了对法国工业品的进口税;1812年4月,沙皇更宣布全面开放俄国港口。由此,大量的英国货物由波罗的海涌入俄国,再由俄国广泛地流入德意志、奥地利、波兰和欧洲大陆各地,使大陆封锁体系近乎瘫痪。对于亚历山大一世在大陆封锁问题上的背叛乃至敌对行为,拿破仑怒不可遏。加之多年来,法、俄两国在争夺土耳其、波兰和德意志问题上本就存在着尖锐的矛盾,遂使拿破仑坚定了向这一北方大国开战的决心。因为,此时的拿破仑已容不得在其帝国边界上还有一个不驯服的国家存在,同时,他更深信:只有痛击亚历山大,迫使俄国俯首称臣,才能真正统治欧陆,也才能最后战胜英国。届时,"巴黎将成为世界的首都,法国人将成为万国妒羡的对象"。1812年6月24日,在拿破仑的亲自统率下,61万大军开始越过涅曼河,侵入幅员辽阔的俄国,并于8月17日晚开始攻占通往莫斯科的重镇斯摩棱斯克。正是在这里,法军受到了俄军的顽强抵抗,双方均损失惨重。更有甚者,俄军在撤退前烧毁了全城,给法军留下了一座火光冲天、尸积如山的空城。斯摩棱斯克之战结束后,俄军为保存实力,采取了退却战术。而法军则继续追击。9月5日,被重新起用不久的老将库图佐夫统率的俄军,在莫斯科附近的博罗迪诺与拿破仑军队展开了血战。双方伤亡均在4万人以上,拿破仑还损失了47名将军。这虽是一场双方都认为(尽管都很勉强)自

第七章 ● 拿破仑的崛起与第一帝国的兴亡

已是胜利者的会战,但它已不能给拿破仑增添多少军事上的光彩。9月14日,当法军进入莫斯科时,发现它已是一座死寂的空城。当晚,莫斯科发生大火,连续3天不熄。此时,放弃莫斯科后的俄军已不再后撤,而是调整兵力,准备反攻。可以说,拿破仑实际上已被围困在莫斯科。于是,他连续3次派遣使臣向沙皇求和,但均遭亚历山大一世拒绝。就这样,拿破仑在莫斯科度过了求和不成、欲战不能的5个星期。随着严寒的冬季即将到来,自知已失去战机的拿破仑不得不决定战略撤退。自10月19日从莫斯科撤出后,法军沿途不时受到库图佐夫部队、哥萨克骑兵和农民游击队的夹击,狼狈不堪。在撤退途中,拿破仑得到巴黎发生未遂政变的消息。心急火燎的他决定把军队交给缪拉指挥,自己在几名亲信的陪同下昼夜兼程,先行返国。

巴黎发生的未遂政变,表明拿破仑的皇座已开始不稳,而远征莫斯科失败的后果则更是灾难性的。俄罗斯卫国战争的胜利,极大地鼓舞了欧洲被奴役国人民的反法民族解放斗争,帝国的覆灭指日可待。1813年春,俄、英、普、奥、瑞典等国结成第六次反法同盟,向法军展开了猛攻。在半年多的时间里,双方几度交手,互有胜负。但在同年10月16—19日的莱比锡会战(史称"民族之战")中,由于联军人数比法军多出一倍,加之拿破仑的盟军萨克森军队在大战方酣之际于阵前倒戈,法军败北。拿破仑被迫率残部退回莱茵河左岸。莱比锡会战后,法兰西大帝国土崩瓦解。德意志各邦和荷兰等地相继摆脱拿破仑的统治,西班牙也被英军占领。不久,战火燃烧到法国境内。面对大军压境,作为法兰西战役的直接组织者和指挥者,拿破仑施展了自己的全部精力与军事才能,连打了几个漂亮仗。反法联军在屡遭败绩后,被迫改变策略,竭力避免与拿破仑正面交战,而以压倒优势的兵力直接向巴黎进攻。1814年3月29日,反法联军兵临巴黎城下。次日,因无法抵挡反法联军的猛烈进攻,负责保卫首都的马尔蒙元帅率部投降。正带领近卫军赶回巴黎解围的拿破仑闻讯后大惊失色。3月31日,沙皇与普王进入巴黎。

4月1日,在英、俄、奥、普四大国的策划下,组成了以"政坛不倒翁"著称的前外交大臣塔列朗为首的临时政府。4月3日,元老院和立法院联名宣布废黜拿破仑。但是,拿破仑并不想屈服,他还想再做困兽之斗。可是,让他又惊又恼的是,他手下的元帅们不仅拒绝出战,而且还劝他退位。这时,拿破仑才痛感大势已去。4月6日,他违心地签署了退位诏书。同日,早就以路易十八自居的普罗旺斯伯爵借助外国的刺刀登上了王位。偌大的帝国就这样覆灭了。拿破仑在退位后因感到绝望曾吞服鸦片试图自杀,但经抢救脱险。在这之后,他的心情反倒平静了许多,并完全摒弃了自杀念头。4月11日,他与奥、普、俄签订了《枫丹白露条约》,条约规定,他可在退位后终身保留皇帝的称号,拥有厄尔巴岛的完全主权,每年领取200万法郎的年金。

4月20日,拿破仑获准在枫丹白露宫同对他忠心耿耿的近卫军告别,下午1时,脸色苍白的拿破仑出现在枫丹白露宫大院马蹄掌形台阶上,挥泪告别了跟随他戎马生涯20年的将士们。因此,枫丹白露宫大院又称"告别院"。4月28日,拿破仑登上英国军舰,前往厄尔巴岛去"统治"这个介于他的故乡科西嘉和意大利的地中海小岛。名为皇帝,实为囚徒。不过,这位曾创建法兰西大帝国的"厄尔巴之囚"果真会心甘情愿地终老于这小岛吗?

六、"百日"——拿破仑英雄史诗不可或缺的"后记"

拿破仑的英雄史诗并没有在枫丹白露完全结束,它至少还有一篇不可或缺的"光荣的后记",这就是震惊世界的"百日崛起"。

拿破仑被流放到厄尔巴岛时,被允许保留400人的武装卫士,此外,还有700名老近卫军士兵自愿前往厄尔巴岛保卫自己爱戴的皇帝。在这些人的陪伴下,其权限仅囿于该岛的"皇帝"很快从心灰意懒的阴影中走了出来,并以他固有的精力和热心来治理这个微型的"国家"。在短短几个月的时间里,他就在岛上取得了骄人的政绩,并由此得到了初时对他充满敌意的岛上的居民的拥戴。拿破仑在岛上的表现使名为来访、实为监视的英国代表确信:现在,拿破仑除了这个小岛以外,对什么东西都不再感兴趣了。

然而,英国人错了。事实上,身处孤岛的拿破仑从未放弃过重返欧洲政治舞台的雄心,并始终与国内的波拿巴分子保持着秘密联系。他很快就了解到,路易十八之流在复辟后的倒行逆施,已使整个法国瞬息之间倒向了三色旗一边。人们在痛恨不得人心的波旁王朝的同时,自然而然地忘却了帝国的苦难而只怀念它的光荣。军队首先提出问题:"拿破仑在哪里?他什么时候再出现?"国内舆情的变化,使拿破仑感受到绝处逢生般

第七章 拿破仑的崛起与第一帝国的兴亡

的喜悦和激动。不久,一个惊人大胆的计划在他的心头逐渐酝酿成熟。

1815年2月26日,在夜色的掩护下,拿破仑率领数百名卫士与近卫军官兵分乘几艘船只悄然出航。他们巧妙地躲过了英国和法国的巡逻舰,向法国驶去。在靠近法国南海岸的海面上,对此番冒险行为充满自信的拿破仑向其部下保证说:"我不放一枪就能到达巴黎!"3月1日,拿破仑安然抵达法国的儒安港。他一上岸就向军队发表了令人怦然心动的演说:"你们的将军,原来是人民按自己的意志把他送上皇位的,原来是你们用盾牌把他高高举起的。现在我回来了,回到你们当中。你们来吧,同他在一起。你们现在的那些旗帜,原是全国人民禁止使用的,法国人民的敌人正是在那些旗帜下聚集在一起的。扔掉那些旗帜吧!戴上三色帽徽吧!过去你们曾经戴着三色帽徽赢得辉煌的胜利。我们决定不再像以前那样去充当其他许多民族的主人,但是我们也决不能忍受其他国家来干预我们的事物。……士兵们!集合在你们领袖的旗帜下吧!他的存在同你们不可分割。他的权利就是人民的权利,你们的权利。"[①]

拿破仑的演说辞迅速在六边形土地上传播着。在热烈的欢呼声中,拿破仑开始向巴黎挺进。波旁王朝闻讯后惊恐不安,连忙派大军四处拦截。当拿破仑一行顺利抵达格勒诺布尔郊区的拉弗雷隘口时,遇到了严重的危险:两个半步兵团和一个骑兵团已奉命在此阻截、消灭他们。手中并无多少武器的拿破仑一行要想同这些配有重炮的团队交锋,无异于以卵击石,更何况,拿破仑早已决定不发一枪而赢得整个法国。于是,拿破仑命令自己的士兵左手持枪,枪口朝下,然后领头向前走去。当队伍快接近对方的射击距离时,他用手势让他的士兵止步,自己一个人径直走到列队端枪的敌军面前。只见他解开了上衣,挺起了胸脯,对着持枪待射的敌军士兵喊道:"士兵们,你们认出我了吗?你们当中谁想打死自己的皇帝?那就开枪吧!"刹那间,对方阵营大乱,士兵们流着眼泪,争相扑向拿破仑,"皇帝万岁"的欢呼声响彻云霄。就这样,这几个团的官兵迅速地站到了拿破仑一边。此时,拿破仑从厄尔巴带来的那支小队伍已变成了一支名副其实的军队。

3月10日,拿破仑军队抵达法国第三大城市里昂,沿途受到农民和工人的热烈欢迎与支持。随着整团整团的王家军队倒向拿破仑,拿破仑

---

① 李元明:《拿破仑评传》,中国社会科学出版社1984年版,第234页。

军队日见壮大。在得知拿破仑军队正浩浩荡荡地向巴黎逼近时,已如惊弓之鸟的路易十八慌忙调内伊元帅前去阻截。曾为拿破仑手下勇将的内伊,在领命时还向路易十八夸下海口,说他将用一只铁笼把拿破仑装在里面送到巴黎。然而,正是这位内伊,最终却在阵前重新倒入皇帝的怀抱。内伊的倒戈,无疑使波旁王朝失去了最后一道防线。3月19—20日,不久前还吹嘘要永远留在巴黎的路易十八仓皇逃往里尔。3月20日,拿破仑重返杜伊勒里宫,再次登上了皇位。

拿破仑没有食言,他确确实实不费一枪一弹就重新返回了巴黎。毋庸讳言,这是一个奇迹。但这一奇迹的出现,最终得归因于人民的力量。确切地说,是因为经过法国大革命洗礼的法国人民无法容忍"什么也没学会,什么也没忘记"的波旁王朝的倒行逆施。他们在路易十八和拿破仑之间,他们坚定地选择了后者。

拿破仑东山再起后,重新统治法国近100天,史称"百日王朝"。再度成为法国皇帝的拿破仑已从法兰西大帝国的失败中吸取了不少教训,包括迅速意识到,对那些主张代议制政府和君主立宪原则的自由主义人士,他必须作出一系列关乎自由的让步。对此,夏多布里昂曾犀利地指出,拿破仑"认为自己不得不比路易十八走得更远,不得不转到民族主权的源头。他这个曾经作为主宰把人民踩在脚下的人,竟然不惜把自己装扮成民官,不惜模仿起革命的开端,结结巴巴地操起自由的老调"。由此,他多次声言,重建的帝国将与过去不一样,它的主要内容是保证和平和自由。为了赢得大多数国人的支持,拿破仑废除了波旁王朝在复辟后颁发的所有危害革命成果的法令,同时在19世纪初期法国名列前茅的自由主义政治思想家邦雅曼·贡斯当的协助下,制定具有自由主义色彩,甚至被一些人誉为"1815年版的《人权与公民权宣言》"的《帝国宪法补充条款》。在《帝国宪法补充条款》中,两院(贵族院与众议院)对政府的控制权有所扩大,新闻自由得到保证,人民权利得到承认。拿破仑甚至还任命一贯反对其独裁的卡尔诺为内务大臣。此外,他还多次郑重宣布,法国绝不谋求对欧洲的统治权。不过,他在表明这一立场的同时,也明确表示,坚决反对外国对法国任何形式的干涉。

正在维也纳举行会议的欧洲各国君主和首脑在听到拿破仑卷土重来的消息时,犹如五雷轰顶。为了共同对付这个"科西嘉怪物",他们把有关瓜分领土的争吵暂时搁在了一边,匆忙宣布拿破仑为"人类之敌",并迅速

第七章　拿破仑的崛起与第一帝国的兴亡

组成第七次反法同盟。刹那间,总数高达近百万的反法大军铺天盖地向法国扑来,而拿破仑费尽九牛二虎之力组织起来迎战的军队尚不足20万。而且,这20万人中有半数没有军装,1/3没有武器。鉴于双方力量过于悬殊,1815年6月,拿破仑决定在俄、奥军队越过莱茵河与英军、普军会合以前,先下手击溃英国和普鲁士驻在比利时的军队,然后再转过来对付俄、奥大军。6月15日,拿破仑率军进入比利时。在相继取得一些小规模的胜利后,6月18日,在布鲁塞尔以南20公里的滑铁卢,法军与英军展开了激战。当时,英军坚守在此地的圣让山上,而法军则力图抢夺这个制高点。由于一场瓢泼大雨使道路泥泞不堪,拿破仑不得不把首次进攻的时间推迟了几小时。在威灵顿的指挥下,英军虽然顶住了法军4次排山倒海般的冲锋,但已逐渐不支。就在这千钧一发的时刻,英军及时地得到了布吕歇尔率领的3万普军的增援。在腹背受敌的情况下,尽管法军官兵英勇异常,但最终仍未能敌过在援兵到后士气大增的英军和在布吕歇尔煽动下民族情绪高昂的普军。

对拿破仑来说,滑铁卢之战是决定性的,因为他已几乎把所有的宝都押在了上面。也正是这一原因,滑铁卢之败,也必然意味着拿破仑传奇式的军事生涯和政治生涯最终结束。6月21日,拿破仑垂头丧气地率残部回到巴黎。翌日,他被迫签署了退位诏书,从而结束了"百日王朝"的统治。不久,拿破仑作为战俘被放逐到大西洋南部一座名副其实的孤岛——圣赫勒拿岛。由此,这位曾经给祖国带来巨大声誉和灾难,并把欧洲闹得天翻地覆的一代豪杰,不得不在这个距离任何一个大陆都很遥远的英属火山岛上,在英国人的严密监视下度过余生。不过,拿破仑即使生活在与世隔绝的小岛上,也始终意识到欧洲正在注视着他,意识到自己会在历史上占有引人注目的地位。故此,他几乎每天向伴随他的亲信、伙伴口述自己的身世、经历以及成功的秘诀和失败的教训。这些材料后来被人整理成《圣赫勒拿回忆录》,它构成了拿破仑神话的主要来源。1821年5月5日,拿破仑与世长辞,时年仅52岁。

作者评曰：

法国人在缅怀法兰西昔日的强盛时,如同绝不会忘记"太阳王"的辉煌,往往都会不由自主地带着崇拜和自豪的口气提到拿破仑以及由他创建的拿破仑帝国。尽管如此,围绕着该如何评价拿破仑这一问题,两百多

法国通史

年来,一代又一代的历史学家与各式人等还是分别做足了文章。其中,既有人用最动听的言辞赞美他,也有人用最恶毒的语言诋毁他。对此,笔者以为,只要言之成理,持之有据,人们大可见仁见智,直抒己见。依笔者管见,拿破仑既不是仁慈万能的上帝,也不是邪恶狰狞的魔鬼,而是一个集大善与大恶于一身的人。纵观其非凡经历,拿破仑不仅集军人、统治者和立法者于一身,还以这些身份或角色成功地充当了"革命遗嘱的执行人",即通过战场上的胜利、治国理政时的制度创新以及制定《民法典》之类的法律,卓有成效地充当了大革命重大成果的实际继承者和巩固者。然而,人们还要看到,拿破仑既给法国带来了巨大的荣耀,也给法国造成了惨重的灾难,而且他在把欧洲闹得天翻地覆的过程中,始则固然是旧制度的破坏者与各国人民的解放者,但后来却蜕变为有无限征服野心的侵略者。而这一切,很大程度上都是其个人的权力无限扩大给闹的。对此,19世纪法国著名的政治家与历史学家阿道夫·梯也尔曾得出这样的结论:"这位伟大人物的一生,对于军人、统治者和政治活动家都是极有教益的,也包含着对于公民们的教训。它教导他们决不应该让他们的国家听任一个人的权力去摆布,不管他是谁,不管在什么情况下!"[①]笔者深信,梯也尔的这段话也会给中国读者以启迪。

[①] 王养冲、陈崇武选编:《拿破仑书信文件集》,上海人民出版社1986年版,第601页。

第八章 波旁复辟王朝

一、波旁王朝的第一次复辟

1814年4月6日,拿破仑违心地签署退位诏书那天,元老院在反法联盟的授意下,通过新宪法,宣布法国为世袭君主制,同时召唤路易十八回国登基。路易十八原为普罗旺斯伯爵,是大革命中被推上断头台的路易十六的弟弟,且在路易十六年幼的儿子即路易十七病死于监狱后,早就以路易十八自居。不久,路易十八回国登基。当波旁王室的白百合花旗在法国上空重新飘扬时,极端君主派的著名思想家德·迈斯特尔曾伤感地如是写道:"如果认为法国国王是重新登上他祖先的宝座,那就错了。他不过是重新登上了拿破仑的宝座。"①

此言不虚。它深刻地揭示了这样一种不争的现实:1814年的法国已经不是1789年以前的法国,革命已使六边形国土上发生了翻天覆地的变化,复辟后的波旁王朝必须得正视这一切。作为一名尚识时务者,路易十八深知自己不可能完全恢复法国大革命以前的社会制度和国家制度。同时,他也知道,与新体制和新的支配阶级实行必要的妥协,是他最为明智的抉择。为此,他在进入巴黎的前一天,在巴黎西北不远的小镇圣多昂发表了著名的"圣多昂宣言",允诺自己将尊重民主宪政。不过,路易十八在声明自己将保留新宪法的一些主要规定,如公民的自由与平等、国有财产的出售、维持帝国各项制度及立宪制政府原则等的同时,也公然宣称,他

---

① 参见张芝联主编:《法国通史》,北京大学出版社1989年版,第242页。

只把这个宪法看成一个草案,自己不久将"钦赐"一个"宪章"。经过必要的准备,同年 6 月 4 日,路易十八签署了 1814 年宪章。值得注意的是,路易十八把签署宪章这一年称为他统治的第 19 年,以示他从 1795 年"路易十七"死后就继承了王位。

路易十八在"钦赐"宪章前乞灵于圣路易与亨利四世

1814 年宪章无疑是旧制度与产生于 1789 年革命的新社会相互妥协的产物。在它的 74 项条款中,既表现出对大革命成果的让步和法律确认,又反映出正统意识以及恢复旧制度的倾向。法国此期的支配阶级——大资产阶级开始时相当满意地接受了这个宪章。然而,正当这些"显贵"们期待着路易十八像英王那样按照议会多数的愿望选用大臣,也就是说把政府交给他们时,他们失望地发现,路易十八全然无意效法英王。他的大臣只不过是国王的高级雇员,且无须对两院负责。更让大资产阶级感到失望的是,因过于贪吃而体型肥胖,又由于懒散和身患糖尿病而显得早衰的路易十八,出于种种原因,竟然听任英国的威灵顿等外国人插手法国政务。由此,大资产阶级对路易十八很快产生了不满情绪。

对法国广大老百姓来说,复辟后的波旁王朝更是一钱不值。人们之所以容忍路易十八,只因为他是反法联盟强加给法国的;而且这些飞扬跋扈的外国人还以此作为实现和平与从法国领土撤军的条件。也正因为如此,人民不仅不会为实现和平而感激路易十八,反而把白百合花旗视为国耻的标志。不过,虽然 1814 年宪章没有片言只语能引起人民的热情,但只要路易十八不恢复旧制度时的种种特权,不再征收什一税和各种封建租税,老百姓对这个政权也还是会听之任之的。

显然,老百姓的要求并不高,甚至可以说是低得不能再低了。但即便如此,也有人不想予以满足。这些人何许人也?他们就是随同路易十八回到巴黎的最顽固的保王党亡命分子。虽然 1789 年革命爆发已有四分

第八章 波旁复辟王朝

之一个世纪之久,但这些人却仍然"什么也没有忘记,什么也没有学会"。在百倍的疯狂和仇恨驱使下,他们力图夺回自己失去的一切。在他们当中,路易十六的另一位弟弟阿图瓦伯爵充当了领头羊的角色。在这些保王党亡命分子的压力下,路易十八不再准备兑现自己的诺言。他在短时间内把一万多名帝国军队的军官革职,只发给"半薪",招募贵族子弟建起享有高薪特权的王室卫队,恢复了贵族院,让贵族在政府部门和军队中充任高官显职,免除教会学校一切租税,并使教会不受政府任何管辖。此外,波旁王朝还把路易十六上断头台的那天定为"国丧日",为在基隆贝半岛登陆叛乱中被镇压的王党分子竖立纪念碑,追封因谋杀拿破仑而被处死的卡达杜尔为贵族。更有甚者,一些穷凶极恶的僧侣还公然叫嚣,要恢复什一税和收回早已被没收、出卖给农民和资产阶级的教会土地,他们甚至引证《圣经》,扬言只要购买过教会土地的农民将遭"天罚",被狗吃掉。

凡此种种,不能不引起广大法国民众的恐惧和愤怒。过去,他们不满过拿破仑的专横统治,但而今波旁王朝的倒行逆施则更令他们深恶痛绝。于是,他们自然而然地怀念起远在厄尔巴岛的皇帝。正是这种人心向背,使拥有庞大军队又获得欧洲各君主国全力支持的波旁王朝,竟在1815年3月的几星期中被拿破仑率领的一些把枪口朝下拿着的人轻而易举地彻底摧毁了。这可以说是一个奇迹。但这一奇迹的创造者与其说是拿破仑,毋宁说是那些使波旁复辟王朝日益不得人心的保王党亡命分子。

3月19日晚,在闻知拿破仑接近枫丹白露时,曾自吹要永远留在巴黎的路易十八仓皇出走里尔,继之又逃往比利时的根特。就这样,波旁王朝的第一次复辟被拿破仑的东山再起画上了句号。

二、再度复辟后的"白色恐怖"与"自由主义尝试"

当拿破仑在从厄尔巴岛到法国的途中宣称"我不放一枪就能到达巴黎"时,听者肯定以为这是痴人说梦。然而,这一几乎是不可能的事情竟然就奇迹般地发生了。而这一奇迹的发生,又再清楚不过地表明,波旁王朝在此期的法国是如何不得人心。鉴于此,在兵败滑铁卢的拿破仑宣布退位后,议院派出代表团去见"滑铁卢的英雄"威灵顿,提议以奥尔良公爵取代路易十八。其时,反法联盟中的一些君主,如沙皇亚历山大也有此意。但是,亚历山大此时不在巴黎,而正主宰着巴黎的威灵顿却明显倾向于波旁王朝。

逃往比利时的路易十八在获悉拿破仑战败后,立即兼程回国,想以既成事实使亚历山大等君主放弃扶植奥尔良公爵的念头。6月28日,他在坎布雷允诺尊重宪章的原则,宽恕"走入迷途的法国人"。7月8日,路易十八乘坐反法联军的辎重车进入反法联军占领下的巴黎,再即王位。由此,波旁王朝第二次复辟开始。

虽然路易十八声称要宽恕"走入迷途的法国人",但在波旁王朝再度复辟后,卷土重来的封建反动势力在六边形国土上实行了白色恐怖。为审讯大批的革命者和帝国同情者,波旁王朝设立了军事法庭和特别法庭,仅军事法庭就政治案件作出的有罪判决就高达1万件。当年的弑君者,即曾经主张处死路易十六的国民公会议员以及在"百日"中投向拿破仑的将领尤难幸免。白色恐怖最为猖獗的地方当属法国南部和西部。狂热的保王分子在马赛对共和派分子和拿破仑军队的官兵大开杀戒。在尼姆,大批的新教徒惨遭屠杀。布律纳元帅在阿维尼翁被保王派枪杀后,先是暴尸街头,然后抛尸罗纳河。与此同时,波旁王朝对从中央到地方的行政部门进行大清洗,有38个省长、115个副省长被免职,数以万计的官吏被更换,其中不少人被判处死刑、徒刑或流放。

在白色恐怖的笼罩下,法国在1815年8月分两级举行众议院选举。当选的众议员共402名,其中350名为贵族和上层教士、极端保王派。路易十八在闻知这一选举结果后惊叹道:"如此议会,举世无双。"由此,这届众议院就有了"无双议会"的别称。"无双议会"中的极端保王派或称"尖端分子"刚一当选,就要求用手铐、脚镣、刽子手、酷刑来对付反对旧制度的一切敌人。为此,他们首先拿警务大臣富歇开刀,以不允许弑君者再坐在内阁的板凳上为由迫使其辞职。时任枢密院主席兼外交大臣的"政坛不倒翁"塔列朗见状也准备找机会抽身引退。9月20日,当反法联盟把对法国极为苛刻的《第二次巴黎条约》的草案交给法国政府时,塔列朗不仅断然拒绝,而且还向路易十八提交了辞呈。此举使曾多次卖主求荣的他在国人中获得了"祖国牺牲者"的美名。

塔列朗挂冠而去之后,路易十八授命黎塞留公爵执掌内阁。黎塞留公爵系路易十三统治时的法国著名首相、红衣主教黎塞留家族的后裔。他在上任后不久即代表法国签订了《第二次巴黎条约》。该条约比1814年5月30日签订的《第一次巴黎条约》苛刻得多。条约规定:法国的领土缩回到1790年1月1日的边界;法国要付出赔款7亿法郎,外加对私人

第八章 波旁复辟王朝

赔偿2亿4千万法郎;反法联军15万人占领法国东部和北部海陆要塞3至5年,其占领费用(每年1.5亿)由法国负担;法国还须归还从别国掠夺来的艺术品。条约签订后,黎塞留政府想方设法缴纳赔款,包括在国内发行巨额公债。在占领军铁蹄的踩踏下,法国人民度日如年地忍受着拿破仑战争导致的灾难性后果。1818年,经过举国上下的共同努力,法国提前偿清了7亿法郎赔款。是年11月,反法联军相继撤出了法国。

黎塞留公爵虽然也素来敌视革命,反对拿破仑,但他深知,过分的白色恐怖反而会危及波旁王朝的统治,因此他在策略上表现得比较温和。对此,"无双议会"中的极端保王派大为不满。由于该议会被极端保王派所控制,内阁与议会在一系列重大问题上发生了冲突。如议会坚决要求扩大对大革命的参加者和帝国的同情者的镇压范围,并采用死刑,而内阁则主张适可而止;又如议会希望降低选举的纳税额限制,让比资产阶级更易操纵的农民获得选举权,并想以扩大选举权来笼络人心,削弱内阁的影响,而内阁则坚决不予同意;又比如,当内阁提出发行以国有森林为抵押的债券来偿还拿破仑帝国留下的债务时,议会则认为,国有森林原先多属于教会,理应还给教会,他们还振振有词地说,国家本来就不该偿还"犯上作乱者"所欠下的债。

黎塞留在和议会抗衡时,得到了警务大臣德卡兹的有力支持。后者是路易十八的宠臣,影响力非同一般。由于极端保皇派在全盘恢复旧制度方面的过激言行使波旁王朝人心失尽,又由于他们在债务问题上的态度使反法联盟成员国感到不安,1816年9月5日,路易十八在德卡兹的劝说下,在担心无法及时得到巨额赔款的反法联盟成员国的压力下,解散了"无双议会"。就这样,这个在诞生时受到路易十八赞美的议会,仅存在了一年就被路易十八亲手扼杀。

"无双议会"的解散昭示着极端保王派的失败。1816年10月,法国举行了新的议会选举。由于黎塞留内阁通过各地郡守施加压力,使当选者多为政府的支持者获得。在新议会的支持下,法国开始了君主立宪制的"自由主义尝试"。其间,新议会通过了新的选举法,规定今后议会选举在省会进行,而不是像极端保皇派所要求的那样在各区首府进行,此举无疑使城市资产阶级在选举时处于优越地位。让资产阶级感到心满意足的事绝不仅于此。1818年通过的古维翁—圣西尔法允许资产阶级子弟在中签后可找人替代自己服役,军官提升以服务年资为依据,凡未当过两年下级军官者或未经军事学校考试毕业者不得担任中级以上的军官,后一规定使贵族想恢复其指挥特权的幻想最终破灭。在宗教方面,主张维护法国教会一定的独立性,反对教皇权威至上的高卢教派终于压倒了教权派,使后者想签订新教务协议的企图未能得逞。在黎塞留公爵于1818年底离职前,法国还在1818年通过了一个自由主义的出版法。

这一时期是资产阶级自由派进行议会斗争的活跃时期。他们急于像在英国那样取得政权,力图把热衷于进行复仇的极端保王派逐出政治舞台。从1817年到1819年,资产阶级自由派在议会中的席位逐年猛增。1819年11月,德卡兹执掌了首相权柄。这位得到路易十八充分信任的原帝国法官按照自己的方式组织了一个非常宽容的政府。

然而,君主立宪制的自由主义尝试好景不长。1820年2月13日晚,一位自称受天启示的马鞍匠卢维尔在巴黎歌剧院门前用匕首将阿图瓦伯爵的次子、王侄贝里公爵刺死。众所周知,贝里公爵有可能继承王位。因而,将其刺死无疑是一种想使波旁王朝断嗣的举动。极端保王派抓住此事大做文章,意欲卷土重来。他们宣称,德卡兹对此负有责任,迫使其辞去首相职务。于是,惶恐不安的路易十八不得不重新起用黎塞留公爵。

三、查理十世在兰斯教堂加冕

黎塞留公爵再度出山时,已无法顶住极端保王派的巨大压力,新内阁不得不采取了极端保王派所提议的一些非常措施。如在1820年3月颁布的法令,规定任何一个嫌疑犯只要被控危害国家安全罪,便可被拘留3个月,不必送交法庭;重新建立报刊检查制度,报刊发行必须经事先批准,一批具有自由思想的报刊被查封;在1820年6月促使议会通过新的选举法——"双重投票法",规定最富裕的选举人有权投两次票来选举议员。

同年11月,法国再次举行议会选举。根据"双重投票法"选出的议会必然是较为反动的。由于极端保王派在这次议会选举中取得胜利,其代表维莱尔和科尔比埃尔双双进入内阁。在1821年10月的更新选举中,极端保王派再次取得胜利。此时,他们已越来越不想让过于温和的黎塞留执掌首相权柄。同年12月,黎塞留在极端保王派的谴责声中被迫辞职。继任首相的是维莱尔。这位来自图卢兹的伯爵很快就建立起了一个极端君主派内阁。该内阁的外交大臣是贵族出身的消极浪漫主义大师夏

第八章 波旁复辟王朝

多布里昂。

在立法议会中确保极端保王派的无可置疑的多数,成了维莱尔内阁关心的头等大事。由于内务大臣科尔比埃尔四处插手,1824年新选出的议会几乎没有自由派人士(仅剩15人)。得意忘形的极端保王派们把该议会称为"重获的议会",即重获"无双议会"。在取得这次选举胜利后,维莱尔内阁迫不及待地提交议会通过一条法律,确立立法议会任期7年。有了议会的可靠支持,政府就可以放手镇压了。警察、密探在到处搜捕"烧炭党"等秘密会社的成员,一个又一个反对政府的"阴谋"被"粉碎"。卡隆上校在科尔马,4个海军中士在拉罗歇尔相继被大张旗鼓地处决。这些"榜样"使舆论深为震惊。不过,为了从根本上拔除祸害,就得消弭公民社会不信仰宗教的现象。为此,教育总长弗雷西努斯主教亲自对各大学和专科学校横加干涉。他封闭了高等师范学校,中止了基佐在巴黎大学开设的历史课程,开除了11名医科教授,对法学院进行严密监视。在中学,各校的校长相继由一些教会学校的校长充任。至于小学,所有教师必须呈交由本堂神甫签署的品行端正证明书。可以毫不夸张地说,一阵黑色(指穿黑袍的教士)恐怖正随着白色恐怖弥漫在法国的上空。一时间,宗教职业成了雄心勃勃的年轻人择业时的首选。

1824年9月16日,路易十八驾崩。其弟阿图瓦伯爵继承了王位,是为查理十世。这位67岁的老翁一生中有相当长的时间是作为亡命者在国外度过的。路易十八在位时,他就是极端保王党的领衔人物,其居住的玛桑尔楼可谓是死硬的保王党人出入频繁的宫廷。查理十世极端厌恶君主立宪制,曾宣称:"宁可去锯树也不能按英王那种方式进行统治。"①为了威慑国人并引人注目地表示旧制度已恢复,查理十世坚决要求在兰斯大教堂举行十分隆重的加冕典礼。举行仪式时,查理十世身穿紫红袍,俨然是穿着主教服的主教。

如人们所预料的那样,查理十世继位后变本加厉地支持极端派进一步恢复"王位和祭坛"的权威。1825年4月颁布的《亵渎圣物治罪法》规定对亵渎圣体者处以死刑,对盗窃宗教物品者处以终身苦役。国王可以任意指令建立一些教团。与此同时,查理十世还颁布了《关于补偿亡命贵族十亿法郎》的法令,"慷慨地"赔偿逃亡贵族在大革命中的财产损失。每

---

① 米盖尔:《法国史》,商务印书馆1985年版,第336页。

位流亡者据此可以得到相当于他在1789年从自己财产上所得收入的20倍。在国王的怂恿下,极端保王派在1826年提出在最富裕的家庭里恢复"长子继承权"。翌年,他们又提出所谓的"正义和仁爱"法,意欲对所有的出版物课以重税,使其若无官方支持就难以为继。

  具有讽刺意味的是,极端保王派过度的反动反而对自由派有利。后者不久就博得社会舆论的好感。很快地,自由派通过众议院每年一度的补缺选举,逐步壮大了自己在众议院的力量。在1827年11月的选举中,自由派获得了250个席位,极端保王派只获得200个席位。在这种情况下,查理十世不得不免去维莱尔的首相职务,十分勉强地授命自由派人士马蒂尼亚克组阁。马蒂尼亚克上台后重新给报刊某些办报自由,并为满足反教权派资产阶级的要求,采取了一些措施,如禁止耶稣会教士开办新的教育机构,限制规模小的神学院中的学生人数。上述措施在极端保王派中引起强烈反响。于是,在查理十世暗中策划下,马蒂尼亚克在1829年8月倒台。接任首相的是原流亡分子、查理十世的亲信波利尼亚克。波利尼亚克内阁中不乏臭名昭著的人物,如内务大臣是以要求"对仇视宗教的敌人处以酷刑"而劣名远扬的拉布尔多纳耶,陆军大臣是滑铁卢战役中降敌的布尔蒙将军。这一切,自然在国内引起了普遍的愤慨。几天后,自由资产阶级舆论中最具有代表性的《辩论报》刊登了一篇抨击该内阁的文章。文章尖锐地指出:"科布伦茨、滑铁卢、1815年,这就是三条准则,这就是内阁中三位大臣的人品。不论从哪个方面来看内阁,它都令人惊骇,令人发指,……挤压、绞拧这个内阁吧。它流出来的只是凌辱、灾祸和危险。"[①]

四、波旁王朝的统治在"光荣三日"中最终崩溃

  社会上的不满情绪,由于经济危机的接踵而来而更加剧烈。从1825年起,法国与英国同时遭到第一次资本主义生产过剩危机的侵袭,一批批的工厂、银行相继倒闭。正如俗话说的,屋漏偏逢连夜雨。在工业、金融发生危机之时,法国的农业也极为不景气,先是作为主食的土豆产量暴跌,继而又是谷物的严重歉收。在短短的几年里,农产品的价格大幅上

[①] 米盖尔:《法国史》,商务印书馆1985年版,第337—338页。

第八章 波旁复辟王朝

扬,导致广大群众实际收入下降,生计难以维持。1829年冬季,法国一些地方出现了饥民骚动,乞丐成群结队要求政府开办慈善工场,反对粮商囤积居奇。翌年春天,由于接连出现了几场神秘的火灾,巴黎盆地一带民心鼎沸,一触即发。

在自由派报刊的推波助澜下,各种大大小小的骚动遍及全国,极端地敌视现存制度的抨击性小册子几乎在自由地流传,资产阶级组织的"拒纳捐税联盟"如雨后春笋般涌现。查理十世因知道自己的倒行逆施弄得民不聊生、怨声载道,长期不敢召开议会。但在1830年初,迫于议员和全国民众的强烈要求,他只得同意议会开会。3月2日,议会开幕。议员们群情激昂地对波利尼亚克内阁进行了抨击。3月18日,议会向国王呈交了一份由221名议员签名的致词。议员们在致词中指出:"陛下政府的观点要永远符合陛下人民的愿望,宪章把这作为公众事务正常进行的必要条件。陛下,我们的忠心和忠诚促使我们对您说,这种情况已不存在了。"① 一言以蔽之,致词在公开要求政府必须与议会大多数的意愿保持一致。

这一史称《221人致词》的历史性文献不仅明白无误地表达了要求推翻一个不得人心的政府的意愿,更重要的是,它提出了以代议制取代查理十世及其追随者力求复辟的旧制度。面对议员们提出的在法国建立代议制的正式要求,是违心地接受还是断然拒绝?不出人们所料,查理十世毫不犹豫地选择了后者,并下令让不听话的议会休会。5月16日,查理十世甚至悍然解散了众议院。国王在解散议会时,原以为波利尼亚克内阁刚在阿尔及利亚发动了一次顺利的战役,威望会有所上升,其支持者将在新的选举中取胜。孰料,在6月底7月初进行的选举以波利尼亚克内阁的支持者彻底失败而告终。作为反对派的资产阶级自由派从221席增至274席。

选举结果让查理十世目瞪口呆。但执迷不悟的他不久就决定,要不顾一切地硬干下去。于是,他在7月25日签署了4道敕令(史称《七月敕令》)。第一道敕令是取消出版自由;第二道敕令是宣布新的选举无效,解散新议会;第三道敕令是实行新的选举法,今后只有土地所有者拥有选举权,商人缴纳的营业税不再算作选举的财产资格;第四道敕令确定下次选

---

① 沈炼之主编:《法国通史简编》,人民出版社1990年版,第254页。

举在9月份分两级举行。

反动的《七月敕令》成了七月革命的导火线。7月26日,官方报纸《导报》公布了这4道敕令后,立即引起了资产阶级、学生、工人群众的强烈不满,点燃了人民愤怒的火焰。这天,一些资产阶级新闻记者、报纸编辑聚在《国民报》编辑部举行集会,表示不理会国王敕令,明天继续出报。《国民报》的创办者梯也尔充当了他们中间的"领头羊"。只见他大笔一挥,以《国民报》编辑部的名义草拟了书面抗议:"政府违反了法制,我们可以不服从……政府现在丧失了合法性,……我们反抗它。"上述言辞可谓是起义的宣言。

梯也尔在放下笔后对满屋子的同行慷慨陈词:"你们知道,抗议书下会摆着颗颗人头。好,交出我的。"话音刚落,他第一个在抗议书上签名。当天,成千上万的工人、手工业者、职员、小商人、退伍军官和部分士兵,在巴黎自发地举行声势浩大的群众集会和示威游行。"打倒波利尼亚克!""打倒波旁王朝!""宪章万岁!""自由万岁!"的口号响彻巴黎上空。

随着示威群众同前来镇压的国王军队之间的冲突愈演愈烈,7月27日,巴黎终于爆发了起义。当天深夜,在戈德弗鲁瓦·卡芬雅克和综合理工学院青年学生的领导下,街道上筑起了街垒。起义者拿着白天从枪支商店抢来的武器,同国王军队作战。从7月28日清晨开始,起义范围迅速地扩大。在几个小时的时间里,巴黎全城布满了用铺路的大石块、推倒的马车、家具及砍倒的树木筑成的上千个街垒。巴黎圣母院的塔上引人注目地飘扬着三色旗。8万多起义者同马尔蒙元帅统率的王室军队展开了激战。在战斗过程中,王室军队的一些官兵临阵倒戈。由于镇压不了起义者,加之手下已有1/3的人死伤逃亡,马尔蒙元帅不得不灰溜溜地率残部退守卢浮宫和杜伊勒里宫。7月29日,起义者向卢浮宫和杜伊勒里宫发起攻击。据守旺多姆广场的国王军队的集体倒戈,使驻守卢浮宫和杜伊勒里宫的王室军队完全乱了阵脚。中午时分,在起义者的猛攻下,马尔蒙率残部逃往查理十世避居的圣克鲁宫,卢浮宫和杜伊勒里宫被起义者所占领。当时,塔列朗通过其住所的窗子目睹了这历史性的一幕后看了看怀表,然后说道:"12时零5分,波旁王朝已经停止统治了。"从起义爆发到最终取得胜利,共历时3天。

在法国史学家的笔下,这3天是"光荣三日"。"光荣三日"无疑是1830年7月革命的高潮。在这3天中,起义者死亡的有六七百人,受伤

第八章 波旁复辟王朝

者约2 000人。死伤者的身份很能说明问题。他们大都是手工业者、小商贩、工人和学生,但没有一个资产者。更有必要指出的是,在街垒战爆发时,众议院的自由派议员皆怯懦地躲在家中,不敢参与战斗。就连那个率先在抗议书上签名的梯也尔,也在28日那天临阵怯场,仓皇逃出巴黎。

然而,在闻悉起义者的脚步已踏进卢浮宫和杜伊勒里宫后,这些自由派议员又一个个大摇大摆地抛头露面了。而梯也尔更是立马策鞭返回巴黎,急不可待地为资产阶级抢夺革命胜利果实。很快地,资产阶级自由派把起义领导权掌握在自己手里,并组成了以银行家拉菲特为首的市政委员会,任命拉法耶特为巴黎国民自卫军总司令。当时,查理十世仍屯兵郊外,伺机反扑,形势不容乐观。在这关键时刻,梯也尔力促把奥尔良公爵推上历史的舞台。

奥尔良公爵实际上是波旁王族的后裔,其远祖是路易十四之弟。与其他波旁王族的后裔不同的是,他的父亲"菲利普平等"在大革命时期曾主动放弃贵族头衔,并在国民公会中赞成处死路易十六,他本人则参加过保卫革命的热马普战役,且随复辟王朝回国后始终与资产阶级自由派往来密切。无疑,对法国资产阶级来说,奥尔良公爵确实是取代查理十世的理想人选。7月30日,梯也尔在《国民报》上发表了一篇由他起草的宣言,内称:"查理十世不能再回巴黎了,因为他是屠杀人民的凶手。然而,建立共和制会使我们欧洲不和,引起致命的纠纷。奥尔良公爵在战火中高举过三色旗,是唯一能够再次高举三色旗的人;他将从人民那里接过王冠。"①

路易·菲利普从拉法耶特手中接过三色旗

当梯也尔为奥尔良公爵出山大造舆论,且得到众多自由派议员支持时,奥尔良公爵本人正避居纳伊,静观事态的发展。深感自己在政坛上将时来运转的梯也尔自告奋勇充当说客。当天,他在拉菲特的派遣

---

① 参见吕一民主编:《世界著名首相传》,河南人民出版社1999年版,第8页。

下去求见奥尔良公爵。7月31日,奥尔良公爵进入巴黎。议会授予他为"王国摄政"。然后,一些议员立即把他带到市政厅,此时,起义的工人们正在那里准备建立共和国。在拉法耶特将军的陪同下,奥尔良公爵挥舞着三色旗出现在阳台上。就这样,通过这一重续1789年传统的象征行为,工人群众和共和派期望建立的共和国被大资产阶级"偷换"成了君主制。

8月2日,仍躲在朗布依埃城堡的查理十世见大势已去,宣布放弃王位,让位给波尔多公爵亨利五世,同时指定奥尔良公爵为摄政王。不过,奥尔良公爵并不愿从前国王手中取得王位。8月3日,巴黎派遣两万名士兵进军朗布依埃,强迫查理十世流亡国外。已如惊弓之鸟的查理十世立即取道瑟堡,慌慌张张地登船逃往英国。8月7日,两院联席会议通过1830年宪章,宣布奥尔良公爵路易·菲利普为"法国人的国王"。9日,新国王宣誓效忠于"立宪宪章"。不容忽视的是,新国王是在议会中加冕的。随着路易·菲利普国王登基,一个新的王朝——七月王朝诞生了。与此同时,波旁王朝在法国的200多年统治至此永远地被画上了句号。

五、复辟时期思想文化领域的四大景观

复辟时期的政治统治显然是极为黑暗的,其经济发展也乏善可陈,不过,让人觉得多少有些突兀的是,此期的思想文化领域却精彩纷呈,其中有几道明亮的风景线最为引人瞩目。它们是"信条派"(旧译"空论派")的出现及其活动、空想社会主义的思想、浪漫主义文学和用阶级斗争观点观照、阐述历史的史学家群体。从1789年到1814年,法国大革命的影响持续不衰。一方面,由革命和帝国推向极致的统合性中央集权制度在复辟王朝得到继承;另一方面,大革命对平等的过度追求,让这一时期的思想家普遍表现出对自由的渴望。后者得益于拿破仑帝国的终结,万马齐喑的局面得以打破,自由主义思想在法国迎来了空前繁荣的发展。需要关注的是,波旁复辟王朝作为后大革命时代的最初阶段,由于数个世纪的专制主义传统和法国大革命的恐怖记忆,导致其间有不少人从各自的立场出发,对大革命及其由此引发的自由、权利之类的问题进行探索。在这一过程当中,一些19世纪上半期的法国自由主义者,特别是所谓的"信条派"的表现颇为可圈可点。

第八章 波旁复辟王朝

活跃于复辟王朝时期的"信条派"谈不上是一个政党,充其量是由一群杰出的政治精英和知识分子组成的派别。起初,其成员仅有鲁瓦耶-科拉尔等屈指可数的几位。由于规模小到似乎一张长背靠椅就都坐得下,导致其政敌常以"长背靠椅上的哲人"来奚落他们。不过,虽然信条派规模不大,其能量却不容小觑。当时,该派成员普遍以其非凡的智力优势,在法国知识界和政界持续发挥举足轻重的影响。

作为信条派早期领袖,他们中最年长的鲁瓦耶-科拉尔曾任教于索邦,并自1789年起就投身于政坛。鲁瓦耶-科拉尔在王政复辟时期享有很高声望,七月王朝前夕被选为众议院院长,并且是《221人致词》的主要起草者之一,曾被托克维尔尊称为"全法国令人肃然起敬的榜样"。一如此期法国其他自由主义者,他态度鲜明地尊奉大革命的原则,反对绝对王权与暴力恐怖。同时,他还致力于在传统与革新之间寻求一个合适的中间地带。

信条派到了后来,日益以更年轻并充满活力的弗朗索瓦·基佐为主要代表。作为史学家出身的政治家,基佐出道很早,很年轻的时候就得以在学界、政界扮演重要的角色。而且,早在波旁王朝第一次复辟王朝时期,他就因为机缘巧合与"贵人"力荐,不仅得以充当时任内政大臣的秘书长,甚至还有机会参与1814年宪章的起草工作。拿破仑东山再起后,基佐与其他立宪君主主义者一样,并不相信东山再起的拿破仑会长久。然而,"百日王朝"的出现,迫使基佐不得不辞去秘书长的职务,重新回到书斋。好在对于他来说,卷土重来的拿破仑政权昙花一现,波旁王朝的第二次复辟接踵而来,由此,基佐得以再次被起用。不过,由于他的政治理念含有自由主义的成分,导致其在此期的两次任职都在极端保王派的压力下被免职。尽管基佐遭遇了其政治生涯中的第一个"低潮期",他却并未消沉,更不愿抛弃这一信念,即法国能够而且将拥有自由制度。暂别政治舞台期间,他继续写作,并完成了多部重要的著作。

基佐在自己的相关研究和思考中日益认为,18世纪的启蒙思想家们具有这一特点,即他们实际上往往缺乏建设的激情。究其主要原因,在于他们所处的18世纪乃是一个绝对权力泛滥的时代。与此同时,这一特点的出现也可归因于18世纪的启蒙思想家们与19世纪大多数自由主义者具有强烈的"政治"精神不同,往往拥有过于浓厚的"哲学"气质。为此,基佐进而指出:"18世纪的学派本质上是哲学的和文学的:政治引起了他们的关注,但它只是作为其中的一个目的,作为源于更深远的思想的一种运用……18世纪对热衷于研究与运用毫不相干的思想、真理和意志的兴趣远大于将其运用于成就政论家或立法者的兴趣。这是哲学精神的特征,完全不同于专心研究仅仅与社会事务有关的思想及其实施的政治精神。"基佐还不无尖锐地强调,正是18世纪的启蒙思想家对理性的执着与自负,导致其相信哲学可以且理应凌驾于政治之上,进而憧憬以"哲学"来构建现代社会。此外,在基佐看来,启蒙思想家的错误源于其"无比的大胆",这种鲁莽的大胆使他们神话了人类的理性,并错误地认为人类理性具有义不容辞地去改造世界的义务,且有能力创造出一个与传统社会彻底决裂的完美社会。18世纪启蒙运动思想家之所以企图以"天赋人权""社会契约""人民主权"等理论来构建新社会,其终极根源大致就在于此。

既鲜明又不谋而合的政治思想与理念,成为信条派新老成员得以紧紧联结在一起的根基。而且,他们所尊奉的均是"中庸"路线(juste milieu,一译"不偏不倚的")。具体而言,既反对君权神授,又反对人民拥有权力。为此,他们力求在资产阶级和绝对专制王权之间寻求一个"黄金般弥足珍贵的中间地带"。同时,他们厌恶一切极字号的政治理念,认为唯有"中庸"之路才能避免极端主义侵蚀社会,防止社会的冲突。换言之,他们的目标可归结为"在动荡不安的社会中调和自由与秩序"。

资本主义生产方式确立后,它在显现出一些长处的同时也日益暴露出严重的弊端。由此,一种批判资本主义、设计改造社会蓝图的思想——空想社会主义应运而生。在西方历史上最伟大的3名空想社会主义者中,法国占有两位。他们分别是圣西门和傅立叶。圣西门和傅立叶的思想成果不仅在法国社会主义发展史上占有重要地位,而且对马克思主义的诞生贡献良多。

圣西门于1760年出身巴黎的一个贵族之家,自称是"查理曼的后代"。他在青少年时就受到启蒙思想家的熏陶,并参加过北美独立战争。法国大革命爆发后,他主动放弃了伯爵的头衔,称自己为公民,并因从事国有财产的投机活动成为大富翁。1794年,他在雅各宾专政走向极端恐怖时被捕入狱。在身陷囹圄数月之后,他在重新获得自由时已一贫如洗。个人生活大起大落的遭际与大革命日益暴露的社会矛盾,使他萌发了深入研究社会问题的念头。为此,他白天不得不为了谋生到当铺作抄写员,或给印刷厂当校对,到书店当小伙计,晚上则发奋读书、写作。在他生活最困难时,他甚至不得不靠从前的仆人资助生活。即便如此,他也从未放弃过自己的信念。1802年,圣西门发表了处女作《一个日内瓦居民致其同胞的信》。不过,他的创作高峰是在复辟时期。其间,他先后写出了一系列力作:《组织者》(1819)、《论实业制度》(1821)、《工业家问答》(1823)和《新基督教》(1825)。圣西门在这些著作中既对资本主义制度进行了尖锐的批判,又对未来的理想社会作了憧憬与描绘。在他笔下,人类历史可分为"开化时期""古希腊、罗马的奴隶社会""中世纪神学和封建制度""新封建制度"和"实业制度"。他认为,旧的社会制度必然被新的社会制度所取代。因此,法国大革命后产生的新的奴役制度——"新封建制度"也必将被他心目中最理想的社会制度——"实业制度"取而代之。在这一理想的社会制度中,社会唯一的长远的目的是尽善尽美地运用科学、艺术和手工业的知识来满足人们的需要,特别是满足人数最多的最贫穷阶级的物质生活和精神生活的需要。"各尽所能,各尽其劳",是新社会的原则。圣西门并不主张消灭私有制和阶级差别,但他认为,个人的社会地位与收入应同他的才华和投资成正比。圣西门还认为,社会的领导权应交给专家学者,未来的政府应以三院为基础,即科学院(由工程师、作家、艺术家组成)、审核院(由数学家、物理学家组成)和执行院(由工业、农业和商业企业领导人组成)。由此可见,从20世纪30年代起在法国大行其道的专家治国论似可溯源于圣西门的思想。

傅立叶可谓是堪与圣西门比肩的又一位伟大的空想社会主义者。他于1772年出身法国东部贝藏松市的一个富商家庭。由于父亲早逝,傅立叶很早就子承父业。在大革命期间,已定居里昂的傅立叶因商品被征用和家中被抄而破产。破产后的他仍在商业界供职。不过,其身份已从老板变为普通雇员。多年的从商经历,使他熟谙资本主义社会竞争、投机、欺诈的黑暗内幕。1803年,傅立叶发表了第一篇论文《全世界和谐》。5年后,他匿名出版了自己的首部力作《四种运动论》,在书中系统地阐述了自己的宇宙观、历史观。与圣西门一样,复辟时期亦是傅立叶创作的巅峰期。其间,他创作并出版了自己的两部扛鼎之作。其一是《论家务和农业协作社》(1822年,此书在1834年再版时易名为《宇宙统一论》);其二是《新的工业世界和社会事业》(1829年,简称《新世界》)。傅立叶的思想在这两部著作中达到了最高峰,而他的声望也因这两部著作的问世与日俱增。如果说,圣西门思想中最精彩的地方表现在其对未来理想社会的憧憬与描绘,那么,傅立叶思想中最让人称道之处则是其对资本主义制度的深刻揭露和批判。在他笔下,资本主义社会的"最主要的特点之一",就是在一种"恶性循环中"运动,即在不断产生而又无法克服的矛盾中运动。他认为,由于资本主义制度是建立在"个人利益与集体利益矛盾对立的基础之上的",因此它是与"自然秩序"相对立的制度。资本主义的"文明制度过去是、将来也只能是一切罪恶的渊薮",是"幸运的对立物,是颠倒世界,是社会地狱"。与圣西门一样,傅立叶也构想了他的"理想社会——和谐制度"。"和谐制度"的基层组织是由1 620人为宜组成的、工农业相结合的生产—消费合作社"法郎吉"(Phalange)。"法郎吉"下面又按劳动专业分成若干小组,称"谢利叶"(Serie)。法郎吉的成员每天可以按个人的志趣到不同的"谢利叶"去劳动。"法郎吉"成员共同劳动、生活,男女平等,共同分享公共收入。在这里,劳动不再是谋生的手段和沉重的负担,而是一种生活享受。此外,在"法郎吉"里还实行普及免费教育,人们既要学科学知识,也要学工艺和劳动技能。我们在傅立叶的理想社会中不难看出,它至少包含着3点非常难能可贵的思想火花:力图消灭城乡对立、主张男女平等、提倡教育与生产劳动相结合。

浪漫主义是和古典主义相对立的文学艺术流派,它的主要特点是强调灵感,尊重情感,注重个性,热爱自然。早在18世纪末,德国与英国就已率先兴起了浪漫主义运动。在这方面,法国无疑是"后来者"。但在复辟时期,确切地说从20年代初开始,浪漫主义也终于在法国形成了勃兴的局面,并大有"长江后浪推前浪"之势。

与德国、英国等国家一样,法国的浪漫主义运动也存在着前期浪漫主义与后期浪漫主义或曰消极浪漫主义与积极浪漫主义的分野。法国早期浪漫主义的代表人物首推夏多布里昂。这位出身于没落贵族之家的天才作家早在1802年就发表了被公认为是法国早期浪漫主义宣言的散文诗式的著作《基督教真谛》。其后不久,他又以《阿达拉》《勒内》等作品唤起了19世纪初期无数读者狂热的激情。《阿达拉》表现的是爱情和宗教的冲突,开创了法国早期浪漫主义小说的先河。《勒内》则极为成功地塑造出一个性格复杂、情感丰富、有血有肉的"世纪病"患者的形象。由于主人公勒内身上不时表现出来的强烈的失落感是当时许多法国青年的共同心理状态,这一形象在青年读者中引起了异常强烈的共鸣,以至后来的西方文学评论家曾把这一形象称为"整整一世代人们的充满诗意的自传"。①就这样,夏多布里昂以其独特的美学思想和高超的艺术表现手法成为青年读者心目中的一代宗师。雨果年轻时对夏多布里昂崇拜至极,曾发誓道:"不为夏多布里昂,宁为尘土。"而在俄国著名文艺理论家别林斯基笔下,夏多布里昂是"法国年轻的浪漫主义的教父"。法国早期浪漫主义的另一位代表人物是曾寓居德国的斯塔尔夫人。她的两部文艺理论著作《论文学》和《论德意志》堪称法国浪漫主义文学理论的奠基之作。别林斯基曾形象地将斯塔尔夫人喻为法国浪漫主义的"产婆"。

法国早期浪漫派的营垒中,除了斯塔尔夫人外,几乎都拥护波旁王朝,歌颂保皇主义和天主教。他们的作品无一例外地反映了贵族阶级的没落情绪。如著名浪漫主义诗人拉马丁1820年发表的《沉思集》中的不少名篇皆以一个"愁"字为中心,抒发了诗人忧郁、孤寂的心境和虚无、冷漠的情怀,淋漓尽致地体现了没落贵族悲观颓丧的思想情绪与对非现实的美学追求。又如富有哲理思想的著名诗人维尼在其诗篇中把没落阶级的厄境夸大为人类的厄运,认为人面对厄境,只有沉默、逃避或死亡。尽管早期浪漫主义者在革新文学语言、强化作品的表现力与感染力方面均有上佳表现,但由于他们大都鼓吹逃避现实、美化中世纪,甚至向往回到过去,因此,后人们将他们称为消极浪漫主义者。

法国的后期浪漫主义亦称积极浪漫主义,它的领衔人物显然非1802年出身于贝藏松一个军官家庭的雨果莫属。1824年查理十世继位后,法国国内自由派和极端保皇派的斗争更形尖锐。随着查理十世的倒行逆施日益升级,使许多文学家也投入了反对波旁王朝的斗争。在这过程中,原先服膺夏多布里昂的年轻的雨果也逐渐从保皇派立场转到资产阶级自由主义立场。与此同时,雨果在创作上已不再满足于自我的窄小天地,而是敢于正视社会现实,渴望斗争,崇尚自由解放精神,注重文学的教化意义、介入作用和社会功能。1827年,他在其出版的诗剧《克伦威尔》的"序言"中,不仅异常激烈地攻击了古典主义的清规戒律,要求扩大艺术表现的范围,其中包括各种矛盾和斗争,而且他还赫然写道:"浪漫主义不过是文学上的自由主义而已。"《〈克伦威尔〉序》在理论上的分量以及它所产生的实际影响使雨果成了积极浪漫主义的旗手。翌年,以雨果为首的第二文社

---

① 参见张泽乾:《法国文化史》,长江文艺出版社1997年版,第175页。

宣告成立,参加者有大仲马、诺蒂埃、圣勃夫、戈蒂耶等。从此,以雨果为代表的积极浪漫主义者无论在作品内容还是创作形式上,都显示出更多的革新意义。如果说消极浪漫主义者的作品多为没落的封建贵族的挽歌的话,那么,积极浪漫主义者的作品则已是上升的资产阶级的战歌。正是在雨果等人的努力下,浪漫主义运动才在复辟时期的法国真正掀起了汹涌澎湃的大潮。不过,法国浪漫主义运动的巅峰,或者说雨果等人更多的不朽之作的问世,还得有待于改朝换代。

法兰西民族是一个富有史学传统的民族,但是在暴风骤雨般的大革命时期以及战事不断的拿破仑帝国时期,或许是人们忙于创造历史和对付外敌,历史学一度在这史学的国度几乎被人遗忘。随着帝国的垮台和波旁王朝的卷土重来,人们又重新对史学产生了浓厚的兴趣,希冀从历史中找到当代一系列政治事件的根源或解释。一时间,研究历史竟成了一种时尚。在这一过程中,一个试图以阶级斗争观点观照、阐述历史的史学家群体尤其引人瞩目。这一异军突起的史学家群体主要由下列出类拔萃的史学家组成。他们是梯叶里、米涅、梯也尔、基佐。

梯叶里出身贫寒,在从巴黎高师毕业后,一度做过圣西门的秘书和养子,并与这位伟大的空想社会主义者合写过几本小册子。梯叶里原先并不从事史学研究,但在波旁王朝复辟后治史甚勤。他在1820年完成了其处女作《乡巴佬雅克的真实史》,该书描述了法国普通人民受压迫奴役和奋起反抗的历史。不过,他的成名作则是1825年出版的《诺曼人征服英国史》。该书不仅观点新颖,所引用的文献资料很有价值,而且文采斐然。其后,他又出版了《历史研究的十年》《墨洛温王朝时代的历史》《第三等级的形成和发展史》等重要著作。从上述著作可以看出,梯叶里是按照资产阶级观点来阐述历史的。他把第三等级看作国家的真正主人,竭力赞颂英法第三等级反抗贵族的斗争,甚至讴歌中世纪人民的起义。由于受圣西门的影响,梯叶里力图用关于阶级和阶级斗争的理论来阐释历史,并且把阶级关系归结为财产关系。他曾一针见血地指出,各个阶级之所以要进行斗争,是因为它们之间的实际利益是互相冲突的。后来,这位圣西门的私淑弟子曾被人誉为法国历史编纂学中的"阶级斗争说之父"。

米涅出身于普罗旺斯的一个饰物工匠之家,在大学时与梯也尔结为至交。他早年爱好文学,但自1820年开始转向研究历史。1821年,米涅像每一个有抱负的外省青年一样,只身赴巴黎闯荡。初到巴黎,他一方面

第八章 波旁复辟王朝

为报刊撰稿,一方面在雅典学院讲授近代史。1824年,他以一部明快简洁、说理透辟的《法国大革命史》一举成名。该书所叙的史事,始自1789年大革命的爆发,止于1814年拿破仑的失败。在这部在研究法国大革命史方面具有开创之功的力作中,米涅强调了法国大革命的必然性,并用各个社会阶级的不同利益的冲突来说明各个政治集团和派别之间的斗争,认为恐怖统治与拿破仑专政都是法国阶级斗争的必然结果。值得一提的是,此书付梓之时距拿破仑时代的结束尚不足10年。但在以后相当长的时间里,能与之媲美的这方面的著作可谓是凤毛麟角。与后来热衷于仕途的梯也尔不同,米涅成名后始终过着书斋生活。因此,他在史学研究上取得的成就要远甚于他的那位同乡好友一筹。

梯也尔虽是19世纪法国政坛上名噪一时的政客,但他在史学方面取得的成就也不可等闲视之。这位身材矮小、近似侏儒的外省青年到巴黎闯荡不久,即以其生花妙笔在巴黎新闻界崭露头角。在其好友米涅的影响下,他从1822年起开始埋头研究法国大革命史。经过几年的努力,他在1827年出齐了10卷本的《法国大革命史》。该书出版后也引起了不小的反响,并使梯也尔在政治记者之外,又多了一个"历史学家"的头衔。10卷本《法国大革命史》的价值不仅在于引用丰富的原始资料详实地再现了法国大革命的历史场景,更重要的是作者采用阶级斗争的视角来阐释大革命和波旁王朝的复辟。正如梯也尔在写作时所希望的那样,这部著作在问世后迅速成了自由派反对波旁复辟王朝的有力武器。

复辟时期最负盛名的史学家应当是基佐。基佐出身于法国南部的尼姆城一个信奉新教的资产阶级家庭,其父是当地颇有名望的律师,但在雅各宾专政时被推上了断头台。父亲暴死后,年幼的基佐不得不跟随母亲背井离乡,流亡瑞士。1805年,基佐只身前往巴黎学习法律。在大批爱好文学的挚友影响下,他逐渐地对文学批评和历史著述产生了兴趣。1812年,基佐因出版了由他翻译并评注的英国史学家吉本的巨著《罗马帝国衰亡史》而成名,并被巴黎大学聘为近代史教授。基佐在政治上属于君主立宪派,因此在复辟王朝初期一度受到重用。但由于他的政治理念中含有自由主义的成分,故极端保皇派在得势后即把他打入冷宫。从此,基佐就站在当局的对立面著书立说。1820年,他在《论复辟以来法国政府与当今内阁》一书中分析了法国革命的原因、动力和成就,引人瞩目地用第三等级反对特权等级的斗争来说明法国历史。与此同时,他还在巴黎大学开设讲座,系统地阐述代议制统治为什么能在英国树立起来,而在欧洲其他国家则不能。由于基佐的著述与讲学不仅没有迎合当局的口味,反而大唱反调,因此他在1823年被当局解除了巴黎大学的教职。从这时起,一直到波旁复辟王朝垮台,基佐撰写与出版了一系列重要著作。如《法国历史研究》《英国革命史》《欧洲文明史》《法国文明史》等。他在这些著作中,猛烈抨击了贵族特权的捍卫者,高度赞扬代议制度,热情描写了资产阶级的兴起以及它从封建贵族手中夺取政权的历史。更为难能可贵的是,他在写作这些著作的过程中,始终力图凸显"阶级斗争"这根贯穿着人类全部历史的"红线"。

作者评曰:

1814年4月,随着路易十八以"承上帝之命法兰西和纳伐尔国王"的名义归国即位,波旁王室的白百合花旗又在法国上空重新飘扬。那么,在法国大革命爆发已有25年之后,波旁复辟王朝还能恢复革命前的旧制度吗?答案无疑是否定的。因为此时,虽说山河依旧(反法联盟已迫使法国返回到1792年时的六边形边界),但法国的社会经济状况、政事与人心却与当年迥然相异。应当说,路易十八尚称得上是一位识时务者。他很快就决定,与新体制、新阶级实行妥协。于是,他"钦赐"了一个宪章,并通过这一宪章肯定了他的意愿——基本上维持产生于1789年的社会,实行君主立宪制。然而,那些跟他从国外回来的流亡贵族们却无意于妥协。他们所希望的"复辟"绝非是名义上的,而是实质性的。为此,他们力图恢复把"王位和祭坛"作为社会结构主要骨架的"神权政治",并丧心病狂地反攻倒算。具有讽刺意味的是,正是这些"什么也没忘记,什么也没学会"的流亡贵族们的倒行逆施,始则"促成"了拿破仑的百日崛起,终则使波旁复辟王朝的统治在"光荣三日"中彻底崩溃。

第九章 七月王朝

一、喜欢持伞在街上遛达的"平民国王"

被大资产阶级借助巴黎人民起义的胜利而推上王位的路易·菲利普即位时已57岁。就如假发、套裤、佩剑象征着旧制度一样,有"平民国王"之称的新国王,其穿着举止俨然是新制度的象征:身穿便服,喜欢手持雨伞在街上遛达,并不时与途中碰到的平民握手。好一个"平民国王"。

然而,国王外表的平民化并无法掩盖其内心的专制嗜权。尽管这位因领取了巨额流亡者赔偿金而成为全国最富有者之一的资产阶级国王时常仔细阅读《泰晤士报》,并不时借鉴英国资产阶级的生财之道来扩大自己的财富,但他内心里对英国式的君主立宪制却颇不以为然。也就是说,他并不愿像英王那样"统而不治"。他不仅要"统",而且也要"治"。让他心有不甘的是,虽然七月王朝和波旁复辟王朝同属君主立宪政体,但自己的地位和权限与前朝君主似不可同日而语。两种称谓的变动即是明证:"法国的国王"已在修改后的宪章中易名为"法国人的国王";原先的"臣民"亦被议会用"公民"所取代。对国王来说,好在此期的法国并未实行完全的议会制。路易·菲利普虽然不敢明目张胆地与议会对抗,但他也绝非无所作为。事实上,他曾多次运用其任命内阁成员的权力,在某些内阁尚未失去议会信任时就把它们给打发了。

随着新王朝的建立,三色旗恢复为国旗,王家盾形纹章和国家印章中原有的百合花图案不见了;报刊也不用事先接受审查了,尤其引人注目的是,天主教又从"国教"改为"大多数人民的宗教"。此举意味着法国人既可以信犹太教、新教,也可以不信教。从今以后,用伏尔泰的话来说,每一个法国人都可以"沿着自己所喜欢的道路进入天堂"了。新王朝倡导的宗教平等极大地平息了七月革命中表现出来的激烈的反教权主义情绪。

七月王朝是一个"三色旗"的君主政体。但它依托的阶级基础却狭窄之极。选民的资格是根据纳税额确定的。1830年,在3 000万法国人中,约有100万人缴纳营业税,但只有其中的10万人有投票权。这意味着人数众多的中小资产阶级也被排斥在选民之外,更遑论广大的工人、农民、小手工业者了。由于"合法国民",即享有选举权的公民整体过于狭窄,1831年4月的选举法将选举财产资格从纳税500法郎降至200法郎;"才学之士",即科学院院士、医生、科学家、退休军官等为100法郎;当选人财产资格从1 000法郎降至500法郎。尽管如此,参加选举的人数也不过从原先的10万人增至16.8万人。[1]如果说,该选举法为城市中等资产阶级参与国事开了一道门缝的话,那么,小资产阶级仍然吃的是闭门羹。

根据这些规定选出的众议院议员自然是国内的富有者及其代表。根据1840年议会的统计,其议员成分大致为:土地所有者占30%,行政官吏约占40%,其余30%为从事工商业、金融业的资产者和自由职业者。土地所有者之所以能占有如此大的份额,其主要原因是一般土地税比营业税征收得更重。因此,土地所有者也就更易获得选民资格。至于贵族院,凡不愿效忠七月王朝的贵族成员皆被清除,贵族院成员的世袭制也在1831年12月被"贵族院法"所废除。与此同时,它向大资产阶级及其代表敞开了大门。要知道,在复辟王朝时期,大资产阶级是无缘进入贵族院的。就这样,大资产阶级既使"上议院"俯首听命,又通过选举纳税额控制了"下议院"。由此,大资产阶级终于有了一个得心应手的制度,即它在1789年所期望的制度。

为了维护这一让自己心满意足、来之不易的政治成果,占支配地位的大资产阶级利用了国民自卫军来实行严密的社会防卫。1831年3月22日,一项关于国民自卫军的法律被投票通过。这项法律实际上重新依据1790年的精神来确定隶属于国民自卫军者,将国民自卫队向所有纳税人开放:凡20至60岁的法国男子均为它的成员。除了涉及军人、法官和某

---

[1] 参见米盖尔:《法国史》,商务印书馆1985年版,第341页。

些类别的公务员因其职业原因而被免除者之外,只有流浪汉和被判处各种受刑或加辱刑的人,以及被判处某几种重刑者不得服役。事实上,在每个市镇为国民自卫军建立的应征适龄人员调查登记委员会,在负责缴纳个人捐税的公民与其他公民之间进行区别。与此同时,该项法律还将选举制扩大到国民自卫军士兵有权选举某些层级的军官。具体而言就是这项法律的第五款采纳了一种由下士来选举士官直至包括上尉在内的军官的制度。少校和营长,仍由国王直接任命;至于团长和中校,则由国王在一份由军官本人所在的部队指定的10位候选人的名单中圈定。此外,凡参加国民自卫军者必须自己支付购买武器和装备的费用,并且必须表示效忠国王。

由于自1790年以来,国民自卫军实际上成了一种积极公民的象征,与它相关的一切均能在全国范围被强烈地感受到,加之国民自卫军在整个七月王朝时期是用来思考和表现公民身份的重要参照之一,遂导致法国当时每一个小资产者竟然都盼望参加国民自卫军。如此一来,在七月王朝时期的法国,自然就出现了法国史家用讽刺的笔触描绘的景象:"每逢星期日,小资产者参加民兵队操练,以保卫剥夺他们投票权的政权。"①

二、大银行家当政与当权者的左右开弓

七月王朝最初两任内阁首相都是大银行家:雅克·拉菲特与卡西米尔·佩里埃。两人分别代表着大资产阶级君主立宪派中的两股政治势力。拉菲特属于以《国民报》为其喉舌的"运动派"(即改革派)。在"运动派"人士的眼里,确实存在一场1830年革命,而7月革命以及已经承诺的那些改革只是迈向公共生活更大程度的民主化的起点,今后还应继续改革。他们对内主张降低选举权的财产标准。适当地扩大选举权;对外则主张废除1815年反法联盟强加给法国的《第二次巴黎条约》,更积极地支持欧洲革命运动,并对向法国发出帮助请求的外国民族更抱有同情心。佩里埃属于以《辩论报》为其喉舌的"抗拒派"(即反改革派)。在该派看来,1830年7月并没有发生什么革命,不过只是对查理十世颁布的七月敕令所体现的政变的有力反击而已。经过修改的宪章,即1830年宪章是

---

① 米盖尔:《法国史》,商务印书馆1985年版,第341页。

法国通史

法国19世纪最著名的漫画家杜米埃笔下的大腹便便的银行家

一个终点,一个句号,坚决维护建立在该宪章基础上的"和平与稳定"乃是不容置疑的最高目标。不管是谁危害这种"和平与稳定",均应严惩不贷。

新王朝建立伊始,"运动派"略占上风。因此,首任内阁首相由拉菲特出任。从1830年8月至1831年3月,拉菲特内阁在执政期间进行了某些改革,力求从发展的意义上来实施宪章。然而,"运动派"的优势地位好景不长。究其原因,一方面是因为他们的政策主张不可能得到国王的欣赏与支持,另一方面是因为他们在对付经济危机与平息国内骚乱方面表现乏力。这在很大程度上促成了七月革命的经济危机在七月王朝建立后仍继续蔓延。随着失业人数急剧增加,粮价大幅攀升,在巴黎和一些受危机冲击较大的城市不时发生捣毁机器,抢劫面包房的事件。1830年12月,巴黎发生了持续3天的骚动。反教权主义的风潮洗劫了一些教堂,其中包括圣热尔曼·奥克瑟鲁瓦教堂等。因为正统派(支持波旁王朝的王党分子)公然在那里虔诚地举行纪念路易十六逝世的仪式。在巴黎人民看来,这是彻头彻尾的挑衅行动。在第二年的头几个月里,整个社会仍极度动荡不安。在这种情况下,已一筹莫展的拉菲特不得不挂冠而去。

继任首相的佩里埃曾任法兰西银行总裁、昂赞煤矿公司董事长。这位铁腕首相一上台就左右开弓,实行全面镇压的政策。具体地说,就是既镇压共和派和人民运动,又打击正统派。佩里埃执政期间最大的劣迹是血腥镇压1831年11月的里昂丝织工人起义。这年的11月21日,里昂丝织工人因厂主在佩里埃内阁的袒护下拒绝执行劳资双方已达成的协议,举行了罢工示威。在遭到军警镇压后,工人们举行了武装起义。工人们高举着黑旗,喊着"工作不能生活,毋宁战斗而死!"的口号,攻克了市政厅,扣押了省长。12月初,佩里埃竟派苏尔特元帅率兵数万镇压了这次起义。一般认为,这次起义既悲剧性地展示了法国工人的苦难,也首次彰显了无产阶级的诉求,标志着法国工人阶级已作为一支独立的政治力量走上历史舞台,使无产阶级与资产阶级的矛盾在法国社会中突出起来。

第九章 七月王朝

从1831年底开始,一场来势凶猛的瘟疫袭击着法国的一些大城市,造成大量死亡。受此影响最严重的当推城市建设落后,人口过多的首都巴黎。据载,瘟疫肆虐时,巴黎每天有上千人死于非命。由于阔人纷纷逃往乡间避难,故死者多为营养不良、居住条件极差的贫民。有意思的是,始终待在巴黎执掌首相权柄的佩里埃也在1832年5月16日死于霍乱。从佩里埃暴卒至1836年初,内阁更迭频仍,首相如走马灯似的变换。不过,透过此期扑朔迷离的人事更替,人们不难发现,把握政局的始终是"抗拒派"人士,尤其是他们中的显赫人物,人称"三驾马车"的布罗伊公爵、梯也尔和基佐。

七月王朝虽然自称是全民族的王朝,但它的"合法性"却始终遭受到左右夹击。来自右翼的反对派是被暴力排斥于现政权之外的正统派,其代表人物是贝里耶和夏多布里昂。让正统派人士念念不忘的,就是复辟正统的波旁王朝。他们在巴黎的影响虽然极其有限,但在乡村和外省的城市中却有不容忽视的势力。在这些地区,"城堡"的候选人,即贵族的候选人往往在选举中击败"店铺"的候选人,也就是资产阶级候选人。不过,正统派对新王朝的威胁并不仅限于此。1832年4月,七月革命后逃亡外国的贝里公爵夫人在马赛秘密登陆,准备在南方发动推翻路易·菲利普的起义。她在马赛受到挫折后,又逃往南特和旺代,力图煽动西南部王党叛乱。这年11月,贝里公爵夫人在阴谋即将得逞时被当局逮捕。让人忍俊不禁的是,守寡多年的她在身陷囹圄时,竟产下了一个与意大利贵族私生的女儿。此事不仅使贝里公爵夫人的"冒险事业"可笑地结束,而且更使正统派声誉扫地,一蹶不振。在此之后,正统派对政府的威胁逐渐被削弱。

令七月王朝的当权者更感不安的是来自左翼的反对派——共和派。共和主义此期在知识分子、自由职业者、新闻记者和某些军人中拥有为数可观的信徒。共和派中的佼佼者有新闻记者阿尔芒·卡雷尔、阿尔芒·马拉斯特、律师加尼埃·帕热斯、学者拉斯帕伊和有名望的资产者卡芬雅克。他们在报纸上极力主张实现普选,建立共和。由于他们认为,工人们在识字后会更好地接受共和主义思想,故共和派非常注重扫除文盲,力图建立公共教育制度。1832年6月5日,共和派利用著名的共和主义活动家拉马克将军出殡之机,联合数万名工人、手工业者和学生举行示威游行。在与警察发生流血冲突后,示威游行很快转变为武装起义。起义者们筑起街垒,竖起旗帜,与前来镇压的政府军展开激战,次日,最后一批起义者在圣默里修道院内院被全部杀害。雨果在其不朽之作《悲惨世界》中曾艺术地再现了这次武装起义。

在这次武装起义被镇压后,共和派在1832年底建立了为未来的革命做准备的秘密会社——"人权与公民权协会",简称"人权社"。与其他秘密会社相比,"人权社"会员最广泛,组织最完备,纲领最新颖。由此,它很快就担负起领导共和运动的责任。为了避免官方对20人以上的组织的追究,"人权社"策略地化整为零,即设立了众多由10—20人组成的小组。这些小组分别以大革命时期的英雄冠名,如罗伯斯庇尔组、马拉组、圣茹斯特组等。这一时期,法国的共和主义运动与工人运动开始呈现出合流的趋势。对此,政府更是惊恐不安。

里昂工人在第二次武装起义中与政府军展开激战

1834年4月9日,里昂工人举行了第二次武装起义。这是一次比第一次起义具有更明显的政治性质的起义,也是一次共和主义的起义。起义者主张建立共和国,并在传单上庄严宣告:"我们所争取的事业,是全人类的事业,是我们祖国的幸福,是未来的保证。"经过4天的激战,1.3万名政府军血腥地镇压了这次起义。里昂工人的第二次武装起义虽然失败了,但它却直接推动了4月13日巴黎资产阶级共和派的起义。这天,"人权社"各小组成员在巴黎许多街区筑起街垒,与布若将军率领的4万政府军和国民自卫军激战。时任内政大臣的梯也尔,当时态度强硬地给政府军下达了坚决镇压的命令。次日,在战斗已近尾声时,政府军仍根据梯也尔的命令在特朗斯诺南街进行大屠杀。仅在一所房子里就有14人全部被害。法国19世纪最著名的漫画家奥诺雷·杜米埃当时正在距这所房子不远的地方。后来,他在名画《特朗斯诺南街》中以触

第九章 七月王朝

目惊心的画面记录了梯也尔的血腥罪行。

1835年7月28日,为了暗杀路易·菲利普国王,冒险分子菲厄斯基在坦普尔林荫道安置了一颗"诡雷"。随着震耳欲聋的爆炸声,包括莫蒂埃元帅在内的28名国王卫队的官兵命丧黄泉。不过,这次暗杀事件的真正目标——国王却死里逃生。事发后,梯也尔借机加强了对政府的反对者,尤其是共和派的钳制。于是,就有了臭名昭著的"九月法令"。该法令大大简化了对政治叛乱"罪行"的起诉与判决手续,规定一切冒犯国王、攻击"政府的原则与形式"的行为将受到严厉惩处。更有甚者,"共和主义"一词也被取缔,若有人自称共和主义者,他就是"非法之徒"。诚然,从表面上看,当局并未恢复报刊检查制度。但如果报刊上登载的文章被证明是煽动"对国王的仇恨"与"对现政权的不满",那么这家报刊就会遭受最严厉的处罚。这对共和派报纸来说,无疑是灭顶之灾,因为它不可能不抨击现政权。很快地,有30种报刊被禁止发行,"新闻自由"受到了粗暴践踏。

随着当局的高压政策步步升级,共和派的活动暂时转入地下。正是在这一过程中,他们对政府更加仇视,推翻七月王朝的决心更加坚定。

三、工业革命在法国步履蹒跚

早在第一帝国时,法国的工业革命就已开始起步。及至七月王朝时期,工业革命在法国更是有所发展。不过,较之工业革命的发源地英国以及其他工业化进程更快的国家,工业革命在七月王朝时期的法国依旧是步履蹒跚。

要使当时的法国舆论接受工业革命,实非易事:有不少资产者仍旧视工业投资为一种冒险举动。为此,他们往往情愿把手头积累的钱财用于购买土地,然后将之租给农场主或分成制的农民,而不愿把资金投到工业中去。如果说大资产者普遍害怕亏本,小资产者大多惧怕竞争,那么更多的平民百姓则认为,革新既无用又危险。关于这一点,在人们对铁路和火车头的普遍看法中充分反映了出来。

1830年,法国最早使用的火车头出现在了从圣太田至里昂的铁路线上。但当时,不仅诗人们写诗攻击火车头对田园风光的破坏,农民害怕政府为修建铁路征用自己的土地,马车夫、水手以及陆路和水路沿线的客栈主也忧心忡忡,担心火车一旦启用后会使自己失去饭碗。七月王朝时期,在里昂地区出现过一股强大势力煽动舆论来反对修建铁路,其主要鼓动者就是掌控着这一地区内河航运的几大家族,外加那些对公路驿站有支配权的人。在类似利益集团的干扰之下,里昂地区铁路铺设的进度明显放慢。即使在首都巴黎,当时不少政坛要人也对铁路建设抱怀疑或不欢迎的态度。这些人不仅怀疑铁路的安全性——此期出现的几起重大铁路事故使其对铁路安全的怀疑有增无减,而且认为,由于建筑铁路线的费用(每公里37.5万法郎)过分昂贵,使铁路永远无利可图。在这种情况下,七月王朝早期的当权者们在掏钱资助铁路建设时显得很不情愿。他们宁愿把国家的钱财继续投资到开凿运河和航道上,如著名的埃纳和马恩的运河就是在七月王朝时开凿的。不过,某些施工较为简便,获利较快的铁路线路,如巴黎-诺尔线、巴黎-鲁昂线、巴黎-奥尔良线等,在修建时多少也还能得到政府的资助。

法国大规模地开始修建铁路始于1842年。这年6月,议会通过关于修建铁路的"基佐法",决定扩建8条线,其中6条是以巴黎为中心的星形铁路。后者在建成后可依次把巴黎与里尔、勒阿弗尔、南特、波尔多、马赛和斯特拉斯堡连接起来。这一姗姗来迟的"铁路热"不仅明显刺激了法国重工业的发展,而且对逐步消除法国各地区间的隔绝状态,促进国内统一市场的形成,更有不容忽视的积极意义。

尽管法国的特殊国情决定着"工业革命",或曰"蒸汽机和铁路的革命"必须等待再来一次改朝换代才能真正实现,但它在七月王朝时期毕竟还是在跌跌撞撞地往前发展的。此期工业产量的逐年递增即为明证。在这一过程中,由于烧木炭的高炉逐渐被烧煤炭的炼焦炉所取代,铁的生产增加了两倍,煤炭的产量与消耗量都在明显上升;化学开始应用于工业。蒸汽机的数量虽增加幅度还有限,但毕竟是在增加。相对而言,仍执法国工业之牛耳的纺织业在这一时期的发展,尤其是机械化的应用、推广最为引人瞩目。

随着工业革命的缓慢发展,法国社会中各个阶级的状况发生了明显的变化:贵族阶级日趋没落,大资产阶级(金融业巨子、大工业家)兴旺发达,中小资产阶级分化,工人阶级的处境每况愈下。七月王朝亦被人们称为"银行家的王朝"。这一称谓充分反映了银行家在七月王朝中位尊权重的事实。当时,构成法国银行业核心的是一批人称"高级银行"的家族银行。这些资金雄厚的家族银行的主人大致可分为两大类。一类是犹太人。大名鼎鼎的罗斯柴尔德家族就是他们中的佼佼者;另一类是来自莱茵兰和瑞士的新教徒,如马莱家族即是。"高级银行"不仅通过管理法兰西银行几乎控制了法国整个金融业——法兰西银行的董事主要来自"高级银行"的代表,而且还不时染指乃至控制工业企业。更有甚者,由于政府经常要向这些银行巨子借贷,不得不给银行家各种优待,并对他们言听计从。随着银行家社会地位日益提高,乃至深得国王宠幸,导致一些银行家自我感觉超好。如雅姆·德·罗斯柴尔德在1840年12月不无得意地写道:"如果我想见国王,我就能见到他。他十分信任我,并对我言听计从。"①银行家的得意之状,跃然纸面。

虽然工业革命在七月王朝时的法国步履蹒跚,但工人的人数却有了很大增长。1847年时,法国工人人数已达600万人,不过,其中130万人是在"小手工工场"里劳动的。手工业企业的雇工和现代化工厂的工人在行为与思想上自然有很大不同,但他们的劳动、生活条件的恶劣却如出一辙。七月王朝建立后不久,即有人出于好奇或社会仁慈心,对工人的生存状态进行调查。1834年,复辟王朝时期曾任诺尔省省长的维尔纳夫·巴热蒙子爵出版了一部关于贫困调查的著作,书名为《基督教政治经济学,或是有关法国与欧洲贫困问题的性质与原因的研究》。此后不久,在南特从事调查的盖潘博士指出,工人居住在污秽不堪的破屋里,身体备受摧残。在这之后,维勒梅博士对机械化程度最高、最集中的部门即纺织业中的工人进行了广泛调查。他得出的结论比其先行者更触目惊心:"贫困化"几乎要从肉体上消灭工人阶级。这一可怕的结论有下列数字作为依据:一个男人一天至少劳动13小时才能挣得2个法郎。在同样的时间里,女工只能挣20个苏,童工则只挣10个苏。而时价一公斤面包卖30—50生丁,一套男人的衣服卖80法郎。维勒梅博士还提到,工厂工人的平均寿命不超过30年,60%的青年工人由于体力不足而被征兵审查委员会除名。尤其让工人愤懑的是,他们就连如此菲薄的工资也时常得不到保障。每当危机袭来,工资还会减少。更糟的是,他们还随时可能会因为失业成为浪迹街头的穷光蛋。长年处于这样一种生存状态,有朝一日工人们会不起来造反吗?

---

① 沙尔旦等:《显贵的法国(1815—1848)》,巴黎,1974年,第1卷,第212页。

也许是两次里昂工人起义向当权者敲响了警钟,也许是一部分工业家注意到劳动力体质下降最终会影响自己获利,也许是担心从工厂入伍的新兵身体素质太差会有损当局重振国威的政策。总之,在多种因素促进下,1841年,议会通过了一项劳动保护法。该法禁止雇用8岁以下童工,并对其他年龄段童工的劳动时间作了规定:8—12岁童工不得超过8小时,12—16岁童工不得超过12小时,13岁以下童工一律禁止做夜工。不过,这项立法不仅只字未提成年工人的保护,就连对童工的保护条例,也因缺少相应的检查监督制度,而成为一纸空文。失望至极的工人们此时已认识到,他们不能再指望"银行家的王朝"的保护了。

于是,出于自卫的目的而形成的工人团体开始迅速地带有政治性质。它们变成"家庭社"或"四季社"。"四季社"的组织极为严密。它以"周"(7人小组)、"月"(4个"周"为1月)、"季"(4个"月"为1"季")、"年"(4个"季"为1"年")为单位。其成员与组长单线联系。1839年5月,"四季社"曾在巴尔贝斯和布朗基的领导下,利用政府危机在巴黎发动起义。约800名起义工人在圣德尼和圣马丁区筑起街垒,与前来镇压的政府军和国民自卫军交战。无独有偶,此期的共和派也更感到需要社会行动。很快地,工人运动和共和主义运动开始"合流"。而当局对这两股力量同时施加高压,则无异于为这种"合流"推波助澜。

四、基佐——七月王朝后期国王最为倚重的人物

始自30年代中期,内心始终想既统又治的路易·菲利普越来越公开地干预和操纵内阁,排斥与他意见相左的大臣。在力图把七月王朝引向专制道路的过程中,国王使尽手段,在支配着政坛的"抗拒派"内部挑拨离间,使其一分为三,然后再分别把它们玩弄于股掌之上。"抗拒派"内部新形成的这3派分别是以梯也尔为首的中左派,以基佐为首的中右派和以安德烈·杜邦为首的"第三党"。中左派经常以代议制政府的维护者自居,摆出一副反对国王个人专权的架势,借此蛊惑群众,实际上这些人所真正追求的也不过是满足个人的权势欲望;中右派大力鼓吹在秩序之中才能求得发展,并主张为保证秩序不惜让国王擅权;至于"第三党",则是一个典型的无纲领、无原则、纯粹以谋取内阁官位为目的的派别。

从1840年10月起,不时以顶撞国王捞取薄名的梯也尔在其执掌的

第九章　七月王朝

第二届内阁垮台后被路易·菲利普完全踢开。与此同时,经常宣称"国王不仅要统,而且要治"的基佐却日益成为国王最为倚重的"左右手"。在1840年10月27日组成的新内阁中,担任首相的虽为年迈的苏尔特元帅,但实际掌握着内阁大权的却是身为外交大臣的基佐。就这样,基佐在长达7年的时间里始终以外交大臣之名行首相之实。及至1847年9月,在苏尔特因老朽不堪辞去首相职务后,基佐终于盼来了实至名归的这一天。不过,令他懊丧不已的是,翌年2月爆发的一场革命,把他从才坐了半年的首相宝座上拉了下来。当然,这是后话。

早在1837年5月,当时刚辞去教育大臣职位的基佐就在众议院阐述过自己的政治纲领。他说:"我愿意,我寻求,我竭尽所能致力于资产阶级的政治优势,把他们自1789年至1830年对特权与专制政权的伟大胜利一劳永逸地、正常地巩固起来。"纵观基佐执政时的所作所为,这位历史学家出身的政治家并未食言,他确确实实地为确立资产阶级的政治优势做了他所能做的一切。不过严格地说,此处的资产阶级并非整个资产阶级,充其量只是其中高高在上的那一部分,即大资产阶级,尤其是金融资产阶级。为了维护大资产阶级的政治优势,他百般歌颂七月王朝的政治制度,甚至大言不惭地宣称此期的法国人正"生活在前所未有的最自由的社会环境中……所有的人都凭着汗水和战功获得晋升"。所有关于选举制和议会制的改革建议,都被他断然拒绝。当众议院里有人提出降低选举财产资格的提案时,基佐竟在大庭广众之下以嘲讽的口气答复说:"诸位先生们,快快去发财吧!发了财就可成为选民了。"基佐的社会经济政策也明显地偏袒大资产阶级,特别是金融资产阶级的利益。如向各大商业公司、工业公司发放巨额津贴和奖金,把大量资本投入金融信贷,推行有利于大工厂主和大矿山主的对外贸易政策和关税保护政策。为使金融资产阶级尽快发财,他甚至不顾法国的实情,不遗余力地为他们提供种种投机的机会。凡此种种,自然而然地引起了广大中小资产阶级和工人、农民的强烈不满。就连大资产阶级中的工业资本家也因基佐更多地照顾金融资本家的利益而对他时有怨言。

在对外政策方面,基佐在接任外交大臣时曾宣称:"我们不想谈论制服、战争和复仇。让法国繁荣吧,让它自由、富裕、聪明起来和无忧无虑吧——我们不会因为它对世界大事不发生影响而惋惜的。我们如果卷入这些事件中,是不可能不把革命精神——这人类的毒素带进去的。"虽然基佐在这番话中摆出一种在国际事务中独善其身的架势,但实际上他一接任外交大臣就进行积极的外交活动,着力扩大法国在海外的势力。当时,法国在外交领域面临着两大棘手的问题:一个是阿尔及利亚的殖民问题,一个是同英国的关系问题。在处理第一个问题时,基佐毫不犹豫地以战争为手段,力图征服整个阿尔及利亚。于是,法军在占领阿尔及利亚沿地中海地区后,又大举向其内地进犯,其间甚至实行残酷的焦土政策,洗劫和焚烧村落。1847年11月,基佐终于如愿以偿完全占领了这个国家。在处理第二个问题时,基佐的强硬立场却荡然无存。当此期英法两国发生外交争执和殖民地纠纷时,基佐总是屈膝求和居多。基佐对英国一味地忍让和退缩,同梯也尔对英国的好战态度形成强烈的反差,同时使他遭到了舆论猛烈谴责。由于英、法两国在商业、经济、殖民地等问题上的矛盾根深蒂固,基佐想与英国建立协约关系的愿望最终落空。在这种情况下,基佐为使法国避免在欧洲陷于孤立的危险,开始向奥、普、俄保守势力靠拢,追随神圣同盟的反动政策。此举更使他受到了政敌的有力攻击。

对于作为政治家的基佐而言,"秩序"是高于一切的目标。其施政纲领亦可概括为:在七月王朝这种几乎"尽善尽美"的政体规定的"秩序"之中稳步地求得社会的发展。然而,一味地强调"秩序",到一定的时候必然导致出现一个停滞的社会。由于基佐在阻止社会改革的道路上越滑越远,人们觉得越来越难以忍受基佐政府的统治。1847年,从英国开始的经济危机迅速波及法国,促使法国业已存在的农业危机进一步加深,新一轮的工商业危机、财政危机接踵而来。在这一过程中,产生了一大批新的失业者和破产者。危机不仅使普通工人、农民忍饥挨饿,也使广大中小资产阶级的生活陷入困境。于是,人们对基佐政府及其七月王朝的怨气愈来愈大。他们指责道:"政府7年来做了些什么呢?没有,没有,什么也没有做!所有的危机都应归罪于这个沉重压在我们头上16年之久的制度!"很快地,反对停滞社会的各种抗议运动席卷了整个法国。其中,尤以"宴会运动"最为引人瞩目。

"宴会运动"指的是反对七月王朝统治的各派社会力量以举行宴会为活动方式,抨击朝政,要求政府放弃过高的选民财产资格限制,改变大资产阶级、金融贵族独霸政权的局面的群众性聚餐运动。"宴会运动"发端于1847年7月9日,是日,著名律师巴罗在巴黎发起了第一次宴会运动,有1 200名各界知名人士应邀出席,其中包括84名众议院议员。与会者在举杯畅饮之际慷慨陈词,一致要求政府进行选举改革,并向政府提交了关于实行选举改革的请愿书。随后不久,这种运动方式蔓延到外省的许多城市。如在第戎、斯特拉斯堡、科尔马、苏瓦松、圣康坦、莫城等地都出现过规模不小的宴会运动。及至11月,宴会运动呈现出更为明显的政治色彩。在11月7日举行的宴会上,《改革报》的创办人赖德律-洛兰重新树起了共和国的旗帜。然而基佐并没有意识到七月王朝的末日即将来临,他仍然为法国工人运动和共和主义运动持续多年的低落而陶醉,并继续对"改革派"的要求视而不见,对民众的愤慨装聋作哑。不过,统治阶级中的个别有识之士已预感到了危机。那位贵族出身的睿智的思想家、《论美国的民主》的作者阿列克西·德·托克维尔在1848年1月在众议院里的发言可谓振聋发聩:"人们说丝毫没有危险,因为没有发生暴动……革命还离我们很远。先生们,请允许我告诉你们,我认为你们错了。……请你们看一看工人阶级中间发生的事情吧……难道你们没有看到,他们的激情已经从政治问题转移到社会问题上了吗?难道你们没有看见在他们当中逐渐传开的见解和思想,绝不只是企图推翻某些法律、某个内阁、某个政府本身,而是要推翻社会吗?"[1]托克维尔没有说错。在他发出革命已近在咫尺的警告后还不到一个月,一场波澜壮阔的人民革命——1848年2月革命果然爆发了。

五、七月王朝在1848年2月的"政治爆炸"中灰飞烟灭

随着新年钟声的敲响,在外省已趋于平息的宴会运动却在巴黎更为红红火火地展开。参加者在举杯之际更加慷慨激昂地抨击政府,号召改革。眼见着这一运动方式已对政府构成越来越大的威胁,基佐遂在1848年1月对宴会运动采取了禁止和镇压手段。1月19日,自由派和共和派原想是日在巴黎举行大规模的宴会,但因政府下令禁止,宴会未能如期举行。于是,他们就把举行宴会的时间改在2月22日,同时准备在这一天组织一次和平的示威游行,抗议当局破坏集会自由。反政府的报纸早就开始预告这次盛会,反对派的所有议员也均答应届时赴会。不料,政府在2月21日再次发布禁令。人们终于被政府的高压政策激怒了。既然政治民主的正常渠道

---

[1] J.蒂拉尔:《革命:1789—1851》,巴黎,1985年,第408页。

已被统治者完全堵塞,那么,人们就只有诉诸过激的方式了。

2月22日清晨,路易·菲利普在起床不久对其手下宽慰地表示:"人们不会在冬天闹革命!"然而,就在他话音刚落之际,具有光荣革命传统的巴黎人民已行动起来了。1 000多名工人、大学生和手工业者冒着大雨,奔向协和广场与玛德莱纳广场,以示对政府破坏集会自由,禁开宴会的命令的反抗。11时,政府出动大批保安警察前往香榭丽舍大街,拆毁宴会的准备设施,并将一支正规军调往玛德莱纳教堂附近待命。当局的挑衅行为进一步引发了酝酿已久的政治大爆炸。一支由3 000多人组成的示威游行队伍唱着《马赛曲》,高呼着"改革万岁!""打倒基佐!"的口号,由协和广场向波旁宫进发。由于波旁宫的入口与广场皆被军队控制,示威队伍返回协和广场。在这一过程中,示威者与保安警察的冲突逐步升级。在一位老妇被杀,另一工人受重伤后,渴望复仇的示威者涌向街头,匆忙地寻找临时应急的武器,并冒雨筑起街垒。由此,示威者已变成起义者。他们不久就在巴蒂尼奥尔等地向保安警察开枪,而警方也毫不手软地对起义者进行回击,打死打伤4人。傍晚时分,人群在雨中散去。当天深夜,又有大批政府军入城,控制着城内的各个要冲。

次日早晨,路易·菲利普面对局势的严重性无动于衷。当手下向他汇报起义者已建起街垒时,他竟不以为然地说:"那是两个顽童翻倒的轻便马车,你们却称之为街垒。"于是,国王的左右也随声附和,与国王一起讥笑巴黎的街垒。这天上午,内政大臣已拟好了一份黑名单,准备逮捕大批起义者,其中包括著名的改革派政治家与新闻记者。就在这时,事态出现了转折。当陆军大臣命令国民自卫军配合政府军镇守在协和广场、市政厅和杜伊勒里宫时,大部分国民自卫军没有按照命令到达守卫据点。更让人意外的是,为数不少的国民自卫军士兵反而投向了正在展开巷战的起义者一边。国民自卫军士兵甚至向议会递交了要求基佐辞职的请愿书。巷战的加剧与国民自卫军的倒戈,使国王在中午时惊恐不安,并不得不采用牺牲基佐的办法来挽救局势。于是,他在下午匆匆将基佐解职,授命在自由派中享有声望的莫雷组阁,并答应"改革"。

主张改革的资产阶级自由派对国王在下午的种种表现已然深感满意。因此,他们在夜间开始四处活动,劝说人民停止战斗。但是,参与起义的广大工人和其他市民却不愿偃旗息鼓。他们一边对前来游说的资产阶级自由派人士响亮地回答道:"不管是莫雷还是基佐,这对我们来说都

第九章 七月王朝

一样",一边手持武器,继续战斗。是夜10时,起义者在开往当时外交部的所在地嘉布遣会修士林荫大道时,突然遭到正规军的袭击,顷刻之间就有36人被打死。起义者们拉着装满尸体的手推车游遍了整个巴黎,使这一血腥事件立即传遍全城。第二天,巴黎的所有街道都布满了街垒,被政府军的暴行激怒了的起义者们要复仇了。

为了平息起义者们的愤怒之情,路易·菲利普要求莫雷辞职,并召唤梯也尔和奥迪隆·巴罗组阁。但是,起义者们不相信梯也尔—巴罗内阁能真正进行改革。他们以高呼"不要莫雷,不要梯也尔,不要巴罗,人民自己当家做主人!"的口号表明了自己的态度。当梯也尔、巴罗领命后到处张贴组阁公告时,人们一张张地撕下该公告,换上由共和派头面人物弗洛孔执笔的声明:"路易·菲利普效法查理十世,下令屠杀民众,让他去见查理十世吧!"

上午10时,随着起义群众越来越逼近杜伊勒里宫,宫内一片慌乱。梯也尔劝国王逃往圣克鲁宫,以便调集军队,伺机反扑。但路易·菲利普没有听从梯也尔的劝告。中午时分,随着政府军纷纷倒戈,自知大势已去的路易·菲利普发表正式声明:"现在我宣布退位,由我的孙子巴黎伯爵继承王位。"

路易·菲利普在把王位让给年仅9岁的孙子后,自己立即动身前往英国。她的儿媳奥尔良公爵夫人企图在波旁宫宣布由自己来摄政。在她还没来得及做到这一点时,由迪努瓦埃上尉率领的一支国民自卫军已率先攻入杜伊勒里宫。因而,公爵夫人等王室成员只能在随从保护下,狼狈地逃出杜伊勒里宫。率先攻入王宫的起义者们在攻占王宫后,兴奋至极。他们轮流在宝座上坐上片刻,同时做出各种夸张的动作,逗得同伴哄堂大笑。迪努瓦埃上尉还在宝座的饰物上庄重地写下这样一行字:"巴黎人民向欧洲宣告:自由、平等、博爱。1848年2月24日。"不久,更多的起义者涌入杜伊勒里宫。他们把路易·菲利普的半身铜像抛到窗外,把国王的宝座抬到巴士底广场的烈士纪念柱前付之一炬。下午4时,起义群众冲进了波旁宫,驱散了立法议会,并由起义领导人庄严地宣布:"既不要国王,也不要摄政王。共和国万岁!"

就这样,巴黎起义群众经过几天的浴血奋战,终于以共和制取代了君主制。而那个压在法国人民头上达17年之久的七月王朝,也最终在1848年2月的"政治爆炸"中灰飞烟灭。

六、小资产阶级社会主义思潮的出笼与现实主义文学的勃兴

随着工业革命在法国蹒跚而行,资本主义制度的弊端在六边形国土上日益显现。而这无疑给形形色色的社会主义思潮的登场提供了合适的舞台。在七月王朝时期粉墨登场的各种社会主义思潮当中,最引人瞩目、在工人中影响最大的,也许是小资产阶级社会主义思潮。而这一思潮的两大代表则分别是路易·勃朗和蒲鲁东。

路易·勃朗虽出身于贵族世家,但他却是一个集记者、历史学家、政治活动家于一身的共和派人士。作为此期名声最大的小资产阶级社会主义思想家,路易·勃朗影响最大的著作是1839年发表在《进步杂志》上的长篇论文《论劳动组织》。他在文章中集中批判了现有的资本主义自由竞争制度和生产的无政府状态,认为竞争将导致一切阶级的毁灭,导致战争。为了消除上述弊端,他提出了建立"社会工场"的方案。这种"社会工场"实际上是一种生产合作社性质的东西。它由国家投资建立,其领导人开始时由国家指定,以后由选举产生;工场成员工资平等,人人参与管理;工人的劳动权利将得到切实保障。根据路易·勃朗的设想,随着"社会工场"逐步取代资本家的企业,资本主义就会逐渐地、和平地让位于社会主义。《论劳动组织》一文后又以小册子的形式印行。由于它通俗易懂,更由于"社会工场"和"劳动权"之类的新鲜事物,让正处于水深火热之中的工人心向往之,因此,这本薄薄的小册子竟成为当时法国工人阅读最多的社会主义书籍之一。而"劳动组织""合作""组合"等术语,更是成为19世纪40年代法国工人经常挂在嘴上的流行词汇。

蒲鲁东的出身远没有路易·勃朗"高贵"。这位农家子弟种过田,放过牛,当过排字工人。蒲鲁东的文化知识基本上靠自学而得。但就是这样一位自学成才的年轻人,却在1840年以一部《什么是财产?》名声大噪。他在书中对私有制和维护私有制的各种论据给予了尖锐的批判。其中让人印象最深的是他那力透纸背的断语:"财产就是盗窃。"1846年,他又出版了自己的第二部著作《贫困的哲学》。书中大肆宣扬小资产阶级的社会主义和改良主义。蒲鲁东同时是一个地地道道的无政府主义者。他曾公开提出"打倒政党,打倒政权"的口号,反对一切国家。对此,马克思曾在《哲学的贫困》中给予有力的驳斥。

当然,此期法国五花八门的社会主义思潮的代表人物也还有其他一

第九章 七月王朝

些可圈可点之人。如傅立叶的忠实信徒维克多·孔西德朗、致力于向资产阶级共和人士宣传"社会主义"的著名记者皮埃尔·勒鲁、作为法国妇权运动先驱者之一的女社会主义者弗洛拉·特丽斯当。此外,在七月王朝时期,与各种社会主义思潮有异曲同工之妙的空想共产主义思想也在蓬勃发展。其代表人物既有以《伊加利亚旅行记》名噪一时的埃蒂耶纳·卡贝,也有力主以暴力手段实现共产主义的路易-奥古斯特·布朗基。

七月王朝前期,浪漫主义运动在法国进一步蓬勃发展,并使浪漫主义成为占主导地位的文艺潮流。但也就是在这时,一些文学家却开始与浪漫主义运动分道扬镳。究其原因,是这些文学家在经历了急剧的社会变革之后,已不再满足于浪漫主义的突出"自我",以及借历史题材、异国情调来抒发主观情感,而是希望通过对社会现实生活的具体、真实、客观和准确的描绘来展现自己的社会理想。在他们的努力下,一种新的文艺潮流——现实主义登上历史舞台,并很快发展成堪与浪漫主义运动分庭抗礼的现实主义运动。在七月王朝时期,司汤达与巴尔扎克可谓是法国现实主义文学的双璧。

司汤达,原名马里·亨利·贝尔。作为法国现实主义文学的奠基人,他早年亦积极投身于浪漫主义文学运动。1823年,他在浪漫主义和古典主义展开大论战时发表了著名的文艺论著《拉辛和莎士比亚》。司汤达发表这部作品时,虽然打的是浪漫主义的旗号,但实际上已经匠心独具地阐述了现实主义的创作理论。在这部论著中,他特别强调文学要反映现实,为现代人服务。从1827年他发表第一部小说《阿尔芒斯》起,司汤达开始不遗余力地将自己提出的现实主义创作主张付诸实践。1830年,他完成了副题为《1830年纪事》的长篇小说《红与黑》。司汤达在这部扛鼎之作中以气势磅礴的艺术画面,形象地再现了波旁复辟王朝统治后期法国的社会生活与时代风貌。小说主人公于连作为在典型环境中塑造出来的典型人物,更是成了一个妇孺皆知的文学形象。1839年,他又创作完成了第二部著名的长篇小说《巴马修道院》。小说的故事背景虽然被放在19世纪初奥地利统治下的意大利小公国巴马,但它在表现个人的前途与爱情同强大的政治机器之间的不可调和的冲突的字里行间,仍然隐含着对法国政治现状的揭露和批判。司汤达在其创作生涯的后期,还创作了意在揭露七月王朝时期金融大资产阶级种种丑行的小说《吕西安·娄万》(又名《红与白》)。遗憾的是,由于死神过早地夺去了他的生命,这部小说成了未竟之作。

法国通史

年纪稍比司汤达小10多岁的巴尔扎克无疑是当时法国现实主义文学最杰出的代表。他从1829年发表小说《朱安党人》开始,直至生命终结,创作了总题为《人间喜剧》的近百部小说。巴尔扎克在创作这部气势恢宏的社会史诗的过程中,把目光投向了当时法国社会的各个阶层。举凡大贵族、金融家、高利贷者、僧侣、商人、小业主、公证人、律师、医生等,无不通过他笔下栩栩如生的人物形象得到了反映。在这部登场的人物多达2 400余人的鸿篇巨制中,人们不难发现,有两条主线贯穿其中,这就是封建贵族的没落衰亡史和资产阶级的罪恶发迹史。更为难能可贵的是,这位小说天才是以史学家的严谨科学的态度来创作《人间喜剧》的。为此,他在《人间喜剧》的"总序"中写道:"法国社会将要作为历史学家,我只能当它的书记员","从来,小说家就是自己同时代人们的秘书。"此言不仅表达了他的现实主义创作原则,而且表达了他要把小说写成历史,写成"法国社会风俗史"的决心。显然,巴尔扎克用自己毕生的心血和智慧,非常出色地完成了时代的重托和个人的宏愿。人们甚至完全可以这样断言,《人间喜剧》就像是一座超越时空的艺术丰碑,永远屹立在世界各地一代又一代的读者面前。

作者评曰:

对法国近代史稍有了解的人都知道,基佐不仅以史学大师名世,而且还是19世纪前期法国政坛上颇为活跃的政治家。基佐早年起即服膺英国式的君主立宪制度,并在复辟王朝时期就与他的"信条派"同道一起,致力于在后革命之初的法国进行"自由主义尝试"。七月王朝为基佐实现自己的政治抱负带来了机遇。从1830年到1848年这18年间,基佐在仕途上可谓是青云直上,位高权重。作为资产阶级温和保守派的典型政治代表,基佐奉行的是介乎革命与反动、民主和保守之间的"中庸"路线。如果说他在复辟王朝时期与查理十世的专制统治斗争时尚表现得相当激进的话,那么,随着基佐在七月王朝位极人臣,他在政治观念上却日趋保守。而且,在他看来,七月王朝这一金融贵族统治的君主立宪政体已经极为完善,余下要做的事情就是在这种政体规定的秩序之中"稳步"地求得社会的发展,"秩序"被基佐奉为高于一切的目标。应当承认,基佐的内政外交曾在其执政的前半期获得一定的成功。然而,一味地强调"秩序",到头来必然导致出现一个停滞的社会。正是由于基佐在阻止社会改革的道路上越滑越远,终于使自己在1848年革命中成为众矢之的,并不得不像只丧家犬似的逃往国外。

第十章 从第二共和国到第二帝国

一、第二共和国的建立

正当起义群众忙于在巴士底广场焚烧王座或冲进波旁宫驱散立法议会时,由诗人拉马丁打头的一批资产阶级共和派的头面人物手持三色旗来到了市政厅。他们在这里最终拟定了临时政府成员的名单,并在当晚宣告了临时政府的成立。临时政府由 11 名成员组成。这些人多为资产阶级的代表,以工人代表身份入阁的只有著名的小资产阶级社会主义者路易·勃朗和机械工人阿尔贝。显然,1848 年 2 月革命的胜利果实已成为资产阶级的囊中之物。革命的法国是实行君主立宪制还是共和制?这是一个牵动着当时每一个人的每一根神经的问题。尽管临时政府成员大多主张立即实行共和,但也有若干成员却无意于此。就在他们围绕着是否立即宣布成立共和国的问题展开争论时,对在 1830 年 7 月革命时的受骗上当记忆犹新的广大起义群众却忍耐不住了。2 月 25 日,由老资格的革命家拉斯帕伊医生率领的一个工人代表团来到市政厅,要求立即宣布成立共和国。拉斯帕伊还高声宣布,如果这一要求在两小时之内不能实现的话,他就要带领 20 万人前来"质问"。此时,起义群众手中的武器尚未放下,起义时筑起的街垒也还未拆除,这就使得临时政府面对拉斯帕伊提出的要求只能做出二选一的抉择:要么是立即宣布成立共和国,要么是自己被立即推翻。不出人们所料,临时政府选择了前者。

随着临时政府被迫宣布建立共和国,法国历史上的第二个共和国(史称法兰西第二共和国)诞生了。共和国的建立使全国人民沉浸在胜利的喜悦之中。人们大种"自由树",把它视为幸福降临的征兆。就连神父也在教堂中为"自由树"祝福,为共和国祈祷。在巴黎,为了举行庆祝胜利的狂欢,五花八门的俱乐部应运而生。在一种难以想象的节日气氛中,陶醉在胜利喜悦中的人们在畅所欲言。福楼拜在其名作《情感教育》中曾详尽地描述了此期的巴黎。在他笔下,此期的巴黎俨然是一个巨大的海德公园。

二月革命的最初日子被视为"人民的春天"。拉马丁对聚集在市政厅前的狂欢者表示:"我们将共同创作最美妙的诗篇。"这位蜚声诗坛的浪漫派诗人在临时政府中名为外交部部长,实为政府的灵魂。因为他不仅有诗人的天赋,而且还具有超乎常人的政治手腕。在他的推动下,作为集立法与行政大权于一身的当时唯一的国家权力机构,临时政府在短短的时间里就采取了许多重要举措:废除了政治犯的死刑;废除了殖民地的奴隶制;完全恢复了新闻自由,宣布了集会自由;所有的法国公民都可自愿参加国民自卫军;陆续改造地方政权,所有成年法国男子,只要在一个地方居住满6个月,就可成为选民。由此,法国选民立刻从原先的20多万人猛增至900万人。

由于在二月革命中再次显现出巨大的力量,工人的社会政治地位也仿佛是一步登天。过去,人们在提到广大工人时,所用的政治术语是"受苦的阶级"或"危险的阶级"。而今,这些带有贬义的称谓已被一个新的名称"工人阶级"取而代之。临时政府深知,自己的诞生很大程度上得归功于以工人为主体的起义群众在街垒战中的勇敢与胜利,因此它上台伊始就实行了一些照顾贫苦群众利益的措施,如规定凡不超过10法郎的典当物品均归还主人。鉴于当时巴黎工人中的失业现象极为严重,在工人群众的要求下,临时政府在成立的第二天(2月26日)就宣布承认"劳动权",决定开办"国家工场"给失业者以工作,并准备修建一些大型公共工程,以便使更多的人有活可干。尽管临时政府有了这样一些表现,但工人们觉得这还不够。两天后,他们冲入市政厅,要求成立劳动部和规定10小时工作日制。

对于工人们的这一要求,临时政府中以拉马丁为首的大多数成员最初有意反对,但由于路易·勃朗以退出临时政府相要挟,加之对工人们的强烈要求尚不敢充耳不闻,临时政府很快就成立了"政府劳动委员会"。该委员会由路易·勃朗和阿尔贝担任正副主席,因其设在卢森堡宫,故又称卢森堡委员会。此时,在拉马丁看来,卢森堡委员会可起一种"安全阀门"的作用。它的成立既可以应付工人的要求,又可以名正言顺地把路易·勃朗和阿尔贝这两位代表工人的政府成员排除在政府活动之外。由于经费没有着落以及其他一些原因,卢森堡委员会就像是一座清谈馆,根本无法解决任何问题。对此,路易·勃朗也承认,他在那里的任务是"向饿着肚子的人民讲授饥饿学教程"。[1]

临时政府在巴黎开办的"国家工场"从3月2日起开始接纳工人。自开办之日起,前来登记求职的工人数目每天都大幅攀升。之所以如此,有两点原因。其一是由于私人企业频繁解雇,巴黎自身的失业工人急剧增加;其二是外省工人在闻讯后络绎不绝地涌向巴黎,甚至外国工人也纷至沓来。国家工场内部实行半军事化的管理制度。工人的工资在劳动日为每天2法郎,非劳动日初为1法郎50生丁,后又减为1法郎。国家工场的工人不论原来工种如何,干的均为挖土、刷墙、植树、修桥、铺路等粗活。因此,不少原先的金银首饰匠、裁缝等直嚷吃不消。

临时政府向工人的要求所作的种种让步,给人留下了这样一种印象,似乎该政府把工人阶级的利益放在了首位。事实并非如此。临时政府当时之所以这样做,只是因为以它为代表的资产阶级暂时还未做好同工人阶级进行决斗的准备,他们在确立稳定的资产阶级统治秩序前还需要把广大工人稳住一段时间。一俟时机成熟,他们就会毫不犹豫地撕下温和的假面具。事实上,即使是在这段时间里,他们也在千方百计地挑拨中小资产阶级与无产阶级之间的关系,挑拨农民与工人的关系,把中小资产阶级或农民此时在经济上的一些损失归咎于政府不得不养活"国家工场"的工人。此举使工人运动和社会主义运动的代表在不久举行的大选中纷纷落马,并使工人阶级在行将到来的决斗中陷于孤立无援的境地。

随着自己的阵脚日趋巩固,资产阶级也逐步加强了对无产阶级的进攻。为了尽早通过选举使资产阶级合法地实现独占统治,临时政府决定在4月9日就举行制宪议会的选举。公告发布后,工人运动和社会主义运动内不少派别的领导人认为,虽然城乡劳动群众已在二月革命后获得了选举权,但要真正选出代表人民意志和利益的代表,还需要对广大城乡群众进行政治教育,开展宣传,因此,他们主张将选举推迟至5月31日。

---

[1] 柳勃林斯卡娅等:《法国史纲》,三联书店1978年版,第479页。

为此,布朗基派于3月17日在巴黎发动了大规模的工人示威游行,向临时政府施加压力。迫于压力,临时政府答应推迟选举日期,不过只同意推迟2周,即改在4月23日。

4月23日是复活节。是日,900万选民被召集到各区的首府投票。拥有选举权的成年男子们在做过弥撒之后,在镇长或神父的带领下,集队前往,好像去打仗一样。那些老弱病残者则被放在两轮车上送去投票。各地的权贵和神父事先都强调了本次选举的意义,并号召人们投温和派候选人的票。4月26日,选举结果揭晓,资产阶级温和共和派获得压倒优势的胜利,在880个议席中占据了550席,小资产阶级民主派仅占有100席,而工人代表只有区区18席。

5月4日,新选出的制宪议会在波旁宫隆重开幕。在当天举行的会议上,代表们一致通过决议,宣布建立共和国。众所周知,在此之前,第二共和国早就已经存在了数月。议会之所以要多此一举,意在表明这一共和国是在正规选举的议会中产生的,而不是在街垒战中诞生的。后来,议会甚至还决定,将共和国诞生日定在5月4日。此举更可见资产阶级为了使自己的统治秩序更具"合法"色彩,可以完全置事实于不顾。

5月10日,已完成历史使命的临时政府宣告解散。取而代之的是议会刚刚选举产生的新政府——"执行委员会"。在新政府中,温和共和派几乎独霸天下,仅保留了一个小资产阶级民主派代表赖德律-洛兰作为点缀。至于工人代表,则更无一人入阁。

二、从六月起义到波拿巴登上总统宝座

1848年二月革命,无疑不乏值得肯定之处。但是,在这场"博爱的革命"带来的短暂"充满幸福的博爱化时期"终结之后,法国社会秩序非但不时出现混乱状态,而且还日益恶化,也是一个不争的事实。更昭然若揭的是,不唯二月革命本身具有"突发性",就连共和国的建立之举,实际上也具有"仓促性"乃至"戏剧性"。这样一来,再加上其他复杂原因,导致因1848年革命而诞生的第二共和国,实际上在很大程度上存在着这一特点,即具有不容低估的"政治脆性"。

这种"政治脆性"很大程度上得归因于该共和国本身属于"二月革命所展示的民主激进性"的产物。换言之,由"二月革命所展示的民主激进

第十章 从第二共和国到第二帝国

性",势必"导致它所建立的共和国非常脆弱"。如前所述,法国在二月革命爆发后曾一度出现"抒情诗般的幻象"。这种现象固然能带来一时的狂喜,但毕竟不可能持久。至于在"具有戏剧性"的情况下仓促宣布成立的共和国,实际上亦注定难免成为"乌托邦的共和国"。果然,在二月革命之后不久爆发的暴力血腥的六月革命,不仅明确宣示"充满幸福的博爱化时期"的终结,同时还强烈地撕裂了当时的法国社会。

具体而言,如果说临时政府成立之初还宣布承认"劳动权",甚至决定开办"国家工场"给失业者以工作,那么,通过4月下旬的选举选出的制宪议会,不仅在5月召开的会议上决定以新的行政机构取代原有的临时政府,还否决了路易·勃朗关于设立劳动和进步部的提议。此举无异于使劳动群众受到当头棒喝。又由于制宪议会和"执行委员会"迫不及待地限制人民群众举行公众集会、组建政治俱乐部的权利,使再次觉得受骗上当的人民群众除了诉诸街头行动,别无选择。

正是在这样的背景下,布朗基号召举行骚动的宣言在各平民区迅速流传。5月15日,当制宪议会就是否支持波兰人民的民族解放运动展开讨论时,数以万计的劳动群众在巴士底广场举行了示威,要求政府立即支援起义的波兰人民。随后,示威者高呼着口号直奔波旁宫,其中不少人还冲进了议会大厅。当示威者冲进议会大厅时,正在开会的议会代表们吓得目瞪口呆。但示威者起初不仅并未难为他们,反而以脱帽的方式向这些"人民的代表"(此为这届议会代表的正式名称)表示了应有的敬意。在群众的欢呼声中,拉斯帕伊走上议会讲坛,代表示威者宣读了请愿书,要求议会立即通过决议,援助波兰人民。制宪议会的代表们答应考虑这个要求,但要示威者立即离开会议厅。下午4时,正当双方僵持不下之际,示威者听到外面响起了军队集合时的鼓声。显然,政府已准备动手镇压了。在这关键时刻,巴黎俱乐部联合会主席于贝尔突然登台大声宣布:"公民们!议会不想给人民以回答,我以人民的名义,以受议会代表欺骗了的人民的名义宣布解散制宪议会。"紧接着,又有人建议成立新的临时政府,在群众提出的临时政府成员名单中,有路易·勃朗、巴尔贝斯、阿尔贝、赖德律-洛兰、布朗基、拉斯帕伊等,其中数人当时并不在场。很快地,示威者就簇拥着巴尔贝斯和阿尔贝等人向市政厅走去,在他们到达市政厅不久,拉马丁等人率领大批国民自卫军前来镇压,巴尔贝斯和阿尔贝没有发动群众对前来镇压的军队进行抵抗,结果双双被捕。不久,拉斯帕伊、布朗基等人也锒铛入狱,一大批俱乐部被查封。

5月15日事件发生后,一些议员在议会讲坛上公开谩骂工人;执行委员会将国家工场的计日工资改为计件工资,并将非巴黎出生的工人派往自然条件较差的地区去干活。更有甚者,6月21日,政府悍然决定解散"国家工场",并在次日颁布了解散"国家工场"的正式法令,规定凡年龄为18—25岁的单身工人立即转入军队服役,其余工人将被组织去外省从事土木工程劳动,且不准带家属。当工人派代表团向政府交涉,对法令提出异议时,政府竟极其强硬地表示,将用武力执行有关命令。面对这一状况,巴黎工人深感自己已被二月革命后建立的共和国背叛,需要继续革命来争取和捍卫自己的权利。由此,六月起义,或曰六月革命随之爆发。

6月22日白天,工人的游行队伍已在巴黎街头络绎不绝。及至傍晚,有近5 000名工人在先贤祠广场集合后,举行了大规模的示威游行,沿途不断有群众加入。其间,布朗基俱乐部成员皮若尔发表演说,号召拿起武器,筑起街垒。翌晨,数千名工人再次在先贤祠广场集合,然后奔向巴士底广场。在巴士底广场上,皮若尔在演说中宣称,工人以往的鲜血白流了,必须重新开始革命。10时半,人们在博恩努韦尔林荫大道筑起了第一个街垒。随后不久,一个又一个的街垒迅速地竖立起来。街垒上大多插着国家工场的三色旗,也有一些是红旗或黑旗,上面写着"面包或死亡""自由或死亡"。中午时分,巴黎的整个东区已处于起义状态之中。

随着六月起义的爆发,一场两大对抗阶级之间的大决战在巴黎展开了。持续了数月的战斗异常激烈。一位参与镇压的政府军军官曾如是写道:"火力是非常可怕的。血流成河——举目四望,大街到处被染红了。武装起义者像猛狮般地进行自卫,我的士兵们在起义者的子弹射击下倒下去了,我们进攻了20次,但被打退了20次。死亡人数很可观,受伤人数就更大了。"[①]起义之初,起义者在街垒战中占有明显的优势。于是,议会的大多数代表认为执行委员会镇压不力,迫使其成员全部辞职,并授予前阿尔及利亚总督、时任陆军部长的路易·卡芬雅克以专政权。卡芬雅克大权在握后,调集重兵,以极端残忍的手段对起义者进行镇压,包括用重炮对起义者占领的街区狂轰。6月26日,孤军奋战的起义工人终于在

---

① 柳勃林斯卡娅等:《法国史纲》,三联书店1978年版,第489页。

第十章 从第二共和国到第二帝国

卡芬雅克的血腥镇压下失败了。

卡芬雅克在镇压了起义后,并未信守自己许下的宽待一切放下武器者的诺言,而是变本加厉地迫害起义工人。如果说在街垒战中被打死的起义者不过是500多人的话,那么在街垒战结束后的大清洗中被枪杀的工人竟多达11 000人。有25 000多人被逮捕,其中大部分后来未经审讯就被送往阿尔及利亚服苦役。在卡芬雅克大肆进行武力镇压的同时,把他扶上台的议员们也在迫不及待地实施法律上的镇压。他们匆匆忙忙地投票通过了一些旨在防止任何人民起义重新爆发的立法措施:取消新闻自由;继续实行戒严,直到顺利地完成对起义者的大清洗;禁止私人集会,解散秘密会社。此外,他们又将法定劳动日延长到12小时。此举显然是要工人为六月起义付出代价。

因血腥镇压六月起义而被人称为"六月的屠夫"的卡芬雅克在6月28日假惺惺地把专政权归还给议会。但对其镇压"功绩"感恩戴德的议会旋即又任命卡芬雅克为部长会议主席。卡芬雅克在领命后两度组阁。如果说他领衔的首届内阁成员基本都是共和派的话,那么在其第二届内阁中,则已有两名君主派人士。从此,第二共和国政府的大门开始向君主派势力敞开。

六月起义的爆发使制宪议会更感到有必要加快制宪的进程。在经过几个月紧张的讨论修改后,制宪议会于11月4日通过了第二共和国宪法。这一宪法的最大特点是把总统的权力定得很大,几近专制制度下的国王。之所以如此,很大程度上是因为卡芬雅克这个"六月的屠夫"自以为在总统选举时会稳操胜券。

宪法既已通过,随之而来的就是总统选举。卡芬雅克作为官方提名的候选人踌躇满志地参加了总统竞选。同时参与角逐的还有赖德律-洛兰、拉马丁、拉斯帕伊、尚加尼埃与路易-拿破仑·波拿巴。12月10日,由全国选民直接投票选举总统。投票结果,拿破仑一世的侄子路易-拿破仑·波拿巴得票最多,

路易-拿破仑·波拿巴宣誓就任第二共和国总统

所获选票为总票数的3/4。12月20日,在瓦尔德克-卢梭向议会报告了各候选人的得票情况后,议会主席马拉斯特宣布路易-拿破仑·波拿巴为共和国总统。是日下午4时,身着黑礼服的波拿巴登上讲坛,庄严地宣读了誓词:"在上帝和在法国议会所代表的法国人民面前,我宣誓永远忠于民主的、统一的和不可分割的共和国,并履行宪法所赋予我的一切义务。"

波拿巴之所以能在此次总统选举中出人意料地以绝对优势挫败其他候选人,尤其是志在必得的卡芬雅克,其原因是多方面的。首先,他在竞选声明中把自己打扮成秩序的象征和救星,这就使得有产者对他格外青睐;其次,工人群众因六月起义对共和派怀有巨大仇恨,宁愿把票投给波拿巴,也不愿把票投给"六月的屠夫"卡芬雅克。君主派中的正统派或奥尔良派,则因知道自己上台的机会尚未成熟,所以也暂时把票投给了波拿巴,希冀借助波拿巴派的上台,扩大整个君主派在国内政治中的影响力,以便来日由自己掌权;再次,广大农民由于45生丁税而对共和派极为反感,同时对伟大的拿破仑的继承人情有独钟,自然而然地把票投给了由于拿破仑的神话而被神圣化的名字。在投票前夕,有一首歌谣在法国农村广为流传,它生动而清晰地表达了农民们对路易-拿破仑·波拿巴和其他候选人的爱与憎:

假使你们希望流氓

那么你们就应委任拉斯帕伊。

假使你们要一个坏蛋,

那么你们就选赖德律-洛兰。

假如你们赞成阴谋诡计鬼花样,

那就任用卡芬雅克。

如果希望一个好人,

那就选举路易·拿破仑![1]

最后,似乎得归因于以梯也尔为首的"普瓦蒂埃街委员会"这个强有力的竞选组织卓有成效的竞选活动,尤其是他们费尽心机去唤起人们对拿破仑的传奇式的回忆,使路易-拿破仑·波拿巴沾尽了其伟大的伯父的光。

---

[1] 勒贝:《路易-拿破仑·波拿巴和1848年革命》,巴黎,第2卷,第244页。转引自孙娴著:《法兰西第二共和国史》,社会科学文献出版社1995年版,第165页。

三、第二共和国变成了第二帝国

路易-拿破仑·波拿巴在总统选举中高票当选,主要归因于"稳定和秩序"实为这一时期法国的民意所指,而他本人又在当时最适合地充当了"稳定和秩序"的象征。正因如此,路易-拿破仑·波拿巴上台后的治国理念和施政方针,势必以谋求稳定和确保秩序为己任,而其中的当务之急则是尽快巩固政治统治,稳定社会秩序。与此同时,这位"圣西门主义力行者"还希冀依照自己在其"伟大的伯父"影响下早已逐渐形成的宏愿,重塑法国、欧洲乃至世界。而当明确意识到第二共和国的政治制度设计根本无法为自己履行职责、实现抱负提供应有的制度保障时,他注定不得不采取一些非常手段,直至不惜发动政变来改变现状。

当波拿巴得意扬扬地登上总统宝座时,法国的政治舞台上正呈现出三足鼎立的局面。这三种主要的政治力量分别是温和共和派、波拿巴派和秩序党。所谓的秩序党,由奥尔良王朝派和正统王朝派组成,由于他们以"秩序"作为其政治主张的核心,故名。秩序党的代表人物是梯也尔、巴罗、莫雷、贝里耶、德卢等人。相对而言,奥尔良派在秩序党中的势力要略胜正统派一筹。

此时,温和共和派虽在总统选举中受挫,但仍占据着议会的多数。在这种情况下,自知本派尚势单力薄的波拿巴选择了依附于秩序党的道路。12月21日,他任命奥尔良派的首领巴罗组阁。巴罗在领命后迅速组成了一个基本没有共和派人士参加的秩序党内阁。秩序党内阁的建立意味着自二月革命以来共和派首次失去了对政府的控制。12月26日,属于正统派的著名将领尚加尔涅被任命为塞纳省国民自卫军总指挥和巴黎卫戍部队的司令。让一个人同时担任这两项如此重要的职务,实属前所未有。更何况,法律明确规定,在职的部队军官不能指挥国民自卫军。当有议员对这一有悖于相关法律的任命提出质询时,秩序党内阁却置若罔闻。

波拿巴深知,由秩序党一手遮天的内阁绝不会完全按他本人的旨意行事,其力求贯彻的只是秩序党自己的政策主张。但为了能在和议会的斗争中借助秩序党的力量,他必须暂时容忍这样的内阁存在。因此,当议会和内阁在一系列问题上发生尖锐冲突时,身为总统的波拿巴毫无顾忌地站在了内阁一边。

本届制宪议会曾有过一项决议,规定只有在制定好"构成法",即把宪法的主要原则加以补充和具体化的法律之后,自己方能解散。但不管是波拿巴总统还是秩序党内阁,都不愿让由共和派控制的制宪议会制定出具有共和主义精神的"构成法"。于是,他们就力图尽快解散制宪议会。为此,他们始则在1849年1月唆使一名议员提出解散议会的提议,继而又在全国掀起了要求制宪议会解散的请愿活动。不久,他们的企图终于得逞,新的立法议会的选举将于同年5月13日举行。

为了确保在立法议会选举中获得胜利,秩序党可谓是绞尽脑汁,无所不用其极。他们不仅控制了立法议会的选举程序,还耗费巨资在全国进行宣传、收买。结果,在所选出的713名议员中,秩序党人竟有500名之多。相形之下,温和共和派更显得惨不忍睹,只获得75席。其代表人物马利、马拉斯特等纷纷落马,就连拉马丁也只是在后来补选时才免遭落选的厄运。不过,在本次选举中,也有180名小资产阶级民主派和小资产阶级社会主义者的代表当选,他们后来在立法议会中组成了以赖德律-洛兰为首的新山岳党。

1849年5月28日,新选出的立法议会开幕。由于秩序党人在新议会中占据了主导地位,所以他们在行政权与立法权之争问题上的态度来了个180度的大转弯,摆出了立法权至上的架势。明眼人一看就知,秩序党人的这一手是冲着总统来的。从此,法国的行政权与立法权之间的斗争便在总统和以秩序党占多数的立法议会之间展开。

总统与立法议会的首次正面冲突在内阁更换时表现了出来。波拿巴心中明白,若要与立法议会抗衡,就得有一个听命于自己的内阁,而巴罗内阁显然不属此列。因此,他在1849年10月31日送交立法议会一份咨文,通知议会巴罗内阁已被免职,一个以多特普尔为首的新内阁已经组成。波拿巴此举事先完全未向议会征求意见。后者虽然深为不满,但又无可奈何。因为根据宪法,总统拥有任命内阁的权利。由此,这次冲突以总统占了上风而告结束。

不过,半年多之后,议会中的秩序党人也给了总统及波拿巴派应有的"回敬"。1850年6月初,波拿巴要求立法议会每年为他拨款300万法郎作为年俸。议会没有满足他的这一要求,只同意一次性拨款216万法郎供总统开支。同年8月之后,立法议会休会期间的常设委员会将波拿巴派一律排挤在外。

第十章 从第二共和国到第二帝国

波拿巴在与议会斗争时,并非一味采取强硬态度,而是根据形势需要,随机应变,软硬兼施。他的这一特点在其与秩序党人争夺军权的过程中表现得淋漓尽致。1850年10月10日,波拿巴为拉拢军心,在萨托里军营举行阅兵。其间,许多骑兵在通过检阅台时高呼"拿破仑万岁!""皇帝万岁!"然而在纳马耶将军率步兵接受检阅时,他根据尚加尔涅的命令未让士兵喊口号。不久,效忠于波拿巴的陆军部长将纳马耶撤职,但尚加尔涅对此立马予以还击,命令军队中禁止呼喊口号。议会的常设委员会还多次召开秘密会议,准备在11月议会复会时对此事进行追究。鉴于波拿巴派的羽毛尚未丰满,此时的波拿巴深知小不忍则乱大谋。于是,他为了避免事态恶化,解除了那位陆军部长的职务,并在11月12日向议会递交了一份咨文,声明愿意服从宪法,努力保证法国的"安宁",力争不发生"风波和乱子"。他的这番打着捍卫和平、安宁旗号的言辞使得秩序党无法在复会后的议会中对他发起攻势。由此,因阅兵引起的风波暂告平息。

可是,数月之后,自认为已做好准备、胜券在握的波拿巴却转而采取了攻势。1851年1月3日,波拿巴公然无视议会,同时撤销了尚加尔涅担任的两个要职。当时,内阁中的不少部长因不赞同波拿巴这一公开与议会决裂的行径,纷纷宣布辞职。波拿巴则当仁不让地让自己的亲信去填补这些空缺,同时由自己信得过的两名将军分别接替了尚加尔涅原先担任的要职。至此,波拿巴已完全夺取了行政权和军权。

很快地,秩序党在议会中的势力日趋衰弱。由于秩序党内部正统派与奥尔良派围绕着究竟是拥立尚博尔伯爵(查理十世之孙)还是巴黎伯爵(路易·菲利普之孙)争论不休,遂使两派议员间也内讧不断。更有甚者,有277名秩序党议员见大势已去,竟投入了波拿巴派的营垒。由此,秩序党在议会中的多数不复存在。波拿巴并未就此罢休,而是迫不及待地又向议会发起了新的攻势。1851年1月24日,波拿巴宣布成立由不属于议会任何党派的人士组成的"超议会的内阁",理由是此时议会中已不存在一个党派的多数。同年4月与10月,内阁又两度改组。通过内阁改组,政府进一步波拿巴化。

虽然波拿巴在与秩序党及议会的较量中连连得手,但一个极为棘手的问题越来越让他寝食不安。这就是他的总统任期将于1852年5月届满。根据1848年宪法第45条规定,总统任期4年。不得连选连任。此意味着波拿巴若要继续保持权力,就得设法修改宪法,延长总统任期或取消不得连选连任的条款。不过,根据1848年宪法第111条规定,必须经过3次连续讨论(每次相隔一月),有3/4议员赞成,方可修改宪法,投票人数不得少于500人。要满足上述条件,实非易事。当然波拿巴还可以采用另一种方法来达到继续统治的目的,这就是采用暴力,实行政变,夺取政权。不过,这只是下策。因而,波拿巴首先还是致力于合法斗争的途径。

在他的授意下,波拿巴派在全国掀起了要求修改宪法的请愿运动。1851年3月成立的巴黎商人委员会提出一份要求修改宪法的请愿书,在城乡广泛征集签名,几个月的时间里就征集到1 123 000个签名者。虽然有历史学家对这一数字的可靠性提出质疑,但修改宪法的要求已形成一种浩大的声势,则是不争的事实。修改宪法的问题使秩序党左右为难,进退维谷。如果反对修改宪法,则将迫使总统采取暴力,解散立法议会,秩序党就会失去和波拿巴进行斗争的合法阵地。如果同意修改宪法,则因拥有1/4以上议员的新山岳派一定会否决,修宪之事也不可能实现。果然,1851年7月19日,当立法议会就修宪问题投票表决时,该提案因反对者超过1/4被否决。从8月25日起,各省议会相继召开。全国90个省议会中,约有80个主张修改宪法。这表明波拿巴受到了各地大资产阶级的普遍支持。

从表面上看,立法议会否决了修改宪法的提案似乎是波拿巴的失败,实际上却不然。因为它反而使波拿巴有了完全的行动自由。今后,即使波拿巴撕毁宪法,其行动也合乎议会精神,因为虽然反对者超过了1/4,但立法议会的多数是赞成修改宪法的。同理,他若解散立法议会,似乎也合乎宪法精神。更何况,全国有这么多的省议会在支持他。

有了行动自由的波拿巴在积极地为政变进行准备的过程中,又非常巧妙地给秩序党出了个难题:建议废除1850年5月31日法令,恢复普选权。波拿巴这样做绝非仅贪图好名声。波拿巴估计秩序党肯定会反对此事。届时,他就可以达到两个目的:其一,加深秩序党和共和派、民主派之间的分裂,使他们无法联合起来反对他发动政变;其二,人民群众会更加憎恨秩序党和立法议会,后者将在人民中威信扫地。同年11月13日,立法议会就总统的提议进行表决。共和派、民主派和波拿巴派支持,秩序党反对,结果该提案以353票对347票被否决。提案未获通过,但波拿巴的目的却达到了。在国人的心目中,他俨然是一个反对反动议会的民主代表。

第十章 从第二共和国到第二帝国

当秩序党日益孤立,立法议会声名狼藉之际,波拿巴却人望大增。不过,波拿巴并未满足于此,他继续利用各种各样的机会去博取工商业资产者的欢心,并千方百计地争取普通群众。为此,他不惜频频作秀,如在霍乱病流行时到医院去看望病人;主持巴黎新集市大厅的奠基仪式;向在场的女商贩与卖鱼妇发表蛊惑人心的演说;为铁路通车剪彩。在为铁路通车剪彩或参观地方产品展览会时,他甚至煞有介事地宣称:"我的最坦白、最忠诚的朋友不是在宫廷之中,而是在茅舍之中。他们不是在镀金的天花板之下,而是在作坊和田野之中。"为了收买军心,他多次在爱丽舍宫设宴款待军官,并设法增加了军队人员的薪饷。

1851年秋冬,政变的时机终于成熟了。为了更好地沾拿破仑一世的光,波拿巴与其亲信选定了12月2日,即拿破仑一世取得辉煌胜利的奥斯特利茨战役的纪念日发动政变。为了掩人耳目,波拿巴在12月1日夜在爱丽舍宫举行了盛大的舞会。子夜时分,波拿巴及其亲信在总统办公室举行会议,决定派兵占领立法议会所在地波旁宫;逮捕梯也尔、尚加尔涅、卡芬雅克等秩序党或共和派的头面人物;印刷已准备好的公告等文件。这三件事分头同时进行。翌日清晨,当人们从睡梦中醒来时,波旁宫已被军队占领,政变的公告,告人民书和告军队书已张贴在巴黎的各个街头。公告的主要内容是:解散立法议会;宣布巴黎戒严;恢复普选权;在12月14—21日就是否同意路易-波拿巴的权力举行全民投票。

事发后,在巴黎及外省虽有一些零星反抗,但很快就被支持波拿巴的警方与军队镇压了。在全国基本恢复正常状态之后,法国在12月21—22日举行公民投票。公民投票的结果是约700万人赞成,100万人弃权,60多万人反对。由此,波拿巴的"雾月十八日"具有了"合法性"。

尽管像其伯父一样称帝是波拿巴的夙愿,但他在政变成功后并未立即恢复帝制,在整整一年的时间里,他在政体上保留了共和国的形式。不过,政变后的共和国具有明显的过渡性,它实际上是通向帝国的最后一个阶梯。在这一时期,不仅国旗旗徽已改为拿破仑帝国时的鹰徽,更为重要的是,政变后颁布的新宪法完全是以共和八年宪法为蓝本制定的。如同共和八年宪法集大权于第一执政一身一样,1852年宪法授予总统权力之大,使其有如无冕之王。也正因为如此,当后来宣布成立帝国时,根本无须对这部宪法作根本性的修改,几乎是只要将里面的"总统"换成"皇帝"即可。

1852年9—10月间,波拿巴加快了恢复帝制的进程。他在巡视外省时在演说中大胆暗示建立帝国的必要性和急迫性,并保证"帝国就是和平",以求消除人们将波拿巴家族与对外长期战争相联系的印象。当恢复帝制的舆论和声势完全形成后,参议院根据波拿巴的授意在1852年11月7日通过决议,恢复皇帝称号,立路易-拿破仑·波拿巴为法国人的皇帝,称拿破仑三世,帝位由波拿巴家族的男性后代世袭。同日,波拿巴总统号召年满21岁、享有公民权和政治权的法国男子都于11月21日、22日参加公民投票。公民投票的结果是780万人赞成帝制,6万人弃权,反对者仅为25万人。12月2日,帝国正式建立,史称第二帝国。就这样,在短短几年的时间里,法兰西第二共和国变成了法兰西第二帝国。

四、帝国政治体制的嬗变:从"专制帝国"走向"自由帝国"

从1852年12月2日路易·波拿巴披上皇袍到1870年9月4日帝国因色当之败灰飞烟灭,法兰西第二帝国延续了近18年时间。在这18年的时间里,帝国的政治体制并非一成不变,而是经历了一个发展与演变的过程。一般而言,这一过程大致可分为两大阶段,即1852—1858年的"专制帝国"时期与1859—1870年的"自由帝国"时期。

在专制帝国阶段,拿破仑三世实行的是地地道道的专制独裁统治。他以确保国内秩序的稳定为借口,让政变之际那种严峻的政治气氛依然如故,并肆无忌惮地采取了这样一些措施:

首先是大力强化军队、警察和官僚机构,通过它们来推行高压政策,有效地控制社会局面。为此,他把帝国军队从40万扩充到60万,把中央和地方行政官员从47万扩充到62万,同时也大大扩充了警察部门的人员。在这一时期,拿破仑三世依靠警察镇压了多起国内的反抗活动。如1853—1854年先后发生的学生与工人的密谋、1855年发生的两起谋刺皇帝事件等。在全国各地,各省省长在当地驻军的配合下,依靠根据1852年2月政府通报建立的"混合委员会",牢牢地控制着各地城镇与乡村。

其次,拿破仑三世公然取消了"自由、平等、博爱"这一大革命时期的口号;严禁出版、集会、结社自由;解散了国民自卫军;规定了政治宣誓制度,凡官方人员均要宣读"我宣誓服从宪法,效忠皇帝"的誓词;与天主教

第十章　从第二共和国到第二帝国

结盟,借助教会的力量对抗革命宣传,严格控制中小学校。在这一过程中,宗教预算逐年增加,红衣主教成为参议院的当然成员,世俗的师范学校纷纷被封闭,许多公立中学被耶稣会办的中学所取代。至于小学教育,则更是典型的宗教教育。

"专制帝国"的独裁统治在奥尔西尼刺杀事件发生后达到顶点。1858年1月14日傍晚,以奥尔西尼为首的三位意大利爱国志士因不满帝国对意大利的政策,在拿破仑三世与皇后乘马车前往巴黎歌剧院时,用炸弹袭击拿破仑三世,造成156人受伤,其中8人不治身亡。事发后,死里逃生的拿破仑三世趁机强化了其独裁统治。他以保障安全为借口,立即恢复政变之初实行过的"非常期"统治,严厉打击政治可疑分子,在短短几个月的时间里,拿破仑三世撤换了包括内政大臣、巴黎警察局长、4名省长在内的一大批官员,换上了更为得力的亲信。他同时还宣布,今后省长应于65岁退休,区长应于62岁退休,以便在任职期间能有充分的精力为帝国服务。拿破仑三世还在事发后半个月将全国划成五大军区,各军区由一名元帅负责,实行以军治政。2月27日,拿破仑三世批准并颁布了"治安法"。该法规定,要严惩那些反对皇帝与政府,"破坏社会安宁",或进行谋杀活动的人。"治安法"的颁布使此次镇压活动达到新的高潮,一大批资产阶级共和派、小资产阶级民主派、工人运动和社会主义运动的积极分子被逮捕,其中大多数人被流放到阿尔及利亚。

经过多年的苦心经营,拿破仑三世的宝座可以说是坐稳了。及至19世纪50年代末,当他回首帝国前一阶段的内政外交时,他有充分的理由为自己的文治武功感到骄傲:在工业革命的推动下,法国经济正以前所未有的速度迅猛发展;外交上的连连得手、克里米亚战争与意大利战争中取得的胜利不仅使法国洗刷了1815年时的耻辱,而且还使法国重新获得了在欧洲大陆的优势地位。

不过,拿破仑三世这时也深知,长期的专制独裁统治绝非良策,它必然会招致人们越来越强烈的不满,要想使帝国长治久安,自己就必须得及时地改变统治策略。事实上,此时在法国政治舞台上虽然已不存在堪与波拿巴王朝抗衡的强大政治对手,但在左、右两翼都还存在着跃跃欲试的反对派。右翼反对派由正统派、没有归附帝国的奥尔良派以及政见与之相似,组织上却不属奥尔良派的主张保护主义的资产阶级组成。左翼反对派则由逐渐复苏的资产阶级共和派组成,内又分温和共和派与激进共和派。除了左、右两翼的反对派让拿破仑三世感到不安外,让他觉得担心的还有两点。一是工人运动正在不断积累力量,准备重新斗争;二是天主教势力正与他唱对台戏。曾受到拿破仑三世厚待的天主教势力之所以反对他,是因为他们不满皇帝损害教皇权益的政策。而拿破仑三世之所以断然拒绝教皇提出的由罗马教廷任命法国主教的要求以及在意大利战争中不惜损害教皇的利益,其原因也很简单,即他像其伯父一样,只是想利用教会,而绝不愿受制于教会。

为了消解或尽量抵消来自各方的对帝国的不满,拿破仑三世从19世纪50年代末起,开始实行一系列的政治改革。由此,帝国的政治体制也逐步地由"专制帝国"向"自由帝国"演变。

昭示这种演变开始的标志性事件是拿破仑三世在1859年8月15日以纪念拿破仑一世90岁诞辰为由发布政治大赦令。这一法令公布:"一切因政治罪行而判刑或成为安全措施对象者,完全获得大赦。"从第二天起,身陷囹圄的政治犯纷纷走出牢房,流放或逃亡到国外的反对派人士也辗转返回国内。虽然从长远看,这些人的出狱和归国将构成帝国的后顾之忧,但当时,大赦确实明显地缓和了国内的政治气氛。

在这之后,拿破仑三世在变革帝国政治体制本身采取了一系列措施。如1860年11月24日的皇帝政令宣布,今后,元老院与立法团对于每年会期开会之初皇帝发表的演说,将有权通过"请愿书"陈述己见。当讨论"请愿书"时,政府特派员应到场,并应对议会就帝国的内外政策作出解释。在此之前,当拿破仑亲临元老院和立法团致辞,宣布其内外方针时,元老院和立法团的全体成员是完全无权表示异议的。因而,该政令的这一内容具有不容忽视的意义。它标志着皇帝与议会、政府与议会之间的关系开始向不利于专制权力的方向发展。在同一政令中,皇帝还宣布通过政府公报向社会公布元老院与立法团的每日会议的记录,不久又允许其他报刊登载有关内容。此举使社会舆论及时地知晓了元老院与立法团会议的情况。而在此之前,有关情况往往是秘而不宣的。又如,1861年11月30日的法令规定,未经立法团通过,政府今后不得私自确定追加特别预算,立法团对政府预算的监督权由此得到加强。

"专制帝国"向"自由帝国"演变过程中另一方面的重要内容是适当放宽对社会生活的控制。如1864年5月25日的元老院法令宣布放宽执行严禁结社罢工的"夏普利埃法",在经过批准后工人可罢工和结社,对被批准结社者,政府免费提供办公室和其他必要用品。不过,秘密结社和集会仍在禁止之列。

在帝国的后期,确切地说在1868—1870年,在力量不断增强的各反对派的压力下,第二帝国仍继续进行政治改革。如1868年5月公布了新的新闻法,对报刊出版打开了方便之门。同年6月颁布的集会法规定,今后不用经官方预先批准即可召开非政治性和非宗教性的公众集会。1869年9月正式公布的一项元老院法令则规定,立法团与皇帝共同拥有立法创议权;立法团在每年会期开幕时任命自己的正、副主席与秘书;元老院与立法团有权对政府提出质询;"大臣们从属于皇帝",但可受到元老院起诉。显然,该法令使议会,尤其是立法团的权力又有了扩大。

不过,第二帝国自由主义改革的高潮当推1870年4月元老院通过了一项集中反映与总结了帝国政治演变实况的法令和同年5月就该法令举行的全民投票。这项在全民投票时受到绝大多数人赞同的法令亦被称作第二帝国的"新宪法"。根据"新宪法",皇帝的权力进一步受到限制,元老院的权力也有所削弱,立法团议员由普选产生,其权力明显扩大,各部大臣既对皇帝负责,也对元老院和立法团负责。一般认为,"新宪法"标志着第二帝国完成了从专制帝国到自由帝国的演变。

拿破仑三世此时之所以把自己打扮成自由化的推动者,甚至故意将"新宪法"提交公民投票,其主要目的是恢复自己统治的"合法性"并给政治反对派出难题。确实,当时反对派的处境非常尴尬。如果在表决时投赞成票,就意味着支持皇帝,反之,就意味着反对自由化改革。应当说,拿破仑三世已在这方面达到了自己的目的。他在此次公民投票中的胜利,用共和派领导人甘必大的话来说,有如"第二次建立"帝国。在相当多的人眼里,此时的帝国"比以往任何时候都更强大"。人们当时更不会想到,皇帝不久就成了普鲁士军队的俘虏,第二帝国也随着色当之败而灰飞烟灭。

五、工业革命大功告成与城乡生活水平的提高

从政治制度的角度来看,以"帝国"取代"共和国"无疑是一种历史的倒退。但恰恰就在第二帝国时期,法国却出现了前所未有的经济起飞的局面,工业、商业、金融、建筑、交通、农业等主要部门都有了突飞猛进的发展。

在上述主要部门中,工业部门的变化显然最为突出。此期机器的广泛使用和技术的长足进步标志着此前在法国步履蹒跚的工业革命终于大功告成。在这方面,蒸汽机总动力的急剧增加颇能说明问题。从1850年至1870年,法国工业中蒸汽引擎的数目由原先的5 000部增至28 000部,总动力亦由原先的67 000匹飙升至336 000匹。此期法国钢产量的增加幅度也同样令人惊叹不已。1850年,法国的钢产量只有283 000吨,而到了1869年时,竟已高达1 014 000吨。第二帝国时期法国工业的长足进步还表现在生产部门的迅速集中,其中又以冶金工业的集中为甚。如施奈德家族控制的勒克勒佐工厂当时就已拥有水平焦化炉150座,阿波尔特(Appolt)焦化炉10座,蒸汽锻造机85台,压延机41台,炼铁炉130座,重新加热炉85座,机动锻锤30台,工人9 950人。[①]此等规模在当时足以让所有人咋舌。不过,工业在总体迅速发展的同时,也呈现出复杂的不平衡状态。一般而言,轻工业部门的发展速度远不及重工业部门。

　　交通运输的重大进步可谓是此次经济起飞的另一重要特征。其中最为引人瞩目的无疑是铁路建设。1848年,法国铁路的总长度约为4 000公里长,但在1870年时,法国铁路线的总长度已达到17 500公里,亦即原先的4倍多。帝国初年,法国拥有的机车头还不到1 000部,但到了帝国末期,这一数字已翻了四番。铁路建设初期那种速度缓慢而又事故迭出的车头此时已被时速100公里的新式机车取而代之。过去,从巴黎到南方海岸,需要坐1星期的公共马车,而如今,只要坐上16小时火车即可到达。与工业部门一样,铁路的经营也日趋集中化。帝国建立之际,全国的铁路共由18家小型公司经营。及至1857年,在政府的干预调控下,铁路经营已集中于6家大型铁路公司之手。这种状况一直持续到第二次世界大战前夕。在加强陆地交通的同时,第二帝国时期的水上交通运输也成就喜人。随着大量新运河的陆续开凿,国内水系日益沟通。至于海上运输,原先那些吨位小、速度慢的帆船已纷纷被吨位大、速度快的轮船所淘汰。1870年,法国商船队总吨位仅次于英国,列世界第二位。

　　在第二帝国时期,法国金融业异常活跃。巴黎证券交易所日益显示出它的经济力量,仅在1861—1869年,它所受理的有价证券就由118种增至307种,价值总额由110亿法郎增至330亿法郎。以至于有人把第

---

① 参见郭华榕:《法兰西第二帝国史》,北京大学出版社1991年版,第97—98页。

二帝国称为"投机的黄金时刻"。随着经济高速发展对资金需求的急剧增加，一种新型的银行——信贷银行应运而生。从 1852 年到 1864 年，这类银行一下子就冒出了 67 家。这些银行广泛收集社会资金，以各种灵活方式向铁路、汽船航运、新的工业企业等投资，为保证法国经济的持续高速增长贡献良多。此类银行中较具代表性的有由里昂实业家亨利·热尔曼在 1863 年建立的里昂信贷银行。该银行自建立伊始就远远超出了地区范围，成为一个全国性的大型工商业银行。直至现在，里昂信贷银行仍然是在法国屈指可数的几家大银行之一。在这一时期，为了吸收小额存款，储蓄所在法国遍地开花，储蓄额一个劲地往上猛涨。此外，早在 19 世纪 20 年代就产生于英国的银行支票，也只是在这一时期才在法国得以流通。

与异常活跃的金融业交相辉映的是商业的兴旺发达。不过，让人留下深刻印象的不仅仅是生意火爆，还有一大批"大商店"或曰"大百货公司"的涌现。这些财大气粗、货物充足的大商店一俟问世，就开始无情地吞噬许多"小店"，并"掌握着整条街的商业"。而今仍矗立在巴黎商业中心的多家著名大商场，如"春天""萨玛丽丹""便宜""漂亮的女园丁"等就是在第二帝国时代开办的。

较之工商业等的飞速发展，法国此期的农业或许略显逊色。但尽管如此，在工商业发展的带动下，加之交通状况的改善和农业本身的变革，法国此期在农业发展方面所取得的成就也是有目共睹的。统计资料表明，1852—1862 年间，法国农产品的年均增长率是 3.2%。这种速度在整个 19 世纪的法国历史中实属难能可贵。值得一提的是，拿破仑三世为了使广大农民继续支持他，故很舍得在促进农业生产、改变农村面貌上花钱。在他的支持下，一些规模空前宏大、具有全国意义的农业工程出现了。如在索洛涅、布雷纳和东贝兴建大型排水工程。在朗德，人们在排干水后种上了成片的松树林。在阿尔卑斯山南麓与比利牛斯等地，人们新绿化的土地面积高达 224 000 公顷。凡此种种，使法国的乡村逐渐呈现出今天所具有的容貌。

法国的经济之所以能在第二帝国时期得到较快发展，是由多种重要因素所决定的。如在这之前法国的工业革命虽然步履蹒跚，但经过几十年的积累，毕竟为此期的经济起飞打下了不容忽视的基础；又比如在拿破仑三世的软硬兼施的政治统治之下，法国国内有较长时间的政治安定局面,这就使资产者可以无所顾忌地在工商业等方面大试身手。类似的原因还可以列举许多。但有一点切不可忽略,这就是拿破仑三世明智的经济政策。

经济的飞速发展必然使人们的平均生活水平有所提高。在第二帝国时期,工人们的生活部分地得到了改善。巴黎熟练工人的名义工资平均增长了17%—30%,若扣除物价上涨抵消的部分,其实际工资也增长了一成左右。然而,工人们在经济起飞中得到的好处根本无法与资产阶级相比。在资产阶级中,受益最大的当属大工业家、大商人、大金融家、国债经纪人和国家证券投机者。普通资本家、外省资产者、农村资产者虽不及他们,但也获利颇丰。在城市,人们的生活习惯已出现了一些明显的变化,如长久以来人们书写时习惯使用的鹅毛笔已基本被轻快细腻且经久耐用的钢笔尖所取代;自来水代替了井水;过去室内照明用的是火把与蜡烛,此时则已普遍使用煤气灯;读报已日益成为市民日常生活的重要内容之一。

在城市,社会生活的进步最突出地表现在大城市的改造。其中尤以首都巴黎的改造最为典型。巴黎的扩建、改造计划由塞纳省省长奥斯曼负责制订、实施,史称"奥斯曼计划"。在实施该项计划的那些年里,巴黎成了一个巨大的建筑工地。经过17年的努力,巴黎的面积扩大了一倍,建设了两条轴线,一条是南北向,从东车站经过塞巴斯托波尔林荫大道和圣米歇尔林荫大道到天文馆;另一条是东西向,从民族广场,经过圣安东郊区、里沃利路、香榭丽舍大街到星形广场。此时的巴黎在拆毁了25 000座旧建筑的同时新建了75 000座新建筑。这些新建筑多由石块筑成,至今看上去仍高大、雄伟、美观。完成了庞大的地下水道系统的建设。兴建了著名的巴黎歌剧院。在市区东、西两侧分别营造了面积很大的万森林园与布洛涅林园。对市区的名胜古迹、公园与公共娱乐场所进行修复、整治。在市中心建成了"中央菜市场"。在穿越巴黎的塞纳河上修建了十几座桥梁,使两岸街区融成一体。总之,正是"奥斯曼计划"的制订与实施,使巴黎从传统城市步入"现代城市"的行列,亦即从"卡西莫多的巴黎"转变为"奥斯曼的巴黎",也使巴黎当时就构成了今日法国首都市区的基本面貌。不过,巴黎目前仍存在的富人区与平民区的分野大概也可溯源于此。

在乡村,随着大量农业人口的外流以及交通的日益便利,狭隘、沉闷、封闭的乡村世界开始被打破。更重要的是,在日新月异的外部世界的带动下,法国农村的现代化在这一时期初露端倪,农村的生活水平整体上也有所提高。原先低矮的茅屋而今已逐渐被屋顶较高的茅屋取代,甚至建造瓦房者也比比皆是;土豆之类的东西吃得少了,肉类吃得多了,逢年过节时在餐桌上还可以见到葡萄酒;城里的大商店把货物运到村庄,向农民兜售城市的纺织品和其他工业品。由此,农民也开始成了城市商品的消费者。除了农忙时节,农民们在星期日一般也不再从事田野劳作。一如城市中的居民,不同阶层的农民在经济发展的"黄金时刻"中受惠的程度也千差万别。大土地所有者、大自耕农和大农场主从地价和农产品价格的飙升中获利最丰。占农户总数 1/4 的农民虽然可以依靠自己的土地做到温饱不愁,但因没有多少剩余农产品可供出售,因而从农产品价格的上升中得到的好处并不是很大。至于广大缺地、少地的农民,其生活仍然极为艰难。

拿破仑三世授命奥斯曼对巴黎进行大规模的改造

六、第二帝国时代的文化

如果说第一帝国在其他方面轰轰烈烈,但在文化方面乏善可陈的话,那么,第二帝国时代的文化却颇多可圈可点之处。

纵观第二帝国时代的文学艺术,人们印象最深的首先是官方文艺与非官方文艺的分野。在官方文艺的营垒里,多为新古典主义和学院派的艺术家与作家,但也有一些人与浪漫主义或现实主义有着千丝万缕的联系。这些人在政治上拥护第二帝国,并以自己的艺术才能和作品为帝国服务。应当承认,官方文艺营垒中的艺术家与作家并非均为庸常之辈,他们中的许多人也曾创作出绝世佳作。如新古典主义大师让·安格尔分别在19世纪五六十年代创作了在世界美术史上占有重要地位的名画《泉》与《土耳其浴室》。又如著名音乐家雅克·奥芬巴赫为反映"帝国佳庆"的节日气氛,创作了一系列旋律欢快流畅、通俗易懂的轻歌剧,其中的《巴黎的生活》《美丽的海伦娜》等名作至今仍让人赞叹不已。第二帝国时期官方文学的代表人物是奥克塔夫·弗耶。他因《一位穷青年的浪漫史》《卡莫尔先生》等反映上层社会与伦理说教的文学作品而备受官方与上层社会的赏识。

尽管官方文艺营垒的艺术家与作家受到官方的大力支持,如雕塑家可得到为拿破仑三世雕刻塑像之类的官方订货,画家的作品可在官方沙龙中优先展出,文学作品在出版时可得到资助等,但就总体而言,他们无论是在气势上还是在艺术成就上均无法与非官方文艺营垒的同行比肩。

在非官方文艺营垒中,最有影响力的代表人物当推雨果。这位浪漫主义文学大师在1851年底因发表宣言反对路易·波拿巴政变而被流放海外。亡命海外期间,他始终用笔同拿破仑三世的专制统治进行斗争。如1852年出版了嘲骂拿破仑三世的小册子《小拿破仑》。翌年又出版了矛头直指拿破仑三世的政治讽刺诗集《惩罚集》。1859年,当拿破仑三世大赦"政治犯"时,雨果以拒绝"大赦"表示了对拿破仑三世的蔑视。直到1870年第二帝国垮台后,他才结束长达19年的流亡生涯,凯旋般地回到祖国。值得一提的是,雨果在这一时期的文学创作已走上了浪漫主义和现实主义相结合的道路。其名作《悲惨世界》(1862)、《海上劳工》(1866)、《笑面人》等就是明证。

不过,第二帝国时期在非官方文艺营垒中占据主流地位的已是现实主义。帝国前期,法国现实主义文学的领衔人物是尚弗勒里。他在1857年出版的文集《现实主义》被人誉为"现实主义宣言书"。然而,也就在这一年,福楼拜以其长篇小说《包法利夫人》一举成名。作者在这部整整花了4年多时间写成的作品中通过女主人公包法利夫人爱玛的经历,入木三分地揭示与描绘了中小资产阶级平庸猥琐的精神状态,无情地鞭挞和嘲弄了污浊的社会现实。《包法利夫人》出版后,书报检查机构指责小说"有伤风化,诽谤宗教",并将福楼拜告上了法庭。让当局始料不及的是,他们的这种做法反而给小说起到了最好的促销作用,并把福楼拜造就成现实主义文学的新领袖。1869年,福楼拜又出版了自己的另一部扛鼎之作《情感教育》。由此,进一步巩固了其作为现实主义文学一代宗师的地位。其成就虽不能与现实主义文学相媲美,但也自成一派的现实主义绘画在第二帝国时期也引起人们的广泛关注。他们的代表人物分别是库尔贝与杜米埃。库尔贝早在1849年就连续创作了3幅表现普通人的普通生活场面的油画:《奥尔南的下午》《奥尔南的葬礼》《石工》,从而把下层人民的生活带入了历来只属于上流社会所谓高雅文化圈的美术领域。尤其是《石工》,竟然用3米长的巨型画幅描绘一老一少两个衣衫褴褛的工人。在学院派画家和上流社会的观众看来,这简直是对"圣洁的"艺术殿堂的亵渎。在帝国时期,库尔贝继续坚持现实主义绘画道路,相继创作了《库尔贝先生,您好!》《画室》等现实主义绘画的佳作。作为现实主义漫画大师,杜米埃在路易·波拿巴发动政变时,曾创作《拿破仑之舟》予以攻击。帝国建立后,他被迫放弃了漫画的创作,改作油画和版画,杜米埃在此期创作的《三等车厢》《洗衣妇》等表现平民生活的作品中,仍鲜明地反映出他在漫画创作中培养起来的现实观察力和平民意识。

  第二帝国时期文学艺术领域还有许多可圈可点的人与事。如凡尔纳创作科学幻想小说,主张"为艺术而艺术"的巴那斯派诗人及其创作,巴比松画派的绘画、印象派画家的崛起。

  较之文学艺术,第二帝国时期的哲学领域相对平静与逊色,这在"专制帝国"时表现得更为突出。当时活跃在法国哲学界的主要哲学流派有实证主义、相对主义、折中主义、唯灵论与现象论。不过,影响最大的无疑是奥古斯特·孔德提出的实证主义。帝国建立伊始,他的力作《实证哲学教程》就已成为法国上流社会和知识界争相阅读的读物。1857年,孔德撒手人寰。但其影响力却经久不衰。更有甚者,他的思想影响并非仅限于哲学界,而且还扩展到史学、文艺等许多领域。再者,他的思想影响也不独囿于法国,而且也影响到西欧许多国家。

  史学在第二帝国时期仍是一门"显学",这是由它同政治斗争的密切关系所决定的。也正因为如此,此期史学界的状况甚为复杂。若根据不同的政治立场对为数众多的史学家进行分类的话,他们至少可分为四大类型,即自由主义、民主主义、社会主义与保守主义。第一类史学家的代表人物有基佐、米涅、梯也尔等3位复辟时期即已蜚声史坛的史学大师和晚年已将主要精力用于撰写史学著作的诗人政治家拉马丁。第二类史学家可以因拒绝向拿破仑三世宣誓效忠而在帝国时代横遭迫害的米什莱为代表。这位充满激情、文笔优美的史学名家在治史过程中始终坚持这样的信念,即认定人民群众是历史的主人,撰写历史,就是要写人民群众的历史。第三类史学家的代表人物是六月起义后被迫亡命英伦的著名小资产阶级社会主义活动家路易·勃朗。他在1847—1862年间利用大英博物馆的丰富史料,写出了颇有特色的12卷本的《法国革命史》。第四类史学家的代表人物首推托克维尔。这位早年就以《论美国的民主》名噪一时,曾任外交部长的贵族历史学家在1856年出版了自己的又一部扛鼎之作《旧制度与大革命》。

长期以来,法国始终是世界上科学最发达的国家之一。及至第二帝国时期,法国仍以一系列重大科学成就向世人表明自己无愧于科学强国的称号。这些成就中最为引人瞩目的有巴斯德在微生物学方面取得的多项重大成果;贝尔纳揭开血管运动神经作用之谜;圣克莱尔·德维尔发现热的分解作用并先后成功地领导了铝与镁的首次生产,后者对轻金属工业具有开创之功;马塞兰·贝特洛在热化学领域的杰出成就大大推动了有机化学的进步。相对而言,法国在工程技术方面的优势要弱一些。尽管如此,第二帝国时期,法国在这一领域也取得了诸多具有国际先进水平的重大成果。如皮埃尔·马丁发明了平炉炼钢法;维基埃发明了铁路道岔与信号的自动连锁;勒努瓦发明了内燃机;泰利埃发明了冷冻机;等等。这些发明创造在法国此期社会经济的迅速发展中功不可没。

七、战争给帝国带来光荣,也带来毁灭

虽然路易·波拿巴在恢复帝制前夕口口声声地宣称:"帝国就是和平",但当他披上皇袍之后,却连连发动战争,试图消除1814—1815年维也纳会议带给法国的"耻辱",重新确立法兰西在欧陆的优势地位,并为法国的经济增长扩大廉价原料来源与商品销售市场。后来的事实恰恰充分表明:"帝国就是战争。"

帝国进行的第一次战争是1853—1856年的克里米亚战争。早在路易·波拿巴还是第二共和国总统时,他就迫不及待地参与了"东方角逐",即参与了争夺奥斯曼帝国的"遗产"。为了扩大法国在中近东地区的影响

第十章 从第二共和国到第二帝国

力,他在1850年5月向素丹抗议东正教徒侵犯天主教徒权利,明确要求,应由天主教掌管"上帝陵墓钥匙权"。1852年2月,素丹同意由天主教掌管"圣地钥匙权"。此举使俄国沙皇勃然大怒,并在翌年5月向奥斯曼帝国发出了最后通牒。在法、英两国的支持下,素丹拒绝了俄方的最后通牒。于是,1853年7月,俄国以保护当地的东正教徒利益为名,派兵侵入奥斯曼帝国,占领了摩尔达维亚和瓦拉几亚。同年10月,奥斯曼帝国对俄宣战。11月1日,俄国也向奥斯曼帝国宣战。不久,俄土冲突演变成公开的国际冲突。1854年3月27日,法、英两国正式向俄国宣战。由此,旷日持久的"东方问题"已变成一场大规模的"东方战争"。由于这场战争后来以克里米亚半岛的战局最为重要,故史称克里米亚战争。

宣战之初,法军并未直接卷入战事。8月17日,拿破仑三世下令联合舰队离开黑海岸向克里米亚进发。9月初,以夺取俄军要塞塞巴斯托波尔为主要军事目标的克里米亚之战拉开帷幕。1855年9月,经过历时一年的血战,法英联军终于攻克了这一俄军要塞。塞巴斯托波尔陷落之后,俄国面临日益不利的国际形势,被迫于1856年1月接受了法英等国提出的最后通牒。战争结束后不久,各参战国又在巴黎举行和会,签订了巴黎和约。尽管法国在这场战争中耗费了数百万法郎,法军死于霍乱和战场者将近10万人,但由于战争的胜利有力地遏止了俄国南侵的势头,恢复了法国已丧失了数十年的在欧陆的优势地位,因此,克里米亚战争给第二帝国带来了莫大的光荣。

克里米亚战场的硝烟刚刚散尽,拿破仑三世便把关注的目光转向了意大利,并以援助意大利统一为名,蓄意策划了侵意反奥战争。在1856年春天的巴黎和会上,拿破仑三世就支持出席和会的撒丁王国首相加富尔在会上提出超越会议议题范围的意大利问题。翌年9月,他在斯图加特与沙皇亚历山大二世会晤时,又要求俄国将来在法国、撒丁王国与奥地利出现冲突时保持友好中立。在赢得俄国的支持,使奥地利进一步孤立后,拿破仑三世在1858年7月21日邀请加富尔到法国著名的温泉休养地普隆比埃尔举行秘密会议。双方商定,法国将帮助撒丁王国打败奥地利,统一意大利。作为交换,法国将获得萨伏依和尼斯,在战争准备就绪之后,拿破仑三世在1859年元旦在杜伊勒里宫接见各国驻法使节时,突然对奥地利大使表示:"我们与贵国政府的关系不再像过去那样良好。"与此同时,拿破仑三世和加富尔还联手设下圈套,引诱奥地利主动挑起战争。

果然,奥地利中了圈套,并在同年4月27日首先对撒丁王国发动进攻。事发后,拿破仑三世即以奥地利对意大利进行战争威胁为由,派兵越过阿尔卑斯山,与撒丁王国军队联手作战。他本人甚至在5月中旬也亲赴意大利战场督战。6月,法、撒联军相继在马让塔、索尔费里诺大败奥军。此时,收复威尼西亚已是指日可待,甚至通往奥地利的道路也已打开。但在这关键时刻,拿破仑三世背信弃义,单独向奥地利提出停战建议,并在7月11日与奥皇在维拉弗兰卡签订了有损意大利民族利益的预备和约。撒丁王国对此虽然非常气愤,但也只能接受。拿破仑三世之所以这样做,虽有各种各样的原因,但最主要原因是他并不真正希望出现一个统一的、强大的意大利,他只不过是想借意大利战争削弱奥地利的势力,扩大法国在欧洲南端与地中海的实力和影响,当然也包括兼并萨伏依和尼斯。意大利战争的胜利再次显示了法国在欧洲的优势,使帝国的威望空前提高。当时法国的官方报刊曾连篇累牍地载文,庆贺法国终于彻底洗雪了1815年的"耻辱"。

第二帝国除了在欧洲与其他列强进行战争外,还凭借其强大的军事力量在亚洲、大洋洲和非洲频频发动殖民战争,并屡屡得手。如1853年占领了大洋洲地区的新喀里多尼亚岛;1857年伙同英国对中国发动了第二次鸦片战争;1859年攻占了西贡,并逐步使越南沦为法国殖民地;在北非继续进行殖民扩张,不仅完全征服了阿尔及利亚,而且还扩大了在埃及的势力;进一步染指西非和赤道非洲。帝国末年,法国拥有的殖民地面积达90多万平方公里,人口达650万,是仅次于英国的世界第二大殖民帝国。不过,对拿破仑三世来说,他的殖民扩张事业中也有一处不小的"败笔",这就是19世纪60年代初远征墨西哥的失败。在此次殖民远征中,法国虽然损兵折将,耗费了大量财力物力,但最后却一无所获。

除了远征墨西哥的失败,19世纪帝国军队五六十年代在国外战场上取得的大大小小的胜利给帝国带来了足够多的"光荣"。让人们想不到的是,70年代伊始,就是这样一支武威赫赫的军队却在普法战争中不堪一击,不仅害得皇帝成了普军的阶下囚,而且还使得帝国轰然垮台。

普法战争是一场双方都很想打的战争。对拿破仑三世来说,他之所以要与普鲁士兵戎相见,很大程度上是因为想借发动对外战争来摆脱国内危机,延长帝国寿命。19世纪60年代后期,周期性的经济危机在法国再度爆发,使国内矛盾更形尖锐。在这种情况下,一切反对帝国的社会力

第十章 从第二共和国到第二帝国

量都加强了活动。其中对帝国威胁最大的力量有两股。一是在工业革命完成后迅猛发展起来的工人运动,一是在帝国后期复苏后急剧壮大的资产阶级共和派。后者一方面通过选举扩大自己在立法团中的势力,一方面利用各种机会频频向帝国发难。在此期共和派的杰出领导人甘必大的领导下,共和派在1869年选举前夕制定了著名的《贝尔维尔纲领》。这一民主改革的纲领将一些纯粹自由主义的要求与工人运动的年轻领袖们所鼓吹的要求糅合在一起,从而巧妙地把工人们拉到了自己一边。在帝国最后一次举行的议会选举中,以共和派为主的反对派共获得了330万张选票,而政府的拥护者则由500万人降至450万人。更有甚者,政府的拥护者中为数众多的是农民。也正是这一原因,皇帝在面临反对派的巨大压力下,不得不通过诉诸公民投票来恢复自己的"合法性"。由于农民们再次忠诚地投票拥护帝国,拿破仑三世得以"第二次建立"帝国。但他本人也知道,这一虚幻的"胜利"掩盖不了帝国存在的深刻危机。与此同时,帝国在外交上接连受挫,使法国有可能腹背受敌。而普鲁士的崛起与德意志统一进程的加快,更对法国在欧陆的霸权地位形成威胁。总之,为了使帝国摆脱内外交困的局面,拿破仑三世萌生了发动普法战争的念头。

无独有偶,普鲁士的铁血宰相俾斯麦此时也急于发动普法战争。他的战争目标有二,其一是消除外部妨碍德意志统一的最大阻力,即法国的反对;与法国争夺西班牙及其殖民地;从法国手中获得阿尔萨斯—洛林。其二是希望乘机打击国内民主反对派,保证霍亨索伦王朝的专制统治。为了诱使拿破仑三世首先挑起战争,俾斯麦不惜删改了正在爱姆斯的普王发给他的电报,使电文含有侮辱法国之意,并故意在报上公布。这一来,果然出现了俾斯麦所希望的结果:法国这头愤怒的蛮牛盲目地冲向红布。拿破仑三世看到电文后,恼怒万分,遂在1870年7月19日向普鲁士宣战。

战争爆发后,轻敌的拿破仑三世以为在短时期内就可击败对手。他甚至不顾自己的年老多病,在7月下旬携带皇子,由奢华的侍从队伍护卫亲赴前线指挥,留皇后欧仁妮在首都摄政。8月2日,法军侵入普鲁士莱茵省,占领萨尔布吕肯。但时隔2天,装备精良、士气高涨的普军不仅收复了失地,而且越过了边境。从8月初至月中,普军势如破竹,连败法军。8月12日,巴赞被封为大元帅,代替拿破仑三世指挥法军。普军乘对方主帅易人之际,迅速调兵遣将,阻止法军两大主力的会合。至8月底,普军在色当和梅斯分别完成了对法军两大主力部队的分隔包围。从8月30日起,由24万人组成的普军用500门大炮开始猛轰困守在色当的11万法军。9月1日,由于伤亡惨重,军无斗志,也被困在色当的拿破仑三世于下午下令升起白旗。翌日,他和麦克马洪元帅率领8万多法军向普方投降。

9月3日傍晚,皇后欧仁妮收到拿破仑三世发来的电报:"军队已失败与被俘,我自己也成了俘虏。"消息传出后,许多群众于当晚来到波旁宫前面示威游行。9月4日,首都爆发革命,推翻了第二帝国。至此,曾给帝国带来"光荣"的战争最终也给帝国带来了毁灭。

作者评曰:

当"普瓦蒂埃街委员会"决定把路易·波拿巴推上共和国总统宝座之际,其领衔人物梯也尔在提到这位"理想的"候选人时曾以轻蔑的口吻说道:"这是一个蠢货,他将任人摆布。"但时隔不久,梯也尔之流就不得不承认自己当初看走了眼。事实上,这位拿破仑一世的侄儿不仅不是个任人摆布的蠢货,而且还是个深晓从政之道,善于玩弄政治手腕的政坛高手。他在政治上的经验来自两方面。其一是实际经验。这位原烧炭党人早年就已熟谙秘密活动的诀窍,并从一连串的政治冒险中汲取了足够多的经验教训。其二是书本经验。当他被路易·菲利普长期囚禁在索姆河畔的昂堡时,或如他本人所说的,囚禁在"昂堡大学"中时,路易·波拿巴曾博览群书,并对圣西门和孔德的著作情有独钟。换言之,他的思想导师并非孟德斯鸠和卢梭,而是圣西门与孔德。正是在后者的影响下,他深知现代社会必须扩展经济,他在上台后并未一味沉迷于政治纷争,而是也致力于实现法国的"物质革命"。诚然,路易·波拿巴与他"伟大的伯父"并不能相提并论。但笔者以为,就冲着第二帝国在"物质革命"方面所取得的不俗业绩,人们似乎也不该把这位"伟大的伯父"的侄儿看得过于渺小。

第十一章 在战火中诞生的第三共和国

一、第三共和国——在战火中诞生的"早产儿"

尽管巴黎普通市民对法军在前线的连连失利早有耳闻,但皇帝与8万多法军在色当束手就擒的消息对于他们仍犹如晴天霹雳。巴黎震惊了!巴黎愤怒了!9月3日晚7时,一批巴黎市民率先自发走向街头,举行游行示威,要求废黜被俘的、应对战败负责的皇帝,实行共和制度。是夜,"推翻帝国!""共和国万岁!"的口号响彻巴黎的夜空。次日凌晨,更多的市民涌向了街头。

广大群众的自发行动不仅使当政的波拿巴派惶惶不可终日,也让担心局面失控的资产阶级共和派惊恐不安。于是,后者急忙把反对派议员召集在一起,敦促立法团立即召开紧急会议,讨论宣布废黜拿破仑三世和移交政权事宜。9月4日凌晨,在反对派议员的要求下,立法团首次就这一问题展开了讨论。由于各派意见分歧较大,立法团会议只持续了20分钟,就在未作出任何实质性决定的情况下草草收场。此次会议作出的唯一决定是,在当天下午继续就有关问题展开讨论。然而,富有革命斗争传统的巴黎人民可没有这么多的耐心。当下午1时立法团会议复会时,巴黎各主要街道已经布满了示威群众。从下午2时半起,聚集在协和广场前的示威群众开始冲进波旁宫,一些人甚至涌入立法团会议厅。冲进议会大厅的示威群众对议员们采取拖延手段表现出强烈的不满,要求共和派议员立即宣布成立共和国,但共和派议员则坚持按立法程序行事。其代表人物甘必大更是声嘶力竭地规劝人们保持安静,遵守秩序。下午3时,一群布朗基主义者冲进议会大厅,直奔主席台,强烈要求议员们立即宣布废除帝制,实行共和。与此同时,另一批布朗基分子正在市政厅策划建立革命政府。这一局面使共和派认识到,如果他们再不立即采取措施,宣布共和的主动权将落到布朗基派手中。

为了使立法团从群众的包围中解脱出来,也为了不让布朗基派在市政厅的活动得逞,甘必大和另一位共和派议员的领袖法夫尔以尊重历史传统为由,要求人们去市政厅宣布成立共和国。于是,在两人的分别带领下,在场的群众离开了波旁宫,分两路沿塞纳河左、右两岸向市政厅进发。下午4时,两支队伍同时抵达市政厅。此时,市政厅广场上已人山人海。一些布朗基派成员和新雅各宾党人已经拟就了临时政府成员名单。他们之所以未马上宣布这一名单,只是为了等待在群众中颇有威望、刚刚从监狱中被营救出来的小资产阶级政治家罗什福尔的到来。甘必大、法夫尔等人见状后,立马纠集共和派议员拟定自己的临时政府成员名单。在他们忙于拟定名单时,恰巧罗什福尔在群众的簇拥下来到了市政厅。为了借助罗什福尔的大名来提高新政府的声望,共和派议员们急忙把罗什福尔拉进他们正在开会的房间。他们不仅把罗什福尔列入自己的政府成员名单,而且还授权他宣读这一名单。于是,罗什福尔在市政厅的窗口前向汇集在广场上的群众宣读了由共和派拟定的临时政府成员名单。当罗什福尔宣读完毕时,在场的群众报以热烈的掌声,表示对临时政府的认可,而临时政府的建立则意味着帝制已经推翻,共和国第三次在法国"诞生"——虽然它是一个"早产儿"。是日所发生的这一切,在法国历史上称为"9月4日革命"。

二、从消极抵抗的"国防政府"到急于求和的国民议会

临时政府基本上由共和派议员组成。此外它还包括奥尔良派分子、时任巴黎总督的特罗胥将军。为了借助特罗胥手中掌握的兵权来稳定巴黎局势,新政府中的共和派议员们原打算让特罗胥担任陆军部长,没想到后者利用共和派有求于他的心理,非要担任政府首脑不可,同时还要求获得军事全权,否则绝不参加政府。共和派议员们明知他是在要挟,但因自己手中没有军队也就只有满足这位奥尔良派将军提出的要求。因而,原定出任政府首脑的法夫尔心有不甘地让出了本已到手的大权。当天晚

第十一章　在战火中诞生的第三共和国

上,临时政府成员开会组织内阁。在新内阁中,原先不属临时政府成员的奥尔良派将军勒夫洛和福利桑分别担任了陆军部长和海军部长要职,而一些列入临时政府成员名单的人却未担任部长职务。

次日凌晨,以特罗胥担任总理兼巴黎总督、法夫尔任副总理兼外长的新内阁同时发表了三大公告:《致巴黎居民书》《致国民自卫军书》《致法国人民书》。他们在公告中一再声称自己是"国防政府"。充满爱国热忱的巴黎人民虽然对由奥尔良派将军执掌内阁非常反感,但还是接受了这一所谓的"国防政府",因为他们相信"国防政府"将领导法国人民抗击入侵者。但时隔不久,"国防政府"就让他们失望了。

色当战役之后,普鲁士国王背弃了不对法国人民作战的诺言,继续挥师向法国腹地进军。更有甚者,他还派出两路大军,直扑巴黎。巴黎岌岌可危。当时,国防政府确实也曾采取过一些措施来加强巴黎的防卫。尽管如此,这一被巴黎人民委以救国使命的政府,尤其是其主要头目一开始就对抗战缺乏信心,并明显地流露出失败主义情绪。特罗胥在首次政府会议上宣称:"在目前的情况下,巴黎要想抵挡住普鲁士军队的围困,那简直是一种蠢举。当然……这可能是一种英勇的蠢举,但终究不过是蠢举而已。"① 皮卡尔也声称:"为了荣誉我们必须防御,但是任何希望都是空的。"

于是,国防政府建立伊始就把主要精力用于乞求欧洲列强出面调停和争取在不割地的前提下与普方和谈。为此,它还特意委派梯也尔出访英、俄、奥、意四国,恳请这些国家出来干涉。然而,这些国家的君主决不会为了"共和国"而开罪普鲁士。因此,虽然梯也尔在所到之处皆受到隆重的接待,但最终却空手而返。与此同时,普鲁士方面在闻悉梯也尔正游说欧洲各国朝廷,争取请它们出面调停后,于9月11日断然宣布,不承认国防政府,同时还表示,其他国家的调停不会有成功的机会,普方此时之所以拒绝调停与和谈,主要是因为普军尚未完成对巴黎的包围,而只有围困住巴黎,让法国割地赔款才可望实现。

9月18日,由于国防政府的消极抵抗而得以长驱直入的普军完成了对巴黎的包围。此时,自认为手中已有了迫使法国割地赔款的重要砝码的普方一改一星期前的态度,宣布愿意与法国政府举行和谈。第二天,法

---

① 《马克思关于巴黎公社报刊消息摘录》,商务印书馆1975年版,第18页。

夫尔就亲赴普军设在巴黎附近弗里埃尔的大本营同俾斯麦进行谈判。由于俾斯麦提出的条件苛刻之极,法夫尔在9月20日垂头丧气地回到巴黎。也就是在这一天,早就对国防政府深感失望的巴黎人民在闻悉法夫尔前往普鲁士军营和俾斯麦进行了一番交易后怒不可遏,顷刻之间,全城大哗。

鉴于普方的条件过于苛刻,更由于巴黎人民强烈要求即使在普鲁士军队的炮口下也要战斗到底,国防政府不得不担负起领导抗战的职责。他们甚至还夸下海口:敌人"既得不到我们一寸领土,也得不到我们要塞上一块石头"。此言一出,民众的强烈不满情绪才暂时得以平息。包围继续着。国防政府口头上虽然说得十分漂亮,但行动上的消极却不言自明。随着秋去冬来,被围困的巴黎人民在忍受饥馑和炮弹的同时,又不得不经受寒冷的考验。尽管他们在忍受这一切时表现出了非同寻常的勇气与毅力,但严酷的事实已使他们日益感觉到,由于国防政府的胆怯和无能,自己所付出的一切牺牲都将是徒劳的。12月初,在由特罗胥亲自指挥的一场大规模的巴黎突围战中,法军伤亡人员逾万。这更使国防政府在巴黎人民的心目中威信扫地。这年年底,著名的龚古尔兄弟中的兄长爱德蒙·龚古尔在《每日新闻》这一相当准确地反映了被困时期巴黎舆情的报刊上愤然写道:"特罗胥使这次防御变成了有史以来最耻辱的防御。"①

不过,平心而论,国防政府成员也并非个个是投降派。至少时任内政部长的甘必大就是一个为解放国土而准备不顾一切的爱国志士。10月7日,甘必大不顾个人安危,乘气球飞离巴黎,前往图尔,主持政府在外省的代表团的工作。在不到一个月的时间里,他在几乎白手起家的情况下建立了一支60万人的军队,并想

甘必大正准备乘气球飞离被困的巴黎

---

① 阿泽马等:《法兰西第三共和国》,巴黎,1976年,第61页。

第十一章 在战火中诞生的第三共和国

尽一切办法为这支新组建的大军提供必要的训练,配备起码的武器装备。在基本做好了抗战的组织和准备工作之后,他便指挥军队在外省与普鲁士军队交战。11月9日,他组织的卢瓦尔军团一度收复了自10月中旬始终被普军占领的奥尔良城。而他在其他地方组织的军事行动也有利于缓解首都巴黎的压力。

出于对国防政府消极抵抗行径的强烈不满,加之长期遭受围城之苦,富有斗争精神的巴黎人民曾两度举行起义。第一次是在10月31日。10月27日,被普军围困在梅斯的巴赞元帅率近18万法军投降。事发后,特罗胥竟然还发表声明,称巴赞是"不断以英勇的出击使围城普军惊恐的光荣战士"。人们被激怒了。一些激进分子冲进市政厅,要求建立公社,并逮捕了法夫尔及其同僚。此次起义虽然很快被国民自卫军中的"富人营"所镇压,但它却使国防政府不得不做出坚持抗战的姿态。第二次是在1871年1月22日。事发前几天,特罗胥与法夫尔之流蓄意制造了一场失败的出击,然后大肆渲染法方的伤亡,力图诱使巴黎人民承认除了向普方投降,别无选择。两位正副总理甚至还在区长会议上老调重弹,声称,保卫巴黎只不过是"英勇的蠢举"。他们的无耻行径终于使巴黎人民再次揭竿而起。不过,多次起义却促使国防政府加快了投降卖国的步伐。他们在弹压了此次起义之后,便于1月23日委派法夫尔再次和俾斯麦谈判。

谈判持续了5天。1月28日,双方签订了停战协定。协定规定了停火时间及双方的停火线;规定巴黎交出全部防御工事和大批武器弹药,驻守巴黎的正规军除留下一个师保留武器以"维持秩序"外,其余全被宣布为战俘;法国必须在3周内选出国民议会,以最终决定和战问题。远在波尔多的甘必大在获悉停战协定的内容后,悲愤难平。他尤其对法夫尔以整个法国的名义,而不是仅以巴黎市名义签约停战感到格外愤怒。

根据停战协定的有关规定,法国在2月8日举行了国民议会选举。这次选举实际上带有全民公决的性质:你想继续战争,还是愿意按普方规定的条件停战。此前,甘必大仍试图通过他领导的政府代表团对这次选举施加影响。为了能选出一个主战的议会,他通告各省省长不得让第二帝国官吏和现政府成员参加议会竞选。此举引起俾斯麦不满和抗议。于是,此时已唯俾斯麦之命是从的特罗胥和法夫尔很快就要求甘必大收回成命。为了表示与这一卖国的"国防政府"决裂,甘必大在2月5日愤然辞职。从此,议会选举完全被投降派所控制。

既然议会选举被投降派所操纵,其选举结果也就可想而知。果然,主和派取得了重大胜利,共有400名代表当选。而这些人绝大多数同时是君主派。这样一来,共和国的"合法性"就又成了问题。人们可以认为,这个先天不足的共和国并未得到普选的批准,而只是在帝国失败后由街头革命强加给国人的。不过,君主派并未利用选举胜利立马埋葬共和国。他们阴险地给这个"早产儿"安排了耻辱的角色:承担失败的责任,直至签订和约。

2月12日,在国民议会选举产生后,法夫尔代表国防政府交出权柄。2月17日,在波尔多集会的国民议会任命梯也尔为"法兰西共和国行政权力的首脑"。这位年逾古稀、老于世故、精于谋略的资深政客在刚刚结束的选举中,同时在26个省份当选,是这次选举中首屈一指的胜利者。梯也尔组阁后做的第一件事便是与德国媾和。在谈判中,梯也尔使出浑身解数,与俾斯麦进行了艰难的交涉,力争减少法国的损失。不过,他对其对手强加给法国数十亿法郎赔款的关心显然超过对丧失阿尔萨斯、洛林两省的关心。2月26日下午5时,梯也尔与俾斯麦分别代表两国签署了预备和约。预备和约规定,法国向德国割让阿尔萨斯省的全部(贝尔福城除外)和包括梅斯等城在内的洛林省的1/3;赔款50亿金法郎,其中10亿法郎须在1871年底前支付,其余在1874年3月2日前付清。

3月1日,仍在波尔多的国民议会开始讨论是否批准这一和约。尽管没有人怀疑和约会得不到批准,但讨论中暴露了巴黎与外省之间以及爱国的少数派与主和的多数派之间的严重分歧。投票时巴黎选出的绝大多数议员都投了反对票。他们中间的杰出代表、文学大师雨果,在发言时慷慨激昂地表示:法国在有生力量未受损害的情况下,放弃两省是自取其辱,而且一支外国军队在奋起反抗入侵者的全体人民面前是无能为力的。尽管如此,预备和约仍以546票对107票获得通过。当大会宣布投票结果时,来自阿尔萨斯、洛林两省的议员提出了最后抗议:"我们宣布,这项支配我们命运,而未得到我们同意的条约完全无效。"言毕,他们集体退场以示抗议。不久,包括雨果在内的数位巴黎议员也以辞职表示他们对议会决定的蔑视。

三、巴黎公社——"19世纪的最后一次革命"

如果说主战的巴黎对主和的多数派火冒三丈的话,那么,后者对巴黎也表现出同样的敌意。他们不能原谅巴黎无限期地延长战争,选出了那么多共和派议员,随后又拒绝批准预备和约。如前所述,主和的多数派议员绝大多数是君主派人士。在这些人的记忆中,自大革命以来,巴黎总想对国民代表发号施令,并数度通过骚乱推翻王位。因此,他们希望把议会设在远离巴黎的压力和疯狂的地方。于是,有人抛出了迁都的提案。枫丹白露、布尔日皆成了君主派议员们青睐的新址。不过,在梯也尔的力争下,最后被选中的还是凡尔赛。长期以来,巴黎已理所当然地认为自己是法国的灵魂,取消其首都地位必将会在巴黎引发严重的后果。议员中的一些有识之士在讨论议案时就提出了这一点。他们中的领衔人物路易·勃朗更是在讲坛上发出了严重警告:"此举将促使巴黎建立自己的政府,设在别处的议会对此则鞭长莫及……这也许是从可怕的对外战争的灰烬中引发一场更为可怕的内战……"①

然而,议会的多数非但对路易·勃朗的警告不加理会,反而无视巴黎人民在围城时表现出来的勇气和苦难,轻率地通过似乎像宣战书的一系列法令:取消未经证明处于贫困状态的国民自卫军战士的月薪;废除延期交付房租的规定;债权人有权要求偿还已经延长7个月的到期债据。这些法令的实施无疑将使巴黎平民阶层和小资产阶级陷于赤贫和破产的绝境。人们完全有理由发问,制定这些轻率之极的法令难道不是君主派控制的议会为迫使巴黎就范而故意采取的挑衅行为吗?

事实上,梯也尔对这一切将在巴黎引起何种后果也完全心知肚明。当3月12日议会在波尔多休会并决定于3月20日在凡尔赛复会时,他心里就已很清楚,必须设法预防或平息正在巴黎酝酿的革命。为了行之有效地制服巴黎,他陆续从外省调集大批军队进入巴黎,准备用武力解除巴黎国民自卫军的武装。3月17至18日的夜间,他派兵去蒙马特尔高地夺取国民自卫军的大炮。众所周知,正是这次大炮事件最终引发了巴黎人民的起义。

---

① 阿泽马等:《法兰西第三共和国》,巴黎,1976年,第73页。

法国通史

3月18日,被迫自卫的巴黎民众举行武装起义,占领了市政厅与旺多姆广场。3月26日,根据成功地领导了3月18日起义的国民自卫军中央委员会的决议,巴黎举行了史无前例的民主选举。巴黎人民以极大的热忱踊跃来到了设在各区的投票点,行使自己神圣的权利。选举结束,各区共有92人当选为代表,但由于其中有些人在一个以上的区内当选,故当选者实为86人。当选者中有28名工人以及数十名左派知识分子和职员。同时当选的还有21名资产阶级代表,这些人是由资产阶级占优势的区选上来的,本人多为律师、军官、工厂主。这些资产阶级代表中的大多数人后在巴黎公社成立后的最初几天中陆续辞职,其留下的空缺在4月16日的补充选举中由工人和手工业者所填补。

巴黎公社在市政厅广场上宣告成立

3月28日,由各区普选产生的代表组成的巴黎公社庄严宣告成立。是日,大约20万国民自卫军战士和普通市民欢聚在市政厅广场上,庆祝自己政府的成立。主席台上放置着共和女神雕像,广场四周红旗招展,间或也有几幅镶上红边的三色旗。在乐队奏完《马赛曲》与《出征歌》之后,也被选入公社委员会的国民自卫军中央委员会委员朗维埃高声宣布:"我以人民的名义,宣告公社成立了!""现在,中央委员会将政权交给公社。"顿时,广场上礼炮轰鸣,"公社万岁!"的口号响彻云霄。

巴黎公社建立伊始,就力求打碎传统的国家机器,它在3月29日发布的第一号公告中明确宣布"巴黎公社为现今唯一的政权","凡尔赛政府及其附庸发出的命令或通告,今后对国家各机关的职员,一律无效"。同

第十一章 在战火中诞生的第三共和国

日,公社在另一项公告中又宣布,废除征兵制,国民自卫军为唯一军事力量,它由一切能服军役的公民组成。该公告同时规定:"除国民自卫军外,任何军事力量,均不得建立或调入巴黎。"紧接着,公社又陆续宣布取消旧的警察机构,解散原有的军事法庭,关闭塞纳省民事法庭。

与此同时,公社也力求建立新的国家机器。为了更好地发挥自己作为全国最高立法——行政机关的职能,它建立了直属公社的10个委员会,执行、财政、军事、司法、治安、粮食、劳动、工业与交换、对外关系、社会服务与教育,由它们具体分管各个方面的日常工作。公社在行使权力的过程中实行了民主集中制。在委员会内部,从来不存在绝对权威。委员们在完全平等的基础上提出建议,展开讨论,并以少数服从多数的原则通过决议。公社严格要求自己的工作人员成为"为人民服务"的社会公仆。为了使社会公职不再被"当作肥缺来钻营和授予",公社废除了国家机关的高薪制,高级官员的特权也被取消。根据规定,担负最高行政领导职务的公社委员的年薪不过6 000法郎,"其相当于巴黎较好行业中一个聪明勤劳的优秀工人的工资"。更有甚者,公社后来还颁布法令,禁止兼职兼薪。公社在改善广大劳动群众,尤其是工人的生活状况方面也做了许多工作,并且还在社会、经济、文化教育领域进行了一些改革。

梯也尔在派兵去夺取国民自卫军的大炮时,曾亲往凯道赛的外交部大楼督战。由于巴黎的国民自卫军和普通民众奋起反抗,梯也尔惶惶如丧家之犬逃出了巴黎。惊魂甫定的他一回到凡尔赛,就立即策划对巴黎进行毫不留情的镇压。为了加紧拼凑镇压大军,他向各省发出电报,要求增派援军,但征集到的军队寥寥无几。于是,梯也尔乞求俾斯麦施以援手。3月28日,也就是在巴黎公社宣告成立的那一天,根据法德双方在卢昂签订的协定,德国同意梯也尔把法国军队的人数从4万增加到13万,允诺交还法国战俘(共达10万人),并准许梯也尔利用这些战俘与公社作战。从4月2日起,凡尔赛军队开始向巴黎进攻,遭到了公社社员们的英勇反击。4月中旬,随着战斗的日趋激烈,双方的损失也与日俱增。这时,共济会等团体曾想出面调停。但一心想要制服巴黎的梯也尔拒绝了一切调停。而公社方面也毫不示弱,明确宣布:"调停即反叛。"愤怒的公社战士们扣押甚至杀死了一批人质,还把坐落在圣乔治广场的梯也尔私宅夷为平地。

虽然巴黎公社的战士们在反击凡尔赛军队的过程中表现出了罕见的

英勇精神,但及至5月中旬,形势对公社来说已极为严峻:首都的粮食供应由于巴黎被严密封锁而困难重重;对防护巴黎至关重要的一些炮台相继落入敌手;本来就不多的弹药即将告罄……尽管如此,当梯也尔态度强硬地发出最后通牒时,英勇的巴黎人民丝毫也没有想到向敌人投降。

5月21日下午,在隐藏在巴黎的内奸的接应下,凡尔赛军队从未曾设防的圣克鲁门冲进了巴黎市区。由此,"五月流血周"开始了,公社社员们筑起了数以百计的街垒,与杀红了眼的敌人展开了殊死战。战斗一直持续到5月28日。最后的激战发生在拉雪兹神甫公墓的墓碑之间。在这里,约200名公社战士面对5 000名凡尔赛军队的官兵浴血奋战。他们中的最后一批人在墓地东南部的围墙下被集体枪杀。此段围墙的内侧后来被称为"公社战士墙"。

在"五月流血周"中,整个巴黎尸横遍地,血流成河。但在战火熄灭后,梯也尔仍然在巴黎大开杀戒。有两万人未经法庭审判被杀害或枪决,此外,1.3万人被判处流放阿尔及利亚或新喀里多尼亚。与巴黎公社有关的镇压活动一直延续到1874年。不过,巴黎公社社员们并没有被当局的屠刀所吓倒。他们在监狱、法庭、刑场或流放地以大无畏的精神充分表现出了自己的凛然正气。公社失败后不久,担任过公社委员的著名工人诗人欧仁·鲍狄埃满腔悲愤地写下了不朽的诗篇《国际》。17年后,法国工人作曲家狄盖特为这首诗作谱了曲。从此,《国际歌》就成了一首被全世界无产阶级世代传唱的战歌。诚然,巴黎公社日后在国际共产主义运动中具有的象征意义和激励作用不容低估。不过,我们也要看到,巴黎公社的失败毕竟使法国工人运动和社会主义运动遭到了巨大损失。他们当中最优秀的战士有的牺牲,有的坐牢,有的流放。后来的事实证明,这种损失需要很长时间才能弥补。

曾对巴黎公社作过深入研究的法国历史学家雅克·鲁热里认为,公社是法国在"19世纪的最后一次革命,是19世纪法国的革命史诗的顶点和终点"。①需要补充的是,公社也是巴黎史诗的顶点和终点。随着它的失败,巴黎通过革命迫使全法国接受新制度的时代被画上了句号。从此,巴黎不再是爆发革命的中心,它也不再迫使外省接受自己的革命法令。

---

① 米盖尔:《法国史》,商务印书馆1985年版,第415页。

四、扑朔迷离的政体之争

梯也尔"成功地"制服了革命的巴黎,使君主派与资产阶级共和派确信,这位古稀老人是"为时局所必需的人物"。在前者看来,镇压巴黎公社给法国带来了和平、安定与秩序,而这些是复辟君主制所不可或缺的;在后者看来,镇压巴黎公社免却了共和国被无产阶级推翻的厄运。于是,他们不仅一砖一瓦地为梯也尔重建其被巴黎公社社员焚毁的宅第"新雅典",还在1871年8月31日让议会通过了"里韦提案",授予梯也尔"共和国总统"的职务。由此,梯也尔同时集议员、政府首脑和总统三职于一身,显赫至极。

鉴于君主派在议会中占据了多数,第三共和国前途未卜。但有一点可以肯定的是,梯也尔此时的政治态度对第三共和国这个"早产儿"是否能够继续存活至关重要。作为七月王朝时期的重臣,梯也尔被人视为奥尔良派。但正如其传记作家一针见血地指出的那样,"梯也尔只有一个固有的主义,这就是统治"。[①] 确实,他固有的癖好就是统治。更有甚者,这个早就野心毕露的小个子越老权力欲越强烈。当他在1871年2月的选举中成为首屈一指的全国范围的胜利者时,梯也尔非常清楚地意识到,其盼望已久的君临一切的机会正在向他靠近,而"保守的共和国"是既能实现他君临一切的梦想,又适合当时法国国情的制度。为此,此时的他坚决地,然而又是不明目张胆地把政治赌注押在了"共和国"身上。人们看到,在镇压了巴黎公社之后,梯也尔开始明显地疏远了君主派,尤其疏远了奥尔良派诸亲王。他甚至还在议会讲坛上如是说道:"在恢复君主制度前,必须让共和国进行一次合法的试验。"

公社被镇压后,君主派希望立即把复辟计划付诸实施。为此,他们很快就掀起了第三共和国时期复辟活动的第一次浪潮。在这一过程中,波旁王室长幼两支图谋融合。1871年6月,奥尔良派王位觊觎者、路易·菲利普的孙子巴黎伯爵致函正统派王位觊觎者、查理十世的孙子尚博尔伯爵,表示愿意放弃对王位的要求,尊奉尚博尔伯爵为整个波旁王室的领衔人物。不过,他同时提出了相应的条件。正当奥尔良派为与正统派修

---

① 波马雷:《梯也尔先生和他的世纪》,巴黎,1948年,第26页。

好频送秋波时,在第二帝国崩溃后沉寂一时的波拿巴派也重新活跃了起来。此时,渴望复辟,且在社会中占据多数的君主派虽然见梯也尔对复辟君主制态度冷淡至极深为不满,但出于多种原因,又苦于暂时奈何他不得。

任何一个民族,在其遭遇大难时,往往对"奇迹人物"异常信赖。在大选中获得几乎全民族公举的梯也尔就是这样一位被国人寄予厚望的能使"奇迹"出现的人物。应当说,梯也尔没有让国人失望。为了尽早"解放"国土,梯也尔试图在尽可能短的时间内偿清俾斯麦所苛求的50亿金法郎赔款。因此,他通过成功地发行一种公债,为法国提前偿清赔款提供了资金保证。由于提前偿清了赔款,使德国占领军提前18个月撤出法国领土。

与此同时,他还在加强国防、整顿和改组国家机构、恢复和发展经济等方面做了大量工作,收效甚巨。1873年3月,当法国付清了最后一笔对德赔款,法德关于德军撤离法国的协定在柏林签署后,梯也尔的个人荣誉达到了顶点:他被人誉为"法国领土的解放者";议会特意通过了"梯也尔有功于祖国"的决议,法兰西学士院也随之接纳他为院士。但恰恰也是在这时,君主派对梯也尔的容忍也到了极限。

在梯也尔执掌政柄的中后期,他已丝毫不掩盖自己的共和倾向。1872年11月,梯也尔在议会讲坛上明确宣布:"共和制存在着,它是国家的合法政体。要求别的东西,将引起一场新的革命,并且是最可怕的革命。"[①]在一次和君主派的辩论中,梯也尔还坦陈了自己实施共和制的两个理由。他说:"一则因为我已投身于此;二则因为如今实际上不可能有别的做法。"不过,梯也尔在表明自己的共和派立场时,也亮出了自己格言式的纲领:"要么是保守共和国,要么就不要共和国。"

然而,对君主派而言,即使是再保守的共和国,也是他们所不能接受的。因而,在梯也尔不再掩饰自己的共和派立场后,他很快就成了君主派的眼中钉。很快地,在奥尔良派头面人物布罗伊公爵周围已经形成了一个反对梯也尔的派别。他们利用其在议会中掌握的多数,多次向梯也尔发难,并在1873年2月底通过法令,禁止梯也尔在未经许可的情况下直接登台发表演说,他只能通过一个部长来宣读其书面发言。如果说君主

---

① 米盖尔:《法国史》,商务印书馆1985年版,第419页。

第十一章 在战火中诞生的第三共和国

派至此仍还容忍梯也尔待在台上,那么,其重要原因只是他们还需要由梯也尔代表法国在有关德军撤离法国的协定上签字。一俟梯也尔完成这一任务,他们就将毫不留情地拔除这根眼中钉。

果然,在德军从法国撤走后,君主派便迫不及待地动起手来。4月2日,他们迫使温和共和派格列维辞去议长职务,使梯也尔失去了在议会中的重要支持者。5月18日,君主派在布罗伊公爵的家中商定,由麦克马洪元帅接替梯也尔出任总统职务。翌日,他们在议会中对梯也尔最后摊牌,以异常激烈的言辞对政府的政策提出质询。此时,共和派虽已取得了巨大进展,但因其在议会中尚未占据多数,故对梯也尔爱莫能助。5月24日,议会以362票对348票的多数对梯也尔政府投了不信任票,迫使梯也尔挂冠而去。

君主派在把梯也尔搞下台的当天,即把被恩格斯称为"法国最大的笨蛋"的麦克马洪元帅推上了总统宝座。平心而论,思想保守、信奉天主教的麦克马洪并无政治野心,他是在君主派人士说服下,作为"军人"接受别人委托的使命的。麦克马洪在就职后,立即授权布罗伊公爵组阁。后者领命后很快就组织了一个清一色的君主派内阁。新总统和新内阁一上台,就标榜要在法国重建"道德秩序",而所谓重建"道德秩序",说穿了就是加强教权势力、复辟王政的代名词。在重建"道德秩序"的过程中,布罗伊内阁肆无忌惮地扶植天主教势力,压制共和派力量。

麦克马洪的上台和布罗伊内阁的组成,使君主派认为复辟君主制的时机已经成熟。因此,他们当中最大的两个派别——正统派和奥尔良派加快了融合的步伐。1873年8月5日,巴黎伯爵专程从英国流亡地前往尚博尔伯爵在奥地利的流亡寓所面晤尚博尔伯爵。双方在会晤中经过讨价还价后商定,由年事已高的尚博尔伯爵以亨利五世的名义登基,因尚博尔伯爵无嗣,由较为年轻的巴黎伯爵作为其王位继承人。

波旁王室长幼两支重新和解的消息传出后,保皇派们欣喜若狂。他们中的一些人甚至以为复辟指日可待,竟一边赶制国王用的轿式马车和其他物品,一边暗中盘算自己在未来宫廷中的职位。让他们始料不及的是,这次会晤中达成的和解并没有消除尚博尔伯爵与巴黎伯爵之间在政治体制和王朝旗帜上的分歧。10月30日,尚博尔伯爵突然在正统派机关报《联盟报》上发表了一封欲"消除误解"的公开信,明确重申他登基的先决条件是坚持专制君主制和决不放弃"亨利四世的白旗"。这一态度和坚持君主立宪制,主张保留三色旗的巴黎伯爵大相径庭。由于双方互不相让,两派的融合顿成泡影。当白旗与三色旗之争导致君主派的复辟活动搁浅时,教皇庇护九世曾懊丧地说:"只是为了那么一块破布。"其实,事情岂止像这位教皇所说的那样简单,此番复辟计划的流产,自有其更深刻的原因。较之庇护九世,梯也尔的讽刺之语倒显得更有见地:"尚博尔伯爵是法国的华盛顿,他建立了共和国!"①

复辟君主制受挫后,对尚博尔伯爵的僵化态度怨恨满腹的奥尔良派通过布罗伊公爵,促使议会通过了将麦克马洪的总统任期延长到7年的法案。他们在这样做时所打的如意算盘是:首先以延长麦克马洪的总统任期稳住局势,以排除别的派别复辟的可能;其次,如果这顽固不化但已年老多病的尚博尔伯爵在7年内去世,奥尔良派就乘机独家复辟。在议会讨论这一提案时,在发表公开信后深感失策并懊悔不已的尚博尔伯爵秘密潜入巴黎和凡尔赛,指望得到麦克马洪的支持强行登位。然而,此时麦克马洪已完全倒向奥尔良派,他以不能辜负议会对自己的信任为由,将尚博尔伯爵拒之门外。此事进一步扩大了正统派和奥尔良派之间的裂痕。正统派还把复辟失败的责任归咎于布罗伊公爵。不久,他们甚至不惜与共和派一起,投票反对布罗伊内阁的提案。

在君主派四分五裂、每况愈下的同时,共和派的影响却不断扩大,共和事业日益深入人心。不过,共和制与君主制之间决出最后胜负,还得有待来日。

五、尘埃落定——资产阶级共和制的最终确立

1874年5月16日,布罗伊内阁在共和派与正统派的左右夹击中倒台,取而代之的是以西塞依将军领衔的内阁。

正统派与奥尔良派的自相残杀为原在君主派中处于边缘地位的波拿巴派死灰复燃创造了条件。在1874年5月至1875年2月间的补缺选举中,波拿巴派取得了令人吃惊的成功,在13个议席中赢得了5个席位,尤其是拿破仑三世的前宫廷侍从博古安男爵甚至在被共和派视为禁脔的涅夫勒省出人意外地当选。此时,拿破仑三世本人虽已去世一年有余,但其

---

① 米盖尔:《法国史》,商务印书馆1985年版,第422页。

子却刚刚达到第二帝国宪法规定的"政治上的成年年龄",即19岁。于是,在帝国前大臣,国民议会现议员鲁埃的领导下,一场拥戴皇太子的运动揭开了序幕,并在全国引起了不小的反响。而那位在涅夫勒省当选议员的博古安更是有恃无恐地宣称:"我忠于帝国。"

波拿巴派的重新崛起使共和派与君主派中的奥尔良派、正统派都意识到,在"九·四"革命中被推翻的第二帝国完全有可能复辟,而这又是此三派中的任何一派均不能接受的。于是,制止第二帝国的复辟成了共和派与波旁两派的共同政治需要。为此,共和派在甘必大的领导下改变了策略。此前,共和派一直鼓吹解散议会,并拒不承认它的制宪权。而此时,他们不仅不再要求解散议会,不再否认议会的制宪权,还主动接近主要由奥尔良派组成的中右派,争取中右派在议会中对确认共和制给予支持,即使这种情况下确认的共和制与他们原先设想的宪政计划相去甚远也在所不惜。

确立共和制的当务之急是尽快完成制宪工作。为了换取一部分奥尔良派议员对共和制的承认,共和派同意了奥尔良派提出的建立参议院等要求。由此,在议会中开始形成了一个由共和派,或更确切地说温和共和派和奥尔良派组成的多数。当要求在宪法条文中明确写上"共和国"字样的议案数度被尚未完全抛弃复辟幻想的君主派议员否决后,温和共和派议员瓦隆巧妙地提出了一项宪法修正案:"共和国总统,由参议院与众议院联合而成的国民议会,依绝对多数票选出。总统任期7年,连选后连任。"①1875年1月30日,该议案在议会以353票对352票,即以一票之差获得通过。既然瓦隆修正案承认了共和国总统的职衔,那么也就意味着承认了共和国本身。就这样,共和制终于被议会承认了。由于共和国不是明确被宣布的,而是含蓄地通过其总统的身份和职衔被议会间接地承认的,因此,有人戏称它是"从窗缝潜入的共和国"。②

从同年2月至7月,议会先后通过了3项宪法性法律:《关于参议院组织的法律》《关于政权组织的法律》《关于政权机关间组织的法律》。这3个法律文件统称为1875年宪法,亦称第三共和国宪法。第三共和国宪法是法国宪法史上绝无仅有的最简单、最经验主义的一部宪法。它一无

---

① 楼均信等编译:《1871—1918年的法国》,商务印书馆1989年版,第10页。
② 米盖尔:《法国史》,商务印书馆1985年版,第423页。

序言,二无理论说明,所有法律都仅限于分别阐述各个机构的选举、组成、职权以及它们相互间的关系。

第三共和国宪法确定了"两院制",由间接选举产生的参议院的权力和组成有宪法效力,其地位远高于由普选产生的众议院。同时,它又赋予总统极大的权力,包括任命军政要员,在参议员赞同下解散众议院等。显然,这部宪法是共和主义与君主主义妥协的产物。因此,它是在一片冷漠中通过的:议员们既无热情,又无掌声。在温和的君主派眼里,这是他们无可奈何地接受的共和国,是"较小的坏事";而在温和共和派眼里,这是一个与其设想的宪政计划相去甚远的"妥协的共和国",它还需要大力改造。

1875 年 12 月 31 日,君主派占多数的本届国民议会在完成其使命后自动解散。在此前后,共和派在参议院 75 名终身议员的选举和众议院议员的选举中都取得了巨大的胜利。由此,君主派在参议院只占微弱多数,而众议院则被共和派掌握了压倒多数。不过,共和国总统仍然是那位要到 1880 年才任期届满的君主派元帅。就这样,在这个"从窗缝潜入的共和国"的政治舞台上,呈现出以代表保守势力的总统与参议院为一方,以共和派占压倒多数的众议院为另一方的对峙局面。

1876 年 3 月 8 日,新选出的参议院正式集会。按照议会制惯例,众议院或下院中多数派首领是内阁总理的当然人选。但麦克马洪却无视这一点,拒不授命作为共和派首领的甘必大组阁,反而从奥尔良派左翼中挑了一位年近八旬的老翁杜福尔当内阁总理。与此同时,麦克马洪还以政局需要为名,责令杜福尔保留前任内阁中的外交部长和陆军部长的职位(两人皆为君主派)。受制于总统的杜福尔内阁上台伊始,就受到众议院共和派多数和参议院君主派多数的左右夹攻。在处处碰壁、无所适从的窘境中硬撑了半年多后,杜福尔被迫在同年 12 月初交出权柄。

12 月 13 日,麦克马洪责成温和共和派儒勒·西蒙组阁。总统之所以要西蒙组阁,一则是因为他觉得西蒙比较温顺,容易控制;二则是因为西蒙与甘必大素有嫌隙,可借此加深共和派内部的矛盾与分裂。当然,从客观上说,任命西蒙也是君主派总统对众议院共和派多数作出的无可奈何的让步。以共和派身份执掌内阁,西蒙堪称第三共和国史上的第一人。

应当承认,西蒙是一个不乏小聪明的政治家,他在议会两院亮相时的不同表演充分说明了这一点。当他站在众议院的讲坛上时,他先是大声

第十一章 在战火中诞生的第三共和国

标榜:"我完全是一个共和派",继而又小声补充道:"也完全是一个保守派。"反之,在参议院的讲坛上,他先是低声说道:"我完全是一个共和派",然后又立即拉直嗓门表白:"也完全是一个保守派。"然而,虽然西蒙机灵有余,但一心想走中间道路的他不仅未能左右逢源,反而受到两面夹击:君主派因为西蒙内阁在众议院多数派的压力下实施了许多有利于共和派的政策而对西蒙愤愤不平;共和派则因为西蒙反对教权派势力不力而对他横加指责。

当时,教权派肆无忌惮地掀起了旨在颠覆共和国的新浪潮。在这种情况下,甘必大于1877年5月4日在议会发表重要演说,严正警告教权派:"你们要么不做法国人,要么服从法律。"甘必大还引用其朋友的一句话来结束此次演讲:"教权主义,这就是敌人。"在这一随即传遍全法国的著名演说的推动下,众议院的共和派多数迫使西蒙接受了一项议程,谴责"教皇绝对权力主义者的活动"。

素来以保护教会为己任的麦克马洪在读了甘必大的演讲稿后大动肝火,而这一议程的通过则更使他暴跳如雷。于是,他不仅准备向甘必大为首的共和派反击,同时也决定与在他眼中已沦为甘必大同谋的西蒙分手。5月16日,麦克马洪致函西蒙,责备他对共和派采取纵容态度和在众议院面前软弱无能,并强调他作为总统要对国家负责。麦克马洪还向西蒙宣称,他"宁肯被推翻,也不愿受甘必大指挥"。

西蒙接信后被迫辞职。一个共和派内阁就这样被一位君主派总统逼下了台。此事史称"5·16危机"。"5·16危机"的发生拉开了君主派向共和派反攻倒算的帷幕。5月17日,麦克马洪任命布罗伊再度组成君主派内阁,并让波拿巴派核心人物富尔图担任内政部长这一要职。面对君主派的反扑,众议院的363名共和派议员以惊人的一致对布罗伊内阁投了不信任票。麦克马洪见众议院不肯就范,在按宪法规定征得参议院同意后,于同年6月22日悍然解散了众议院。当此令下达时,甘必大充满自信地说道:"离开时,我们是363人;回来时,我们将是400人!"[①]尽管在共和派眼中,麦克马洪的作为无异于政变,但平心而论,他的做法确实不乏法律依据,可以说,"5·16危机"既是共和派与君主派两大势力斗争的缩影,也是在国家制度上议会制与总统制之争的反映。

---

① 阿泽马等:《法兰西第三共和国》,巴黎,1976年,第113页。

法国通史

新众议院的选举定于10月14日举行。由于共和派和君主派都知道,这次普选是双方一决雌雄的最后机会,故竞选是在异常激烈的气氛中进行的。君主派利用其执政地位,动用巨资开展攻击共和派和支持君主派势力的宣传攻势,甚至不惜采用行政、司法等高压手段,肆无忌惮地打击共和派势力,如撤换了1 743名共和派市长,解散了613个支持共和派的市镇议会。在君主派的嚣张气焰面前,共和派也毫不示弱。同时,他们也比任何时候都更为紧密地团结在甘必大周围。至于共和派无可争辩的首领甘必大,此时则比任何时候都更像"民主政体的旅行推销员"。在他卓有成效的组织领导下,共和派获得了此次众议院选举的胜利。

1877年11月7日,新众议院集会。甘必大担任了众议院议长。面对选举失败,心有不甘的一些君主派分子曾打算发动一场真正的政变。他们中有人甚至扬言:"只需一个指挥得当的营,便能奇妙地弥补宪法的缺陷。"①不过,深知大部分官兵已倾向共和制的麦克马洪没有这样做。12月13日,共和派再次组阁,夺回了行政权。翌年1月,共和派又乘参议院三分之一议员改选之机,赢得了参议院的多数。

1月30日,见大势已去的麦克马洪被迫辞职,提前一年结束了他的总统生涯。在其辞职后,共和派格列维当选总统。至此,众参两院、内阁、总统职位已尽数被共和派掌握,共和派全面胜利的格局已然形成。令人回味无穷的是,议会两院还作出了几项极具象征意义的重要动议:将国家机关从凡尔赛迁回巴黎;《马赛曲》定为法国国歌;7月14日定为国庆节。这些动议的通过与实施表明:尘埃已经落定,资产阶级共和制在法国的大地上最终确立了。

作者评曰:

由3个宪法性法律文件构成的1875年宪法,即第三共和国宪法是法国宪法史上绝无仅有的最简短、最经验主义的一部宪法。第三共和国宪法的含糊不清、残缺不全可谓是达到了令人吃惊的地步。它既无序言,又无理论说明,所有法律都仅限于分别阐述各个机构的选举、组成、职权以及它们之间的相互关系。这一现象的出现,乃是当时特殊的政治环境使然。换言之,这部宪法是共和派与君主派之间相互斗争又相互妥协的产

---

① 阿泽马等:《法兰西第三共和国》,巴黎,1976年,第116页。

物。对共和派而言,虽然宪法未对国家政治体制作出明确规定,但既然宪法承认了"共和国总统"这一职衔,那么自然也就意味着承认共和国本身;而对君主派来说,由于宪法赋予总统极大的权力,参议院又由间接选举产生(其中有75名终身职议员),因而这一宪法也同样适合于君主制。一俟君主派得势,只要将宪法略加修改,总统可一变为国王,参议院可一变为贵族院。显然,这是一部各有打算的共和派、君主派双方为求得一时的安定而制定的临时性宪法。但让人多少觉得有些不可思议的是,恰恰是这样一部临时性宪法,竟通用了65年之久,成为迄今为止法国历史上寿命最长的共和国依据的宪法。

第十二章 19世纪、20世纪之交的法国

一、温和共和派的统治

当在政治角逐中取得完全而彻底的胜利后,共和派开始当仁不让地以主人身份治理起国家。至此,法兰西第三共和国已从"保守的共和国"变为"共和派的共和国"。

如果说共和派的各路人马在与君主派的决战中表现出惊人的一致的话,那么,随着尘埃落定,一个不争的事实又凸现在人们的眼前:共和派并非铁板一块。确实,因其所代表的阶层不同,精神状态和政治策略相异,共和派内部至少可分成温和派和激进派两大营垒。前者是资产阶级中上层的代表。他们在政治上主张以温和、谨慎的方式巩固共和制度。为了确保资产阶级社会秩序的安定,他们无意于进行任何激进的社会变革。在对外政策领域,他们更多地注重海外殖民扩张,而不是对德复仇;后者则在很大程度上反映了中小资产阶级的要求。对内,他们主张进行激进的社会变革,实现更广泛的民主自由权利。对外,他们强烈要求对德复仇,反对殖民冒险。在1879—1899年的20年中,在法国政坛上占据统治地位的基本上是温和派。

温和派在掌握政权后,采取了许多有力措施,使法国成为典型的议会制共和国。原先欲与议会抗衡的总统权力中心已然消失。议会不独握有立法权,它还控制着内阁的命运。后者不仅由议会产生,它还得对议会负责,接受议会的监督。与此同时,温和派还努力实行国家政权和社会生活的世俗化、民主化。在这一过程中,最引人瞩目也最令人称道的是费里大

第十二章 19世纪、20世纪之交的法国

力推行的教育改革。

法国素有"天主教会的长女"之称,天主教在法国势力之大由此可见一斑。第二帝国时期,天主教的势力又有了明显的扩张。尤其在文化教育领域,天主教势力的扩张更是到了令人发指的地步。其不仅借1850年的教育自由法创办了大量教会学校,而且还把大量神职人员派入公立学校。由此,相当一部分青少年的思想和教育被控制在教会手中。对于这种局面,共和派人士早就深恶痛绝,并立志有朝一日掌握政权就迅速改变这种状况。在"保守的共和国"时期,教权主义者的猖狂活动进一步显现出其是旧制度最牢固的支柱、共和制最有威胁的敌人。作为"道德秩序"最忠实的保卫者,在讲坛上愤怒斥责共和国的主教比比皆是。在王位觊觎者互相争执,从而使君主制复辟终成南柯一梦之际,教会更是被保守派誉为旧制度的最后堡垒。既然如此,在"共和派的共和国"里,教育大权难道还能再由教会控制吗?答案无疑是否定的。于是,身为教育部长的费里从1879年起开始对教育实行世俗化改革。

这年的3月15日,费里提出了两项草案。其一把所有天主教会成员清除出全国教育的最高领导机构——国民教育最高委员会和学术委员会;其二是修改1875年高等教育法,禁止私立高校采用"大学"的名称,废除私立高校学位授予权,获取学位的资格考试一律由国立院校主持。紧接着,他又起草了一个教育改革法案,其中的第七款明令解散耶稣会,其他宗教团体必须提交批准,禁止未获授权的宗教团体办教育。这些方案的提出与实施在全国引起了强烈的反响。天主教徒们掀起了抗议浪潮。被大批清洗的耶稣会教士甚至

大力推行教育改革的费里

在一些地方举行了规模不小的游行示威。翌年,费里受命组阁。他在执掌总理权柄时仍兼任教育部长之职,并继续坚定地推行教育世俗化改革。在费里政府的努力下,法国在1881—1882年通过法律规定:7至13岁的儿童必须接受世俗化义务教育;小学完全免费,有关费用由地方和国家通过税收承担。由此,法国确立了初等教育改革的三原则:义务、免费、世俗化。为了坚定青少年的共和信念,加强其爱国主义情感,费里政府还决定

对中小学生进行公民义务教育,而宗教教育只能在校外进行。为了消除少女是在"教会的双膝上"成长的状况,打破教会在女子初等以上教育方面的一统天下,政府建立起一批新型的公立女子中学。从此,法国少女若要接受初等以上教育,不必非得到修道院不可了。

在推行教育世俗化改革的过程中,费里还努力加强师范教育,提高师资水平,规定只有获得考试合格证书的人,才有资格执掌教鞭。与此同时,他还大幅度增加教育经费,使教师的工资待遇、社会地位都有了显著提高。当时众多行会或职业团体中,像教师那样整体地、热情地赞同共和国者,可谓是绝无仅有。不容否认,这里多少包含着一些"感激"的成分。可以毫不夸张地说,教师们已成为共和国大厦的柱石。这方面的例子数不胜数。如时任巴黎大学教授、高等师范学校校长的法国一代史学宗师欧内斯特·拉维斯不惜亲自执笔撰写充斥着共和主义精神的小学《法国史》教科书;又如乡村的小学教师始终以令人感动的虔诚把这样一首《从军歌》教给一代又一代的农家子弟:

> 共和国号召我们,
> 我们要懂得胜利或懂得牺牲,
> 一个法国人应当为共和国而生存,
> 一个法国人应当为共和国而献身。①

应当指出,作为此期温和共和派的典型代表,费里在推行教育世俗化改革时,并未像激进派所竭力主张的那样,采取与教会势不两立的立场,力求彻底改变教育面貌,而是不放过任何机会阐明世俗化改革的防御性质:问题在于保护共和国免遭教会破坏,而决不是侵犯宗教原则。他还在责令有关部门实施有关法令时,一再强调要避免发生"事故"。费里在推行教育世俗化改革中表现出来的"容忍"与"和平征服"精神,充分地反映了温和派在治理国家时的"温和"与"谨慎"。对此,共和派中的激进派极为不满,而布朗基派等极左派则更是在报刊中严词抨击。

如果说温和派在执政之初,在加强议会共和制和资产阶级民主制度方面颇有建树的话,那么他们在社会经济领域却表现乏力,尤其是在1882年经济危机爆发时,那些原为精明的律师、记者的温和派头面人物竟一个个显得一筹莫展。于是,在危机中蒙受重大打击的广大中小资产

---

① 阿泽马等:《法兰西第三共和国》,巴黎,1976年,第174页。

第十二章 19世纪、20世纪之交的法国

阶级把自身处境的恶化归咎于政府的无能;广大工人在实际收入急剧减少,且随时面临失业威胁的情况下也把怨气撒向政府;早就对温和派深怀不满的激进派则加大了对温和派政府的攻击力度,指责他们只维护少数大资本利益,拒绝社会民主化的改革,耗费大量资财从事海外殖民冒险。而对世俗化改革耿耿于怀以及尚未完全放弃复辟君主政体幻想的教会势力与右倾保守势力开始变本加厉地唆使不满分子去反对现存制度。更有甚者,以名噪一时的民族复仇主义者戴鲁莱德为首的"爱国主义者战斗团",在此期的法国政治舞台上脱颖而出。他们公开指责政府忘了对德复仇,只知道用法国人的税款和士兵的鲜血去从事海外殖民扩张。凡此种种,使温和派及其政府一时间有如众矢之的。

1885年10月众议院选举的结果清楚不过地反映了这种人心向背。正是在这次选举中,温和派的政治优势开始丧失,议会中形成了三足鼎立的态势:温和派200席,激进党180席,右翼保守势力202席。由于议会的固定多数没有形成,互相对立的三大派都无法单独执政。为了组阁,处于左右夹击之中的温和派开始走上了时而和左派联合,时而又和右翼中间派结盟的道路。在这一过程中,温和派的"机会主义"特征发展到登峰造极的地步。然而,不管以"机会主义派"自居的温和派如何擅长见风使舵,它在此期更多的不是左右逢源,而是进退维谷。由于政策摇摆不定,内阁更迭频繁,加之温和派人士时不时与丑闻有染,议会共和制出现了新的危机。其中,共和国面临的最大挑战来自布朗热运动。

布朗热这位对温和派人士怀有强烈敌意的当时法国最年轻的将军,是由激进派推选进入政府的。1886年,在其南特中学时的同窗、激进派领袖克雷孟梭的坚决要求下,弗雷西内在组阁时把陆军部长一职留给了布朗热。布朗热在上任后,很快就以一系列推进军队共和化改革的举措为自己捞足了政治资本:确定在共和国国庆日举行盛大阅兵式;下令将营房的岗楼涂成三色旗的颜色;将一些贵族军官清除出军队。此外,他还注重改善士兵的生活条件,如将大锅菜改成小锅分食制,以床垫取代草铺,甚至允许士兵留胡须,这使他很快在士兵中树立起威信。在德卡兹维尔矿工罢工期间,他不让武装的士兵去镇压工人,并让矿工分享士兵的"菜汤和面包"。此举使他博得了工人的好感。与此同时,他还极力主张对德复仇,收回失地。布朗热在这方面的言行使他深受民族主义者和相当广泛的一部分社会舆论的赞许。

1887年4月,法国边境检查站的警官施纳布莱因公进入阿尔萨斯时被德方逮捕。事发后,法国群情激愤,一股民族主义和对德复仇的狂热骤然而生,法德之间的冲突呈一触即发之势。当时,布朗热曾建议对德发出最后通牒,但因遭格列维总统拒绝未果。尽管如此,当施纳布莱获释后,布朗热名声大噪。当时,在法国有370首布朗热的颂歌被广泛传唱。鉴于布朗热的法文拼写正好和普通名词"面包师"一样,遂导致"布朗热会给我们便宜的面包!我们的面包师(布朗热)万岁"之类的标语铺天盖地。不少民族主义报刊更是将其誉为"复仇将军"。

由于担心这位"复仇将军"的冒险会导致法德战争,早就想排除布朗热的温和派同年5月在众议院伙同部分右翼议员制造了倒阁事件。随着弗雷西内内阁的倒台,布朗热被解除部长职务。为了不让布朗热留在巴黎,不久,布朗热被任命为驻克莱蒙费朗的十三军团司令。当他离开巴黎前往驻地履任时,布朗热的追随者在巴黎的里昂车站举行了大规模的示威。15万人把整个车站围得水泄不通。一些人激动地拥抱他,嘴上直说:"您不能走啊!"为了不让火车开动,几位激进派议员竟然爬上了火车头。

同年年底,格列维总统的女婿,众议员威尔逊出售荣誉军团勋章的丑闻被报刊揭露后,舆论大哗,温和派名声扫地,勋章丑闻很快被敌视议会制共和国的人所利用。"打倒无能和腐化的共和国"的口号传遍全国。此时,对解除部长职务耿耿于怀的布朗热也乘机发泄对温和派的不满,并想实现自己重返陆军部的野心。孰料,1888年3月,仍占据政权的温和派竟强制布朗热退役。如此深得人心的"爱国主义者"屡屡遭到温和派的排挤与欺凌!这反而使布朗热进一步成为一切对温和派政府不满分子的集中代表。于是,一个以布朗热的名字命名的运动迅速诞生了。该运动的喉舌《徽章报》上赫然刊载着布朗热运动的纲领,这就是"解散(议会)、修改(宪法)、召开(制宪会议)"。布朗热的追随者中不仅有大部分的激进派和民族主义者,还有为数不少的君主派,尤其是波拿巴派。后者此时已全然忘却了布朗热在军队推行共和化改革的"劣迹",已然把他视为推翻共和制,实现君主政体的工具。为此,他们甚至向这位将军提供了大量经费。

布朗热被解除军职后反而获得了参加竞选的资格。于是,因如日中天的声望而踌躇满志的他利用当时法国实行的名单投票制和多重候选人

第十二章 19世纪、20世纪之交的法国

资格的选举制度,一旦某选区举行补缺选举,就前去竞选,一旦当选又马上辞职,伺机参加新选举。他称这样做的目的是想分选区"跟公民直接对话","以多次普选的反复判决"来"证明国家腐败状态引起的反感",从而名正言顺地推翻现政权,由自己取而代之。① 1888年4月,布朗热先后在多尔多涅省和诺尔省当选。更有甚者,同年8月19日,他竟在索姆省、下夏朗德省和诺尔省三处的补缺选举中同时当选。消息传出,举国为之轰动。

1889年1月27日,在向来被共和派视为禁脔的巴黎的补缺选举中,布朗热再次以24万多票的绝对优势击败共和派候选人。此时,布朗热的个人威望达到顶峰。其同伙和成千上万不明真相的群众在歌剧院广场疯狂地向他喝彩,并敦促他"到爱丽舍宫去"!虽然卡尔诺总统已经在那里收拾行装了,但布朗热并未进入总统府,更未发动政变。对自己的个人威望深信不疑的他宁愿等待同年秋季议会总选举中在全国获胜后,不冒风险地合法掌握政权。

布朗热在巴黎当选后,几千种布朗热的肖像在全国流传,数以百计的歌曲在颂扬他的"光荣"。在这样一股狂热而强大的政治运动冲击下,共和国岌岌可危。就在这关键时刻,以克雷孟梭为首的一部分激进派和社会主义者中的可能派本能地意识到保卫共和国免遭颠覆已成当务之急。于是,他们放弃了对布朗热的支持。克雷孟梭等人甚至还和温和派再度携手,共同对付正在兴风作浪的布朗热主义者。

同年2月22日,共和派组成了旨在"保证维护法定的秩序和共和国的尊严"的第二届蒂拉尔内阁。新内阁上任伊始,就以强有力的措施对布朗热运动迎头痛击:改革选举制度,取消多重候选人资格;解散布朗热运动中兴风作浪最厉害的团体"爱国者同盟"。内政部长还放出风声,要逮捕布朗热,诱使布朗热慌忙逃往国外。布朗热的出逃使其在追随者心目中的地位一落千丈,遂使该运动急转直下。更有甚者,随着布朗热与君主派幕后交易的内情不断被披露,进一步使布朗热运动中大批不明真相的追随者作鸟兽散。是年9月30日,因已几乎被人遗忘而深感日暮途穷的布朗热在比利时布鲁塞尔近郊其情妇博纳曼夫人的墓前绝望地自杀。

随着布朗热的自杀,布朗热运动最终画上了句号。然而,它对法国几

---

① 参见 C.福兰:《近代史文选》,巴黎,1967年,第357页。

大政治势力所产生的影响却显现了出来,曾把布朗热推上政坛,且一度在运动中推波助澜的激进共和派因此受到沉重打击而威信扫地;同样因此受到致命打击的君主派、教权派中的一部分人面对共和制的日益巩固,为摆脱其不利地位,开始归附共和国;有意思的是,这场运动最大的受益者反倒是温和共和派,他们在度过了有惊无险的多事之秋后,原来摇摇欲坠的统治地位反而暂时得到了巩固。

二、巴拿马丑闻、德雷福斯事件和激进共和派的上台

在温和共和派掌权时期,政界人物与工商界人士之间相互勾结利用,营私舞弊的丑闻时有发生。1892—1893年被揭露的"巴拿马丑闻"便是此类丑闻中最严重的一起。

早在1879年,工程师出身的法国企业家莱塞普斯从哥伦比亚政府取得巴拿马运河开凿权。1881年,他组成了巴拿马运河开凿公司,并发行了大量股票。苏伊士运河的成功,使发财心切的法国广大中小资产阶级把股票抢购一空。孰料,由于低估了工程的耗资及公司管理的不善,施工中发现资金严重不足。不久,工程陷入困境。为缓解资金困难,公司希望发行按期抽签还本的债券,但这需要议会的立法授权和政府的批准。为此,公司通过银行中间人动用大量钱财贿买议员、政府高官和新闻界名流。这些在政界和报刊舆论界呼风唤雨的人士在接受贿赂后,很快使议会和政府同意该公司大量发行这种债券。

然而,债券的发行仍未能挽回公司的颓势。1889年2月,该公司在工程完成了1/3时宣布因负债12.8亿法郎而破产。这使得购买了股票、债券的无数中小股东血本无归。他们中的许多人因此遭受破产的厄运。更有甚者,一些人因绝望而自杀。

事发后,官方竭力掩盖事情的真相。直到1891年,迫于受害者与社会舆论的强烈要求,议会才勉强同意司法部长法利埃调查此事。经政府调查和报界披露,有104名部长、议员和报界要人接受了运河公司的贿赂,数额从几万到几十万法郎不等。这起19世纪最大的舞弊事件大白于天下后,引发了巨大的社会和政治震动。丑闻的揭露使人民群众,尤其是无产阶级对现行体制的不满和反抗加剧,进一步倾向社会主义。因此,在1893年的众议院选举中,社会党的力量明显增强。布朗热运动失败后一

第十二章 19世纪、20世纪之交的法国

度有所收敛的右翼保守势力此时又乘机败坏共和国的声誉,尤其是对议会制政体大肆诋毁。由于受巴拿马丑闻牵连的一些犹太金融家和公司曾资助过反布朗热的宣传,右翼民族主义者还展开了一场声势浩大的反犹排犹运动。"打倒犹太人的法国!"的口号响彻巴黎和其他一些大城市的街头。在左右夹击之下,共和派政府接连倒阁。一些老资格的共和派(包括激进派)头面人物如卢贝、克雷孟梭等因受贿之事被报刊披露而声名狼藉,不得不暂时退出政治舞台。如果说共和派并未因巴拿马事件而一蹶不振,那主要是因为新一代共和派人士能够接班了。这些人中有普恩加莱、维维亚尼、巴尔都等。事实上,这些政坛新秀早就急不可待地想掌权了。

值得一提的是,受巴拿马丑闻牵连的政客们大都不为自己接受过贿赂而汗颜,他们"理直气壮"地辩解道,他们之所以接受巴拿马公司的钱财,并非贪图个人享受,而是为了给本党派的政治活动提供经费,尤其是弥补作为本党派喉舌的报纸的亏空。受牵连最大的原财政部长鲁维埃在被指控时更是振振有词:"我所干的,在我以前的那些有名望的政治家早干过了!""在19世纪末,要管理国家就得有钱,而当众议院给的钱不够时,我们很高兴能通过私人关系搞到钱,而你们仿佛把这点当作什么新发现!"[①]对于这种现象,恩格斯曾有过精辟至极的评论:"资产阶级共和国就是资本主义生意人的共和国;在那里,政治同其他一切一样,只不过是一种买卖;法国人通过巴拿马丑闻也终于在本国范围内开始领悟这个道理,在那里当权的资产阶级政治家早就懂得了这一点,并且不声不响地付诸行动。"[②]

让人始料不及的是,巴拿马丑闻对法国民间资金的流向也产生了不容忽视的影响。丑闻使政府和实业家信誉扫地。因此,许多中小储户出于对政府和实业家的不信任,投资实业的意愿明显低落,开始热衷于把手中的资金转向储蓄或购买各种靠得牢的证券,而银行家们则更是宁愿把资金投向国外,通过放债取得高利。

一波刚平,一波又起,当19世纪的帷幕即将落下的时候,法国发生了震惊世界的德雷福斯事件。在长达10年多的时间里,法国社会被这一事

---

① 参见楼均信主编:《法兰西第三共和国兴衰史》,人民出版社1996年版,第140页。
② 《马克思恩格斯选集》第四卷,人民出版社1974年版,第497页。

法国通史

件的是非斗争搞得四分五裂。这种斗争常常发展到近似一场虽不流血,但颇激烈的内战。由于政见不同,家庭分崩离析,友人反目成仇。由于事件的牵累,政客前程被毁,政府危机频仍。有的人因此锒铛入狱,有的人因此绝望地自杀。暴徒们狂叫要处死那些敢于对那个被判刑的犹太人是否有罪表示怀疑的领袖人物。堂堂的共和国总统竟然被人往身上吐唾沫,并遭到棒击,法兰西似乎被盲目的仇恨和偏执所吞噬。这一切,都是由一个名叫阿尔弗雷德·德雷福斯的法籍犹太军官的蒙冤入狱引起的。

德雷福斯出身于阿尔萨斯一个犹太血统的纺织资本家家庭。普法战争后,家乡被普鲁士侵占,德雷福斯一家被迫离开该省,并加入了法国国籍,1892年,他从军事学院毕业后进入法国陆军总参谋部任见习上尉军官。1894年9月,法国反间谍机关发现总参谋部有人把有关新式武器的秘密军事文件出卖给德国驻法国使馆武官。当时,军队中排犹情绪极为浓烈,负责调查此事的情报处副处长亨利少校仅仅因为在该部见习的德雷福斯是犹太人,便以笔迹相似认定罪犯是他。当时虽有一些笔迹专家提出不同意见,但总参谋部仍于10月15日以间谍和叛国罪将德雷福斯逮捕。同年12月,在没有确凿证据的情况下,军事法庭秘密判处德雷福斯无期徒刑。随后,德雷福斯被押送法属圭亚那魔鬼岛服刑。此案在当时并未引起特别的关注。不过,德雷福斯无论是在审讯中还是在流放地始终拒绝认罪。他的家人在记者贝尔纳·拉扎尔的帮助下,力图为其申冤平反,但毫无结果。

德雷福斯被当众褫夺军职

1896年3月,情报处新任负责人皮卡尔中校发现出卖情报的罪犯是一个名叫艾斯特拉齐的军官。此人是一个原籍匈牙利的贵族,生活腐化,嫖赌皆好,并经常负债。皮卡尔把这一发现报告了上司,希望重审此案。谁料,总参谋部以维护军队威信为由,拒绝重审此案,并撤销了皮卡尔情

第十二章 19世纪、20世纪之交的法国

报处处长的职务,将他调往正在发生战争的突尼斯前线。同时,皮卡尔的上司还命令他不许声张真情。

然而,支持德雷福斯的人们还是从皮卡尔处了解到了实情,并把有关消息通知了参议院副议长舍雷尔·凯斯特内和《世纪报》社长雷纳克。报纸上展开了一场要求重审此案的运动。但陆军部长声称德雷福斯已经得到了"公正合法的惩处"。政府总理梅利纳则在议会公然表示:"不存在德雷福斯事件。"

迫于社会压力,巴黎军事法庭只得装模作样地对受到重审派控告的艾斯特拉齐进行提审,1898年1月11日,该法庭竟宣判犯罪证据确凿的艾斯特拉齐无罪,而皮卡尔却以泄露机密罪遭到逮捕。这一蛮横无理的判决使所有正直之士深感震惊与愤怒。两天后,著名作家左拉在《震旦报》上发表了一封致共和国总统富尔的公开信。这封长达万余字的公开信义正词严,笔锋犀利。《震旦报》在发表此信时,其主编克雷孟梭突然心血来潮,给公开信冠上了"我控诉"这样一个富于挑战性并在日后不断地被载入史册的通栏标题。

刊登《我控诉!》的《震旦报》

左拉的公开信发表后,在法国社会激起强烈反响。全国很快分裂为明显对立的两大阵营:拒绝重审的反德雷福斯派和主张平反德雷福斯冤案的德雷福斯派。前者主要聚集了鼓吹民族沙文主义、军国主义和反犹主义的军人、保皇分子、教权派等;后者则由众多社会主义者、激进共和派和一些维护正义的进步知识分子组成。2月23日在军方的坚持下,左拉因"侮辱"军队被传到刑事法院受审并被判罪。当法官宣读判决后,反德雷福斯派分子欣喜若狂。他们在走廊里和法庭的周围高呼:"军队万岁!""打倒左拉!""处死犹太人!"反德雷福斯派虽然如此嚣张,但左拉并非孤独的斗士。他在短短几天里就收到1 500份来自国内外的支持慰问电报,其中最长的一份电报竟多达17 000字。正是在这个时候,德雷福斯派与左拉、克雷孟梭齐名的另一领袖饶勒斯最早摆脱在社会主义者中影响甚大的"不介入"立场,开始全力以赴地投入这个事

件中来。在饶勒斯等德雷福斯派人士看来,德雷福斯事件不只是一个围绕着"犹太上尉"是否有罪而展开的斗争,而是全国进步势力同军队和教权派的反动势力之间的决战,是那些相信《人权宣言》原则的民主人士同那些否认《人权宣言》原则的反民主人士之间的决战,是那些拥护共和政体的人同反共和政体的人之间的决战。

1898年7月7日,陆军部长卡芬雅克在议会发言中宣称,军方拥有"无可辩驳的证据",证明德雷福斯罪责难逃。他甚至还向议员们宣读了3份证明德雷福斯有罪的新文件。没想到不久人们就发现这些材料是假的,是彻头彻尾的伪证。而伪证的制造者就是仍在情报处任职的亨利。不过,此时他已晋升为上校。8月30日,在亨利被迫供认其制造伪证的行为后,政府只得将他逮捕。孰料,他在入狱后的次日就用剃刀刎颈自杀。亨利的供认与自杀对反德雷福斯派犹如当头一棒。艾斯特拉齐畏罪潜逃,参谋长布瓦代夫和陆军部长卡芬雅克被迫辞职。

然而,反德雷福斯派岂肯就此罢休。同年秋天,随着外交方面法绍达危机的出现,他们又加强了活动,尤其是丧心病狂地在巴黎等地组织反犹排犹的示威与暴乱。法国的海外省阿尔及利亚更是充满腥风血雨:犹太教堂被焚烧,犹太人被屠杀,甚至连犹太人的祖坟也被掘毁。法国各地还不时风闻军队即将政变。1899年2月,以戴鲁莱德为首的右翼民族主义组织借富尔总统出殡之机在民族广场制造事端,并试图煽动军队举行政变。戴鲁莱德的计划是拦住从送葬行列返回的军队,劝诱带队的指挥官加入他的队伍,向爱丽舍宫进军。当走在军队最前面的罗热将军到达广场时,戴鲁莱德勒住将军的马缰绳,力促其"快进占爱丽舍宫!拯救法国!"但是,这个以一场闹剧告终的阴谋并没有得逞。

共和国又一次受到威胁。在这紧急关头,共和派再一次发扬共和国有难时"共和派集中"的光荣传统。同年6月,瓦尔德克-卢梭领衔建立了主要由温和派、激进派人士组成的"保卫共和"内阁。该内阁还引人瞩目地吸收了社会主义者米勒兰入阁。新内阁在建立后不久,就逮捕了民族沙文主义组织的首领,并要求司法部门重审德雷福斯案。1899年9月,设在雷恩的军事法庭以5票对2票认定德雷福斯犯有叛国罪,但是因为有可以减刑的情节,把终身囚禁改为10年徒刑。这一极不公正、荒谬异常的判决甚至引起世界公愤,连英国女王对此也觉得不可思议。瓦尔德克-卢梭总理对这一判决结果颇感失望,决心不使其生效。考虑到再设立

第十二章 19世纪、20世纪之交的法国

军事法庭也不可能得出相反的判决结果,他于是就请求卢贝总统对德雷福斯实行特赦。由此,饱受折磨的德雷福斯在总统的特赦下才重获自由。德雷福斯获释后,军方虽宣布"案件业已结束",但仍然不愿为其平反昭雪。直到1906年,由于德雷福斯派人士继续努力,德雷福斯才得到彻底平反,恢复名誉。

鉴于温和共和派在事件发生后相当长的时间里为保全政府"威信",不赞成重审该案,并对德雷福斯派的正当要求一味地采取拖延敷衍的政策,因而,德雷福斯事件使温和共和派政治人物威信扫地,同时也为激进共和派开辟了通向政权之路。瓦尔德克-卢梭内阁的建立标志着激进共和派开始执掌政权,法兰西第三共和国开始进入了"激进共和国"时期。

瓦尔德克-卢梭内阁上台伊始,即迎合激进共和派的要求,采取有力措施,打击和限制民族沙文主义和教权派等右翼保守势力。此举使激进共和派威望大增。1901年,分散在各地的激进派组织开始联合起来,建立了"激进社会党"。该党是法国第一个统一的、具有较严密纪律和组织的资产阶级政党。翌年,激进共和派在议会大选中取得重大胜利,从而在议会中占据了绝对优势地位。是年6月,瓦尔德克-卢梭以健康原因提出辞呈,由激进派人士孔勃组成以激进派为主的内阁。至此,激进派完全确立了在法国的统治地位。

激进派力图使法国迅速地、一劳永逸地走上真正公民社会的道路。为此,他们敢于和新社会最大的敌人——教会决裂,而这是温和派以前所不敢采取的政策。在激进党的南锡代表大会上,激进派确定了一项民主行动纲领,该纲领的主要内容之一就是实行政教分离。于是,一场反对修道会的世俗战争开始了。而这场战争的组织者孔勃当年曾是神学院的学生。1903年,政府关闭了一切未获准或未申请准许而擅自办学的修道院;申请准许的要求一概遭到拒绝。翌年7月的一项法令将各修道会从上届政府领到的开办学校的许可证悉数吊销。宗教团体的财产被查封出售。

十九世纪二十世纪之交,在社会主义和工会组织力量不断加强的条件下,工人阶级反抗资本家的斗争日益高涨。对此,激进派采取了软硬兼施的策略。他们一方面颁布一些社会立法,向工人让步;另一方面,当工人举行罢工时,一概采取野蛮的血腥镇压手段。后者在1906年10月组成的克雷孟梭内阁执政时表现尤甚。以致人们把克雷孟梭称为"屠夫、杀人犯"。

三、经济发展的步调:先"停滞"后"加速"

从宏观上看,法国经济发展的步调在19世纪的最后20年与20世纪的最初10来年呈现巨大的反差:前者异常缓慢,几近停滞;后者则明显加快,充满活力。

如果说法国经济在第二帝国时期迎来了一个较高的增长时期的话,那么,从帝国崩溃前夕到第三共和国的前10年,即"保守共和国"时期,法国经济的增长速度日趋减缓。当温和共和派执掌政权后,这种颓势非但没有扭转,反而愈益严重。从1883年至1896年,法国经济增长几近停滞。在这一过程中,法国在世界工业中所占的地位已从第二位沦为第四位。

导致此期法国经济疲软的因素有许多,但最具影响的可能有以下几种:第一,普法战争的影响。这场战争使法国耗费了大量人力物力,损失高达200亿法郎(包括赔款),造成法国资金严重缺乏。第二,缺乏重工业所必需的资源。法国煤炭资源向来贫乏,而随着铁矿资源丰富的洛林地区被割让给德国,使原本并不紧张的铁矿资源也趋于紧张。两者的严重不足必然制约着重工业的发展。第三,经济危机的连续冲击。1882年和1891年,法国两度蒙受经济危机的重大打击。仅1882年的危机就造成了7 000余家企业倒闭,引起诸多工业部门生产的大幅度下降。而这次危机对于自1875年起就陷于困境的法国农业更是雪上加霜。第四,资金流向的偏差。法国的银行资本虽很发达,但鉴于以往在投资工业过程中连连受挫,此期的银行家们始则把主要资金用于在国内放高利贷,继而又在少担风险和攫取更大利润的投资心理驱使下,热衷于把资金投向国外,通过放债取得高利。而广大中小资产阶级也对直接投资实业反应冷淡,喜欢把钱存入银行或购买万无一失的债券。这种现象造成法国工商业投资不足。第五,民族自信心和热情受到严重伤害。普法战争的失败与巴黎公社的被血腥镇压,持续不断的政治纷争和层出不穷的政治、财政丑闻,使广大民众产生了严重的消沉心理,建设的热忱大大降低。

与前一时期形成鲜明对照的是,进入20世纪之后,法国工业增长的速度明显加快,新一轮的经济高涨期已然到来。在1900年至第一次世界大战爆发的10多年中,重工业无疑是工业发展中的带头羊。1910年,法

第十二章 19世纪、20世纪之交的法国

国生产了 4 000 万吨煤,而 1895 年的产量仅 2 800 万吨。1900—1913 年,法国的铁矿开采量增加了 4 倍,钢产量增加了 3 倍,达到 468 万吨,平均每年递增 8.7% 左右。与此相应,冶金工业中雇用的工人增加了一倍。

虽然传统工业部门仍拥有最大量的劳动者,仅纺织工业的职工就占全体工业人员的 40%,但一个不争的事实是:法国此时期已坚定不移地走上了发展石油和电力的第二次工业革命的道路。法国在制造汽车和飞机方面起着先锋作用。汽车产量 1904—1913 年间平均每年增长 28.3%,年产量达到 45 000 辆,仅次于美国,居世界第二位。1909 年,布莱里奥首次成功地驾机飞越英吉利海峡,这标志着法国在刚刚兴起的航空技术方面处于领先地位。电力生产以每年 14.5% 的高速度在增长。尤其是阿尔卑斯山地区早在大战爆发前好几年,就已经成功地开发水力,提供电力。由于拥有普罗旺斯的铁矾土,法国的铝产量居世界第二位(美国居第一)。新兴的化工工业也有了长足发展,其产量仅次于德、美,名列世界第三。

在这一轮经济高涨期,19 世纪晚期已初露端倪的工业生产集中和垄断的趋势进一步加强,其中又以重工业部门和新兴工业部门最为突出。如旺代尔、施奈德、马林·奥姆古尔等公司控制着全国铁矿、煤矿、冶金、机械等重工业部门;佩施内、久尔曼、圣戈班三巨头控制了整个化学工业。而汽车工业则由雷诺公司和标致公司所垄断。尽管如此,较之美国、德国等国家,法国工业生产和垄断的程度并不高,工业生产的水平和产品的竞争性与它们也有较大差距。尤其值得一提的是,法国的企业家大多畏首畏尾,缺乏冒险精神。他们中的大多数人和农民一样,希望得到国家保护。由于竞争意识不足,他们任凭外国同行占领巨大的国际市场,而自己则只满足于在本国和殖民地销售产品。

正是在这一时期,法国也最终完成了从自由资本主义到帝国主义阶段的过渡。进入了帝国主义阶段的法国被列宁称为高利贷帝国主义。这一称谓的由来是控制着十分发达的法国银行资本的财政寡头集团为了稳妥地攫取高额垄断利润,也为了法国外交政策的需要,把法国在资本主义发展中积聚起来的大量"过剩资本"以高利贷形式输往国外。法国仅在 1913 年就共向国外投资 600 亿法郎。这笔巨资除其中 1/10 用于法国殖民地外,其余部分大多输往俄国、埃及、拉丁美洲、中欧和巴尔干。大量资本以这种方式输出,在短期内给法国带来不少好处,如仅利息收入就足以弥补法国对外贸易的巨额逆差。然而,资金的大量外流显然不利于本国

工业的进一步发展。换言之,从长远来看,这种现象对法国的经济是弊大于利。

由于法国仍是欧洲最大的农业生产国,农业经济对整个国民经济至关重要,加之农民的选票在大选中举足轻重,无论是温和派还是激进派执政时,均采取了种种保护农业的措施。从19世纪90年代末开始,国际市场上农产品价格开始止跌转涨,这一现象给前期始终处于困境的法国农业带来福音。随着农业现代化步伐的加快,土地的集中化,农业机械和化肥的使用,生产专业化和资本主义农场均有一定程度的发展。不过,农业现代化的步伐和所带来的影响在各个地区间存在着严重的不平衡,不可等量齐观。而且小农经济仍在法国农业中占很大比重。至于法国的农场,不仅数量不多,而且在规模上更不可与美、德、英诸国的大型资本主义农场同日而语。从总体上看,在这一轮经济高涨期中,农业的相对停滞与工业、金融业的异常活跃形成鲜明对照。

四、人口问题的凸显与社会生活的变迁

从19世纪初到第三共和国建立之际,法国人口增长呈减速趋势,法国人口在欧洲总人口中的比重不断降低。1789年,法国人口在欧洲总人口中的比重高达17%,及至1871年,其比重已降至8.7%。从第三共和国建立到第一次世界大战爆发前,这一趋势不仅未见停止,反而愈益加剧。1872—1875年,法国人口出生率为26.2‰,1896—1900年为21.9‰,大战爆发前夕则更只有20‰。1872年法国总人口为3 610万,1886年为3 852万,1911年为3 960万,增幅之小,令人吃惊。就是在这一时期,法国人口总数自1860年被德国超过后,又在1890、1910年相继被英国、意大利所超过。

这种现象的出现,除了得归咎于因卫生、营养条件差致使死亡率居高不下(直到1895年,死亡率始终在20‰—22.5‰之间浮动,其后虽有下降,但在大战爆发前夕仍高达18.3‰)外,人们在主观上节制生育也是一个至关重要的原因。当时,法国绝大多数阶层的人士都不愿多生孩子。在农村,为数众多的拥有小块土地的小农极不愿意生育过多的子女使其地产分割和零碎化;在城市,许多中小资产阶级家庭出于保持或提高生活水平和社会地位,或出于对子女的教育及前途的顾虑,同样不愿生育过

第十二章 19世纪、20世纪之交的法国

多。尤其是那些靠剪息票为生的中小食利阶层,在个人主义思想的影响下,更是成为社会中最激进地采取节育措施的阶层。相对而言,工人家庭生育率最高。即便如此,也有一些工人响应工会的号召,让自己的老婆实行"肚腹罢工",即不再为资本家"生产"任其剥削的劳动力,不再为殖民扩张或无谓的战争"生产"炮灰。

人口增长缓慢不仅在一定程度上制约了国内经济的发展,而且也影响到法国在国际社会中的政治、军事地位。从19世纪末起,当局与某些学者开始对法国人口增长缓慢,其绝对人口先后被许多国家超过忧心忡忡;报刊舆论也开始对这种现象予以抨击。由此,人口问题在公众心目中日益凸显。不过,若过分强调人口增长缓慢对此期法国经济发展的制约,显然是不妥当的。人口对经济发展的影响只有结合社会各方面条件来考虑才有意义。事实上,法国人口增长缓慢最终并未阻止世纪之交法国新一轮经济高涨期的到来。

由于法国经济在19世纪的最后20年间几近停滞,因而这一时期法国的社会生活虽有变化,却不够明显。但从进入20世纪起,一直到大战爆发,随着新一轮经济高涨期的到来,加之社会生产力的迅速发展和科技水平的提高,法国人的社会生活水平显著提高。以致人们后来在提及这一时期时,对当时的物质繁荣和生活稳定赞不绝口,并把这一时期誉为"美好时期"。

城市居民生活水平的提高表现在大多数人的名义工资增长幅度均超过了物价的上涨幅度,实际工资明显呈上升曲线。人们的饮食已有很大改善。用面包填饱肚子已不成问题,牛奶、肉类、糖、咖啡等食品开始进入寻常人家,包括工人的家庭。工人家庭的餐桌有时也能看到家禽和新鲜蔬菜。工人实际收入的恩格尔系数虽然还很高,但已呈递减趋势。在衣着方面,城市广大居民对服饰打扮更为关注。工人在节假日已很少穿工作服装,此时他们在穿着打扮上与中小资产阶级的差别已日益缩小。不过,在居住条件方面,则贫富悬殊。富人们住在环境幽雅的"高级住宅区"中,这里的房屋卫生设备、自来水、煤气、下水道等一应俱全,而中下层人士的住房状况却普遍不佳,不仅房租昂贵,而且设施极其简陋。尤其是工人及其家属,他们多住在城郊脏乱不堪的地区,不仅住得很拥挤,而且还缺乏最起码的生活设施。

城市中的文化娱乐活动比过去更为丰富。但这方面的贫富差别同样

一目了然:度假、旅游、豪华舞会等只是上层人士的"专利",平民百姓则只能泡泡咖啡馆、小酒店,或上公共舞场自娱。不过,卢米埃尔兄弟在1895年发明的电影却着实让中下层人士兴奋了好一阵子。每天晚上,都有数千名观众挤在漆黑的电影院里,以一睹这新鲜玩意儿为快。报刊的种类与发行量均有明显增加,读报已不再是资产阶级的特权,它已成为包括工人在内的中下层人士重要的日常消遣之一。当时,巴黎几度举办了盛况空前的博览会,每一次博览会不仅都给巴黎增添了新的景观,更给巴黎市民乃至国外游客提供了一个令人流连忘返的去处。由于价格大幅下降,自行车已从富人才买得起的高档商品变成平民百姓的代步工具。与此相应,自行车运动迅速成为当时法国最热门的体育活动。自1903年环法自行车大赛创设后,此项赛事的一举一动都吸引着成千上万的自行车运动迷。

由于工业化的延误和得到保护的小土地所有制的影响,原来人数很多的农民在世纪之交依然很多。乡村生活就总体而言或许还保持着传统面貌。但通过铁路的开通、青年农民出外当兵或进城打工、小学教师的言传身教、报纸的发行等多种途径,农民们开始对外面的世界有了更多的了解,其生活方式、价值观念和文化习俗等也多少有了一些变化。由于农产品价格明显回升,农民收入增加,生活水平也有所提高。其最突出的标志是瓦房逐渐增多。至于吃,人们对稻米、糖、面粉的消费增加了,但肉类、家禽、葡萄酒之类的食品则还只有在过节或婚庆之际才可能享用。在衣着方面,农夫们平时大多身穿粗布蓝色罩衫。农妇们平时的标准装束是上穿女短上衣或衬衣,下穿裙子,然后加上围裙、围巾、无边软帽或头巾。但在交通便利、距城市较近的地区,一些妇女和青年开始模仿城里人穿上时髦的服装。与城市相比,农村尤其是闭塞的乡村的娱乐和消遣活动依旧少得可怜。婚礼或农闲时的乡村舞会、传统的纸牌、滚球、游戏等就是他们最大的消遣。无怪乎一些小伙子在当兵、打工见过世面后,便无法再安心于农村生活。

五、处在"世纪之交"的思想文化

19世纪末,在法国哲学与思想领域中占据主导地位的显然是实证主义。这种在19世纪30年代由孔德首开先河的思潮在此期之所以能被法

第十二章 19世纪、20世纪之交的法国

国人普遍接受,首先得归因于19世纪后半期以来西方国家(当然也包括法国)在科学技术方面所取得的惊人进步,以及这种进步对人们思想观念产生的深刻影响;其次,似乎得归因于孔德的门徒们对实证主义精神的发扬光大。

在19世纪晚期,法国实证主义最为显赫的代表人物当推集哲学家、史学家和文艺评论家于一身的泰纳(一译丹纳)。作为孔德实证哲学的主要继承者之一,泰纳力图以实验科学方法来解释社会现象和精神活动。在泰纳看来,精神世界和物质世界受一共同规律的支配。循着这一思路,他甚至得出了"罪恶和道德是同糖和硫酸一样的产品"这样的结论。泰纳还坚持认为,人完全受制于物质环境,并进而提出"种族、环境和时代"是决定物质和精神文明的三大因素的理论。泰纳的这种思想观点在其扛鼎之作《英国文学史》《艺术哲学》中可谓得到了淋漓尽致的表现。这两本书不仅在法国拥有广大读者,而且在欧洲许多国家也产生了不容低估的影响力。

如果说实证主义有新旧之分的话,那么传统的实证主义在被泰纳发展到极致之后于世纪之交开始让位于一种新型的实证主义。这种新型的实证主义又称逻辑实证主义或马赫主义。马赫是一位奥地利的哲学家和物理学家。他认为,在19世纪晚期物理学"危机"的冲击下,老一代实证主义哲学家构筑起来的哲学体系已破绽百出。于是,他试图在对自然科学的新变化作出解释的基础上,对实证主义进行了部分修正,并提出了以"世界要素说""函数关系论""思维经济原则"为要旨的新学说。逻辑实证主义在法国的先驱是集哲学家、数学家、天文学家和物理学家于一身的庞加莱(一译彭加勒)。这位科学巨人不仅在天体演化学的研究方面硕果累累,而且早在1906年就独立于爱因斯坦,得出了狭义相对论中的许多结果。使庞加莱彪炳于西方现代哲学史的是他所提出的"约定论"。他认为,科学定律和理论是约定,这种约定或多或少取决于人们从可选择的描述自然界的方式中进行自由的选择,被选择的可供选择的方式不能说比其他事实更真实,而只是为了方便而已。庞加莱的这一理论主张对维也纳学派成员、波普等许多科学哲学家影响颇大。值得一提的是,庞加莱曾写过不少富有创见的科学哲学著作,而由于他同时是一位杰出的法语散文大师,这就更使得他的这些著作能长时期拥有众多的读者。

实证主义思潮由于逻辑实证主义的"补正"增添了些许鲜活的成分,尽管如此,它在20世纪之初已无法独霸法国哲学与思想领域。因为生命

哲学这一反对理性、宣扬直觉、鼓吹生命是世界本原的哲学流派已在法国成为一种足以与实证主义分庭抗礼的哲学思潮。说到生命哲学在法国的崛起,那就非提及柏格森不可。

柏格森出身于巴黎的一个犹太人家庭,从少年时代起就喜欢数学和文学,并在这两方面表现出不凡的才能。在巴黎高等师范学校就学期间,他开始对哲学产生非常浓厚的兴趣。1889年,他发表了其首部哲学著作《论意识的直接材料》。如果说此书出版后引起的反响并不是很大的话,那么,他在1896年出版的《物质和记忆》却使他名声大振。在这之后,他又相继有多部力作问世。柏格森在成名后,曾先后在巴黎高师和法兰西学院执掌教鞭。1914年,他更是以其巨大的学术成就被选为法国科学院终身院士。柏格森的文笔非常优美,以至于维也纳学派的成员曾将其哲学著作称之为"玄学的诗"。更有甚者,他还擅长讲演,使其开设的哲学课极富感染力。每当他在法兰西学院开办讲座时,大教室里总是人满为患。听者不仅有文化艺术界与宗教界人士,而且还有不少巴黎上层社会中追逐时髦的贵妇名媛。一时间,"柏格森热"风靡花都。柏格森的哲学具有三点特征:非理性主义;二元论;强调运动和变化。柏格森不但是法国20世纪上半叶最有影响的哲学家,也是整个西方现代反理性主义运动中颇有影响的哲学家之一。尤其需要指出的是,他的哲学思想不仅在哲学界有很大反响,而且对本世纪不少西方现代派的文学家、艺术家和一些自然科学家也有着不容忽视的影响。

纵观19世纪晚期的法国文学,虽然浪漫主义和批判现实主义作家的作品仍拥有诸多读者,但在文坛占据主导地位的却已是自然主义和象征主义。

从现实主义中脱胎而出、属于现实主义变种的自然主义产生于19世纪60年代。其先驱是著名的龚古尔兄弟,即爱德蒙·德·龚古尔和儒勒·德·龚古尔。以这对在法国文学史上至为罕见的双子星座的姓氏命名的文学奖,至今仍是法国文学最为重要的奖项。不过,自然主义文学真正的奠基人却是左拉。这位幼年丧父,曾备尝失学、失业痛苦的文学青年既是龚古尔兄弟的仰慕者,又醉心于泰纳的实证主义文艺理论和贝尔纳的医学科学实验方法。在上述诸人的影响下,左拉在60年代后期与70年代发表了两部"实验小说":《黛莱丝·拉甘》和《玛德兰·费拉》,并在作品中力图用生理原因来解释主人公的性格与行为。1880年,他发表了著名论文《实验小说论》。此文堪称自然主义的文学宣言。左拉在文中提出:小说家不应只满足于做一个辑录现象的观察家,而应当做一个公正的实验员。他应把自己作品中的人物以及人物的情感置于一系列的实验之中,并像化学师同物质打交道那样,检验情感与社会真相。左拉不仅提出了自然主义创作原则,而且自己也始终身体力行。从1871年至1895年,他用25年的时间完成了总题为《卢贡·马加尔家族》的系列小说集,共20部,凡600万字。《卢贡·马加尔家族》的副标题是《第二帝国时代一个家族的自然的和社会的历史》。副标题中同时出现"自然的"和"社会的"这两个重要的形容词,表明这部巨著不仅具有生理学意义上的"自然的"性质,作家还为它注入了不可或缺的"社会的"因素。随着左拉的作品风靡法国文坛,自然主义从80年代起成为法国文学中,更确切地说是在小说领域中占据主导地位的文学流派。此期著名的法国自然主义作家还有被人誉为"中短篇小说之王"的莫泊桑、以《磨坊书简》等佳作名世的阿尔封斯·都德等。

当自然主义在小说领域呼风唤雨时,象征主义也在法国诗坛大行其道。"象征主义"一词虽要到19世纪80年代中期才出现,但其创作实践似可追溯到19世纪50年代。1857年,波德莱尔这位从"地狱"中走出来的"但丁"以一部《恶之花》(一译《恶之华》)首开象征主义诗歌的先河。在这之后,象征主义诗歌又因另三大诗人的发扬光大而如日中天。这3位诗人分别是曾在19世纪90年代被选为"诗歌王子"的保尔·魏尔仑、被人视为自由体诗真正的创始人的阿尔蒂尔·兰波、在象征主义鼎盛时期被称为"象征主义的象征"的斯特法诺·马拉美。象征主义诗人认为,在我们所熟悉的这个"现实世界"以外,还有"另一世界"。现实世界是虚幻的、痛苦的、丑陋的,而"另一世界"则是真实的、幸福的、美好的。"另一世界"是理性所不能把握的,是超现实的,只能通过象征予以暗示。因此,象征主义诗人的责任在于探索"另一世界",用诗歌使读者感受到它的存在。80年代中期,以莫雷亚斯发表《象征主义宣言》,马拉美住所的客厅成为象征主义者定期的聚集场所为标志,象征主义已在法国形成一个有纲领、有组织、有声势的文艺运动,并且成为欧美现代派文学中出现最早、影响最大的文学流派。象征主义者那种寓意的、简约的、感情的创作手法对后来的表现主义、超现实主义、荒诞派的影响尤为巨大。

与19世纪晚期形成鲜明对照的是,进入20世纪后,法国文坛日益呈现出多元化的特征。某种文学流派一枝独秀的局面不复存在,群芳争艳的景象已然呈现。在这一过程中,虽以五花八门的面貌出现,但仍以反传统和非理性为重要特征的现代派或现代主义逐渐表现出旺盛的生命力。如果说,作为一种统称的现代派或现代主义构成了20世纪法国文学的主流的话,那么其首功之臣当推在"美好时期"崛起的一些文人骚客。如在诗歌领域,有致力于"一致主义"的儒勒·罗曼、乔治·杜阿梅尔;也有力倡立体主义的克洛岱尔、阿波利奈尔。在小说领域,最引人瞩目的是继1897年发表《地粮》之后,又在"美好时期"相继抛出《背德者》《窄门》和《梵蒂冈的地窖》等力作的小说家安德烈·纪德;在戏剧领域,法国现代主义戏剧最早的弄潮儿是被誉为西方现代剧的先驱的阿尔弗雷德·雅里。

  在美术方面,19世纪晚期,印象主义画派已从初时的屡屡招人非议发展到取代了学院画派的主导地位。印象画派最为杰出的代表一是《日出·印象》的作者克洛德·莫奈,二是印象主义绘画的先行者和思想倡导者爱德华·马奈。此外,皮埃尔·奥古斯特·雷诺阿也堪称印象主义的奠基人之一。进入19世纪90年代后,一批新的印象主义画家,如皮萨罗、西斯莱、德加等也名噪一时。继印象派之后,法国画坛一度兴起了以修拉和西涅克为代表的点彩派。他们的绘画风格又被称为"新印象主义"或"彩光主义""分色主义"。不过,该画派的艺术生命不长,到90年代即告消失。自90年代起,印象主义画派只重光线而不顾形体结构的做法受到批评,后印象主义画派应运而生。其著名的画家分别是塞尚、梵高、高更等人。这些画家虽然不少人在生前并不为人所注意,但他们的艺术实践对20世纪的法国,乃至整个西方现代艺术均起到了直接和重要的推动作用。如塞尚对立体主义,梵高和高更对于法国的野兽主义和德国的表现主义所产生的影响都是显而易见的。20世纪初期,以马蒂斯为代表的野兽派和以毕加索、布拉克为代表的立体派画家曾一度在法国画坛出尽风头。一如绘画艺术,上一个"世纪之交"的法国雕塑艺术也硕果累累。这一时期,法国最著名的雕塑家无疑是罗丹,这位被誉为现代的米开朗琪罗的雕塑大师的代表作有《加莱义民》《思想者》《巴尔扎克》《吻》等。此期另一重要的雕塑家是马约尔,其主要作品有《夜》《地中海人》《站立的浴女》等。后者的名望虽无法与罗丹相提并论,但却以自己独特的风格和艺术追求被人视为20世纪现实主义雕塑的先驱。

  19世纪末20世纪初,印象派音乐在法国乐坛独领风骚,而印象派音乐最重要的作曲家则非德彪西莫属。这位音乐大师早在19世纪80年代就以大合唱《浪子》赢得了罗马大奖,一举成名。德彪西在成名后继续力求在音乐中体现象征主义诗人和印象派画家的主张。1894年,他根据象征主义诗人马拉美的诗创作了交响诗《牧神午后序曲》。1902年,他又把象征主义诗人梅特立克的作品改编成歌剧《佩利亚斯和梅丽桑德》。他在1905年完成的交响音画《大海》是受莫奈的绘画作品的构思启发而创作的。除了德彪西,法国此期最负盛名的音乐家就是被人称为后印象主义作曲家的拉威尔。后者最令人称道的作品有钢琴曲《喷泉》《小奏鸣曲》;组歌《马拉美的三首诗》《马达加斯加歌曲》;管弦乐《西班牙狂想曲》《圆舞曲》。在法国现代音乐史上,拉威尔与德彪西通常被并称为20世纪初法国乐坛的双子星座。

六、对外政策的二重唱:对德复仇与殖民扩张

普法战争的失败使法国蒙受了奇耻大辱,同时也引起了法国社会各阶层民族意识的爆发。在这种背景下,对德复仇与殖民扩张构成了19世纪晚期和20世纪初期法国对外政策的二重唱。不过,既然是二重唱,两种声音就不可能始终强弱、高低一致,而是一会儿此强彼弱,一会儿此低彼高。

19世纪70年代,法国一方面忍气吞声地根据法兰克福和约向德国割地赔款,另一方面却时时不忘对德复仇。然而,要实现对德复仇的目标,就有必要同某一欧洲大国结成同盟,为此,法国在外交上开始千方百计地向俄国、英国靠拢。对于法国的意图,老奸巨猾的俾斯麦心知肚明。于是,他利用各种手段破坏法国寻求盟国的努力,甚至抢先拉拢俄国作为自己的盟国。随着德、俄、奥《三皇协定》的签订,法国在欧陆更加孤立。与此同时,德国还在70年代多次制造战争恐怖气氛,对法国进行恫吓,力图使其屈从于自己。

虽然温和共和派人士与其他共和派人士一样,在整个70年代始终高举对德复仇的大旗。但当他们执掌政权后,鉴于对德复仇的条件尚未成熟,遂把殖民扩张作为自己在对外领域的当务之急。在温和共和派政治家的眼里,殖民征服虽不是对德复仇,但它可以用海外扩张的"成就"来显示法国地位的加强和法兰西民族的"光荣"。此期鼓吹和推行殖民扩张政

策最卖力的当推后来被人称为"东京佬"的费里。

应当说,殖民地初时在法国的名声并不好。在殖民地得到晋级的士兵往往被视为无能之辈,移居殖民地的人亦通常被看作在本土不会有出息的懒汉。不过,对殖民扩张政策最为不利的反对声音来自议会中的激进共和派和右翼。他们认为殖民远征不仅昂贵无益,而且会转移法国对复仇的注意,因而他们强烈要求政府推行对德复仇的"大陆政策"。

尽管如此,温和共和派政府仍一意孤行地进行疯狂的对外扩张。他们首先拿矿产资源丰富,又处在地中海战略要地的突尼斯开刀,使其沦为由法国控制的保护国;其次,法国扩大了在西非的殖民侵略。在向非洲大肆扩张的同时,法国还力图占领整个印度支那,并把印度支那作为侵占中国乃至整个东南亚的跳板和基地。1885年3月,法军在谅山与中越军队交战时遭到惨败。消息传到国内,法国人无不为"又一个新的色当"而痛心。激进派首领克雷孟梭指着费里的鼻子大骂"你背叛了法国的尊严、荣誉和正义"。面对强大的压力,费里被迫辞职。随着力主殖民扩张的费里内阁的倒台,法国对海外的殖民扩张一度停顿。

如果说殖民扩张政策在19世纪80年代受到不少法国人反对的话,那么在进入90年代后,随着法俄同盟的建立,它开始把许多执拗的"爱国者"争取到了自己一边:法国确保了大陆安全,它可以不冒风险地向海外扩张了。为了进一步推进扩张殖民事业,法国从1889年开始创办旨在培养进行殖民扩张的专门人才的"殖民学校";1892年,议会中甚至还形成了一个人数可观的"殖民党团";两年后,政府又设立了专门管辖殖民地的殖民部。不久,殖民政策在法国已获得左右各派相当普遍的赞同,殖民主义在法国更是甚嚣尘上。在这一背景下,非洲大陆再次成为法国殖民扩张的主要场所。及至19世纪末,法国占领了从地中海到几内亚湾的大片土地,形成了其面积约为法国本土10倍的法属西非。不过,在向非洲扩张的过程中,法、英两国的关系一度紧张,尤其是在"法绍达事件"中,双方差一点兵戎相见。激进共和派上台执政时,也已把过于狭隘的复仇观点搁在一边,转而从世界大战的战略高度来认识殖民扩张的意义,并表现出在完成殖民帝国的大业方面丝毫不逊色于温和共和派。

法国在着手建立庞大的殖民帝国的同时,始终没有忘记对德复仇。19世纪90年代初,法国乘俄德关系恶化之机,成功地使俄国成为自己的盟国。由此,法国摆脱了持续多年的孤立地位,建立起一个堪与德、奥、意

第十二章　19世纪、20世纪之交的法国

三国同盟相对抗的军事集团。为了更好地对付最主要的敌人——德国,法国不惜在"法绍达事件"中向长期来与自己在殖民地问题上存在尖锐矛盾的英国作出让步。此举不仅使法国避免了与英国关系的恶化,而且为此后英法接近铺平了道路。"法绍达事件"和平解决后,时任法国外交部长的德尔卡塞利用英德之间在争夺殖民地与外贸竞争中的矛盾,坚持不懈地寻求与英国结盟。在他的努力下,1903年,英王爱德华七世和法国总统卢贝实现了互访。随着1904年4月双方达成"诚意协约",英、法两国事实上建立了同盟关系。与此同时,德尔卡塞还使出浑身解数,力图把意大利从三国同盟中争取过来。1903年10月与1904年8月,意大利国王和法国总统相继访问了对方的国家。随着法意接近的实现,法国部分地达到了瓦解三国同盟的目标。

　　进入20世纪后,法德矛盾更形尖锐。1905年,双方终于因摩洛哥问题发生了严重冲突。事发后,德皇威廉二世访问摩洛哥的丹吉尔港,并挑衅性地向法国发出了警告。由于考虑到此时发生战争对己不利,法国决定暂时让步。早已被德国视为眼中钉的德尔卡塞外长在德国的压力下被迫辞职。法国虽然在第一次摩洛哥危机中被迫让步,但在翌年召开的讨论摩洛哥问题的国际会议上,它却在俄、英、美等国的支持下,基本上达到了自己的预定目标:获得对摩洛哥的控制权。1911年,第二次摩洛哥危机因法国派兵占领摩洛哥首都非斯而爆发,随着德国炮舰"美洲豹"号驶进摩洛哥的阿加迪尔港,法德战争大有一触即发之势。由于英国明确地表示将站在法国一边,并在必要时不惜与德国一战,原准备以武力再次要挟法国的德皇见势不妙,被迫同意与法国谈判。谈判后达成的协议对法国极为有利:德国承认摩洛哥为法国的保护国,法国答应将一小块刚果土地让给德国。

　　尽管德国的民族主义者因协议内容有利于法国在柏林举行了示威抗议,但此时势力已大大加强的法国的主战派们非但没有感谢亲自参与此次谈判的卡约总理,反而抨击他竟"屈服在德国的炮口下",把刚果的一部分割让给德国。1912年1月,在民族沙文主义和复仇战争的宣传极度狂热的情况下,推行和平外交政策的卡约被迫下台,取而代之的是普恩加莱。后者在上台后,大力煽动民族复仇主义思想,积极推行对德复仇的强硬外交政策,疯狂地进行扩军备战活动。由此,人们给他取了个"战争—普恩加莱"的绰号。

法国通史

作者评曰：

当法国从19世纪跨入20世纪时，在绝大多数法国人的心目中，法兰西已和共和国融为一体。可以说，自1789年大革命爆发以来，还没有任何制度创造过这样的奇迹：虽然这个制度并没有使大家都满意，也没有使每人得到应有的地位，甚至没有保证大家每天都有面包，然而，在绝大多数法国人看来，共和国仍仿佛是最好的或最可以接受的制度。共和国之所以能在此期的法国深入人心，在很大程度上要归功于小学教师这一社会群体的努力。正如天主教会坚决保卫旧制度，而教士们则几乎个个充当了共和国的敌人，世俗小学在费里实施教育改革后变成了共和国的"幼儿园"和反教会的学校，而小学教师则无一例外地成了共和主义信仰的传授者。这些小学教师不仅以始终令人感动的爱心使市镇小学的所有孩子热爱共和国，而且由于他们当中不少人经常担任市镇政府的秘书，因而同时还卓有成效地担当起能对其周围的成年人施以道德和政治影响的政治宣传员。此期的小学教师之所以心甘情愿地充当共和制度的传授者与服务员，其重要原因之一就是共和国政府使小学教师的薪金待遇与社会地位都得到了明显改善。换言之，即便出于感激，这些小学教师也应该是共和主义者。

第十三章 法国与第一次世界大战

一、大战爆发时的法国

当欧洲在同盟国和协约国两大军事集团展开军备竞赛,战争威胁日益逼近之际进入1914年时,法国全国上下也在战争与和平问题上形成了两个明显对立的阵营。集结在民族沙文主义旗帜下的一方竭力坚持把兵役期从两年延长为三年,主张积极准备对德战争。他们的领衔人物在朝的有已在1913年1月当选为总统的普恩加莱,在野的则是"法兰西行动"的首领夏尔·莫拉斯和著名的民族主义作家巴雷斯;站在其对立面的另一方则坚决反对三年兵役制,主张缓和法德关系,尽量避免战争。该阵营的领袖分别是饶勒斯与卡约。前者代表了总体上反对战争的社会党和总工会,后者代表了极少数持反战立场的激进党人。

这年的6月28日,奥地利王位继承人弗兰茨·费迪南大公夫妇在波斯尼亚首府萨拉热窝城被人刺杀,国际局势骤然空前紧张。奥匈帝国把这一刺杀事件作为吞并塞尔维亚的天赐良机,他们的这一意图自然得到了德国的大力支持。而以"全世界斯拉夫兄弟的保护者"自居的俄国不可能坐视塞尔维亚被外族吞并。更何况法国已一再表示坚决支持俄国采取行动。7月28日,奥匈帝国以最后通牒未得到满意答复为借口,正式向塞尔维亚宣战。7月30日,俄国宣布实行总动员。翌日,德国向法国发出最后通牒,要求法国"在德俄之间发生战争时"保持中立。对此,法国的答复是,它将"根据自己的利益采取行动"。8月1日,法国政府发布了全国总动员令。

众所周知,对德国展开复仇之战,是法国久已期待的事情。然而,尽管法国政府和军方早已做好参战的准备,此时却仍频频装出虚假的和平姿态,如命令第一线的部队后撤10公里,避免边境冲突。他们的意图是希望由德国承担发动战争的责任,以便更好地驱使国人在"保卫祖国"的口号下去参加一场规模空前的大战。8月2日,法军总司令霞飞在给一些军长的信中写道:"根据民族的道义理由和坚定的外交理由,必须使德国人承担发起敌对行动的全部责任。"

迫不及待的德国果然上钩了。8月3日傍晚6时45分,德国驻法大使冯·舍恩紧急求见法国总理兼外长维维安尼,代表本国向法国递交了宣战书。宣战的借口是:法国飞机轰炸了德国的纽伦堡地区、法方挑起了一连串的侵犯边界事件。维维安尼对此一一予以驳斥,并于当晚召回了法国驻德大使。由此,法国终于在"被迫应战"的情况下迎来了它向往已久的对德战争。

战火点燃之后,法国全国上下即被一片沙文主义的狂热所笼罩,就连社会党与总工会也坚决表示支持政府进行所谓"防卫性"的战争。后者的这一态度使政府原先的担心一扫而光。因为在这之前不久,社会党和总工会还分别在其特别大会上通过决议,决意采取一切办法,包括举行总罢工来阻止战争。为此,内政部还专门制定了著名的《B手册》,该手册印有在发生骚乱时应立即逮捕的"肇事者"的名单。然而,随着卓越的反战斗士饶勒斯7月31日在"新月咖啡馆"被人刺杀,战争威胁迫在眉睫,社会党人和总工会会员便开始逐步公开转到沙文主义的立场上去。布朗基派的元老瓦扬公然号召全体社会党人都要"为了法国,为了共和国,为了全人类"去踊跃参军。曾经多少次口诛笔伐反对可能发生的战争的总工会的总书记儒奥毫不迟疑地在饶勒斯墓地上谴责"可恶的普鲁士帝国主义"。

德国的"侵略"一下子使全法国团结了起来。8月4日参众两院特别联席会议的召开标志着国内各阶级和政党"神圣联合"的实现。在会场上,总理维维安尼为各议会党团在议会就追加军费、实行战时状态和报刊检查等提案投票时表现出来的联合一致而激动得涕泪交加。他用颤抖的声音向议员们表示:"我向所有融合在对祖国同一信仰中的各党派致敬。"普恩加莱则在总统咨文中宣称:"法国将由她所有的孩子们来勇敢地加以保卫,在敌人面前没有任何一种力量能打破这种神圣同盟。"8月27日,维维安尼在议会各派实现了神圣团结的基础上组成了其第二届内阁。该

第十三章 法国与第一次世界大战

内阁不仅是一个名副其实的战争内阁,它还是1881年以来的第三个大内阁(内有3名前总理)。更有甚者,内阁成员中竟然有两名社会党人,马塞尔·桑巴和茹勒·盖得。此时,《B手册》已完全成为一团废纸。

总动员令发出后,95%以上的应征者都及时到达征兵站,逃避兵役者如此之少,就连军方也深感意外。在各大城市的火车站上,人们均可看到这样一幅充斥着战争狂热的画面:妇女们向出征的男人抛扔鲜花,甚至把鲜花挂在出征士兵的枪支上,然后对他们呼喊,盼望他们早日凯旋。

出征的士兵在巴黎东站受到群众的热烈欢呼

不过,作为人类历史上的第一场总体战争,各交战国在第一次世界大战中的战争努力绝不可能仅仅局限于征召国内的年轻人披上戎装赴前线打仗。为了能够打败敌人,各交战国必须要动用全民的力量。第一次世界大战期间出现的新词"国民阵线"确切地说明了平民投入战争的规模。同时,为了能够打败敌人,各交战国都必须竭尽全力地开发本国的各种资源。这些资源当中,经济方面的资源固然至关重要,但另一种资源,即思想文化方面的资源也同样不可忽视。事实上,法国公众舆论在大战爆发时对宣战所表示的热烈欢迎,广大民众阶层爱国主义情绪火山一般地迸发清楚地表明,法国在这方面有着得天独厚的资源。对此,费里的教育改革功不可没。费里时代以来的小学不仅是世俗的、免费的、义务的,而且它还成功地把爱国主义情感的培养融入了自己的教育之中。当时,由拉维斯这位著名的史学大师主编的小学教科书《爱国主义义务》的最后一段这样写道:

"战争虽然不是多半要发生的,但却是有可能的。正因为这样,法国必须保持武装,时刻准备自卫。虽然它有一个同盟者和一些朋友,但首先要靠自己。

保卫法兰西,就是保卫我们生于斯的土地,这是世界上最美丽富饶的土地。

保卫法兰西,我们的一举一动,要像祖国好儿女一样。我们要履行对我们祖先应尽的义务,许多世纪以来,他们历经千辛万苦,创建了我们的祖国。

保卫法兰西,我们就是为一切国家的人民而工作,因为法兰西自大革命以来,已经在世界上传播了正义和人道的思想。

法兰西是最公正、最自由、最人道的祖国。"[1]

可以想见,用这样的教材教育出来的一届又一届小学毕业生早已在精神上作好了反德战争的准备:为了自卫,战争是正义的;为了保卫共和国,战争更是神圣的。

二、"马恩河的奇迹"

战争之初,虽然法国人表现出群情振奋、空前团结,但法国方面在战场上却并没有占据主动。法军最早执行的是总司令霞飞制订的第十七号计划,这一计划的主旨就是强调不惜一切代价地进攻。起初,进攻的神话推动着法军前进,并使公众舆论感到欣慰。在8月15日至19日的几天时间里,法军先后攻占了萨兰堡、米尔豪森、科尔玛等地。没想到,德军很快就展开了猛烈的反攻。在8月21日至25日史称"边境战役"的一系列战斗中,双方主力在法比边境发生了激战。经过几天几夜的血战,协约国军队损失惨重,被打得有点措手不及的霞飞不得不下令法军沿阿腊斯到凡尔登一线全面撤退。

此时,德军乘胜追击,长驱直入。已直接受到威胁的巴黎一片恐慌,8天之内就有50多万巴黎人抛弃一切,逃出巴黎。德军抵达索姆河的消息使首都的恐慌达到顶点,连政府也因惶惶不安而在9月2日迁往波尔多。一时间,巴黎街头充斥着五花八门的有关阴谋、叛变的谣言。被认为是德国人开设的商店被人抢劫一空。凡姓名有日耳曼味道的人都成了市

---

[1] 阿泽马等:《法兰西第三共和国》,巴黎,1976年,第210页。

民攻击的对象。9月3日,加利埃尼将军被任命为巴黎卫戍区司令。他在领命时慷慨激昂地表示:"我奉命保卫巴黎抵抗入侵者,我将履行这一使命直到最后!"

尽管德军过于强大,而与法军联手作战的英军却因"边境战役"的失利士气非常低落,但霞飞很快就恢复了镇定。他一方面将尽可能多的法军从东部调到西部,一方面叫加利埃尼加强巴黎的防御,侍机反攻。被胜利冲昏头脑的德军对法军的重新部署毫无所知,反而为对付已攻入东普鲁士境内的俄军,把两个军团和一个骑兵师的兵力匆匆从西线抽调到东线。更有甚者,德方由冯·克鲁克率领的第一集团军因一心想消灭正在撤退的由弗伦奇统帅的英国远征军,从东西绕过巴黎,从而使自己的右翼失去掩护。

冯·克鲁克部的孤军深入,为法军反攻创造了有利条件。9月4日晚,霞飞在成功地说服弗伦奇将军停止撤退之后,下令"将在马恩河一带进行战斗"。翌日,莫努里指挥的法军第六集团军开始向巴黎东北推进,并与冯·克鲁克率领的德军发生遭遇战,马恩河战役的序幕由此拉开。6日凌晨,法英联军全部停止撤退,转入反攻。从9月6日到9日,法英联军在巴黎和凡尔登之间的平原上展开了空前激烈的马恩河会战,双方共投入了200多万兵力,6 600门大炮。战斗中,法军官兵,尤其是首都军民,表现得非常勇敢。7日那天,法军因受到德军的猛烈进攻暂时失利时,为了及时地增援前线部队,加利埃尼在巴黎征用了所有的出租汽车(1 000辆左右),连夜率领大批巴黎的增援部队乘车开赴前线。用小汽车运送军队开赴战场,这在历史上还是第一次。此举后来构成了世代相传的民间传奇。

经过数日的血战,德军从8日起渐呈不支。9日,德第一、二集团军被逼北撤。翌日,德军统帅部下令全线撤退。马恩河战役是大战初期的一次重大战役。法国人把法英联军在这次战役中来之不易的胜利称为"马恩河的奇迹"。这一"奇迹"不仅使法国没有重蹈当年色当的覆辙,使巴黎转危为安,而且它还宣告了德军速决战的破产,并迫使德军陷入长期两线作战的困境。

三、西线的对峙局面

在创造了"马恩河的奇迹"之后,法英联军即乘胜追击退却中的德军,但他们并未能追得太远,因为德军在渡过埃纳河后即凭借高地,修筑工事,阻挡住了一切正面进攻。自9月下旬起,德军又开始"奔向海边"战役,企图切断英、法两国之间的联系。英法联军为粉碎德军的计划也竭尽全力向海边推进。在此番持续数月的较量中,双方各有胜负。从11月中旬开始,西线在结束了在佛兰德尔地区的激烈对攻战后转入对峙局面。同年12月下旬,当战线开始稳定下来之后,法国政府各机构均从波尔多迁回巴黎。

1915年,德军已把战争的重点从西线转入东线。在这一年的春季和秋季,协约国的军队曾利用自己人数上的优势,先后在香槟和阿图瓦等地发动攻势,均伤亡不小,却奏效不大。在是年的绝大部分时间里,西线都处于沉寂之中。在对峙的局面下,为了更好地防御敌人,保护自己,双方都挖掘堑壕,构筑工事。一时间,挖战壕的铁锹和其他工具竟成了战士的主要武器。

在西线对峙的局面下,法国一方面极力巩固与俄、英两国之间的同盟关系,另一方面又力图把更多的国家拉到协约国方面来作战。为了实现后一方面的目的,法国与德国之间展开了激烈的外交战,而这场外交战的重点又无疑是争取意大利的支持。经过一番秘密交易,法国伙同英国成功地把意大利争取为自己新的盟友。1915年5月,意大利正式宣布退出三国同盟,并向奥匈帝国宣战。此举大大削弱了同盟国的地位。

1916年初,德军在东线取得了一些重大胜利之后,力图在西线也取得突破。是年2月21日,凡尔登地区的隆隆炮声打破了西线长期保持的宁静,在马恩河会战后接替毛奇出任德军总参谋长的法金汉的指挥下,德军在这里出动了大批兵力,在1 000多门大口径火炮的掩护下,向法国东北部的这一重镇发起了猛烈进攻。由于霞飞此时正忙于制订索姆河反攻计划,对德军的战略意图判断有误,故法军在凡尔登战役中处于极为被动的局面。

凡尔登如果失守,通往巴黎的门户将再次向德军打开。有鉴于此,霞飞命令驻守凡尔登的法军不惜一切代价死守阵地。一时间,凡尔登犹如一座地狱,从一条战壕到另一条战壕,到处都在战斗。在炮火的轰击下,抑或经过白刃战,联队往往战斗到最后一个人。2月25日,德军经过血战,终于攻占了杜莫炮台。该炮台的失陷,使法军的阵线被腰斩,与后方的交通也因此断绝。在这危急时刻,霞飞急忙向凡尔登增派援军,并委派贝当前去指挥。贝当一到凡尔登,就一面要求士兵顶住德军新的进攻,一面立即组织人力在凡尔登和巴勒杜克之间打开一条输送给养弹药的唯一通道。从2月27日至3月6日,正是通过这条抢修出来的狭长的道路,法方有2300多吨弹药、2500多吨各种物资和近20万士兵被络绎不绝的汽车送往前线。因此,这条路被誉称为"神圣之路"。从3月到6月,双方展开了空前惨烈的激战。由于双方为争夺这弹丸之地伤亡共达100多万人,以至于法金汉把凡尔登要塞称为"绞肉机"。尽管凡尔登战役一直要持续到年底,但从6月底便可清楚地看出,德军已在这一战役中受挫,而这一受挫又导致其在西线的总进攻计划遭到失败。

同年7月1日清晨,协约国经过5个多月的精心准备,发动了索姆河战役。进攻是在飞机和密集无比的炮火掩护下开始的,仅法国第六军阵地在7天内发射的炮弹就有250万枚之多。在开始时的几天里,德军被打得措手不及。但由于英法联军互相间配合不当,加之一些战术错误,德军很快就缓过劲来,拼死抵抗。由此,在4个多月的时间里,双方展开了拉锯战。其间,双方伤亡共达130多万人。11月18日,由于双方物资耗尽和冬季来临,索姆河战役才在难分胜负的情况下宣告结束。不过,对法方而言,此役仍有不可低估的意义。首先它大大减轻了法军在凡尔登要塞所受的压力;其次,它使德军在人员、物资方面均受到惨重的损失,以至于再也无法恢复过去的战斗力。

虽然也许可以说,协约国在凡尔登、索姆河两大战役中略占上风,但一个不争的事实是,当1916年结束时,敌对双方都未能取得决定性胜利。显然,战争还将持续下去,可是,交战国的士兵和老百姓对战争却早已厌倦了。

四、反战运动的兴起

大战开始时法国民众迸发出来的强烈的爱国热忱在很大的程度上是基于这样一种幻想,即战争是短期的,赴前线作战的士兵们会在当年的圣诞节凯旋。然而,事与愿违。马恩河战役之后,士兵们并没有能够回家过圣诞节。长期的阵地战开始了,妇女们挂在赴前线作战的士兵们枪支上的花朵早已凋谢。士兵们的情绪已在逐渐变化。当初为伟大的爱国主义理想——收复阿尔萨斯与洛林而战的想法在日复一日地消退。士兵们之所以还在战斗,更多是出于习惯与压力。路易·梅雷在《一个战士的日记》中的记载清楚地说明了这一点:"1916年的士兵,既不是为阿尔萨斯,也不是为摧毁德意志,也不是为祖国而战。他们出于正直,出于习惯和迫于压力而战。他们打仗,因为他们只能这样。"①而持续的战争与生活状况的日趋恶化更使广大民众的厌战和不满情绪逐渐增长。

正是在这种情况下,社会党人中反战的"少数派"运动应运而生。以革命工团主义者为基本力量的"少数派"不仅在国内广泛开展活动,谴责军国主义,反对战争,而且还积极参加了国际上社会主义者"少数派"的反战活动。他们的代表甚至还在齐美尔瓦尔德召开的国际社会党人第一次代表会议上同德国代表签署了法德宣言,表示"这场战争不是我们的战争,我们投入争取和平的斗争,为的是迫使政府停止这场大屠杀",要求实现不割地、不赔款和以民族自决为基础的和平。在前线,1917年"尼韦尔战役"的失败直接导致了早已士气低落的士兵们的反战骚动,而俄国二月革命的影响,则加强了法国士兵的革命情绪。在许多部队秘密地成立了士兵代表苏维埃。这些组织一成立即散发革命传单,号召士兵"打倒战争","消灭将军"。其中流传最广的传单是《法国士兵十诫》。它要求官兵平等,废除死刑,签订不割地的和约。在后方,工人群众的反战运动进一步发展,为反战而掀起的罢工浪潮一浪高过一浪。

与这一时期的这些变化相应,那些对1914年夏天席卷全国的民族沙文主义浪潮无能为力的和平主义知识分子也在日益活跃地展开自己的活动,试图重新夺回失去的阵地。当初,著名作家罗曼·罗兰在《日内瓦日报》上发表长篇政论《超乎混战之上》时,顷刻之间就使自己成为众矢之的。不少法国人骂罗曼·罗兰是"卖国贼",因为他反对而且讽刺了保卫法兰西民族的生存和光荣历史的"神圣战争"。一些人公然叫嚣,必须要用对付饶勒斯的方式来对付罗曼·罗兰。卑鄙的文人政客还大肆造谣说,罗曼·罗兰是"有凭有据"的德国特务,并把他叫作"日曼·罗兰",说他是日耳曼人,使受谣言攻势蒙蔽的普通百姓一提起"日曼·罗兰"就个个切齿痛恨。甚至罗曼·罗兰往日的师长友好也有人公开表示对他深恶痛绝。如当时在法国知识界位尊权重的史学大师拉维斯以前一贯赏识罗曼·罗兰的才华,并在学术界与教育界对其大加奖掖,到了这时,居然也

---

① 参见阿泽马等:《法兰西第三共和国》,巴黎,1976年,第214页。

公开表示和罗曼·罗兰断绝关系,划清界限。出于各种各样的原因,如当时法国国内外的报刊均不愿发表罗曼·罗兰的文章,使罗曼·罗兰被迫在不短的时间里保持"沉默"。但从1916年底开始,人们又重新听到了他反战的声音,此时他的立场与观点已被越来越多的人所理解与接受。

除了罗曼·罗兰外,一位贫苦出身的法国知识分子,曾任巴黎《工团战斗报》编辑的吉尔贝在日内瓦创办了反战刊物《明日》,积极地展开反战宣传。在法国的一些和平主义知识分子还与反战的工人携起手来,团结在《工人生活报》这家工团主义报纸的周围,使该报成为当时反战宣传的重要阵地。

更值得一提的是,由于志愿加入法国步兵而曾在前线亲身体验过士兵生活的巴比塞,已经从一位勇敢的战士转变为一名和平主义者。他在战斗的间隙写成了小说《火线》(又译《炮火》,副标题为《一个步兵班的日记》)。该书生动地描写了法国士兵在前线堑壕中的战斗生活经历,有力地抨击了帝国主义战争的罪恶,出版后深受读者的欢迎,并荣获龚古尔文学奖。一些人甚至把《火线》与左拉的《我控诉》相提并论,把巴比塞称为"堑壕中的左拉"。《火线》出版后洛阳纸贵的现象,从一个侧面反映出在对待战争问题上,法国的舆情已发生了深刻的变化。

五、从"老虎总理"上台到贡比涅停战

当1917年到来时,法国在大战中的处境变得越来越困难,无论在前线还是在后方的工厂,大大小小的危机此起彼伏。

在前线,尼韦尔在取代稳健有余,而勇猛不足的霞飞担任总指挥不久,因求胜心切,在4月16日把数十万精疲力竭的士兵投入了大进攻。由于有关计划早为德军指挥部所得悉,故进攻节节受挫。在短短20多天的时间里,法军就伤亡了约20万人,以至于有人讥讽这次进攻是"尼韦尔的屠场"。事发后,兵变就开始了。首先是一个连的士兵集体拒绝执行进攻的命令,继而是几十个团的士兵纷纷效仿。他们挥动着红旗,唱着《国际歌》,进行反战示威。士兵反战骚动的日益扩大,使已接替引咎辞职的尼韦尔的贝当惊恐不安。为了平息前线士兵的哗变,贝当交替使用了镇压和抚慰两种手段。前者是在6月7日宣布,对不执行命令的士兵恢复死刑,结果有几十名士兵按照最简单的手段被枪决;后者是他改善了前线

士兵的物质条件,包括安排作战部队到后方充分休整。这两手使前线的危机暂时得到了解决。

在后方,物价飞涨、食品限制、交通困难等一系列现象导致社会危机在城市爆发。从1月起,罢工席卷了兵工厂。在政府用软硬两手平息了兵工厂的罢工后不久,罢工浪潮却超出了兵工厂的范围。是年五六月间,由于潜艇战造成的粮食供应的困难和新的物价高涨使危机达到了极点,缝纫业爆发了总罢工,冶金业也出现声势浩大的罢工。

为了有效地对付前线、后方的各种危机,保证把战争进行到底,就必须在国内建立一个强有力的政权。对此,当时先后担任内阁总理的白里安、里博和潘勒韦均难以让法国的垄断资产阶级感到满意。而俄国十月革命的爆发,则更使法国的垄断资产阶级觉得让一位铁腕人物上台执政已刻不容缓。正是在这一背景下,普恩加莱总统不得不让"爱国主义"压倒个人情感,在11月16日授命与自己一向不和,且又异常专横跋扈,绰号"老虎"的克雷孟梭组阁。

此时克雷孟梭这位政坛老手已年届76岁,尽管如此,他在议会讲坛上发表的政府声明却仍然是那么掷地有声:"我的口号是到处进行战争,在内政上我进行战争,在外交上我也进行战争。我继续进行战争,而且一定要把它进行到属于我们的最后胜利的时刻。"①为了表明其对战争的重视,他还亲自兼任了陆军部长。克雷孟梭走马上任后,增加了对前线的巡视,以便和军队保持接触,在法军重新夺回的杜奥蒙特要塞中,他在硬地上整整睡了一夜。为了到最前线看望士兵,他戴上了"法国兵"的钢盔,类似的举动使这位不知疲倦的古稀老人很快在军队中深得人心。

克雷孟梭亲临前线巡视

克雷孟梭上台后,还在国内大张旗鼓地开展了反对、打击"和平主义

---

① 参见张芝联主编:《法国通史》,北京大学出版社1989年版,第474页。

者"的斗争。他不仅对举行反战罢工的工人毫不留情地进行镇压,而且对前几届政府中的一些所谓"失败主义分子"也不轻易放过。如把前内政部长马尔维放逐国外,令前总理卡约身陷囹圄。在他的高压政策下,全国上下一时间很少有人再敢提"和平"两字。由此,法国又得以全力进行战争。

"老虎总理"在表现出异常坚定的战争立场的同时,也采取了许多卓有成效的措施来强化法国的战争机器。如他设置了"政府特派员"的新行政职务,专门担负加强战争经济的使命,大力争取美国的经济援助。又如他还扩大了军工生产,扩充了兵源,并增强了同英、美两军的协作。凡此种种,使法国的军事实力明显增强。随着十月革命的爆发和苏俄退出战争,德军新任总司令鲁登道夫得以从东线大量移兵西线。为了赶在美军主力入法参战前打垮法、英军队,1918年3月,德军在西线集结了190多个师的兵力后即对协约国发起了猛烈的进攻,并试图在夏季胜利结束战争。5月下旬,德军突破了"贵妇之路"①上的英军防线,进抵马恩河附近,巴黎又一次受到直接威胁。在这关键时刻,克雷孟梭再次宣布巴黎为战区,并表示自己愿与巴黎共存亡,以此激励国人。在不久前出任西线联军司令的福煦将军指挥下,英法联军成功地阻止住了德军的进攻势头。7月,抵达西线的美军已越来越多。鉴于此,德军在7月15日再次试图强渡马恩河,并希望通过此役决定最后胜负。法军不仅以密集的炮火挡住了德军的攻势,而且还从7月18日起在15 000门大炮和340辆坦克的掩护下进行反击,打得德军节节败退。这就是第一次世界大战中的第二次马恩河战役。这次战役的规模与第一次马恩河战役虽然不可同日而语,但其结局却意义重大。德军因在此次战役中受挫,从此便完全丧失了主动权,无力再发动进攻。而法军不仅通过胜利反攻,解除了德军对首都的威胁,而且由此还取得了战场上的主动权。因指挥有功,福煦被晋升为法国元帅。胜利似乎已经指日可待。

第二次马恩河战役后不久,英法联军在亚眠地区转入反攻。9月26日清晨随着法军第四集团军和美军第一集团军共同向絮维普河与马斯河一线德军阵地发起猛攻,协约国军队开始了总反攻。不久,德军就呈现全线崩溃之势。由于原先站在同盟国一边的保加利亚、土耳其等国纷纷退

---

① 又译"夫人之路",它系法国北部埃纳河和埃莱特河之间的一条山脊道路,长30公里。1917年4月,尼韦尔在此大败。翌年5月,德国皇太子在此获胜。

出战争和奥匈帝国宣布无条件投降,加之德国国内爆发了十一月革命,德国在山穷水尽的情况下只得求和认输。

11月8日,以外交大臣埃尔兹贝格为首的德国代表团穿过前线到达法国东北部贡比涅森林的雷通德车站,并登上福煦元帅的座车乞求停火。福煦元帅当场口授了停战条件,并声明如果在11月11日11时之前得不到德方的答复的话,将立即恢复战争。11月11日清晨5时,德国如期作出答复,几乎接受了法方提出的全部条件。上午11时,整个西线吹起了停战喇叭。与此同时,巴黎上空响起了101响礼炮声。它表明第一次世界大战以协约国的最终胜利而宣告结束。

六、巴黎和会与《凡尔赛和约》

经过四年三个月零八天的艰苦奋战,法国虽然最终赢得了胜利,但却已经精疲力竭,遍体鳞伤。当时,虽然不少街头的路灯与沿街的窗户上都飘动着胜利的旗帜,协和广场和香榭丽舍大街上还摆放着缴获的德军大炮,但在大街小巷中,缺胳膊少腿的从前线回来的男子随处可见,而成年妇女竟然有一半在替家中为国捐躯的男人身穿丧服。连年的战争给这个作为战胜者的国家带来的损失是惊人的:因法国自始至终是交战场所,东北工业区已夷为平地,其余地区受到的破坏也同样触目惊心;140万人死亡或失踪,约300万人受伤,这使这个原本就劳力不足、人口老化的国家在人口问题上雪上加霜;为支付天文数字般的战争费用,法国已债务累累,欠美国近40亿美元,欠英国30多亿美元,由于发售"爱国公债"等债券欠本国人民1 000多亿法郎。与此同时,因为战争与革命,法国在国外,尤其是在俄国的投资已血本无归。凡此种种,使整个财政濒临崩溃的边缘。

尽管如此,法国毕竟是主要的战胜国之一。在法国统治集团看来,最终清算德国和独霸欧陆的时刻已经来到了。为了更好地实现自己的这一宏愿,法国政府自停战起就积极展开外交活动,力争使和会在巴黎召开。他们的努力没有付诸东流。1919年1月18日下午3时,巴黎和会,即各战胜国的分赃会议在法国外交部大厅宣告开幕。借东道主之利,法国在和会上不仅扮演了主要角色之一,其总理克雷孟梭还坐上了大会主席的交椅。

第十三章 法国与第一次世界大战

对此,劳合·乔治后来特别恼怒地说道:"我根本不想在他那个该死的首都举办和会,我和豪斯都觉得最好是选一个中立的地点。但是,克雷孟梭这个老家伙总是一把鼻涕一把泪地表示抗议,我们只能让步。"

出于不难理解的原因,法国势必是所有大国中最重视对德和约条款的国家。由此,会议开始后,法国代表团就提出了一整套削弱德国的计划。该计划的重点有二。首先,法国借口"安全保障",要求把莱茵河作为法德之间的边界——这是法国几个世纪以来所梦寐以求的,并在莱茵河左岸建立一个同德国分离,且又受法国保护的莱茵共和国;其次,向德国索取巨额的战争赔款。法国代表团的这一要求得到了国内大部分社会舆论的强烈支持。会议期间,《晨报》成功地发动了一场"德国佬应该赔款"的运动,顷刻之间,"德国佬应该赔款"成了妇孺皆知的口号。更有甚者,在当时绝大多数的法国人看来,只要将这一口号变成现实,就能一揽子解决战后的全部问题:物价昂贵,公债和货币崩溃,北部和东北部地区的广泛破坏,劳动力和交通器材的损失,等等。

虽然以"老虎总理"为首的法国代表团在巴黎和会上使出了浑身解数,但面对美、英两国的共同抵制,仍未能实现法国的全部意图。在持续数月的和会期间,克雷孟梭和"三巨头"中的另两位——英国首相劳合·乔治、美国总统威尔逊多次发生激烈的争吵,以至于有一次威尔逊竟愤然准备乘船回国。

经过一系列的讨价还价之后,参加和会的协约国主要国家终于草拟了和约文本。5月7日,克雷孟梭代表协约国把已经草拟好的和约文本交给德国外长勃洛克道夫-兰曹,并向他宣称:"清算的时候到了。你们向我们要求和平,我们把和平交给你们。"克雷孟梭不允许德方代表就和约内容进行口头陈述,要他们在15日内提出书面意见。德方曾试图对和约的条件作有利于德国的修改,但被协约国方断然拒绝。在协约国的胁迫下,德国最终被迫无条件接受和约。6月28日,在凡尔赛宫明镜厅,即普鲁士王在1871年普法战争中战胜法国后宣布建立德意志帝国的地方,签署了《协约及参战各国对德和约》,即《凡尔赛和约》。这一签字地点是由法方精心安排的,意在报复当年德意志帝国在此羞辱法国的一箭之仇。

尽管《凡尔赛和约》未能满足法国的一切要求,但它的许多条款还是让法国颇感满意:阿尔萨斯、洛林归还法国;萨尔地区的行政权由国际联盟代管15年,期满后通过公民投票决定其归属,在此期间,萨尔煤矿由法国开采;莱茵河左岸地区由协约国占领5—15年,右岸50公里地带宣布为非军事区;一些德国殖民地由法国"托管";德国承受赔损的一切责任,在赔款委员会确定赔款总数之前,于1921年5月1日前先交付200亿金马克,其中50%为法国所有。

应当说,为使《凡尔赛和约》包含上述有利于法国的条款,克雷孟梭已尽了最大的努力。然而,在法国,仍有一些人责难克雷孟梭签订了一项既无保证又无安全措施的和约。起初,克雷孟梭尚可振振有词地反驳说,英美两国已分别作出了共同担保法国东部边界安全的保证。但在1919年10月,由于美国参议院拒绝批准威尔逊总统代表美国在巴黎和会上所作的这一保证,遂使克雷孟梭在反驳时就无法再理直气壮了。

作者评曰:

对大多数法国人而言,20世纪最初的十来年是一个令人眷恋的"美好的时代",但第一次世界大战的炮火无情地为这一时代画上了句号。大战爆发之初,交战的双方都以为这将是一场短促的19世纪式的战争,都乐观地相信本国的官兵能在当年的圣诞节前凯旋。然而,这场人类历史上的首次世界大战却打了4年多。投身这样一场规模大、时间长的战争,对任何国家的政治制度都构成了极其严峻的考验。如果说德国与奥地利的例子表明,原有政治制度在战败以后很难继续存在下去的话,那么,俄国的例子则昭示,无休止的冲突和全民动员所必需的巨大努力甚至在大战结束之前,就会使传统的政治机构一命呜呼。更有甚者,如同意大利的例子所表明的那样,即便是打了胜仗,也不足以保证政体安然无恙。不过,对法国来说堪称幸事的是,法国不仅报了1870年普法战争之仇,而且其共和制度亦经受住了种种考验。人们甚至可以这样说,1918年11月11日,正是共和制度和法兰西一起,取得了胜利。诚然,法国人有足够多的理由为自己的胜利感到自豪。但遗憾的是,这种自豪感并不足以掩盖这样一个事实:法国虽然已经取得了这场战争的胜利,但它已经精疲力竭、遍体鳞伤。事实上,第三共和国衰落的前景在此时已经注定。

第十四章 20世纪20年代的法国

一、回到战前去!

1918年11月11日11时,当前线实现全面停火时,巴黎响起了庆祝胜利的隆隆礼炮声。全国各地的大中城市也和首都一样沉浸在欢乐之中。人们兴高采烈地涌向街头,奔走相告,不少人还载歌载舞,相互拥抱。休假的军人,甚至包括死难者家属都加入了狂欢的人群。多年的灾难与悲痛一时间已被完全地抛在了脑后。

事实上,法国人完全有充分的理由对雷通德停战协定的签订感到欢欣鼓舞。首先,战争终于结束了。《喔唷!》——《鸭鸣报》上刊登的这一著名的标题把4年多的苦难、贫困和焦虑简练而传神地凝聚到了这声叹息之中。其次,阿尔萨斯和洛林在落入德国人手中47年之久后又重新回到了法国的怀抱,斯特拉斯堡在欢乐声中迎来了法国军队。曾目睹斯特拉斯堡人争先恐后地迎接法国军队入城的一位英国军官显然被当时的盛况所感动,他对身边的法国人说:"经过半个世纪以后,对祖国仍这般热爱,这对法国人来说毕竟是莫大的光荣,你们是一个令人羡慕的民族。"[①]

大战结束之后,法国人一心只想尽快恢复战前的状态,回到战前去!《凡尔赛和约》举行签字仪式的当天,报上的头条新闻登载了隆尚赛马场重新开放的消息。法国人已经对没完没了地为在战争中丧生的人办理丧事以及对战争期间的各种各样的限制感到厌倦。他们像久旱的禾苗盼望

[①] 参见阿泽马等:《法兰西第三共和国》,巴黎,1976年,第219页。

甘霖一样渴望祥和的生活。青年人充满了狂热。爵士音乐和小汽车,短裙和丝袜很快就压倒了一切蒙受战争损失者的忧愁。

1919年11月,法国举行战后第一次众议院选举。新的选举改革使各右翼政党受益匪浅。他们组成了所谓的"国民联盟",并在竞选纲领中把"反对布尔什维克和社会无秩序""保卫文明"作为自己的主要任务。与此同时,他们还对选民大量许诺:保卫共和制、维护社会与宗教的和平、国家与学校的世俗化、恢复与发展被战火破坏地区的经济、优抚复员军人和阵亡者的家属、对德国采取严厉的政策,迫使其"全面执行《凡尔赛条约》"。结果,他们如愿以偿地获得了大量选票。在新选出的613名议员中,"国民联盟"旗下的竟多达437名。新当选的右翼议员以老战士居多。他们在出席议会会议时往往身穿天蓝色军装,胸前佩戴各种各样的勋章。鉴于此,一些法国史家把这届议会称为"天蓝色议会"。

1920年1月11日,法国举行参议院选举。几天后,总统选举也随之举行。不可思议的是,在大战后期功绩卓著的现任总理克雷孟梭竟在角逐总统一职时败在德夏内尔的手下。性情刚烈的"老虎"一气之下退出政坛。克雷孟梭挂冠而去之后,米勒兰受命组成第一届"国民联盟"内阁。同年9月21日,德夏内尔还没把总统宝座坐热就因病交出权柄。3天后,米勒兰由总理摇身一变为总统。这位前社会党人虽以"无党派"自居,实际上却倾向右派。他在此期的主要"政绩"是在国内残酷镇压了1920年的铁路员工大罢工;对外则重建了和梵蒂冈的外交关系。

二、来自东方的"闪光"与图尔大会上的分裂

尽管不少法国人迫不及待地想回到战前去,并把战前十来年的时光编造成为一个"美好时期"的神话,但是,在经过长达4年多的大战之后,再回到战前去,这可能吗?回答显然是否定的。当战争结束时,胜利与和平带来的欢欣鼓舞的情绪,以及认为"这场战争将结束一切战争"的幻想,都不足以消除人们对4年来往往是无谓的牺牲、破坏和痛苦的记忆。痛苦和愤怒与欢乐和宽慰错综复杂地交织在了一起。正是在这一背景下,俄国革命,这一来自东方的"闪光",有力地鼓舞着人们去渴求和进行变革。而这种对变革的渴求很大程度上得归因于人们对大战期间的行政当局和军事当局强加在自己头上的清规戒律的不满。

第十四章 20世纪20年代的法国

在十月革命和东欧、中欧革命运动的影响下,自1918年下半年起,法国的革命运动逐渐呈现出高涨局面,尤其是罢工浪潮不仅此起彼伏,而且大多带有浓厚的政治色彩。1919年5月1日,法国不少城市举行了战后第一次"五一"节大游行,全国各地共有300多万人参加游行,其中巴黎一地的参加游行者就有50万之多。翌年5月,法国铁路工人举行了总罢工,参加者超过150万人。法国此期革命运动的一项重要内容就是反对法国政府对苏俄的武装干涉。不少罢工的主要动因均与此有关。如一些车站、码头工人之所以罢工,就是因为拒绝为干涉军运送武器弹药。1919年初,入侵俄国南方的法军中有好几个步兵团与炮兵团拒绝与红军作战。一些战士还与当地的工人、红军战士联欢,与他们一起高喊"布尔什维克万岁!""打倒战争!"的口号。驻在敖德萨的第72步兵团士兵甚至赶走想逼他们作战的军官,并把自己手中的武器交给俄国工人。同年4月,停泊在黑海中的24艘法国军舰上的水兵纷纷起义,要求立即停止反苏干涉,返回法国。水兵的起义与步兵的哗变互相呼应,迫使法国政府从苏俄撤军,停止了对苏俄直接、公开的武装干涉。

大战后期,法国社会党内部已明显地分为左、中、右三派。右派以桑巴为代表,是公开的社会沙文主义派;中派以龙格为代表,鼓吹社会和平主义;左派以加香等人为代表,主张与社会沙文主义者决裂,又称"革命少数派"。1919年3月共产国际在莫斯科宣告成立后,围绕着如何对待共产国际的问题,三派展开了激烈的斗争。左派主张退出第二国际,加入共产国际;中派一方面主张脱离第二国际,但又拒绝加入共产国际;右派则主张继续留在第二国际,坚决反对加入共产国际。1920年2月下旬,社会党斯特拉斯堡代表大会决定派加香、弗罗萨尔等人赴莫斯科考察,以便确定下一步的行动。加香一行在莫斯科时应邀出席了共产国际"二大",并两度受到列宁的接见,得到了列宁和共产国际领导人的具体指导。加香等人在回国

图尔大会的主席台,站立发言者为加香

后,立即周游全国,对各地的社会党组织进行说服动员,希望他们支持加入共产国际。同年12月,社会党代表大会在图尔召开。由于左派进行了卓有成效的宣传、组织工作,遂使与会的大多数代表在12月29日都投票赞同加入共产国际,法国共产党由此诞生。但与此同时,以勃鲁姆为首的少部分代表为表明其反对立场,离开了会场,并在次日宣布社会党继续存在。从此,法国社会主义运动公开发生分裂。不久,这一分裂又导致了法国工人运动的分裂。1922年,法国总工会中的一些革命工团主义分子在法共的支持下,从总工会中分裂出来,另外成立了统一总工会。图尔大会上引发的分裂,在相当长的时期里,客观上极大地削弱了法国社会主义运动和工人运动的力量。

三、赔款问题与鲁尔事件

在米勒兰从总理摇身一变为总统后,次第登台执政的是乔治·莱格和白里安。在后两人执政期间,法国的通货膨胀有如脱缰之马,通胀率急剧攀升。与此同时,法郎与外国货币的比价却持续走低。1919年6月,1英镑仅相当于26法郎,及至20世纪20年代初,竟已值60多法郎。在这种情况下,有钱人为了保值,纷纷购买金器、珠宝、土地、房屋、海滨别墅,甚至艺术品。一大批投机分子因此而大发横财。这些人在腰缠万贯后在巴黎纵情宴乐,在海滨浴场花天酒地,甚至在戛纳和多维尔的赌场大赌特赌。如果说这些人已让那些自认为"正派"的法国人极度反感的话,那么,那些因法郎大幅贬值而显得财大气粗的英国人、美国人纷纷涌到法国观光旅游,并在巴黎街头招摇过市,一掷千金,则更让很多法国人气不打一处来。在后者看来,法国此时的财政困境很大程度上得归因于德国人抵制赔款,而德国人敢这样干又得归因于大洋两岸的盎格鲁—撒克逊人的纵容。

作为20世纪法国著名的外交家之一,白里安在执政时,在拼凑小协约国、构建法国在东欧和东南欧地区的势力范围方面功绩显赫。但与此同时,他却对解除通货膨胀现象束手无策。更让国人不满的是,他不仅在对德政策方面奉行缓和政策,而且在与英、美两国的对外交往中往往迁就盎格鲁—撒克逊人。1922年新年伊始,当早已对白里安牢骚满腹的法国人翻开报纸,看到劳合·乔治在戛纳球场上煞有介事地"教"白里安打高尔夫球的照片时,对这个"窝囊废"的忍耐终于超过了极限。面对来势凶猛的倒阁运动,白里安不得不挂冠而去。

接替白里安的是素以强硬著称的前总理与前总统普恩加莱。1922年1月15日,这位出生于洛林、对德国始终充满仇恨的老牌政治家受命组织了第二届普恩加莱内阁。他刚一上台,就在政府声明中强调:法国所面临的头等大事即是赔款问题,德国必须支付赔款。他甚至还宣称,必要时,他将到鲁尔的矿井里去寻找德国的煤。

同年春夏之秋,当赔款问题因德国一再以各种理由要求延期支付而日趋尖锐时,法国军政要员中主张占领鲁尔的人也越来越多。如5月29日,在福煦元帅主持的一次重要会议上,与会人员大多主张应长期占领整个鲁尔,以迫使德国按时交付赔款。几天后,众议院财政委员会也提出一份长达32页的意见书,认为在马克日益贬值的情况下,应将鲁尔地区的企业作为德国赔款的抵押物。这年的7月12日,德国以马克贬值、财政困难为由,正式照会协约国方面,要求减少交付煤的数量;暂停以"补偿"名义的付款;延期两年偿付赔款。劳合·乔治对此全盘同意,普恩加莱则提出了"产品抵押"的新政策,即把鲁尔煤矿交给协约国做抵押,实行有条件的延期。由于英国不同意采用"产品抵押"的做法,英、法两国在赔款问题上早已存在的矛盾更加扩大。

同年11月,德国再次提出延期4年偿付赔款。针对德国人的"赖账"行为,11月27日,在米勒兰总统亲自主持的内阁扩大会议上,法国政府决定,在德国拒绝支付赔款的情况下,将对德国采取强制手段,包括出兵占领鲁尔。12月8—11日,普恩加莱专程赴英与英国新首相博纳·劳会晤,争取其对"抵押产品"政策的支持,结果失望而归。1923年新年伊始,博纳·劳与普恩加莱在巴黎再次就这一问题进行商讨,最终又不欢而散。在这种情况下,普恩加莱决意无视英国的反对,将占领鲁尔的计划付诸实施。

1923年1月11日清晨,法国以欠交大量木材、煤炭等为理由,派出一个由法、意、比工程师组成的"协约国工厂和煤矿监督代表团"进驻鲁尔,随行前往这一著名工业区的还有以"保护"名义出动的两个法国师、一个比利时分遣队。事发后,德国古诺政府即在第二天向《凡尔赛和约》签字国发出照会表示强烈抗议,并同法、比两国断绝外交关系。与此同时,古诺政府还号召占领区的德国人民进行"消极反抗"。一时间,鲁尔的邮政通信宣告停顿,钢铁厂和煤矿纷纷停工。不仅当地行政官员奉命拒绝与占领当局合作,一些德国人还自发起来反抗占领军。3月11日,两名法国士兵被暗杀。31日,数千名克虏伯工厂的工人在法军前来接管时与之发生流血冲突,有13名工人在冲突中被打死。

为报复德国人的"消极抵抗",法国也采取了相应的措施:从法国、比利时招募大量铁路员工和矿工赴鲁尔开火车、开矿;设立关卡,严格控制占领区与非占领区的经济联系,不准从矿区运出任何东西;逮捕或驱逐支持"消极抵抗"的德国人,封闭了上百家当地的报社。鲁尔被占领及实行不计后果的"消极抵抗",使整个德国经济遭受严重打击:工业生产大幅下滑、马克急剧贬值、资金大量外流、失业工人激增。8月12日,在柏林工人举行的总罢工冲击下,古诺政府被迫下台。次日,斯特莱斯曼受命组阁。9月26日,斯特莱斯曼签署了停止"消极反抗"的决定。

从表面上看,法国占领鲁尔似乎很成功,其实不然。从经济角度而言,法国占领鲁尔可谓是得不偿失,法国在占领期间耗费了10亿法郎的占领费用,但它从鲁尔运出的煤、铁的价值却抵不上这笔费用。从道义和外交方面来看,法国更是满盘皆输。此举使法国在国际上非常不得人心,与英国的矛盾更加激化。后者在8月11日向法国发出措辞强烈的照会,要求其恢复占领前的状况,否则英国就不会在赔款问题上再支持法国。更有甚者,英国的立场得到了美国的大力支持。为迫使法国就范,英、美两国在国际金融市场大量抛售法郎和法国有价证券,迫使法郎贬值,法国的财政状况愈加恶化。迫于财政困难,法国不得不向美国举债,同时在1923年10月25日正式表示同意召开国际专家委员会重审赔款问题。随着"道威斯计划"的制订与实施,法国原先在赔款问题上所具有的实际的领导地位不复存在,它已经旁落到英、美两国尤其是美国的手中。以此为转折,法国战后的外交也由原来咄咄逼人的攻势开始转为处处被动的守势。这一切,极大地削弱了法国在欧陆的霸权地位。

四、"左翼联盟"登台执政

1924年5月,法国将举行战后第二次议会选举。为了在选举中与因鲁尔冒险失败威信受损的"国民联盟"一决高低,继承了甘必大传统的富有激情的激进党领袖赫里欧率领激进党,同在图尔大会的分裂后在勃鲁姆领导下得到重建的社会党以及其他一些较小的左翼政党结成了"左翼联盟"(旧译左翼卡特尔)。"左翼联盟"的竞选纲领是:在内政上实行8小时工作制,建立累进所得税制,实施国家与教会分离,建立统一社会保险制度,允许国家公务员组织工会。此外还有:对因参加1920年罢工运动而被捕的人实行大赦,恢复因参加铁路工人总罢工而被解雇的铁路工人的工作。在外交上,主要是要求从鲁尔撤军,恢复同英美的密切合作,同德国和解,承认苏联,等等。由于这一纲领当时比较好地反映了法国广大中下层选民的利益和愿望,加之"左翼联盟"提出了共同候选人,并展开了卓有成效的组织、宣传工作,故在此次选举中以较大的优势击败了此时已内部矛盾重重的"国民联盟"。

鉴于选举失败,作为"国民联盟"内阁总理的普恩加莱不得不在6月1日提出辞呈。翌日,新议会开会伊始,已占据议会多数的"左翼联盟"议员即以超越权力、违反宪法为由,逼曾充任"国民联盟"内阁总后台的现任总统米勒兰下台。后者强调自己任期未满,拒不辞职。但当他按照惯例先后授命"左翼联盟"的几位领衔人物组阁时,竟连连遭拒。无奈之下,米勒兰6月9日请他的老友、参议员马尔萨尔组阁。马尔萨尔内阁是一个少数派内阁,上台后仅48小时就在议会中"左翼联盟"议员的抵制下宣告垮台。在这种情况下,米勒兰也在6月11日被迫挂冠。两天后,参、众两院推选温和激进党人杜梅格出任总统。杜梅格刚一上任,即授命激进党领袖赫里欧组阁,后者欣然同意。

赫里欧受命组阁后,立即致函"左翼联盟"中的第二大党——社会党议会党团领袖勃鲁姆,希望在组阁时得到社会党的支持,并要求社会党人参加政府。勃鲁姆的答复是:"支持,但不参加。"于是,赫里欧在6月15日正式组成了以激进党人为绝对多数的内阁。该内阁是"左翼联盟"的第一届内阁,赫里欧还亲自兼任了外交部长。

赫里欧上台后,果然没有食言,在短短的时间里就使"左翼联盟"在竞选时许下的一些诺言成为现实。在内政方面,他大赦了因参加黑海水兵起义而身陷囹圄的水兵,赦免了因被指控为"内奸""叛徒"而被克雷孟梭政府投入监狱或驱逐出境的前总理卡约、前内政部长马尔维,批准因参加1920年铁路工人总罢工而被解职的工人复职;实行世俗化法令,进一步使政教分离,教会与学校分离,普及中学教育,推行技术教育。在外交领域,他在同年8月使议会接受了"道威斯计划",9月实现了法、比军队从鲁尔地区撤军,10月在国联提出"仲裁、裁军、安全"的协议书,主张通过仲裁方式解决一切国际争端。当然,赫里欧在外交方面最引人瞩目的举动还是承认苏联并与苏联正式建交。

如果说赫里欧政府在整个外交领域进展顺利,在内政的某些方面也有一定作为的话,那么,它在涉及财政经济问题时,立刻在"银墙"(或译"金钱之墙")即包括法兰西银行的董事们在内的银行家与工商业人士的压力面前碰得头破血流。后者出于对"左翼联盟"在选举中鼓吹实行累进所得税的不满以及对"左翼联盟"政府理财能力的不信任,拒绝向政府贷款,策划资金的大量外流,破坏国库和法郎价格的稳定。由于他们的兴风作浪,大量的小储蓄户也对政府产生了全面的信任危机。

左翼联盟在选举中的胜利以及赫里欧政府承认苏联之类的举措亦使法国右翼惊恐万状,他们以反对"红色危险"为名,竭力攻击赫里欧政府。正是在这一时期,法国具有法西斯主义性质的右翼团体开始第一次涌现,如"束棒""爱国青年",这类准法西斯主义分子在某些大财团的资助下,并在意大利法西斯头目墨索里尼上台执政的"鼓舞"下,频频在街头举行示威游行,甚至制造骚乱。与此同时,赫里欧政府的世俗化政策,尤其是在天主教影响根深蒂固的"光复"省份——阿尔萨斯、洛林推行政教分离原则的一些举措激起了全国各地教权主义者的愤怒与反抗。他们纷纷联名致函赫里欧,抗议政府的宗教政策。1924年10月,著名的教权主义者卡斯特尔诺将军纠集各地的天主教团体联合组成了"全国天主教联盟"。该联盟成立不久,其会员的人数就急剧增加。不少教士和教会控制的报刊大肆鼓吹"为信仰而流血"!"重兴十字军"!公开号召教徒起来造反。1925年12月,天主教联盟在马赛发动街头骚乱。警察为维持秩序被迫开枪,造成死2人,伤60人。

大资产者制造的财政恐慌、法西斯主义性质的右翼团体和天主教势力的过激行为等,使原先踌躇满志的赫里欧一时手足无措。1925年4月11日,赫里欧在参议院多数议员对其财政政策予以抨击和反对后,未敢谋求众议院的支持便仓促辞职。

赫里欧挂冠而去之后,潘勒韦和白里安相继受命组成新的"左翼联盟"内阁。两人上台后,无一例外地被国内矛盾,尤其是财政危机弄得焦头烂额。为了缓和国内危机,潘勒韦发动了对摩洛哥、叙利亚的殖民战争。而白里安除了继续其前任挑起的殖民战争外,还致力于缓和法德关系。他此期的名言是:"贫困的法国,经受不起新的战争冒险。"[1] 这位资深外交家重新执政后在外交方面奉行的是"和平主义"与"集体安全"。他在 1925 年 10 月 16 日与德国、英国、比利时、意大利代表一起签订的《洛迦诺公约》,堪称他在这方面的典范之作。不过,尽管"洛迦诺精神"一词一时成为和解与安全的代名词,白里安也因该公约的签署与德国的斯特莱斯曼双双荣获该年度的诺贝尔和平奖,但《洛迦诺公约》并不是"战争年代与和平年代的真正分界线"。它不仅自身孕育着新的不稳定因素,而且还使法国的边境安全问题留下很大的隐患。后来的事实无情地证明了这一点。

在白里安内阁因财政危机而垮台后,赫里欧在 1926 年 7 月复出组阁。然而第二届赫里欧内阁仅维持了 3 天就一命呜呼。至此,"左翼联盟"内阁的执政宣告结束。"左翼联盟"的这次执政经历是第一次世界大战结束之后法国左翼力量联合执政的首次尝试,它为日后法国民主力量更广泛的团结打下了基础。但我们也要看到,正是"左翼联盟"政府此时期在处理财政问题方面表现乏力,乃至无能,使在法国这样一个典型的"钱夹在右,心在左"的社会里,为数不少的选民后来始终对左翼政府的理财能力持有怀疑。如在 20 世纪 30 年代中期人民阵线政府上台时、80 年代初期社会党政府上台时,这些人就会不由自主地联想到"左翼联盟"政府此番在"银墙"面前处处碰壁的经历,并对左翼政府是否能够解决好财政难题表示担忧。不幸的是,这种担忧不仅并非空穴来风,而且往往还成为现实。

五、普恩加莱成了"法郎拯救者"

"左翼联盟"内阁垮台之时,正是法国战后通货膨胀达到最高点之日:如果以 1913 年的物价指数为 100,那么在 1926 年 7 月已高达 806。与此同时,国际市场上针对法郎的投机活动也达到顶峰。当时,1 英镑竟然值 200 法郎。该由谁来力挽狂澜,消除危机呢?人们想到了普恩加莱。

1926 年 7 月 21 日深夜,杜梅格总统授权普恩加莱组阁。这位已年近古稀,像救星一样应召而来的前总统力图以第一次世界大战期间"神圣联合"内阁为榜样,建立一个由各派代表组成的联合内阁。但左翼中的社

---

[1] 夏斯特内:《第三共和国史》,巴黎,1974 年,第 3 卷,第 310 页。

会党人一概拒绝入阁,激进党亦只有极个别人参加,故此,普恩加莱此番建立的"国民联合"内阁实际上只是右派与中派联手的产物。这个于7月23日正式成立的新内阁是一个前所未有的大内阁:13位部长中竟有6人曾担任过总理。

与"左翼联盟"内阁使大小资产者产生了全面的信任危机形成鲜明对照的是,普恩加莱刚一重新执政,就立即像变魔术似的使公众恢复了对政府的信任。从事外汇买卖的奸商前一时期始终投的是法郎下跌之机,而今却一股脑儿地投起法郎上涨之机。于是,法郎在国际市场上的比价也逐渐上涨。作为一位理财高手,普恩加莱亲自兼任了财政部长,并把整顿财政、稳定金融市场、保持法郎稳定作为内政的当务之急。与此同时,他还采取裁减国家机构人员、增开新税与提高税率等开源节流的措施使预算得到平衡,从而使整个经济趋于稳定。

普恩加莱在止住了法郎急剧下滑的趋势后,面临着两种选择:其一是让法郎"回升",使它恢复到战前的比价,即古老的"芽月法郎"的比价;其二是只须稳定法郎现时的比价,使法国的商品在国际市场更具竞争力。普恩加莱明智地选择了后者。法郎1926年"事实上的稳定"在持续了两年后,导致了其"法律上的稳定"。1928年6月24日,众参两院通过了普恩加莱关于改革货币制度的法令。根据这项法令,法国将发行俗称"普恩加莱法郎"的新法郎。每一新法郎含金量为65.5毫克纯金,与战前法郎相比,新法郎贬值了4/5,但它毕竟又重新成为一种稳定的货币。由于普恩加莱在没有任何外国帮助的情况下就挽救了法郎,因而他被国人誉为"法郎拯救者"。

自普恩加莱上台后,法国经济形势明显好转,甚至还出现了短暂的"工业高涨"局面。在经济形势好转之后,政府在向大资本家等提供优惠政策的同时,也陆续实施了某些社会福利政策,如发放失业救济金、工人伤残补助金及养老金等。由此,普恩加莱的个人威望进一步提高。正是借助普恩加莱如日中天的个人威望,在1928年4月举行的议会选举中,以普恩加莱为代表的赞同"国民联合"的各派政治势力取得了巨大的胜利,普恩加莱也因此继续执掌权柄,直至1929年7月因病辞职。

普恩加莱辞职后,接任内阁总理的是在"国民联合"内阁中担任外交部长的白里安。这也是白里安第八次和最后一次受命组阁。白里安无论是在担任"国民联合"内阁的外长或总理时,仍继续不遗余力地推行法德和解与集体安全的政策。由于白里安在整个20世纪20年代热衷于签订各种各样的国际条约,因而他在当时已被公认为是整个国际外交舞台上首屈一指的"条约迷"。这位"老外交"漫长外交家生涯的压轴之作是一手促成了于1928年8月27日在巴黎签订的《白里安—凯洛格公约》(又称《非战公约》)。作为当时世界上绝大多数国家签字的一项国际条约,《非战公约》第一次正式宣布在国家关系中放弃以战争作为实行国家政策的工具,和平解决国际争端,从而在国际法上奠定了互不侵犯原则的法律基础。此外,不容忽视的是,1929年9月,白里安又在国联提出"泛欧"计划,建议欧洲各资本主义国家组成联邦,并逐步降低关税和奉行符合洛迦诺精神及欧洲统一思想的政策。这一计划在当时说来纯属空想,但这种"空想"对第二次世界大战后欧洲一体化的进程毕竟具有一定的积极意义。

六、巴黎再度成为世界文化之都

早在上一个"世纪之交",巴黎就已经成为世界文化之都。不仅当时震动世界的文化艺术事件大都与巴黎有关,而且巴黎特有的那种轻佻和活力神奇地混为一体的文化氛围以一种不可抗拒的诱惑力吸引着世界各地自命不凡的艺术家们,如来自西班牙的毕加索就是一例。而1900年在巴黎举办的世博会,更是极尽所能地展示着巴黎这座文明世界的首善之都以及现代文明的优势,尤其是突出了法兰西文明教化世界的使命。由此竟让不少人甚至以为"巴黎是世界文化的中心,地球的其他地方只是它的郊区"。然而,随着第一次世界大战的爆发,巴黎的这种文化氛围一度烟消云散。

战火消弭之后,巴黎再度作为世界的文化首都而繁荣兴盛起来。学生、教师、作家、画家、雕塑家、设计家,还有大批的旅游者,从地球的各个角落蜂拥而至,领略它那优雅的丰姿,感受它那温馨的气氛。有时"老外"多得简直要把这个城市给撑破。

随着1923年、1924年巴雷斯与法朗士两位文学大师的先后逝世,作为法国文学鼎盛时期之一的法国文坛被新的"四大文豪"支配着。他们是保罗·克洛岱尔、保罗·瓦莱里、安德烈·纪德和马塞尔·普鲁斯特。普鲁斯特虽然死于1922年,但由于他那部7卷本的长篇小说《追忆逝水年华》只是在他死前不久方才完成,其最后一卷更是于1927年才出版,故而他的影响才刚刚开始。

在那些黄金般的日子里,巴黎的文学界,特别是文学界的小说、剧本和富有战斗性的评论文章,对于众多居住在巴黎的人,不论他们是法国人还是被"幸福地放逐"(此语出自此期正羁旅巴黎的美国作家海明威)于花都的异邦人来说,都是一个令人感到珍奇而兴奋的源泉。人们不仅十分认真地看待出自一个人的想象所创作的作品,而且似乎还把这些作品看得比任何其他事物都重要。与佳作迭出的作家相比,银行家、商人、政客正在干什么或想要干什么简直不值一提。甚至连那些大多数受控于工商业与金融业巨子的报纸也有这样的反映。一部新书或戏剧,一年一度的为小说而颁发的龚古尔文学奖,两个敌对的文学派别之间的争论,乃至一位作家的结婚、离婚或死亡——凡此种种都刊登在报纸的头版。当一代文豪阿纳托尔·法朗士于1924年10月12日逝世时,他的遗体在用防腐香料处理后,从其贝什勒里的寓所被运回巴黎。法国政府和人民在10月18日为他举行了隆重的国葬仪式,而通常只有功绩显赫的杰出的政治家或军事家才能享受到这样的哀荣。法国文人当时的地位由此可见一斑。

20世纪20年代,由于涌现了一批极具才气的剧作家、导演和演员,使得法国(实际上即是巴黎,因为此时仍作为"文化沙漠"的外省实在不足挂齿)戏剧艺术仍能在国际戏剧领域占有举足轻重的地位。在这一时期,雅克·科波创办的"老鸽巢剧院"及其艺术实践对此期乃至后来法国导演、表演艺术有着深刻的影响。科波通过自身的艺术努力,力图重新建立剧作家、演员与观众之间真挚的直接关系,在观众面前再现传统古典剧目内涵的真谛,推出优秀有特色的当代剧目,扶持剧本创作的新秀。此时期法国4位第一流的导演兼表演艺术家杜兰、茹维、巴蒂、皮托耶夫既富有创新精神,又各具艺术特色。他们为了反对戏剧的日趋商品化,在1926年7月6日组成卡特尔,和以法兰西喜剧院及在巴黎繁华地带林荫大道旁建立的商业性剧院的商业演出展开激烈的竞争,推出了一大批戏剧精品。此外,这一时期一些以先锋派演出为主的实验性小剧场亦纷纷建立,其中又以由维尔德拉克和阿尔托创建于1927年的阿尔弗雷德·雅里剧院最为著名。此时期,文学大师罗曼·罗兰曾力倡人民戏剧运动,并亲自创作了一系列以法国大革命为题材的剧作。

法国作为世界电影的摇篮,在上一个"世纪之交"始终执世界电影业之牛耳。1905年,法兰西喜剧院的演员首次登上银幕,使电影成了真正的表演艺术。第一次世界大战前,法国拍摄的影片占世界影片总数的70%。后来有声电影的出现和蒙太奇技术的运用都凝聚着法国电影工作者的心血。可是,始自20世纪20年代初,由于美国好莱坞影片的强力竞争,法国电影业一度处于凋敝的境地。为了使法国电影摆脱困境,重振雄风,法国一些剧作家、导演、演员进行了不懈的努力,并在20年代末初见成效。不过,法国电影要真正获得新生,还得等到30年代。

在美术领域,20世纪初以来,现代主义美术在法国异军突起,并迅速成为法国与西方美术领域的主要潮流。其中最具代表性的是"野兽派"和立体主义派。进入20年代后,与超现实主义诗歌相呼应,法国超现实主义美术流派也应运而生。该派的主将为马塞尔·杜尚和马克斯·恩斯特。其中,除杜尚的作品《走下楼梯的裸体者》等受到高度评价外,恩斯特独创的拼贴、摩擦、拓印等技法更开辟了油画创作的新天地。

在音乐方面,进入20世纪20年代之后,法国新的一代作曲家脱颖而出。其中,鲁塞尔在此期法国音乐界中占有重要地位。在萨蒂的构成主义创作方法影响下,新古典主义音乐在20年代流行一时。同时,米约、奥内热尔、奥里克、普朗克、迪列、塔耶费尔等6名志同道合的音乐家以"六人团"著称于法国音乐界。他们反对浪漫主义和印象主义的音乐创作方法,以自己特有的节奏感、轻巧的风格创作了许多优秀的交响曲、钢琴曲以及接近民间曲调的音乐小品。尤其是奥内热尔创作的清唱剧《国王大卫》和米约为芭蕾舞剧《世界的创造》谱写的音乐更是深受当时人们的欢迎。此外,随着好莱坞影片的大量涌入,爵士音乐开始在法国乐坛占有一席之地。

1909年俄国芭蕾舞大师季亚吉列夫在巴黎舞台上的精湛演出使俄国芭蕾舞成为巴黎的新"发现"。不久,这位俄国艺术家即在巴黎定居。战后,方兴未艾的现代派舞蹈在世界范围内对古典芭蕾舞产生相当大的冲击,法国也同样如此。在这一背景下,法国舞蹈界、音乐界人士偕同以季亚吉列夫为首的一批已定居于巴黎的俄国芭蕾舞专家与演员对芭蕾舞进行了改革与创新,使之能够自由地表现现代日常生活的素材和姿态,以便更能吸引观众。在他们的共同努力下,此期法国芭蕾舞台涌现了一批深受国内外观众欢迎的新作,如《艾菲尔铁塔上的新婚夫妇》《屋顶上的牛》。尤其是由萨蒂设计音乐,毕加索设计舞台布景与服装道具,马西奈设计舞蹈的《杂技大会演》更是现代芭蕾舞史上的典范之作。

七、超现实主义运动的兴起

透过20世纪20年代法国纷纭复杂的各种文化现象,人们不难发现,此期法国思想文化领域最为引人瞩目的事情当推超现实主义运动的兴起。超现实主义运动是法国20世纪上半叶重要的文化和思想运动之一。这场运动虽然主要以文学艺术运动的形式出现,但它却具有这样一个显著的特点,即这场运动的发起人和许多参加者往往是带着改造社会、改造生活的信念投入行动的。也正是这样一个特点,决定了这场运动对日后法国的文化发展取向起了不容忽视的作用。

在很大程度上,超现实主义运动是从达达主义运动脱胎而来。因此,我们有必要首先对达达主义运动扫描一番。

达达主义是第一次世界大战期间盛行于西方的虚无主义的现代文学思潮,其运动是当时西方社会青年作家与艺术家反理性、反传统的突出表现。巴黎是达达主义运动在战后阶段的中心,而法国的不少知识分子则是这一阶段达达主义运动的中坚。

达达主义运动的发源地是瑞士的苏黎世。第一次世界大战期间,苏黎世作为中立国瑞士的一座名城聚集着一大批来自欧洲各国的青年作家与艺术家。大战带来的灾难以及暴露出来的各种社会矛盾使他们逐渐地以怀疑的眼光审视一切:社会制度、思想、宗教和文学艺术等。1915年7月,后来成为达达主义运动的倡导者与主帅的查拉,一位来自罗马尼亚的犹太裔大学生来到苏黎世读书并从事诗歌创作。翌年,他与一些青年诗人在来自德国的导演巴尔同年创办的"伏尔泰夜店"建立了文艺团体并经常举行文学与艺术聚会。起初这些聚会还限于合乎情理的"先锋派"的范围:举办画展、朗读法国著名先锋派诗人阿波里奈的诗作和他们自己创作的诗歌、演唱流行歌曲。后来,在"伏尔泰夜店"的一次聚会中,有人提议进一步推动他们的活动并且给自己的团体命名。有人当下用一把裁纸刀挑开了《小拉鲁斯词典》,被翻开的那一面的页首字样是"达达"(dada),于是,他们一致通过用此词来称谓自己的团体。"dada"一词有两义:一为"马"(儿语),二言"癖好";用来命名文艺团体实为荒唐。然而,dada的读音似有戏谑的意味,这与这批青年艺术家倡导的精神倒甚为吻合。不久,查拉在纪念攻克巴士底狱127周年的晚会上发表了达达宣言:"达达是我

第十四章 20世纪20年代的法国

们的剧烈程度:……达达是无牵连、无可比拟的生活;它反对又赞成统一并且明确地反映未来,我们很明智,知道我们的大脑将会变成软垫,我们的反教条的精神和官僚一样专横,我们不自由却呼叫自由;严格要求放弃学说和道统;让我们一道唾弃人类吧。……我们在集市上闹嚷,在修道院、妓院、剧场、现实、情感、饭馆之间大喝倒彩:哗哩、哗啦,乒乒乓乓。"①

由于第一次世界大战引起的精神危机的普遍性,达达主义很快在欧美各国流行起来,尤其是在巴黎青年作家、艺术家中引起强烈的共鸣。1919年,安德烈·布勒东、菲利普·苏波、路易·阿拉贡主编出版了《文学》月刊,为文学艺术界背离传统观念、进行创新摇旗呐喊。同年,查拉偕同一些重要的达达分子定居巴黎,极力推动以《文学》为中心的叛逆势力向前发展,并把达达在苏黎世的活动转移到巴黎。1920年1月,《文学》举办达达演出晚会,不久又组织30余人在"独立沙龙"举行报告会并发表个人宣言。报告之前,组织者伪称卓别林将莅会表演而招致大批观众前来观看。这场闹剧激起了公众的愤怒,纷纷向达达们投掷硬币和鸡蛋。不久,巴黎的达达分子又搞了一场"公审"作家巴雷斯的闹剧。随着达达运动在虚无主义的道路上越走越远,使得达达内部一些人对自己的所作所为也提出责难,认为这种毫无实效的反叛与传统艺术一样都是艺术的死胡同。1922年,布勒东等人开始与查拉产生严重的分歧,翌年,双方在展开了一场激烈的笔战后终于分道扬镳。

布勒东、阿拉贡等人在与查拉分手后,在1924年10月11日成立了"超现实主义研究室"。同年11月,布勒东又发表了著名的《超现实主义宣言》。而后,以纳维尔和贝雷为主编的《超现实主义革命》杂志取代了《文学》。超现实主义团体正式组成。

超现实主义者认为,"理性主义"已把欧洲文化和政治引向毁灭,导致第一次世界大战,因此他们要掀起"反理性主义"运动。超现实主义的活动并不止于文学艺术品的创作,而致力于改变束缚西方人的传统逻辑的、理性的思维模式,建立一种新的世界观。在超现实主义看来,当时人类的灾难不在于物质的匮乏,而在于精神上所受的压迫。而这种压迫的根源正是西方文明的基石——僵化的逻辑。它将本属于同一整体的真实与想象、理性与非理性、思维与行动、精神和物质分割成互相对立的部分,因而

---

① 参见楼均信主编:《法兰西第三共和国兴衰史》,人民出版社1996年版,第584页。

导致人性的分裂。因此,人们有必要建构一种新的世界观来统一、协调上述的被认为是互相对立的部分。超现实主义试图从探索人的内心世界入手将内外现实看作处于同一变化中的两个潜在成分。他们认为,表面上相矛盾的梦和现实终必融为一种绝对的现实,即所谓的"超现实"。他们甚至进而追求在内外部真实、眠与醒、理性与疯狂这类久已彼此分割的领域之间引出一条贯通它们的导线。特别值得注意的是,超现实主义者把弗洛伊德的精神分析学理论作为自己的思想指导,强调"潜意识"梦幻是文艺创作的源泉,提倡写"事物的巧合",他们认为清醒的、理智的思维活动是资本主义文明毒化了的精神,不是"纯粹"的精神。只有"潜意识"的、睡眠状态的或偶合情况下的思维活动,才是还未受到外界干扰的"纯粹"精神。因此,超现实主义作家与艺术家的任务就在于挖掘和解放被理性、传统压抑的意识和感情。他们往往在咖啡馆、电影院等公共场所捕捉人们思维活动的原始状态,或者在似睡非睡的状态中捉住梦幻。他们的诗歌、小说,实际上就是"潜意识""非理性"的一种形象的表达。阿拉贡的诗集《欢乐之火》、小说《安尼赛》,布勒东的小说《娜佳》都是超现实主义的代表作。

1928年,超现实主义运动开始出现正统派和分裂派并存的局面。布勒东曾参加法共,后又退出。稍后,阿拉贡转向法共,诗人艾吕雅等人亦步其后尘。布勒东与其成员的分歧日益严重。1930年,布勒东发表《超现实主义第二宣言》,重申反抗的绝对性、不顺从的彻底性与对规章制度的破坏性。阿拉贡等人则离开超现实主义,逐渐走上了社会主义现实主义的道路。

从20世纪30年代起,超现实主义运动便因内部的分裂而日见衰弱。不久,一股新的能够涵盖乃至超越超现实主义许多特征的新思潮——存在主义崛起,从而又进一步削弱了其在法国的影响力。第二次世界大战爆发后,布勒东流亡美国。随着这位超现实主义运动的"教父"抵达美国,超现实主义曾在山姆大叔的国度时髦了一阵。战后,法国思想文化界开始进入萨特时代,超现实主义便被人逐渐遗忘。

作者评曰:

  法兰西第三共和国总统自麦克马洪以后通常由政界二、三流的政治家担任。如果说普恩加莱在第一次世界大战爆发前不久入主爱丽舍宫打破了这一惯例的话,那么,一旦战争威胁解除,这一惯例又重新显示出它的巨大的魔力。这方面最明显的例子发生在20世纪20年代初。在1920年1月参众两院选举总统时,自认为稳操胜券的"胜利之父"克雷孟梭竟惨败在平庸无奇的德夏内尔的手下。虽然克氏自己也曾坦白承认,他在选举共和国总统的国民议会上总是投票选举最愚笨的候选人,而且他也深知,其在议会中的同道也大多如此。但当事情真的落到自己头上,仍使这位"老虎总理"痛苦不堪。于是,他愤然退出了政界,并在不久以怨恨和沮丧兼而有之的口吻说道:"我所做过的一切,都已被糟蹋殆尽了。20年后法国必将灭亡。"也许,更让克氏难以忍受的是,战胜他的人竟然还是一个精神病患者,后者在当选后不久即神经错乱,并在同年9月被迫交出权柄。类似的悲剧也发生在享有世界声誉的白里安身上。他在1931年问鼎总统宝座时同样败在了温和而迟钝的保罗·杜梅的手下。

第十五章 危机笼罩下的20世纪30年代

一、经济大危机——虽姗姗来迟,但终难幸免

1929年10月华尔街股票暴跌引发了一场资本主义世界前所未有的最深重、最持久的世界性经济大危机。令人瞩目的是,在这场危机爆发的初期,当美、德、英等主要资本主义国家在危机旋涡中竭力挣扎的时候,法国不但仍能置身事外,反而使1929年、1930年成为两次世界大战之间"繁荣时期"的最好年份。

与其他主要资本主义国家的经济被危机弄得焦头烂额形成巨大反差的是,这两年间,法国财政预算基本平衡,财政状况良好,法兰西银行的黄金储备雄厚;除农业外,绝大多数经济部门仍在持续发展。煤、铁矿和铝的产量分别创造了两次大战之间的最好纪录;法国产品在1928年法郎大幅度贬值后在国际市场上的竞争能力大大增强。外贸方面传统的逆差虽仍然存在,但通过旅游业的发展和海外投资的利润得到了极大补偿;失业问题也不严重。当1930年美、德、英诸国为严重的失业问题所困扰之际,法国登记在册的失业救济金领取者仅为1 700人。外籍劳工的继续增加也有力地说明了这一点。

凡此种种,导致法国朝野盲目乐观。1929年11月7日,在白里安挂冠后首次出任政府总理的塔迪厄在议院大胆地提出了为期5年的"国民装备计划",要求国库拨款50亿法郎。在世界经济危机已然爆发后仍提出这一耗费巨大的"繁荣政策",足以反映塔迪厄及其政府的乐观情绪。有人甚至在报刊上得意地宣称:我们国家的相对平衡证明,法国的方式虽

第十五章 危机笼罩下的20世纪30年代

然是折中的,但始终是审慎的,它是最佳良策,是民族智慧的反映。类似的乐观情绪在广大平民百姓中也普遍存在,他们深信,法国是"危机的世界中的繁荣之岛"。[1]

然而,这是一种盲目的乐观。法国受这次经济大危机的影响虽然要晚于其他主要资本主义国家,但它最终也同样难逃厄运。只是由于法国传统的历史条件,特别是第一次世界大战结束之后其社会经济发展的特殊境遇,才使得危机在法国姗姗来迟。导致法国受危机冲击要晚于其他主要资本主义国家的主要原因大致如下:法国工业在主要资本主义国家中相对落后,使工业、农业得以相对平衡,并由此构成法国经济总体上的平衡性;外贸在法国经济中所占比重有限,法国对国际市场的依赖性较小,因而国际市场的变化对法国经济的冲击也相对较弱;法国仍然是一个手工业工人和小生产者众多的国家,1/3以上靠工资收入生活的人仍然是受雇于不足5人的企业,而在商业领域,87%的商店只雇用5人甚至不足5人。[2]这些家庭式的小企业或商店贷款规模往往极小,因而也较容易依靠自己的积蓄对付一段时间。此外,大战中受破坏地区的重建、各种规模浩大的公共工程、1928年普恩加莱大幅度贬值法郎后带来的法郎稳定和法国产品竞争力的加强、农村人口仍然众多及政府对农业的保护主义政策、世界经济大危机爆发前夕和初期大量黄金从国外流入等因素都有利于推迟危机在法国的爆发。

及至1930年底,法国终于也卷进了这场大危机的旋涡:大批银行与企业倒闭破产,生产下降,失业人数激增,物价暴跌,资本输出锐减,对外贸易萎缩。进入1931年后,经济危机已波及整个工业部门,该年工业生产下降17.5%,其中钢铁生产下降达29%,破产的企业增加了60%。[3] 1931年3月,失业人数达45万多人,到1936年3月上升到82万多人。[4] 与一些新兴的工业部门相比,传统工业部门受危机冲击更大。据估计,这次危机大约使法国的工业倒退到1911年的水平。

经济危机的到来对长期处于慢性危机的法国农业来说更是雪上加霜。法国农业长期来系小农占优势,在两次大战之间,占地不到10公顷

---

[1] 参见伯斯坦:《30年代的法国》,巴黎,1988年,第26页。
[2] 参见楼均信主编:《法兰西第三共和国衰亡史》,人民出版社1996年版,第451页。
[3] 贝纳尔等:《第三共和国的衰落1914—1938》,剑桥大学出版社1985年版,第180页。
[4] 参见达塔科夫斯基等:《明天会美好吗?》,巴黎,1986年,第119页。

的小农仍占总户数的73%。这些小农由于耕种面积小,加之资金不足,很难而且无力在农业经营的现代化方面迈出较大的步子,法国农产品的成本始终居高不下,这就使得法国农产品长期来在国际市场上缺乏竞争力。经济危机不仅使法国农产品在国际市场上更无出路,甚至对其国内市场也冲击颇大。农产品大量过剩导致价格暴跌。下跌最厉害的是法国主要农产品小麦与葡萄酒的价格:1931—1935年,小麦的价格由每公担184法郎降为74法郎,葡萄酒由每百升154法郎降为64法郎。[①]更有甚者,危机期间,工农业产品之间的剪刀差愈益扩大,致使农民的实际收入进一步减少。如1929年农民用1公担小麦可换回1吨煤,而在1935年则只能换500公斤煤。[②]

自1928年法郎贬值后曾一度出现良好势头的法国对外贸易在危机的影响下又陷于困境。尽管法国商品的批发价从1929年到1934年下降了46%,但由于政府固守金本位的货币政策,使法国产品在国际市场上的竞争又重新处于劣势。法国在世界资本主义国家贸易中所占比重连年减少。及至1937年,法国的出口几乎比1929年减少了3/4。由此,法国传统的外贸逆差更为严重。与此同时,法国的资本输出也明显下降,对外投资的收入也由于外国债务人的破产而锐减。这样一来,法国国际收支亦出现了严重的逆差。

危机使普恩加莱"国民联盟"内阁执政后一度稳定的法国财政再次处于混乱状况。仅在1931年,破产的银行就有118家之多。胡佛延债令、德国停止支付赔款、英国放弃金本位后对法郎的冲击、对外投资收入的锐减、外贸逆差的扩大和旅游业的衰落使法国财政收支严重地失去平衡。1931年,财政预算出现了50亿法郎的赤字。两年后,赤字的数额已增至110亿法郎。为了应急,政府被迫大量抛售黄金,一度充实的国库再次空虚。同样,或许更令人不安的是,此时不但那些在世界经济危机爆发前夕和初期从国外流入法国的资金重新流出了法国,甚至连不少法国本国的资金也流到了国外,从而造成了法国财政的"大出血"。

自卷入经济危机的旋涡起,法国经济不景气的状况一直要延续到1935年春天,而大多数资本主义国家则从1932年起就开始复苏。由此,

---

① 参见贝纳尔等:《第三共和国的衰落1914—1938》,剑桥大学出版社1985年版,第180页。
② 参见米盖尔:《法国史》,商务印书馆1985年版,第519页。

法国在这次世界性经济大危机中呈现出这样的特点:爆发较迟而持续时间较长。法国这次经济危机之所以持续时间较长,固然与政府坚持奉行紧缩通货、保卫法郎等政策有关,但更重要的原因还得从法国的经济结构中去寻找。法国经济结构中诸多使法国较迟卷入经济危机旋涡的因素同样也不利于法国更早地走出危机。

危机猛烈地冲击着法国社会,并引起了严重的社会后果,其中最主要的大致有三:首先,危机引起广大人民群众和中小资产阶级经济状况严重恶化和生活水平普遍降低。其次,为数极少的垄断资本家利用危机加强了自己的实力和地位。他们用低价收买,兼并破产或濒于破产的中小企业,从而加强了生产和资本的集中,特别是银行资本的集中和它在国家经济中的作用明显增强。最后,持续的经济危机激化了法国社会的阶级矛盾,使政治斗争更趋激烈。由于政局动荡不安,此期的内阁有如走马灯似的频频更换。

二、"30年代精神"

目睹着资本主义在史无前例的大危机的打击下奄奄待毙,更由于对20世纪30年代初被揭露的乌斯特里克事件和斯塔维斯基事件等一系列政治舞弊与财政丑闻的极度反感,使30年代的不少法国青年知识分子心中产生了这样一个想法:旧社会正在崩溃,新世界有待建设。与此同时,青年知识分子们对自己不得不受制于年长者与旧制度也深为不满。他们厌恶赫里欧所称的"中等法国人"的法国的庸常与乏味,渴望重新找到强烈生活的气息。德里厄·拉罗歇尔在《吉尔》一书中的一段话清楚地表明了这一点:"对我们这些不说是从战火归来,至少是永远同一种震荡人心的强烈生活紧密相连的人来说,一切都没有发生过。因为我们只是少数年轻人,而且立刻就陷入了一堆老于世故的人当中。转眼间,他们就把他们的旧制度强加于我们。"[1]为了寻找出路,这些青年知识分子有的走上了参加法国共产党的道路,有的乞灵于法西斯主义,为数不少的人在不满于自由资本主义的同时,既敌视共产党,也唾弃法西斯主义,试图另辟专家治国论之类的蹊径。尽管如此,这些青年知识分子身上都具有

---

[1] 参见阿泽马等:《法兰西第三共和国》,巴黎,1976年,第270页。

一种共同的违拗精神。对此,法国著名现代思想史专家让·杜沙尔称为"30 年代精神"。

十月革命,苏联计划经济的开始,法西斯主义的产生和当时的经济危机,所有这一切自大战以来震撼世界的事件使法国的自由资本主义显得极为陈旧与过时。在被视为西方文明的总危机中,人们对法国的政党政治制度进行了指责。如 1932 年 10 月创办了《精神》杂志的埃马纽埃尔·穆尼埃在答复天主教民主主义者保尔·阿尚波尔的公开信中写道:"资本主义自由把自由民主交给了富人的寡头政治,这是通过使用民主的方式,并使用自由给予民主的武器而实现的。……然后,资本主义自由在最后阶段,把自由民主交给了大银行和大企业控制的国家干涉主义,这些大银行和大企业不仅神秘地操纵着政治机构,而且还控制了新闻、舆论、文化,有时还控制了教权代表人物,把一个阶级的意志强加于人,甚至于按照这个阶级的形象培养群众的愿望,却又拒不给予群众以实现这些愿望的方法。"让·米斯特莱则更为形象生动地比喻道:"这台(政治)机器陈旧不堪,它使人想到村镇的古老时钟,在指针指着 12 点的时候,时钟却只敲十下。"①随着危机的加强,许多政治色彩不同或没有什么政治色彩的青年知识分子结成了小组,想探索一条出路,把国家从已陷入的道德、政治、社会、经济困境中解救出来。但是这些小组之间及其内部成员之间的意见都不一致,找不到一个合理的行动方向。他们在全国各地办的杂志反映了他们的彷徨苦闷,其五花八门的刊名就颇能说明这一点:《新人》《新秩序》《计划》《反应》《精神》《战斗》《新备忘录》等。这些青年知识分子的各种纲领和宣言是一堆矛盾的杂拌。由阿尔诺·丹迪厄、罗贝尔·阿隆、达尼埃尔·罗普斯、德尼德·鲁热蒙、亚历山大·马克等人创办的《新秩序》的宣言就是一个明显的例子。该宣言声称,它正在准备"一种革命的秩序,既反对资本主义的混乱,又反对布尔什维克的压迫;既反对软弱无力的资本主义,又反对屠杀人民的帝国主义;既反对议会,又反对独裁"。②由多产的小说家儒勒·罗曼纠集 19 个来自右翼集团或左派工会的青年知识分子在 1934 年夏季制订的"七月九日计划"也同样如此,这一在当年曾被大力宣扬的计划和别的计划一样含糊不清,它既敌视自由主义、议会

---

① 参见阿泽马等:《法兰西第三共和国》,巴黎,1976 年,第 252—253 页。
② 夏伊勒:《第三共和国的崩溃》(上),南海出版公司 1990 年版,第 290 页。

第十五章 危机笼罩下的20世纪30年代

主义,又反对"极权主义的崇拜论者";既要求在宪法上进行改革,又要求在经济上、社会上和道德上进行改革。[①]

值得注意的是,在参与制订"七月九日计划"的人当中有一位名叫让·库鲁特的青年知识分子。这位从著名学府巴黎综合理工学院毕业的高才生是一个典型的专家治国论者,1931年,他在该校遍布政府机要部门、工业部门和银行的飞黄腾达的校友们的帮助下,成立了一个名叫X—危机的研究小组,旨在研究当时正在迅速蔓延的世界经济危机。两年后,他把这个小组改组成"巴黎综合理工学院毕业生经济研究中心",吸引了许多经济学家、社会学家、工会领袖和工商财贸界的要人。库鲁特认为,尽管法国和西方世界在经济衰退中挣扎着,而且使资本主义仍不断地运转着,但只有依靠技术人员才有出路,正是这些人在真正管理着工业、银行和工会,正是这些人才懂得20世纪工业化社会的复杂性,而政治家与徒有良好愿望的知识分子根本不懂得现代世界究竟是怎么一回事,因此不能指望政治家与知识分子们进行什么像样的改革。库鲁特具有一种创立研究组织的强烈的愿望,认为这类组织能够解决所有的新问题,因此,颇有组织才干的他又接连创立了一连串带有冠冕堂皇的名称的组织,如"法兰西组织全国委员会""人道问题研究中心""实用心理学学会"等。在库鲁特的幕后操纵下,20世纪30年代的法国出现了一个叫"共同统治"的专家治国运动。参加这一运动的多为在政府官僚机构与工商财贸界身居高位的名牌大学(如巴黎综合理工学院、巴黎高师、政治学院等)的毕业生,他们的思想彼此接近,于是结成了一个松散的组织,通过报纸与其他的渠道宣扬自己的观点。他们蔑视对议会民主的探索,主张只有受过专门教育和训练的人才懂得怎样提高私人企业的效率和利润,因而也才最有资格管理政府,奠定现代社会的性质。

如果说,"30年代精神"主要充分体现在此期出现的五花八门的思想评论杂志与乌托邦小团体中的话,那么,它对此期主要政党内部发生的动荡所产生的影响也不容忽视。在法共,长期担任巴黎"红色郊区"的典型圣德尼市市长并深得人心的雅克·多里奥由于与法共领导人存在着严重的分歧,最终走上了与法共决裂,自建法国人民党的道路。这一新成立的政党既有一大批与多里奥同时被开除的前法共工人党员,但更包括了如

[①] 夏伊勒:《第三共和国的崩溃》(上),南海出版公司1990年版,第290页。

德里厄、德·儒弗内尔、伯努瓦·梅尚、法布尔-吕斯那样在当时颇为活跃的青年知识分子与右翼人士。在激进党中,被称为"青年土耳其"或"青年激进党"的运动应运而生。一批年轻的激进党党员冒着个人风险向以赫里欧等中老年人为代表的主流派发起挑战,试图更新激进党,使党的政策能够更好地适应正在发生巨变的时代。在社会党中,以马塞尔·戴阿和阿德里安·马尔凯为首的由年轻党员组成的"新社会主义者"也强烈要求社会党抛弃传统策略,走参加政府的道路。他们甚至在提出改革策略的同时也要求理论更新,即要求社会党重新考虑传统的社会主义,将社会主义同某种能带来必要的权威和秩序的民族主义国家调和起来。他们的态度使勃鲁姆等社会党中年长的领导人颇感震惊,遂把他们开除出党。

三、法西斯主义分子的骚动

当作为资本主义世界重要一员的法国在前所未有的经济危机以及由此引发的社会、政治危机冲击下动荡不安、困难重重时,人们自然而然地就提出了这样一个问题:法国将向何处去?面对这一严峻的问题,法国右翼势力中的一些极端分子(当然,有些人是从"极左"转向极右)作出了自己的回答,即乞灵于法西斯主义。在一些信奉法西斯主义的文人鼓噪下,以及在某些工商业、金融业巨子的资助下,一个又一个具有法西斯主义性质的右翼集团在法国应运而生,并猖狂地挑起了一场又一场的骚动。

确切地说,法国具有法西斯主义性质的右翼集团最初出现于20世纪20年代,特别是1924年"左翼联盟"第一次上台执政之后。当时,十月革命胜利后共产主义思想的广泛传播,法国共产党的成立和"左翼联盟"的选举胜利,引起了法国右派和极右派的恐慌,而意大利墨索里尼的上台与英国保守党的重新执政则更助长了法国右翼势力的发展。在这样一种背景下,法国具有法西斯主义性质的右翼集团开始第一次涌现,其中较为引人注目的有1925年成立的以乔治·伐卢瓦为首的"束棒"、1926年成立的以皮埃尔·泰坦热为首的"爱国青年"、1927年成立的以莫里斯·达尔托瓦为首的"火十字团"(后由拉罗克上校领导)。

20世纪30年代经济大危机蔓延到法国后,特别是1932年"左翼联盟"又一次在大选中获胜后,法国又有一批具有法西斯主义性质的右翼集团纷纷建立,如仅在1933年,就在化妆品巨商弗朗索瓦·科蒂资助下,分别成立了以让·雷诺为首的"法兰西团结"和以马塞尔·比加尔为首的"法兰西主义"。"法兰西团结"公开扬言要横扫议会民主,建立独裁统治。"法兰西主义"则宣称要摧毁议会制度,用代表行会的立法机构取而代之。比加尔还代表法国在1934年12月参加了在蒙托洛召开的国际法西斯代表大会。这一时期的不少群众团体如"全国老战士联盟""农民行动委员会""天主教联盟"和"全国纳税者同盟"等,也都在不同程度上受法西斯分子的控制。在两次大战之间的法国法西斯主义运动中,影响最大的是由拉罗克上校取代前任所领导的"火十字团"。这一组织最初由第一次世界大战期间荣膺"战斗十字"勋章的退伍军人组成,成员按军事编制组织,有严密的纪律。他们提出的口号是"像在前线一样联合起来","挽救民族、荣誉、秩序和财产"。该组织在30年代发展得很快,成员也由原来清一色的退伍军人扩展到各界人士。1934年春大约有成员35 000人,同年夏天超过10万人,次年发展到20万人,到1936年初时成员多达45万人。"火十字团"除了拥有大量枪支外,甚至还拥有飞机。

此外,以反动思想家和政治家夏尔·莫拉斯为首的"法兰西行动"在法国法西斯主义运动中所起的作用也不容低估。该组织成立于19世纪末,原是个反对共和、复辟君主的教权主义保皇组织,因出版《法兰西行动》报而得名。两次大战之间逐渐演化为具有法西斯主义性质的组织。20世纪30年代初,该组织约有成员6万人,并建立了特殊的准军事组织"国王的报贩",破坏左派的集会游行,甚至谋害某些左翼领导人。

法西斯主义作为一种国际现象,法国的法西斯主义与意、德法西斯主义显然具有许多共同点。许多法国法西斯主义性质的"集团"和组织的纲领、口号以及活动方式都明显地表露出模仿意、德法西斯的痕迹。然而,由于法国国情与意、德等国有别,法国法西斯主义必然具有自己的特点:

第一,法国的法西斯主义运动具有自己的极端民族主义的思想传统。法西斯主义是与极端的民族主义密不可分的。在这一点上,法国的法西斯主义也不例外。但是,法国的法西斯主义具有自己的极端民族主义思想传统,其中最突出的就是波拿巴主义、布朗热主义与反德雷福斯运动。它们在不同的时代分别以扩张主义、复仇主义或反犹主义的形式表现出来。值得注意的是,两次大战之间的法国法西斯主义组织在继承传统民族主义方面,在形式上与意、德法西斯也有着不同之处。这是因为在第一次世界大战中,法国尽管付出的代价极其惨重,但它毕竟是战胜国。而战争的残酷又使法国人民渴望有长久的和平生活,统治阶级及其代理人为了确保法国在战后的既得利益也希望维护现状。因此,两次大战之间法国民族主义思想的表现不是向外扩张,收复失地,而是打着法兰西的伟大、民族的安全的旗号,力图巩固既得胜利果实,维护法兰西殖民帝国。这一点几乎反映在当时所有的法国法西斯主义组织的纲领和言论中。例如,"束棒"在1929年7月15日发表在《新世纪》上的《凡尔登纲领》中提出的首要目标之一就是"通过中央集权国家的方法协调法国所有力量以实现其繁荣和伟大,170万法国人在1914—1918年曾为之献出过生命"。又如"法兰西主义"在自己的章程中也将其目标之一规定为"恢复法兰西的伟大和建设未来"。①

第二,法国法西斯主义组织作为国内一股有影响的政治力量出现在社会上要迟于意、德。法国不少具有法西斯主义性质或色彩的右翼集团虽然创建于20世纪20年代,但是法西斯主义运动发展并起到政治作用还是在30年代上半期,显然迟于意、德。这是因为法国在第一次世界大战后的国际地位和战后的社会经济发展状况不同于意、德,而30年代经济大危机又较迟影响法国。

第三,法国法西斯主义的社会基础较为薄弱,始终未能形成在全国具有举足轻重影响的运动。这是因为危机对法国冲击的突发性相对较弱,带来的灾难相对要小。而且,法国资产阶级民主、自由的传统具有100多年的历史,在同专制势力的斗争中不断发展、巩固。这种精神遗产不仅被后来的法国人继承了下来,而且久而久之形成为法兰西民族的一种特性。强大的民主传统、深入人心的共和制度必然对法国法西斯主义的发展起着一定的抑制作用。此外,随着意、德法西斯的极端民族主义越来越暴露出其侵略性、扩张性,使相当多的法国人清楚地意识到法西斯主义和战争是不可分的,因此,在第一次世界大战中饱受创伤的法国人对好战的法西斯主义没有好感,特别是对在普法战争和第一次世界大战中蹂躏过法国国土的德国始终抱有警惕。这一因素亦使得法国法西斯主义的社会基础大为削弱。这也是大多数法国法西斯主义右翼集团并不像意、德法西斯那样公开宣布自己是法西斯,一般都否认信仰法西斯主义的原因。

---

① 参见吕一民等选译:《1918—1939年的法国》,商务印书馆1997年版,第75—77页。

第四,由于法国法西斯理论的多元性,使法国法西斯始终没有一个系统的统一纲领,无法建立一个统一的法西斯政党组织。意大利与德国法西斯都在20世纪20年代创立了一个统一的政党——意大利国家法西斯党和德国纳粹党。这两个党的力量均大到足以与其国内的任何一个党派相抗衡,均具有足够的实力去逐渐地消灭异己力量。法国法西斯则不然。各种具有法西斯主义性质或色彩的右翼集团虽然多如牛毛,但规模大多不大,无法单独与传统政党一决高低。同时,这些集团都拥有自己的一套理论主张,都看重各自的自由,不愿受任何束缚,不愿放弃自主立场,相互间矛盾重重。因此,法国法西斯右翼集团始终未能结成联盟,更谈不上统一在一个政党的领导之下。

四、从"二·六"事件到人民阵线成立

1933年1月希特勒在德国上台,给法国的法西斯主义运动起了推波助澜的作用,法国的法西斯主义右翼集团利用人民群众对危机后果的不满情绪,特别是利用了一连串的财政与政治丑闻,在1934年制造了狂热的反对议会民主、反对革命运动的"二·六"骚乱。

"二·六"事件的导火线是1933年12月30日报刊揭露的一起长期诈骗事件——斯塔维斯基丑闻。斯塔维斯基是一个在1886年出生于俄国基辅的犹太人,20世纪初随全家迁到巴黎后不久,就多次参与诈骗活动。1912年他因触犯法律被判刑。他的父亲因对儿子的堕落感到绝望而自杀身亡。但斯塔维斯基出狱后不思悔过,反而变本加厉地从事贩毒、诈骗、伪造签名、倒卖偷来的债券等非法活动,甚至还持枪抢劫。为了逃避法律的制裁,斯塔维斯基在非法获得巨额财富后,用大量的钱财去贿赂大批政界要人与警察、司法部门的头目,与他们过从甚密。他在一些部长的庇护下,伙同众议员兼巴荣纳市市长加拉开设巴荣纳市信贷银行,并以大量假珠宝做抵押,发行巨额债券。案发后,警方逮捕了一些同案犯,其中有巴荣纳市市长兼众议员,激进党的另外一名众议员和由斯塔维斯基资助的两家巴黎报纸《意志报》和《自由报》的发行人,斯塔维斯基却携带发行债券所获得的巨款逃之夭夭。1934年1月8日,警察在夏蒙尼包围了斯塔维斯基隐藏的住所,并宣布说斯塔维斯基已自杀。这一说法引起了公众的怀疑。不少人认为,有人为灭口而谋杀了他,以免泄露有牵累的

要人。《鸭鸣报》就如此概括斯塔维斯基之死:"顶着枪口被打死的自杀者。"对此,议会专门调查委员会在案发一年后作了这样的结论:"毫无疑问,在警察破门冲进斯塔维斯基的别墅时,他开枪自杀了,但自杀多少是被迫的。"委员会肯定了如下事实:警方不愿捉活的,也不进行抢救,让他慢慢死去,目的是不想保全他这样重要的被告。①

以莫拉斯为首的"法兰西行动"很快地就意识到从这桩新的诈骗案中有利可图,并决意把这起财政丑闻迅速地变为像巴拿马丑闻一样的政治丑闻。1月9日早晨,《法兰西行动》报在头版竭力呼吁巴黎人民下班后游行到国民议会的驻地去,高呼"打倒强盗!打倒暗杀者!"当天傍晚,约有2 000人朝着国民议会的驻地波旁宫游行,但被驱散了。两天后,即11日晚上,一个市议员率领着"爱国青年团"伙同"国王的报贩"举行了更大规模的示威游行,当局不得不出动机动骑兵警卫队来阻挡暴徒冲进议会。暴徒们捣毁了树木和栏杆,拦截汽车构成路障,把售报亭推倒后点火烧掉,还切断了给电车供电的电缆,使得电车和公共汽车全部停驶。嗣后,各极右集团天天在圣日耳曼大道、协和广场举行反议会、反政府的示威游行。1月27日,肖当政府被迫辞职。一个在议会两院均受到大多数议员支持的政府竟被示威游行所颠覆,这在第三共和国的历史上还是第一次。1月29日,达拉第组阁。达拉第一上台就答应去做肖当不肯做的事情:成立一个议会委员会调查斯塔维斯基事件,并决定撤销与右翼势力关系密切,并有同情极右派示威者之嫌的希亚普巴黎警察局长的职务,另任他为摩洛哥总督。希亚普拒绝了这一明升暗降的任命,一些右翼阁员也以辞职表示对希亚普的支持。"法兰西行动"等右翼集团决定利用希亚普易职之事发动一场更大的骚乱。

2月6日,即在新内阁要在众议院通过投票认可以获取信任的那一天,《法兰西行动》报等右派报刊均刊登了各右翼团体的号召,煽动自己的成员及同情者当晚上街,举行反政府示威大游行。一些报刊为了进一步煽动公众,竟刊载了假报道,说政府已秘密调进了坦克部队、机枪连、塞内加尔黑人部队,要对"和平的"示威群众进行"扫荡"。下午3时,当众议院开会对达拉第政府进行信任投票时,各右翼团体开始在波旁宫周围的不同地点集结,"法兰西行动"在协和广场,"火十字团"在圣日耳曼大道和圣-多

---

① 参见阿泽马等:《法兰西第三共和国》,巴黎,1976年,第264页。

第十五章 危机笼罩下的20世纪30年代

米尼克街,"法兰西团结"在巴黎歌剧院前,"爱国青年"在市政厅和拉丁区。下午6点半,协和广场上聚集着数千名示威者,他们不顾骑着马、戴着钢盔的机动卫队的一再驱赶,固守自己的阵地。一些示威者把剃刀绑在棍棒的一头,向战马和骑兵的腿上挥砍,同时扔石弹和鞭炮。晚上7时,"法兰西团结"的一些暴徒冲破了最后一道警戒线,即通向议会的桥头路障,开始冲击波旁宫。为了不让暴徒冲进议会场所,警卫部队被迫鸣枪阻止,双方发生激烈的武装冲突,造成大批人员的伤亡。就在暴徒冲击波旁宫时,达拉第政府以343对237票的多数获得议会的信任。但是,由于有关官员拒绝执行新政府的镇压命令,不少阁员力主辞职,加之激进党的老资格领袖赫里欧对达拉第不予支持,使达拉第感到无能为力,遂于2月7日中午宣布辞职。

"二·六"事件的直接后果是加速了法国整个社会向左右两极分化。法国的右翼势力,力图趁资产阶级的议会制度出现严重危机的关头,用具有法西斯主义因素的极右政权取而代之。"二·六"事件亦使左翼各党派和人民群众深感震惊,同时更激起他们的义愤,决心奋起给予迎头痛击。正是反对国内外法西斯主义威胁的共同目的,成为20世纪30年代法国波澜壮阔的人民阵线运动形成的直接动因。

始自20世纪20年代中期,面对着意、德法西斯的先后崛起、国内具有法西斯主义性质的右翼集团的恶性膨胀和新的战争威胁的加剧,富有民主传统和斗争精神的法国进步人士,尤其是知识分子就以各种方式同国内外的法西斯主义展开斗争。1926年,罗曼·罗兰与亨利·巴比塞合作,组织了国际反法西斯委员会。次年2月,第一次国际性的反法西斯群众大会在巴黎召开,罗曼·罗兰、巴比塞和爱因斯坦担任了名誉主席,而执行主席则是与法共关系密切的著名物理学家保尔·朗之万。

在反法西斯的斗争过程中,法国进步知识分子提出了"法西斯就是战争!"这一口号。1932年,在罗曼·罗兰和亨利·巴比塞的共同倡议下,国际反法西斯力量成立了国际反战委员会。1932年8月27日至29日,在荷兰阿姆斯特丹召开了声势浩大的国际反战大会,出席大会的有来自25个国家的2 244名代表。其成员包括一大批著名知识分子的法国代表团的阵容为最大,达585人。亨利·巴比塞、罗曼·罗兰和朗之万等被选为国际反战委员会正、副主席。罗曼·罗兰在第一天的会议上,号召全世界不同信仰、不同政见的党派、团体以及无党派人士,在共同目标下团结起来,反对法西斯,反对战争。1933年1月,纳粹党在德国上台之后,罗曼·罗兰等进步知识分子即把斗争矛头对准了纳粹政权。罗曼·罗兰本人还毅然地在由"反对希特勒法西斯斗争援助委员会"散布的标题为"打倒棕色瘟疫!"的传单上签名。同年,当纳粹党制造了震惊世界的"国会纵火案"时,法国知识界中不少的进步人士也积极地展开斗争,一方面谴责纳粹党的无耻,另一方面积极地营救季米特洛夫等人。

1933年6月4日,在德国、意大利、波兰革命工会的倡议和法国进步知识分子的积极筹备下,在巴黎普莱埃尔大厅召开了欧洲反法西斯代表大会。出席大会的有来自欧洲各资本主义国家的3 700名代表,其中法国代表2 562人。8月20日,国际反战委员会和反法西斯委员会在巴黎通过了两大运动在国际范围内联合的决议,成立了国际反战反法西斯委员会,亦称阿姆斯特丹-普莱埃尔委员会,法国也成立了相应的委员会,因此,法国反法西斯运动得到了有力推动和广泛开展。在运动中,各个党派、工会间的接触日益增多,这为法国反法西斯统一战线的建立创造了有利条件。

"二·六"事件的发生,使法国进步知识分子进一步意识到了国内法西斯势力的严重威胁,决心奋起给予迎头痛击。"二·六"事件发生后不久,法国知识界的3位著名人士发起创建了知识分子反法西斯警惕委员会。他们是著名哲学家阿兰(原名埃米尔·夏蒂埃)、著名的人种学家保尔·里韦和著名物理学家朗之万。在很短的时间里,知识分子反法西斯警惕委员会的成员迅速达到了8 000多人,并在1935年年底运动达到最高潮时拥有200多个地方性委员会。这些进步知识分子针对当时右翼报刊丧心病狂地大放厥词,混淆视听,编写和散发了大量反法西斯的传单与小册子,如《二·六事件与新闻界》《何谓法西斯?》,等等。由于知识分子反法西斯警惕委员会的3位发起人分别与左翼的三大政党,即激进党、社会党与共产党有着极为密切的关系,因此,这一委员会的建立与活动为左翼党派下一阶段更大规模的联合行动开了一个好头。从这一意义上说,知识分子反法西斯警惕委员会是波澜壮阔的人民阵线运动的萌芽组织。

自1920年图尔大会以来,作为共产国际的一个支部,法国共产党长期以来由于受到宗派主义、冒险主义和教条主义的影响,基本上执行着一种"阶级反对阶级"的策略。法共不仅把资产阶级政党作为自己的敌人,也把具有浓厚的改良主义色彩,在法国广大工人群众和小资产阶级中有

第十五章 危机笼罩下的20世纪30年代

着巨大影响的社会党视为自己的敌人,甚至视为最主要的敌人,并人为地在整个法国工人阶级中划分共产党工人和社会党工人。及至1934年5月,法共在共产国际的帮助下完成了策略转变,对与社会党的联合采取了积极主动的态度。对此,社会党领导人勃鲁姆等人虽对法共这种"戏剧性的变化"及真实意图疑虑重重,但还是接受了联合行动的呼吁。同年7月27日,两党代表在巴黎签订了《统一行动公约》,相约共同反对国内外法西斯主义,在统一行动中,两党均应互相节制,停止攻击和批评。

毋庸讳言,这一公约的签订奠定了两大无产阶级政党在反法西斯斗争中团结统一的基础,迈出了人民阵线建立过程中的重要一步。但是,为组成坚强的反法西斯屏障,必须扩大反法西斯统一战线。为此,积极争取与在农民和中间阶层中有巨大影响的激进党的联合,便成为建立人民阵线的另一重要步骤。1935年5月,激进党在市政选举中受挫,党内矛盾激化。为了确保激进党在未来选举中的地位,并由于党内外压力的影响,激进党领袖达拉第及其领导的主流派接受了人民联盟的主张。达拉第还在群众大会上公开表示:"我代表小资产阶级。我声明,中间阶级和工人阶级是天然的同盟者。"至此,左翼三大政党在人民阵线问题上趋向一致。

1935年6月8日,在阿姆斯特丹-普莱埃尔委员会的发起下,由包括知识分子反法西斯警惕委员会在内的各左翼党派和团体联合发出号召,决定在7月14日在巴黎和外省举行大规模示威游行,并将是日作为显示法国人民团结力量的日子。这些党派团体还组成了人民联盟组织委员会,由巴黎大学教授、人权联盟主席维克多·巴什任委员会主席。7月14日上午,69个党派团体的1万多名代表在布法罗体育场集会,并进行庄严宣誓,"决心为给劳动者以面包,给青年以工作,给世界以和平而斗争"。下午2时,在红旗和三色旗的指引下,从巴士底广场到民族广场的游行队伍集中了50万因左派大联合而欢欣鼓舞的人们,社会党、共产党和激进党的领袖勃鲁姆、多列士、达拉第肩并肩地走在队伍的最前列。全国各主要城市也在同一天举行大规模集会游行。7月14日的集会和游行,标志着法国人民阵线的正式成立。

五、勃鲁姆——法国历史上的首位社会党人总理

1936年1月,参加人民阵线的98个组织通过了《人民阵线纲领》。

由于这一纲领较为充分地反映了工人、农民和城市中小资产阶级的迫切要求,因而得到了广大人民群众的支持和拥护,同时也为人民阵线左翼政党在即将到来的议会选举的获胜奠定了基础。同年4月26日至5月3日,法国举行议会选举。在此次选举中,人民阵线各党取得了重大胜利,尤其是社会党更是以147席成为议会中的最大党团。

人民阵线在1936年春举行的示威活动

人民阵线的选举胜利,特别是社会党成为议会中的最大党团,使向来以饶勒斯的忠实门徒自居的社会党领袖勃鲁姆踌躇满志。他在5月5日的社会党机关报《人民报》发表的社论《社会党已准备就绪》中自豪地说:"社会党不仅成为多数派中最强大的党团,而且在整个议会中也是最强大的。此外,它构成了人民阵线的轴心,它在共产党和激进党之间占据着中心位置。所以,我们坚定地、刻不容缓地宣称,我们已准备充当属于我们的角色,即组织和领导人民阵线政府。"[①]

6月4日,勒布伦总统授命勃鲁姆组阁,早已作好准备的勃鲁姆欣然接受,并于次日组成了第一届人民阵线政府。勃鲁姆也由此成为法国历史上第一个社会党人总理。第一届人民阵线政府由社会党人和激进党人组成。作为人民阵线三大支柱之一的法共虽然谢绝入阁,但公开发表声明表示将全力支持勃鲁姆政府。

勃鲁姆上台之际,一场其规模在整个第三共和国历史上堪称之最的罢工运动正席卷全国。这次肇始于5月中旬的罢工运动的特点是范围广泛,许多过去从未发生过罢工的行业这次也卷进了罢工浪潮。尤其令人注目的是,罢工工人们在这次罢工浪潮中普遍采用了新的罢工斗争方式——占厂罢工。占领工厂的罢工工人就像过节似的在车间里聚餐和跳舞。这次罢工运动既是自发的,又是有组织的。两大工会的统一和人民阵线的选举胜利有力地推动了这次罢工浪潮。罢工工人在5月罢工浪潮

---

① 《勃鲁姆文集》,巴黎,1964年版,第4卷,第255—256页。

第十五章 危机笼罩下的20世纪30年代

的斗争中有着双重目的:其一是反对资本家转嫁经济危机的后果,迫使资方答应罢工工人提出的要求;其二是对勃鲁姆过分拘泥于法律程序,在大选获胜后迟迟不上任表示不满,想以此促使勃鲁姆立即组阁执政,尽快实施人民阵线纲领中提出的改革措施。

虽然罢工工人在5月浪潮中有如在欢度"欢乐的节日",但罢工所引发的混乱状态若任其发展的话,将既不利于人民阵线政府"行使"与"占据"政权,也会给法西斯分子以可乘之机,最终影响人民阵线纲领的贯彻。因而,勃鲁姆在上台后,即把平息这次罢工浪潮作为当务之急。由于勃鲁姆政府在劳资双方中间进行了卓有成效的调解,包括对资方施加了一定的压力,同年6月7日,代表资方的法国雇主协会和代表工人的法国总工会在总理府马提尼翁宫签订了一项协议。《马提尼翁协议》的主要内容是订立集体合同;承认工人加入工会的权利;提高工人的工资。6月24日,勃鲁姆政府向议会提出集体合同法案,给《马提尼翁协议》中达成的条款提供法律保证,以求借助立法手段在经济生活中实施新的劳资关系原则。

从1936年夏季开始,勃鲁姆政府还大刀阔斧地进行了一系列引人瞩目的社会改革,如改组法兰西银行;对军火、飞机制造等重要企业实行国有化;设立国家小麦管理局,加强国家对农业生产的干预。对此,人们将其与美国的"罗斯福新政"相提并论,并把它称为"勃鲁姆试验"。不过,勃鲁姆此番执政经历中给人印象最深、最令人称道的是他力图提高人民群众的社会福利待遇,改善劳动者的条件。为此,他向议院提交了关于带薪休假的法案,规定工人或雇员在企业中连续任职一年后每年有权享受15天带薪休假。在勃鲁姆政府的努力下,该法案很快获得通过。于是,在同年8月的骄阳下,人们可看到这样一幅图景:在法国各地的公路和铁路上,成千上万的工人平生第一次乘

带薪休假法案通过后,工人也终于可以带着其家属前往海滨避暑胜地休假

坐着汽车、火车或骑着自行车涌向海滨避暑胜地休假。昔日梦寐以求的奢望而今却成了现实,喜悦之情可想而知。一个老工人感激地给勃鲁姆

写信说:"因为您,我看见了大海。"①勃鲁姆在这方面的另一"政绩"是制定通过了40小时工作周法案。该法案的通过,使工人们实现了长期以来所要求的缩减工作时间、降低劳动强度的目标。

勃鲁姆政府的社会经济政策,尤其是大规模的社会改革虽然得到了普通民众的广泛欢迎,且也取得了一定的成效,但随着形势的发展,各种棘手的问题也接踵而来,特别是财政问题更为突出。为此,勃鲁姆虽百般努力,却奏效甚微。

勃鲁姆政府上台时,法国的财政状况糟糕至极,以至于其财政部长奥里奥尔哀叹自己"面对的是一个空空如也的国库"。勃鲁姆在法国财力如此空虚之时,着手进行如此规模巨大的社会改革,其难度可想而知。应当指出,勃鲁姆并非没有意识到这方面的困难。但他最初以为这一问题较之其他问题严重程度轻一些,而且他还认为,经济恢复和由此带来的税收的增加将使财政状况改善。结果,政府在振兴经济方面并未取得预期的成功。经济的不景气未能改变财政的窘迫,而资金的匮乏又反过来影响许多改革措施的实施,如大工程计划就是如此。

勃鲁姆政府上台时,还面临着"资本囤积""资本外逃"的严重问题。这是自1934年开始延续下来的问题。社会骚动、经济停滞,尤其是对人民阵线运动胜利的惊恐和敌视,使许多资本家把资金藏匿起来,或转移到其认为较保险并更有利可图的国家。对于这一严重的问题,勃鲁姆最初仍乐观地相信,通过创造"信任"的环境能够吸引人们把资本放回流通中。为此,他还多次向"资本拥有者"呼吁,他的政府是温和的,没有理由会让人感到害怕。但到了秋天,勃鲁姆就不得不承认他在这方面的努力一无所获。本来,政府还可通过限制或禁止购买外币来尝试减少资金外流,但勃鲁姆因担心此举会从根本上危害"信任的环境"和招致英美政府的反对,迟迟不敢实行兑换控制政策。这是一个重大的失策。事实是对勃鲁姆的最好回答,不管勃鲁姆如何表白他的政府何其温和,但在当时的背景下,一个社会党人领导的政府不可能获得金融资产阶级的好感,更不可能获得他们的信任。结果可想而知:外逃的资金不但没有回到流通领域,反而越逃越多,使财政状况更为恶化。

资本外逃引起黄金储备紧张,进而削弱了人们对法郎的信任,促使人

---

① 贝亚克:《人民阵线史》,巴黎,1972年,第307页。

们认为法郎的贬值在所难免。应该指出,勃鲁姆在执政初期为避免法郎贬值作了种种努力,尽管他深知,出于经济的原因,特别是法国在国际贸易中的需要,贬值是必要的,但他又知道,经过20世纪20年代中期的通货膨胀,广大人民群众对贬值极为反感,况且人民阵线又把反对贬值作为自己的目标之一。然而,到了同年9月,勃鲁姆政府还是不得不违背自己上台时许下的诺言,被迫宣布法郎贬值。法郎贬值与同一时期对西班牙内战的"不干涉政策"严重地影响了勃鲁姆政府的声望,加之法国财政状况的日益恶化,迫使勃鲁姆不得不在1937年2月宣布"暂停"改革。

"暂停"标志着勃鲁姆政府社会经济政策未能取得预定的成功,也是勃鲁姆创造信任环境吸引资本的最后努力。尽管勃鲁姆宣称暂停只是谨慎的巩固,而不是退却。但对于人民阵线政府的反对者来说,这是勃鲁姆的"卡诺莎之行"。右派报刊《时代》扬言:这不仅是暂停,这是改变。对《马提尼翁协议》耿耿于怀的资本家们,此时气焰更为嚣张,大肆攻击勃鲁姆政府的社会经济政策,并要用"资本的罢工"来报复"占厂罢工"。1937年春,财政危机进一步加剧。勃鲁姆创造信任环境的努力终于失败,这就迫使他试图采用强制手段。为此,政府拟订了一系列关于增加税收、提高铁路运费和邮费、严防逃税的计划。6月15日,勃鲁姆政府举行内阁紧急会议,决定请求议会授予发布"一切必要措施"的法令的暂时权力,以应付财政危机。这一要求却被保守势力极为强大的参议院所否决。勃鲁姆政府被迫于6月21日提出辞职。然而,尽管"勃鲁姆试验"以失败而告终,但它在法国人民群众的集体记忆中留下了美好的印象,并为20世纪80年代初以来社会党的执政树立了榜样。

六、人民阵线的瓦解

"勃鲁姆试验"的失败,很大程度上是由人民阵线的内部矛盾所决定的。

毋庸讳言,人民阵线运动是在特定的历史条件下应运而生的。汇集在人民阵线大旗之下的各党派为了同法西斯主义做斗争,暂时结成了广泛的联盟。这些党派有着各自的政治纲领、目标主张。它们虽然在反法西斯主义这一点上达成了共识,但在其他具体的问题上却不尽然如此。因而,相互间的摩擦、矛盾在所难免。从人民阵线的组织构成来看,主要存在着共产党、社会党、激进党分别代表的左、中、右三极。作为处于中间位置的社会党领袖,勃鲁姆曾试图在左、右两极间搞折中平衡。事实证明勃鲁姆没有、也不可能达到这一目的。勃鲁姆在执政期间虽然有时也得到了左、右两极的共同支持,但更多的情况下是取悦了左边,惹怒了右边,或者取悦了右边,惹怒了左边。更糟的是有时还遭到左、右两极的共同反对。如为了行之有效地行使政权和占据政权,平息罢工浪潮,消除经济危机的后果,这就不可避免地要由国家对经济生活进行一定程度的干预。尽管勃鲁姆极尽能事,避免在这方面刺激激进党,但仍然引起了他们的不安,并不时招致他们的反对。又如在西班牙内战中,勃鲁姆屈从于英国保守党政府和法国右派的压力,并且为了避免激进党的强烈反对而导致人民阵线的破裂,被迫改变想援助西班牙人民阵线政府的初衷,转而实行不干涉政策。此举虽然维持了和激进党的关系,却又引起了共产党的极大不满。总之,人民阵线内部的矛盾分歧极大地削弱了勃鲁姆人民阵线政府的力量和地位,促使了勃鲁姆试验的失败。

勃鲁姆挂冠而去后,原内阁副总理、激进党人肖当两度受命组成人民阵线政府。肖当上台后,在内政方面继续实施"暂停"措施,并宣布法郎再次贬值。法郎再次贬值后,生产虽有一些恢复迹象,却引起了物价的不断上涨,在外交方面,则是继续追随英国推行绥靖政策。自肖当上台开始,人民阵线的历史就只是"解体"的历史。1938年初,由于肖当内阁在背离人民阵线纲领的道路上越滑越远,引起了社会党,尤其是共产党的强烈不满。在共产党议员拒绝投政府的信任票,社会党议会党团要求社会党人部长退出政府的情况下,肖当不得不在同年3月10日交出权柄。

3月13日,勃鲁姆第二次受命组阁。他起先试图建立"从多列士到路易·马兰"的联合内阁,未能成功,只得组成由社会党、激进党等党派组成的新内阁。新政府上台后,罢工浪潮仍在蔓延,经济状况未见好转。面临这一局势,勃鲁姆在4月1日要求议会授予政府财政全权,以便实施新的强有力的财政措施。这一要求在众议院以311票对250票获得通过,但却在保守势力极为强大的参议院以214票对47票被否决。4月8日,执政仅26天的勃鲁姆第二届人民阵线政府宣布辞职。曾经声势浩大的人民阵线此时已经名存实亡。

勃鲁姆再次辞职后,激进党领袖达拉第在4月10日受命组阁。达拉第最初试图组成一个"从勃鲁姆到路易·马兰"的联合内阁。社会党全国委员会讨论决定拒绝入阁。于是,达拉第组成了由激进党和中派、右派人士组成的新内阁。达拉第为了骗取左翼政党和广大人民群众的支持,声称他仍然忠于人民阵线纲领。4月12日,新内阁以573对5的悬殊票数获得议会的信任,共产党也投了信任票。4月13日,新内阁又在议院取得财政全权。在这之后,达拉第以恢复经济为名义开始实行与人民阵线纲领大相径庭的政策。5月,颁布了第一批非常法令,把主要由群众承担的直接税和间接税增加了8%,而同时却降低了大工商企业的利润所得税。还再次宣布法郎贬值。8月21日,达拉第又宣布40小时工作周可以灵活掌握,意欲取消40小时工作周制。其后又颁布了一系列危害劳动人民利益的法令。

由于达拉第政府所执行的政策日益背离人民阵线纲领,引起共产党、社会党和其他左翼党派的强烈反对。而激进党也千方百计地寻求机会断绝与人民阵线的关系。10月28日,激进党在马赛召开代表大会,会上以法共给历届人民阵线政府制造困难和危害人民阵线其他政党的团结为名,通过了赞成达拉第政府并同人民阵线断绝关系的决议。11月10日,激进党正式宣布退出人民阵线。面对激进党的背叛行径与达拉第政府的猖狂进攻,11月30日,在共产党和总工会的领导下举行了24小时总罢工,抗议达拉第政府的非常法令,参加者达数百万。此时已摆脱人民阵线纲领约束的达拉第政府竟然宣布全国戒严,用暴力大肆镇压工人运动,并丧心病狂地迫害共产党。至此,人民阵线彻底瓦解。

七、20世纪30年代的法国外交

对法国外交而言,危机笼罩下的20世纪30年代无疑是一个多事之秋。此时期的法国外交基本上是围绕着法德关系所展开的。在经济危机席卷全球,国际局势愈益动荡的形势中,法德矛盾更形尖锐。希特勒上台执政后,一方面在国内实行法西斯专政,疯狂扩军备战,另一方面在外交上采取种种手段,竭力从《凡尔赛和约》的束缚中摆脱出来。而法国则力主维护凡尔赛体系,竭力阻遏德国。但值得注意的是,法国统治集团中部分极右势力对希特勒的反苏反共姿态颇为欣赏,同时亦被希特勒初上台时对法国的"和平"攻势所迷惑。所以,面对纳粹德国的崛起,法国统治集团就其整体而言是处于矛盾而复杂的心理状态中,既恐惧不安又暗自欣赏。此外，不少法国高级官员甚至还低估德国军事上的潜力和对外扩张的可能性。这些都在一定程度上决定了法国对德政策的两面性。

但是，就整体而言，20世纪30年代前期法国所奉行的仍旧是对德强硬的外交政策，这突出地表现在裁军和德国要求"军备平等"的问题上。早在1932年，德国的巴本政府在日内瓦裁军会议上就正式提出"军备平等"。希特勒上台后更是赋予这一要求新的含义，即公开场合上打着裁军的幌子，以受欺负的弱者面目出现提出军备平等的要求，暗地里却无视《凡尔赛和约》对德国军备的限制，加紧扩整军备。法国深知德国的意图，因此在裁军会议等场合对德国军备平等要求持严厉态度，始终坚持把裁军和德国军备平等问题同法国的安全保障联系起来，不愿对德作出重大让步。法国代表在裁军会议上先后提出的塔迪厄计划、赫里欧-保罗·邦库尔计划等裁军方案，都说明法国意欲通过国联来抑制德国的扩军要求。1933年10月，德国为放手扩整军备，宣布退出裁军会议和国联。对此，法国反应十分强烈。

在20世纪30年代把对德强硬的外交政策发展到极致的是在1934年2月出任第二届杜梅格内阁外交部长的路易·巴尔都。此公在政治上虽属保守派，却颇具国际战略眼光。作为法国部长中屈指可数的几个读过《我的奋斗》德文版的人之一，他比较早就意识到纳粹德国的威胁，并大声疾呼应当及早对纳粹德国采取有力措施。巴尔都在内阁中力主独立自主的实力政策，反对削减军备开支，主张法国必须维持强大的陆军。与此同时，他还在国际上致力于建设和巩固抗德联合战线。为了达到后一目标，巴尔都未囿于自己保守的政治见解，而是立足全局，谋求与苏联结盟，并把联合苏联放到一个相当重要的位置。1934年5月，巴尔都向苏联政府建议签订两项条约：《东方公约》和《法苏互助条约》。苏联同意了两项条约的草案。为建立东方洛迦诺，年逾古稀的巴尔都风尘仆仆，遍访波、捷、罗、南诸国，以其卓越的政治洞察力、渊博的学识与滔滔不绝的辩才去说服这些国家的领导人接受这一计划。

巴尔都的活动使纳粹德国感到了威胁，因此，法西斯分子把政治暗杀的魔爪伸向了巴尔都。1934年6月19日，当巴尔都乘坐的火车途经奥地利时，纳粹党徒投弹爆炸未遂。不久，当10月9日南斯拉夫国王应邀赴法访问，巴尔都到马赛迎接时，与南斯拉夫国王一起被德国法西斯雇用的凶手刺死。

第十五章 危机笼罩下的20世纪30年代

巴尔都的死不仅意味着《东方公约》失去了一位主要倡导者,也标志着法国抗衡德国,称雄欧陆的外交时代的终结。

在巴尔都血洒马赛后,入主凯道赛的是赖伐尔。赖伐尔上任伊始就着手转变法国对外政策的基调:变遏制德国为谋求法德妥协,变着重联合苏联为更加倚重与意大利的接近。1935年6月至1936年1月,赖伐尔担任政府总理。其间,他不仅在意大利侵略埃塞俄比亚时扮演了为虎作伥的角色,而且在萨尔地区就归属问题举行公民投票时态度冷漠,使得纳粹分子的气焰更为嚣张,在报刊上扬言,要求收回根据《凡尔赛和约》让出的全部"德国地区"。

尽管赖伐尔是引导法国步入绥靖主义歧路的始作俑者。但在当时的历史环境下以及由于政策惯性的作用,他还没有也不可能完全屈从于法西斯国家,在某些问题上还不得不继续奉行法国的传统政策,摆出对德的强硬姿态。如1935年3月德国宣布建立空军,实行普遍义务兵役制后,立即提出抗议,并向国联控告德国,要求实行集体制裁。又如同年4月倡议建立"斯特莱沙阵线",5月还亲访莫斯科,代表法国同苏联正式签署了酝酿已久的《法苏互助条约》。

如果说,赖伐尔"外交转向"是20世纪30年代法国走上绥靖道路开始的话,那么,1936年3月莱茵区的重新军事化以及法国对此所作出的反应则是一个决定性的转折。

法德之间的莱茵边界自近代以来一直被法国人视为同自己的国家安全密切相联的问题。当第一次世界大战结束的时候,饱受战争创伤的法国人更是将其视为确保法国作为战胜国所取得的既得利益的重要因素。在巴黎和会上,克雷孟梭正是为了建立一条在他看来更可靠的莱茵边界而不惜与威尔逊及劳合·乔治唇枪舌剑。20世纪20年代,法国为了维持欧洲现状及自己的欧洲大国地位而设计了一系列欧洲国家间双边或多边的政治同盟关系,其重要着眼点仍在于维护莱茵边界的安全,促使德国遵守凡尔赛和约中关于莱茵边界的全部规定(包括关于莱茵河以东设立非军事区的规定)。

1936年3月7日,德军悍然进占莱茵河左岸的非军事区,从而完成了毁约扩军的一个必经步骤。德军进驻莱茵震动了法国。法国萨罗内阁在3月7日至9日连续开会,研究对策。一部分阁员强烈要求采取一次"警察行动"来回击德国,另一部分阁员则顽固反对实行对德制裁。内阁的决议最后是：在国联未作出决定之前，法国不采取任何行动。萨罗一面在广播演说中声称"我们不准备把斯特拉斯堡暴露在德国大炮炮口底下"，一面却叫人民"保持平静"。军方的态度也很暧昧。

当时，德国刚刚开始扩充军备，人数和装备都不如法国。法国不用英国援助，只靠自己的军队就能把德军赶出莱茵区。事实上，进入莱茵区的德军奉有密令，一旦法军采取敌对行动就立即撤回。希特勒后来自己也说："进军莱茵区以后的48小时是我一生中神经最紧张的时刻。如果当时法国人也开进莱茵区，我们就只好夹着尾巴撤退。因为我们手中可资利用的那一点点军事力量，即使是用来稍作抵抗也是完全不够的。"① 可是，法国却未采取任何军事行动，只是将此诉诸国联，要求《洛迦诺公约》各签字国磋商行动，并建议实行经济制裁。最后取得的不过是一纸口头"谴责"的空文。这意味着法国实际上已向希特勒的冒险挑战屈服。

法国在莱茵区重新军事化问题上表现出来的软弱大大削弱了法国的军事防御地位，加速了其同盟体系的分崩离析，也大大助长了希特勒的侵略野心。德国开始在西部边界修筑齐格菲防线，加紧扩军备战活动。莱茵区重新军事化后，法国在对外政策方面开始日益唯英国马首是瞻，表现出越来越浓重的妥协和绥靖色彩。

同年7月，西班牙内战爆发，如何对待西班牙内战，对勃鲁姆人民阵线政府执政时期的法国外交构成了严峻的考验。应该说，勃鲁姆本人和内阁中的不少成员最初是决意援助西班牙人民阵线政府的，并且确实也已有所行动。但时隔不久，勃鲁姆等人就改变了初衷。之所以如此，主要有两方面的原因。其一，由于勃鲁姆把加强国联和集体安全的希望寄托在强化法英关系上，因此英国政府对勃鲁姆政府准备支持西班牙合法政府的决定的不合作，甚至是反对的态度，在很大程度上影响着勃鲁姆在西班牙问题上的决策；其二，勃鲁姆准备援助西班牙政府的行动不仅在国内遭到了右派舆论空前激烈的反对，更有甚者，许多激进党人，其中包括一些在议会和内阁身居要职的激进党人也持强烈的反对态度，还以退出政府相要挟。

此外，勃鲁姆的这一主张在自己党内也遭到不少和平主义者的反对。从7月25日起，勃鲁姆及其领导的内阁开始一步步走向不干涉政策，并

---

① 夏伊勒：《第三帝国的兴亡》，世界知识出版社1979年版，第412页。

最终扮演了推行不干涉政策的带头羊的角色。

显然,不干涉政策是一种失败的政策。尽管德意加入了不干涉委员会,仍源源不断地向叛乱者输送武器。而西班牙合法政府却因为这一政策被剥夺在国际市场购买武器的合法权利。这一政策对法国也造成了严重后果。首先,在国内,不干涉政策引起了作为人民阵线三大支柱之一的共产党及广大人民群众的莫大愤慨,使人民阵线出现了不可弥补的裂痕。其次,法国与德意毗邻,处境原已十分艰险,不干涉政策导致在西班牙出现一个受德意支持和控制的独裁政权,更使法国处于三面受敌的困境,同时面临着被切断本土与北非属地的联系的危险。最后,欧洲其他国家目睹法国听凭德意支持佛朗哥在西班牙篡权而不问,对法国早已有之的不信任感愈益加深,纷纷另寻出路,法国自第一次世界大战结束以来苦心经营的同盟体系终于分崩离析。

达拉第上台执政后,捷克斯洛伐克危机使作为其盟国的法国面临着更为严峻的考验。危机之初,达拉第出于法国切身利益的考虑和《法捷互助条约》的约束,曾有过履约援捷的打算,而且也确定有过一些强硬的表示。但在国内外绥靖势力的压力下,达拉第终于在绥靖主义的道路上越滑越远。由于达拉第在《慕尼黑协议》的签订过程中扮演了极其可耻的角色,终使他作为法国20世纪30年代绥靖政策的集大成者,永远地被钉在历史的耻辱柱上。

八、20世纪30年代的思想文化

危机的冲击与战争威胁的加强,使20世纪30年代的法国作家面临着严峻的选择。阿拉贡、艾吕雅等著名作家、诗人先后离开超现实主义运动,参加了法国共产党,直接投身于革命斗争。更多的作家则为人类的前途担忧,并由此进行自己新的探索。他们的小说不再是仅仅为了供读者得到某种消遣,而是力求表现人类在世界上的处境,以及在这种处境下应当采取的态度。一大批"人类处境"小说应运而生。"人类处境"小说主要有两种,第一种试图在真实记录人类处境的基础上,揭示"处境"是艰难的。但只要人们行动,就一定会取得人生的价值。这类小说主要以安德烈·马尔罗的《人类的命运》(1933年)和《希望》(1937年)为代表。第二种则是悲观型,小说中的人物常常在艰难的处境面前得不到自由,只能随着处境的变化而变化。这类小说以塞利纳的《在茫茫黑夜中的漫游》(1932年)为代表。

　　法国长篇小说创作在20世纪初出现了一种新体裁——"长河小说"。此名源于罗曼·罗兰在《约翰·克利斯朵夫》第7卷的序言中将他的小说比作一条河流。"长河小说"的篇幅多在100万字以上,有的长达数百万字,30年代,此类小说的写作继续流行,其中最为引人瞩目的是茹勒·罗曼长达20多卷的《善意的人们》。罗歇·马丹·杜伽尔历时近20年创作的长河小说《蒂博一家》在30年代继续出版。1937年,杜伽尔"因为他的长篇小说《蒂博一家》所描绘的人的冲突及当代生活中某些方面的艺术力量和真实性"而获得诺贝尔文学奖。法国现代著名作家弗朗索瓦·莫里亚克、季奥诺、埃梅等人在30年代都不时有佳作问世。如莫里亚克在1932年发表的《蝮蛇结》被认为是他的最佳作品之一。季奥诺在1934年和1935年出版的《四海之家》《愿我的欢乐长存》是他最主要的代表作。埃梅在1935年出版的长篇小说《绿色母马》是第二次世界大战前法国最畅销的小说。此外,萨特在1938年发表日记体小说《恶心》,开创了法国存在主义文学的先河。

　　第一次世界大战结束之后,由于好莱坞大公司在法国设厂摄制的法语片泛滥成灾,使法国电影业蒙受巨大打击,为了与美国电影相抗衡,一些法国电影工作者为重振法国电影业进行了不懈的努力,并通过弘扬现实主义的表现手法使法国电影获得了新生。在这一过程中,印象派大师比埃尔·奥古斯特·雷诺阿之子让·雷诺阿功不可没。他从1930年开始,在10年之中连续拍摄了15部不同题材的影片。其中最著名的是《托尼》(1934)、《朗基先生的犯罪》(1935)、《幻灭》(1937)、《游戏的规则》(1939)第4部。《托尼》第一次最集中地体现了雷诺阿写实主义的风格特征。影片的故事源自一个外籍工人被一个仇视外来移民的法国农夫所杀的真实案件。但是犯罪并非影片的表现重点,影片着重反映的是外籍工人的感情、他们的孤独、他们对不良行为的反应,等等。《游戏的规则》则淋漓尽致地体现了雷诺阿对法国社会生活的过于辛辣的玩世不恭似的批评。在影片里,每个人物——不论是上层的贵族还是下层的平民,都互相欺骗。虚伪作假代替了真诚,圆滑狡诈比朴实淳厚更吃得开。这部影片在巴黎首次上映时,遭到了观众的拒绝,虽然几经删剪,仍不能平息观众的怒气,最后被政府禁映了事。

第十五章 危机笼罩下的20世纪30年代

20世纪30年代,法国哲学思想界最为活跃的人物是加斯东·巴什拉尔。作为一名集哲学家与文学批评家于一身的学者,巴什拉尔的著作可分为两个方面,一是科学哲学或科学认识论,二是诗论。属于第一方面的主要著作有《论近似的知识》《新的科学精神》《否定的哲学》《应用理性主义》《理性的唯物主义》《现代物理学中的理性主义活动》等。属于第二方面的著作则有《对火的精神分析》《空间的诗学》《幻想的诗学》等。对此,有学者指出,由于在巴什拉尔身上,科学的严谨的逻辑思维与诗歌的灵活的形象思维得到了较为完美的结合,因此可以说,巴什拉尔的哲学实现了哲学的一种理想,即哲学等于科学加诗。或者说,巴什拉尔的哲学思想等于科学精神加诗的现象。

在20世纪30年代,始创于1929年1月的年鉴学派将批判传统实证史学,为新史学鸣锣开道作为自己的主要活动。该学派的领衔人物不仅在《经济与社会史年鉴》杂志上开辟"辩论与斗争"专栏,专门进行理论上的探讨和争论,而且他们还更注重通过具体实在的研究成果来扩大学派的影响。如布洛赫的两部享誉国际史坛的著作《法国农村史的特征》(1931)和《封建社会》(1939—1940)就是在这一时期问世的。1933年,费费尔被选入法兰西学院担任新设立的近代文明史讲座教授。他在就职演说中,宣称自己主持该讲座是继承法国19世纪的著名史学家米什莱的事业,标志着传统实证史学的终结和总体史登上舞台。1936年,布洛赫又升任巴黎大学经济史教授并创立巴黎大学社会经济史研究所。《年鉴》杂志也同时从斯特拉斯堡迁到巴黎编辑出版。这一切表明,年鉴学派已经确立了自己的地位。年鉴学派确立后,对法国日后的史学研究产生了深远的影响。

20世纪30年代,法国的自然科学研究在国际上的地位有所下降,整整10年只获得1项诺贝尔化学奖,不过,法国在某些研究领域仍处于世界先进水平。最为突出的是原子物理学和现代数学。

1920年,英国著名物理学家卢瑟福根据自己的研究成果,提出了中性粒子存在的假设,并且一直在实验中寻找这种粒子。1932年1月,居里夫人的女儿伊蕾娜·居里和她的丈夫弗里德里克·约里奥-居里用钋元素所发射的α射线去轰击铍等一系列轻元素的原子核时,发现产生出一种穿透力非常强的射线。当用这种射线去射击含有大量氢原子的石蜡,结果竟会把质子打出来。这一实验对于中性粒子的存在提供了一个极为重要的线索。1932年,卢瑟福的学生、英国物理学家查德威克根据他多年从事寻找中性粒子工作的经验,重复了约里奥-居里夫妇的实验,发现了中性粒子。中子的发现为原子物理学的发展开辟了新纪元。人们正是利用中子这个理想的"炮弹",促进了原子核研究的发展,新的核现象一个接一个被发现。1934年,约里奥-居里夫妇又用钋的α粒子轰击硼、铅、镁的靶子。观察的结果表明,除产生中子以外,靶本身也开始发射正β射线。约里奥-居里夫妇认为这是一种新型放射线。这是20世纪以来最重要的发现之一,它第一次利用外部的影响引起某些原子核的放射性——人工放射性。用人工方法获得放射性元素是人类改造微观世界的一个突破,为同位素及原子能的利用开辟了广阔的前景。1935年,约里奥-居里夫妇由于对人工放射性元素的合成和研究而共获该年度诺贝尔化学奖。

20世纪20年代后期,法国一些青年数学学者深感当时国内数学研究的领域过于狭窄,学术思想保守,数学界也面临着青黄不接的局面,决心大胆突破旧框框的束缚,复兴法国的数学科学。在著名数学家阿达玛及后来的儒利雅主持的"论文分析"讨论会上,他们了解到当时国际数学界的最新进展,眼界大开。1934年冬,在儒利雅主持的讨论班上,年轻的数学家们开始拟订一个庞大的计划,即以出版丛书的形式来概括现代数学的主要思想。他们决心运用公理化方法,以数学结构作为分类的基本原则,撰写巨著《数学原理》,并统一以"布尔巴基"作为笔名。1939年出版了第一卷,以后陆续出了40多卷。由于布尔巴基学派运用联系的、整体的观点考察现代数学,揭示了其内在联系,极大地丰富了人们对数学本质的认识,大大促进了现代数学的发展。因此,布尔巴基的名字也风靡整个国际数学界。

作者评曰:

对世界上的绝大多数国家来说,20世纪的30年代是一个多事之秋。显然,法国也同样如此。不过,在30年代的日历刚刚掀开,其他资本主义大国均为前所未有的经济大危机惊恐不安并竭力挣扎时,尚未受到此次危机冲击的法国朝野曾幸福地感到法国是世界上最繁荣的国家。于是,他们不约而同地为法国式的解决问题的方式唱起了赞歌。在一个经济日趋全球化的时代里,法国果真能够置身于世界性的经济危机之外吗?答

第十五章 ● 危机笼罩下的20世纪30年代

案显然是否定的。很快地,法国也被卷入了这场大危机的旋涡。更有甚者,它也像其他欧洲国家一样,被经济危机这个无法抗拒的动力一步一步推向战争。30年代前期,在法国政坛相继掌权的政府都属于或几乎都属于右翼。这些右翼政府虽然在与经济危机以及经济危机引发的社会政治危机的斗争中使出了浑身解数,却仍未能阻止人民阵线在1936年的大选中获胜。然而,虽然人民阵线破天荒地把一个社会党人送上了总理宝座,但这个由社会党人领衔的政府却由于人民阵线内部的四分五裂,同样无力扭转第三共和国衰落的颓势。不久,政府权力又落入了在第三共和国后半期的政坛上向来左右逢源的激进党人手中。但正是在激进党人的领导下,法国进一步走近了其历史上最严重的灾难的深渊。

第十六章 再次经受世界大战的考验

一、和平主义——第二次世界大战前夕大多数法国人的"集体选择"

被称为"欧洲的内战"的第一次世界大战给世界,尤其是欧洲带来了史无前例的灾难,这在西方民主国家人民的集体记忆中留下了难以抹去的印痕。20世纪30年代,当国际局势日益紧张,欧洲与世界再次面临新的战争危险时,和平主义思潮在包括法国在内的各西方民主国家迅速地蔓延开来,形成了一股强大的潮流。维护与追求和平的愿望与行动本身应当说是无可非议的,但是,问题在于30年代战争阴云密布之际,盛行于西方民主国家的和平主义思潮与孤立主义和恐战症结合在一起,因此不能不具有极其严重的消极性质。这种和平主义的特点是不愿意为在总体上维护和平而承担任何风险,却在不惜任何代价避免战争上大做文章,其结果只能是涣散了民族的斗志,并使得"集体安全"之类的政策选择被当作可能导致战争的政策而受到了排斥。与此同时,这种和平主义思潮在一定程度上使这些国家的公众对于外部威胁的存在和发展变得麻木不仁。这一切,在30年代中后期,尤其是慕尼黑会议召开时的法国人身上得到了充分的反映。因此,他们当时大多对慕尼黑会议的召开表示欢迎。

20世纪30年代中后期,希特勒的胆大妄为和德国重整军备的进展,使一个在马其诺防线后面和在褪色的第一次世界大战功劳簿上高枕无忧的法国措手不及。法国在莱茵区重新军事化问题上表现出来的软弱大大削弱了法国的军事防御地位,加速了同盟体系的分崩离析,同时大大助长

第十六章 再次经受世界大战的考验

了希特勒的侵略野心。1938年,德国在吞并了奥地利之后不久,又把矛头直指捷克斯洛伐克。作为捷克斯洛伐克的盟国,法国有义务根据1925年《法捷互助条约》在捷受到德国进攻时立即提供援助。捷克斯洛伐克危机使法国外交面临着更为严峻的考验。当时法国政府内部四分五裂,以雷诺为代表的强硬派力主采取坚定立场,而以博内为代表的妥协派则坚持采取忍让态度,作为总理的达拉第则动摇于两派之间。危机初期的达拉第出于法国切身利益的考虑和《法捷互助条约》的约束,曾有过履约援捷的打算,也曾有过一些强硬的表示,但在绥靖势力的压力下,终于在绥靖主义的道路上越滑越远,成为慕尼黑丑剧的主角之一。值得注意的是,与第一次世界大战前法国为数不少的人大肆叫喊战争,鼓吹对德复仇形成强烈反差的是,当第二次世界大战的威胁日益逼近的时候,法国绝大多数国民却受到了和平主义思潮的影响,一厢情愿地想从法西斯国家,尤其是纳粹德国处乞求和平。

1938年9月28日下午,达拉第一改过去曾表现出来过的较为强硬的态度,欣然接受了要他去慕尼黑的邀请。对此,法国公众舆论狂热地表示赞成,并竞相表达喜悦之情。勃鲁姆在《人民报》上发表文章欢呼道,听到要召开慕尼黑会议,"人们感到莫大的喜悦和满怀希望"。他写道,中断谈判将是"犯罪的行为"。最后,他写道:"神圣的和平之光一度有如风中残烛,摇曳欲灭,现在又重放光明了。"①一些知识分子在《黎明报》为慕尼黑会议欢呼"希望复活了",并呼吁说,为了拯救和平,必要时可以向希特勒作出进一步的让步。30日下午,达拉第在签署了《慕尼黑协议》后乘专机回国。在途中他忧心忡

达拉第从慕尼黑返回巴黎时,竟像凯旋的英雄一样受到国人的热烈欢迎

---

① 夏伊勒:《第三共和国的崩溃》,南海出版公司1990年版,第507页。

忡,担心返回巴黎后人们会耻笑他出卖了一个忠实的盟国。当专机即将在布尔歇机场着陆时,达拉第从空中往下望见一大群人密密麻麻地聚集在机场上,更是紧张得浑身发抖,遂命驾驶员在上空盘旋几圈,以恢复镇静。孰料,当已准备遭到唾骂的他走出机舱时,扑面而来的却是狂热的欢迎者们的热烈欢呼:"和平万岁!""达拉第万岁!"50万巴黎人聚集在从机场到总理府的大道上夹道欢迎。妇女向他的汽车抛掷鲜花,达拉第被当作凯旋的英雄得到迎接和欢呼。巴黎的报刊都在狂热地称颂达拉第和外长博内,赞扬他们同张伯伦、希特勒和墨索里尼一起"拯救"了和平。勃鲁姆甚至在《人民报》上写道:"没有一个法国女人或者男人会拒绝向尼维尔·张伯伦和爱德华·达拉第两位先生致以衷心的感谢。战争不会落到我们头上了。巨大的灾祸消除了。生活能够重新合乎自然地进行下去。每个人都能重新恢复工作,高枕无忧。每个人都能享受秋天绚丽的阳光。"①一些右派知识分子不但热烈欢庆战争已经避免,而且还谩骂少数法国人企图要求政府信守对捷克斯洛伐克的诺言并同纳粹德国对抗。斯特凡·洛藏在《晨报》上欣喜若狂地写道:"和平赢得了,它是压倒了骗子、卖国贼和疯子们才赢得的。"富有右翼色彩的《时报》也公然表示,它感到欣慰的是,少数高瞻远瞩和勇敢的领导人战胜了"战争派"。《巴黎晚报》甚至组织募捐,以赠送给英国首相张伯伦一套乡间别墅——"和平之家"。在一派赞扬声中,博内——这位法国在慕尼黑丑剧中的出谋划策者在享受着由此带来的昙花一现的名望之余,不无得意地声称:"许许多多的报纸,甚至极左派的报纸,都称赞《慕尼黑协议》是法国人熟练的、坚定的外交活动的成果。"②10月4日,法国议会以535票对75票批准了《慕尼黑协议》。这次投票真实地反映了在和平主义影响下法国人民的情绪。法国著名的国际关系史专家皮埃尔·勒努万指出:"这一背弃盟友的政策得到了内阁和议会中多数人的同意,而且最后被绝大多数的公众舆论所批准。"③

总之,在和平主义的外表下,已掩盖着这样一个不争的事实,即法国公众对战争的恐惧已到了"集体怯懦"的程度。刚刚从第一次世界大战中恢复过来的法兰西人民不愿再来一次浴血战争。这诚然可以让人理解,但是,他们没有能够懂得一个历史教训,这就是,当一个国家面临一个侵

---

①② 夏伊勒:《第三共和国的崩溃》,南海出版公司1990年版,第518页。
③ 夏伊勒:《第三共和国的崩溃》,南海出版公司1990年版,第519页。

略成性、嗜权成癖的敌人一心想要最后毁灭或者奴役它时，为了生存，打一场战争有时是十分必要的。

二、大战的爆发与"奇怪的战争"的结束

《慕尼黑协议》并没有带来张伯伦之流所叫嚷的"千年和平"。正当西方民主国家的公众沉迷于和平的幻觉，麻木不仁地轻歌曼舞时，纳粹德国却调兵东进，向波兰开刀。1939 年 9 月 1 日，凌晨 4 时 45 分，纳粹德国出动大批陆、空军兵力，分三路突然袭击波兰。9 月 2 日，达拉第明确宣布法国准备通过"平心静气的谈判"和平解决冲突。在遭到希特勒的拒绝后，法国被迫于 9 月 3 日下午 5 时向德国宣战。

不过，虽然法国已向德国宣战，但实际情况却是宣而不战。从 1939 年的 9 月上旬到 1940 年的 5 月 10 日，除了一些几乎是不流血的小接触，法德边境并未出现稍具规模的军事行动。面对平静如水的西线战场，当时的西方报刊几乎天天只能以"西线无战事"之类的措辞来报道相关消息。有鉴于在宣战后发生的事情，或者更确切地说在宣战后没有发生的事情，一些法国人将这种奇特的战争场面称为"奇怪的战争"。

"奇怪的战争"的出现绝非偶然。在此要强调的是，与第一次世界大战刚爆发时法国全国上下群情激昂、同仇敌忾截然不同，虽然从表面上看法国似乎再次出现了一种牢固的团结，总动员在顺利进行，议会以压倒多数赞成战争拨款……但实际上第二次世界大战初期的法国，其士气令人沮丧地不旺。朝野上下好像很少有人真正理解进行一次新的大战的必要性。从根本上说，右派人士出于意识形态上的原因，不愿同纳粹德国打仗。他们赞美希特勒的富有效率的极权统治，并同他一起蔑视腐败无能的议会民主制度。早在大战爆发前夕已从社会主义者蜕变为法西斯主义者的马塞尔·戴阿，当时就在《劳动报》上以《为什么要为但泽而死？》为题发表社论，并称主张为但泽去牺牲的法国人是"傻瓜"。当大战爆发之际，颇有文学才华，但具有法西斯主义倾向的青年作家、《我无所不在报》的著名撰稿人吕西安·勒巴泰则更是这样写道："结果，战争已被最可憎的犹太小丑和蛊惑民心的政权发动起来……再次期望我们去拯救共和国，一个比 1914 年更坏的共和国……不，我对希特勒一点也不感到愤怒，而是对导致希特勒成功的所有法国政客感到愤怒。"与此同时，有相当多的法

国右翼人士认为,纳粹德国是此期欧洲唯一能够抵御斯大林领导下的苏联所代表的共产主义"扩张"的力量,或曰最后一道"防线"。

左派人士尽管鄙视甚至厌恶希特勒的极权统治,却也不愿同德国打仗,不愿同任何其他国家打仗。因为,此期的他们更热衷的是和平主义。而且,在他们服膺的和平主义看来,所有的战争都是罪恶,都是对人类及其财富和道德的毫无意义的破坏与毁灭,鉴于此,必须不惜一切代价加以避免。法国当时这种"绝对的"和平主义的突出代表首推阿兰。在20世纪30年代的反法西斯运动中,阿兰确实一直相当活跃。尽管如此,在他看来,和平主义与反法西斯主义,尤其是反对国外法西斯主义之间似乎存在着一些矛盾。故此,为了避免过于刺激纳粹德国,为了不让希特勒有发动战争的口实,阿兰往往把反法西斯的重点放在国内的法西斯上。例如,1935年7月11日,他在即将在巴黎举行的一次群众集会发表演说前,向一位社会党报刊的记者明确表示,应当在演说中少谈外部法西斯的威胁,多谈谈内部法西斯的威胁。即便在战争已经爆发10天之后,阿兰依旧率领许多知识分子发表了名为《立即和平》的请愿书,强烈呼吁避免战争,要求和平!阿兰当时之所以要这样做,正是因为在他看来,所有的战争都是对人类及其财富和道德的破坏和毁灭,因此应不惜一切代价予以避免。

长期的"奇怪的战争"使法国人以为,只要德国人不进攻,就用不着打仗,和平随时都有可能实现。而且,退一步讲,即便法德之间战端再起,法国也足可凭借坚不可摧的马其诺防线或其他地方的天险,挡住对手的进犯。于是,在宣战后的法国,人们不时看到的是这样一些场面:政府高官们照常在周末或节假日与家人外出度假。更有甚者,无论是在宣战时担任总理的达拉第,抑或是在其之后接任总理的雷诺,在如此危机的时刻,却依旧与各自的情妇打得火热。在宣战之时一度关闭的戏院、歌剧院、音乐厅以及电影院纷纷重新开放,"花都"巴黎的夜生活几乎依然如故——唯一让人扫兴的是包括酒店、餐厅、咖啡馆在内的公共场所,在晚上10点钟必须熄灭灯火。出版事业继续繁荣兴旺,新的书籍和报刊不断问世。大学像以前那样照常上课,只不过因一些学生已被征召入伍,听课者明显减少。在家中的亲人们继续享受生活的乐趣之际,防守在马其诺防线后面的法国士兵们,却因无事可做而百无聊赖。他们中的一些人为此而经常借酒浇愁,甚至喝得酩酊大醉。为了安抚这些士兵,政府和军方采取了种种措施,如在军营建立娱乐中心,派剧团到前线演出,放映电影,安排军人休假,甚至还以总理的名义为一些部队分发了 1 万个足球。由此,官兵们在前线通过观看演出和电影、跳舞、踢球、下棋、打扑克、晒"日光浴"等,在一种较为闲适的状态中打发着时光。然而,"奇怪的战争"并不可能永久持续。1940 年 5 月 10 日德军在西线发起的全面进攻,标志着"奇怪的战争"的结束,也敲响了法兰西第三共和国的丧钟。

三、法国"奇异的溃败"及其原因

首先打破"西线无战事"局面的德军当时投入的兵力共为 137 个师,约 330 万人,而迎战的法、英、比、荷的总兵力共有 147 个师(其中比军 22 个师,英军 10 个师,荷军 9 个师),约 380 万人。这表明,后者不仅在总兵力的数量上并未少于德国,而且还略占优势。但是,德国军队的攻势极为凌厉。5 月 14 日,德军攻占鹿特丹。翌日,荷兰投降。17 日,德军占领比利时首都布鲁塞尔。28 日,比利时投降。

在这一过程当中,更让法国人始料未及的是,担任主攻任务的德国装甲机械部队克服重重障碍,快速穿过 100 多公里长的阿登山区。这一地区因其林密路窄、地形复杂而被公认为是机械化大部队难以通过的地区,因而,法方估计德军不会以这里作为主攻方向,遂把法军主力部署在其估计会是德军主攻方向的法比边境一带。由此,5 月 12 日,德军先头部队在几乎未遇抵抗的情况下进抵默兹河。13 日深夜,德军分别在迪南和色当地区渡河成功。随着法军防线的不断被突破,德军闯进巴黎或冲向英吉利海峡的通道实际上已被打开。15 日,德军的大部队长驱直入法国北部平原,直逼英吉利海峡。同一天,早已惊慌失措的甘默林本人承认,法国的防线已被突破,巴黎的安全已无法得到保障。这位堂堂的法军最高指挥官其至还当着美国驻法大使蒲立特的面,对时任国防部长的达拉第说道:"法国军队已经完了。"

面对法军节节败退、法国岌岌可危的严峻局面,急于扭转战局的雷诺总理在 5 月 19 日改组了内阁,并断然作出了两项旨在振作这个国家低落士气但实际结果却恰恰相反的重大决策。其一是迎请在第一次世界大战中被誉为"凡尔登的英雄"、年届 84 岁高龄的贝当元帅出任政府副总理;其二是以领导战事不力为名撤除了甘默林地面部队的总司令一职,任命在第一次世界大战期间曾为福煦充当助手并被誉为第一次世界大战中的法国参谋总部里的"智囊"的著名将领、时年73岁的魏刚担任参谋总长兼海陆空军所有作战行动的总司令。可是,两位临危受命的老将,此时此刻却好像完全失去了当年的坚强与豪情。贝当在上任后就迫不及待地把法国的失利归咎于英国的支援不力,而魏刚虽在上任后即忙于组织人马在索姆河与埃纳河之间建立一条以其名字命名的新防线,但又在不久后就在总统主持的军事委员会会议上宣称,法方必须立即停止这场战争,否则法军将全军覆没。

  几天后,魏刚防线同样因德军的凌厉攻势而变得支离破碎。与此同时,在德军的重压下,数十万法英联军不得不纷纷向海边撤退,并迅速地被德军压缩在敦刻尔克的狭窄区域。为避免三面受敌、一面濒海的法英联军尤其是英国军队坐以待毙的厄运,英国政府下令实施了著名的敦刻尔克大撤退。从5月26日晚到6月4日中午,英国方面不顾德军的轰炸与追击,在9天之内共调集850艘大小船只,包括战舰、商船、渔船、拖网船、疏浚船、游艇、汽艇和小帆船等,全力以赴组织渡海营救,终于使33万盟军士兵(其中英军20余万人,法军10余万人,余为少量比利时和波兰的军人)得以逃生。不过,担任后卫的4万法军却因无法渡海而最终成了德军的俘虏,而被遗弃在海滩上的1 200门大炮、75 000辆汽车等大量装备亦统统落到了德方的手中。

  敦刻尔克大撤退的成功,被一些西方史学家称为"奇迹"。虽然这一"奇迹"使撤到英国的数十万部队构成日后反攻的基干,却丝毫无补于当时的法国摆脱败局。6月5日,德军在攻占敦刻尔克后,即按照第二阶段的作战计划挥师南下,开始进攻索姆河一线。同日,魏刚发布命令,宣布法兰西战役开始。在战局日益吃紧的情况下,雷诺再次改组内阁,并兼任了外交部长一职。值得一提的是,正是在这次内阁改组中,在几天前才被提升为准将的戴高乐被破格任命为国防部次长。总理雷诺之所以在短短时间里两次改组内阁,原因在于希冀以此巩固自己以及主战派的地位,孰料因选人不当,反而使在政府中与他作对的主和派们的势力有所加强。

  随着魏刚防线全线崩溃,首都巴黎安全难保,政府和最高统帅部中的主和派遂公开跳将出来。例如,当雷诺与戴高乐力主在布列塔尼,或撤至北非继续抗战时,贝当却竭力主和,宣称除了同敌人谈判已别无选择。6月8日,另一位副总理肖当则扬言:"我们必须结束战斗,继续打下去徒劳无益。"同日,魏刚在见到戴高乐时,对面临的失败处之坦然,但却忧心

第十六章 再次经受世界大战的考验

忡忡地说:"要是我能有把握使德国人给我留下必要的部队来维持秩序就好了。"6月10日,正是这位魏刚在内阁会议上提出,政府必须撤离巴黎,并在同日晚些时候宣布:巴黎为不设防城市。当天,法国政府仓皇撤离巴黎,先后迁往图尔和波尔多。在这一过程当中,法国政府内部的主战派与主和派之间展开了惊心动魄的斗争。

与此同时,整个法国,尤其是巴黎早已经陷入一片恐慌。电台每小时都在播出糟糕至极的消息,如政府撤离巴黎,迁往图尔和波尔多;意大利向法国宣战,"从背后捅上一刀"等。人们惊慌失措,草木皆兵。掉队的官兵们在溃退中一边抱怨政客们是卖国贼,一边寻找自己的部队。成群结队的散兵游勇穿着五花八门的服装,徒步或坐着小车逃向南方。巴黎的奥尔良门和意大利门出口处被不顾一切向外逃亡的巴黎市民挤得水泄不通。大批逃难者拥塞在公路上。人们用上了一切交通工具,包括婴儿车、小手推车、小贩货车、拖车、消防车、自行车、马匹和驴子,甚至连原先用来运送尸体和垃圾的柩车与垃圾车也被拿来派用场。逃难的队伍沿途经常遭到德军飞机的疯狂扫射,血肉横飞,尸横遍地。更令人痛心疾首的是,在已经让逃难者惊恐不安的危难时刻,一些混在逃难队伍中的民族败类却乘人之危进行有组织的抢劫,甚至为达到自己的卑鄙目的而不惜故意制造恐慌。

诚如一些法国史学家所形容的那样,始自1940年5月德军发动"闪电战",在6月中旬达到高潮的平民大逃亡,就像"一阵狂风刮向了法国",使得从巴黎到中部地区的法国变成了漂泊的游牧民族的巨大营地。在此尤其要指出一点,这场史无前例的大逃难的恐慌浪潮不仅给法国造成了严重的创伤和巨大的影响,也打下了停战的精神基础。进而言之,在这批失去心理平衡和赖以生存的精神支柱,过着颠沛流离的生活,遭受物质与精神痛苦的逃难者中,逃难很快就促成了一种"自弃"的精神状态。正是这种精神状态,使一些人几乎带着宽慰的心情赞成停战,而原先在他们的内心当中,对乞求停战不仅是极为抗拒,甚至还会深以为耻。

6月14日,德军兵不血刃地占领了巴黎,并在埃菲尔铁塔的顶端,甚至是凯旋门的上方升起了纳粹德国的旗帜。尽管如此,已迁往波尔多的法国政府内部依然争论不休。在6月15日和16日这两天里,内阁在波尔多召开了3次事关法国命运的重要会议。在这些会议上,主战派与主和派之间展开了激烈交锋。由雷诺和内政部长芒代尔等人组成的主战派力主把政府迁往北非继续战斗;以贝当、魏刚为首的主和派认为败局已定,必须立即停止战斗。就在争论双方僵持不下之际,实际上同样属于主和派的副总理肖当在6月15日的会议上狡诈地提出建议:向德国探询停战的条件。虽然明眼人一看就知道,这只是个花招,因为探询停战条件与要求停战事实上是一回事,但正是肖当的这一建议使内阁会议发生了戏剧性的转变。结果,赞成肖当者有13人,而反对者只有6人。在6月16日上午的会议中,贝当宣读了其事先拟好的辞职书,力图以辞职相威胁。同日,深感自己在政府中处境孤立,加之在国际上又无法得到英、美两国的支持,心力交瘁的雷诺挂冠而去。

同一天晚上,共和国总统勒布伦在征求了参众两院议长的意见后,授命贝当组阁。早已有所准备的贝当,当即从公文包里取出已经拟好的新内阁成员名单,将它交给总统。当晚11时半,贝当主持了以他为首的内阁的第一次会议。就是在这一次会议上,以贝当为首的政府正式作出了停战的决定。会后,贝当迫不及待地通过西班牙驻法大使向德国试探停火条件。次日中午,他又向全国发表广播讲话,宣称"必须停止战斗","体面地寻求结束军事行动的方法"。贝当的广播讲话使法军放弃了最后的抵抗,令在这支败军中残留的一点战斗力也化为乌有。除极小部分部队未立即执行停战命令外,绝大部分部队都立刻放下了武器,原地待命。然而,德方起初对贝当的停战请求未予理睬,而是乘法军瓦解之际大力向波尔多推进,力图通过给法国施加更大的压力来攫取最大的战果。6月20日,贝当政府正式向德国请求停战投降。直到此时,德国才同意和法国就停火问题进行谈判。第二天,双方代表在贡比涅森林的小车站雷通德开始谈判。谈判的会场在德方的精心安排下,就设在1918年11月11日签订《法德停战协定》的福煦当年乘坐的专列的车厢内。6月22日,法德双方在停战协定上签字。它标志着多年来称雄欧陆并号称欧洲第一陆军强国的法国在短短的几十天里就惨败在了纳粹德国的手下。

如果说使法国从普法战争的失败者重新成为"伟大的法兰西",并在第一次世界大战中成功地实现了对德复仇的第三共和国的"诞生"是与法德交战紧密相连的话,那么令人感慨万千的是,它的"终结"以及法国的重新衰落同样与这对宿敌世仇在第二次世界大战中的再度厮杀休戚相关。让当今的许多法国人不愿提及或羞于启齿的是,法德之间的此次厮杀乃以法方在遭受"奇异的溃败"后被迫弃战求和、蒙受国耻告一段落。那么,法国这个曾称霸欧陆的国家又为何会在第二次世界大战中遭受"奇异的溃败"呢?

第十六章 再次经受世界大战的考验

对此,贝当曾在 6 月 20 日发表的广播讲话中将其归因于"年轻人太少,武器太少,盟友太少",以及法国人普遍"索取多于贡献,昔日图安乐;今日遭不幸"。平心而论,贝当的上述说法不无道理。例如,当战争开始之际,正是法国由于在第一次世界大战期间出生率锐减而导致"兵荒",亦即达到服役年龄、体格健壮的青年严重不足的时候;又如,当法国因形势岌岌可危而恳求英、美施以援手的时候,这两个国家一个未能及时提供有力的援助,另一个则几乎置之不理。不过,在上述原因之外,法国在此次战争中溃败的原因,似乎更应当从以下几个方面进行补充:

第一,第一次世界大战中凡主动发起进攻的一方往往得付出极其惨重的人员伤亡的代价,更由于法国在第一次世界大战中的反败为胜与它在几次著名的阵地战中的获胜密切相关,遂使法国军方的高层在两次世界大战之间在制定军事战略的时候,始终极为强调防御,并把阵地战作为制胜的法宝。例如,在两次世界大战之间的法国军界举足轻重的贝当就曾公开宣称:"一个连续的巩固的防线足够抵挡一切,任何进攻的想法必须仔细考虑,直到形势确实需要时才进攻。"毋庸置疑,法国耗费巨资建立的著名的马奇诺防线就是这种军事战略思想的产物。在第二次世界大战爆发后,无论是法国军方的高层还是政府首脑仍然继续信守、践行这一思想。他们甚至还明确宣布:"只要德国没有显出明显的内部崩溃的迹象或是形势没有变得有利于盟国之前,就必须放弃大规模进攻的思想。"在这样一种军事战略思想的指导下,"奇怪的战争"的场面自然就会毫不奇怪地出现,而正是这持续了半年多的"奇怪的战争",使法方坐失主动发起进攻、有效遏制住纳粹德国侵略扩张势头的最佳时机。

第二,对德军主攻方向判断有误,兵力部署严重失当。虽然德国的兵源要比法国充足——根据统计,德国年龄在 20—30 岁之间的年轻人为法国的两倍,但至少在开战之初,德军与英法盟军的兵力基本相当,甚至盟军在人数上还略占优势。问题在于由于法国军方高层错误地以为德军主力仍将如同在第一次世界大战中那样经比利时来犯,故把主要兵力部署在面对瑞士、莱茵河和马奇诺防线一带。虽然甘默林等人并非完全没有考虑过德军也有可能经阿登山区和默兹河一线进犯,但他们同时却更愿意一厢情愿地认为,法国不妨以这一带的高山峻岭和宽阔的河流作为天然屏障。故此,他派了法军中力量最弱的第九军团来防守位于阿登森林西部出口的那慕尔和色当之间的极为重要的默兹防线。结果,德军主力正是从这一法军防守最为薄弱的环节突破了法国的防线,并以迅雷不及掩耳之势向西推进,使被打得措手不及的法国一时难以招架。

第三,武器装备的使用不尽合理。尽管法国的军备因经济危机以及国内存在的强烈的和平主义思潮而受到严重影响,但在战争爆发之初,法国与德国在武器装备方面的差距并非很大。法国在这方面的最大弊端在于使用不当。关于这一点,在坦克的使用上尤其突出地表现了出来。虽然法国在坦克的拥有量上与德国旗鼓相当,但德国通过成批地集中使用坦克,亦即把坦克部队作为独立的作战单位而使其充分发挥了巨大的威力,而法国最高统帅部的高官们却仍把坦克部队化整为零地置于其所属的步兵部队,并只是配合步兵部队作战。此举使其未能充分发挥坦克的作用。同样,在飞机的操纵与使用方面,法国空军也明显地不如德国空军。

第四,军队缺乏真正胜任的帅才。法国在第一次世界大战中之所以能反败为胜,与其曾先后拥有像霞飞、福煦这样不仅指挥有方,而且意志坚强的军事统帅有着极大的关系。但是,曾在第一次世界大战中分别为上述两人担任助手,并在第二次世界大战中被先后委以统率法军重任的甘默林与魏刚却与他们当年的上司不可同日而语。他们与前者的差距不仅在于指挥艺术,更在于其缺乏临危不惧的大将风度。例如,对法军实力估计悲观的甘默林在得知自己对德军的主攻方向判断失误、法军刚开始节节败退时,早早地就发出了"法军已经完了"的论调。至于魏刚,他虽然堪称一位出色的"高参",但因其从未直接指挥过大部队作战,同样难以担负法军统帅的重任。对此,戴高乐曾一针见血地指出魏刚不是适合做总司令的人选:"他的本质是一名卓越的二把手,他曾经非常出色地在福煦元帅麾下担任了这一角色,他在担任参谋总长职务的时候曾很好地运用了他的胆识和智慧,但是他既没有,也不准备作为一位伟大的统帅去面对命运的挑战。在他整个戎马生涯中,他从来没有在一次战斗中进行过实地指挥……在我国军事史上这一最严重的时刻选择他来进行指挥,不是由于认为他可以扭转乾坤,而是借口'他是一面旗帜',这乃是一个弥天大错。"

第五,缺少既有非凡能力更有坚强意志的政治领袖,政府内部分歧严重,而且最终让投降派占了上风。法国在第一次世界大战中的胜利,虽与其拥有像霞飞、福煦这样指挥有方、意志坚强的军事统帅密不可分,但也与它拥有如同普恩加莱,甚至是克雷孟梭这样卓越的政治领袖息息相关。令人遗憾的是,当时在台上执掌大权的法国政治家当中无人可以与之相

第十六章 再次经受世界大战的考验

提并论。而且,与实现两党制的英、美两国不同,法国的政府大多是多党暂时联合的产物,由于政见不同,目标相异,其内部往往存在种种严重的分歧。当时,法国政府内部大致可分为主战派与主和派,而后者实际上就是投降派。主战派本来就缺乏优势,加之因在其他一些问题上意见相左,坚决主战的雷诺总理与在此时亦已转而主战的达拉第向来存在敌对情绪(双方尤其在是否让甘默林继续担任总司令的问题上争论不休,把关系闹得很僵),遂令主战派本身的力量受到削弱;更由于雷诺在改组内阁时选人不当,对贝当等人委以重任,使主和派在政府内部的势力日益增强,并在最后导致了雷诺本人被主张停战投降的贝当取而代之。如果说政府内部存在的巨大分歧原已严重地影响了其在危急时刻行之有效地领导国人去应对种种严峻考验,那么已在政府内部占上风的投降派则更是以其失败主义思想和举措加速了法国的崩溃。

第六,平民百姓与广大官兵普遍存在畏战、厌战情绪。前已述及,法国在战争前夕即盛行隐含着畏战成分的和平主义思潮,人们试图不惜一切代价地去避免战争。而战争初期的失利、大逃亡中的艰辛以及对政府高官种种行径的失望与愤怒,则更使畏战、厌战情绪像瘟疫一样在法国的平民百姓与广大官兵当中迅速蔓延。下述两例分别生动地反映了此期涣散的军心和绝望的民情。其一是在5月中旬法军防守色当的战役中,一些部队甚至没有受到真正的攻击就瓦解了,士兵们像中了邪似的被根本不存在的威胁所惊吓,慌乱地向南逃窜。当他们的长官奋力阻止正在逃跑的士兵并劝说他们继续抵抗时,士兵们的回答是:"我们要回家去,回去干我们的营生去,再打也没有用啦,没办法了。我们失败了!我们被出卖了!"接着便继续作鸟兽散。其二是在逃难的过程中,当一些夹杂在难民里的散兵游勇向对逃难队伍进行轰炸与扫射的德军飞机开枪还击时,他们的行为却遭到了群众的责骂:"抵抗有什么用?到处都是卖国贼。不惹德国人还可能少挨炸呢。"显然,军心的涣散与民情的绝望已使法国一时很难再在本土组织起有效的抵抗,同时大大加强了政府成员中的失败主义情绪,促使贝当等人迅速地把法国推上了停战求和的绝路。

最后要强调的是,如果我们把眼光放得更远一些的话就不难发现,从根本上看,除了上述因素之外,法国在第二次世界大战中的溃败乃是第一次世界大战以来,尤其是在1930年陷入资本主义世界经济危机的旋涡后,法帝国主义日趋没落,法国统治阶级苟且偷安,一味推行绥靖政策,坐视德国壮大所造成的。与此同时,它也是法国垄断资产阶级及其极右势力长期敌视共产主义和劳动人民,不惜以阶级利益压倒民族利益的结果。

四、两个对立的法国:维希法国与抵抗的法国

1940年6月22日,法、德双方签订停战协定。根据这一协定,法国被分割为"占领区"和"自由区"两部分:前者为法国北部和西部约占全部领土3/5的主要工业区、巴黎以及英吉利海峡和大西洋沿岸;后者包括法国的西南部、南部和殖民地,由贝当政府统治。此外,按停战协定规定,法国还应偿付德国占领军所需的全部给养费——德国勒索的占领费每天高达4亿法郎,每年的费用相当于法国在1939年的国民收入的48%。法国除保留10万"休战军"以维持"秩序"外,所有陆、海、空军都被解除武装,并强行复员。法国应立即交还德国战俘或被法拘留的德国人,而180万法国战俘和拘留在德国的法国人则仍然被关在集中营,或在工厂里被迫劳动。

6月29日,贝当政府被迫撤离已被划入德国占领区的波尔多,迁往克莱蒙费朗。7月1日,又迁到以温泉疗养胜地著称的小城——维希,将这座原先只有2.5万人口的小城作为政府驻地。由此,贝当政权统治下的法国被称为维希法国。7月10日,法兰西第三共和国的丧钟最终敲响。议会以569票对80票的绝对多数,赋予贝当全权起草新宪法。贝当从7月11日起连续颁布了3个制宪法令,使存在了70年的第三共和国寿终正寝,法国国名被正式改为"法兰西国家"。

大权独揽的贝当对内打出了"民族革命"旗号,宣称要"捍卫劳动、家庭和祖国",号召人们回到敬重上帝、祖国和家庭的观念上去;对外则力图实现法德之间的"平等的合作"。然而,后者即便不是贝当之流的异想天开,也至少只是他们的一厢情愿,因为纳粹德国需要的只是傀儡,而绝非平等的伙伴。贝当政权此后的所作所为亦清楚地表明,它确实是而且亦只能是对纳粹德国俯首帖耳的傀儡政权。

在其统治维希法国期间,贝当得到了以莫拉斯为代表的一大批法国右翼知识分子的大力支持。以莫拉斯为首的"法兰西行动"自其在19世纪末初露端倪起,即从保皇主义立场出发,对法兰西第三共和国采取了极端蔑视的态度。如果说,当第一次世界大战到来的时候,法兰西行动的知

识分子们出于对德国人的旧恨,出于一种由他们所大肆渲染的民族沙文主义重新点燃起来的爱国主义,他们暂时还能将其对共和国的仇恨撇开,鼓动民众保卫祖国。那么,在四分之一个世纪之后,当法国面临着来自同一个国家的新的威胁时,法兰西行动的知识分子们已经认为这个"由一帮极不正派的骗子控制的共和国"是不值得保卫的,即使是从宿敌德国人手中救助它也是不值得的。相反,此时的他们倒是更愿意为共和国最终的崩溃落井下石。

贝当在1940年10月在蒙都瓦与希特勒会面后,确定了法德"合作"的政策

大战前夕,确切地说是在1939年6月8日,3年前曾因煽动其追随者在大街上对勃鲁姆公开施暴而被判监禁的莫拉斯,引人瞩目地被法兰西学院(一译法兰西学士院)正式接纳为"四十名不朽者"之一。在法国,跻身"四十名不朽者"之列,无论是对于作家、政客还是将军,都是其个人名望达到顶峰的标志。莫拉斯的当选,无疑为在法国右翼知识分子中颇有影响力的莫拉斯主义做了一次很好的宣传,使他们的气焰更为嚣张。维希政权的上台,尤其是"新秩序"的建立和"民族革命"的推行,则使莫拉斯等一贯仇恨共和制的右翼知识分子更感振奋。由此,他们毫不犹豫地就把自己紧紧地绑在维希政权的战车上。莫拉斯等人在此期的许多言行清楚地证明了这一点。例如,莫拉斯在1941年2月9日《小马赛人报》上对贝当这位他在法兰西学院的同人肉麻地恭维道:"元帅最让我们感到惊讶的是其非凡的政治艺术。人们对他抱有那么多希望,人们可以而且应当等待一切。在这个合乎情理的期待中,元帅已懂得增加某些东西。今后不再缺少什么。"

更有甚者,莫拉斯凭借自己在法国右翼知识分子中的威望,特别是通过其已经成为贝当的亲信的追随者,如起草制宪法令的拉法埃尔·阿利贝尔与负责青年问题的亨利·马西斯等人的实践,使已经根据国内外客观环境的变化做了修正的莫拉斯主义成为维希法国重要的精神支柱,以至于维希政权官方的吹鼓手、《墨索里尼传》的作者勒内·本雅曼公然宣称:"法兰西拥有两位伟人:菲利普·贝当与夏尔·莫拉斯。前者象征着行动的力量,后者象征着思想的力量。"与此同时,不少追随莫拉斯的文人还相继担任了维希法国文化部门的负责人,成为"新秩序"的卫道士。如法兰西学院教授、历史学家贝尔纳·费伊在从事其美国史研究之余,还积极从事对所谓的共济会阴谋的研究,充当了这方面的重要理论家。他在维希政权统治时期,被任命为国立图书馆馆长后,就以反对共济会等秘密社团为目标,筹建了有关的博物馆、杂志与文献资料中心。

尤其值得注意的是,在维希政权统治时期,法国法西斯主义知识分子的思想倾向有了一个比较明显的变化,即从20世纪二三十年代时较多地欣赏仿效墨索里尼的法西斯主义变为此期更多地欣赏和仿效希特勒的纳粹主义,与纳粹德国沆瀣一气。布拉吉拉奇、勒巴泰、拉罗歇尔和首任维希驻苏联大使的加斯东·贝热里等人就是突出的代表。他们与战争前夕被达拉第政府驱逐出境,此时已以德国驻法大使的身份回到巴黎的奥托·阿贝兹打得火热,鼓吹法德合作与法德友谊。这些人原来多为莫拉斯的追随者,在战争爆发前夕即已对莫拉斯的君主主义和敌视德国的态度感到不满,但是当时面对莫拉斯巨大的"精神威望",他们还不敢与法兰西行动的正统观念公开唱反调。法国的溃败与德国的占领,使他们终于有了胆量同法兰西行动的主流派最终决裂。他们认为,正是由于莫拉斯的智力权威使那些没有完全解放思想的青年知识分子"总是感到局促不安",从而阻止了许多勇敢的行动,使"法兰西行动"成了"法兰西不行动"。勒巴泰还在《瓦砾》一书中,对其原先的崇拜偶像——莫拉斯作了这样的描述:"莫拉斯是个天主教徒,却无信仰、不领圣事,也不信教皇;是个恐怖分子,却非杀人凶手;是个王党分子,却被他所支持的王位觊觎者否认;归根到底,他本来只是个患意志缺乏症的华而不实的幻想家。"①这些知识分子对纳粹德国的极权制度,尤其是对所谓强大的国家、一党专政、领袖崇拜推崇备至。菲利普·昂里奥负责维希政权的宣传,使电台、报刊和街头充斥亲德的言辞。而作为劳工部长的戴阿,则更是不遗余力地为德国人在法国强征劳工。

---

① 阿泽马等:《法兰西第三共和国》,巴黎,1976年,第275页。

第十六章 再次经受世界大战的考验

此外,在德国占领军和维希政权的支持下,法国右翼知识分子再次掀起了反犹排犹的恶浪。在这一过程中,法国的著名作家塞利纳起了非常恶劣的作用。塞利纳原名路易-费迪南-奥古斯特·德图什,是一个小资产阶级家庭的独生子。他的父母原希望他长大以后以经商为业,故在他13岁时就送其到国外学习外语。可是,第一次世界大战使他走上了另一条生活道路。战后,在大战中应召入伍且右臂负伤的塞利纳选择了行医的生涯。他在行医时经常接触病人,心理上受到压力,产生病态和幻觉,因而愤世嫉俗,似乎对整个人类怀恨在心。同时,行医的旅程也使他足迹遍布欧美大陆和部分非洲国家,使他获得了丰富的阅历。1932年,他的处女作《在茫茫黑夜中的漫游》问世,轰动一时。尽管读者对小说毁誉不一,一些人甚至责骂这部小说仇恨人类,无视一切信条,语言下流粗俗。但人们不得不承认这部小说写出了人类处境的真实,是20世纪法国文学史上不得不提到的一部作品。而他在1936年出版的《延迟归天的死亡》(一译《死有余辜》)则再次震动了法国文学界,乃至整个社会舆论。早在大战爆发之前,塞利纳即已在自己的许多小说或政论文中表现出对犹太人的蔑视与厌恶,并公开宣称:"我不愿为希特勒打仗,但是,我也不愿为犹太人与希特勒打仗……人家拼命对我胡说八道,枉费口舌,正是犹太人,也只有他们,迫使我们拿起机枪……希特勒不喜欢犹太人,我也不喜欢。"法国战败后,在1941年循着《屠杀前的琐事》(1937)、《死尸学校》(1939)的创作思路,又抛出了《漂亮的床单》,在作品中表现出严重的偏激情绪和强烈的排犹倾向。他还经常出席犹太人问题研究院组织的会议,甚至对在贝利茨宫举行的大型反犹展览"反对法国的犹太人"没有收入他的作品提出了抗议。从1941年至1944年,他还在《我无所不在》等报刊上发表了一系列文章,鼓吹反犹排犹,为此期法国反犹排犹的恶浪推波助澜。

从停战到1944年8月巴黎解放的这段时期,在法国历史上被称为"黑暗年代"。不过,让法国人聊以自慰的是,当时毕竟还有一个抵抗的法国与维希法国相对。概而言之,与维希法国相对的,还有一个抵抗的法国。就在法国处于"山河已经破碎,民族存亡未卜"的紧急关头,戴高乐,一位戎马生涯平淡无奇,政治上默默无闻,仅在军界小有名气的普通准将,于6月18日在伦敦通过英国广播公司向法国人民发出著名的"六·一八"号召,庄严宣告:"无论发生什么事,法国抵抗的火焰不能熄灭,也绝

戴高乐在伦敦检阅"自由法国"的部队

不会熄灭。"

"六·一八"号召表明戴高乐第一个高举起了争取民族独立的旗帜,号召向纳粹德国和卖国政府进行公开的抵抗。戴高乐在竖起反对德国侵略、维护法兰西民族的义旗之后,即在伦敦积极筹建法兰西民族委员会,组织武装力量,使伦敦成为当时法国国外抵抗力量的一个重要基地。一批又一批的法国爱国志士冒着生命危险,想方设法,投奔戴高乐以报效祖国,其中不少是作家、记者、律师等知识分子。在艰难的抵抗斗争中,戴高乐的政治威望不断提高,"自由法国"运动在日益壮大。与此同时,法国国内的抵抗运动也在极端困难的条件下开始,并经历了由自发到自觉、由单个的分散行动到逐步的有组织的行动的过程。在这一过程中,法国国内形成了一些大的抵抗组织或运动。这些组织或运动多以其出版的报刊命名,其中北部地区主要有 5 个抵抗组织:"保卫法国""解放""抵抗""解放北方""军政组织"。南部地区主要有 3 个组织:"解放南方""战斗""自由射手"。

在此还需特别指出的是,与 1870—1871 年普法战争失败之后的情况不同,第二次世界大战期间的法国,与战败相伴而来的不仅有民族耻辱、领土被占和资源遭劫,而且还有整个法兰西民族的内部分裂,乃至自相残杀。换言之,"失败冲击波"的结果,也意味着法国分裂成对比鲜明、常常是互相敌对的部分。以至于人们在提及那 4 年的法国时,几乎很难用单数加以表达。概而言之,贝当领导的维希法国承认战败,心甘情愿地充当纳粹的帮凶,而不愿意屈服的法国,则将在伦敦戴高乐"自由法国"的旗帜下进行抵抗斗争。在以巴黎为中心的德国占领区,极端的附德分子希望建立法西斯政权,直接成为纳粹的一部分,而地下的抵抗运动开始在黑暗中摸索,各自为战,后来逐渐壮大,并同自由法国建立了联系。最后还有法国的海外殖民地,它当时也很快就成为维希法国和"自由法国"争夺的焦点。

五、戴高乐成为"法国抵抗运动的唯一领袖"

当戴高乐在伦敦发出"六·一八"号召时,他还只不过是一个普通准将。亡命英伦的他开始时既无部属,又无组织,可谓是孑然一身。尽管如此,戴高乐凭借他非凡的意志和品格,竟使东道国战时首相丘吉尔接受了他的那个在当时不少人眼中近乎荒诞的建议:给他所"代表"的法国提供继续战斗的机会。可以毫不夸张地说,戴高乐在抵抗运动中取得的第一个胜利,就是使丘吉尔在同年6月28日承认他是"自由法国人的领袖"。不过,虽然戴高乐在"自由法国"草创之时得到了丘吉尔难能可贵的支持,但这两位均极具个性的人物之间的关系却并不融洽。在"寄人篱下"的戴高乐看来,英国的一举一动往往显得盛气凌人;而在自感居高临下的丘吉尔眼中,戴高乐似乎过于目空一切、桀骜不驯。此外,戴高乐与仍和维希法国保持外交关系的美国的总统罗斯福的关系更不容乐观。

戴高乐在伦敦筹建法兰西民族委员会时,曾向法国殖民地的总督、海外驻军首长发出电报,力邀他们参加该委员会,但竟然没有一个人作出响应。让他聊以自慰的是,募兵工作却进展顺利,到1940年7月底就组成了一支7 000多人的部队。8月,戴高乐派人向法属非洲殖民地进行游说,成功地把反对维希政府的喀麦隆等国家争取过来。紧接着,他又派兵攻占了加蓬。10月,戴高乐在布拉柴维尔发表宣言,强烈谴责在德国羽翼下建立的维希政府违反宪法,同时颁布法令,宣布成立帝国防务委员会,行使政府职权。

戴高乐深知,如果他不能把国内抵抗运动争取过来,那么,他充其量也只能是海外法国的代表,他就难以理直气壮地以全体法国人的名义讲话。为此,戴高乐在"自由法国"创立不久就通过"自由法国"的"情报和军事行动总局"同国内抵抗组织建立联系。1942年1月,戴高乐把到伦敦投奔他的前埃尔-罗亚尔省省长让·穆兰空投到法国境内,让他以"自由法国"在国内的总代表身份同各个国内抵抗组织接触。同年7月,"自由法国"易名为"战斗法国"。

概而言之,当时在法国境内积极投身抵抗运动的既有组织、纪律性强,并开始表现出罕见的爱国精神的共产党人,又有关心个人自由和民族独立的基督教徒;既有用《人权宣言》反对践踏人权的极权制度的自由派民主主义者,又有视抵抗运动为革命的初始阶段的革命者。由于彼此之间立场不同,诉求有别,要把这些抵抗组织很好地团结在一起,决非易事。

好在凭借让·穆兰卓有成效的工作,法国国内分属不同政治派别的各种抵抗组织协调就绪,并在1943年5月在法国本土成立了以让·穆兰为首的"全国抵抗运动委员会"。这个委员会得到了包括共产党人在内的所有的游击队的承认,同时,它又承认"戴高乐为法国抵抗运动的唯一领袖"。由此,戴高乐在国际上的地位大大加强。

然而,直至此时,戴高乐并未成为名副其实的"法国抵抗运动的唯一领袖"。事实上,在美国的强力支持下,在北非的另一位法国抗德运动领导人吉罗将军也力图成为法兰西民族的领袖,为此,两人一度闹得不可开交。1943年1月,在英美的压力下,戴高乐到卡萨布兰卡和吉罗会谈,并当着丘吉尔、罗斯福的面,和吉罗作了象征性的和解。同年5月,戴高乐应吉罗的要求,来到阿尔及尔。6月3日,双方在阿尔及尔共同创立了由两人共任主席的法兰西民族解放委员会。该委员会刚一成立,即获得美、英、苏等国的正式承认,从而成为实际上的法国临时政府。不久,戴高乐不顾罗斯福总统的强烈不满,凭借着自己在该委员会中掌握的多数,千方百计地排挤掉了吉罗,单独出任法兰西民族解放委员会主席。至此,戴高乐成为名副其实的"法国抵抗运动的唯一领袖"。

六、法国的解放

1944年6月6日,美英联军在大批飞机和舰只的掩护下,大举在诺曼底登陆。由此,被美英两国一再推迟的西欧第二战场终于开辟了。诚然,对于早就在准备攻打欧洲的美英联军来说,解放法国只是其最终将导致德国投降的战役的一个方面。而且,美英联军当时在诺曼底海岸的登陆行动所采取的海、陆、空兵力是如此之大,足以令法国人的武装力量显得不值一提。但不管怎么说,诺曼底登陆毕竟为法国人解放自己的祖国创造了极好条件。有鉴于此,在诺曼底登陆行动开始时,戴高乐即通过英国广播公司电台向法国同胞宣布"这是法兰西的战役,这是法兰西的战役",号召法国人民投入"解放法国的战役"。与此同时,戴高乐还极力主张,"战斗法国"的军队应尽早、尽可能多地参加解放本土的战斗。不久,大批"战斗法国"的正规军分别在诺曼底或法国南方的一些港口登陆,投入了盟国与纳

第十六章 再次经受世界大战的考验

粹德国之间的战争,并为获得最后的胜利发挥了自己应有的作用。

为了迎接祖国的解放,早在1944年初,国内的各种武装抵抗组织就组成了内地军,并以自己的游击活动困扰着德国占领军。诺曼底登陆开始后,内地军更是积极配合盟军,同德军展开激烈的战斗。尽管内地军武器不足,装备低劣,但他们在与装备精良的德军交战时表现出来的英勇气概与所取得的战绩,则给了盟军和"战斗法国"正规军的官兵以极大的鼓舞和有力的支援。对于内地军此期所起的作用,盟军总司令艾森豪威尔曾给予高度的评价。他说:"如果没有他们(指内地军——作者)的巨大支援,法国的解放以及敌人在西欧的失败,将会延缓很长时期,而我们的损失也会更大。"①

随着盟军在诺曼底的登陆,法国境内出现了民族起义的浪潮,其中最为引人瞩目的当推巴黎起义。应当说,迅速解放巴黎并非盟军计划中的内容,因为在他们眼里,巴黎的解放在政治和行政方面带来的麻烦要多于好处。但在法国人看来却绝非如此。事实上,在诺曼底战役获得成功后,法共占主导地位的巴黎解放委员会就发出了起义号召。8月19日,在法共的极力推动下,全国抵抗委员会常委会和巴黎解放委员会召开联席会议,正式通过开始举行起义的决议。当天,巴黎人民就行动了起来。至22日,全城已遍布街垒。当时,巴黎城内尚有配备80多辆坦克的数万名德军。由于缺乏武器,起义者不得不用著名科学家约里奥-居里在自己的实验室中匆匆赶制出来的燃烧瓶去迎击德军的坦克。戴高乐在知悉巴黎起义后,速派勒克莱尔率领的第二装甲师前往巴黎增援。不过,当他们赶到时,巴黎人民在经过数日的浴血奋战后,已基本解放了全城。25日下午3时,德军城防司令向勒克莱尔将军和巴黎内地军司令罗尔-汤居上校投降。次日,戴高乐率"战斗法国"的正规军进入巴黎。当这位民族英雄重新回到首都时,受到了巴黎市民的夹道欢迎。

巴黎人民起义的辉煌胜利,加速了法国全境的解放。1945年3月第二装甲师攻占了斯特拉斯堡,解放阿尔萨斯省。而后,法军第一集团军又越过莱茵河,与盟军一起在德国境内追击德军。由于法军在欧战的最后阶段中作出了自己应有的贡献,故在5月8日子夜在柏林举行德国无条件投降仪式时,法军第一集团军司令塔西尼将军理所当然地出席了该仪式,并代表法国政府在德国的投降书上签字。在德国代表凯尔特于5月

---

① 参见沈炼之主编:《法国通史简编》,人民出版社1990年版,第561页。

9日0时10分在投降书上签字后,仍困守在大西洋沿岸一些港口城市的德军也举起了白旗。至此,法国完全光复。

作者评曰:

  法国东北部贡比涅森林的雷通德车站曾是令全体法国人扬眉吐气的地方。在第一次世界大战结束前夕,正是在这里,败局已定的德国代表不得不登上停在此处的福煦元帅的座车,向法国等国乞求停火。为了纪念第一次世界大战的胜利,法国人特意在停放福煦元帅座车的铁轨旁竖起了一块大理石,上面刻写着:"罪恶而骄横的德意志帝国被它企图奴役的自由人民击败,于1918年11月11日在此屈服投降。"然而,法国人此时无论如何也不会想到,仅过了20多年,又是这座雷通德车站竟成了使他们蒙受国耻的伤心之地。1940年6月21日,在法国溃败后,以贝当为首的法国政府不得不听从纳粹德国的精心安排,派代表团来到这里,在福煦元帅的座车内向德国人乞求停火。希特勒为了欣赏这一幕专程来此。当他看到那块大理石上的文字时,其脸上依次流露出仇恨、轻蔑、复仇和得胜的表情。这一切,无疑令法国人痛心疾首。所幸的是,法兰西民族虽然出了些不惜卖国、自甘堕落的贝当、赖伐尔似的人物,但它也不乏戴高乐似的爱国志士。在戴高乐这位民族英雄的领导下,一个与维希法国相对的抵抗的法国迅速崛起。正是由于后者的英勇斗争,法兰西蒙受的民族耻辱终于被洗刷。

第十七章 第四共和国

一、临时政府的内政外交与戴高乐的第一次下野

1944年8月26日,当戴高乐率"战斗法国"正规军进入刚刚获得解放的首都时,在让·穆兰英勇就义后继任全国抵抗运动委员会主席的人民共和党领袖皮杜尔曾建议戴高乐依照传统在市政厅阳台上宣布共和国成立,但戴高乐毫不犹豫地拒绝了这一建议。他以铿锵有力的声音说道:"共和国一直存在着,自由法国、战斗法国、法兰西民族解放委员会都与它形成一体,维希政权过去和现在都是无效的和非法的,我本人就是共和国政府的主席,为什么还要宣布共和国成立呢?"

在国内各抵抗运动组织的强烈要求下,9月9日,已从阿尔及尔迁至巴黎的临时政府进行了改组。改组后的所谓"举国一致内阁"共有22名成员,共产党人狄戎和皮佑分别担任了空军部长和公共卫生部长。由此,法国有史以来第一次有了共产党部长。

战火甫停,深受大战之苦的法国百废待兴。为了安定人心,及早恢复正常的社会经济秩序,临时政府采取了许多强有力的社会经济措施。针对当时日益严重的通货膨胀现象,政府断然推行紧缩通货政策,冻结了工资和物价。为缓解财政困难,政府在1944年11月发行了1 640亿法郎的"解放公债",翌年又发行公债1 000多亿法郎。临时政府还制定通过了一些有利于工人和广大人民群众的社会政策和劳动政策,如发放家庭津贴,实行社会保险,奖励生育,缩短每周工作时间,等等。1945年2月22日,政府还颁布法令,在企业设立由工人推选代表组成的企业委员会,

负责监督劳动条件和企业的经营管理,举办福利事业。

临时政府在社会经济领域中采取的最为引人瞩目的行动是掀起大规模国有化的浪潮。与此时期的国有化规模相比,勃鲁姆人民阵线政府在国有化方面的举措可谓是小巫见大巫。此时期的国有化大致分为两个阶段。首先是从1944年秋季到1945年12月的所谓"紧急时期"。其间,临时政府把北方煤矿、雷诺汽车厂、法国航空公司和主要新闻机构悉数收归国有。其次是从1945年12月到1946年底。其间,实行国有化的有法兰西银行以及通用银行、里昂信贷银行、国民工商银行、巴黎国民贴现银行等四大储蓄银行。此外,一系列的保险公司、电力公司、煤炭公司和煤气公司也相继改换门庭,由私营转为国营。

临时政府在内政方面的另一重要举措就是对附敌分子的清洗。如果说对法国而言,第一次世界大战是一场法德之间的战争,那么,刚刚结束的第二次世界大战在很大程度上却是一场法国人与法国人之间的战争。更有甚者,当大战结束的时候,这场法国人与法国人之间的战争却没有停止,它在战后初期对以贝当、赖伐尔为首的维希分子进行的大清洗中延续了下来。在抵抗战士及其支持者的强烈要求下,临时政府对维希分子进行了毫不留情的清洗和惩办。在这一过程中,有数万人被捕,近千人被处决,其中包括臭名昭著的赖伐尔。年迈的贝当元帅虽与赖伐尔同时被判处死刑,但不久即在戴高乐的过问下改判为终身监禁。虽然在战后进行必要的清洗无可非议,但若仓促而无节制地行事,则势必会产生一些负面效应。事实上,当时无论是在巴黎还是外省,也确实存在滥捕和错杀的事例。

在对外领域,恢复法国的大国地位显然是临时政府的当务之急。平心而论,在当时要完成这一任务实非易事。1944年春,美国曾策划在法国实行军事占领制度,以便战后变法国为自己的附庸国。为了挫败美国的这一计划,戴高乐在盟军进行诺曼底登陆前几天,将全国民族解放委员会改称临时政府,并力图借助"战斗法国"正规军和国内抵抗组织在解放法国过程中的战绩迫使美国放弃建立盟国军政府的方案。临时政府成立之初,外交处境极其艰难。它不仅迟迟得不到盟国法律上的承认,而且在此期间一系列重要国际会议上屡遭排斥,如敦巴顿橡树园会议、雅尔塔会议,法国均没能参加。戴高乐深知,这一局面的出现主要是由于美国从中作梗。为了牵制美国,迫使其改变立场,戴高乐千方百计地改善法英、法苏关系。他始则邀请英国首相访法商议法英结盟,继而又应邀访苏,与苏

第十七章 ● 第四共和国

联签订了为期20年的《法苏同盟互助条约》。在以戴高乐为首的临时政府的不懈努力下,法国不仅取得了对德国实行占领和参加盟国对德管制委员会的权利,而且还成为联合国安理会的常任理事国。后者昭示着法国已完全回到了世界大国的行列。

1945年10月,法国举行了制宪议会选举和公民投票。在此之前,为了在已获得解放的法国市镇中进行选举,1944年4月21日,当时还驻扎在阿尔及尔的戴高乐临时政府,在其颁布的一项法令中正式规定,给予妇女与男子一样的选举权与被选举权。在随后的一年多时间里,法国妇女参加了自下而上的各级议会,包括此次制宪议会的选举。这一事实表明,法国妇女在第二次世界大战结束之际终于获得了与男性同胞一样的普选权。在此要指出的是,法国妇女此番获得普选权,与法国男子在1848年就获得普选权之间存在

法国妇女第一次参加投票选举

近一个世纪的时间差,这意味着在这个产生过《人权宣言》的国度,法国男女公民在获得普选权方面的时间差竟然在西方国家中位居前列。此外,还需看到的是,法国妇女之所以在大战结束之际"突然"在法律上获得了与男子完全一样的政治地位,在一定程度上与当时执掌政权的戴高乐等人对当时自身政治利益以及战后政治斗争的需要考量有关。毋庸讳言,他们实际上是把占人口一半的妇女的参政作为政治斗争的筹码来考虑的。

10月21日公民投票的结果是,96%的选民同意新当选的国民议会拥有制宪权,由此,绝大多数法国人通过实际上否决了1875年宪法,表明了他们反对恢复第三共和国的意愿。在这次议会选举中,法共获得了159个席位,成为第一大党。人民共和党获得152个席位,社会党获得142个席位。根据惯例,拥有多数席位的政党有权组阁。故此,法共提议建立法共、社会党占多数的民主联合政府。然而,社会党则坚持成立一个以戴高乐为首的联合政府。11月21日,以戴高乐为首的新的临时政府宣告成立。在新政府中,在议会中形成鼎足之势的三大党,即共产党、社会党和人民共和党各占5个部长席位,其余6个部长席位仍由追随戴高

乐的人士担任。

然而,尽管戴高乐派在此届政府中仍举足轻重,但由于其在议会中缺乏相应的支持力量,所以由戴高乐领衔的此届政府提出的不少议案不时在议会中被否决。更让戴高乐恼火的是,由于法共和社会党对他在分配部长职务时的一些做法不满,属于这两党的部长们也频频在政府内部向他发难,使他在与议会冲突时更感势单力薄,难有作为。

由于对第三共和国时期议会制的种种弊端深恶痛绝,当制定第四共和国宪法之事提上议事日程时,戴高乐希冀能制定一部加强总统和政府权力,使之不受政党制约的新宪法。但是,他的这一主张却遭到大多数政党的反对。眼看着自己的政治主张无法实行,再加上其他的一些因素,戴高乐在1946年1月20日愤然宣布辞职。他在声明中说:"排他性的党派制度又要卷土重来了。我是不赞成这个的。但是,除非用武力建立一个我所不能同意的、无疑也不会有好结果的独裁政治,我无法制止这种尝试。因此,我必须告退。"戴高乐挂冠之后,归隐科隆贝乡间故居,从事《希望回忆录》的写作。他在潜心著述之余深信,与其政治理念相悖的第四共和国的垮台指日可待,法国人民将像盼望救世主一样,希望他东山再起,再一次担当"法兰西号"的领航人。

二、第四共和国的诞生

戴高乐辞职后,自1945年11月便成立的宪法起草委员会遂加快了按照法共和社会党的意图制定宪法草案的工作。翌年4月,制宪议会以309票赞成、249票反对通过了该委员会起草的宪法草案。新宪法草案规定,建立一院制的共和国,国民议会是最高权力机构,其权力不受任何限制,可以选举总统和任命总理,可以随时推翻政府。同年5月,制宪议会将新宪法草案付诸全民表决。由于人民共和党和社会党中的右翼坚决反对建立拥有绝对权力的单一议会制,加之不少选民对这种与苏联的苏维埃制度如出一辙的单一议会制心存疑虑,因此,该草案在全民表决时竟未获通过。

新宪法草案在全民表决中被否决直接导致了此届制宪议会的解散。同年6月2日在新制宪议会的选举中,反对新宪法草案最力的人民共和党得票最多,成为新制宪议会中的第一大党。不久,人民共和党领袖皮杜尔领衔组阁。新内阁重组了宪法起草委员会,并竭力在宪法草案中反映各派政治力量间的平衡。8月2日,人民共和党和社会党联合提出了一个草案,并和法共达成了妥协。9月29日,新制宪议会通过了第二个宪法草案。该草案在同年10月13日举行的公民投票中以微弱多数获得通过。

新宪法规定,第四共和国为多党议会制国家。议会由国民议会和共和国参议院组成。国民议会拥有至高无上的权力,其中包括立法权以及建立和解散内阁。较之国民议会,参议院的职权非常有限,除在某些关键时刻能发挥作用外,一般只是一个咨询机关。共和国总统由议会两院联合选举产生。总统有权向国民议会提议任命内阁,并有权主持法兰西联邦和全国最高司法委员会。与第三共和国时相比,总统的权限不仅未见增加,反而有所缩小。该宪法还规定,内阁必须严格对国民议会的多数派负责。凡此种种,清楚地表明,第四共和国将是一个典型的议会制国家。

新宪法草案在公民投票中获得通过,标志着第四共和国的诞生。1946年11月10日,法国举行了第四共和国首届国民议会的选举。这意味着法国男女公民在一年多的时间里第五次走向投票箱。过于频繁的投票和选举难免令选民们感到厌倦。因而,在此次选举中,弃权者竟占选民的21.9%,弃权率在当时创下法国选举史之最。

在新选出的国民议会中,法共重新成为第一大党。按照议会制国家传统,法共作为第一大党理应组织政府。法共提出多列士为总理候选人,遭到了资产阶级政党的联合抵制。人民共和党提出皮杜尔出任总理,也遭到法共的强烈反对。在这种情况下,人们转向社会党的勃鲁姆。勃鲁姆最初试图组成一个大联合政府,但这一计划在分配部长职务问题上无法取得共识,宣告破产。于是,他在取得了法共和人民共和党两方面的同意之后,在12月16日组织了一个清一色的社会党人"看守内阁"。

勃鲁姆内阁成立后不久,法国进行了共和国参议院的选举。紧接着,国民议会和共和国参议院根据新宪法举行联席会议,选举共和国总统。在总统选举中,共产党和社会党联合竞选。人民共和党、激进党和温和派则各自提出自己的候选人。选举通过无记名投票进行。1月16日,刚当选的国民议会议长、社会党人奥里奥尔以452票的多数当选为共和国总统。1月21日,国民议会选举赫里欧接替奥里奥尔担任议长。至此,共和国临时政府的使命宣告结束,第四共和国的政治体制最终确立。

三、从三党联合执政到第三力量政府的统治

若从宽泛的角度来说,1945年10月第一届制宪议会选举后产生的以戴高乐为首的临时政府就是一个三党联合的政府。在该政府中,除一些部长职位是由无党派的戴高乐的追随者担任,其余的部长席位均为在此届议会中呈鼎足之势的三大党,亦即共产党、人民共和党、社会党所平分。

戴高乐挂冠而去之后,这三大党在1月23日制定了"三党合作宪章",重申三大政党必须协调一致,"避免任何有侮辱性的或者谩骂性的舌战和笔战,……发扬政府内部光明磊落的团结精神,以捍卫共同作出的政府决议"。3天后,由社会党人古安领衔组织了一个纯粹的3党联合政府。法共的多列士和另一名人民共和党人同时担任副总理。

在随之而来的日子里,虽然围绕着如何制定宪法草案,分处左、右两极的法共和人民共和党之间的斗争日趋激烈,但是,三党联合执政的体制仍继续存在。在由人民共和党人皮杜尔领衔组织第二次制宪议会选举后的首届内阁时,多列士仍为副总理。1946年新宪法通过后,法共和人民共和党在总理职位问题上互不相让,于是,总理一职只能由处于中间位置的社会党的元老勃鲁姆暂时充任。1947年1月,社会党人奥里奥尔当选为第四共和国首任总统。他在入主爱丽舍宫之后,立即责成另一名社会党人拉马迪埃组织第四共和国的第一届政府。新政府是一个扩大了的三党联合政府。除了多列士仍任副总理之外,法共的皮佑还担任了国防部长的要职。

从表面上看,三党联合执政的体制在第四共和国建立后得到了进一步巩固,其实大谬不然。当时国内外出现的一系列事件使三党联合得以实现的政治均衡很快发生动摇,三党联合的破裂指日可待。在这一过程中,由于法共在政治方面和在工会方面不断夺取社会党的阵地,加之法共部长在政府中力图阻止拉马迪埃内阁进一步投靠美国,反对法国在印度支那继续进行殖民战争,抗议对马尔加什人民起义的血腥镇压,遂使社会党与法共之间的隔阂越来越深,并在三党联合体制中转为更多地与右翼的人民共和党结盟。

随着三党联合内部矛盾的激化,这种联合终于由名存实亡走向完全

破裂。破裂的直接导火线是1947年4月下旬法国最大的汽车制造企业雷诺工厂的工人罢工事件。事发后,拉马迪埃政府中除法共外的所有成员都拒绝满足罢工者提出的要求,而共产党部长不仅要求政府满足罢工者的要求,甚至还表示他们支持正在扩大的罢工运动。5月4日,拉马迪埃在国民议会中要求对政府投信任票时,全体共产党议员和法共部长均投了反对票。由此,事态急转直下。拉马迪埃政府借口共产党部长破坏"内阁团结",在次日的《政府公报》上刊登了中止共产党阁员职务的法令。就这样,法共部长被逐出政府。三党联合政府不复存在。

在把法共部长驱逐出政府后,拉马迪埃对内阁进行了大改组。在改组后的内阁中,社会党人部长几近一半。然而,内阁改组丝毫无助于消除法国此期所出现的严峻的社会经济问题,更有甚者,当时不仅法共更为放手地在人民群众的反政府运动中推波助澜,而且以戴高乐为首的法兰西人民联盟也积极展开反对政府的活动。在同年10月举行的市政选举中,戴高乐派分子纷纷当选,控制了13个大城市的市政府和52个省的省政府。10月27日,因市政选举的胜利而踌躇满志的戴高乐发表演说,要求进行新的议会选举。他在这次演说中不仅重申要修改宪法,还表示法兰西人民联盟将为"拯救法国"而继续斗争。

11月19日,被法共和法兰西人民联盟左右夹击的拉马迪埃政府被迫辞职。从1947年11月到1952年2月,执掌法国政坛的是第三力量(又译第三势力)政府。"第三力量"一词最初出现于勃鲁姆的文章。1947年春夏之交,在社会党与法共分道扬镳后,勃鲁姆针对戴高乐组成法兰西人民联盟和鼓吹改革国家机构、反对共产主义,撰文谴责戴高乐和法兰西人民联盟,标榜社会党是既反对法共,又反对法兰西人民联盟的"第三力量"。第四共和国时期的第三力量政府是指排除了法共和法兰西人民联盟,由介乎其间的社会党、人民共和党、激进党以及温和派组成的联合政府。

作为法国"第三力量"理论的首倡者,勃鲁姆在拉马迪埃辞职后曾试图组织第一个第三力量政府。11月21日,他在要求国民议会授权时发表声明说:"现在有两个危险:一个是国际共产主义已经向法兰西民主公开宣战;另一个是在法国已建立了一个政党,这个政党的目标——也许是唯一的目标——是剥夺国家主权的基本权利。"因9票之差,勃鲁姆未能如愿执掌政柄。翌日,人民共和党人罗贝尔·舒曼受命组阁,并由此成为第一位第三力量政府的总理。让社会党人始料未及的是,如果说他们在三党联合执政时期尚能左右逢源,占据着权力中枢的话,那么恰恰在其倡导的"第三力量"执政时期,他们却不得不处在政权的边缘。

1948年7月,舒曼内阁因军事拨款问题倒台。从那时起到1952年2月,法国先后更换了9届政府。这些内阁要么出于社会经济原因,要么出于外交或殖民地方面的原因先后倒台。特别值得指出的是,自1950年2月社会党在战后第一次离开政府起,第三力量政府就轮流掌握在人民共和党、激进党、民主和社会主义抵抗运动联盟手中,日益由右翼中间派主导。

四、给第四共和国的政坛注入新的活力的孟戴斯-弗朗斯

1952年3月6日,国民议会授权独立党人比内组阁。这是右翼在战后的第一次执政。从比内上台到1956年1月第三届国民议会选举,先后执政的6届政府基本上由右翼的独立派和中间派的激进党、人民共和党结成的联盟组成。因此,这一时期亦称右翼中间派政府时期。这种局面的出现并非偶然,而是由当时特定的国内外形势以及法国各党派矛盾加剧引起的。在国际上,朝鲜战争的爆发使"冷战"上升到热战,美国为了增加自己与苏联等社会主义国家抗衡的实力,加强了对法国的拉拢和控制,这就为法国右翼势力的抬头提供了外部条件。在国内,由于法共和社会党先后被排斥出或退出政府,并同人民共和党彻底决裂,导致议会和政府中左翼和中派力量的削弱。而一向与政府作对的法兰西人民联盟现在却开始逐渐支持右翼分子执掌的政府,右翼势力进一步加强。

与前一时期的执政者一样,右翼中间派政府在上台后也力图通过法兰西联邦的新形式继续维持法国在殖民地的统治。为了使法兰西联邦"这条随时都会沉没的破船"勉强维持在水面上,他们对殖民地软硬兼施,交替使用着军事镇压与玩弄政治手腕的手段。然而,不管他们的手段有多么高明,法国的殖民统治仍难逃四面楚歌的困境:法国殖民军在印度支那与北非连遭败绩;国内反对殖民战争的情绪日益高涨。

继比内组阁后,次第受命组阁的先后有激进党人梅耶和独立党人拉尼埃。但这几届政府均在执政后不久就告垮台。之所以如此,一个很重要的原因就是其殖民地政策不得人心。如拉尼埃政府,虽然在财政经济

第十七章 第四共和国

方面取得了一些成就,但最终却因法军在越南奠边府的惨败而被迫下台。

震惊世界的奠边府战役于1954年3月13日打响。是日,越南人民军开始包围困守在奠边府的1万多名法军。一个多月后,奠边府与外界的地面、空中联系均被越南人切断,里面的法军已成瓮中之鳖。5月7日下午,越南人民军对奠边府发动总攻。傍晚时分,包括守军司令在内的上万名法军官兵被迫打出白旗,宣告投降。奠边府惨败在法国国内引起的反响是爆炸性的。当时电视尚未普及,各家各户还不能收看这一令法兰西民族大感"屈辱"的场面,但是,所有的报刊,不论是左翼还是右翼,都对政府进行了猛烈的抨击。不过他们抨击时的立场和观点正好截然相反。

在国人的愤怒声讨中,拉尼埃政府在6月12日宣布下台。几天后,年富力强、讲究实效的激进党左翼领袖孟戴斯-弗朗斯受命组阁。力图革新法国政治的他在组阁时起用了不少年轻人担任部长。这一为第四共和国政坛注入新的活力的举措不仅使他能激起年轻的国家公仆们发自内心的忠诚,而且还使自己在广大法国知识分子中口碑极佳。在后者看来,唯有起用新人才能使国家政权适应日新月异的现代世界,才能使政府机器高效运转,活力永存。新内阁的许多措施带有左翼联盟政策的色彩。社会党虽没有参加政府,但却是政府的支持者。

孟戴斯-弗朗斯此番执政最为引人瞩目的政绩就是果断地解决了印度支那问题。早在上台前,他就多次明确表态,应尽快结束印度支那战争。他在执掌政柄后,更是把使法国从印度支那战争的泥潭中解脱出来作为当务之急,在6月17日的就职声明中,他在议会的讲坛上掷地有声地宣布:"我们一定要在一个月内解决这个问题。如果到了7月20日,我们还没有达到目的,如果日内瓦谈判还没有结束的话,我就重新回到这里来,代表我的政府向国民议会辞职。"①由于中国、越南和苏联的努力,也由于孟戴斯-弗朗斯内阁的积极态度,7月20日深夜,日内瓦会议关于印度支那问题的谈判终于达成协议。7月21日,签订了关于在印度支那停止敌对行动的协定并发表了最后宣言。印度支那殖民战争是第四共和国的一个沉重包袱,法国历史学家、《第四共和国》的作者福韦算了一笔总账:6年半战争,3万亿法郎,死92 000人,伤114 000人。孟戴斯-弗朗斯上台伊始即果断地解决了这一持续多年的问题,大大提高了他在公众舆

---

① 沈炼之主编:《法国通史简编》,人民出版社1990年版,第580页。

论中的声望。

正当孟戴斯-弗朗斯意欲在政坛上继续大显身手时,1954年11月阿尔及利亚人民为争取民族独立而举行的武装起义使他的政治生涯遭到了致命打击。鉴于阿尔及利亚自沦为法国殖民地以来,一直被视为法国本土的延伸,其与法国本土的密切联系超过所有的殖民地,孟戴斯-弗朗斯在事发后表现出来的态度与半年前在解决印度支那问题时的态度判若两人。他一再扬言阿尔及利亚就是法国,声称"我们对叛乱决不姑息,决不妥协……不论哪一届议会,哪一届政府永远不会在这个基本原则上让步"。[1]

不过,尽管孟戴斯-弗朗斯坚持在阿尔及利亚推行顽固的殖民主义政策,但在不少法国民族主义分子的眼中,他仍然是一个"帝国的败家子"。这些人甚至还把阿尔及利亚的"叛乱"归咎于他前一时期在突尼斯问题上采取的政策。与此同时,他在欧洲防务集团、限制家庭酿酒特权等问题上的做法也日益使众多反对派欲除之而后快。1955年2月15日,孟戴斯-弗朗斯政府在议会以319票对273票被推翻。就这样,这位曾被不少国人寄予厚望的政治家过早地结束了自己的执政生涯。

五、经济的迅速恢复和发展及其产生的社会影响

大战结束之际,法国的经济形势极为严峻。由于德国的占领和对法国的肆意掠夺,加之大战期间多次重大战役在法国本土进行,使法国经济遭受灭顶之灾。据统计,大战给法国经济带来的损失高达近5万亿法郎。全国约有100万公顷的耕地因战火而荒芜,有1/5的房屋毁坏,牲畜减少了一半,大批工厂被摧毁。交通设施,尤其是铁路受到的破坏最为严重:铁路桥几乎全部被毁,铁路线近一半无法使用。与此同时,土伦、布列斯特、勒阿佛尔等重要港口陷于瘫痪。战争不仅使法国工农业生产下降了55%以上,而且还给法国留下了难以消除的后遗症。其中最大的后遗症就是,由于法国在大战期间死亡63.5万人,伤残88.5万人(其中包括大批青壮年),使这个向来劳动力紧张的国度在战后恢复经济时进一步痛感劳动力奇缺。

---

[1] 沈炼之主编:《法国通史简编》,人民出版社1990年版,第581页。

第十七章　第四共和国

毋庸讳言,这是一副很难收拾的烂摊子。然而,令人称奇的是,法国不仅在战后的最初几年里在经济恢复方面成绩喜人,而且在整个20世纪50年代使经济持续迅速发展。这一可喜现象出现的原因固然可以有这样或那样的解释,但无论如何,莫内计划的制订和实施在此期法国经济发展中所起的重大作用是不容否认的。

后来被人誉为"欧洲之父"的让·莫内,是一位不仅富有实干精神和组织才能,特别擅长国际谈判,尤其是精通盎格鲁—撒克逊事务的人,后一特点使他在和英国人、美国人打交道时总是游刃有余。第二次

莫内(前排右一)在审议其计划的会议上

世界大战期间,他曾出色地主持过抵抗运动的后勤供应,包括接受美国援助的组织工作。更难能可贵的是,这位实干家还富有远见卓识。大战结束之际,他关于恢复经济与实现现代化同步进行和争取法国大国地位的设想,深得戴高乐的赞赏。虽然戴高乐本人不久就辞职不干了,但在法国新设立计划总署这一机构时,莫内仍作为众望所归的人物,出任了首任计划总署署长,并主持制定了《现代化与装备计划(1947—1953)》,简称莫内计划。第二年,该计划经过政府批准正式实施。

莫内计划是资本主义国家中第一个全国性计划。它以发展煤、电力、钢、水泥、运输、农机、石油和化肥等基础部门为重点,规定全国生产在1948年要达到1929年的水平,1950年超过1929年水平的25%。经过几年努力之后,莫内计划确定的目标基本实现。从1947年至1953年,煤炭生产从原来的4 700万吨增加到5 800万吨,发电量从210亿千瓦时增加到400亿千瓦时,钢产量从600万吨增加到1 000万吨,遭到战火破坏的交通运输设施得到了修复和改善。莫内计划的制订和实施对战后法国经济的恢复和重建起了较好的推动作用。

在莫内计划旗开得胜之后,法国从1954年起又开始实施为期4年的第二计划(1954—1957年),该计划又称伊尔斯计划,由莫内的后任得名。第二计划规定了工业、农业和建筑业等部门的全面发展指标,要求外贸平

衡,注重产品质量,提高劳动生产率,加强科学技术研究,第二计划的制订和实施,使法国经济在20世纪50年代中期继续得到迅速的发展。尤其令法国人感到欣喜的是,在第二计划执行期间,法国农业也实现了现代化。农业现代化不仅使长期止步不前的法国农业生产在农村劳力大大减少的情况下仍得到明显的发展,而且还使法国成为仅次于美国的世界第二大农产品出口国。

较之第一、第二产业,法国的第三产业在这一时期的发展步伐显得更快。商业、服务业的就业人数直线上升,对外贸易额迅速扩大,公路和水上运输量成倍增加。铁路已广泛使用电气机车,1954年时就已占全铁路线的42%。最具象征意义的是,1955年底,一种以法国靠地中海一带特有的冷风——"密斯脱拉风"命名的高速列车开始在巴黎—马赛的铁路线上运行。这种高速列车的平均时速是当时的世界之最,它似乎也在一定程度上象征着此期法国经济的发展速度在世界上居于前列。

经济的迅速恢复和发展必然给法国社会带来多方面的影响。如由于劳动力紧张和生活水平的普遍提高,人们在生育观念上开始抛弃了"唯有独子好"的想法,法国的出生率大幅度提高。又如,同样是因为劳动力紧张,社会各方普遍鼓励外籍劳工移居法国,鼓励农村青壮劳力流入城市,而随着大量的外来人口涌入城市,法国社会的都市化进程大大加快。不过,后一现象也产生了一些新的问题。如一些大城市因人满为患,一度秩序混乱。这方面问题最为严重的首推巴黎及其郊区。作为国内流动人口最为集中的地方,巴黎及巴黎地区在1958年就拥有800万人口,占全国总人口的18%,由于外来人口过多,城市秩序混乱不堪,而住房建筑和城市设施的发展更是远远落后于实际需要。

还有一点必须要清醒地意识到的是,在此次经济迅速恢复和发展的过程中,不同地区或社会群体从中受惠的程度却极为不平衡。就地区而言,北部的经济发达地区更为发达,而西部、中部、西南部仍为"经济荒漠"。就社会群体而言,行政管理部门人员、第三产业(商业、广告业及其他服务行业)的职员和大企业的工人是这次经济大发展的主要受惠者。他们在过上小康生活之后,开始关心起汽车流行式样、旅游度假、购置别墅。相形之下,广大农民、城市中的小手工业者和小企业主却未能捞到任何"实惠"。前者倒霉在农产品和工业品之间的剪刀差日益扩大,后者则是苦于垄断资本的压榨和当局征收的重税。

于是,这些人不仅把自己视为在经济大发展中"被遗忘的人们",而且还怒气冲冲地展开了各种声势浩大的社会抗议运动。1953年7月,南方葡萄种植农举行大规模游行示威,在各地筑起街垒1 500多个,并和军警发生激烈冲突。同年10月,40多个省的农民拒绝向城市提供农副产品;也是在这一年的夏天,一位名叫皮埃尔·布热德的小店主纠集一些杂货店和酒吧间的老板以及其他小企业主,发起建立了"保卫商人和手工业者同盟"。起初,布热德运动仅带有经济性质,如要求减少税收,反对政府排挤小企业。但到了后来,该运动便明显带有政治性质。1955年,布热德出版了一本题为《我选择了斗争》的书。由于他在书中模仿希特勒的腔调,公开鼓吹解散议会和在法国建立个人独裁,因而有人戏称其为"阿道夫·布热德"。让法国社会中的民主人士深感震惊的是,这种带有法西斯色彩的布热德运动的追随者们竟在1956年的议会选举中获得11.5%的选票,在议会中占据了52个席位。虽然该运动在1956年后因内部分裂迅速衰败,但它先前的"成功"充分说明了法国在经济大发展时的社会矛盾仍然是极为尖锐的,昭示了法国社会中对第四共和国政治体制的不满情绪不容低估。

六、萨特时代的开始与荒诞派戏剧的崛起

从第二次世界大战结束至20世纪70年代中期,法国经济、社会诸领域发展十分迅速。1979年,经济史学家让·弗拉斯蒂埃出版了一部研究这段历史的著作,将这一时期称为"辉煌三十年"。这个称谓被史学界广泛接受,后来的史学著作中常用此来指代这个时期。在这段时期里,法国知识分子,尤其是左派知识分子对社会政治生活的"介入"达到空前的广度和深度,所享有的社会地位和发挥的社会作用也空前提高,有鉴于此,研究20世纪法国知识分子史的学者也将这一时期称为法国知识分子的"辉煌三十年"。而这一"辉煌三十年",无疑也是一个可用萨特的名字来命名的法国"知识分子的黄金时代"。

萨特作为新的"思想导师"脱颖而出,可谓是时势使然。众所周知,第二次世界大战的破坏力远远大于人类历史上的首次空前的浩劫——第一次世界大战。长达5年多的战争给法国带来了物质和精神的双重危机。法国由于战争期间长期处于纳粹德国的铁蹄之下,人的尊严、人的价值、

人的自由统统被法西斯分子践踏在地。第二次世界大战结束后不久,东西方之间的"冷战"、朝鲜战争、印度支那战争又相继爆发。美苏之间的紧张状态与接二连三的炮火在人们心中投下了新的阴影。战后资本主义生产的畸形发展,使工业化时代出现的异化现象更趋严重。人与自然之间失去了平衡,人与人之间失去了和谐。当时法国中小资产阶级的精神世界为消沉颓废、悲观失望等气氛所笼罩。在知识分子中由于苦闷、孤独、被遗弃、找不到出路而形成一种玩世不恭、放荡不羁的风尚,社会的传统道德标准与价值体系已土崩瓦解。在这种特定的历史环境中,萨特的存在主义哲学对他们产生了巨大的吸引力。众所周知,萨特在哲学领域的扛鼎之作是《存在与虚无》。这本著作是萨特自1933年起开始构思,而在1942年前后一气呵成地写就,并在1943年付诸出版的。由于此书是在第二次世界大战爆发和法国遭受德国法西斯侵略威胁时期内完成的,因此,它尤其把个人自由放在最高地位来看待。不过,尽管《存在与虚无》堪称存在主义哲学发展历程中的一个重要里程碑,但在其问世之初,这部厚达700多页、语言晦涩的哲学著作实际上并没有怎么引起人们的注意。谁也不曾料到,仅仅过了两年,存在主义哲学就风靡法国知识界,《存在与虚无》一版再版,萨特的名望与日俱增,成为当时最负盛名的存在主义哲学大师。

存在主义通常被视为一种愤世嫉俗、苦闷失望、悲观消极的哲学。从克尔恺郭尔等存在主义的先驱开始,这种资本主义危机时代的危机哲学就给世人描绘了一幅阴暗的世界画面:人生是荒诞的,现实是令人恶心的,人们在生活中充满恐惧感、迷惘感、陌生感和孤独感。作为存在主义的哲学大师,萨特也同样如此。"他人就是地狱"堪称萨特的传世名言。然而,值得注意的是,萨特的存在主义同时还涵盖着另外一种上承启蒙思想的东西,即人道主义的责任意识和英雄主义。他的"世界是荒谬的,人生是痛苦的"观念与"自由选择"的观念是紧密相关的。"自由选择"的核心即是自由。自由就是人的存在本身,人生而自由,人不得不自由。如果人在行动时受别人意志的左右,不能按个人的意志作出"自由选择",就等于丢掉了自己的个性,失去了"自我",他就不能算是真正的存在。人只有通过自由选择、自由创造,才能获得自己的本质。总之,萨特的哲学本体论所关注的是人、人的存在、人的自由。正如他自己所说的,存在主义是一种人道主义。换言之,正是由于萨特,存在主义被提升到积极的人道主义的境界。

第十七章 第四共和国

　　1945年10月29日晚上,从美国访问回来后不久的萨特在设在巴黎圣日耳曼街一家剧院的"现在俱乐部",就是以《存在主义是一种人道主义》为题,作了一次轰动一时的演讲。此次演讲的听众是如此之多,以至于有数名女听众因场内过于拥挤而晕倒。萨特在这一被公认为最流行的存在主义宣言书的演讲中指出:"存在主义者心甘情愿地宣布,人是焦虑的。这是因为,当一个人投身于某种事物时,他不仅为自己的存在作出了抉择,而且还同时成了为全人类作出抉择的立法者。人根本无法逃避那种整体的和深刻的责任感。"那么,存在主义的核心思想是什么呢?萨特解释说:"是自由承担责任的绝对性;通过自由来承担责任,每个人都是在这一过程中实现自己作为人类个体的不同特征的。不论什么人,无论身处任何时代,人们都能够理解这种担当。类似的整体性选择产生了各种文化的相对性,这也是可以理解的。"萨特进一步指出,一个诚实可靠的人的行动,其最终极的意义,就是对自由本身的追求:"我们是为了自由而追求自由,是在特定的条件下,通过这种特定的条件来追求自由。依此追求自由,我们就会发现,自己的自由和别人的自由不可分割,而别人的自由也离不开我们的自由。自由作为人之为人的定义,不需要依靠别人,这很明显,但是,一旦我承担责任,我就必须同时把别人的自由当作自己的自由来追求。……人的存在先于本质,而且在任何情况下,人都是一个必须追求自己的自由的自由个体,当我完全认同这种观点的时候,我就体会到,我必须同时追求别人的自由。"在演讲结尾处,萨特更是豪情万丈地宣称:"我们并非不相信上帝的存在,而是认为最根本的问题不是上帝存在与否。人类需要的是重新找到自己……在这个意义上,存在主义是乐观的。它是一个行动的学说。"[①]

　　显然,萨特以"自由"为经,"责任"为纬,为在大战中心灵遭受严重创伤的法国人提出了新的价值坐标。由于萨特的存在主义与当时法国的社会气氛是如此的吻合,使存在主义思潮的流行达到一种几乎是狂热的地步。所谓存在主义装束、存在主义发型、存在主义狂游应运而生。巴黎的一些咖啡馆、夜总会定期举行存在主义者的聚会,尤其在这类聚会中最著名的场所,位于多芬街上的"塔布"夜总会,每逢周六总是呈现出一派人头攒动的热闹景象。在这些聚会中男士们的标准装束是黑色高领绒衣,太

[①] 秦天、玲子编:《萨特文集》Ⅲ,中国检察出版社1995年版,第280—281页。

太小姐们则身着黑色紧身外套。人们一边听着爵士音乐,一边侈谈存在主义。更有甚者,萨特平时光顾的一些咖啡馆,如花神咖啡馆等,不仅吸引了大批法国的青年知识分子,就连在巴黎旅游的外国游客,也被其传奇色彩所吸引,前来造访。上述现象充分表明,此时的萨特已拥有非常高的地位。有感于此,马丁·杜加尔在1945年11月8日的日记中如是写道:"萨特将吸引整代正在寻求着领路人的年轻人。"这位亦曾显赫一时的诺贝尔文学奖得主当时还多少有点伤感地写道:"我们其他人,除了消失,别无他法:有的人将被人谴责,另一些人则将被人遗忘。"事实确实如此,可以毫不夸张地说,萨特此时在法国知识分子尤其是青年知识分子心目中的地位之高,完全就像是一个"教主",以至于曾有人将紧邻这些令人心向往之的咖啡馆的地标性的建筑——著名的圣日耳曼德普雷教堂(l'église Saint-Germain-des-Prés)称为"萨特大教堂"(la cathédrale de Sartre)。

在此需要强调一点,萨特的声名鹊起,固然首先得归因于他的存在主义思想正好契合时代的需要,但他在思想文化领域的"多面手"乃至"全才"的形象也起了很大作用。具体而言,萨特一方面拥有值得敬重的学术背景:毕业于首屈一指的高等学府——巴黎高等师范学校;拥有哲学教师的学衔;发表过大部头的哲学专著《存在与虚无》。另一方面,他在文学艺术领域取得了相当大的成功:发表过多部颇受关注的小说,其中包括同时在1945年出版的长篇三部曲《自由之路》的第一、第二部;其创作的多部戏剧已经上演,且好评如潮;曾写过电影剧本。与此同时,他还发表过一系列具有广泛影响的政论文。总之,就"多才多艺"而言,无论是在两次世界大战之间,还是在战后初期,没有一位法国学者或文人堪与之比肩。例如,柏格森与阿兰虽然以其哲学著作享誉法国文坛,但他们却没有发表过小说或剧本;而纪德、莫里亚克、加缪等文学大师虽然各自拥有广大的读者群,但他们却不是"哲学家",更没有大部头的哲学著作。换言之,在此期法国的文人学士中,只有萨特成功地填平了文学与哲学之间的鸿沟。

无疑,就更大的范围而言,由于战后的法国仍然是一个实行政党政治的国度,因此,在战后初期法国社会中影响最大的分别是共产党所代表的共产主义、社会主义思潮和人民共和运动党所代表的基督教民主思潮。前者把红色苏联奉为楷模,要求将生产资料社会化,并希冀借此彻底改造社会;后者则在穆尼埃等人格主义者的推动下,主张为建立一个保障个人权利的、先进的、社会民主的国家而斗争。诚然,在这一大范围中,萨特的思想影响只能说是边缘性的,但不容否认,仅就社会文化领域而言,尤其是仅就个人而言,萨特的存在主义思想影响无疑是首屈一指的。前已述及,在萨特的存在主义思想中,"自由选择"是其最重要的命题之一。"自由选择"无疑包含着一种积极入世的态度,而积极入世,对于20世纪法国知识分子来说,很大程度上就是对社会的"介入"。萨特在人们的集体记忆中,始终无愧为这种"介入"的最理想的化身。而他在战争后期与战后初期的种种表现,更是在介入社会政治生活方面为战后法国左翼知识分子作出了表率。

随着萨特时代的到来,存在主义文学一度成为法国,乃至整个西方影响最大的文学流派。第四共和国时期正是法国存在主义文学迅速发展并达到鼎盛的时期。

法国存在主义文学的领衔人物仍非萨特莫属。作为法国存在主义哲学的象征的萨特,其存在主义文学首先是哲学,其次才是文学。他的作品往往把阐述一种哲学观点作为作品的出发点,把存在主义哲理作为作品的核心内容,把宣扬这种哲学理论作为作品的写作目的。这种以文学戏剧形式出现的萨特存在主义,远比他的庞杂晦涩的哲学著述的影响要大。萨特的存在主义文学,反映了现代西方主观唯心主义、非理性主义人文学说与现代派文学的合流。它是一种特殊的哲学现象和文学现象,并在思想上对荒诞派戏剧、黑色幽默、新小说等文学流派以深刻的影响。1964年,瑞典皇家科学院决定授予萨特诺贝尔文学奖,但萨特以"谢绝一切来自官方的荣誉"为由拒绝接受。

在存在主义文学领域里堪与萨特比肩,甚至仅就文字成就来看似乎地位更高者,是一位出生于阿尔及利亚的因车祸英年早逝的诺贝尔文学奖得主加缪。虽然加缪后来与萨特分道扬镳并在生前一再表示自己不是存在主义者,但是,他的思想和创作实践都使世人始终将他和萨特的名字紧紧连在一起。加缪在1942年、1943年接连发表了代表作《局外人》《西绪福斯的神话》,声名大振。在第四共和国时期,他又发表了著名的作品《鼠疫》(1947)、《戒严》(1949)、《正义者》、《反抗者》(1950)。加缪的大多数作品哲理性都很强,无论作品中的人物,还是事件都充分地体现了作者的哲学观点。其作品在语言上也很有特色。为了与存在主义主人公的性格特点相统一,他善于用一种刻板、拘谨、干巴巴的语言来表现作品里的主人公。法国一些评论家将此称为是"空虚的存在"的写作风格。

作为存在主义哲学在戏剧园地中结出的果实,战后初期,存在主义戏剧在法国应运而生。萨特又是当之无愧地成为此类戏剧的首席代表。从大战结束到20世纪50年代末,萨特精心创作了一系列其认为更能体现其存在主义观点的"境遇剧"或"自由剧"。其中最为脍炙人口的名篇有《死无葬身之地》《恭顺的妓女》《肮脏的手》等。另一位存在主义文学大师加缪在战后创作的《戒严》《正义者》等剧本也堪称存在主义戏剧的典范之作。

尽管存在主义戏剧在第四共和国时期风行一时,但在此期法国戏剧舞台上更出风头,艺术生命更为持久的却是荒诞派戏剧。诚然,荒诞派戏剧在思想性上也受到存在主义哲学思潮的影响。在这一点上,它与存在主义戏剧并无二致。尽管如此,它与后者的差别还是显而易见的。一般而言,存在主义戏剧所表现的内容虽然存在一定的荒诞性,但所采用的主要是传统的表现手法。相形之下,荒诞派戏剧的"叛逆"和"决裂"则要彻底得多。荒诞派戏剧的旗手们在他们的一系列剧作中蔑视一切传统的戏剧形式,公开扯起"反戏剧"的旗帜。他们反对传统戏剧的要有连贯情节、揭示矛盾、展开冲突、得到解决的三部曲公式,强调用离奇的、夸张的、荒诞的、象征的手法突出人的精神苦闷。他们还打乱时间顺序,使戏剧成为超脱时间的、抽象的东西,从而让其具有"普遍的人性",并试图使观众通过赤裸裸地展示在观众面前的没有情节、没有个性、没有合乎逻辑的语言的怪诞的、非理性的舞台形象本身来认识世界。荒诞派戏剧产生之初并不被人们承认,更不被人们重视,甚至遭到鄙视与冷遇。但是,贝克特等人并没有灰心丧气。1953年,贝克特的《等待戈多》上演获得成功。之后,他们那种荒诞不经的作品逐渐得到学术界与知识圈的尊重和赏识,影响迅速扩大,成为风靡欧美舞台上的最重要的戏剧流派。

法国荒诞派戏剧的三大代表人物是贝克特、尤内斯库和阿达莫夫。有意思的是,他们均非土生土长的法国人。贝克特1906年出生于爱尔兰,1938年起定居法国。主要剧本有《等待戈多》(1953)、《剧终》(1957)等。由于他在戏剧方面的卓越成就,在1969年获得诺贝尔文学奖。与贝克特一起被公认为荒诞派戏剧重要奠基人的尤内斯库于1912年生于罗马尼亚,翌年随父母在巴黎定居,此后基本上住在法国。1949年尤内斯库创作了《秃头歌女》,上演时被观众喝了倒彩。1950年法国著名剧评家雷蒙·格诺肯定了《秃头歌女》的文学价值之后,尤其是他的《椅子》等作品获得成功以后,其戏剧才逐渐被人们接受,并成为欧美舞台上红极一时的人物。1970年他被选为法兰西学院院士。阿达莫夫出生于高加索,从20世纪40年代末起开始创作荒诞派戏剧。他的创作可以1954年为界分为前、后两期:前期创作的主要作品有《讽刺诗文》(1947)、《大家的敌人是大家》(1952)等;后期创作以"政治剧"为主,主要作品有《弹子球机器》(1954)等。

七、戴高乐的东山再起敲响了第四共和国的丧钟

孟戴斯-弗朗斯辞职后,接任总理职务的是埃德加·富尔。1955年11月29日,富尔内阁在执政半年多后也与其前任一样,在议会的信任投票中以多数票被推翻。由于宪法规定,在不到18个月的时间里若出现两次由议会绝对多数造成的内阁危机,政府有权解散议会。为此,富尔在12月2日下令解散国民议会,并决定提前于1956年1月2日举行第三届国民议会选举。

选举过程中,各派政治力量重新组合成两大选举联盟。其一是政府联盟,即右翼中间派联盟;其二是共和阵线联盟,即左翼中间派联盟。选举结果表明公众的情绪此时已再次明显地倾向左翼。除极右的"布热德运动"外,形形色色的右翼党派均惨遭失败,左翼,尤其是法共的候选人纷纷当选。法共在以150席再次成为议会第一大党后,力图建立以它为首的人民阵线政府。但这一努力因遭到左翼中间派联盟中的社会党、激进党的拒绝和右翼集团的阻挠宣告失败。不久,共和国总统科蒂选择社会党人出面组阁。1956年1月31日,以社会党总书记居伊·摩勒为首的共和阵线政府宣告成立。此时,社会党已连续8年未参加执政。

摩勒政府是第四共和国执政时期最长的政府。新政府上台伊始,为社会经济领域积极推行工业现代化计划,并为了反对"社会不公平现象"采取了一些有利于人民群众的措施,如建立全国互助基金会、增加养老金、将带薪休假时间由2周延长到3周。此外还积极反对法郎贬值。在外交政策上,摩勒政府主张和平解决北非问题。1956年2月摩勒在赴阿尔及利亚视察时表示要恢复阿尔及利亚的和平。3月,承认突尼斯和摩洛哥的独立。摩勒政府还注意寻求东西方接近的新途径,5月,摩勒在外长陪同下访问苏联,并声称必须考虑承认中华人民共和国,在一定程度上

促进了东西方关系的缓和。摩勒政府因而一度得到广大群众的欢迎和支持。

然而,时隔不久,随着国际风云变幻,在国内外保守势力的压力下,摩勒政府的政策日渐向右转,这在阿尔及利亚及苏伊士运河问题上表现得最为突出。政府扩大了在阿尔及利亚的军事行动,将在阿尔及利亚的法国殖民军增加到40多万人,并多次采用卑鄙手段破坏阿尔及利亚民族解放阵线争取友好国家帮助的活动。1956年10月22日,本·贝拉等5位阿尔及利亚民族解放阵线领袖从摩洛哥飞往突尼斯,法国政府指示本·贝拉等乘坐的飞机上的法国机组人员在中途着陆,并拘捕了这5位领导人。1956年7月26日,埃及总统纳赛尔宣布将苏伊士运河收归国有。摩勒政府伙同英国政府经过3个月的策划和准备,勾结以色列侵略埃及,发动了苏伊士运河战争。侵埃战争遭到埃及军民的英勇抵抗,美国又趁机要挟英法,11月6日,法英被迫宣布停火。侵埃战争的失败使摩勒政府陷入无法解脱的困境,政府越来越不得人心,终于在1957年5月被迫下台。

摩勒下台后,激进党人布尔热-莫努里和盖伊阿先后上台执政。他们的内阁均为短命内阁,而且在垮台后无一例外地引发了持续数周的内阁危机。这一局面的出现,很大程度上得归因于阿尔及利亚战争,由于法国在旷日持久的阿尔及利亚战争中愈陷愈深,法国统治集团内部在阿尔及利亚问题上产生严重分裂,矛盾日趋尖锐,阿尔及利亚战争成为第四共和国政治危机的根源。

在盖伊阿内阁垮台后引发的内阁危机延续4周之后,科蒂总统在5月8日召请人民共和党领袖弗林姆兰组阁。弗林姆兰被认为是阿尔及利亚自由政策的拥护者,他主张所谓以实为求和平的政策,即首先加强对阿尔及利亚民族解放运动的军事镇压,然后选择有利时机与之进行谈判,从而取得"肯定法国的胜利"的和平。强烈反对任何和谈设想的阿尔及利亚殖民集团和法国驻阿军队中的极端分子把弗林姆兰的这一政策斥之为"放弃政策"。因此,议会讨论授权弗林姆兰组阁便成为"五·一三"事件的导火线。

5月13日下午,正当巴黎的国民议会辩论是否授权弗林姆兰时,阿尔及尔的叛乱者占领了总督府大楼,并成立了以伞兵司令马絮将军为首的"救国委员会"。同日,驻阿军队总司令萨朗将军给科蒂总统发电称,目前的局势"迫切需求呼吁一位能主持全国大局的人出来组成一个可使阿尔及利亚公众舆论安心的救国政府,由这位最高权威人士重申使阿尔及利亚归属法国的坚定决心,唯此才能挽回局势"。翌日凌晨5时,马絮将军公开呼吁戴高乐打破沉默出面组织一个救国政府,把阿尔及利亚从外交上的"奠边府"惨败局面中挽救出来。

这一切对在科隆贝引退12年之久的戴高乐来说,无疑是一个盼望已久的机会。事实上,面对当时微妙复杂的形势,戴高乐早已作好再度出山的准备。他施展种种政治手腕,讨好军方,取悦舆论,排除阻力,以图合法上台。5月15日,当萨朗在阿尔及尔喊出"戴高乐万岁"的口号时,戴高乐终于打破多年的沉默,向报界散发了一份简短的声明,宣布"当法国再度面临考验时",他"准备担负起共和国的权力"。这一声明打响了重新上台的第一炮,在社会上激起强烈反应。为了消除某些人的不安和疑虑,争取多数党的支持,戴高乐在5月19日举行记者招待会,否认支持阿尔及尔叛乱,强调无意"侵害公共自由",重申自己准备执掌共和国的权力。不久,叛乱分子策划向本土进军,这又大大加快了戴高乐争取上台的进程。

5月29日,科蒂总统向议会两院发出咨文,提醒议员们共和国面临着内战的威胁,并向戴高乐"那位法国最杰出的人士,那位在我国历史上最黑暗的年代里曾领导我们争取自由,而且在把全国团结在他的周围之后毅然拒绝独裁政权而建立了共和国的那位人士"发出呼吁,邀他出山,科蒂总统还宣称:若议会对此不同意的话,他本人将辞去总统职务。此举可谓是第四共和国时期共和国总统对全国政治大事进行重大干预的唯一例子。它终于排除了戴高乐上台的最后障碍。5月30日,戴高乐在科隆贝接见各党派的来访者。31日,戴高乐在巴黎戴派的总部拉佩鲁斯饭店召集除法共外的各议会党团负责人开会,当场阐述其执政纲领。6月1日,戴高乐宣布完成新政府的组织工作。戴高乐在议会讲坛宣读了总理候选人的例行声明,他不仅要求国民议会授权他组阁,还要求赋予新政府6个月的全权。国民议会以329票对224票通过授权戴高乐组阁。6月2日、3日,议会又通过3项议案:重新授予新政府在阿尔及利亚的特别权力,授予新政府6个月的特别权力,授予新政府修改宪法并交付全民表决的权力。经参议院同意,国民议会宣告解散。至此,戴高乐便作为第四共和国的末任总理东山再起了。随着早就对第四共和国政治体制深恶痛绝的戴高乐的东山再起,已延续了近12年的第四共和国的丧钟已经敲响。

法国通史

作者评曰：

在不少法国人的心目中，法兰西第四共和国无疑是一个不讨人喜欢的共和国。而对于在第四共和国成立前夕愤然引退的戴高乐而言，第四共和国简直一无是处。因此，从它诞生伊始，一直到它寿终正寝，戴高乐从未对它有过赞誉之辞。相反，激烈的抨击却不胜枚举。不容否认，第四共和国确确实实存在着诸多弊端与不足。比如说，由于沿袭了第三共和国时代的议会制共和政体，第四共和国时期的政治生活可谓是"乱"字当头：党派纷争不息，政府危机频仍，内阁更迭频繁。在戴高乐复出之前，第四共和国先后有20届政府，每届政府的平均寿命仅半年左右。其中最长的一年多，最短的只有两天。如此政府，怎么可能制定和实行一套行之有效、持续稳定的政策？而在重大危机出现时，这样的政府更是难免个个显得束手无策，软弱无力。此外，法国在此期的外交政策与国际地位也有不少可招国人非难的地方。如唯美国的马首是瞻，甘当"顺从于美、英两个国家的一个小兄弟"。但是，第四共和国绝非一无是处。在其存在的12年中，它也取得了不少成就。其中最大的成就就是迅速恢复了因第二次世界大战遭到重创的法国国民经济，并通过计划化等手段使法国经济进入了初步发展时期。而正是这一切，为法国在第五共和国前期实现"经济起飞"奠定了坚实的物质基础。

第十八章 "戴高乐的共和国"——第五共和国的早期史

一、全民投票为第五共和国签发了"准生证"

尽管法国人主要是为了解决阿尔及利亚问题要戴高乐上台的,但戴高乐却为自己安排了这样的日程表:先进行国家体制的改革,再解决阿尔及利亚问题。

众所周知,早在1946年6月16日,戴高乐在贝叶发表的著名演说中就已描绘了他心目中的共和国,同时明确提出法国需要一种什么样的宪法。当与其政治理念大相径庭的1946年宪法和所由产生的第四共和国问世后,戴高乐从未掩饰其对这种宪法及其第四共和国政治体制的敌意,并早就欲除之而后快。现在,机会终于来了。

由于议会已经授予新政府修改宪法并交付全民表决的权力,戴高乐名正言顺地担当起了第四共和国的"掘墓人"。为了确保新宪法忠于"贝叶讲话"的精神,戴高乐委派其亲信、司法部长德勃雷主持其事。鉴于时间紧迫,司法部长德勃雷从最高行政法院抽调出一批才华横溢的年轻法学家组成了一个班子,以最快的速度,在"贝叶讲话"精神的骨架上增肌添肉,拟订了宪法草案。在其挚友和得力助手、著名作家马尔罗的提议下,戴高乐特意挑选了曾爆发过"九·四革命"的9月4日以及具有特殊历史意义的巴黎共和广场,作为向全国公民提出新宪法草案的时间与地点。1958年9月28日,法国就新宪法草案举行公民投票,结果法国本土赞成票占80%,海外领地赞成票占95%。更有甚者,此次公民投票中弃权者只占15.1%,弃权人数之少,为1936年人民阵线议会选举以来所仅见。这在一定程度上反映了人们对这次政治体制重大改革的关切和支持。公民投票的结果为第五共和国的诞生签发了"准生证"。

10月5日,新宪法正式公布。该宪法在扩大政府的权力,政府成员非议员化的同时,限制和削弱了议会的权力和地位。不过,它最为引人瞩目之处在于,总统不再是"虚位元首",其权力和地位大大增强和提高。新宪法赋予总统国家元首、三军统帅和共同体总统的权力。总统任命总理,并根据总理的提议任命部长,签署法令,批准国际条约,可以无须内阁连署单独采取某些重要的行动,如解散国民议会,举行全民公决。特别是第16条规定当共和国在内政外交上受到严重和急迫的威胁时,总统有权"根据形势需要采取多种措施"。总统权力之大,在整个法国共和制度史上是少有的。

新宪法在全民投票中获得通过之后,法国各大政治派别立即紧锣密鼓地筹措起即将到来的议会选举和总统选举。尽管戴高乐本人对党派政治深恶痛绝,并在东山再起后仍以超党派的政治家自居,但他的追随者中的三大派系却在10月1日正式组成了保卫新共和联盟。保卫新共和联盟奉戴高乐为自己的领袖,并以实现戴高乐主义为自己的宗旨。在11月下旬举行的第五共和国首届国民议会的选举中,保卫新共和联盟获得了巨大胜利,一跃而成为执政党。相形之下,左翼政党却因选举制度作了不利于自己的改变后在此次选举中严重受挫。12月9日,保卫新共和联盟的领导人之一沙邦-戴尔马被选为国民议会议长。

12月21日,由国民议会议员、参议院议员、省参议员、市长和市参议员组成的选举团选举共和国总统。参加总统竞选的除戴高乐外,还有共产党候选人乔治·马拉内和非共产党的左翼候选人阿尔贝·夏特莱。戴高乐获得了80 000张选票中的62 394票,以绝对多数击败对手,当选为法兰西第五共和国的首任总统。

1959年1月8日,新总统前往爱丽舍宫就职,次日,新总统任命原司法部长、戴高乐派的重要成员德勃雷为第五共和国第一届政府总理。至此,第五共和国新体制正式确立。

二、棘手的阿尔及利亚问题终获解决

毋庸讳言,戴高乐此番之所以能够东山再起,很大程度上是因为深受

第十八章 "戴高乐的共和国"——第五共和国的早期史

阿尔及利亚问题困扰的法国人对由他来解决这一棘手的问题寄予厚望。戴高乐在临危受命之后,面对错综复杂、微妙异常的局势,就像是走钢丝般地采取了非常谨慎的做法,并花了整整4年时间才使阿尔及利亚问题得以解决。

从1958年6月至1959年夏天,戴高乐这个被国人视为最有权威解决阿尔及利亚危机的人首先花了一年多时间试探各方面态度。1958年6月4日,他首次视察阿尔及利亚,发表了著名的演说——"我理解你们",6月6日在莫斯塔加内姆甚至高呼"法国的阿尔及利亚万岁"。与此同时,戴高乐还提出关于在军事方面实现和平的"短期政策"和关于阿实行和平以后的前途问题的所谓"长期政策"。1958年9月18日,阿尔及利亚民族解放阵线拒绝了以"同化"为基础的一切和解建议,成立了阿尔及利亚共和国临时政府,抵制了关于第五共和国宪法的公民投票。在这种情况下,戴高乐在同年10月初提出了著名的"君士坦丁计划",试图以许诺进行大规模经济改革来换取阿尔及利亚民族解放阵线放下武器。由于"利诱"不成,戴高乐一度转向"威逼"。从1958年底到1959年初,法国加强了在阿尔及利亚的军事镇压活动。然而,阿尔及利亚人民在"威逼"之下并未屈服。之后,戴高乐又试图在阿尔及利亚培植能够分化阿尔及利亚民族解放阵线的"第三种力量",但也奏效甚微。

1959年9月16日,戴高乐在进退两难的情况下发表声明,宣称在首先实现停火的前提下,阿尔及利亚人民可在下列3种方案中自由选择其中的一种:一是阿尔及利亚与法国完全分离;二是成为法兰西共和国的组成部分;三是成为同法国密切合作的自治共和国。这是戴高乐第一次公开表态可在阿尔及利亚实行自治或独立。声明发表后,阿尔及利亚民族解放阵线拒绝以停火为谈判的先决条件,继续坚持武装斗争。而在阿尔及利亚的法国极端殖民主义者则更是对戴高乐同意阿尔及利亚"自决",并将独立作为解决方案之一极为不满。1960年1月,驻阿尔及利亚伞兵部队司令马絮在向《南德意志报》记者发表谈话时宣称,"我们再也无法理解戴高乐的政策了","军队将永远不撤离阿尔及利亚"。戴高乐闻讯后在1月24日撤换了马絮在阿尔及利亚的职务并召他回国。极端殖民主义者在得悉此事后立即在阿尔及利亚发动了称为"街垒周"的叛乱,一些叛乱者还咬牙切齿地狂呼"绞死戴高乐"。1月29日,戴高乐身穿准将军服,胸佩洛林十字章,出现在电视荧光屏上。他以严厉的言辞宣布阿尔及利亚处于非常状态,强令叛乱者放下武器。慑于戴高乐的权威,叛乱者于2月1日宣布投降。戴高乐与阿临时政府代表团在6月25日—29日于默伦会谈。戴高乐坚持停火是谈判的前提,阿临时政府则认为不提供实现"自决"的保证就不停火。谈判在维持了4天以后宣告失败。

此时,法国公众对于戴高乐这种优柔寡断的政策日渐不满,出现了由知识分子和工会领导的争取阿尔及利亚和平运动。其中最为引人瞩目的是,1960年8月,以萨特为首的121名法国著名知识分子共同签署了《121人宣言》,积极声援激进的反战力量,并称"我们尊重拒绝以对抗阿尔及利亚人民的行为,这些拒绝是正当的,我们尊重这些法国人的行为——他们认为自己有责任以法国人民的名义保护和援助那些受压迫的阿尔及利亚人,这种行为是合乎正义的"。在法国人民的压力下,戴高乐又于11月4日在电视讲话中再次提出"自决"政策,并要求举行公民投票。1961年1月18日公民投票的结果表明,大多数法国人拥护戴高乐的"自决"政策。2月27日,戴高乐和布尔吉巴进行会谈。随着戴高乐自决政策的重新提出和法阿双方的加强接触,极端殖民主义者也加紧活动,并成立了从事暗杀活动的恐怖组织"秘密军队"。4月22日,曾担任过驻阿殖民军队统帅的夏尔、萨朗、儒奥、泽勒四将军发动军事政变。戴高乐对此采取强硬政策,决定执行宪法第16条赋予的特殊权力。迫于戴高乐的威望与广大人民群众的压力,叛乱者在4月25日宣布投降。

5月20日,法阿代表在埃维昂正式谈判。由于阿方坚持只有承认撒哈拉为阿尔及利亚所有才能进行真正的谈判,法方曾两度中断谈判,双方的僵持局面一直延续到1962年初。这一时期,极端殖民主义分子和左派组织也都加强活动,各自对戴高乐施加压力。"秘密军队"加紧在阿尔及利亚和法国本土的暗杀活动。1961年9月9日,在塞纳河桥附近还发生了一起企图炸毁戴高乐座车的事件。左派组织,特别是工会组织也发动了一系列群众示威游行。面对这种局势,戴高乐决定采取果断措施,尽快解决阿尔及利亚问题。

1962年3月7日—18日,双方在埃维昂进行了长达11天的正式谈判,最后签订《埃维昂协定》。根据协定,阿尔及利亚将在7月1日举行公民投票,如果选民投赞成票,那就说明他们赞成阿尔及利亚独立并且根据《埃维昂协定》与法国进行合作。4月8日,法国举行关于是否同意《埃维昂协定》的公民投票,90%的人投票赞成。7月1日,阿尔及利亚举行公

第十八章 "戴高乐的共和国"——第五共和国的早期史

民投票,绝大多数选民投票赞成阿尔及利亚独立。至此,法国在阿132年的殖民统治和持续了7年半的阿尔及利亚战争宣告结束。

阿尔及利亚问题的解决,为阿社会经济、文化的发展开辟了广阔的前景。同时,阿尔及利亚战争的结束也消除了法国政局动荡不安和财政经济危机的一大根源,对于法国政局的稳定、社会经济的发展都具有重大意义。

三、总统又由选民来直接选举啦!

当法国在戴高乐的领导下摆脱了阿尔及利亚问题的羁绊后,其政治生活立即进入了一个新的历史阶段。一方面,阿尔及利亚事件的解决以及戴高乐实行的内外政策所取得的成果,进一步提高了戴高乐的威望;另一方面,阿尔及利亚问题解决后,议会觉得没有必要再完全受制于戴高乐政府,要求加强议会权力。于是,在议会中形成了一个政府反对派,政府与议会之间的斗争日趋激烈。为了加强行政权,特别是总统的权力,戴高乐在1962年4月8日罢免了在阿尔及利亚问题上与自己有分歧的德勃雷总理,而让非议员出身的蓬皮杜接替他的职务。戴高乐的这一做法遭到议会的强烈反对。为了缓和这种局面,新总理广泛邀请议员担任部长。尽管如此,新政府在信任投票中仍遭到许多议员的反对。

为了使总统能名正言顺地拥有更大的权力,戴高乐试图实行宪法改革,通过普选选出总统。1962年6月8日,戴高乐在广播演说中宣告:"走普选的道路,我们就能确保共和国在未来的岁月不受人事变迁的影响,保持力量强大、秩序井然和绵延不断。"8月22日,在巴黎近郊发生了一次谋杀戴高乐的事件——珀蒂-克拉玛尔谋杀案,首犯是一个名叫巴斯蒂安-蒂里的军事工程师。戴高乐奇迹般地幸免于难之后,利用这次谋杀事件加快了修改宪法的步伐。8月29日,他通知内阁:"我准备建议修改宪法,以确保政权的持续性。"9月12日,内阁发布文告宣称戴高乐已经表明有意通过公民投票的途径,向全国建议今后共和国总统将通过普选制选出。9月22日,戴高乐再次发表广播电视演说,宣称为了使总统能够有效地承担宪法规定的主要职权,他必须明确地得到全国的信任,需要选民的明确支持。

除了戴高乐派之外,戴高乐关于改变总统选举方式的主张遭到几乎所有政党的强烈反对。为此,在雷诺的创议下,持反对态度的议员们在国民议会中以 280 票通过了对蓬皮杜政府的弹劾案,迫使该政府在 10 月 6 日集体辞职。面对来自各党的议员们的联合抵制,戴高乐毫不犹豫地援用宪法有关条款,解散了国民议会,并坚持把修改宪法、改变总统选举方式这一问题提交公民投票。由此,法国举国上下出现了两个齐头并进的运动:拥护公民投票与立法选举。

尽管非戴派的各个政党使出了浑身解数,但在 10 月 28 日举行的公民投票中,全国选民仍以 1 300 万票赞成、800 万票反对通过了由普选产生共和国总统的宪法修正案。在 11 月中下旬举行的议会选举中,"保卫新共和联盟"更是威风凛凛,轻而易举地在新议会中取得了多数派的地位。曾因受到弹劾被迫挂冠的蓬皮杜于是重新领衔组阁。

始自这次围绕着公民投票和新议会选举而展开的政治角逐,第五共和国政坛日益呈现出两极分化的趋势。具体而言就是,右翼政党力量稳步上升,左翼政党的影响回升较快,而在第四共和国时期起主导作用的中间派政党的力量却明显下降。由此,第五共和国以"左右对立的共和国"的面貌呈现在世人的眼前。

1965 年,戴高乐 7 年总统任期届满。根据 1962 年修改后的宪法规定,新总统将由普选产生。这是自 1848 年以来第一次公民直接投票选举总统。由于总统权力和地位的提高,任期又长,因此各党派都围绕总统竞选展开积极活动。尤其引人瞩目的是,社会党、法共和激进党加快了左翼联合的步伐,共同推举密特朗为总统候选人,参与总统角逐。在 12 月 5 日举行的第一轮投票中,戴高乐在法国本土获得 43.71% 的有效选票,密特朗获得 32.23% 的有效选票,其余选票为另外 3 位候选人所获得。海外领地的投票结果和本土的投票结果大致相同。尽管戴高乐在首轮选举中遥遥领先,但由于没有获得绝对多数,使原先极为自信的戴高乐不得不面临再选一次的难堪局面。第二轮投票于 12 月 19 日举行,参与最后角逐的是在首轮投票中领先的两名候选人。结果,戴高乐以 55.1% 的选票再次当选为总统。在第二轮选举中,密特朗获得了 44.9% 的选票。密特朗此番虽未能登上总统宝座,但他能够在与在国内外均享有盛誉、其实力和地位在法国政坛无人堪与匹敌的现任总统戴高乐的较量中取得这么多的选票,仍可谓是虽败犹荣。从此,密特朗的个人威望也与日俱增。

第十八章 ● "戴高乐的共和国"——第五共和国的早期史

四、追求"法国的伟大"——戴高乐的对外政策

  戴高乐在1946年之所以挂冠而去,除了他对战后法国新政治体制的构想与当时绝大多数政党大相径庭外,另一重要的原因就是他推行的独立自主的对美政策为战后初期法国的垄断资产阶级所不容。在后者看来,战争刚刚结束时的法国不仅军事力量薄弱,经济濒于绝境,而且,法共的上台与苏联的乘虚而入亦非空穴来风。在这种情况下,法国首先需要的是经济援助和军事保护,其次才是"大国地位"。然而,戴高乐当时为重建法国的"大国地位"而推行的外交政策恰恰得罪了唯一能够提供这种"援助"和"保护"的美国。鉴于此,他们竭力主张尽快调整与缓和法美关系。并不惜去掉戴高乐这块会有损法美亲善的"绊脚石"。

  在整个第四共和国时期,法国的对外政策基本上可以说是唯美国马首是瞻。在飞扬跋扈、颐指气使的山姆大叔面前,"高卢雄鸡"因有求于美国不得不忍气吞声,俯首帖耳。当然,在这一过程中,法国方面偶尔也会发出一些不谐之音,但这些不谐之音是如此的微弱,反而更助长了美国在两国关系领域内为所欲为。当戴高乐东山再起后,他自然不愿让法国继续处于这种屈辱的"小伙计"地位。为此,他在大权在握后即推行以全面抗美,维护民族独立,力争大国地位为核心的对外政策。

  戴高乐这种以抗美独立为特色的外交政策,首先表现在对北约的态度上。1958年7月5日,他在同访法的美国国务卿杜勒斯会谈时就改组北大西洋公约组织问题首次同美国交锋。9月17日,戴高乐在致美国总统艾森豪威尔和英国首相麦克米伦的备忘录中要求改组北约组织,提出组成美、英、法三国核心领导机构,共同领导新的西方联盟。在这份备忘录中,戴高乐还向美、英两国发出这样的信息:若上述要求得不到满足,法国将不与北约组织进行合作。

  面对戴高乐摆出的欲与自己平起平坐的架势,美国虽大感不快,但又不愿因表示反对而惹恼戴高乐,使北约由于法国的作梗而实力受损。因此,美国就采取了回避或拖延的对策。在摸清美国并无诚意建立美英法"三头政治",让法国与其分享权力后,戴高乐开始把他的意图逐步付诸实施:1959年3月,法国宣布收回北约对法国地中海舰队的指挥权;6月,拒绝美国在法国领土储存核弹头和在法国建立中程导弹基地,迫使美国将

运载核导弹的战斗机撤往驻英、德基地;1963年6月,法国又从北约撤回大西洋舰队,并不再参加北约联合军事演习。1966年3月,法国正式通知北约盟国,法国结束对北约组织一体化的从属关系,并限令美国在一年内撤除在法国领土上的驻军和基地。

  坚持独立的国防观念,建立自己独立的核力量是戴高乐争取大国地位政策的重要基础。他毫不隐讳地说,没有独立的核力量,法国"将不再是一个欧洲的强国,不再是一个主权国家,而只是一个被一体化的卫星国"。戴高乐上台后加速了制造核武器的步伐。1960年2月13日,法国第一个原子装置在雷冈沙漠中心地带试验成功。1963年4月法国正式拒绝美国提出的"多边核力量"计划。此外法国还坚持抵制美苏炮制的"部分禁止核试验条约"。

  戴高乐抗美独立外交的另一突出表现就是不顾美国施加的巨大压力,于1964年1月正式承认中华人民共和国,使法国成为第一个和中国建交的西方大国。与此同时,他还力图改善同苏联以及其他东欧社会主义国家的关系。对于第三世界国家,戴高乐也采取了积极合作的态度。1964年,戴高乐曾对美国的后院——拉丁美洲展开外交攻势,走访了11个国家,签订了许多经济、贸易和技术合作协定。在阿以冲突中,法国已改变过去一味偏袒以色列的政策,对以色列发动的侵略不时予以猛烈的抨击,并同不少阿拉伯国家重新建立了外交关系。对美国在印度支那的战争政策,戴高乐亦多次在演说中严辞谴责。

  戴高乐不仅在政治上和军事上和美国分庭抗礼,而且还力图打破美国在经济上对西方世界的垄断。为此,他首先十分注意法国的经济独立,严格限制美国在法国关键工业部门的投资。其次,他多次要求改革以美元为中心的国际货币体系,主张恢复以黄金为中心的金本位制,并辅以一种同黄金有联系的集体储备货币。在法方要求被美国拒绝后,戴高乐即下令将法国的全部美元储备兑换成黄金,并鼓动其他西欧国家也这样做。此举使原已岌岌可危的美元地位进一步低落。

  西欧联合是戴高乐抗美独立外交政策的重要环节。戴高乐主张"欧洲人的欧洲",反对"大西洋的欧洲",并把实现法德和解作为西欧联合的核心。戴高乐上台后不久,在阿登纳的共同努力下,法国与联邦德国取得了谅解。1958年9月14日至9月15日,戴高乐与阿登纳在戴高乐的家乡科隆贝举行了第一次会谈。双方会谈时认为,在有美、苏两个超级大国

第十八章 "戴高乐的共和国"——第五共和国的早期史

的情况下,不能久远指望美国,因而加强法德合作,建立一个统一的欧洲是必要的。同年11月26日,戴高乐到联邦德国同阿登纳进行了回访性会晤。巴黎—波恩轴心的建立为西欧联合奠定了基础。

西欧共同市场是第四共和国的遗产。戴高乐上台后为共同市场的巩固和发展提供了种种方便,并多次"踩踏油门",使共同市场工业品关税同盟、共同农业政策得到"顺利实现",进一步促进了西欧国家在经济上的联合。欧洲一体化是当时争论颇多的一个问题。对此,戴高乐主张"各个国家的欧洲",反对建立超国家的欧洲。戴高乐虽然不要欧洲一体化,但他要欧洲合作。说穿了,戴高乐所希望的欧洲就是一个由法国取代美国来发挥作用的欧洲。为此,戴高乐极力提防英国,把英国视为美国在欧洲的"特洛伊木马",先后两次断然拒绝英国参加共同市场,以防共同市场融化在美国设计的"大西洋共同体"之中。

说到戴高乐的对外政策,就不能不提及他在法属殖民地推行的"非殖民化"。众所周知,法国是一个老牌的殖民帝国主义国家。作为一名老帝国派军人,戴高乐曾一直主张要坚决维护法国殖民帝国的利益。第二次世界大战结束之际,执掌临时政府的他曾派兵重新进驻已宣布独立的印度支那。1956年苏伊士事件爆发时,尚在野的他在抱怨当时的法国政府过于软弱之余,曾口气强硬地宣称,如果是他执政的话,他就要派两个师去埃及,伞兵部队两小时之内就可占领开罗。在东山再起后,戴高乐最初在阿尔及利亚问题上也曾表现出强硬的态度,甚至为防止阿尔及利亚脱离法国,一度加强了对阿尔及利亚民族解放阵线的军事镇压。然而,难能可贵的是,面对包括法属殖民地在内的世界性的民族解放运动浪潮,戴高乐审时度势后,逐渐改变了对法国海外领地的态度,并在20世纪60年代开始基本完成了他在法属殖民地的"非殖民化"。诚然,戴高乐以"合作"政策代替传统的殖民政策并非完全出于本意,他自己也曾坦陈道:"就我来说,要在那些地方移交我们的权力,卷起我们的旗帜,合上这部伟大的历史,是一种多么痛苦的精神上的考验啊!"[①]但他的"非殖民化"政策毕竟既符合了殖民地人民的利益;也能使法国在新条件和新形势下,运用经济、政治乃至军事手段在这些地区尽可能保全尚能保全的利益。从这意义上说,"非殖民化"是顺应历史潮流的明智之举。

---

① 周荣耀主编:《当代法国》,山东人民出版社1991年版,第434页。

五、经济起飞的实现与社会阶级结构的变化

法兰西第五共和国的最初10年,堪称法国战后经济高速发展的"辉煌三十年"中最引人瞩目的"黄金时期"。

如前所述,在第四共和国中后期,法国经济已呈现出强劲的发展势头。然而,由于政治体制弊端引发的政局不稳,阿尔及利亚问题的困扰,以及财政危机的时有发生,导致人们期待已久的战后"经济起飞"最终未能在第四共和国时期实现。戴高乐东山再起后,即大刀阔斧地进行了政治体制改革,妥善地解决了阿尔及利亚问题,适时地改善了财政状况。随着他的这些努力初见成效,法国不仅完全具备了实现"经济起飞"的条件,而且还很快以其在经济发展方面取得的骄人业绩,使"经济起飞"的实现成为一个不争的事实。

戴高乐第二次下台后,曾有人批评他入主爱丽舍宫后一味地关注对外事务,忽视国内的社会经济问题,致使法国出现了五月风暴这样的社会危机。对此,戴高乐在《希望回忆录》中嗤之以鼻。他写道:"作为法国的元首,不管是在平时还是在出现危机的情况下,经济和社会问题始终是我关心和采取行动的首要问题。……顽固地责备戴高乐对这些问题漠不关心,在我看来是多么荒谬可笑。"①从戴高乐执政时的综合表现来看,上述批评虽不能说完全没有道理,但至少对戴高乐是有欠公允的。事实上,戴高乐在解决法国财政危机和发展社会经济方面所做的努力与取得的成效,均是有目共睹的。

戴高乐重新上台之际,法国财政濒临破产边缘。1958年国家预算中的赤字至少达12 000亿法郎,外债超过30亿美元,其中半数要求在一年之内偿还。为解决财政危机,戴高乐政府采取了许多临时性措施:大量发行公债,紧缩行政机构的办公费用和推迟增加公职人员的薪金,降低小麦价格,降低多种商品的零售价,提高商业税,并对公司企业和奢侈品征收500多亿法郎的附加税。提高汽油售价,减少或暂停支付许多建筑和装配工程已经核定的用款。这些措施减缓了由通货膨胀引起的物价上涨。此外,它们虽然一度限制了国内消费,但却使法国对外贸易状况出现好转

---

① 戴高乐:《希望回忆录》,巴黎,1971年,第144页。

的势头。

为更有效地解决财政问题,戴高乐在1958年9月30日下令成立了以著名财政经济专家雅克-吕夫为首的财政委员会。12月8日,该委员会向戴高乐提交了一份系统的改革计划。计划分三部分,第一部分的中心内容是有效地制止通货膨胀,紧缩开支,增加收入,暂时压缩国内消费,增加储蓄,并使生产转向出口方向。为此,计划中提出了一套严格的措施,如公营部门的薪金一律限于增加4%。从1959年起停止支付非残废的退伍军人的补助金,并对公司企业和高额收入增加税收,对酒、酒精、烟草增加附加税。为了使新增加的负担尽量不影响收入微薄的人,政府给予最低保证工资4%的资助金,家庭津贴在6个月内提高30%,老年人退休金增加5 200法郎。

计划的第二部分是关于货币方面的一系列决定,其目标是把法郎重新建立在稳固的基础上,使法国的产品价格在世界市场的争夺中具有竞争能力。为此,该计划建议道:法郎贬值17.5%,实行一种具有稳定不变的价值的新法郎,每一新法郎等于100旧法郎。

计划的第三部分是摆脱实行一个世纪之久的贸易保护主义,实行自由贸易。力求通过竞争,使法国在经济领域内重新恢复国际地位。计划建议从1959年1月1日起直接和欧洲国家交换90%的产品,和美元地区的国家交换50%的产品。

这一计划在社会各阶层中引起强烈反响。一些其既得利益会因此受到损害的团体与个人群起而攻之。在这种情况下,戴高乐排除种种阻力,由内阁会议以法令形式批准该计划的执行。该计划实行6个月后,法国财政经济状况明显好转:失业人数减少,物价上涨率降低,出口活跃,外汇储备增加,工业结构渐趋合理。

在有效地解决了财政危机之后,为使法国经济得到更快发展,真正实现经济起飞,戴高乐仍坚持推行资本主义经济计划化的政策。鉴于戴高乐上台前制订的现代化和装备计划(即1958—1961年的第三计划)已经不符合当时的需要,戴高乐毅然决定废弃该计划,并授命德勃雷政府制订一项"临时计划"取而代之。继"临时计划"后,法国制订并执行了第四计划(1962—1965)。这一计划强调扩大投资,注重分配和领土的整治,注意增加社会福利。规定4年内国民生产增长24%,平均每年递增6%。1966年开始执行第五计划(1966—1970),该计划继续强调加强国际竞争能力,特别是尖端工业产品的竞争力。计划期限延长为5年,预定5年内国民生产增长27.5%,平均每年递增5.5%。

  这些计划的贯彻执行有力地推动了法国社会经济的发展。1958—1970年,法国的工业生产平均每年递增5.9%,仅低于日本而高于西欧和北美诸国,其中1956—1963年期间每年平均增长6.8%。1963年后,由于经济危机等,法国经济发展有所放缓,平均每年递增3.4%,但仍快于同期的美国、联邦德国和英国。当时美国工业生产平均每年的递增率仅为3.2%,联邦德国为2.7%,英国为1.2%,在这期间,特别是在临时计划时期,法国的能源生产有很大发展。拉克的天然气年产量达40亿立方米。马库尔和希农等核电站已开始发电。法国的许多新兴工业部门发展更快,如航空、宇航、核电和军事工业仅次于美苏而居世界第三位。法国的交通运输业也得到了迅速发展。仅在临时计划执行年度,法国就铺设了4 000公里的电气化铁路,高速公路的建设在经过长期耽搁后也开始动工,还建造了新机场,重新修建和改造一批旧机场,并使之现代化。

  随着工业生产的迅速发展,生产和资本的集中程度也得以加强。1960年,拥有资产10亿法郎以上的大公司在法国只有1家,1966年增加到10家,1970年增至27家。1954—1962年,工业生产的集中程度,电力部门为33%,纺织部门为35%,皮革部门为38%,不到全国企业总数1/3的大企业所雇用的劳动力占全部就业人员的2/3,其产量占全国总产量的42%。1958年,法国只有8个特大市场,1 500家超级商场,到了1962年,特大市场增至207个,超级商场增至4 000家。

  令人可喜的是,这一时期法国农业生产得到了持续的发展。从1960—1970年,法国农业以每年递增2.4%的速度持续发展,而同期联邦德国为1.7%,美国为1.2%。特别是法国粮食生产的增长速度在各主要资本主义国家中更是名列前茅。1960年,法国粮食总产量比战前1936年的350亿斤提高了51.5%,单产提高82.6%。粮食与饲料的大量增加又促进了法国畜牧业生产的发展。1961年法国肉类产量比1950年增长了64.2%。

  法国此次经济起飞的一个重要动因是科技革命的兴起。随着科技革命的兴起与发展,法国社会阶级结构也发生了深刻的变化。这种变化不仅反映在各阶级之间的关系有了新的调整,而且也反映在各个阶级和社会集团内部的结构也有了明显的变动。

第十八章 "戴高乐的共和国"——第五共和国的早期史

社会阶级结构变化最引人注目的现象是中间阶层迅速扩大。这一时期的中间阶层大致可分为两类：传统的中产阶级与新中产阶级。前者主要是指小工厂主、小商贩、手工业者和农民。他们拥有少许生产资料，大部分独立经营，一部分雇用和剥削少量工人。他们在第五共和国建立前是法国人数最多的社会集团。随着垄断和兼并速度的加快，这些传统中产阶级的人数锐减，而与此同时，由科技人员、高中级管理人员、公务员、教师和其他职员组成的新中产阶级开始激增。科技的进步、教育文化和服务行业的发展、国家职能的扩大和它对经济、社会生活干预的加强，刺激了这一新兴阶级人数的膨胀。新中产阶级在数量和在就业人口中所占的比重都已超过了其他阶级。新中产阶级不占有生产资料，靠出卖脑力劳动和领取工资谋生。但是，他们生活比较富裕，职业比较稳定，文化水平较高。当然，他们中间也存在着较大的差别，中高级管理人员和公务员在财产、收入、生活条件和思想意识等方面比较接近资产阶级；而普通职员不但在工作条件、工资收入、生活状况方面无法与中高级职员相比，而且正逐渐接近工人阶级。总之，法国新中产阶级也和传统的中产阶级一样，是个复杂的、不稳定的社会集团。由于中间阶层的不断扩大，它在法国社会阶级结构中的地位日益显要，并成为法国政治生活中举足轻重的力量，因而引起人们的广泛注意，成为法国左右翼政党竞相争取的社会力量。

工人阶级内部结构也发生重大变化。战前，法国工人阶级队伍主要由传统工人组成。他们大都劳动条件差、工作时间长、工资收入低下。战后，尤其是20世纪50年代末开始，由于石油化工、电学、航天、核能、信息、生物工程等新兴工业部门的迅速崛起，加之对传统工业的大规模技术改造，法国工业的生产组织和劳动力结构均发生了很大变化。其中，引人瞩目的变化之一就是与传统工人有所不同的新工人的人数迅速增加。按技术水平、文化程度和工作性质的高低不同，新工人分为新型熟练工人和专门工人。前者文化知识程度和技术水平较高，是典型的脑、体力相结合的劳动者。他们或控制电气开关和仪表，或观察电视屏幕和监视生产过程，或保养和维修机器。后者文化知识程度和技术水平一般比较低，他们大多被分配在自动流水作业线上从事定点的、有节奏的、单调的、强度很高的紧张劳动。法国工人阶级内部结构多层次化和复杂化，势必给法国政治生活和工人运动带来深刻的影响。

高踞于社会宝塔尖顶的法国资产阶级的内部结构也同样发生了显著的变化。科技革命促进了资本和财富的积累和集中。两百家族中的一部分老牌垄断巨头和一些新近爆发的新垄断巨头成为法国的超级富豪,占有了法国一半以上的公司和企业。在公司、企业日益增多和分散,业务更加科学化和复杂化的情况下,这些超级富豪除了继续沿用家族世袭方式控制部分企业外,更多的是聘请一些精通业务、富有经验的专业人士担任经理和技术专家,甚至请他们担任总经理和董事长。此外,法国的大部分国有企业也采取了这种做法。从表面上看,这些经理、专家是工资领取者,但他们在经营活动中行使资本剥削社会劳动的职能,他们的一言一行都以获得高额垄断利润为目的,同时,他们往往据有相当比例的股票和经济特权。因此从经济地位上看,其已挤入垄断资产阶级的行列,成为他们的重要成员。

六、来势凶猛的五月风暴与戴高乐的二度引退

1968年发生在法国的"五月事件",堪称战后法国历史上和大革命的情势最为相似的事件。短短一个月之内,一场大学校园内学生针对校方的抗议活动,引发了多米诺骨牌式的连锁反应,蔓延到全社会。首先是法国高等教育完全瘫痪,紧接着社会各阶层都卷入罢工浪潮,正常社会生活几乎停滞,最后,蓬皮杜政府在各派反对力量围攻下陷入危机,戴高乐神秘失踪。而这一切又在戴高乐的广播讲话后戛然而止,社会政治生活又恢复了正常运作。

如前所述,戴高乐在1965年再次当选为总统——而且还是由公民直接投票选举产生,昭示着他的个人威望和成功达到了鼎盛。然而,正如常言所说的那样,盛极而衰,最高点往往也是开始走下坡路的起点。作为政治家的戴高乐也同样如此。诚然,经济起飞使法国逐渐步入了"丰裕社会"。但人们在生活水平提高的同时,其思想观念也必然会产生许多新的变化和要求。新的社会现实与旧传统的摩擦,新价值观与旧观念的碰撞,不可避免地引发新的社会问题和矛盾。在这种大背景下,任何当政者都难免会招致一些人的不满。更何况,在戴高乐连任总统后,法国偏偏又连续受到经济危机的数度冲击。在经济危机的冲击下,法国的社会矛盾进一步加深,人们也由最初悄悄地发"牢骚与嘀咕",发展到公开地抱怨这位

第十八章 "戴高乐的共和国"——第五共和国的早期史

已连续执政近10年的古稀老人。这种对社会的不满情绪,更是直接影响到面临着毕业即失业威胁的青年学生,他们在马尔库塞、卡斯特罗思想和"毛(泽东)主义"的影响下,渴望着发动一场轰轰烈烈的革命运动,向现存制度挑战。与此同时,戴高乐体制的反对派力量也在逐渐加强。特别是左翼党派,它们在一致反对戴高乐的基础上,开始相互靠拢,法国政治社会又出现向左转的趋向。左翼政党逐步联合起来,成为戴派势力强有力的挑战者。这一切预示着一场强烈的政治风暴即将来临。

在中国,这一于1968年发生在法国的"五月事件",多被称为"五月风暴"。众所周知,斗争之火首先在巴黎郊区的农泰尔文学院里点燃。从1967年11月起,该校一些系科的学生为反对僵死的教育制度以及不合理的管理制度,掀起了持续不断的罢课浪潮。1968年3月22日,警方在巴黎逮捕了6名涉嫌因反对美越战争向在巴黎的美国运通公司大楼实施爆炸的学生,引起农泰尔文学院学生的广泛抗议。在社会学系三年级德籍学生科恩-邦迪的鼓动下,142名学生占领了学院的行政大楼,成立了"3·22运动"组织,并发表《142人宣言》,由此揭开了五月风暴的序幕。这些学生以当年戴高乐发表的"六·一八"呼吁的格式,发表相关声明,内称"这场革命并非只限于我们国家,这场革命不会就在5月里结束,这场革命是一次世界性的革命……无论发生什么事,人民革命的火焰不能熄灭,也绝不会熄灭"。

5月2日,由于以科恩-邦迪为首的几十个极左派大学生强行阻止政治观点右倾的法国著名史学家勒内·雷蒙上课,政府下令关闭该学院。次日,巴黎大学学生开会,抗议当局镇压学生运动。许多其他大学的学生(包括农泰尔文学院的学生)涌向巴黎大学参加集会。巴黎大学校长害怕发生骚动,请来警察驱散校园里的学生。双方展开激烈的搏斗,许多学生被捕,巴黎大学宣布关闭。然而,学生们并没有屈服,他们走上街头举行抗议示威。

学生们在五月风暴中筑起的街垒

运动由大学扩展到公立中学。5月10日,学生们举行声势浩大的示威游行,要求巴黎大学复课,释放被捕学生,警察撤出拉丁区。夜间,学生们筑起街垒,和警察发生激烈冲突,不少学生被捕入狱。"5·10夜"被称为"第一个街垒之夜"。

5月中旬,冲突范围进一步扩大,斗争出现高潮。5月13日,即1958年"5·13"事件发生10周年日,法国工人举行全国总罢工,声援巴黎大学生。这一天工人、学生、教师共80万人在巴黎举行了法国自第二次世界大战以来规模最大的一次群众性游行。示威群众高举着一条10米半长的横幅标语,上面写着"学生、教师和工人团结起来!"浩浩荡荡涌向市中心。在短短的四五天中,全国总计有1 000万人参加斗争。整个法国处于瘫痪:工厂停工、商店罢市、银行和邮局关门、电话中断、交通停顿、剧院停演,甚至连"法新社""法国广播电视公司"的职工也加入了罢工行列。

戴高乐虽然按原计划于5月14日对罗马尼亚进行国事访问,但被迫在5月18日提前回国,并连夜和内阁商量对策,鼓吹:"改革可以,乱来不行。"5月24日,戴高乐发表广播讲话,承认法国社会必须进行改革,但认为出现危机是不正常的。

自信的戴高乐原以为自己的声音通过电波传向全国之后,一切都会恢复正常。殊不知这次讲话使人们大失所望,冲突愈趋激烈。更有甚者,从5月27日起,社会危机公开发展为政治危机。是日,以统一社会党和法兰西全国学生联合会以及一些教育工会为主要代表的新左派,在夏尔莱蒂体育场组织了一次有孟戴斯-弗朗斯出席的群众大会。"左翼联盟"通过密特朗之口宣称现在"政权空缺",建议成立以孟戴斯-弗朗斯为首的临时管理政府,密特朗为自己安排了总统职位。共产党和法国总工会则提出建立人民政府。与此同时,戴派阵营内部乱作一团。5月29日上午9点1刻,在原定10时举行的内阁会议之前,蓬皮杜得到通知说戴高乐要到科隆贝去待24小时,内阁会议推迟到明天下午3时举行。下午2时,部长们获悉戴高乐失踪,大为震惊。直到下午4时,才由武装部队来的电话中得知戴高乐已去联邦德国。戴高乐在得到法国驻德武装力量总司令马絮的支持保证后,于5月30日回到爱丽舍宫,并在下午4时半发表了极为强硬的讲话,声明在当前情况下他不能离职,也不打算更换总理,并宣布解散国民议会,推迟公民投票。在戴高乐发表讲话之后,形势戏剧性地发生巨大变化,是夜,

第十八章 "戴高乐的共和国"——第五共和国的早期史

50万人游行示威,表示对戴高乐的坚决支持。至此,五月风暴被暂时平息。

五月风暴是第五共和国潜在危机的总爆发,其规模之大,来势之猛,发展之快,斗争之激烈,学生运动和工人运动联合之紧密,为法国历史上所罕见。由于在斗争中多种政治力量交织在一起,很难判定这场运动的性质。但这场风暴毕竟是反对垄断资本的一场政治大发动,它从根本上动摇了戴高乐的政治统治。促进了行政和教育制度的改革。不过,若从更深层次的角度来思考的话,我们更应该把五月风暴看作一场针对发达资本主义社会异化现象,如异化的官僚等级制、工具化的教育制度和管理制度,异化的消费社会以及压抑人性的工业文明的大规模的、自发的文化抗议运动。由于这种具有非经济、非物质的倾向,且凸显文化抗衡性质的运动在法国,乃至西方资本主义发展史上从未出现过,因此,五月风暴在法国乃至整个西方的社会文化史上具有分水岭的意义。事实上,一如"文化大革命"后中国人的心态发生了巨大变化,不少法国人的心态在五月风暴前后也判若两人。

尽管戴高乐政权并未因五月风暴的冲击而垮台,但其政治统治的根基已受到了巨大的震荡。为了缓和社会各阶层的不满,戴高乐在平息了五月风暴之后,决定对法国社会进行改革。为此,他提出了地方改革和参院改革两个方案,并且不顾亲信与助手的劝告,自信而又固执地决定举行公民投票。像以往那样,他把这次公民投票视为对他信任与否的表现。1969年4月11日,戴高乐公开宣布,如果多数反对的话,他将引退。4月24日,《费加罗报》发表的最后一次民意测验的结果表明:53%的选民打算投反对票。4月27日公民投票的结果完全证实了民意专家的预言,反对票占有效选票的53.2%。

4月28日清晨,戴高乐发表了一份公报:"我将停止行使共和国总统的职务,这个决定自今天中午起生效。"戴高乐在二度引退后回到科隆贝,彻底断绝了和政界的一切联系,专心撰写他的《希望回忆录》。1970年11月9日,戴高乐由于心脏病发作猝然去世。根据他多年前立下的遗嘱,法国政府没有为他举行国葬,亲属们只是在科隆贝教堂的墓地上为他立了一块刻有他的姓名及生卒年份的简单墓碑。不过,为了纪念他对法国所做的贡献,巴黎市议会决定,把巴黎的重要地标之一,即凯旋门所在的星形广场改名夏尔·戴高乐广场。

七、开放性与延续性兼而有之的蓬皮杜总统

戴高乐引退后,由参议院议长阿兰·波埃根据宪法代理总统。不久,法国举行总统选举。结果,戴派的第二号人物、曾在戴高乐手下连续6年担任总理的蓬皮杜,以明显的优势当选为总统。

蓬皮杜出身于小学教师家庭。由于天智聪颖,在读中、小学时,这位班上年龄最小,且顽皮淘气的学生,其成绩始终在全班名列前茅。在从顶尖学府巴黎高等师范学校毕业后,他先后在外省和巴黎的名牌中学任教。法国光复后,蓬皮杜放下教鞭,步入政界。不久,他直接在戴高乐身边工作,并很快以其才智和人品成为"将军的宠儿"。戴高乐首度引退后,蓬皮杜始终忠心耿耿地与戴高乐保持密切的联系。1958年,戴高乐东山再起后,蓬皮杜被任命为戴高乐的办公室主任。1962年4月,蓬皮杜被戴高乐任命为总理。在法国历史上,蓬皮杜可谓是第一个既非议员又非部长而直接出任总理的人。在担任总理期间,蓬皮杜更是成为戴高乐最为倚重的左膀右臂。然而,在五月风暴期间,戴高乐与蓬皮杜的关系也发生了微妙的变化。蓬皮杜已越来越不满戴高乐的某些政策,同时,他也已明显感觉到自己已失去了戴高乐往日那种对他的信任。因此,蓬皮杜在五月风暴刚一平息即向戴高乐递上了辞呈。

戴高乐的引退为蓬皮杜登上"法国第一人"的位置打开了大门。蓬皮杜在竞选总统时,发誓"要以戴高乐将军为榜样,并忠于他那崇高的教诲",并在上台后,力求保持戴高乐政策的延续性。然而,蓬皮杜毕竟又是在戴高乐派统治出现危机时上台的。因此,为了扩大统治基础,他又不得不向中间派靠拢,推行"开放"政策。由此,一大批"中间派"人士入阁参政。蓬皮杜上台后,为缓和社会矛盾,采取了一些改善工人及其他人民群众生活的措施,并继续维持国家对经济进行直接而强有力的干预,在蓬皮杜担任总统后,法国经济一度好转,但失业和通货膨胀却始终未能解决。更有甚者,随着石油危机出现的西方经济危机蔓延到法国后,使当局在刺激经济发展还是抑制通货膨胀的问题上陷于两难选择的困境,更谈不上有所作为。

蓬皮杜的外交政策也体现了延续性和开放性相结合的特点。延续性表现在蓬皮杜仍然沿袭了戴高乐外交政策的基本方针:对美、苏两个超级

第十八章 ●"戴高乐的共和国"——第五共和国的早期史

大国保持独立,以巴黎—波恩为轴心基础联合西欧,扩大同第三世界的合作。蓬皮杜为了加强同法语非洲国家的合作关系,从1971年到1973年数度出访非洲,遍访法语非洲国家。开放性则表现在蓬皮杜倾向于同世界上各个阵营保持同样良好的关系,注重维持东西方的平衡,以此确保法国的独立性。为此,蓬皮杜在1970年2月23日至3月3日对美国进行正式访问,同年10月6日至13日又访问了苏联。此外,蓬皮杜还利用各种机会多次和美、苏两国首脑会晤。1973年9月13日—17日,蓬皮杜对中国进行了正式访问。在欧洲政策上,其开放性更为突出,蓬皮杜一反戴高乐拒绝英国加入欧洲共同市场的立场,于1971年5月与英国首相希思在巴黎就英国加入欧洲经济共同体的条件达成了协议。

早在1973年9月蓬皮杜访华时,西方传媒就报道了他身体不支的消息。1974年3月,他在访苏时,其在电视屏幕上的形象更是让人惨不忍睹。同年4月2日,蓬皮杜终因身患血癌,医治无效,在总统任上猝然去世。

八、力求使法国进入"先进的自由社会"的德斯坦总统

蓬皮杜的撒手人寰使法国总统宝座在5年时间内第二次突然空缺,参议院议长阿兰·波埃第二次出任代理总统,法国再次提前举行总统选举。此次总统选举共有12名候选人参与角逐,竞争空前激烈。结果,德斯坦以极其微弱的优势战胜对手,成为爱丽舍宫的新主人。

与蓬皮杜出身于平常人家形成鲜明对照的是,身高1.89米的新总统出身于豪门世家。而且,他的妻子还是声名赫赫的施奈特财团创始人、钢铁和军火大亨欧仁-施奈特的外孙女。德斯坦曾先后就读于巴黎综合理工学院和国立行政学院,并因同时持有法国最难得的这两张大学文凭而在政坛平步青云。第五共和国建立伊

1974年5月,德斯坦在角逐总统宝座时与密特朗在电视上进行激烈的辩论

始,德斯坦以独立党人身份在政府任职。20世纪60年代初,当独立党人因政策分歧而与戴派分道扬镳时,德斯坦等人却因支持戴高乐从独立党中分裂出来,自立门户,是为独立共和党。

独立共和党本身力量虽然不大,但长期来却是戴派组成议会多数所不可缺少的因素,是戴派感到头痛而又不得不与之结盟的伙伴,德斯坦更是被视为刺人的仙人掌。随着戴派政治影响的相对下降,独立共和党在同戴派的关系中采取了"同意,但是"的策略,即对自己有利时就表示"同意",对自己不利时就强调"但是"。1969年4月公民投票中,独立共和党公开反对戴高乐,成为促使戴高乐辞职的主要力量之一。在这次总统选举中,早就觊觎总统宝座的德斯坦提出组织"扩大的多数派"和"要变革,但不要冒险"的口号,想利用选民对戴派不满而又对左翼联盟存有戒心的有利条件登上总统宝座。

尽管德斯坦在第一轮投票中落后于左翼共同推出的候选人密特朗,但在第二轮投票时,由于得到以希拉克为首的戴派中少壮派的支持,遂以50.63%选票险胜密特朗,如愿以偿地登上了总统宝座。是年,德斯坦年仅48岁。因此,他在当时还是法国现代史上最年轻的总统。德斯坦的当选,表明了原来的多数派继续获胜,但戴派已不再占据支配地位。这一现象意味着第五共和国的历史进入了新的阶段。

德斯坦入主爱丽舍宫时曾踌躇满志地宣布:法国政策的新纪元从今天开始,标榜要进行多种多样的改革,使法国进入"先进的自由社会"。鉴于自己在总统选举中的胜利很大程度上得归因于希拉克的支持,德斯坦在5月27日授命希拉克组阁。此举昭示着政府的领导权仍掌握在戴派手中。德斯坦在走马上任后,立即着手以自由主义的精神进行社会改革。为此,还一度设立了改革部。这一时期的改革成果主要集中在风俗习惯和政治自由化方面,如堕胎合法,避孕自由,离婚自由,设立妇女地位国务秘书,将享有公民权和政治权的法定年龄降至18岁,确定巴黎市的新地位,巴黎市长由市议会选举产生等。

德斯坦在就职后不久就同年富力强、自视甚高的总理希拉克产生了矛盾。随着战后资本主义世界第四次经济危机蔓延到法国,并导致国内经济形势的迅速恶化,两人之间的矛盾与冲突进一步激化,以致在1976年8月25日,希拉克愤然宣布道:"由于我缺乏我以为的目前能有效地确保履行总理职务所必要的手段,在这种情况下,我决定结束我

第十八章 "戴高乐的共和国"——第五共和国的早期史

的总理职务。"①

希拉克的愤然离职使戴派在失去了爱丽舍宫的地位后又失去了在马提尼翁宫的地位。德斯坦在希拉克辞职后立即任命不属于任何党派、人称"法国首席经济学家"的雷蒙·巴尔担任总理。巴尔政府把复兴法国经济作为施政纲领的中心。9月22日,新政府提出了"巴尔计划",规定:冻结物价3个月,在1977年4月以前不得提高公用事业费,"节制"收入,冻结高收入,严格控制购买力,对高收入者提高税额。

1978年4月26日,巴尔政府又提出"第二个巴尔计划"。该计划在继续优先复兴经济的同时,规定对集体设施、青年就业和改善受危机影响最大的社会阶层(家庭及老人)给予特别援助。此外,新制订的第七个计划(1976—1980)为基建、外贸、就业、减少不平等现象,提高生活质量和科研等方面规定了25项"优先行动纲领"。巴尔政府执政时期,虽然在控制通货膨胀、减少财政赤字方面取得了一定的效果,但失业人数却继续增多。由于法国经济复兴起色不大,人们的不满情绪在日益加深,对德斯坦的统治亦已经深感厌倦。

在对外领域,德斯坦奉行的是多极外交。德斯坦曾经把自己的多极外交具体化为4条路线:独立的路线、欧洲的路线、缓和的路线、合作的路线。他把维护法国的独立、安全与利益作为法国对外政策的基本目标,谋求由法国对自己的主要问题作出最后决定,不接受"超级大国的统治",并把建立发展独立核武装作为确保独立的基本手段。同时,德斯坦根据苏联军事威胁的加剧和扩张的升级,及时调整了对美外交,加强了与北约的军事合作。他还以西欧联合为立足点,谋求法国的大国地位,利用多数派在1978年议会选举中获胜的有利时机,联合联邦德国创立了欧洲货币体系,积极推动共同体的扩大,希望共同体以法德为轴心,由经济联合逐步发展到政治、军事联合,成为多极世界中独立的一极。德斯坦还努力使法国同苏联保持"特殊关系",以缓和为手段,通过给苏贷款和技术援助,换取苏联市场和原料供应,并在一系列涉及苏联的问题上持与美国有区别的独立政策,力求使法国成为苏联在西方的一个具有特殊地位的对话者。为了维护法国在第三世界的利益,德斯坦主张积极发展法非、欧非之间的联系,倡导了"南北会谈""欧、阿(拉伯)、非对话"。

---

① 夏普萨尔等:《1940年以来的法国政治生活》,上海译文出版社1981年版,第660页。

九、第五共和国早期的思想文化Ⅰ:思想界的风云变幻

第五共和国体制的确立是法国战后史上的重大转折。在此之后,法国的政治格局、社会经济生活、国际地位都发生了极大的变化。随着大环境的变化,法国思想界也处于演变之中。

第五共和国初期,法国思想界最引人瞩目的现象是存在主义思潮的日趋式微。如果说在战后以来,法国思想文化界始终由以萨特为代表的存在主义思潮以及标榜主体性和人道主义的左翼知识分子占据主导地位的话,那么,始自20世纪50年代后期,为数不少的法国知识分子出于对主体性、意识形态和斯大林主义的失望,不仅不再执迷于喋喋不休的、乏味的人道主义和政治说教,而且还脱离了在政治上更具轰动效应的文学与人文科学,躲进幽静淡泊的书斋,潜心于一些明显不具意识形态色彩的"科学"主题的研究。一时间,人种学、语言学等学科开始成为"显学"。

更值得注意的是,当步入20世纪60年代之后,许多法国知识分子已认识到,60年代的法国是一个在许多方面同50年代有质的不同的新法国。其中,一些人将其称为"富裕社会""消费社会",另一些人则将其称为"后工业社会""技术社会"。不管如何来称谓,这一新法国的发展,在许多方面都已经或将要超出思想家们以往的设想和预测。因此,对于法国知识分子来说,极有必要重新审视那些自己当年衷心服膺过的理论与学说,或者整个抛弃它们,或者彻底修改其中已经陈腐、过时的部分。没有人声称已经穷尽了对于新情况的认识,也没有人敢于断言,别人的理论完全是一堆糟粕。马克思主义者、存在主义者、人格主义的左翼天主教徒,以及后来的结构主义者,都在热烈地宣传自己的观点,同时仔细倾听别人的看法。比如说,在当时的左翼知识分子中形成了两大理论研究中心,其一为由萨特领衔的存在主义的马克思主义学派,其二为由列斐伏尔等人组成的、包括许多被法共开除或自行脱党的知识分子的理论团体,该团体以自己创办的杂志《论证》的刊名来命名。应当说,这两大派别在许多重大的理论问题上都存在着严重的分歧,但是在已经消除了"意识形态恐怖"的这一阶段,双方都能以平等的、说理的方式与对方进行认真的探讨。因而,也都从对方获益良多。对此,后来的结构主义的马克思主义的代表人物阿尔都塞曾深有感触地说:"教条主义的终结带来了真

第十八章 "戴高乐的共和国"——第五共和国的早期史

正的研究自由。"[①]

20世纪50、60年代之交,结构主义逐渐取代存在主义,在法国思想界占据了主导地位。和其他哲学流派不同,结构主义并不是由一些专业哲学家所组成的哲学流派,而是在人类学、心理学、社会学、语言学、文艺学及文化学等领域中的一些学者所共同具有的某种观点和方法的总称。不同的学者以基本相同的结构主义方法在自己的领域展开研究,从而建立了诸如"结构主义人类学""结构主义语言学""结构主义心理学"等学说和理论,人们把它们统称为结构主义。

就法国而言,结构主义的创始人和主要代表人物是人类学家列维-施特劳斯。列维-施特劳斯与萨特为同时代的人,他于1908年出生于比利时的布鲁塞尔,父亲是位旅居法国的画家。不过,他后来很快就随家人定居巴黎。他在巴黎先后读完中学和大学。大学毕业后,曾一度和梅洛-庞蒂一起执教于巴黎的一所公立高级中学,并与后者一直保持着密切友好的关系。20世纪30年代中期,列维-施特劳斯与萨特走上了不同的理论道路。具体地讲,当萨特前往柏林研究胡塞尔和海德格尔学说时,列维-施特劳斯承蒙法国当时著名的社会学家塞勒斯坦·布格莱的推荐,前往巴西圣保罗大学担任社会学教授。接着,他又多次担任巴西中部人类学考察队队长,对马托格罗素高原和亚马孙河流域的印第安人部落进行了实地考察。第二次世界大战期间,具有犹太血统的列维-施特劳斯旅居美国,并在这一过程当中,结识了同在纽约的"自由高等学院"执教的结构主义语言学家罗曼·雅克布逊。列维-施特劳斯在雅克布逊的影响下,决心将结构语言学的成果运用于社会领域,特别是运用于对原始人的亲缘系统和神话的研究工作之中。可以说,"时势的力量"对萨特和列维-施特劳斯同时产生了两种截然不同的影响。在整个大战期间,前者经历了战争,体验到了由此而来的一系列痛苦的感受:恐怖、孤独、绝望、苦闷等。这一切为他的存在主义学说打上了深深的印记。与此相反,后者却几乎没有感受到战争的现实威胁,并一直沉浸在对于没有时间性的"结构"的沉思之中。因此,从某种程度上说,列维-施特劳斯的哲学本质上反映着和平时期人们的理论要求。除了在纽约任教之外,列维-施特劳斯还担任过法国驻美使馆的文化参赞,与美国的相关学者进行了较为广泛的交流,并深

[①] 参见莫伟民:《主体的命运——福柯哲学思想研究》,上海三联书店1996年版,第10页。

入了解英美社会和文化人类学及语言学的理论传统,这对巩固和加强他的学术理论基础颇有益处。1947年,列维-施特劳斯回到法国,先后任巴黎人类博物馆副馆长、法兰西学院新创设的社会人类学讲座首任教授。

列维-施特劳斯出版于1962年的《野性的思维》,既是向存在主义思想发出的挑战书,也是结构主义登上法国哲学舞台的宣言书。他在这部著作的最后一章《历史和辩证法》中,对萨特的存在主义进行了激烈的抨击,从而在法国知识界又开创了一个直到1968年五月风暴才告消退的新的争论时代。列维-施特劳斯认为,萨特的《辩证理性批判》所依据的历史基础是虚假的,萨特笔下的那种法国革命,事实上从来就没有发生过。因而,应该对所谓"历史事实"作另一种理解。列维-施特劳斯还认为,历史是有意识的领域,"就历史渴望获得意义而言,它注定要选择地区、时期、人的集团和这些集团中的个人,并且在一种勉强作为背景的连续性中,将它们作为一些不相连续的形象突出出来"。这些就是所谓的"历史事实"。他主张,社会的变化是由"结构"引起的,社会历史无所谓客观规律性,也谈不上进步发展。①针对列维-施特劳斯的批评,萨特做了公开答复。他声称,首先,他并不一般地拒绝结构的方法。相反地,他在自己的一系列著作,特别是关于波德莱尔、圣徒谢奈以及福楼拜的3部文学评传中,都自觉或不自觉地使用过这一方法。但是,他不能同意列维-施特劳斯的根本原则。萨特还针对列维-施特劳斯重视同时态倾向提出反驳说,结构研究是形式的,它忽视了历史的动力方面,然而在历史上起主导作用的却是历时性而非同时性,而且只有辩证理性才能掌握历时性的联系;结构主义者事先就把结构体系假定为不变量。历史是合理的、非有序性过程,而非有序性的形式(结构)、历史上的结构从来不是稳定持久的,只有个人和集团才创造历史,人类的实践在不断地克服着结构。萨特还在接受《拱门》(L'Arche)杂志记者的采访时,把他对结构主义的批评扩展到对福柯、拉康、阿尔都塞以及以菲利普·索莱尔为首的"原样派"②的总批评,指责他们的观点为"新实证主义"的变种。

如果说,萨特在20世纪50年代与加缪、梅劳-庞蒂、雷蒙·阿隆等思想文化界的名流论战时均明显地占了上风,那么,这次和列维-施特劳斯

---

① 参见黄颂杰等:《萨特其人及其"人学"》,复旦大学出版社1986年版,第98页。
② 法文原文为Tel Quel,亦可音译为"泰凯尔派"。

第十八章 "戴高乐的共和国"——第五共和国的早期史

的争论则不然。之所以如此,并非由于萨特已经失去了足够的论战技巧,也并非仅仅是因为列维-施特劳斯揭示了萨特存在主义中的许多矛盾和问题,击中了要害。究其最重要的原因,乃是此时期法国社会大环境的变化使然。新的"繁荣时期"的出现,使一般人对存在主义那种从其唯主体性出发引出来的人本主义日益厌倦。萨特等人曾提倡"介入"社会并身体力行,但这并没有解决形形色色的社会问题。同时,存在主义中的非理性主义成分却为许多人所不满。由于以列维-施特劳斯为代表的结构主义者坚决反对在社会科学领域中以人为中心的研究传统,强调严格的结构分析,而且经过多年的埋头研究,大都在自己的学科领域里取得了一系列公认的学术成就,使得自己的理论主张与学术实践更为符合"繁荣时期"人们的理论要求与社会心态。因此,列维-施特劳斯得以在这场争论中占据主动。

五月风暴是第五共和国潜在危机的总爆发。在五月风暴中,一度对政治有所厌倦的法国知识分子,特别是青年知识分子重新政治化。像拉康的女儿、毛派分子的主要代表朱迪斯·米勒等一大批青年知识分子在事件中都极为活跃。与此同时,法国的结构主义在取代存在主义方面受到了重创。由于结构主义力图以结构取代个人,以知命知足取代对自由的追求,以"中庸之道"取代革命斗争,以热衷于纯理论思辨取代社会实践,因此,就政治维度而言,它是一种保守的世界观。所以,当着革命风暴到来的时候,它就必然让位给政治上呈激进主义的存在主义。对此,列维-施特劳斯曾经悲观地把"五月风暴"看作结构主义的丧钟和"存在主义的马克思主义"的胜利。他说:"在1955年至1968年期间,出现了一次大浪潮,被称为结构主义的思潮成为时髦的东西。后来,显然是由于1968年的一系列事件,厌倦之感继之而起。"他在1969年12月31日的《纽约时报》上写道:"在法国,你知道,结构主义不再时髦了,一切客观性都被抛弃了,青年人的立场符合于萨特的立场。"①

作为战后法国社会文化史上最重要的分水岭,在五月风暴期间和风暴过去之后,法国的左派知识分子队伍也出现了一些颇为值得注意的变化。其中最大的变化就是左派知识分子队伍的再次分化。一些人继续坚持激进的革命态度,甚至主张用暴力推翻戴高乐派政权。他们认为,1968

---

① 参见徐崇温:《结构主义与后结构主义》,辽宁人民出版社1986年版,第3—4页。

年五月风暴之所以"失败",首先得归咎于法共对于夺取政权毫无准备,对人民群众的革命热情持消极态度;其次,得归咎于由法共操纵的,在法国工人中具有极大影响力的法国总工会奉行的"尾巴主义"政策。简而言之,这些知识分子大多属于"毛派",力主用毛泽东的思想指导,用暴力手段进行的社会革命。而另一些人则在对五月风暴的结果深感失望之余,认为马克思主义"欺骗"了他们。因此,他们把自己的理论偶像从阿尔杜塞、毛泽东和马克思转向拉康、福柯和索尔仁尼琴,从热衷于马克思主义、共产主义转向公开地反共、反马克思主义。在这一过程中,萨特引人注目地站在了"毛派"知识分子的立场上。

20世纪60年代中后期到70年代,在结构主义发展过程中,繁衍出了在一些方面同结构主义紧密相连,在另一些方面却同结构主义的主张迥然相异,甚至截然相反的思想。这就是所谓后结构主义思想。后结构主义把结构主义拒斥形而上学、拒绝把人归结为观念的主体等视为理所当然,但却认为在列维-施特劳斯等人那里,存在着人道主义和语言中心主义的残余,断言结构主义无力为历史上各种文化提供政治说明,并宣称结构主义具有客观主义色彩,忽略了欲望着、实践着的社会主体。据此,后结构主义要在新的基础上恢复主观性、历史活动和实践的问题。人们一般把从结构主义到后结构主义的演变,同从存在主义到结构主义的演变并列,称为战后法国思想界的两次大的颠倒。后结构主义的代表人物有罗兰·巴特、福柯、德娄泽和德里达。

从20世纪70年代中期开始,在法国思想界名噪一时的是一批所谓的"新哲学家"。"新哲学家"由一批从极左转向极右的中青年知识分子组成。这些人在五月风暴期间与风暴过后的最初几年,大多是30岁左右的年轻人。他们有的参加过毛派组织,有的是托洛茨基派的重要成员,有的则是法共的积极分子。尽管政治派别不尽相同,但他们均对苏联的"修正主义"深恶痛绝,均把马克思、毛泽东以及以"结构主义和马克思主义"赢得国际声誉的阿尔杜塞奉为偶像,并多曾以极左的面目出现投身于五月风暴的斗争。但是,五月风暴的结局使他们深感失望。与此同时,曾使他们激动不已,热血沸腾并寄予全部希望的中国"文化大革命"的一些真实情况也通过传媒逐渐为他们所知晓,更使他们有如遭受灭顶之灾。在失望与绝望的情况下,他们开始抱怨马克思主义"欺骗"了他们。由于这些人大多毕业于巴黎高等师范学校,受过系统的哲学理论思维训练。因此,他们在自己的政治信仰从极左转向极右的过程中,把这种转变通过抽象的哲学概念表现出来,并构造出所谓"新哲学"的理论体系。"新哲学家"的领衔人物分别是格卢克斯曼与贝尔纳-亨利·列维。前者的主要代表作有《女厨师与食人者》和《思想大师》;后者的主要代表作有《人面兽行》《上帝的遗嘱》和《法兰西意识形态》。需要指出的是,1974年,苏联持不同政见的作家索尔仁尼琴在法国出版《古拉格群岛》以及该书在西方引起的轰动,为"新哲学家"的崛起起了推波助澜的作用。

十、第五共和国早期的思想文化Ⅱ:文学、艺术、科学

第五共和国早期文学创作领域中,最值得关注的现象就是"新小说派"的迅速崛起。"新小说派"的出现与结构主义哲学思潮的影响密不可分。在后者的影响下,新小说家们认为,过去的小说已经不能真实地反映现代生活,要真实地反映现代生活,就必须打破一切传统的表现手法。因此,他们破除了传统小说的原有模式,如打破时空顺序,用梦境、幻觉、潜意识表现人的内心世界,主张不完整地描写事物和人物。他们认为作家所能解剖的事物只是个别的,这些个别的事物又只有在整体中才是有意义的,因此小说的任务之一就是探索各种事物之间的关系。

对"新小说"派的形成和发展起过重要作用的作家有娜塔莉娅·萨洛特、阿兰·罗伯-格里耶、比托尔、玛格丽特·杜拉斯和克洛德·西蒙。但其中最为重要的则是阿兰·罗伯-格里耶和克洛德·西蒙。前者被人誉为"新小说派的首席代表和中流砥柱",其主要作品有《橡皮》《窥视者》《嫉妒》《未来小说的道路》等;后者的代表作有《弗兰德公路》等,并在1985年荣获诺贝尔文学奖。

新小说派在20世纪60年代出现了自己的第二代作家和理论家——新新小说派。他们是一批围绕着《原样》杂志展开活动的文学青年,因而又称"原样派"。他们的反传统文学理论已经超过了新小说,并在结构主义语言学的影响下,运用一切文学结构的可能性进行新的实验。他们中在理论方面的佼佼者有菲利普·索莱尔等人,而在实际创作方面,引人瞩目者当中则包括后来在2008年获得诺贝尔文学奖的让-马里·古斯塔夫·勒克莱齐奥。

第五共和国初期是一个足以让法国电影工作者深感骄傲的时期。1959年,戛纳国际电影节上出现了好几部法国新导演的作品,使人耳目

一新,其中有戈达尔的《精疲力尽》、特吕弗的《四百下》、雷乃的《广岛之恋》。人们把这类新片统称为"新浪潮"电影。从1959年至1961年,是新浪潮运动的黄金时代,3年之间共拍出了100部影片,新浪潮电影运动席卷法国影坛并迅速波及整个西方电影界。

新浪潮电影运动的骨干和核心是以《电影手册》杂志为中心的一批青年影评家和导演,其中包括戈达尔与特吕弗。戈达尔以拍《精疲力尽》一举成名。他通过影片中的主人公米歇·波瓦卡内,表达了他对资本主义社会道德准则的极端蔑视。尽管影片中发出的是个人主义的绝望呐喊,讴歌的是无政府主义的盲目行动,然而由于影片迎合了法国及欧美各国广大"冷战一代"青年要求冲破旧的传统,推倒一切偶像的普遍心理状态,因而产生了相当大的社会反响。继《精疲力尽》之后,戈达尔又先后拍摄了《小兵士》(1960)、《女人总是女人》(1961)、《放纵的生活》(1962)、《狂人彼埃洛》(1965)、《男性与女性》(1966)、《周末》(1967)等,这些影片像速写画一样,勾勒出现代法国社会生活的面貌。1968年,戈达尔开始热衷于拍摄"政治影片",在叙述方法上,彻底背离了固有的传统,其影片变得愈来愈抽象和难以理解。《四百下》是特吕弗导演的第一部长故事片,而后他又相继编导了《二十岁时的爱情》(1962)、《偷吻》(1968)、《夫妻生活》(1970)、《飞逝的爱情》(1978)。由于5部影片的主人公是同一个人,而且该主人公系由同一个演员扮演,演员随着剧中人一起增长年龄,因而在银幕上造成了一种"罕见的真实感",在法国乃至欧美引起强烈反响。

"左岸派"是新浪潮运动的一个重要分支,由以阿伦·雷乃为首的一批有某些共同点的男女电影艺术家,包括涉足电影的作家组成,因成员大都住在塞纳河左岸而得名。主要成员有阿伦·雷乃、罗伯-格里耶、玛格丽特·杜拉斯等人。代表作有《广岛之恋》《去年在马里昂巴》《印度之歌》等。左岸派带有新浪潮运动的全部特点,但在题材选择、表现手法和艺术风格上都与"电影手册派"有明显的不同。电影手册派导演习惯于到自传和自己熟悉的社会圈子中摄取他们喜爱的题材,而左岸派导演则往往从战争的浩劫所带来的后果、原子弹的威胁和世上各种荒谬绝伦的事情中寻求灵感和素材,因而对忘却、记忆、想象、杜撰和在时间长河中往返流动的题材特别感兴趣。

及至20世纪60年代末,新浪潮电影达到鼎盛。但进入70年代以后,法国电影界逐渐呈现出一种有别于"新浪潮"的新倾向:电影的社会性

第十八章 "戴高乐的共和国"——第五共和国的早期史

进一步加强,传统的表现手法重新受到重视。此期的影片多为主题鲜明、题材与公众切身利益密切相关的社会影片或伦理影片。在表现手法上,大多以顺叙为主,编导的主观随意性已大大弱化。

与新浪潮电影在电影界一枝独秀形成鲜明对照的是,此期法国的美术界可谓是百花争艳。不过,若从宏观角度来审视,法国的美术界呈现的是现实主义、现代主义和后现代主义的鼎立之势。当然,三者之间绝非可以等量齐观。事实上,风头最健的是后现代主义。而在后现代主义美术中,最具代表性的是"波普"艺术和"奥普"艺术。这两种绘画形式都具有无个性、无风格的新特征。正如有学者指出的那样,如果说以抽象表现主义和抒情抽象主义为代表的战后西方现代主义艺术,是存在主义观念在美术领域的集中体现的话,那么,以规范化,齐一化的"波普"和"奥普"为代表的后现代主义艺术就是以消费文明和信息文明为旗号的后工业社会的产物。这种新的态势实际上成了20世纪60年代以后西方艺术新趋势的体现,它表明以往的先锋美术已经属于历史范畴,所谓"现代"艺术已不再具有先锋意义了。[①]

法国是个富有史学传统的国度。在第五共和国前期,法国各种社会科学与人文科学多多少少都已"盎格鲁—撒克逊化",唯独其史学不仅保留了法国特色,而且仍然在国际史学界占据着最为显要的位置。之所以如此,首先得归功于年鉴学派第二代领衔人物布罗代尔在战后对年鉴派史学的发扬光大;其次,得归因于"新史学"(或曰"年鉴学派第三代")的勃兴为法国的史学注入了新的活力。在第五共和国最初10年中,法国史坛最为显赫的人物当推布罗代尔。这一时期,布罗代尔以强调"总体历史"和"长时段"为主要特征的历史观,不仅在法国史学界风行一时,甚至还产生了不容低估的国际影响力。不少历史学家以这位大师的巨著《地中海与腓力二世时期的地中海世界》为样板,雄心勃勃地展开了"总体历史"和"系列历史"的研究,并在社会经济史、地区史的研究中取得了辉煌的成就。

然而,就在布氏的历史观影响力日见扩大的同时,其缺陷也愈益明显地暴露出来。例如,对"长时段"的片面强调,往往使人忽略各种重大事件对历史的巨大推进作用,历史近乎是"静止不变"。因此,"长时段"这一当年曾给布氏带来盛誉的理论,而今也给他招来了众多非议。1968年的五月风暴是法国战后社会文化史中最重要的分水岭。正是在五月风暴之

[①] 参见张泽乾:《法国文明史》,武汉大学出版社1997年版,第464页。

后,布罗代尔被迫辞去《经济·社会·文明年鉴》的主编,由勒高夫、埃马纽埃尔·勒华拉杜里、费罗等新人接手。尽管三位新人均出自"年鉴学派"的门下,但如布罗代尔本人所承认的那样,他们的意见已同他完全相左。分歧的焦点是如何看待政治事件在历史中的作用。在布罗代尔看来,以政治事件为中心的历史只是一种表面的历史,事件只是无足轻重的"尘埃"。对此,埃马纽埃尔·勒华拉杜里则不以为然,并以18世纪90年代旺代地区的农民暴动为例,证明一个重要事件完全有可能加强或瓦解一种现有的"结构",甚至创造一种新的"结构"。勒高夫亦认为,政治是历史的核心,并主张建立一种新型的政治史。因此,《年鉴》杂志易主后,在继续重视经济、社会史的同时,开始恢复政治史和政治事件的名誉,并把目光投向了心态、文化等诸多过去被人们所忽视的领域。与此同时,一大批不满于史学现状的年富力强的历史学家,在创新史学这一共识的基础上,从各自的营垒逐渐地汇集在勒高夫等人的周围,"新史学"运动开始逐渐地形成。由于"新史学"从一开始就以创新史学作为主旨,以创立一种能为各家各派所用的"史学范型"作为目标,因此具有最大限度的包容度。在"新史学"的历史学家中,我们既能看到"年鉴学派"的门徒,也能看到来自传统史学和马克思主义史学营垒的人。正是这种开放性,为"新史学"的勃兴提供了坚实的基础。而新史学的勃兴,又为法国的史学注入了新的活力。

如果说在法兰西第五共和国前期,除了结构主义—后结构主义代表人物的理论贡献和年鉴—新史学外,法国前期的人文与社会科学表现似乎相对平平,那么与此形成较大反差的是,此期的自然科学却充满活力。这一局面的出现,是与第五共和国的历届总统的高度重视分不开的。如戴高乐在创建第五共和国后,即把加速发展科学技术作为政府的一项重要任务。在他的大力倡导和支持下,法国新建了一大批大型公立研究机构,如原子能委员会、国家农业研究所、海外科学技术研究所等。与此同时,法国还进一步加强和完善国家科研中心,并由该中心统管和协调全国科研活动。从20世纪50年代中期到60年代中期,法国的科研经费增加近10倍,科研人员也大幅度增加。其中,为了发展空间科学、信息科学和海洋科学,国家专门设立了宇宙空间研究中心、信息和自动化研究所和国家海洋开发中心。这一切初步形成了法国科学复兴的局面。

德斯坦执政时期,为进一步加强对科学研究的领导,法国政府决定由一名国务部长专管科学研究工作。同时,内阁总理会定期召集各有关部

第十八章 "戴高乐的共和国"——第五共和国的早期史

长讨论科研的重大问题,甚至主持关乎科学技术研究的部际委员会。1978年法国有科研人员26万人,占就业人口的1.2%,科研经费380亿法郎,占国内生产总值的1.8%。1980年科研费用约530亿法郎,占国内生产总值的1.9%。

由于政府重视,科研机构完善,科研经费充足,法国在20世纪六七十年代在科技方面取得了较大的发展。法国的数学研究仍一直保持世界领先地位,多人获得了被誉为"数学领域的诺贝尔奖"的费尔兹奖。法国在核物理方面取得的成就也极为令人瞩目,特别是快中子增殖反应堆的研制居世界首位。在医学和生物学方面同样成绩显赫,弗朗索瓦·雅各布等3位法国科学家在1965年因发现细菌中的调控活动获诺贝尔医学、生理奖。此外,法国还在航空、电信、海底油气开发、太阳能利用、宇宙学、生命科学等众多领域内,长期具有世界先进水平。

尽管如此,与美、日等国相比,法国当时和其他西欧国家一样,对新技术革命还缺乏足够的重视。当20世纪70年代美日相继大规模地开发以微电子为中心的新技术时,法国显然没能紧紧跟上。而且,法国又在传统上偏重基础理论的研究,科研同经济、技术发展的实际需要的结合向来不够紧密。因此,从总体水平来看,法国的尖端技术仍落后于美、日等国,影响了法国产品在国际市场的竞争能力,从而也在一定程度上致使"辉煌三十年"结束后的法国经济回升乏力。

作者评曰:

法兰西第五共和国的缔造者戴高乐是法兰西共和制度史上最为伟大的总统,法国在20世纪中最为重要的历史人物。作为法兰西的儿子,戴高乐具有高卢人的粗犷气质和顽强精神,同时怀有沉重的历史责任感,他毕生都在为法兰西的强大、独立和尊严而拼搏。可以说,戴高乐的一生,是为法兰西民族的振兴和伟大奋斗不息的一生。作为一位历史巨人,戴高乐具有一种远远超出常人的自信、自尊、自爱,甚至自傲。他笃信自己的直觉和能力,一旦作出决定之后,绝不犹豫动摇、半途而废。作为一名世界级的政治家,戴高乐独特的思想、出人意料的行动,再加上固执的个性,常常给人留下孤独和冷峻的印象。然而,戴高乐还有另一面,生活中的戴高乐也充满着仁慈之心。他对其患有生理缺陷的女儿安娜所倾注的全部爱心,即是一个明证。

第十九章 从左右对立到左右共治
——密特朗时代的第五共和国

一、夙愿得偿——密特朗终于入主爱丽舍宫

1981年,法国又迎来了7年一度的总统选举。正式参加竞选的共有10名总统候选人。由于原执政的法国民主联盟(即德斯坦派)和保卫共和联盟(即戴高乐派)之间结成的多数陷于分裂,作为反对派的社会党和共产党之间的"左翼联盟"又不复存在,故此,在法国政坛举足轻重的这4个政党在第一轮选举中各自推出了本党的候选人。他们分别是德斯坦、希拉克、密特朗和马歇。其中,谋求连任的在职总统德斯坦与第三次问鼎总统宝座的社会党领袖密特朗最为国人普遍看好,他们之间的竞争也最为激烈。

这次总统选举是在法国经济深受滞胀现象困扰,失业率居高不下,国际局势动荡不安的大背景下举行的。因而,在职总统德斯坦一面许诺继续奉行第五共和国以来一直奉行的政治方针,作出种种姿态争取以希拉克为首的戴高乐派的支持。同时,针对不少选民中普遍存在的求稳怕乱的心理和密特朗获胜后要解散议会的主张,提醒选民这次选举关系到"社会制度的选择",宣称密特朗上台就是共产党"参政"。德斯坦以"安定、团结、未来"作为自己的竞选口号,表示要把和平与经济发展放在首位,还发誓:如果再次当选,他要做到1988年任期届满时,国际舆论都认为世界上

第十九章 从左右对立到左右共治——密特朗时代的第五共和国

有3个先进国家——美国、日本和法国。密特朗则利用选民对德斯坦执政7年产生的厌倦心理和人心思变的情绪,针锋相对地提出了要实行有别于现任总统现行政策的"另一种政策",并以"就业、和平与自由"作为社会党竞选的主题。此外,他还在竞选策略上采取了左右逢源的做法。

第一轮总统选举日是4月26日(星期天)。与第五共和国的历次总统选举一样,在第一轮选举中,没有一位候选人得票过半数。得票最多的是德斯坦和密特朗,他们分别获得了28.31%与25.8%的选票。由此,第二轮选举的竞争在他们两人之间展开。

第二轮选举的竞选活动拉开序幕后,两位候选人在竭尽全力争取原来的同盟者的支持的同时,在电视辩论中唇枪舌剑。德斯坦仍力图用"共产主义的妖魔"来吓唬选民,并煞有其事地描绘密特朗的上台将如何可怕:左翼将会掀起一股没收财产和苛捐重税的狂潮,私有财产、第二所住宅、土地所有权和小企业都将化为乌有。而密特朗则集中力量攻击德斯坦入主爱丽舍宫后个人作风上的骄横跋扈与经济政策上的失败。他尤其把失业现象的日趋严重视为德斯坦的最大失败,讥讽他为"失业大师"。

5月10日,又是一个星期日。这天,有85.86%的登记选民,即3 100多万法国人履行了选举义务。此次投票弃权率之低,为第五共和国选举史上所少见。当晚11时50分,内政部公布了第二轮选举投票结果:密特朗获得52.24%的选票,当选为第五共和国的第五届总统。

密特朗获胜的消息宣布之后,巴黎沸腾了。香榭里舍大街和巴黎市的其他一些主要街道上,霎时间挤满了欢呼的人群。不少人手持象征着社会党的玫瑰花在大街上边跑边喊:"密特朗得胜了!密特朗得胜了!"设在巴黎索费里诺街的社会党总部更是灯火辉煌,一片欢腾。为了欢庆胜利,社会党决定立即在法国工人阶级集合的传统场所——巴士底广场举行盛大集会。不一会儿,成千上万的巴黎人聚集在广场中间由两辆巨型卡车组成的讲台周围。在听完社会党领导人的演讲后,人们挥舞着红旗,摇动着"密特朗当选

1981年5月,密特朗在获得总统选举胜利后手持玫瑰花向其支持者致意

411

总统"的标语牌,唱着《马赛曲》,呼喊着胜利的口号,尽情地狂欢,直至天亮。

5月21日,密特朗正式就任总统。在爱丽舍宫典礼厅举行的总统就职仪式上,密特朗情绪激昂地宣布:"法国人在政治上的多数,刚刚同他们在社会上的多数一致起来。在当今世界,对我们的国家来说,除了实现社会主义和自由的新联盟以外,还有什么更高的要求呢?"[①]接着,他又声称,"作为全体法国人的总统,我要使他们联合起来去完成我们面临的伟大事业,在任何情况下都要为实现真正的全国大家庭创造条件。"

根据宪法,共和国总统有权在同总理和参众两院议长磋商之后解散议会。密特朗在入主爱丽舍宫的第二天就解散了议会,并任命社会党元老之一皮埃尔·莫鲁瓦组织一个为议会选举做准备的过渡政府。由于莫鲁瓦在担任里尔市长期间政绩甚佳,这一任命在当时可谓深孚众望;而且,这位社会党的元老虽身材魁梧,但相貌慈祥,后者使不少原先对社会党上台心存余悸的中间选民预感在社会党执政之时不会发生突如其来的动荡。

议会选举决定于6月14日和21日举行。无论对于新上任的密特朗总统及其社会党,还是刚刚失去权柄的原多数派,这次选举都至关重要。密特朗当选总统,固然使社会党成了执政党,但如果在议会中居少数,不但难以取得议会的合作,推行其政纲,而且新政府还有受到弹劾的危险。同时,不管这次选举结果如何,总统在一年内已无权再解散国民议会。因而,围绕着议会选举,各党派都忙着组织力量和研究策略。在左翼方面,社会党、法共以及一些支持密特朗总统的小党派人士,乘着总统选举胜利的势头,继续结成联盟。在原多数派方面,戴高乐派和德斯坦派也缔结了一个联合选举公约,打出"争取新多数派"联盟的旗号,力图在国民议会中保持与密特朗总统抗衡的多数派势力。

6月22日,大选揭晓。社会党取得了意想不到的成功,取得了议会491个议席中的285席。原多数派在选举中遭到惨败,保卫共和联盟和法国民主联盟分别降为88席和63席。这一结果意味着,社会党继赢得总统选举之后又取得国民议会选举的决定性胜利,在议会中形成了新的左翼多数派。

---

① 皮埃尔·法维埃等:《密特朗掌权十年》第一卷,世界知识出版社1992年版,第52页。

第十九章 从左右对立到左右共治——密特朗时代的第五共和国

社会党之所以能够在总统选举和议会选举中相继获胜,绝非偶然,其主要原因大致有三:

第一,经济困难,人心思变。在德斯坦任期7年内,法国经济因受世界性经济危机的影响,长期处于滞胀状态。法国国内生产总值的年平均增长率为2.6%,1980年仅为1.3%,1981年第一季度的工业生产指数比上年同期下降7.5%,1981年4月底失业人数达170多万人。物价在7年内上涨了一倍,大批中小企业倒闭。外贸和国际收支逆差严重。在政治上,由于资产阶级右翼政党长期把持政坛,官僚主义日趋严重,各种丑闻时有发生,使广大人民群众越来越感到不满。他们希望革新政治,振兴经济,扩大民主,并把这些希望寄托在更换领导人上。而社会党的政策主张恰恰顺应了他们的变革要求。社会党一贯宣扬"民主、自由、平等的社会主义"。在这次总统选举中,密特朗把解决失业问题放在首位,并把"就业、和平与自由"作为社会党竞选的主题,主张在不消灭私有制的基础上通过国有化、计划化和自治管理等措施,对法国经济进行渐进的"结构改革"。他还提出改革税收制度,缩小工资差别以及增加社会福利等主张,强调要缩小贫富差别,提高中下层群众生活水平。密特朗当选总统后,在议会选举前夕,社会党政府还宣布了一系列社会福利措施,让选民得到一些实惠。与此同时,社会党大肆渲染自身政策的温和色彩,强调不搞革命,不进行突然变革,而是逐步改革,这在一定程度上消除了社会上的疑惧,特别是符合中间阶层要求变革,但又害怕动乱的心理。

第二,社会党在选举中成功地运用了争取选票的策略,既取得左翼选民的支持,又争取了中间选民。密特朗等人在第一轮选举中一方面做好在法共影响下的基层群众工作,力图造成左翼上分而下联的局面,争取在第二轮决战时尽可能多地得到法共选民的支持。另一方面又表示在总统选举时,不讨论在社会党取胜的情况下是否让法共参政的问题,以此来谋求争取反对共产党的左翼和一些中间选民的支持。密特朗在第一轮选举中就得到近150万法共选民的选票。在第二轮选举中,法共号召支持自己的选民投密特朗的票,并在议会选举中同社会党达成让票协议,使更多的法共选民和中间派选民转向社会党。此外,密特朗还得到了其他左翼小党和组织的支持。

第三,右翼内部矛盾加剧,使一部分右翼选民转而投票支持密特朗。希拉克愤而辞职后,原多数派内部戴高乐派和德斯坦派之间的矛盾日益加剧,导致戴高乐派在竞选中不惜与左翼一起抨击时任总统的内外政策,并公开提出要么改变政策,要么更换总统。进入第二轮总统选举时,在时任总统与密特朗决一雌雄的关键时刻,希拉克没有号召选民支持德斯坦,而只是宣布他个人在第二轮中"只能投吉斯卡尔·德斯坦的票",暗示原支持戴高乐派的选民可自己选择投票。据统计,戴高乐派选民约有30%(150万人)没有投票支持德斯坦,而力图争取连任的他正是以100万张选票之差败给密特朗的。

二、"法国式的社会主义":美好的理想与严峻的现实

早在1965年第一次参加总统竞选时,密特朗首次提出了"法国式的社会主义"的概念。虽然在他最终入主爱丽舍宫之前,密特朗始终未对"法国式的社会主义"作过专门的论述,但人们从他在此期出版的一些著作,如《可能的社会主义》《手持玫瑰》《此时此地》中多少可以窥见其"法国式的社会主义"的思路和原则。在如愿以偿地成为法兰西第五共和国总统后,这位以饶勒斯、勃鲁姆的继承人自居的社会党领袖,才对自己倡导的"法国式的社会主义"给予如下界定和说明:

"什么是法国式的社会主义呢?我想应该这样说:它在经济方面与社会民主主义不同。社会民主党的经验有成功的,也有失败的,对我们都有用。我们不仅要实现制止剥削的社会愿望,而且还要大大地触动经济结构,要实行国有化和真正的民主的计划。但是社会民主党人、法国社会党人、西班牙社会党人和希腊社会党人之间存在共同之点,就是都坚决忠于1789年人权宣言,忠于扩大到社会和劳动领域的集体和个人自由。简言之,即政治民主……我们接受政治上的自由选择和多元制度,我们不仅接受,而且还要提倡。"[①]

入主爱丽舍宫与马提尼翁宫,并在国民议会中占有半数以上的席位,这一切无疑为社会党实施其纲领和政策提供了保证。然而,为了在今后执政过程中更有力地对付右翼政党的反对,以及更顺利地处理一些棘手问题,社会党仍需要取得法共的合作。与此同时,法共也以自己为社会党在总统选举和议会选举中作出了"决定性的贡献"为由,要求参与执政。

[①] 孙健等:《为什么偏偏是法国》,世界知识出版社1995年版,第39页。

第十九章 ● 从左右对立到左右共治——密特朗时代的第五共和国

于是,两党通过谈判,在1981年6月23日签订了共同执政协议。是日,莫鲁瓦第二届政府宣告组成。在该届政府中,引人瞩目地出现了4位法共部长。这也是法共自1947年以来第一次参与执政。

大权在握之后,密特朗总统和莫鲁瓦政府即开始了以"四大改革"为主要内容的"平静的革命"。这"四大改革"分别是:

第一,以扩大国有化为中心的经济结构改革。密特朗曾宣称,"建设社会主义只能以国有化为代价",并把扩大国有化作为"法国式的社会主义"最重要的内容和特点。为此,这一时期,法国掀起了历史上规模最大的国有化运动。根据1981年12月18日国民议会通过的国有化法案,对5家大的垄断工业集团(圣戈班-蓬阿穆松公司集团、通用电力公司、佩希奈-于吉纳-库尔曼公司集团、汤姆-勃兰特家用电器和国家电子公司、罗讷-普朗克化学公司),两家大的金融公司(巴黎荷兰金融公司、苏伊士金融公司)和36家拥有10亿法郎以上存款的银行实行国有化。此外,还以国家参加股份等办法逐步将其他一些重要企业掌握在国家手中。这样,国有化企业在国家经济中的比重大大增加,从而使法国一度成为国有化程度最高的西方国家。

第二,以扩大就业,增加社会福利,实现"社会公正"为中心的社会改革。密特朗在竞选中抨击德斯坦最烈之处就是日趋严重的失业现象。因而,社会党上台执政后,自然把解决就业问题放在优先地位。为此,政府加大了对中小企业的援助力度,增加了卫生、教育、邮政、社会服务等公共部门的开支,使这些企业或部门能够提供更多的就业机会;增加社会福利,是社会党政府为消除"不平等现象"而采取的重大举措,同时,它也具有刺激需求,促进生产,增加就业机会的意图。为此,社会党政府把最低工资、最低养老金和残疾人员补助各提高20%,把家庭和住房补助分别提高25%和50%,实行39小时工作周,每年带薪休假从4周增为5周,男性退休年龄由65岁降至60岁。此外,政府还在"社会公正"、"分享劳动"的口号下,改革税收制度。其具体措施有:增加对富人和高收入者的课税,对300万法郎以上的财产开征大宗产税,减免部分低收入者的所得税。

第三,以权力下放为中心的行政体制改革。1981年8月,国民议会通过《权力下放法案》,把中央的部分权力下放到地方,充分发挥地方民选机构的作用。其主要措施是:建立大区一级的权力机构,使经过选举产生的大区委员会拥有较广泛的行政和财政权力。同时,省、市民选机构,即省、市议会的权力也大为加强,省议会改为省政委员会,委员会主席为省的行政事务首脑。原由中央任命的省长,改称为共和国专员,只管辖警察和中央各部派驻省里的机构,对省的行政和财政事业起监督作用。

第四,以"社会宽容"为口号的司法改革。1981年8月2日和9月18日,国民议会先后通过《取消国家安全法庭法案》和《废除死刑法案》。由此,国家安全法庭这一当年戴高乐为了处理政治犯而设置的"专横的特别法庭"不复存在,断头台被送进了博物馆。

20世纪80年代初,已连续多年陷入经济衰退的西方各国政府大多采取"紧缩"政策,其中尤以英国的撒切尔政府和美国的里根政府最为突出。相形之下,法国社会党政府当时奉行的"膨胀"政策不仅犹如鹤立鸡群,而且简直是反其道而行之。最初,密特朗等人力图通过扩大政府公共开支,增加财政赤字等手段刺激国内消费需求,以达到振兴经济,增加就业的目的。然而,"膨胀"计划实施一年后,政府预定的经济增长目标不仅未能实现,反而导致宏观经济的严重失控。政府财政收支状况急剧恶化,赤字额由1980年的303亿法郎猛增至1981年的808亿法郎,1982年的989.5亿法郎,两年间猛增两倍半。通货膨胀加剧,消费物价扶摇直上,尤其是1982年前6个月,年上涨率高达14%,外贸出现巨额逆差,法郎疲软不堪,在17个月内被迫3次贬值。总之,在社会党政府上台一年多后,法国经济处于第二次世界大战结束以来前所未有的困难境地。

面对严峻的经济形势,密特朗不得不承认社会党政策失误,并在1982年6月对政府进行局部改组,宣布改革"进入第二阶段",强调在这一阶段将对改革的速度、方向、内容、措施和步骤等作重大调整,尤其是将重心由原来的"膨胀"转向"紧缩"。自此之后,莫鲁瓦政府也效仿西方各国的同道,奉行冻结工资与物价,削减社会福利和政府开支的政策。1983年3月,在法郎第三次贬值后,密特朗又决定改组政府,授命莫鲁瓦领衔组织一个精干的"战斗内阁",并推出一揽子"更加严厉"的经济措施来对付巨额财政赤字、消费物价上涨率大幅攀升和巨大的外贸逆差。这些措施有:增加税收(包括所得税、工资附加税和财产税等),提高煤、电、交通、邮电等公用事业收费,调高烟、酒和燃料价格,限制信贷,加强外汇管制直至限制出国旅游者携带的外币额,提高利率和推行强制性储蓄等。

在社会党政府大幅度调整经济政策后,法国的宏观经济得到了控制,显示了一定的效果。尽管经济增长速度减慢,1983年和1984年仅分别

第十九章　从左右对立到左右共治——密特朗时代的第五共和国

增长0.7%和1.2%,然而消费物价上涨趋缓,外贸逆差额在两年间缩小了2/3,财政赤字额占国内生产总值的比重已大致控制在政府规定的3%水平上,法国经济在度过了最困难时期后,1984年开始出现微弱复苏。

1984年7月17日,密特朗再次改组政府,并起用原工业与研究部长洛朗·法比尤斯担任总理。法比尤斯时年38岁,当时是法国历史上最年轻的一位总理。触发这次政府改组的直接原因是私立学校改革问题。为了践行密特朗1981年竞选总统时提出的"建设法国的110条建议"中第90条,即创立"一个广泛、统一、非宗教的国家教育体系",莫鲁瓦政府的教育部长阿兰·萨瓦里提出一项旨在加强政府对私立学校的控制与监督的法案。该法案一提出,立即遭到受教会控制的私立学校当局及有关学生家长的激烈反对。右翼反对派也利用此事兴风作浪,大做文章。全国各地不断出现抗议集会。6月24日,巴黎地区爆发大约150万人参加的游行示威,持续时间长达14个小时。反政府的声浪甚嚣尘上。7月12日,密特朗总统被迫宣布收回教改法案,教育部长萨瓦里被迫辞职,政府出现危机,内阁只好改组。莫鲁瓦在受此打击后身心交瘁,萌生退意。而密特朗也希望通过改组政府,更换总理,使选民恢复对社会党的信心,以继续确保社会党的多数地位。

法比尤斯受命组阁时,法国的宏观经济形势虽然有所好转,但其前任在经济政策上的180度大转弯给法国国民经济带来的种种困难与问题也昭然若揭。随着失业现象更趋严重和社会党政府在改革初期给广大中下层人民的一些实利已被通货膨胀所抵消,广大选民已对左翼政府治理社会经济问题的能力信心大减,不满情绪与日俱增。在此之前,左翼政党已在省议会选举、市政选举和欧洲议会选举中连遭败绩。然而,更让社会党始料不及的是,在法比尤斯组阁时,法共因不同意新政府继续执行严厉的经济政策和工业改组计划而拒绝入阁,并一再声称自己不属于执政多数派。这一切,对于执政的社会党来说,无疑是雪上加霜。

三、左派总统与右派总理:奇特的"共治"局面的出现

自戴高乐创建第五共和国以来,法国政坛始终呈现出这样的格局:总统和议会的多数同属一派,总统控制议会,驾驭政府。然而,1986年3月国民议会的选举结果,使这种格局首次被打破。

这年的3月16日,法国举行了5年一度的国民议会选举。这次选举既是密特朗入主爱丽舍宫以来的第二届国民议会选举,也是法国左右两大派之间的又一次重大较量。在这之前,作为右派的保卫共和联盟(戴高乐派)和法国民主联盟(德斯坦派)为收复失地,已握手言和,进而共同推出"共和主义"的口号来同密特朗及社会党的"法国式的社会主义"分庭抗礼。他们还利用自己作为反对派的地位,不断嘲笑和攻击社会党政府执政中的困境和失误,竭力争取和动员中间阶层和所谓"对社会主义灰心丧气的人"。在1982年省议会选举、1983年市镇议会选举和1984年欧洲议会选举中,右派连连得手,左派节节失利。凡此种种,更使得右派在此次国民议会选举中志在必得。

果然,以希拉克为首的保卫共和联盟和以德斯坦为首的法国民主联盟取得了选举胜利。在577个议席中,他们共获得292席,并由此成为议会的"多数派"(尽管仅超过绝对半数3票),且由原来的反对派变为执政党。而已经执政5年的社会党和左翼激进党只获得215席(其中社会党202席,仍为议会第一大党),痛失继续组阁执政的机会。此次选举中,已与社会党分道扬镳的法共更是遭到重创,仅获9.78%的选票,为1932年以来议会选举中得票最少的一次。令人吃惊的是,以勒庞为首的极右的国民阵线竟以同法共相同的议席数首度进入国民议会。这一"勒庞现象"再次震动了法国社会。随着国民阵线进入国民议会,多年以来的两大派(左派与右派)四大党(社会党、法共、戴高乐派、德斯坦派)的格局不复存在,5股重要政治力量之间开始出现错综复杂的局面。

3月20日,议会新多数派的代表人物、保卫共和联盟主席、巴黎市长希拉克受命组阁。由此,法国政坛出现了耐人寻味的局面:一个代表着议会中第一大党的左翼总统和一个代表着议会中微弱多数的右派总理共同执政。法国人把这种前所未有的奇特共处局面称为"共治"。对于"共治"局面,绝大多数法国人虽感到新奇,但也乐意接受。因为他们中的不少人认为,"共治"可以起到一种左翼与右翼政党、总统与总理之间相互制约的作用,迫使双方对选民作出更有益的政治决策。既然"共治"被国人欣然接受,加上政治力量的客观分野又相差无几,这就使得左右两大派都不得不摆出尊重"共治"现状的姿态,谁也不愿因承担破坏"共治"的罪名而使自己失去更多的选民,从而导致本派在两年后的更为重大的较量——1988年的总统选举中失利。然而,要使"法国式的社会主义"和"共和主

第十九章 ● 从左右对立到左右共治——密特朗时代的第五共和国

义"在同一政治空间相安无事毕竟几乎是不可能的。因此,尽管双方一再声称,"为了国家的最大利益"必须合作,但却均在小心翼翼地避免"决裂"的前提下,不遗余力地明争暗斗。在这一过程中,希拉克奉行的自由主义治国方针尤其显得咄咄逼人。

自由化经济政策是保卫共和联盟和法国民主联盟在选举前夕制定的联合执政纲领中的最重要的内容。希拉克受命组阁后,于4月9日在议会发表纲领演说,又具体阐述了新政府在今后两年内的经济主张和措施。4月16日法郎贬值后,希拉克政府首先采取措施,大大放松汇兑限制,实行工业产品价格的自由化,并废除1945年以来制定的价格控制规定。继而政府又大幅度减税,公司的营业税由50%减为45%,减轻大企业支付失业等社会保险的负担,取消社会党前政府设置的巨额财产税,采取优惠政策鼓励将非法流出国外的资本重新转移回国。此外,希拉克政府还规定,从1987年元旦起,废除解雇工人要得到政府批准的法律,并把劳资协商的权力下放到企业基层。

不过,希拉克政府在推行自由化经济政策中最引人注目的是实行企业私有化。新内阁成立后,即将经济财政部改为经济财政和私营化部,下设负责私营化的部长级代表,以便在组织上保证私有化政策的实施。接着国民议会又通过法案规定,在5年内(即到1991年3月1日)对65家国有企业实行私有化,其中包括法国通用电气公司、汤姆森电子公司、圣戈班建筑材料和玻璃公司、佩希奈制铝公司、罗讷-普朗克化学公司、布尔计算机公司和马特拉公司等9个重要工业集团以及从1945年起就实行国有化的巴黎国民银行、里昂信贷银行和兴业银行。此外,还有社会党政府在1982年实行国有的30多家银行和保险公司。希拉克政府甚至还打算给唯一有权发行钞票的法兰西银行"一种新的地位,使它的活动免受政府影响"。私有化的具体做法是用股票出卖形式,将大批国营企业出售给私人。希拉克的这一手使密特朗上台后国有化的成果几乎化为乌有,这自然引起了密特朗的强烈不满。正是在这一问题上,总统和总理出现了首次重大冲突。1986年7月14日,密特朗拒绝签署希拉克提出的国营企业私有化法案,而希拉克则动用宪法第49条第3款,使该法案在议会得以通过。

希拉克不遗余力地推行私有化和其他自由化经济政策,一方面是以市场经济为出发点,更多地反映和代表企业主们的利益,另一方面是急于刺激企业的积极性,鼓励企业主扩大投资和招工,尽快实现"经济增长",从速扭转230多万人失业的严重局面。此外,也是希望在"共治"的政治过渡期内能取得明显的经济效果,以期为1988年总统选举捞取足够的政治资本。不过,老谋深算的密特朗毕竟也不是省油的灯。他不动声色地利用总统的权力,紧紧地钳制住希拉克的手脚,不仅使希拉克无法在自由化经济政策的道路上走得更远,而且还打乱了希拉克想在两年任期内取得明显的经济效果,为下一届总统选举捞取资本的如意算盘。

四、密特朗蝉联总统竟获成功

左派总统和右派总理共治两年后,法国在1988年4、5月间又迎来了新的总统选举。争夺总统宝座的角逐主要在卸任总统密特朗、总理希拉克和曾任总理的著名经济学家巴尔之间进行。由于这些年来主要政党皆已登台施政,但均无显著建树,过左或过右的政策逐一被事实表明,都无法行之有效地解决法国社会现实中存在的难题,遂使各政党的政策主张开始趋于现实,并呈现相互靠拢之势。因而,这次总统选举与1981年有很大不同。当时是一次对左右翼纲领、政策之间的抉择,也是要不要变革法国社会的抉择。而这次总统选举则主要不是纲领、政策的抉择,而更多的是对人的抉择。候选人个人的素质、形象、政治影响成了至关重要的因素。

密特朗为了能够在右翼力量略强于左翼力量的政治格局中蝉联总统,精心准备了能左右逢源的施政纲领和高明的竞选战略。他在《告全体同胞书》中提出了恢复社会公正和安宁,主张增加科学研究和职业教育的投资,以此来缓解长期存在的失业问题,这无疑顺应了广大选民求稳思治的心理。在经济方面,则不再拘泥于国有化、高税率等社会党的一贯主张,摆出一种更重视市场经济的姿态,从而赢得了广大中间乃至中间偏右人士的好感。密特朗还注意在竞选中尽量淡化自己的党派色彩,力图塑造一个识大体顾大局的全民总统的形象。如他起初始终对是否竞选连任秘而不宣,直至距离第一轮总统选举还有一个月零两天时,才以这样的姿态宣布参选:"我希望法国团结,如果法国落在那些不能容忍别人的人、那些企图控制一切的党、那些集团和帮派之手的话,就无团结可言了。"这一亮相使密特朗在竞选之初就得分不少。在当时的民意测验中,有40%的

第十九章 ● 从左右对立到左右共治——密特朗时代的第五共和国

法国人声称在第一轮竞选时将投密特朗的票,这一比率远远高于希拉克和巴尔。在竞选战略上,密特朗则采取了拉拢中间和利用极右分化右翼,坐收渔人之利的做法。

1988年4月24日,3 800万法国选民对参与角逐的9名总统候选人分别作出了他们的选择。第一轮总统选举没有悬念,因为此前多次民意测验的结果都清楚地表明,最后的较量将在密特朗和希拉克之间展开。5月8日,是第二轮总统选举日。这天,当法国各地的选民纷纷走向投票站时,左翼总统和右翼总理第三次共同在凯旋门出席庆祝1945年第二次世界大战停战日仪式。现场气氛紧张之极。因为在场的每一个人都意识到,无论选举结果如何,"共治"已在此处落下了帷幕。选举揭晓。密特朗以54%的选票击败希拉克,成为第五共和国历史上继戴高乐之后的又一位连任总统。而且由于他后来尽管病入膏肓,且又不得不忍受第二次"共治",仍坚持到任期届满,密特朗竟成了法国历史上任期最长的总统。还有一点不可忽略的是,如果说密特朗首度入主爱丽舍宫是通过集体的巨大努力取得的,是他所代表的左翼的胜利,那么,他此番蝉联成功,则更多是密特朗个人的胜利,是一个一度在国民中失宠的总统,基本用一己之力重新夺回多数同胞的支持的结果。

5月9日,竞选总统未果的希拉克提出辞呈。翌日,密特朗在权衡利弊之后,终于选定社会党的重要人物罗卡尔入主马提尼翁宫。众所周知,密特朗与罗卡尔两人政见不合,积怨颇深。长期以来,双方一直在社会党的政策纲领、理论主张方面存在严重分歧,并且在为争取社会党的领导权明争暗斗。在1981年、1988年两次总统选举前,罗卡尔又两度与密特朗争当总统候选人。密特朗的这一任命,自有其难言之隐。也正因为如此,对于密特朗授命罗卡尔组阁,当时的法国媒体称之为没有爱情的"理智的结合"。

总统选举的巨大胜利,使密特朗和社会党看到了重新夺回议会绝对多数的希望。为了巩固左翼政府的地位,密特朗又于5月11日下令解散议会,提前举行立法选举。但6月4日—11日议会选举的结果却让社会党人大感失望。他们在577席中虽以276席继续成为第一大党,但未能取得议会的绝对多数。6月23日,罗卡尔再度受命组阁。在与法共和中间派合作的尝试均告失败的情况下,以罗卡尔为首的社会党政府只能凭借微弱的相对多数执政。

罗卡尔政府可以说是在法国面临严重的经济困难和社会问题的情况下临危受命的。当时,法国同绝大多数西方国家一样,正经历着经济衰退,经济增长速度出现滑坡。为了振兴经济,罗卡尔这位国立行政学院毕业的著名的"专家治国论"者虽使出了浑身解数,但仍然回天无力。1989年,法国经济增长率为3.7%,1990年下降到2.6%,而1991年第一季度则更是"几乎等于零"。在经济衰退的冲击下,一批又一批的中小企业纷纷破产,各大企业也一再地裁减人员、冻结工资。1991年3月,法国的失业人数竟突破了260万人大关,失业率已高达9.3%。失业的威胁、生活的艰辛致使此时法国的社会危机持续不断,罢工罢课、游行示威事件时有发生。随着广大群众对社会党政府不满情绪的增加,社会党政府在民众中的支持率急剧下滑。不过,令人费解的是,在社会党政府日益遭到责难的同时,罗卡尔本人的声望却在法国呈上升趋势。在多次民意测验中,罗卡尔的支持率竟超过了密特朗。这一现象难免引起视罗卡尔为异己的密特朗的不快。

1991年5月15日,由于总统和总理之间的矛盾及社会党内部派系斗争的激化,加之出于重塑社会党政府形象的考虑,密特朗任命时年57岁的前欧洲事务部长埃迪特·克勒松夫人为新总理。克勒松夫人被认为是密特朗的亲信。她上台伊始就提出了雄心勃勃的发展计划:加强工业,加强国家财政对工业的支持,使法国在经济上更具有竞争力,尽快赶上德国,并以此为契机来解决就业、社会福利等一系列问题,以迎接1993年欧洲实现统一大市场的挑战。但这位初时踌躇满志的女强人入主马提尼翁宫后始终政绩平平,更没有扭转法国经济停滞不前的颓势。更有甚者,这位法国历史上至今绝无仅有的女总理,上台后还屡屡因"失言"遭到众多非议。如她执政不久即公然宣称"交易所,跟我毫不相干",使法国经济界一片哗然。在谈到移民问题时,她扬言要用船把非法移民遣送回国,也引来众多批评。问题更严重的是,她的"信口开河"还多次引起外交风波。如因她称日本人为"蚂蚁",造成法日关系紧张;她关于"盎格鲁—撒克逊的男子4个人中就有一人是同性恋"的断语,则导致法英矛盾上升。

密特朗之所以启用克勒松夫人,原指望这位法国历史上第一位巾帼总理能"刷新政府形象",孰料,克勒松夫人的表现让人大跌眼镜。由此,社会各界对社会党政府的不满与日俱增,内争不断的社会党内部要求换

第十九章 ● 从左右对立到左右共治——密特朗时代的第五共和国

马的呼声节节升高,反对派也借机发难,意欲取而代之。后者不仅要求改组政府,还要求解散议会,提前举行立法选举。

面对这一严峻的局势,密特朗不得不再次改组政府。1992年4月2日,他接受了克勒松夫人的辞呈,同时授命贝雷戈瓦领衔组阁。由此,马提尼翁宫在不到一年的时间里又换了一位主人,而克勒松夫人这位法国历史上唯一的女总理也以在位仅仅10个半月而成为第五共和国最短命的总理。时年66岁的新总理贝雷戈瓦是位钳工出身,靠自学成才的社会党的"干将",深得密特朗的信任。较之克勒松夫人,贝雷戈瓦上台时的处境更为艰难:社会党内外交困,社会和经济危机四伏。为了重树社会党政府的新形象,贝雷戈瓦政府呈现出强烈的"清一色"和"年轻化"的特点:新政府摒弃了克勒松内阁中的大部分中间派分子,成员几乎是"清一色"的社会党人;新政府中40岁上下的部长有13名之多,大大多于历届政府。此外,为了能赢得广大妇女的支持,新政府中共有5名女性,是法国历届政府中女性入阁最多的一届。

受命于危难之际的贝雷戈瓦走马上任后,不遗余力地治理经济,惩治腐败,缓解就业危机,试图尽快以令人满意的政绩来改善社会党的形象,以便社会党能赢得1993年的立法选举,并为1995年的总统大选打下坚实基础。然而,正如法国电视一台在贝雷戈瓦上台时评论的那样,"新总理接受的是几乎不可能完成的使命"。由于问题太多,积重难返,贝雷戈瓦的种种努力不仅未收到预期效果,反而导致法国社会经济危机进一步加深,社会党在国人心目中的地位每况愈下。这一切,使社会党在来年的立法选举中处于极为不利的地位。

1993年3月21日—28日,法国举行第10届国民议会立法选举。选举结果不出人们所料,社会党一败涂地,右翼联盟大获全胜。前者在议会中的议席只剩下53席,后者则夺得了577个席位中的484席,尤其是保卫共和联盟势力大增。此次大选结果最后揭晓之前,自认已稳操胜券的保卫共和联盟主席希拉克就要求密特朗辞职,提前举行总统大选。而当时只要密特朗下台,最佳总统候选人确实也非希拉克莫属。但密特朗拒绝了这一要求,坚持要干满任期。更让希拉克沮丧的是,右翼联盟的第二号人物德斯坦因不情愿希拉克派在立法选举取胜后毫不费力地再摘总统桂冠,同时为自己争取再度染指总统职位的时间,竟一改原先希望密特朗提前下台的主意,明确表示不同意逼迫总统辞职,主张右翼应当依法同左翼总统共治。在这种情况下,希拉克只好接受"共治"的现实,但他本人又无意再当一个在左翼总统掣肘下不可能有所作为的总理,故推出其得力干将巴拉迪尔入主马提尼翁宫。

选举揭晓后不久,密特朗任命巴拉迪尔为新政府总理。随着新总理巴拉迪尔入主马提尼翁宫,法兰西第五共和国历史上第二次左翼总统和右翼总理"携手共治"的序幕由此拉开。巴拉迪尔是一个在公开场合总是衣冠楚楚,颇具旧式儒雅风度的政治家。作为一位自由经济主义者,他的经济思想的要旨是"三少":少一些税收,少一些财政开支,少一些国家干预。如果说工作作风雷厉风行的他具有极强的工作能力的话,那么他在官场应酬方面却不怎么在行。巴拉迪尔深知自己的这个总理职务并不好当,坦言新政府是"一只负载过重的小船"。因为,他既要解决因持续多年的经济衰退而积重难返的社会经济问题,以及对德关系、欧洲一体化等国际问题,又不得不处理好同左翼总统的关系。与此同时,他还得注意协调同右翼领导人希拉克、德斯坦的关系。

五、密特朗时代的终结与希拉克成为"跨世纪"的总统

虽然密特朗的任期要到1995年才结束,但早在这之前数年,法国各派政治势力已围绕着将由谁来入主爱丽舍宫展开了争夺战。随着密特朗任期届满的时间日益逼近,这一争夺战更是到了白热化的程度。

新的总统选举是在法国面临更为深刻的经济社会危机背景下进行的。由于即将结束的密特朗时代给法国造成或留下了一系列棘手的难题,饱受经济衰退困扰的法国民众早就人心思变。人们普遍认为,右翼将在相隔14年后重新入主爱丽舍宫。不过,尽管右翼获胜的选举结果在人们的意料之中,但竞选过程中仍不时出现一些爆炸性的事件或戏剧性的变化,让人不由得感叹政治风云变幻的不可捉摸。

首先是在国内外享有盛誉的欧盟委员会主席德洛尔拒绝出任社会党总统候选人,引发了左翼阵营内的"德洛尔地震"。由于德洛尔是社会党此时期唯一众望所归的人物,他的这一决定使该党因群龙无首而一时陷入混乱局面。无奈之中,社会党只能让若斯潘仓促地披挂上阵。当时,法国大多数人认为若斯潘远非巴拉迪尔和希拉克的对手,总统角逐实际上只会在右翼内部的两位候选人,即巴拉迪尔和希拉克之间进行,而前者在

第十九章 ● 从左右对立到左右共治——密特朗时代的第五共和国

民意测验中又遥遥领先于后者。孰料,社会党在若斯潘出面竞选后很快稳住了阵脚,而若斯潘在社会党危难之际以"革新派"面目挺身而出,则更是博得了党内外人士的好感与支持,竟出人意料地以23.6%的选票在第一轮选举中名列榜首。希拉克虽以3个百分点的优势将自己的强劲对手巴拉迪尔淘汰出局,但仍屈居若斯潘之下。第一轮选举揭晓后,社会党人欢欣鼓舞,信心大增,甚至喊出了"左翼必胜"的口号。没想到,进入第二轮后,选举形势又发生了逆转。由于巴拉迪尔在第一轮选举后捐弃前嫌,号召支持过他的选民同他一样投希拉克的票,加之德斯坦、巴尔等人也抛开门户之见,宣布站在希拉克一边,使得原本在初轮占据优势的左翼在右翼大联合的情况下,由优转劣。结果,希拉克在第二轮选举中以52.64%的得票率击败若斯潘,如愿登上总统宝座。

第三次参与竞选总统的希拉克此番之所以能够最终入主爱丽舍宫,除了右翼各派在第二轮对他予以全力支持外,还得归因于他的竞选纲领比较得当。他在正式参选后,即抓住广大民众对社会现状不满的心理,高举"彻底变革"的大旗,提出通过既富有活力又稳妥的步骤来促进经济发展,保障社会公正。此举使他为自己披上了一件多少带有"左翼色彩"的外衣,赢得了不少左翼选民的好感。而他一贯主张的、包括"私有化"在内的自由经济政策,则使他继续得到了企业家们的广泛支持。由于前两次竞选总统均告失败,希拉克这回吸取了教训,改变了过去"政党领袖"那种咄咄逼人的形象,力图给人留下"全民集合者"的稳重印象。他的这一努力奏效明显,使自己逐渐得到了大多数选民的认可。

此外,竞选过程中发生的一系列突发事件亦使希拉克受益匪浅,这尤其体现在他与巴拉迪尔的角逐中。起初,巴拉迪尔凭借着在任总理、法国经济略有好转、失业率稳中有降等有利因素与希拉克分庭抗礼,并在民意测验中遥遥领先。正当希拉克为自己当年推举巴拉迪尔入主马提尼翁宫这一此时看来犹如养虎为患的行为懊悔莫及时,一些突发事件为他解了围。恰恰是投票前的最后几个月中,巴拉迪尔连遭数起突发事件的打击:先是政府中的数名部长因涉嫌经济问题被迫辞职或锒铛入狱;继而是媒体披露了警察部门从事大量非法电话窃听活动,激起公愤;最后是因政府不合时宜地驱逐12名美国间谍,不仅导致法美关系更趋紧张,同时还让不少选民认为,巴拉迪尔此举的真实意图是借机转移不利于自己的公众视线。凡此种种,竟使巴拉迪尔后来在选民中的支持率一路下滑,以至于最后未能进入第二轮。

5月18日,法国举行了新老总统职权交接的仪式。随着交接仪式的结束,密特朗这位至今法国历史上任期最长的总统不得不告别他已经待了14年之久的爱丽舍宫。法兰西第五共和国历史上的密特朗时代也由此画上了句号。

交接仪式结束后,新总统就职仪式在金碧辉煌的爱丽舍宫礼堂举行。随着法国宪法委员会主席正式宣布选举结果,法国荣誉勋位管理委员会主管将一条象征最高勋位的金项链授予希拉克,希拉克正式成为第五共和国第七任总统。而且,由于他的任期要到2002年届满,希拉克还将是一位领导法国人民"跨世纪"的总统。希拉克在入主爱丽舍宫后,即任命其得力助手、时年49岁的保卫共和联盟代主席阿兰·朱佩为新总理。至此,右翼多数派已占据总统府、总理府、国民议会和参议院等所有国家权力机构。这一局面的出现,昭示着右翼势力此时已在法国政治舞台上占据主流地位。

希拉克上台之际,国内经济形势虽略有好转,但3 000亿法郎的巨额财政赤字和300多万失业大军仍使他忧心忡忡,而此期国内社会矛盾的激化则更使其治国之路充满荆棘。为了消除这些从其前任手中继承下来的难题,希拉克力主进行大力度的经济、社会变革,并提出了如下5个目标:使每个法国人重新获得社会地位和机遇;调动民族有生力量,努力解决就业问题;实现真正的团结;让法国人自己主宰自己的命运;保持共和国的秩序。其中,他又把解决失业问题作为重中之重。不过,与社会党人有所不同的是,希拉克更强调以经济手段而非社会手段来解决就业问题,力图通过降低税收来刺激经济增长,从而达到增加就业、削减赤字和维护社会保障体系的目的。

尽管希拉克为振兴法国经济,缓解法国社会矛盾作了百般努力,但法国人翘首以盼的经济复苏局面仍未能出现,失业率依然居高不下。此外,为使法国能以符合《马斯特里赫特条约》,即《欧洲联盟条约》规定的标准搭上欧元头班车,以及从根本上解决国家财政入不敷出的顽症,希拉克政府不得不紧缩财政预算,减少公共部门开支,改革社会福利制度,而类似措施势必会导致一些人失业或生活水平下降,从而激化社会矛盾。因此,在希拉克执政的头两年,法国社会动荡加剧,罢工浪潮或其他形式的社会抗议运动此起彼伏。凡此种种,使希拉克及其右翼政府的形

第十九章 从左右对立到左右共治——密特朗时代的第五共和国

象日益黯淡。

1997年5月底6月初,法国提前一年举行新的立法选举。在这次选举中,以若斯潘为首的社会党联合法共以及绿党等左翼小党组成左翼联盟,共同与正闹内讧的右翼对垒。左翼利用希拉克入主爱丽舍宫两年来法国经济回升乏力,社会矛盾更形尖锐的形势,极力以捍卫"社会公正"的形象出现。为争取更多选民的支持,左翼一方面敢于承认自己在密特朗时代的政策失误,另一方面在右翼削减社会福利、实行紧缩政策后所引起的失业、工资、养老金、购买力等问题上大做文章。结果,在上次立法选举中惨败的左翼不仅东山再起,而且还以在国民议会中获得318席的绝对优势再度成为执政多数派。

在这种情况下,希拉克不得不任命社会党领袖若斯潘为新总理。这样,第五共和国迎来了第三次"左右共治"。不过,这次是右翼总统和左翼总理的共治,而且共治的时间不止两年,而是长达5年。

社会党此番之所以能够重新执政,虽与此时期整个西欧"左"转的大背景有着密切关系,但其新领袖若斯潘也功不可没。若斯潘自1995年10月接任社会党第一书记后,潜心制定党的新政策,大力整顿党的组织,积蓄力量,为立法选举做准备。而他那温和改革派的形象与从无腐败劣迹的清白经历(后者在法国官场中颇为难得),更是为社会党赢得了不少选票。

如果说前两次"共治"都出现了较大冲突的话,那么第三次"共治"则要融洽得多。由于若斯潘是在社会党处于低谷时"意外地"取得入主马提尼翁宫的资格的,故没有采取锋芒毕露的姿态,而是从一开始就表明要"理性地共治"。而有着第一次"共治"切身体验的希拉克看到密特朗在那次共治中受益良多,特别是对连选连任有莫大好处,所以也较为坦然、大度地接受"共治"。

值得深思的是,"共治"不仅为在台上的政治家所接受,同时也为大多数国人所认可。法国在1998年的一项民意测验显示,近60%的法国人对"共治"这一"法国式执政模式"持欣赏态度。[1]这表明,在"世纪末"的今天,法国社会政治已日趋"中间化",第五共和国也已由左右对立的共和国演变为"左右共治"的共和国。

---

[1] 参见郑若麟:《法国:左与右的概念过时了吗?》,载《世界知识》1998年第20期。

六、"持二等车票,却仍想坐头等车厢"——20世纪80年代以来的法国外交与防务

早在戴高乐执掌第五共和国时期,法国就是西方诸国中唯一敢对美国说"不"的国家,与此同时,法国还竭力以二流国家的实力在国际事务中扮演一流大国的角色。从1969年6月到20世纪80年代初蓬皮杜、德斯坦相继主政爱丽舍宫时,法国对美国的激烈对抗政策虽有所缓和,但仍保持自己对两大超级大国的独立性,力图利用法国处于东西南北各种集团和国家的交叉点上的有利地位,使法国继续充当"仅次于超级大国的大国"。80年代初以来,无论是密特朗还是希拉克执掌总统大权,法国对自己的国际角色的定位依然如故。对此,法国强大的近邻德国(东西德统一后更是如此)的一些人揶揄道:法国人是"持二等车票,却想坐头等车厢"。

当20世纪80年代初密特朗首次入主爱丽舍宫时,如果说他的社会经济政策与其右翼的前任大相径庭的话,那么,他的对外政策却与他们几乎如出一辙。密特朗上台伊始就再三强调法国外交的连续性,并在对美关系中继续保持既结盟又独立的立场。当以美国为首的西方盟国对莫鲁瓦政府中出现了几位共产党人部长而惊恐万状时,密特朗多次声明,法国将忠于整个联盟,并继续履行它在北大西洋联盟内承担的义务。不过,他同时也一再申明,法国绝不再回到北约的军事一体化体系中去。相对而言,密特朗第一届任期的前期,较为注重巩固同美国的联盟关系。但在其中后期,则更为侧重显示对美独立姿态。

由于当时整个国际格局呈现出苏攻美守的态势,因而密特朗上任之初对苏联的立场比其前任更为强硬,极力反对苏联在欧洲确立军事优势。为此,法国主张在欧洲部署美国潘兴Ⅱ式导弹和巡航导弹,同苏联的SS20导弹抗衡。法国还不断谴责苏联入侵阿富汗,认为苏联对波兰当时实行军事管制负有责任,积极支持苏联国内的持不同政见者。从20世纪80年代中期起,尤其是戈尔巴乔夫上台后,法苏关系开始升温。在里根总统提出星球大战计划后,法、苏两国进一步加快了改善关系的步伐。密特朗在80年代中期虽三度访问苏联,但出于对法国安全的担心以及从骨子里对苏联的不信任,法苏关系在东欧剧变、苏联解体前,始终未恢复到戴高乐时代的水平。

第十九章 从左右对立到左右共治——密特朗时代的第五共和国

与其历届前任一样,密特朗对推动欧洲(严格地说应为西欧)联合可谓是热情高涨。他上台后,立即提出"应努力使欧洲成为一种政治力量,一种经济、社会、文化力量"的口号,主张加速欧洲一体化的进程,以减少对美国的依赖程度。此外,他还倡议建立"欧洲社会区",谋求西欧国家采取共同的社会政策。在东西德统一之前,密特朗始终重视发展法德关系,并视"法德特殊友谊是欧洲共同体的基石"。

密特朗上台之初,在外交领域令人耳目一新的内容是他以社会党所宣扬的"在世界上为受压迫和穷困的人们大声疾呼"为基调,积极推行"第三世界主义",努力改善南北关系。在政治上,他宣传在全世界捍卫人权,尊重人民自决权,支持民族民主运动。在经济上,提倡国际经济新秩序和富国援助穷国,主张通过"收入再分配"来消除社会不公平。密特朗仍对非洲地区特别重视,亲自出访了非洲的14个国家。此外对加强在中东、波斯湾地区、东南亚地区和拉美地区的影响也都作了特殊努力。

密特朗蝉联总统后不久,国际形势开始发生巨大变化:东欧剧变,苏联解体,雅尔塔格局彻底瓦解。这一切,对20世纪90年代的法国外交提出了严峻的挑战。因为,随着雅尔塔格局瓦解和苏联解体,欧洲的秩序发生了剧烈的变化,这无疑给法国提供了进一步发挥大国作用的机会。然而,剧变后欧洲力量的严重失衡,也给法国带来不少负面影响。苏联的解体不仅使法国失去借苏抗美的资本,而且还使其痛失联苏制德的这张牌。而德国的迅速统一,则更使法国对自己的西欧盟主地位忧心忡忡。

面对后冷战时代让法国喜忧参半,或更确切地说忧大于喜的国际局势,密特朗不得不及时调整法国的外交政策。为了在法国的实力与地位相对削弱的新形势下找到一条适合法国发挥大国作用的途径,密特朗在对外领域作出了两项重大抉择。第一项重大抉择是深化西欧联合,加快建立欧洲政治联盟、经济货币联盟以及在西欧联盟框架内推进西欧共同防务。在密特朗的大力推动下,欧共体于1991年底通过了建立欧洲联盟的《马斯特里赫特条约》,规定最迟在1999年以前建成实现欧洲统一大市场、欧洲单一货币和共同外交安全政策的欧洲联盟。密特朗之所以热衷于将欧共体推向一个朝着经济、政治、外交、安全等多种职能兼备的联合体发展的新阶段,其用意主要在于"抗美"与"防德"。前者指借助欧共体整体合力同美国争夺欧洲事务的主导权,以最终实现由法国占主导地位的"欧洲人的欧洲"的夙愿;后者指的是借助欧洲联盟的经济、政治一体化和共同防务的综合机制来掣肘统一后国力大增的德国,防止其向东扩大势力并进而称霸欧洲。

密特朗在后冷战时代初期对外领域作出的第二项重大抉择就是在国际舞台上充当"民主"卫士,大搞"人权"外交。这一点在此期的法国对华政策中表现尤其突出。此外,密特朗还力图让法国充当国际宪兵,以扩大法国的国际影响。为此,法国竟然一度成为向联合国提供维和部队最多的国家。

尽管密特朗为贯彻自己的外交抉择使出了浑身解数,但却屡屡遭受挫折。首先是马约虽已生效,但其规定的一些重大任务要付诸实施,步履维艰,前景暗淡;其次,在法德制约与反制约的斗争中,德国占了上风;再次,欧洲独立防务难以实现,法国在同美国争夺欧洲安全主导权方面显得力不从心;最后,因充当"民主"卫士,大搞"人权"外交,法国与中国等国家的关系极度恶化。而在法国经济持续不景气的情况下,耗费巨资向联合国提供大批维和部队,则更是在国内引来一片嘘声。

由于密特朗20世纪90年代初的外交抉择使法国外交不时陷入困境,法国国内要求在外交上"改变航向"的呼声日益高涨。正是在这一背景下,1993年3月右翼的巴拉迪尔政府上台后,即开始大力推行更为务实、更加灵活的新的对外政策,其主要内容是:1.修正以法德联盟为中心的欧洲政策,通过调整法国外交布局来建立平衡德国的力量均势,通过改变斗争策略同德国争夺在欧盟的政治主导权;2.灵活遵循独立自主的原则,改变对北约的"空椅子"政策;3.实行以促进稳定为中心、援助与自助相结合的非洲政策;4.加强亚洲攻势,占领亚洲市场,其中最为突出的是纠正前社会党政府在对华政策上的失误,谋求同中国恢复和发展关系。[①]

希拉克作为戴高乐主义的传人入主爱丽舍宫后,将"遵循戴高乐将军的教导,寻求法国在世界事务中应有的突出地位"视为己任。不过,为应付冷战后新形势的挑战,希拉克也不得不在戴高乐传统外交思想中糅进现实内容,因此,他的外交被人称为"新戴高乐主义"外交。

在对美政策方面,希拉克上台后力图改善法美关系,借以加强法国的大国地位,应付欧洲地区的安全挑战,推动法美经贸关系的发展。但在这一过程中,希拉克始终强调法国只乐于同美国建立"严格的平等伙伴关

---

① 参见王燕阁:《法国的新外交政策》,载《现代国际关系》1994年第7期。

系",法国绝不"接受"由美国统治的单极世界,不承认以美国为轴心的"世界新秩序"。为此,法国在此期也一再与美国对着干。如在联合国秘书长人选问题上,法国坚决支持加利连任。在伊拉克问题上,法国不同意美国一再空袭伊拉克,并在1996年底宣布,不再参加以美国为首的多国部队在伊拉克北部地区执行禁飞任务。在古巴问题上,法国带头谴责美国炮制的"赫尔姆斯-伯顿"法。为保持法兰西文化传统,希拉克政府还大力抵制美国文化对法国的侵袭和渗透,包括严格限制美国电影和通俗音乐在法国媒体上播放。

在对德和欧洲建设问题上,面对德国国内"大德国主义"思潮的抬头,希拉克政府加强了对德国的防范。为此,他在上台后不久就冒着极大的风险宣布恢复核试验,向德国显示其核打击的力量及决心(当然,此举的意义绝不仅于此)。不过在这同时,希拉克仍重视维系法德合作,并把法德轴心置于欧盟发展的中心位置。在欧盟建设问题上,希拉克反对联邦制,反对"核心欧洲",主张建立"多国家的欧洲"。

希拉克对未来的欧洲有这样的设想:将欧盟模式扩展到东欧乃至整个欧洲大陆,实现戴高乐的从大西洋到乌拉尔的"大欧洲"。但要做到这一点,俄国的支持不可或缺。因此,希拉克上台后非常注重加强法俄关系。1997年9月26日,希拉克与叶利钦在莫斯科会晤并发表声明,表示将进一步发展双边关系,共同致力于欧洲的稳定与和平。

希拉克对于发展同第三世界其他国家与地区的关系极为重视。他在担任总统的最初几年中,就三访东南亚,三下中东,数度赴非,甚至还在美国的后院——拉丁美洲展开外交攻势。在许多场合,法国以"第三世界的保护神"自居,并在不少问题上确实也能"仗义执言"。不过,由于法国本身的实力毕竟有限,它在对第三世界的支持方面往往是说的多、做的少。

七、处在20世纪末期的法国社会与文化

20世纪的最后20年来,西方发达工业国家已相继进入"后工业社会"。随着"后工业社会"的到来,西方资本主义处处露出"晚期"世相。因而,"后工业社会"实际上也就是晚期资本主义社会。作为西方主要资本主义国家之一,法国在这一社会转型的进程中同样不可能置身事外。

自密特朗上台起,法国社会始终被经济发展速度减缓、通货膨胀加

剧、社会失业问题严重等现象所困扰。在这一大背景下,法国的社会矛盾日趋激化,整个社会呈现出动荡不安、危机四伏的情势。20世纪90年代初期,法国著名社会学家皮埃尔·布尔迪厄曾以其在1993年出版的《世界的苦难》一书对这种笼罩着全法的"社会崩溃"的气氛进行描述与分析,并在法国社会引起强烈反响。这一时期,不论是左翼上台,还是右翼执政,不少法国人在对前途悲观之余纷纷以罢工、示威作为一种有效的社会诉求方式。一时间,全国上下罢工频起,示威不断。此期规模最大的是1995年11月的大罢工。这次大罢工时间长达数周,地点遍及巴黎等60多个城市,波及的行业有铁路、邮政、电信、航空、教育、卫生、电力和煤气等部门。罢工期间,法国的铁轨上基本无火车行驶,往常人流如潮的巴黎各地铁站全都空空荡荡、冷冷清清。地面上的公共交通均告停运。天上也看不到飞机的影子。可以毫不夸张地说,这次罢工使巴黎成了一座死城,全国的各大城市也全面瘫痪。

如果说这次罢工虽然规模巨大,后果严重,但毕竟主要与法国人有关的话,那么,1998年世界杯前夕法国航空公司员工的一场罢工可真是搅得全世界的足球迷心神不安。由此,世界各地的人们,尤其是足球迷们,对法国是个罢工的国度有了更深刻的认识。

20世纪末的法国不仅罢工次数多、规模大,而且采取的罢工方式也绝。如1996年11月,举行罢工的卡车司机为给自己造声势,竟出动成千上万辆卡车封锁了全国各个交通要道,并在法国第二大城市里昂炼油厂周围设置路障,切断西南部城市的汽油供应。法国的卡车司机们还阻塞了北部与德国的交通,同时将几千辆英国、西班牙卡车困在法国公路上。因此,这次罢工不仅造成法国国内油料严重短缺,也引起了周边国家的公愤。

在罢工这种传统的社会抗议方式此起彼伏之际,内容五花八门的"新社会运动"也在法国方兴未艾。在"新社会运动"的招牌下,此期最引人瞩目的有生态运动、女权运动、同性恋运动、和平运动、保护动物权利运动、新生代运动等。

"新社会运动"的异军突起无疑是法国已步入"后工业社会"的显著征兆之一。而"新社会运动"之所以能在此时期的法国方兴未艾,一个很重要的原因就是此时期法国传统左翼运动,尤其是社会主义工人运动的衰落。正是它们的衰落,为"新社会运动"提供了很大的政治空间。

第十九章　从左右对立到左右共治——密特朗时代的第五共和国

不过,衰落的厄运并非仅仅降落在传统左翼身上。事实上,处于"世纪末"的法国传统右翼也同样难逃此劫。如果说,传统左翼的衰落为形形色色的"新社会运动"分别提供了大致相同的政治空间的话,那么,传统右翼衰落的最大受益者则是以勒庞为首的极右翼组织国民阵线。进入 20 世纪 90 年代后,不少对以戴高乐派为代表的传统右翼深感失望,同时对左翼又心存余悸的选民纷纷把票投给了勒庞之流。结果,国民阵线在国民议会中的议席竟已超过了法共,而勒庞本人在总统选举时的得票率也不可小瞧。极右势力的抬头,很快在法国社会引起一些有识之士的警觉。1993 年 7 月 13 日,《世界报》刊登了一份由 50 位著名知识分子签名的呼吁书。这份呼吁书的签名者既有左派知识分子,又有自由派知识分子。呼吁书要求人们对不断变换手法的新法西斯/种族主义保持警惕,并且声明拒绝同发表极右言论的出版社、电台及电视台进行合作。

《世界报》上刊载的这份呼吁书表明,法国仍还有一些知识分子在充当"社会的良心"。然而,较之先前的几个时期,20 世纪 80 年代以来的法国知识分子史是一部由"巨星"殒落到知识分子集体消沉或"沉默"的历史。

20 世纪 80 年代初期,法国战后知识界的两大巨星萨特与雷蒙·阿隆相继谢世。在这前后,数名在年龄上要比他们小一辈左右的知识精英也或者是过早地结束了自己的生命:如以结构主义的国家理论和阶级理论蜚声知识界的濮兰查斯在 1979 年 10 月自杀;著名的结构主义—后结构主义文学评论家罗兰·巴特 1980 年 2 月被卡车撞成重伤后不治身亡;已在萨特之后被推上法国思想界顶峰的福柯在 1984 年 6 月因患艾滋病撒手人寰。或者是虽生犹死:1980 年 11 月,阿尔杜塞为其妻子按摩颈部时,因神经失常,勒死了妻子。事后,他被送进精神病院监护起来,处于虽生犹死的状态。这一切,使得此时期的法国知识分子不时与各种追悼仪式打交道,经常地沉浸在悲痛之中。

从总体上看,并且相对而言,进入 20 世纪 80 年代后的法国知识分子似乎已失却了本世纪早期与中期时的激情。人们不会忘记,法国知识分子在 30 年代曾围绕着处于危机中的法国该如何处去而慷慨激昂地展开辩论,50 年代围绕着共产主义和苏联社会的性质问题势不两立地争论不休,60 年代又围绕着当代资本主义社会中存在的问题没完没了地大打笔仗。然而,进入 80 年代后,这种在整个法国社会引起极大反响的大辩论显然已经成为历史。积极参加辩论的知识分子愈来愈少,即使围绕着某些问题展开辩论,也往往局限于报纸与期刊讨论的范围之内。由于受全球性的政治气候的影响,在战后长期控制着法国知识界的左翼知识分子的势力在明显地削弱。同时,他们当中坚定地追随法共的人在日益减少,更多的共产党的同路人转向了社会党,还有一些人则在积极加入捍卫人权、保护生态斗争的同时拒绝投靠任何左翼政党。相反,不少知识分子已经回归到传统的自由主义立场,导致近代的托克维尔、当代的雷蒙·阿隆的著作一时洛阳纸贵。尤其值得注意的是,作为法国知识界领衔人物的几位著名的知识分子似乎正茫然不知所措。正如法国著名评论家阿兰·杜阿梅尔指出的那样,他们就"仿佛是一批准备转地放牧的牧羊人,已经离开了原地,但尚不清楚去向何处"。如果说,密特朗上台之初,一些法国知识分子尚对社会党政府寄予厚望,那么,随着他们对社会党执政后的所为日益失望,法国知识分子在社会舞台上显得非常的低沉。知识分子们的"沉默"很快就引起了社会的关注。一时间,许多报刊在谈到知识分子时开始频频使用"危机""衰落"等词语来形容法国知识分子的现实处境。令人感慨的是,直至90年代中后期,除在个别情况下,法国知识分子依旧是集体消沉或"沉默"。这一状况与上一个"世纪末",尤其是德雷福斯事件时期的法国知识分子的表现形成巨大反差。

20世纪80年代以降,法国的社会科学的状况从总体上看始终较难令人满意。究其原因,大致有三:1.由于受经济衰退的影响,国家对社会科学和人文科学拨发的经费严重不足;2.社会科学研究的管理体制弊端丛生;3.科研队伍日趋老化。不过,此期的法国社会科学亦非一无是处,不少在前一时期即功成名就的后结构主义代表人物仍不时以其新的研究成果令国际上的同行刮目相看。而有的人,如罗兰·巴特虽然已命归黄泉,但其影响力却在身后愈来愈大。80年代前期法国最出风头的学界巨擘非福柯莫属,而在福柯盛年早逝之后,法国社会科学—人文科学界最具影响力的人物则当推皮埃尔·布尔迪厄。

从20世纪70年代初开始逐渐兴起的"新史学"运动到80年代中期达到极盛。在这十几年的时间里先后问世的《研究历史》《新史学》《历史科学辞典》,既是集"新史学"研究成果之大成的巨著,又是"新史学"运动在不同阶段的标记。由勒高夫、诺拉主编的《研究历史》(1974年)标志着"新史学"开始在法国勃兴。在这部论文集的前言里,主编者明确地提出

第十九章　从左右对立到左右共治——密特朗时代的第五共和国

了"新史学"这一称谓,对"新史学"的特点作了明确的界说。勒高夫等主编的《新史学》(1978年)标志着"新史学"开始进入比较成熟的阶段。这时"新史学"的研究已硕果累累,法国史坛开始由"新史学"、传统史学、马克思主义史学三足鼎立的格局向由"新史学"独占鳌头的格局演变。为了使读者对以"新史学"为代表的法国当代史学主流有既深入又全面的认识,此书约请了10位"新史学"的名家分别撰写了10篇长文,结合"新史学"在前一阶段的成果,对史学中的10个重大问题进行了精辟的叙述和分析,同时又通过100多个词条从面上进行补充。1986年,由"新史学"新一代的核心人物比尔吉埃尔主编的《历史科学辞典》的问世,标志着"新史学"已达到极盛。这一时期的历史学家或自称为新史学家,或根据新史学范型从事研究,或积极参加由勒高夫等人主编的各种专著或丛书的写作,新史学已经在法国史坛占据绝对的主导地位。更有甚者,新史学还在法国的大众传媒中占有重要的一席,并成为法国社会文化界引人瞩目的权势集团,以至一位美国历史学家惊呼新史学已成了法国的"头号科学"。正是在这一背景下,这部《历史科学辞典》无论是在条目的确定还是相关词条的字里行间,无不表现出"新史学的霸权主义和自鸣得意"。

虽然克洛德·西蒙在1985年摘取了诺贝尔文学奖的桂冠,但依笔者管见,20世纪80年代以来的法国作家鲜有蜚声国际文坛的力作问世。人们甚至可以说,除了80年代后以《情人》等佳作再度崛起的玛格丽特·杜拉斯以及屈指可数的另几位作家外,这个时代的法国作家是愧对其杰出的前人的。与文坛一样,进入80年代后,法国的绘画领域也乏善可陈。评论家在评述此期的画坛时不得不伤感地写道:"它不再有狂热的激情,不再有高昂的斗志,而是低调的、实际的;它变得更加完善而高贵,同时也更加脆弱、空虚。"①

不容否认,直至今日,法国仍是世界一流的文化大国。然而,这一地位已在美国"文化帝国主义"的冲击下岌岌可危。如法国电影虽不时有精品问世,但其在国内的票房价值却因好莱坞电影的大举入侵而大幅下滑;法国青年趋之若鹜的是美国等国家用英语演唱的歌星,与此同时,法国的一些当红的大腕歌星也纷纷用英语现场演唱或灌制唱片、磁带;来自美国的畅销小说等充彻法国书店。在高科技、信息产业中,法语更是难敌英语

---

① 时波、张泽乾主编:《当代法国文化》,国际文化出版公司1989年版,第146页。

的强势扩张。

凡此种种,使法国朝野深感不安。为此,法国政府在大力支持本国文化事业发展的同时,以保卫法语作为契机大力弘扬法国文化。1994年4月,参议院通过保护法语法案,规定禁止在工程合同、公告、广告中和广播电台、电视台播送节目时(外语节目除外)使用外语词汇,要求在法国境内举行的各种研讨会上,法国人必须使用本国语言。为扩大法语在世界上的影响,法国文化部还精心制订了一项耗资不菲的"复兴法语计划",力图在海外推动法语的学习与使用。具有典型意义的是,当欧洲迪士尼乐园在巴黎近郊落成时,法国总理属下的语言评议会率先发难,以保护法语为名,责令该乐园将一些重要景点名称译为法文。对此,美国人虽心有不甘,但因在人家的地盘上也只能从命。尽管如此,当乐园开业时,法国文化部长仍拒绝出席开业式,并公开宣称该乐园是美国"文化帝国主义"的象征。

在过去的岁月,法兰西民族曾经创造出魅力独具、光彩照人的法兰西文化。而今,在20世纪的帷幕最终落下的时刻,法国文化似略呈颓势。那么,在21世纪里,法国人还能像其先辈那样为人类作出独特的文化贡献吗?

作者评曰:

第五共和国40多年的历史中有14年是与密特朗的名字密不可分的。这位密特朗时代的开创者在第五共和国历史上创下了一系列的第一:第一位当选的社会党人总统;第一位不得不与右派总理"共治"的左派总统;第一位通过普选连任两届且任期最长的总统……毋庸讳言,作为政坛的常青树,密特朗的政治技艺已达到极致。但尽管如此,他在入主爱丽舍宫后并未取得骄人的业绩。是他无能吗?非也。笔者管见,密特朗之所以政绩平平,乃时势使然,令其不能也。试问,法国社会在20世纪晚期所遇到的这些难题,又有哪位政治家能够解决呢?继密特朗之后接任总统的希拉克不是也同样一筹莫展吗?

密特朗一生俭朴,死后亦不让国人为他举行国葬。然而,他上台执政期间,在兴建标志性的公共建筑方面却舍得大把花钱。也许,这位政坛智者早就想到借巴黎新区的大拱门、卢浮宫前的玻璃金字塔、巴士底歌剧院、国家图书馆新馆等诸多建筑史上的杰作为自己树碑立传了。

第二十章 从希拉克到马克龙:21世纪以来的法国

一、率领法国"跨入新世纪"的希拉克总统

随着20世纪帷幕最终落下,不少法国人曾满怀期待、翘首以盼的21世纪终于到来。1995年入主爱丽舍宫的希拉克,作为"跨世纪"的总统,自然也就成为率领国人迈入新世纪,乃至新千年的法国元首。然而,鉴于在上次议会选举中惨败的左翼在新的议会选举中不仅成功地东山再起,还在国民议会中获得绝对优势重新成为执政多数派,希拉克不得不在1997年任命社会党领袖利奥内尔·若斯潘为新总理,第五共和国由此迎来了第三次"左右共治"。不过,这次"左右共治"非但换成了希拉克这位右翼总统与左翼总理的"共治",右翼总统和左翼总理共治的时间还不止两三年,需长达5年。凡此种种,也意味着希拉克这位"跨世纪"的右翼总统实际上须在与左翼总理"共治"下率领法国人跨入新世纪。

随着战后法国"辉煌三十年"在20世纪70年代前期世界能源危机爆发时戛然而止,法国人在20世纪最后几十年里,几乎没能过上多少令其满意的好日子。其中,大多数人一直觉得自己的生活似乎不得不与各种危机感交织在一起。在这些危机当中,不仅有经济危机和社会危机,同时还明显包括意识形态危机。而后者的出现,势必在很大程度上还伴随着对某些法国的立国根基乃至法兰西民族特性或特点的质疑的产生。正因如此,继"辉煌三十年"而来的几十年是"危机和衰落"年代之说,在法国日渐盛行。

法国通史

这一局面的出现也与一些明确宣称法国正在衰落的所谓"衰落学家"们纷纷登场并在国内颇有市场大有关系。在这类人当中,最引人瞩目者当推集史学家和经济学家于一身、曾担任法国国家行政管理学院教授的尼古拉·巴维莱兹。1998年,巴维莱兹出版了《可怜的30年》一书,用"可怜的30年"这一提法来形容与"辉煌三十年"相对应的法国近30年的状况。这本光标题就颇吸引眼球的书一问世,立即就在法国学术界乃至更大范围引起很大反响,一版再版。及至进入21世纪后,一些法国人更是认为自己国家处于"危机"之中,并且是再清楚不过地正走向衰落。于是,同样是这位巴维莱兹,在21世纪初又推出了一本"感叹法国正在走向衰落"的新书,书名叫《法国在跌倒》。这本书在2004年出版后,不仅马上在读者中引起更大反响,还长期在法国畅销书排行榜中占据"榜首"位置。在这之后,法国接二连三地冒出了一大批持有相同悲观论调的新书,如《法国的不幸》《高卢的幻想》等。而在2005年7月,当今法国影响力最大的报刊之一的《世界报》就巴黎申办2012年奥运会未果而发表的社论标题,更是让不少法国人感到扎心,这一标题就是——"确实在衰落"。

希拉克

为了更好率领国人迎接"新世纪"的到来,同时也是为了着眼于2002年5月将举行的下一届总统选举,希拉克在2000年3月27日对内阁进行了改组。几天后,即3月31日由官方公布的数据表明,法国的失业率低于10%,创下了1992年以来的新低。诚然,这一数据主要得归功于若斯潘政府,但它毕竟也给作为总统的希拉克加分不少。更让希拉克获好评的是,2000年6月5日,他公开宣布赞同将总统任期缩短为5年的方案。在同年9月举行的公民投票当中,相关方案以73.1%的人赞成顺利获得通过。此外,当时在提振法国人心方面,还有一件值得好好庆贺的大事须要提及,这就是2000年7月2日,法国在赢得1998年世界杯两年后又在2000年欧洲杯足球赛中夺冠。

2002年1月1日,欧元正式开始在法国以及另外11个欧洲国家流通。也就是在这一年的四五月份,法国又迎来了新的总统选举。当时许多迹象都在表明,左翼此次将会在近年其选民早已习惯于"选举换台"的

第二十章 从希拉克到马克龙：21世纪以来的法国

法国轻松赢得选战。若斯潘本人也自恃其就任总理以来政绩不俗，对入主爱丽舍宫踌躇满志、志在必得。为此，早在2001年12月5日晚上，他就迫不及待地在法国电视2台发表讲话，明言他"可能"参加下届法国总统的竞选，同时表示他目前还不会辞去总理职务。令收看此次电视讲话的法国观众印象深刻的是，若斯潘在这次讲话中格外强调了1997年他本人担任法国总理以来在刺激经济增长、解决就业问题等方面所取得的佳绩。翌日，法国各大报纷纷对若斯潘的电视讲话发表评论，其中，左翼倾向的《解放报》宣称，若斯潘的讲话向人们展示了他在总统竞选中的优势；而右翼倾向的《费加罗报》则断言，若斯潘既看不到法国的症结，也找不到解决症结的良方。尽管如此，当时法国不少分析人士认为，若斯潘此番电视讲话表明其希望成为法国历史上从总理直接升任总统的第一人，而从法国当时已表示参加下届总统竞选的13名候选人来看，他的呼声确实也名列前茅。

为了确保获胜，若斯潘甚至还着力改变了选举的顺序，将总统大选放在了立法选举之前，因为他确信这样会对左派更加有利。然而，让人大跌眼镜的是，选举前不久法国经济形势出现的逆转和民意支持率的下降，以及左派候选人的严重分化——共有16人之多，竟然引发了2002年4月21日的"政治地震"：在第一轮投票当天夜里，统计显示有28.46%的选民选择了弃权，此外还有2.6%的空白票和废票。得票排在前两位的分别是希拉克和勒庞，后者得到了有效选票的17.19%，居然以20万票的优势将排在第三位的若斯潘淘汰，与希拉克一起获得了参加第二轮投票的资格。结果公布之后，根本未预料到自己会出局的若斯潘，当天晚上即公开宣布放弃政治生涯。

在5月5日进行的第二轮投票中，大量左派选民和很多在第一轮投弃权票的选民被动员了起来，这些人都把票投给了希拉克，使他以压倒性的82.12%的支持率优势大败勒庞，竞选连任获得成功。紧接着，希拉克的支持者在一个新政党人民运动联盟(UMP)的旗帜下，在同年6月9日举行的首轮立法选举中大胜；6月16日，右派在第二轮立法选举中获得绝对多数，从而获得推举政府总理、组织内阁、在今后5年管理国家的权力。上述选举结果的出现，无疑为希拉克总统今后5年的顺利执政提供了非常好的条件，以至于有法国媒体如是宣称：传统右翼政党的这一胜利使希拉克成为法国近40年来权力最大的总统。

尽管如此,希拉克总统在以绝对优势连选连任后,仍需要作出"向中间靠拢"的姿态,讨好为了遏制勒庞所代表的极右势力而投票给他的左派选民和右派其他各个政党的选民。也正是基于这一考虑,希拉克弃早年曾受其提拔并因此成为法国政坛一颗冉冉升起新星的尼古拉·萨科齐于不用,先是于5月6日任命让-皮埃尔·拉法兰担任总理并领导过渡内阁,继而又在新国民议会选举尘埃落定后再次任命拉法兰为新总理并责成其组织内阁。希拉克之所以这样做,与拉法兰本人属于另一个右派政党"自由民主党"大有关系,他不会被认为是希拉克的嫡系,较具中间色彩。更何况这位形象温和、为人低调的新总理既颇为务实又非常能干,在领导过渡内阁期间为传统右翼政党赢得此次立法选举立下了汗马功劳。

希拉克年轻时在步入政坛不久即以其异常火爆、不肯妥协的性格和办事风格被对他有提携之恩的前总统蓬皮杜誉为"推土机",在此次竞选连任成功后,他又以其诸多个性鲜明的表现相继赢得"欧洲最后的斗士""戴高乐主义最后的旗手"之类的称号。当时的法国媒体甚至还这样为希拉克画过一幅漫画:在一座高高的法国城堡上,身着盔甲的希拉克傲然独立,在他头顶上方飘扬着一面写有"戴高乐主义"大字的旗帜。

戴高乐主义的"灵魂"归根结底就是法兰西民族的高傲与光荣,强调多极世界与多元文化所表现出的法兰西价值,一旦需要则不惜态度明确地向"山姆大叔"之类国家说"不"。作为"戴高乐主义最后的旗手"的希拉克,在竞选连任获得成功之后,自然依旧以让法国能以二流国家的实力在国际事务中扮演一流大国的角色为己任。正是出于这一考虑,希拉克在新世纪到来后不仅继续强调法国只乐于同美国建立"严格的平等伙伴关系",绝不接受美国统治的单极世界,不承认以美国为轴心的"世界秩序",而且为此在联合国内主动充当赞成多边主义的国家的领头羊角色,屡屡对美国奉行的单边主义政策明确说"不"。

例如,2002年夏季,当美国小布什政府想要通过单边主义的途径,使用武力解除伊拉克武装并推翻萨达姆·侯赛因政权的时候,法国首先利用自己的影响力劝说美国回到联合国的框架内,并在联合国安理会第1441号决议的前提下同意以汉斯布里克斯为首的联合国武器核查小组返回伊拉克。2003年初,法国更是以捍卫联合国宪章中有关付诸武力的原则的国家中最坚定代表的面貌出现,不仅大力推动与美国有着亲密关

第二十章 从希拉克到马克龙:21世纪以来的法国

系的联合国秘书长科菲·安南主动采取措施束缚美国准备动武的步伐,还通过本国外交部长多米尼克·德维尔潘在联合国安理会中明确表达了坚决反对短时间内对伊拉克动武的新决议。在同年晚些时候举办的联合国大会上,面对一触即发的伊拉克战争,当德维尔潘慷慨陈词,宣称"伊拉克战争最终意味着承认失败"时,会场内掌声如雷。根据法国一些媒体报道,当德维尔潘这位希拉克有意选择的接班人"以一个古老国家"的名义,向美国说"不",并表示可能不惜动用安理会常任理事国的否决权来反对战争时,正在爱丽舍宫里观看实况转播的希拉克竟然激动得"双拳紧握"。希拉克后来甚至对法国媒体这样表示道,他曾36次向小布什总统表示反对伊拉克战争,但那么多次的反对都不如德维尔潘的演讲"闪烁着法兰西民族精神的光芒"。

鉴于在不放弃法国"世界使命"的同时,也已更清醒、充分地认识到法国自身实力的不足,希拉克等法国领导人亦越来越注重如何更好地通过欧盟来发挥自身作用。不过,在涉及欧洲未来的问题上,希拉克等人均非常审慎,并竭尽所能捍卫其对欧盟的构想,即强大的欧盟不仅在成员国之间发展共同的政策,而且不断深化和扩大,使欧盟不局限于是简单地实行自由贸易的地区,同时不会形成典型的联邦制结构。为了能使法国在制定欧盟宪法过程当中发挥重要作用,法国成功地把前总统吉斯卡尔·德斯坦推上了欧盟制宪会议主席的位子。

2002年不仅是希拉克连选连任成功之年,也是欧元纸币和硬币正式开始流通之年。尽管不看好欧元者颇多,他们当中的一些人甚至还预言,一旦欧元开始流通,就会出现管理混乱和经济崩溃,但后来的事实表明并未如此。使用单一货币可以说是欧洲一体化的一大进步,欧元的流通则进一步深化了欧洲经济一体化进程。而且欧元不仅标志着欧盟这个世界经济的主要参与者的诞生,并且还成为堪与美元、日元等匹敌的国际主要货币之一,更有甚者,欧元还对美元的主导地位构成了一定威胁。

由于希冀在必要时能够以欧盟的名义采取行动,期望欧洲日后能够作为一个整体在国际舞台上扮演举足轻重的角色,希拉克一直在积极推动欧洲一体化进程。然而也正是在与此密切相关的《欧盟宪法条约》全民公决问题上,希拉克遭遇到了其晚期政治生涯中最为沉重的打击。2005年5月,欧盟国家开始就《欧盟宪法条约》进行表决,作为欧盟领头羊的法国,其相关动向自然具有决定性的意义。为了压倒议会中的反对声音,希拉克决定将法案付诸全民公决。

公决前夜,总统本人亲自发表电视讲话,呼吁法国民众承担起"历史的责任"。当时,希拉克甚至还动情地说道:"你们的决定远远超出左翼和右翼的范畴,它关系到你们的未来、孩子们的未来、法兰西的未来,以及欧洲的未来。"然而,此次全民公决的结果却让希拉克大失所望,由于反对者占了上风,法国竟然成了25个欧盟成员国中第一个否决《欧盟宪法条约》的国家!这一事实不仅残酷地粉碎了希拉克就欧盟构想的"未来",也大大削弱了他本人的威望和影响力,甚至可谓间接宣布了其政治生涯的结束。全民公决结果出来后不久,民调公司CSA的调查显示,希拉克的支持率跌至2002年连任以来的最低谷。52%的受访者表示对希拉克处理法国存在的主要问题缺乏信心,比3月高8个百分点。与此同时,选举人对政府的失望情绪随之上升,对总理拉法兰的不信任比例明显扩大。在此之前,拉法兰政府秉承希拉克总统的旨意,奉行自由主义经济政策,力求全面降低企业和个人的税赋负担,希冀以此来恢复企业的盈利预期和竞争力,从而刺激私人投资与消费,推动法国经济走向复苏。作为此次投票结果的第一个牺牲品,拉法兰总理不久遭希拉克革职,由当时已从外交部长改任内政部长的多米尼克·德维尔潘临危受命,接任法国总理一职。

也是在2005年,希拉克在秋季快要结束之际不得不面对首先在巴黎郊区发生,继而蔓延到全法不少地区的大规模骚乱。这次骚乱的导火线是两名居住在巴黎郊区的移民少年死亡的偶发事件。是年10月27日,巴黎东北郊克利希苏布瓦镇的两名北非裔移民少年因躲避警察盘查而意外触电身亡,引起当地移民的强烈不满。当晚,数百人走上街头闹事,并试图冲击镇议会厅。当地警察前去干预后,移民的暴力行动反增无减。由于在冲突中有20余名警察受伤,当局遂迅速向该地区增派警力并逐步控制了局势。但仅仅过了两天,形势再度失控,导致时任内政部长萨科齐不得不在10月31日赶到巴黎市郊阿尔让特耶地区视察并发表强硬讲话。由于萨科齐在这次讲话中言辞强硬,声称政府一定要对策动骚乱的"社会渣滓予以严厉清洗",结果反而进一步激化群众的不满情绪,甚至导致不少人当场以石头和瓶子对他作出回应。为缓解萨科齐讲话的负面作用,德维尔潘总理当晚就出面接见遇害少年家属,并公开承诺将对事件展开全面调查,同时呼吁民众保持冷静。然而,此时骚乱事态已完全失控。

第二十章 ● 从希拉克到马克龙:21世纪以来的法国

从11月初开始,先是巴黎周边的多个城镇分别出现骚乱,接着又相继蔓延到包括东部的第戎、东南部的马赛、北部的鲁昂等在内的270多个城镇,并最终殃及巴黎城区。面对骚乱行为的蔓延和升级,希拉克总统不得不在11月8日宣布法国进入紧急状态,授权骚乱地区政府实行宵禁。11月14日,希拉克向全国发表电视讲话,承认骚乱源于法国社会内部存在严重的认同危机,政府将采取大规模的综合措施解决对少数族裔的歧视问题。同时,德维尔潘总理也宣布,将恢复被削减的对基层社区管理组织的公共拨款,政府将致力解决长期困扰移民区的住房、就业和犯罪问题。经过多方共同努力,11月16日起,法国全境的骚乱活动明显回落,11月17日,法国官方宣布骚乱平息。

这次骚乱的发生,既再次暴露了当今法国社会所存在的诸多严重矛盾和问题,对政府的治理能力提出了严峻挑战,更对已在总统宝座上坐了10年之久、年逾古稀的希拉克触动很大。随着新的总统选举年在2007年的到来,希拉克于是年3月11日,在蓝、白、红三色法国国旗和欧盟12星旗的映衬下发表公开讲话,正式宣布不再参加下届总统选举。希拉克此次讲话时间不长,仅仅用了10分钟,但是这10分钟的讲话却意味着他本人在预告自己40余年政治生涯的结束。对此,当时世界各大媒体纷纷予以报道,其中不少媒体还宣称:这意味着法国政坛一个时代的结束和欧洲政治历史性更替的开始。

二、当今法国政坛"小拿破仑"萨科齐当选总统

虽然哀叹法国正在走向衰落的论调在20世纪晚期以来的法国颇有市场,"可怜的30年""法国在跌倒!"之类的书名或社论标题亦很容易在六边形土地上不胫而走,但人们还须看到,毕竟仍有不少法国人对唱衰法国不以为然。同时,更多的法国人则是在思考和践行究竟该如何重振"高卢雄鸡"的雄风。这当中当然也包括在希拉克后相继入主爱丽舍宫的几位法国总统。在希拉克干满两届总统之后,首先入主爱丽舍宫的是人称当今法国政坛"小拿破仑"的尼古拉·萨科齐。

萨科齐1955年1月28日出身巴黎一个移民家庭,这也就意味着他是首位第二次世界大战后出生的法国领导人。原系执政的人民运动联盟主席的萨科齐,在法国政坛属于少壮派人物,以"戴高乐的继承人"自居的

他同时还是传统右翼的代表。萨科齐在早期政治生涯中曾经颇得希拉克的赏识和提携,以致还有过希拉克"政治女婿"之说。然而,由于他在1995年总统选举时选择站在和希拉克竞争的巴拉杜尔总理一边,不仅日益遭到希拉克冷落,还在希拉克入主爱丽舍宫后一度遭到"闲置"。希拉克后来在其回忆录当中甚至把萨科齐描绘成"急躁、鲁莽、冲动、不忠、不领情、不够法国化"之人。不过,尽管希拉克本人更看好的继任者是那位具有贵族范儿、喜欢吟诗赋文的德维尔潘总理,但萨科齐还是凭借自己在广大选民眼中显得比德维尔潘更具有进取心和干劲,势不可挡地向总统大位迈进。像拿破仑那样个子不太高的萨科齐,也像拿破仑那样是个雄心勃勃的政治家。他在竞选总统时提出的竞选口号尤其给人留下了深刻印象,这一口号就是:"团结起来,一切皆有可能。"

第一轮选举于2007年4月22日举行,萨科齐以31%的得票率居领先地位;紧随其后的是社会党总统候选人罗亚尔夫人,她的得票率是26%;中左派的弗朗索瓦·贝鲁位列第三,他的得票率是19%;位列第四的是第五度参选总统的国民阵线领导人让-玛丽·勒庞,他的得票率是10%。第二轮投票在5月6日举行,由选民在得票率居于前两位的萨科齐和罗亚尔夫人当中进行选择,结果萨科齐以53%的得票率击败对手,当选总统。不过值得一提的是,这位在2005年秋天法国发生骚乱时恰好担任内政部长并以其强硬言行被人称为"郊区之锤"者的当选,在巴黎和其他一些城市引发了一些骚动,数以千计的汽车被烧毁,一些政府大楼遭到袭击。

虽然身高仅为1.65米,但这丝毫不影响萨科齐希冀自己成为新一代的戴高乐,在21世纪重建法国的尊严、经济实力以及国际影响力。萨科齐精力充沛,作风硬朗,办事雷厉风行。而且,他与其他温文尔雅的政客不同,锋芒毕露,毫不避讳自己是个占有欲极强的人,只要"有个空位子,我就想坐上去"。萨科齐决心在成为总统后,通过大力推行改革,重新塑造一个充满生机和活力的法国,恢复法国昔日的伟大和光荣。当时,他本人说得颇多而且很能打动一些法国人的那句话就是:"要使每一个法国人重新感觉到作为法国人的自豪。"他的参选宣言是:"我感到自己有一股力量和愿望,想要有不一样的法国。我希望使法国社会重现活力。"而且,他还希望加强社会流动,帮助民众致富,建优质学校,提高工资……最终目的是将法国重塑为"世界典范",与过去的法国"平静地决裂"。为此,萨科

第二十章 从希拉克到马克龙:21世纪以来的法国

齐在竞选中曾反复提出要"与过去决裂",其中首先要与之决裂的就是实际上已在大大阻碍法国发展的原有思维方式。其间,他毫不讳言,"(希拉克)总统先生求无为,我希望求变"。

萨科齐的当选也再次充分说明,当今法国"人心思变"。法国虽是欧洲发达国家,但多年来经济增长乏力,失业严重,民众生活水平下降,社会安全问题较多。历届政府为此殚精竭虑,出台许多政策,但由于种种制约往往收效不大,民众对此极为不满,进而产生强烈的变革愿望。萨科齐还针对法国经济体制方面的弊端,提出减少企业压力,减轻公民赋税,搞活劳动力市场等措施,力主提高法国的竞争力。针对法国高福利制度造成的人们对国家福利政策的依赖,萨科齐在竞选中不断重申"劳动的价值",强调只有多工作,才能得到更多报酬。他特别指出,在法国存在一种现象,失业的人领取的救济金竟然比一个工作的人得到的报酬还多,这是不能容忍的。一些人有工作能力而不去工作,法国不能再白养活这样的人。

出于对法国文化软实力相对削弱的担心,萨科齐早在准备竞选总统时,就立志要再创法兰西文化的辉煌,巩固和提升法国文化大国地位。为此,他专门提出了如下新颖独特的"文化政治观":在国民中培养符合时代潮流发展的价值观念和思维方式,重新树立爱国主义思想和公民责任意识,重新确立民族身份,大力发展民族文化事业,通过国民观念的更新、文化素质的提高、文化事业的发展,来推动民族经济的发展和民族科研事业的进步,促进综合国力的提高,力图使法国在欧盟建设中发挥主导作用,恢复法国在国际上的大国地位和文化影响力。而要让萨科齐的上述美好愿景逐一成为现实,办好教育显然至关重要。如此一来,以萨科齐为主席的法国人民运动联盟的《教育协定》应运而生。2006年2月22日,萨科齐在为《教育协定》颁布而发表的演讲中,明确提出当今法国教育的两大目标:优质教育与机会均等。

萨科齐在2007年5月入主爱丽舍宫后,强调要让其竞选总统时提出的口号"工作更多,挣得更多"在全国深入人心,尽快构建以"求变"和"发展"为主旨的国家文化,全力以发展经济和促进就业为切入点,对法国现行的经济、文化和教育制度实行大刀阔斧的改革。其具体举措包括:打破35小时工作制,对增加的工作时间实行免税,努力改变在为数不少的国民中盛行的懒惰主义、自私主义、享乐主义的风气,使他们能够树立起"劳动光荣,多劳才能多得"的思想观念;改变法国实行已久的"福利国家"社会保障模式,适当削减社会福利,改变国民对政府"等、靠、要"的依赖思想,促使他们树立自立自强的意识;进一步保护、开发和利用法国文化遗产,保护好法兰西民族文化的多样性。由此,萨科齐上台后在高等教育领域推出的题为"大学自由与责任"的教育改革尤其值得关注。

这一改革旨在赋予公立大学更多自主权,增加大学之间的良性竞争。萨科齐在2009年1月表示,将修改1984年通过的有关大学教研员地位的法令。他在一次面对法国大学教师的会议上表示,法国政府正准备制定大学教研员业绩评估细则等一系列改革,这一评估将对大学教研员的工作起到重要作用。萨科齐还强调道,若不进行改革,法国的高等教育将"无法适应21世纪的新需求","千万不要指望大学教育差劲的国家能赢得什么知识战争……现在的制度只会摧残创造力"。更让人们印象深刻的是,上台伊始的萨科齐还和时任总理、曾任高等教育与科学研究部长的弗朗索瓦·菲永一起提出了"大学校园计划"(l'Opération Campus,或称le Plan campus),意欲通过提出和实施这一雄心勃勃的计划,使"法国高校重获魅力,吸引法国乃至国外最好的学生、最好的学者和最好的教授。新建的'校园'要能与美国的哈佛及英国的剑桥相媲美"。2008年2月,时任高等教育与科学研究部长瓦莱里·贝克莱斯在萨科齐总统指示下正式启动了"大学校园计划"。同年秋季,12个项目被初步选定。2009年,法国各地的受资助学校统一联合行动,"大学校园计划"开始实施。

萨科齐上台后还明确提出,企业经营要"更加灵活",劳工权益要"更加强化",社会治安要"更加良好",力主改革那些不适应法国现实的法规。由于萨科齐的变革思路不仅涉及法国社会的方方面面,还显得颇为细致、具体,一度得到不少选民的欢迎。然而,在萨科齐当选总统后的第二年,始于美国次贷危机,后逐步升级为国际金融业重大危机的全球金融危机爆发。这场金融危机无论是对法国还是其他国家的经济均产生了极为严重的影响,并在很大程度上撼动了一些国家金融机构和政治机构的支柱。而且,它还迫使萨科齐一定程度上放弃了自己在竞选时一直大力倡导的自由市场倾向,改为宣称"自由放任的资本主义已经结束了",甚至还对"市场的独裁"予以谴责。

2008年爆发的金融危机,主要可归因于金融界日益宽松的管制助长

第二十章 从希拉克到马克龙:21世纪以来的法国

了企业的贪婪,再加上宽松信贷泛滥。欧元区国家由于多年来建设福利国家,形成政策惯性和负债文化,导致无论是国家还是个人往往会债台高筑。就此而言,又以希腊的情况最为糟糕,它不仅引发了欧元区危机,还严重威胁到欧洲货币联盟的存续。一时间,欧元区乃至整个欧盟以及所有经济大国都忧心忡忡,担心因此会导致欧元的消失并进而引发一场新的全球危机。在这关键时刻,尽管萨科齐和德国总理默克尔经常意见不合,而且法国还得被迫承认德国的经济更具优势,但萨科齐作为在2008年下半年担任欧盟轮值主席国法国的总统,在欧盟此次应对经济危机的相关反应中发挥了引人瞩目的作用,从而确保欧元区经受住了此次金融风暴的严峻考验。

在经历2008年金融危机考验之后,以及鉴于美国在金融危机发生后越来越趋向孤立主义,萨科齐力图使法国通过欧盟继续乃至以全球重要角色的身份对国际事务产生影响,他在面对"阿拉伯之春"和2011年爆发的利比亚内战时的态度和举措充分表明了这一点。所谓"阿拉伯之春",是当时欧洲一些媒体给2011年席卷阿拉伯世界的变革浪潮贴上的标签。在此次变革浪潮当中,由社交媒体驱动的民众抗议在突尼斯发生之后迅速蔓延到周边其他阿拉伯国家,其中也包括后来由此引发内战的利比亚。利比亚内战爆发时,当时一些欧盟国家原本打算和包括美国在内的其他非欧盟大国一样,冷眼旁观,或最多只通过支持反叛力量进行介入,但作为法国总统的萨科齐却不然,他对此采取了更为积极主动的态度和行动。他甚至在全力争取到联合国的授权后,主导欧盟联军对利比亚采取军事干预行动,从而导致卡扎菲政权被推翻。

在上述过程当中,当今法国媒体知识分子"第一人",其名被简称为众所周知的BHL的贝尔纳-亨利·列维(Bernard-Henri Lévy)的作用不容低估。此人在利比亚事件爆发后,不顾生命危险来到利比亚第二大城市、反政府武装的大本营班加西,并在利比亚反政府武装与法国总统萨科齐之间发挥了不可思议的桥梁作用。正是在列维穿针引线下,反叛军组建的全国过渡委员会代表于3月10日来到法国总统府爱丽舍宫。萨科齐在接见全国过渡委员会代表后,随即宣布承认该组织为利比亚的合法代表。此后,列维又促使萨科齐对利比亚进行干涉,并支持萨科齐劝说英国和美国政府以及联合国干预利比亚。为此,列维甚至公开宣称:"伊拉克战争是可憎的,而利比亚战争则不可避免。"在这一过程当中,列维似乎就像是法国在利比亚问题上的"第二外交部长",相关言行不仅受到法国媒体,而且受到整个国际媒体的高度关注。

萨科齐在担任总统期间,至少在这两方面给人留下极为深刻的印象:其一是始终喜欢以精力充沛的形象示人,老爱穿着短裤和运动鞋在爱丽舍宫的楼梯上跑上跑下,同时耳朵边总是贴着手机,而且还热衷于以亲力亲为的方式来管理政府,甚至不惜宣称"我想成为一切事务的部长"。其二是热衷于炫耀性豪奢消费,经常与一些富商巨贾交往,毫不避讳自己与富人的裙带关系,以至于被一些法国媒体称为"锦衣总统"。不过,第一个特点在给萨科齐的政治形象加分上实际作用有限,导致他本人虽然看似极为活跃,但在全国最受尊敬的政治人物民意调查中只不过排名第三十位——名列榜首的是其前任希拉克;而第二个特点不仅直接给他的政治形象带来一定负面影响,甚至还带来一些不得不费力应对的麻烦,其中他与莉莲·贝当古的交往尤其如此。莉莲·贝当古是萨科齐居住在巴黎近郊纳伊富人区时就认识的邻居,她不仅是欧莱雅化妆品帝国的继承人,而且堪称全球最富有的女性之一。由于这层关系,和萨科齐唱对台戏者不仅揪住财政部曾将3 000万欧元税款返还给莉莲·贝当古这件事不放,还指控萨科奇曾利用年迈的莉莲·贝当古糟糕的心理健康状况从她那里获得非法资金用于竞选。

萨科齐在入主爱丽舍宫时曾力图大力推行改革,重新塑造一个生机勃勃的法国,恢复法国昔日的伟大和光荣,甚至为此还信誓旦旦地扬言:"要使每一个法国人重新感觉到作为法国人的自豪。"那么他做到了吗?或者说大多数选民对萨科齐作为总统的表现满意吗?答案或许以否定的居多。进而言之,在兑现入主爱丽舍宫时的承诺方面,他和其前任希拉克总统一样,仍更多表现出心有余而力不足。

2011年,反对养老金改革的示威游行接连不断,大中学生的校园抗议乃至骚乱时有发生,在此背景下迎来了市议会选举,左翼赢得了49%的选票,明显高于只获得32%选票的右翼,而同时出现的高得惊人的弃权率则更是使不少选民对这位"锦衣总统"的失望和不满昭然若揭。当时进行的一项民意调查显示,有63%的受访者不希望看到萨科齐连任。更有甚者,当时有在巴黎的民意测验专家竟然如此说道:"对萨科齐的评价看的不是他的声望,而是他的不受欢迎程度。"凡此种种,无不预示着力图谋求连任的萨科齐在来年的总统选举中前景不容乐观。

第二十章 ● 从希拉克到马克龙:21世纪以来的法国

三、力求为国人树立榜样而不得的奥朗德总统

随着萨科齐总统任期进入尾声,加上这位"锦衣总统"谋求连任的前景也有点不太乐观,法国各派政治势力纷纷为下一届总统选举积极行动起来,社会党作为中左翼的最大党派更是如此。当时,社会党对被中右翼占据了17年之久的总统大位虎视眈眈,对2012年总统选举志在必得。社会党之所以对下一届总统选举如此充满信心,除了各种对该党颇为有利的因素外,有一点至关重要,那就是他们这一回完全可以推出一位非常理想的总统候选人。不过,在2011年最早被社会党人看好的这位"理想的"总统候选人并非是在翌年最终入主爱丽舍宫的弗朗索瓦·奥朗德,而是已打算从设在华盛顿的国际货币基金组织总裁任上回国参选的多米尼克·斯特劳斯-卡恩。

1949年出身于巴黎一个富有的犹太人家庭的斯特劳斯-卡恩是法国著名的经济学家、律师和政治家。他在20世纪70年代末就加入了社会党,1986年,作为社会党成员首次当选众议院议员,并很快在处理经济和金融事务中凸显出过人才干。1991年,斯特劳斯-卡恩被密特朗总统任命为工业和内贸部长;6年之后,他又在若斯潘为首的政府中担任了两年财政和工业部长,并以这一最有影响力部长身份在振兴法国经济,乃至让法国这一时期成为欧盟增长最快的经济体之一上贡献良多。斯特劳斯-卡恩早在2007年总统选举时就有意问鼎总统宝座,在角逐党内提名期间甚至还有过领先记录。不过,由于一位党内女强人,即担任过环境部长并与社会党第一书记奥朗德育有4个孩子的塞林格·罗亚尔(罗亚尔夫人)赢得了后来的党内辩论,导致他这次功亏一篑,最终没能成为社会党推选的首要候选人。不过,斯特劳斯-卡恩在2007年并非毫无所获,他虽然无缘代表社会党竞选总统,但在同年晚些时候却在包括萨科齐总统在内的多位欧洲领导人推动下得以出任国际货币基金组织总裁,并在担任这一职务期间表现不俗。2012年总统选举年临近之际,法国有关机构曾在2011年进行过多项民意调查,其中不少调查结果都在显示,凭借其出任部长期间在振兴法国经济方面的功绩,以及担任国际货币基金组织总裁期间显示出来的过人才干,斯特劳斯-卡恩将成为下一届总统选举的大热门。

然而,就在2011年5月,一则几乎令人难以置信的新闻突然被曝了

出来:这位堂堂国际货币基金组织总裁,因涉嫌性侵他在纽约曼哈顿索菲特酒店入住时为其清理房间、2004年才从几内亚来到美国的酒店保洁人员纳菲莎杜·迪亚洛,在5月14日被纽约市警察局逮捕并被关押在当地的监狱。当时,世界各国的不少电视观众都在荧屏上目睹了这位担任国际货币基金组织总裁的法国人,胡子拉碴、头发蓬乱又戴着手铐,作为嫌疑人被送进声名狼藉的赖克斯岛监狱。尽管最终被"无罪释放",但由于索菲特酒店事件以及由此牵扯、曝光出来的一系列事情,均对斯特劳斯-卡恩的政治形象颇为不利,不可避免地导致这位"鱼子酱左派"①典型代表政治生涯的终结。不过,也正因为有这么一场全球皆知的国际风波,社会党前第一书记弗朗索瓦·奥朗德的总统之路得以打开,使他有机会在2011年11月成为社会党提名的总统候选人。

奥朗德1954年8月出身于法国鲁昂一个中产阶级家庭,早年毕业于法国国家行政学院,并和他在该校结识的塞林格·罗亚尔同居30年,育有4个孩子。不过,两人在2007年罗亚尔夫人竞选总统失败后宣布分手。奥朗德早在20世纪70年代中期就成为密特朗的追随者,80年代初密特朗入主爱丽舍宫时他出任总统府顾问,1988年当选法国国民议会议员,1997年至2008年担任社会党第一书记。作为一位毕业于法国国家行政学院的有抱负的政治家,奥朗德也着实有过自己的"法国梦",甚至在担任总统前豪情万丈地写过一本书,书名就叫《法国梦》。

2012年的总统选举于4月22日举行第一轮投票,共有10位候选人参与角逐。其中,社会党推举的候选人奥朗德和谋求连任的现任总统、人民运动联盟候选人萨科齐被普遍认为最有可能当选,同时又以前者呼声略高。除此之外,已在2011年接替其父出任国民阵线主席的玛丽娜·勒庞和曾在密特朗时代担任过政府部长的让-吕克·梅朗雄也具有不容低估的竞争力。尽管当时德国总理默克尔因觉得在奥朗德这位社会党候选人身上看不到任何"正常"的表现,曾明确表态自己更支持萨科齐,奥朗德依旧凭借自己在竞选过程当中的一系列出色表现,先是成功进入第二轮投票,继而又在第二轮投票与萨科齐对决时以微弱优势胜出,从而为社会党夺回了已失去17年之久的总统宝座。

---

① "鱼子酱左派"(la gauche caviar)主要是指身居高位,养尊处优,习惯享受高档生活的左翼人士。

第二十章 从希拉克到马克龙：21世纪以来的法国

谋求连任的萨科齐在第二轮投票中功亏一篑，以微弱劣势败在奥朗德手中后，像许多西方政治家至少表面上都会做的那样，在得知投票结果当天晚上就打电话给奥朗德，向他表示祝贺。不过，萨科齐同时认为，奥朗德将面临严峻考验，所以他要祝新总统能有好运。那么，奥朗德在入主爱丽舍宫后会有其前任所

萨科齐

说的那种"好运"吗？对于这一问题的答案显然该是否定的。别的且不说，就在奥朗德担任总统期间的2015年，巴黎竟然发生了两大令人震惊的恶性恐怖事件。

第一起发生在1月7日，当天中午11时30分左右，两名戴着黑色头罩的男子手持卡拉什尼科夫冲锋枪和一个火箭发射器，突然闯入讽刺杂志《查理周刊》（*Charlie Hebdo*）设在巴黎第16区一幢建筑物内的办事处，随即开枪射杀了正在办公室内举行编辑会议的在场人员，造成至少12人死亡，其中包括该刊主编和多位著名漫画家。《查理周刊》创刊于1970年，是一家以嘲讽时政新闻和人物著称并颇具影响力的刊物，2012年在法国的发行量达4.5万份。

这一法国本土40年来遭遇的死亡人数最多的恐怖袭击事件发生后，举国震惊，奥朗德在案发后第一时间赶赴现场，之后紧急召开内阁会议，商议对策。在惨案发生现场《查理周刊》编辑部办公室中，奥朗德明确宣布"这无疑是一起恐怖袭击"，同时声称："面对恐怖袭击，法国今天处于震惊之中。我们需要证明我们是一个统一的国家。我们必须坚定，我们必须坚强。"随后，法国政府全面加强了安全措施，尤其是加大了对新闻机构、大型商场、交通车站和宗教场所的保护力度，提升安保级别。在整个大巴黎地区，当局更是把警戒水平提升至最高等级。国际社会对这一事件的发生也深感震惊。事发后，英国首相卡梅伦、美国总统奥巴马、加拿大总理哈珀，以及欧盟等方面的领导人均迅速对袭击事件予以严厉谴责。

1月11日,在度过了震惊、恐惧、愤怒、伤痛的几天后,法国全国数以百万计的人参加集会大游行,哀悼在多起恐怖袭击中丧生的17名遇难者。当天举行的游行活动于下午3时正式开始,游行者中包括悲痛至极的遇害者家属,不少表情严肃的游行者戴着《查理周刊》的头带,以示对遇害漫画家的悼念。据法国内政部11日公布的数据,全法当天共有多达370万人走上街头纪念遭系列恐怖袭击的死难者,创下法国史无前例的纪录,仅巴黎的游行人数就在120万至160万之间。更令人印象深刻的是,有60多名国家首脑和官员赴巴黎出席游行活动,身穿深色大衣的各国领导人在参加从协和广场到民族广场的游行时,还手挽着手走在队伍的前列。此外,世界多个国家对法国是日举行的游行予以声援。在德国,约1.8万名民众参加了在柏林市中心举行的祈祷守夜活动;在比利时布鲁塞尔,近2万人手持标语"反对恐怖袭击";在美国纽约,帝国大厦亮起法国国旗颜色的灯光,纪念法国枪击案遇难者。凡此种种,令奥朗德情不自禁地宣称:"今天,巴黎是世界的首都。"

第二起则发生在11月13日。这天晚上,巴黎市区共发生5次爆炸、5次枪击,其中曾作为1998年世界杯决赛赛场的法兰西体育场附近就发生了3次爆炸。而且,在法兰西体育场22点21分发生爆炸之际,恰逢奥兰德总统正在场内观看法国队与德国队的激烈比赛。在这一天发生的恶性恐怖事件中,遇难人数多达132人,受伤的人还要多,数字高达300多人。当天发生的恐怖袭击中最令人发指的情况出现在巴塔克兰剧院。当晚21点45分,能容纳1500人的剧院座无虚席,听众们正在尽情欣赏美国一支摇滚乐队的精彩演出,但恐怖分子在进入剧院后,竟然朝在场民众肆意开枪扫射10多分钟,造成至少120人死亡。

事发当晚,奥朗德总统从发生爆炸的法兰西体育场撤离后径直赶往内政部,与总理和内政部长紧急磋商,继而第一时间向全体国民发表讲话,宣布巴黎遭到史无前例的恐怖袭击,同时下令全国进入紧急状态。美国总统奥巴马亦对此次巴黎恐怖袭击事件迅速表态,宣称这是一起针对全人类的恐怖袭击。在向全国发表的电视直播讲话当中,奥朗德不仅公开谴责极端恐怖组织策划了这一次巴黎恐袭案,同时还声称此次恐怖袭击是由境外的"伊斯兰国"组织策划实施并由法国国内相关势力协助完成的"战争行为"。为了应对本次恐怖袭击,全法实施最高级别的反恐戒严,实行宵禁,巴黎警方要求所有市民待在家中,不要外出。与此同时,法国

第二十章 从希拉克到马克龙：21世纪以来的法国

还暂时关闭了国境的进出,甚至取消了所有航班。

由于前总统萨科齐确实存在一些希拉克笔下描绘的"急躁、鲁莽、冲动、不忠、不领情、不够法国化"现象,加之他在入主爱丽舍宫后先是很快就与关系失和的妻子塞西莉亚·萨科齐离婚,接着又迅速迎娶了由意大利超模转型的歌手卡拉·布鲁尼,难免引来国人的议论纷纷,更有甚者,如同一项民意调查显示的那样,不少法国人还认为,萨科齐作为总统"应该以一种更适合国家元首的方式生活"。因为这一前车之鉴,奥朗德无论是在竞选阶段还是当选之后,始终致力于让自己显得不同于"锦衣总统"。

正是为了凸显与"锦衣总统"时代的切割,奥朗德不仅削减了部长们的工资,还要求他们签署一份道德准则。不过,尽管奥朗德本人发誓要成为一名可为国人树立榜样的总统,但其个人生活实际上也同样不乏遭人非议之处,其中包括他在和罗亚尔夫人分手后先是很快就和女记者瓦莱丽·特里耶韦莱成为情侣,并在他当选总统后让这位"第一女友"搬入爱丽舍宫,继而又与女演员朱莉·加耶产生恋情,甚至还被人拍摄到了这样有意思的一幕:堂堂总统竟然在夜间戴着头盔,坐在总统助理驾驶的摩托车的后座去拜访朱莉·加耶。

由上可见,就总统"应该以一种更适合国家元首的方式生活"而言,奥朗德不见得比萨科齐更强。不过,虽然广大民众对总统个人生活的一些表现很不以为然,但只要总统及其政府能把大家最为关注的问题解决好,即把法国经济搞上去,总统即便在个人生活方面存在欠妥之处也没什么大不了。那么,奥朗德在振兴经济方面的表现又究竟

奥朗德

如何呢?或许只能说是乏善可陈。诚然,作为一位曾有过"法国梦"的总统,奥朗德不仅在竞选时曾就振兴法国经济向选民做过不少承诺,而且上

台后亦一直力图在扭转法国社会经济颓势、重振高卢雄风,其至为此全面启动金融改革,大刀阔斧实行减赤计划,对富人大幅度增税,等等。然而,出于种种复杂原因,他为之采取的不少举措几乎都未能取得预期成效,法国的经济问题和社会危机在其上台后并没有得到改善,反而在经济危机和欧债危机的后续冲击下,各种矛盾不断上升和激化。

由此,对于奥朗德总统的执政能力和表现,大多数法国选民很快感到怀疑和失望。根据索福瑞公司2013年3月的调查结果显示,当选不满一年的奥朗德的民众信任度仅为30%,有68%的受访者表示对奥朗德感到失望。而且,对奥朗德失望的不仅法国右翼选民比例高达92%,就连在左翼选民中的比例也达到了39%。另据法国《费加罗报》网站2013年10月3日报道,由法国BVA机构为BFM电视台所做的民意调查显示,半数法国人认为奥朗德推行的经济政策不利于企业发展。总之,当时的大多数法国民众认为,奥朗德无论是在2013年还是其5年任期内都无法兑现其竞选承诺。这些承诺包括将公共财政赤字占GDP比重降至3%、降低失业率和不再对中低收入阶层增税。之后,法国的经济形势继续恶化,大量的法国国有企业在2015年面临破产危机,失业率不断攀升。及至2015年8月,由欧洲统计局公布的一份统计数据更是明确显示了奥朗德政府社会经济政策的失败。根据这一统计数据,自2012年至2015年6月,欧盟28个国家失业率整体从10.5%下降到9.6%,但在同一时期的法国,失业率却从9.8%继续攀升至10.2%。

总之,在奥朗德入主爱丽舍宫后,法国失业率非但并未出现他在竞选时"承诺"的下降,反而连续33个月上升,相继失业的法国人多达65.87万人。如果说奥朗德总统的上述政绩已经令人失望,那么其总统任期中发生的多起恶性恐怖袭击事件,更是搞得民众人心惶惶,难免抱怨当局防恐反恐不力。凡此种种,再加上他对日益严峻的难民问题处置欠妥,以及私人生活多有令人诟病之处,不可避免地导致了这位曾经想为国人树立"榜样"的总统在民意调查中的支持率一跌再跌,到最后竟然沦落为法国历史上最不受欢迎的总统。或许是心里清楚若再次参选,几乎等于自取其辱,2016年12月初,奥朗德在爱丽舍宫发表全国电视讲话,出人意料地提前宣布:他将不在下一年竞选下届法国总统。这番话意味着奥朗德成了第五共和国总统史上第一位自我放弃连任竞选的总统。

四、史上最年轻的法国总统入主爱丽舍宫

2017年,法国又迎来了新的总统选举。这次选举由于奥朗德弃选连任,使得选情更加复杂多变,跌宕起伏。最终,埃马纽埃尔·马克龙在第二轮投票中大胜最后的对手、极右翼政党国民阵线候选人玛丽娜·勒庞,成为爱丽舍宫的新主人。由于马克龙当选总统时只有39岁,这使他成了法国总统史上最年轻的总统。

马克龙1977年12月出身于法国北部城市亚眠的一个中产阶级家庭。不少中国人首次听到马克龙的名字,或许还是从一则曾被人们津津乐道的花边新闻上,即奥朗德总统当政时期那位不仅年轻有为同时颜值颇高的经济部长,如何娶了比他大20多岁的语文老师为妻子。让这些人没想到的是,这则花边新闻中的男主人公竟然这么快就成了法国的新总统。不过,对此深感意外的绝非仅有中国人,实际上就连大多数法国人原先也想不到会是如此。而法国人之所以根本没想到会出现这种情况,是因为虽然马克龙还是社会党成员时就深得奥朗德的器重,先是被委以办公厅副主任和经济事务顾问的重任,继而又在2015年2月年仅36岁时被总统任命为经济部长,但是,他却从未当过议员,也没有参与过政治竞选。正因如此,当马克龙本人打算竞选总统时,就连党内的这一关也没能顺利通过。于是,马克龙只能从社会党出来,以独立候选人身份参与竞选。为此,他还另起炉灶创建了新的政治派别——"前进运动"。

2015年3月18日,法国宪法委员会公布了参加2017年总统大选的最终候选人名单,共有11名候选人获得角逐总统宝座的资格。不过,外界普遍认定的主要竞争者是如下5位:自组政党参加大选的中间派人士马克龙、极右翼政党国民阵线候选人玛丽娜·勒庞、中右翼阵营候选人弗朗索瓦·菲永、中左翼阵营候选人——前教育部长伯努瓦·阿蒙,以及可归为极左翼的左翼阵线候选人让-吕克·梅朗雄。按照法兰西第五共和国政坛数十年来的惯例,在法国总统选举中最有希望胜出者一般是两大中左或中右政党推出的候选人。然而,在2017年举行的这一次总统选举当中,无论是中左还是中右政党推出的候选人都接连遭遇滑铁卢,未能进

马克龙和勒庞将进入法国总统选举决赛

入第二轮。由此,最后的对决将在马克龙和玛丽娜·勒庞之间展开。由于两人姓名的法语谐音分别与一种名叫"马卡龙"的法国著名甜点和面包相近,故他们之间的对决也被称为"甜点和面包之争"。

玛丽娜·勒庞在2012年就参与过总统选举,并在第一轮投票中获得17.9%的有效选票。这一结果虽然不及当时进入第二轮的奥朗德和萨科齐,却比极左派左翼阵线候选人梅朗雄高出近8个百分点。同时,这一得票率还明显超过其父老勒庞在之前总统选举时获得的支持率。这位曾两次离婚并有三个孩子的小勒庞,自2011年接任国民阵线主席以来,积极改变其父亲素来偏爱的过于激进和强硬的路线,着力去除其父亲给人留下的诸多负面形象,尤其是千方百计地"漂白"国民阵线亲纳粹、反犹太的形象,淡化种族歧视与反同性恋色彩。为此,她还不惜"大义灭亲",将与自身政治理念格格不入且还执迷不悟的老勒庞踢出国民阵线,正式与其父划清界限。

这位小勒庞不仅意志坚定,作风明快,同时口才犀利,直言敢说。早在2013年夏天,她就明确宣布,她本人领导的国民阵线将在10年内赢得权力,从社会党人手中接管政权。起初,人们都以为这一说法不过是政治家的虚张声势而已,殊不知在此后举行的从地方议会到欧洲议会的一系列重要选举中,国民阵线在她领导下竟然一次又一次地取得更大的胜利。在这一次总统选举中,小勒庞更是似乎从特朗普当选美国总统上得到了启发,不仅在竞选宣言中痛斥经济全球化,还旗帜鲜明地打出了"法国优先"的旗号。这一招数效果非常显著,竟使她以21.7%的有效选票、名列第二的结果挺进总统选举第二轮。由此,她既在此次选举中被其支持者誉为一朵逆风绽放的法国"蓝玫瑰",也被另一些人视为"法国最危险的女人"。

当时,因英国脱欧公投的结果以及一些欧洲国家政坛出现的新动向,

第二十章 从希拉克到马克龙:21世纪以来的法国

人们对欧盟的前途忧心忡忡。在这一背景下,玛丽娜·勒庞在总统选举中的支持率一直意外领跑,更使得不少人在第二轮投票结果出来前极为紧张。因为它将不仅关乎法国接下来将由谁担任总统,还在很大程度上决定着欧盟是否能化险为夷。换言之,很多人都心里明白,一旦这位公开扬言力求脱离欧盟的小勒庞上台,欧盟的命运可就真的是凶多吉少了。结果,在第二轮投票时,玛丽娜·勒庞与在2002年总统选举中挺进第二轮的父亲一样,再次受到其他党派及其支持者的联手"封杀",只获得了35%的选票。这也就意味着已和总统宝座近在咫尺的她,还是没有能够成为法国历史上的首位女总统。

马克龙在得悉自己当选后即发表讲话,声称这是一份莫大的荣耀,也是一份巨大的责任。他不仅感谢自己的支持者,同时也向竞争对手玛丽娜·勒庞致意,表示他也了解"国民阵线"的选民所感到的"愤怒、不安和怀疑"。而小勒庞则在选举结果出来后按照惯例立即向胜出者表示祝贺,坦言"法国选择了连续性",并预祝马克龙未来取得成功。不过,她自己也对能在第二轮投票中获得约1 100万张选票表示满意,认为已经创造了"国民阵线"在大选中的历史最好成绩。当然,她也强调指出,虽然该党也已成为法国第一大反对党,但需要进行"深刻转型""自我革新",以符合形势的要求。诚如法国一些媒体的评论所说,此次选举掀开了法兰西第五共和国政治新的一页:自称"既非左派也非右派"的马克龙率领"前进运动"异军突起,一举成为法国历史上最年轻的总统;而国民阵线候选人不但闯入第二轮,而且获得高支持率。一言以蔽之,法国原有的左右翼主流党派轮流掌权的传统政治生态已被打破,预示法国可能经历深刻变革。

作为法国史上最年轻的总统,马克龙在2017年实际上也主要是凭借一揽子改革计划(包括退休改革)如愿入主爱丽舍宫的。上台之初的他,不仅踌躇满志,同时亦风光无限。当时,有不少法国选民甚至喜欢把马克龙和拿破仑联系起来,更有一些法国媒体还把马克龙的竞选纲领和执政理念与大小拿破仑联系在一起。例如,在《两个世界评论》之类的著名杂志上探析马克龙与在1799年担任第一执政的拿破仑·波拿巴(拿破仑一世)有何相似之处者有之,在网络媒体中将马克龙这位法国有史以来最年轻的总统和在此之前法国历史上最年轻的总统路易-拿破仑·波拿巴(拿破仑三世)进行比较、寻求他们之间的共同点者亦有之,甚至还有作者很快就推出了《马克龙·波拿巴》之类的著作。除了报刊书籍上不时可见此类文字,不少网站上也经常会晒出把马克龙和拿破仑合二为一的图片。这一现象充分表明,不少法国人寄希望于这位新总统能像拿破仑那样让"高卢雄鸡"在欧洲乃至世界啼鸣。那么,这位被认为多有波拿巴主义色彩的新总统是否能不辜负广大选民的期望呢?答案显然难以让人乐观。

例如,由于各种负担越来越重,国家财政难以承受,导致曾经在稳定社会、缓解社会矛盾和刺激经济增长等方面起过积极作用的"福利国家",反而开始严重地妨碍经济的增长和对高新技术的投入,加之一体化程度不断加深的欧盟在减少财政赤字方面对相关国家亦有明确要求,迫使任何政党上台执政都不能不提减少公共开支问题,宣称非大刀阔斧进行改革不可。然而,由于这种改革势必会触犯一些既得利益集团,包括某些特定行业员工的利益,特别是使一些原来享受优厚福利待遇者自以为被人动了本应属于自己"奶酪",所以一旦政府有所动作,势必会招来他们的强烈反对。就此而言,马克龙入主爱丽舍宫后首先遇到的一个严峻考验就是:如何应对铁路员工举行的范围广、时间长的罢工。2018年上半年,在闻悉当局要对法国国营铁路公司(SNCF,简称"法铁")进行改革,不少铁路员工相关福利待遇会因此受到影响时,法国铁路工人在工会组织的呼吁下,从4月3日起以史无前例的罢工方式举行罢工,即在接下来的3个月里将以每工作3天罢工2天的方式进行抗议,以此来对马克龙政府施压。法国铁路工人的这一举动无疑严重地影响到社会秩序,特别是很多人的正常出行。至于其他部门或行业的人员,类似的罢工、示威现象也时不时会出现。马克龙政府的改革难度之大,由此可见一斑。

如果说马克龙上台之初不仅意气风发,并在处理相关问题上也曾显示出不同寻常的魄力,例如面对铁路工人的罢工,无论是马克龙总统还是时任总理爱德华·菲利普均态度强硬,毫不退让。那么,随着举世瞩目的"黄背心"运动的到来,马克龙及其政府非但再次面临更为严峻的考验,并且还不得不对其政策和举措作出明显调整。

2018年11月17日,"黄背心"运动在首都巴黎爆发,这天是星期六,有逾28万法国民众参与了抗议示威。此后,身穿黄背心的抗议者每逢周末就涌向巴黎的各种公共场所,抗议政府加征燃油税的决定。11月24日,超过10万法国民众走上街头参加"黄背心"抗议活动,巴黎有大约8 000人参加了抗议活动。在巴黎的抗议活动中,至少有5 000名抗议者涌入香榭丽舍大街,导致该地区著名国际奢侈品商店被迫歇业。12月

第二十章 从希拉克到马克龙:21世纪以来的法国

1日,"黄背心"抗议运动的抗议者第三次从其他城镇赶往巴黎街头,并主要聚集在香榭丽舍大街凯旋门的周边地区。12月8日,法国"黄背心"发起第四轮示威活动,有12万人走上街头。法国内政部在次日早晨就此发布的消息称,在此次"黄背心"示威活动中,警方共逮捕了1 723名抗议者,其中有1 220人被拘留。2019年新年到来之后,"黄背心"运动依旧呈现出愈演愈烈的势头。1月5日,2019年的首轮示威出现,巴黎数以千计的民众再次走上街头,在市中心游行抗议。此后几个月里,抗议活动仍在周末出现。3月9日在巴黎举行的第17轮示威中,示威者呼吁维护妇女权益,并将女性示威者标志性服装从"黄马甲"换为"粉马甲"。还值得一提的是,在巴黎圣母院于4月15日因大火遭受严重毁坏后,有不少游行示威者对巴黎圣母院短短几天就能获得巨额重建捐款极度反感,认为它反映了当今法国存在巨大的收入不平等现象,因而他们在理解巴黎圣母院大火引发的悲痛同时,更希望能回到现实当中,切实解决收入不平等问题。一直到进入夏季之后,"黄背心"运动才在法国逐渐消停下来。

"黄背心"运动从表面上看,直接起因是马克龙政府判断失误,错以为多数法国民众会支持政府出台减少化石燃料,增加可再生能源的举措,遂宣布加征燃油税,孰料因此引发广大消费者强烈不满并进而事发。但若从更深层次来探究,就可发现个中原因极为错综复杂。它不仅可以说是法国民众对曾被寄予厚望的马克龙总统及其政府各项政策不满的总爆发,而且也是危机年代开始以来长期积累的怨气、愤懑的宣泄。换言之,其中的不少账实际上还得算在马克龙的历届前任身上。

就马克龙及其政府而言,不少法国人寄希望于这位新总统能像拿破仑那样重振高卢雄风,他在2017年上台后不久即着力推动劳工法改革,希冀尽快降低法国的失业率,寻求提升法国在国际市场上的经济竞争力,以及减少养老金开支,缓解财政压力。虽然站在旁观者角度来看,上述改革举措对于危机年代开始以来一直振兴无方、难以扭转颓势的法国经济来说,实为大有必要,但毕竟这些举措的推出触动了既得利益者,从而引发他们的不满。而政府在加征燃油税的同时还要推出取消退还部分人群住房补贴的举措,无疑更让早已深感实际购买力不升反降的许多人,特别是自以为"被遗忘和抛弃"者又生不满。由此,竟然导致在法国出现少有的"全行业"的不满。概而言之,一时间,不仅教师、工人、农民、警察、学生、老板叫板当局,连一向被认为是金字塔尖的法官、律师、医生也纷纷走上街头。此时的法国似乎很难找到没有怨气的群体了。不过,在此需要指出的是,类似这一时期法国出现的包括"黄背心"运动在内的社会抗议活动绝非法国所独有,实际上在多个欧美发达国家都有程度不等的爆发。

更让包括马克龙在内的绝大多数法国人想不到的是,在"黄背心"运动好不容易消停下来后,2020年伊始,新冠疫情突然暴发并迅速席卷全球。未能幸免的法国无论是经济的恢复和发展,还是社会秩序的稳定,均再次蒙受巨大打击和严重影响。凡此种种,不仅令马克龙在剩下的任期中同样步履维艰,而且也给其争取连任带来了更多不确定因素。

作者评曰:

法国历史上雄心勃勃的君主,都会在身后给法国留下打上自己印记的宏伟建筑。例如,路易十四就有他的凡尔赛宫。早年的君王如此,当代的总统在兴建丰碑式公共建筑,特别是大型文化工程方面又何尝会自甘人后?就此而言,密特朗绝对是个突出例子。除了那座举世瞩目的卢浮宫玻璃金字塔,在他执政时期兴建的拉德芳斯大拱门、作为国家图书馆主馆的密特朗图书馆,以及巴士底歌剧院,也都令人惊叹。而他的继任者希拉克,也同样在紧邻埃菲尔铁塔的塞纳河畔留下了令人眼前一亮的凯布朗利博物馆。这些建筑的建设和落成,莫不让人觉得,他们似乎早就想好要借这些世界建筑史上的杰作来为自己树碑立传。这一切,同时也体现了法国一种悠久的文化和政治传统,即权力与这类建筑之间会存在相辅相成、唇齿相依的关系。不过,在此要指出的是,至少对密特朗等人来说,这样做也并非完全是出于对个人声誉的追求,实际上也还有着别的考量,其中就包括该如何让法国更好地来应对日益明显的全球化趋势的挑战。概而言之,就是想通过兴建这类建筑更好地体现法国文化独特的价值,提升还在做着大国梦的法国的软实力,包括确保乃至提升巴黎世界文化首都的地位。

他们的努力,显然还是颇为成功的。卢浮宫川流不息的参观者,足以让人体认到这一点。当外国人看到这些新建的或改建后焕然一新的建筑丰碑,更被法国特别是巴黎的奇特魅力所倾倒。

但大多数法国人自己则远没有这番好心情。在他们眼里,进入21世纪以来,法国依旧还在沿袭"辉煌三十年"后出现的颓势,人们的感受总是与各种危机感交织在一起。这些危机非但有经济危机、社会危机,还包括

第二十章 从希拉克到马克龙:21世纪以来的法国

意识形态危机,更有甚者,这类危机感还时时伴随对法兰西的立国之本、民族特性、文化传统和大国地位的质疑。

这些危机感,以及法国人对民族国家在全球化等的强力冲击下的蜕变生发的质疑,均有其缘由和道理。常怀"大国梦"的法国人因长期痛感当今法国在扮演一流强国角色方面每每"心有余而力不足",而从原先的"唯我独尊"变得"妄自菲薄"。但是,法国的软硬实力和国际地位仍然不容低估。一言以蔽之,"高卢雄鸡"依旧在全世界范围内受到瞩目。在继之而来的时间里,法国究竟将如何应对来自国内外的各种挑战,以及如何通过欧盟这个集体在国际舞台上施展自己的抱负?让我们拭目以待。

主要参考书目＊

张芝联主编:《法国通史》,北京大学出版社,1989年,2009年。
沈炼之主编:《法国通史简编》,人民出版社,1990年。
陈文海:《法国史》,人民出版社,2004年。
瑟诺博斯:《法国史》,沈炼之译,商务印书馆,1964年。
米盖尔:《法国史》,蔡鸿宾等译,商务印书馆,1985年;中国社会科学出版社,2010年。
杜比主编:《法国史》(上、中、下),吕一民等译,商务印书馆,2010年。
芬比:《现代法国史:从革命到反恐战争》,樊超群译,东方出版社,2021年。
杜比、芒德鲁:《法国文明史》(Ⅰ、Ⅱ),傅先俊译,东方出版中心,2019年。
布琼主编:《法兰西世界史》,张新木主译,上海教育出版社,2018年。
诺拉:《记忆之场:法国国民意识的文化社会史》,黄艳红等译,南京大学出版社,2015年。
诺拉:《追寻法兰西》,刘文玲译,社会科学文献出版社,2017年。
张芝联:《从高卢到戴高乐》,三联书店,1988年。
布罗代尔:《法兰西的特性——空间和历史》,顾良等译,商务印书馆,1994年。
布罗代尔:《法兰西的特性——人与物》,顾良等译,商务印书馆,1995年。

＊ 由于相关外文书籍实在太多,加之考虑到本书阅读者一般不太会直接阅读外文著作这一实际情况,本参考书目暂仅限于中文书目。其中既包含笔者在撰写本书过程中曾加以参考的著作(含译著),也包含一些笔者虽未参考、引用,但觉得有必要向有意进行延伸阅读的读者略作推荐的著作(含译著)。

格雷戈里:《法兰克人史》,寿纪瑜等译,商务印书馆,1981年。
布洛赫:《封建社会》(上、下),张绪山译,商务印书馆,2005年。
卡尔莫纳:《黎塞留传》(上、下),曹松豪译,商务印书馆,1996年。
伏尔泰:《路易十四时代》,吴模信等译,商务印书馆,1982年。
伯克:《制造路易十四》,郝名玮译,商务印书馆,2008年。
托克维尔:《旧制度与大革命》,冯棠译,商务印书馆,1997年。
罗什:《启蒙运动中的法国》,杨亚平等译,华东师范大学出版社,2011年。
达恩顿:《启蒙运动的生意》,叶桐、顾杭译,三联书店,2005年。
多伊尔:《法国大革命的起源》,张弛译,上海人民出版社,2009年。
莫尔内:《法国革命的思想起源(1715—1787)》,黄艳红译,上海三联书店,2011年。
夏蒂埃:《法国大革命的文化起源》,洪庆明译,译林出版社,2015年。
西耶斯:《论特权第三等级是什么?》,冯棠译,商务印书馆,1990年。
勒弗菲尔:《法国革命史》,顾良译,商务印书馆,1989年。
索布尔:《法国大革命史》,马胜利等译,中国社会科学出版社,1989年。
维诺克:《法国资产阶级大革命》,侯贵信等译,世界知识出版社,1989年。
柏克:《法国革命论》,何兆武等译,商务印书馆,2003年。
傅勒:《思考法国大革命》,孟明译,三联书店,2005年。
麦克菲:《自由与毁灭 法国大革命(1789—1799)》,杨磊译,中信出版集团,2019年。
亨特等:《法国大革命和拿破仑:现代世界的锻炉》,董子云译,中信出版集团,2020年。
王养冲、王令愉:《法国大革命史》(1789—1794),东方出版中心,2007年。
刘宗绪主编:《法国大革命两百周年纪念论文集》,三联书店,1990年。
高毅:《法兰西风格:大革命的政治文化》(增补版),北京师范大学出版社,2013年。
奥祖夫:《革命节日 1789—1799》,刘北成译,商务印书馆,2017年。

奥祖夫：《小说鉴史　旧制度与大革命的百年战争》，周立红等译，商务印书馆，2017年。

瓦尔特：《罗伯斯庇尔传》，吕一民等译，商务印书馆，2017年。

李元明：《拿破仑评传》，中国社会科学出版社，1984年。

王养冲、陈崇武选编：《拿破仑书信文件集》，上海人民出版社，1986年。

孙娴：《法兰西第二共和国史》，社会科学文献出版社，1995年。

郭华榕：《法兰西第二帝国史》，北京大学出版社，1991年。

吉拉尔：《拿破仑三世传》，郑德弟译，商务印书馆，1999年。

楼均信主编：《法兰西第三共和国兴衰史》，人民出版社，1996年。

阿泽马等：《法兰西第三共和国》，沈炼之等译，商务印书馆，1994年。

夏勒伊：《第三共和国的崩溃》，尹元耀等译，南海出版公司，1990年。

德雷克：《烽火巴黎（1939—1944）》，李文君等译，上海人民出版社，2019年。

维诺克：《自由的声音：大革命后的法国知识分子》，吕一民等译，文汇出版社，2019年。

琼纳斯：《法兰西与圣心崇拜：近代一个具有重大历史意义的故事》，贾士蘅译，中国人民大学出版社，2010年。

普罗夏松：《巴黎1900：历史文化散论》，王殿忠译，广西师范大学出版社，2005年。

金重远：《20世纪的法兰西》，复旦大学出版社，2004年。

周荣耀主编：《当代法国》，山东人民出版社，1991年。

沈坚：《当代法国：欧洲的自尊与信心》，贵州人民出版社，2000年。

杰克逊：《戴高乐将军》，朱明等译，文汇出版社，2020年。

法维埃等：《密特朗掌权十年》第一、第二卷，宇泉等译，世界知识出版社，1992年、1995年。

吉埃斯贝尔：《希拉克传》，曹松豪译，世界知识出版社，1995年。

蔡方柏：《从戴高乐到萨科齐》，上海辞书出版社，2007年。

奥朗德：《改变命运——奥朗德自述》，刘成富译，译林出版社，2013年。

波芒德：《胜利的幕后：一位记者眼中的法国总统马克龙》，张园园译，新星出版社，2020年。

吴国庆:《战后法国政治史(1945—1988)》,社会科学文献出版社,1990年。

吴国庆:《法国"新社会会"剖析》,社会科学文献出版社,2011年。

郭华榕:《法国政治制度史》,人民出版社,2005年。

郭华榕:《法国政治思想史》,人民出版社,2010年。

郭华榕:《放言惊世法兰西》,东方出版社,2018年。

吕一民等:《法国教育战略研究》,浙江教育出版社,2014年。

张泽乾:《法国文明史》,武汉大学出版社,1997年。

罗桑瓦龙:《公民的加冕礼:法国普选史》,吕一民译,上海人民出版社,2005年。

张锡昌等:《战后法国外交史》,世界知识出版社,1993年。

布罗代尔等主编:《法国经济与社会史(50年代至今)》,谢荣康等译,复旦大学出版社,1990年。

罗芃等:《法国文化史》,北京大学出版社,1997年。

里乌等主编:《法国文化史》(1—4卷),杨剑等译,华东师范大学出版社,2006年。

维诺克:《法国知识分子的世纪》(全三册),孙桂荣、逸风译,江苏教育出版社,2006年。

吕一民:《20世纪法国知识分子的历程》,浙江大学出版社,2001年。

吕一民、朱晓罕:《法国知识分子史》,浙江大学出版社,2019年。

后记

《法国通史》自2002年秋由上海社会科学院出版社出版以来,至今已近20年。其间,承蒙各位读者抬爱,本书曾多次加印,累计印数已达到较为可观的数字。当下,在出自中国学者之手的外国通史类的著作中,印数能够达到如此程度的或许不会太多,这让笔者多少感到,这本书在向国人介绍法国历史文化知识方面似乎还有一定的可取之处。尽管如此,本人深知,出于种种原因,本书还存在诸多值得改进的地方,甚至有若干明显的疏漏。不久前,出版社希望笔者适当补充21世纪以来的法国史内容,准备推出修订本。借此机会,本人增加了第二十章,介绍了从希拉克到马克龙——21世纪以来的法国历史,并适当更新了参考书目;同时,也对原书中自己发现和热心读者指出的一些疏漏加以了修订,在此,谨对这些热心读者表示衷心的感谢。

40年前的金秋时节,正在北京大学历史系世界史专业读大四的我决定参加来年亦即1982年的研究生入学考试,并希望能考回老家浙江的高校就读。当年的杭州大学虽然不是教育部直属院校,但其中文、历史等系科实力雄厚,名师荟萃。在著名法国史专家、中国法国史研究会首任会长张芝联教授的引导与鼓励下,我很快就下决心报考杭州大学(现已并入浙江大学)法国史方向的研究生,力争师从我国著名史学家、中国法国史研究的开拓者之一沈炼之教授研习法国史。在顺利考入杭州大学读研后,我又在研究生毕业之际被沈师亲自选留在他主持的法国史研究室从事法国史的教学与研究。光阴荏苒,当年二十来岁的青涩学子如今业已年过花甲,而引导我走上法国史研究道路的两位恩师沈炼之、张芝联教授也已相继在1992年和2008年魂归道山。回首往事,每每不由得感慨万千。

众所周知,中、法两国虽分处"远东""泰西",但两国之间的交往与相互影响由来已久。在这一过程中,尤其是在全球化趋势日益凸显的当下,不少中国读者希望能通过阅读一些著作,对法国这一与中国有着千丝万缕的联系、其思想文化甚至对中国有着不可低估之影响的国家的历史文化有更为全面、深入的了解。为此,上海社会科学院出版社邀请笔者撰写了此书。根据当初的约定,此书将不仅仅面向史学界的同行以及高等院校学生,更是力争有更为广泛的读者群。为了达到这一目标,势必要求作者在学术性与通俗性、知识性与趣味性的结合方面有所努力。

要而言之,本书的定位是系统了解法国历史文化的"入门书"。如果读者需要更加详细、深入地了解法国历史文化,则不妨选读其他出自中国学者之手的法国史专著,或者是由法国史学家撰写并已经译成中文的相关著作。在后一类著作中,由法国当代史学大师乔治·杜比领衔主编、诸多当时法国第一流的史学名家参与撰写的《法国史》(3卷本,商务印书馆2010年版),以及由让皮埃尔·里乌、让弗朗索瓦·西里内利联袂主编的《法国文化史》(4卷本,华东师范大学出版社2006年第1版,2011年第2版),尤其值得向大家推荐。为便于读者选读相关书籍,本书在此次修订时亦对主要参考书目作了适当补充与修改。

当今之世,一方面是邻里之间的交往似乎越来越少,以至于虽咫尺而居,却形同陌路,亦即人们所说的"比邻若天涯";但另一方面,由于全球化进程的加快、科技的进步等诸多因素,中国与包括法国在内的其他国家人民之间的交往不仅越来越多,而且还越来越便利,以至于可用"天涯若比邻"来形容。我想,不管出于何种考虑,我们都有必要对法国这一远方的"邻居"的历史与现实有更多的了解。

众所周知,苏东坡在描述雄奇挺秀的庐山时曾写道:"横看成岭侧成峰,远近高低各不同。"如果我们把源远流长、内容极为丰富的法国史亦比作一座巍巍高山,那么,对它的观察自然会有而且也应当有不同的视角,而从不同的视角观察得到的感受或印象当然也会不尽相同。这一现实固然让我们史学工作者感到几分无奈,但更多的是令我们多一些清醒,使我们真正认识到从不同角度对法国历史进行考察的必要性。

综上所述,为了能够使国人更多、更全面地了解与认识法国,亟待国内学者,乃至其他高明之士从不同的方面着手,继续共同努力。在这一过程中,本人作为研习法国史多年的一介书生,当一仍其旧,无怨无悔地为此略尽绵薄!

此次修订工作,得到了本人主持的国家社科基金重点项目"法国在第三共和国时期的海外殖民扩张研究"(21ASS004)的经费支持。同时,本书也是该项目的阶段性成果。特此申明。

吕一民

2021 年 12 月于浙江大学

图书在版编目(CIP)数据

法国通史：珍藏本 / 吕一民著.— 上海：上海社会科学院出版社，2018

ISBN 978-7-5520-2452-4

Ⅰ.①法… Ⅱ.①吕… Ⅲ.①法国—历史 Ⅳ.①K565.0

中国版本图书馆 CIP 数据核字(2018)第 205222 号

法国通史(珍藏本)

作　　者：吕一民
特约编辑：张广勇
责任编辑：王　勤
封面设计：周清华
出版发行：上海社会科学院出版社
　　　　　上海顺昌路 622 号　邮编 200025
　　　　　电话总机 021-63315947　销售热线 021-53063735
　　　　　http://www.sassp.cn　　E-mail:sassp@sassp.cn
照　　排：南京理工出版信息技术有限公司
印　　刷：江阴市机关印刷服务有限公司
开　　本：710 毫米×1010 毫米　1/16
印　　张：30.25
插　　页：5
字　　数：443 千
版　　次：2019 年 2 月第 1 版　2022 年 12 月第 3 次印刷

ISBN 978-7-5520-2452-4/K·470　　　　　定价：89.80 元

版权所有　翻印必究